Matheja

JUNG CHANG

WILDE SCHWÄNE

DIE GESCHICHTE EINER FAMILIE

Drei Frauen in China
von der Kaiserzeit bis heute

Aus dem Englischen von
Andrea Galler und
Karlheinz Dürr

Dieses Buch wurde auf chlor- und
säurefreiem Papier gedruckt.

Vollständige Sonderausgabe
November 1994
Droemersche Verlagsanstalt
Th. Knaur Nachf., München
© 1991 für die deutschsprachige Ausgabe
Droemersche Verlagsanstalt
Th. Knaur Nachf., München
Das Werk einschließlich aller seiner Teile
ist urheberrechtlich geschützt. Jede
Verwertung außerhalb der engen Grenzen
des Urheberrechtsgesetzes ist ohne
Zustimmung des Verlages unzulässig und
strafbar. Das gilt insbesondere für
Vervielfältigungen, Übersetzungen,
Mikroverfilmungen und die
Einspeicherung und Verarbeitung in
elektronischen Systemen.
© Global Flair, Ltd
Titel der Originalausgabe: »Wild Swans«
Originalverlag:
Simon & Schuster Inc., New York
Umschlaggestaltung:
Atelier ZERO, München
Satz: Ventura Publisher im Verlag
Gesetzt aus der Century Old Style
Druck und Bindung: Elsnerdruck, Berlin
Printed in Germany
ISBN 3-426-60998-3

2 4 5 3 1

*Für meine Großmutter
und meinen Vater,
die das Erscheinen dieses Buches
nicht mehr erlebt haben.*

Danksagung

Jon Halliday hat in vielfältiger Weise an der Entstehung dieses Buches mitgewirkt. Er hat mein Englisch geglättet, aber das ist nur sein augenfälligster Beitrag. Vor allem haben wir jeden Tag über das Buch gesprochen, und dadurch war ich gezwungen, meine Gedanken zu ordnen und die Ereignisse präzise zu schildern. Er hat mir geholfen, die richtigen englischen Worte für das zu finden, was ich ausdrücken wollte. Kenntnisreich und sorgfältig hat er meine Arbeit mit dem kritischen Blick des Historikers begleitet und mir dadurch Sicherheit gegeben. Auf sein fundiertes Urteil konnte ich mich stets verlassen.

Toby Eady ist der beste Agent, den sich ein Autor wünschen kann. Er hat sanft, aber nachdrücklich dazu beigetragen, daß ich dieses Projekt überhaupt in Angriff nahm.

Alice Mayhew, meiner Lektorin bei Simon & Schuster, bin ich sehr dankbar für die klugen Kommentare und ihren unschätzbaren Elan. Robert Lacey von Harper Collins hat bei der redaktionellen Arbeit am Manuskript Großartiges geleistet, und ich danke ihm dafür. Mein Dank gilt darüber hinaus allen, die an diesem Buch mitgewirkt haben.

Die begeisterte Anteilnahme meiner Freunde war mir eine beständige Quelle der Ermutigung. Ihnen allen möchte ich an dieser Stelle danken.

Besonders hervorheben möchte ich die Hilfe von Peter Whitaker, I Fu En, Emma Tennant, Gavan McCormack, R. G. Tiedemann, Herbert P. Bix , Hugh Baker, Yan Jiaqi, Su Liqun, Y. H. Zhao, Michael Fu, John Chow, Clare Peploe, André Deutsch, Peter Simpkin, Ron Sarkar und Vanessa Green. Eine besondere Bedeutung kommt Clive Lindley zu, er hat mir von Anfang an wertvolle Ratschläge gegeben.

Meine Brüder und meine Schwester, meine Verwandten und Freunde in China haben mir alle großzügig erlaubt, ihre Geschichten zu erzählen, und damit »Wilde Schwäne« erst möglich gemacht. Ihnen kann ich gar nicht genug danken.

Der größte Teil dieses Buches ist die Geschichte meiner Mutter. Ich hoffe, es ist mir gelungen, ihr Gerechtigkeit widerfahren zu lassen.

Jung Chang
London, Mai 1991

Anmerkung der Autorin

Die Namen der Familienmitglieder und der Personen des öffentlichen Lebens sind unverändert, die Aussprache richtet sich nach den üblichen Regeln. Die Namen anderer Privatpersonen sind abgeändert.
Für zwei Institutionen benutze ich andere als die gängigen Bezeichnungen, weil so ihre Zuständigkeit besser deutlich wird: Ich spreche von »Abteilung für Öffentliche Angelegenheiten« statt von »Propagandaabteilung« und von der »Behörde für die Kulturrevolution« statt von der »Gruppe Kulturrevolution«.

Hinweise zur Aussprache der chinesischen Namen:

ao	wie deutsches au
c	wie deutsches tzh
ch	wie deutsches tsch-h
chi	ähnlich englischem tcher, z. B. in »butcher«
ei	ähnlich englischem ay, z. B. in »day«
h	ähnlich deutschem ch, z. B. in »Buche«
j	ähnlich englischem j, z. B. in »Jeep«
jian	am Schluß mit ä-Laut wie »Dalmatien«
ong	wie die deutsche Endsilbe -ung, »Zeitung«
q	wie deutsch tch
r	wie englisches r, z. B. »right«
sh	ähnlich deutschem sch
t	wie deutsches tth, z. B. in »Schutthalde«
u	wird einzeln und in den Verbindungen -ue (Xue), -un, -uan hinter y, x, j und q immer ü ausgesprochen

w	ähnlich englischem w, z. B. in »want«
x	ähnlich deutschem ch, z. B. in »ich«
y	ähnlich englischem y, z. B. in »year«
yuan	in Verbindung mit y, x, j und q wird -uan wie -üän ausgesprochen
z	ähnlich deutschem ds mit stimmlosem s
zh	ähnlich deutschem dsch
zhi	ähnlich deutschem dsch-r
zi	ähnlich deutschem ds mit stimmhaftem s

KAPITEL 1

»Zwei kleine goldene Lilien«

Die Konkubine eines Provinzgenerals
(1909-1933)

Mit fünfzehn Jahren wurde meine Großmutter die Konkubine eines Provinzgenerals, der zugleich Polizeichef der schwachen chinesischen Zentralregierung war. Man schrieb das Jahr 1924, in ganz China regierte das Chaos. Provinzgenerale beherrschten die einzelnen Teile des Landes, darunter auch die Mandschurei, und bekämpften sich gegenseitig. Mein Urgroßvater hatte die Verbindung eingefädelt. Er war Polizeibeamter in der kleinen Provinzstadt Yixian im Südwesten der Mandschurei, ungefähr hundertsechzig Kilometer nordöstlich von Beijing.

Wie fast alle Städte in China glich auch Yixian einer Festung. Rings um die Stadt lief eine knapp zehn Meter hohe zinnenbewehrte Mauer, die noch aus der Zeit der Tang-Dynastie (618-907 n.Chr.) stammte. Die Mauer war fast vier Meter dick und so breit, daß man mit einem Pferd bequem darauf entlangreiten konnte. In regelmäßigen Abständen wurde die Stadtmauer von insgesamt sechzehn Bastionen überragt. Nach jeder Himmelsrichtung öffnete sich ein Stadttor mit einem zweiten, äußeren Schutztor. Rund um die Befestigungsanlage verlief als zusätzliche Sicherung ein tiefer Graben.

Das auffälligste Bauwerk der Stadt, ihr Wahrzeichen, war ein hoher reichgeschmückter Glockenturm aus dunkelbraunem Gestein. Der Glockenturm stammte aus dem 6. Jahrhundert, der Zeit, als der Buddhismus in die Mandschurei vorgedrungen war. Jede Nacht schlug die Glocke und zeigte die Zeit an, sie wurde auch geläutet, wenn Feuer oder Hochwasser die Einwohner bedrohten. Yixian war ein wohlhabender Marktflecken. In den ausgedehnten Ebenen rund um die Stadt wuchsen Baumwolle, Mais, Sorghum, Sojabohnen und Sesam, außerdem Birnen, Äpfel und Trauben. Auf den Weideflächen und Hügeln im Westen grasten Schafe und Rinder.

Mein Urgroßvater Yang Ru-shan wurde 1894 geboren. Damals herrschte ein Kaiser von Beijing aus über ganz China. Die Herrscherfamilie der Mandschu hatte China im Jahr 1644 von ihrem Stammland aus, der Mandschurei, erobert. Die Yangs gehörten zur Volksgruppe der Han-Chinesen. Sie waren in das Gebiet nördlich der Großen Mauer gezogen, um dort ihr Glück zu machen.

Mein Urgroßvater war der einzige Sohn und damit für seine Familie außerordentlich wichtig. Nur ein Sohn konnte den Familiennamen weitertragen, ohne Stammhalter war die Familie zum Aussterben verdammt, und das bedeutete für einen Chinesen den schlimmsten Betrug an seinen Vorfahren. Mein Urgroßvater wurde auf eine gute Schule geschickt. Es war der sehnlichste Wunsch der Familie, daß er die Staatsprüfungen bestehen und eines Tages Mandarin, Staatsbeamter, sein würde. Diesen Wunsch hegte damals fast jeder männliche Chinese, denn Staatsbeamter sein hieß mächtig sein, und Macht bedeutete Geld. Ohne Macht und ohne Geld war man vor den Plünderungen der Beamtenschaft oder vor zufälligen Gewalttaten nie sicher. In China hatte es noch nie ein funktionierendes Rechtssystem gegeben, die Rechtsprechung erfolgte willkürlich, grausame Strafen waren durchaus üblich, und die Launen einzelner taten ein übriges. Ein Beamter mit Amtsgewalt *war* das Gesetz. Wer aus einer nicht zur Aristokratie zählenden Familie stammte, konnte diesem Kreislauf von Ungerechtigkeit und Angst nur entrinnen, indem er Mandarin wurde. Yangs Vater hatte entschieden, daß sein Sohn nicht das väterliche Filzmacher-Geschäft übernehmen sollte. Die Familie brachte große Opfer, damit er das Geld für die Ausbildung seines Sohnes aufbringen konnte.

Die Frauen der Familie übernahmen Heimarbeit für die Damen- und Herrenschneider am Ort und stickten jeden Tag bis spät in die Nacht. Um Geld zu sparen, drehten sie ihre Öllampen ganz klein und ruinierten sich damit die Augen. Ihre Fingergelenke waren von der stundenlangen gekrümmten Haltung ganz geschwollen.

Wie es damals üblich war, heiratete mein Urgroßvater früh, mit vierzehn Jahren, seine Frau war sechs Jahre älter. Es galt traditionsgemäß als eine Pflicht der Ehefrau, ihren Mann mit großzuziehen.

Die Geschichte seiner Frau, meiner Urgroßmutter, ist typisch für die von Millionen anderer Frauen ihrer Zeit. Sie stammte aus einer Gerberfamilie namens Wu. In einer wenig gebildeten Familie, in der niemand einen Beamtenposten innehatte, bekam ein Mädchen nicht einmal einen Namen. Da sie die zweite Tochter der Familie war, nannte man sie einfach »Mädchen Nummer zwei« *(Er-ya-tou)*. Ihr Vater starb, als sie noch sehr klein war, und sie wuchs bei einem Onkel auf. Eines Tages, sie war gerade sechs Jahre alt, kam ein Freund ihres Onkels zum Essen. Die Frau des Freundes erwartete ein Kind, und die beiden Männer vereinbarten während des Tischgesprächs, daß das ungeborene Kind, sofern es ein Junge würde, im angemessenen Alter von vierzehn Jahren mit der Nichte verheiratet werden sollte. Meine Urgroßmutter und mein Urgroßvater sahen sich vor ihrer Hochzeit nicht ein einziges Mal. Sich zu verlieben galt geradezu als unanständig und als Schande für die Familie. Dabei hatte das Ideal der romantischen Liebe in China traditionell durchaus einen hohen Stellenwert – nur durften junge Leute gar nicht in eine Situation kommen, in der es dazu kommen konnte. Teils galt es als unanständig, wenn junge Leute sich trafen, teils wurde die Ehe vor allem als Pflicht betrachtet, als eine Vereinbarung zwischen zwei Familien. Mit etwas Glück verliebten sich die Eheleute nach der Heirat ineinander.

Mein Urgroßvater hatte ein sehr behütetes Leben geführt und war mit vierzehn, zum Zeitpunkt der Hochzeit, noch ein Kind. In der Hochzeitsnacht wollte er nicht in das eheliche Schlafgemach gehen, er legte sich im Schlafzimmer seiner Mutter ins Bett und mußte schlafend zu seiner Braut getragen werden. Obwohl er ein sehr unselbständiges Kind war und sich nicht einmal alleine anziehen konnte, wußte er laut Auskunft seiner Frau, wie »man Kinder zeugt«. Meine Großmutter kam binnen eines Jahres nach der Hochzeit zur Welt, am fünften Tag des fünften Monats im Jahr 1909. Es erging ihr insofern besser als ihrer Mutter, als sie immerhin einen eigenen Namen bekam: Yu-fang. *Yu* bedeutet »Jade« und ist ein Generationsname, der allen Nachkommen einer Generation gegeben wird, *fang* heißt »duftende Blumen«.

Meine Großmutter wurde in eine Welt völliger Ungewißheit hineingeboren. Die Mandschu-Dynastie, die China über zweihundertsechzig Jahre regiert hatte, war erschüttert. In den Jahren 1894 und 1895 tobte der Japanisch-Chinesische Krieg, China erlitt schwere Niederlagen und Gebietsverluste. Im Jahr 1900 wurde der nationalistische Boxeraufstand von acht fremden Armeen niedergeschlagen. Teile dieser Armeen blieben anschließend in China, in der Mandschurei und entlang der Großen Mauer. In den Jahren 1904 und 1905 führten Japan und Rußland in den weiten Ebenen der Mandschurei erneut Krieg, und Japan wurde durch seinen Sieg zur beherrschenden ausländischen Macht in der Mandschurei. 1911 wurde der fünfjährige Kaiser von China, Pu Yi, entmachtet. China war nun eine Republik, an ihrer Spitze stand für kurze Zeit der charismatische Führer Sun Yat-sen.

Die neue republikanische Regierung brach bald zusammen, und das Reich zerfiel in einzelne, von mächtigen Provinzgenerälen beherrschte Einflußgebiete. In der Mandschurei hinterließ das republikanische Intermezzo besonders wenig Spuren, da die Kaiserfamilie aus diesem Gebiet stammte. Ausländische Mächte, allen voran Japan, hatten ihre Bemühungen verstärkt, das Gebiet für sich zu gewinnen. Unter diesen Belastungen brachen viele alte Institutionen zusammen, ein Machtvakuum entstand, Moral und Autorität waren untergraben. Viele versuchten, sich durch die Bestechung von lokalen Potentaten einen Weg nach oben zu bahnen, aber das erforderte teure Geschenke in Form von Gold, Silber oder Schmuck. Mein Urgroßvater war nicht so reich, daß er sich einen lukrativen Posten in einer großen Stadt kaufen konnte. Mit seinen dreißig Jahren hatte er es nicht weit gebracht: Er war ein kleiner Schreiber in der Polizeistation eines Provinznestes namens Yixian, seiner Geburtsstadt. Aber er hatte große Pläne. Und er hatte einen Trumpf – seine Tochter.

Meine Großmutter war eine Schönheit. Sie hatte ein ovales Gesicht mit blaßrosa Wangen und einer wunderbaren Haut. Ihr langes glänzendes Haar war zu einem dicken Zopf geflochten, der ihr bis zur Hüfte reichte. Wenn es von ihr erwartet wurde – und das war meistens der Fall –, konnte sie ernst und zurückhaltend sein, aber unter der Decke dieser nach außen zur Schau gestellten Beherrschtheit war sie sehr temperamentvoll und sprühte vor Energie. Sie war klein, kaum einssechzig, schlank und hatte herabhängende Schultern, was damals als Schönheitsideal galt.

Doch den besonderen Reiz machten ihre gebundenen Füße aus, die »beiden kleinen goldenen Lilien«, wie es im Chinesischen heißt. Sie bewegte sich »wie ein zarter junger Weidensproß in einer Frühlingsbrise«. Mit solchen Worten schwärmten die Dichter von den Frauen. Der Anblick einer auf gebundenen Füßen einhertrippelnden Frau habe einen starken erotischen Reiz für Männer, hieß es, weil die Hilflosigkeit einer Frau aufreizend wirke und beim Betrachter den Beschützerinstinkt wekke.

Die Füße meiner Großmutter wurden gebunden, als sie gerade drei Jahre alt war. Ihre Mutter hatte zuerst ein Stoffband von sechs Metern Länge so um ihre Füße gewickelt, daß alle vier kleinen Zehen in Richtung Ballen zeigten. Dann legte sie einen großen Stein auf ihre Füße und zerschmetterte den Fußrücken. Meine Großmutter schrie vor Schmerzen laut auf und flehte ihre Mutter an aufzuhören. Ihre Mutter stopfte ihr ein Tuch in den Mund, um sie zum Schweigen zu bringen. Meine Großmutter verlor während der Prozedur mehrmals das Bewußtsein.

Es dauerte Jahre, bis das Schönheitsideal erreicht war. Nachdem die Knochen gebrochen waren, mußten die Füße Tag und Nacht fest mit Tüchern gebunden werden, bis sichergestellt war, daß sie nicht mehr zusammenwachsen würden. Hätte man die Tücher gelöst, wären die Füße sofort weiter gewachsen. Über Jahre hinweg litt meine Großmutter ständig furchtbarste Schmerzen. Aber wenn sie ihre Mutter bat, sie möge ihr doch die Tücher von den Füßen nehmen, fing ihre Mutter an zu weinen. Sie sagte ihrer Tochter, daß ohne gebundene Füße ihr Leben ruiniert sei und daß all dies ja nur zu ihrem Besten geschehe.

In der damaligen Zeit inspizierte die Familie des Bräutigams als erstes die Füße der Braut. Große, das heißt normale Füße brachten Schande über die Familie des Ehemanns. Die Schwiegermutter hob den Saum des langen Rocks der Braut hoch und sah sich die Füße der Schwiegertochter genau an. Wenn die Füße länger als ungefähr zehn Zentimeter waren, ließ sie den Rocksaum in einer demonstrativen Geste der Verachtung fallen und schnaubte wütend davon. Die Braut blieb allein den kritischen Augen der Hochzeitsgesellschaft ausgesetzt. Alle starrten ihre Füße an und taten ihre Verachtung lautstark und in betont verletzender und abschätziger Weise kund. Manchmal entfernte eine Mutter aus Mitleid mit ihrer Tochter den Stein oder die Tücher, nachdem die Fußknochen gebrochen waren. Später machten die Töchter ihren Müttern bittere Vorwürfe, daß sie nicht hart geblieben waren, weil sie das ständige Nörgeln und die Verachtung der Familie ihres Mannes und der Gesellschaft kaum aushielten.

Der Brauch des Füßeeinbindens wurde vor ungefähr tausend Jahren angeblich von einer Konkubine des Kaisers eingeführt. Nicht nur die gebundenen kleinen Füße und der damit verbundene trippelnde Gang der Frauen galten als erotisch, die Männer spielten auch gern mit den kleinen Füßen in den bestickten Seidenschuhen. Frauen durften nicht einmal im Erwachsenenalter die Bindetücher von den Füßen nehmen, denn sonst fingen die Füße wieder an zu wachsen. Die Tücher durften nur zeitwei-

se nachts im Bett abgenommen werden, wenn die Frauen ihre Seidenschuhe anzogen. Männer bekamen nur selten nackte gebundene Füße zu Gesicht, weil sie für gewöhnlich mit absterbender Haut bedeckt waren und fürchterlich stanken, wenn man die Tücher entfernte. Ich erinnere mich, daß meine Großmutter ständig Schmerzen litt, als ich noch ein Kind war. Wenn sie vom Einkaufen nach Hause kam, badete sie als erstes die Füße in heißem Wasser und seufzte dabei vor Erleichterung auf. Daraufhin schnitt sie die abgestorbene Haut ab. Ihre Schmerzen rührten nicht allein von den gebrochenen Knochen, sondern auch daher, daß ihr die Nägel in den Fußballen wuchsen.
Meine Großmutter war eine der letzten Frauen ihrer Generation, deren Füße noch gebunden wurden. Als ihre Schwester 1917 geboren wurde, hatte man diese Sitte aufgegeben, und sie mußte diese Tortur nicht mehr erleiden.
Doch in der Zeit, als meine Großmutter heranwuchs, galten gebundene Füße immer noch als unbedingte Voraussetzung für eine gute Heirat. Freilich waren gebundene Füße nicht alles. Der Vater meiner Großmutter wollte aus ihr entweder eine vollkommene Dame oder aber eine Luxus-Kurtisane machen. Entgegen den damals geltenden Vorstellungen, wonach es für ein Mädchen aus einfachen Verhältnissen schicklich war, wenn sie nicht lesen und schreiben konnte, schickte mein Urgroßvater seine Tochter auf die 1905 eröffnete Mädchenschule in der Stadt. Sie lernte überdies die chinesische Form des Schachspiels, *mah-jong*, und Go.
Auch Malen und Sticken gehörten zum Lehrstoff. Am liebsten stickte sie Mandarinenten (ein Symbol der Liebe, weil Mandarinenten immer paarweise schwimmen). Sie stickte Mandarinenten auf die winzigen Schuhe, die sie für ihre gebundenen Füße anfertigte. Um ihre Erziehung zu vervollkommnen, wurde eigens ein Lehrer engagiert, der ihr das Spielen auf der *qin* beibrachte. Die *qin* ist ein Musikinstrument, eine Art Zither.
Meine Großmutter galt als das schönste Mädchen der Stadt. Man sagte, sie sei »wie ein Kranich unter Hennen«. Im Jahre 1924 war sie fünfzehn, und in ihrem Vater wuchs die Angst, daß

er seinen einzigen Aktivposten nicht würde nützen können – und daß seine einzige Chance auf ein unbeschwertes Leben dahinschwand. Doch in jenem Jahr kam General Xue Zhi-heng, der Polizeichef der Zentralregierung in Beijing, nach Yixian.

Xue Zhi-heng war 1876 im Kreis Lulong, ungefähr hundertsechzig Kilometer östlich von Beijing, genau südlich der Großen Mauer zur Welt gekommen, wo die riesige nordchinesische Ebene auf die Berge trifft. Er war der älteste von vier Söhnen eines Dorfschullehrers.

Xue Zhi-heng sah gut aus, er war eine eindrucksvolle Erscheinung. Er fiel jedem auf. Mehrere blinde Hellseher befühlten das Gesicht des Jünglings und sagten ihm voraus, daß er einst ein mächtiger Mann sein werde. Er zeigte eine ausgesprochene Begabung für die Kalligraphie, was in China sehr geschätzt wird. Im Jahre 1908 besuchte ein Kriegsherr namens Wang Huai-qing den Kreis Lulong. Ihm fiel die schöne Inschrift auf einer Gedenkplatte über dem Tor zum Haupttempel der Stadt auf, und er äußerte den Wunsch, den Kalligraphen kennenzulernen. General Wang fand Gefallen an dem damals zweiunddreißigjährigen Xue und fragte ihn, ob er sein Sekretär und Adjutant werden wolle.

Großvater Xue erwies sich als sehr tüchtig und wurde bald zum Quartiermeister befördert. In diesem Amt reiste er viel, dabei kaufte er sich eigene Lebensmittelgeschäfte rund um Lulong und auf der anderen Seite der Großen Mauer, in der Mandschurei. Sein rasanter Aufstieg wurde noch dadurch gefördert, daß er General Wang half, einen großen Aufruhr in der Inneren Mongolei niederzuschlagen. In kürzester Zeit erwarb er ein Vermögen. Er entwarf für sich ein weitläufiges Landhaus mit einundachtzig Zimmern und ließ es in Lulong nach seinen Vorstellungen erbauen.

In den ersten zehn Jahren nach dem Ende des Kaiserreiches konnte sich keine Regierung im ganzen Land Autorität verschaffen. Mächtige Provinzgenerale herrschten in allen Teilen Chinas und kämpften gegeneinander um die Kontrolle der Zentral-

regierung in Beijing. Der Anführer der Fraktion, der sich Xue angeschlossen hatte, war ein gewisser General Wu Pei-fu. Sie war Anfang der zwanziger Jahre die mächtigste Fraktion in China und beherrschte die Regierung in Beijing. Im Jahr 1922 übertrug man Xue zwei Ämter: Er wurde Polizeichef der Hauptstadt und einer der Leiter des Ministeriums für Öffentliche Arbeiten in Beijing. Damit herrschte er über zwanzig Regionen beidseits der Großen Mauer und befehligte zehntausend teilweise berittene Polizisten. Seine Funktion als Polizeichef verlieh ihm Macht, und als Verantwortlicher für die Vergabe öffentlicher Aufträge wurde er von allen Seiten umworben.
Die Bündnisse der Provinzgenerale untereinander waren nie von langer Dauer. Im Mai 1923 beschloß die Fraktion, der Xue angehörte, sich des Präsidenten Li Yuan-hong zu entledigen, dem sie erst vor einem Jahr zu Amt und Würden verholfen hatte. Zusammen mit einem General namens Feng Yu-xiang, einem christlichen Kriegsherrn, der durch die Massentaufe seiner Truppen mit einem Feuerwehrschlauch Berühmtheit erlangt hatte, mobilisierte Xue seine zehntausend Mann, umstellte die wichtigsten Regierungsgebäude in Beijing und verlangte von der bankrotten Regierung den ausstehenden Sold für seine Leute. Das wahre Ziel der Aktion war es, den Präsidenten zu demütigen und zum Rücktritt zu zwingen. Aber der Präsident weigerte sich zurückzutreten. Mein Großvater wies daraufhin seine Soldaten an, den Präsidentenpalast von der Wasser- und Stromzufuhr abzuschneiden. Schon nach wenigen Tagen wurde die Lage innerhalb des Palastes unerträglich, und in der Nacht des 13. Juni verließ Präsident Li seinen stinkenden Palast und floh aus der Hauptstadt in die hundertzehn Kilometer südöstlich gelegene Hafenstadt Tianjin.
In China verkörperte nicht allein die Person des Amtsinhabers die Autorität des Amtes, sondern ebensosehr die amtlichen Dienstsiegel. Ohne Siegel war ein Dokument nicht gültig, und wenn es der Präsident persönlich unterzeichnet hatte. Da Präsident Li wußte, daß niemand ohne die Siegel die Präsidentschaft übernehmen konnte, versteckte er die Siegel bei einer Konku-

bine, die in einem von französischen Missionaren geführten Hospital in Beijing lag.
Kurz vor Tianjin wurde der Zug von bewaffneten Polizeieinheiten angehalten. Sie forderten Li auf, die Dienstsiegel herauszugeben. Zuerst weigerte er sich, den Soldaten zu sagen, wo er die Siegel versteckt hatte, aber nach einigen Stunden gab er doch nach. Um drei Uhr nachts betrat General Xue das französische Hospital, um die Siegel bei der Konkubine des Präsidenten abzuholen. Als Xue neben ihrem Bett stand, wollte sie ihn zunächst nicht einmal ansehen. »Wie könnte ich die Siegel des Präsidenten einem gewöhnlichen Polizisten übergeben?« fragte sie hochmütig. Aber General Xue in Uniform war eine so eindrucksvolle und ehrfurchtgebietende Erscheinung, daß sie ihm schon bald kleinlaut die Siegel aushändigte.
In den nächsten vier Monaten hatte mein Großvater alle Hände voll zu tun, um mit Hilfe seiner Polizeieinheiten sicherzustellen, daß der von seinen Parteigängern als neuer Präsident auserkorene Kandidat auch wirklich zum Präsidenten »gewählt« wurde. Der Auserkorene hieß Cao Kun, und seine Wahl wurde als erste echte Wahl in China gepriesen. Immerhin mußte die stattliche Zahl von nicht weniger als 804 Parlamentsabgeordneten bestochen werden. Mein Großvater und General Feng stellten Wachen vor das Parlamentsgebäude und ließen die Parlamentarier wissen, daß eine dicke Belohnung auf all diejenigen warte, die am Wahltag ihr Kreuz an der richtigen Stelle machen würden. Daraufhin eilten viele Abgeordnete zur Wahl aus den Provinzen in die Hauptstadt zurück. Als die Vorbereitungen für die »Wahl« abgeschlossen waren, befanden sich 555 Abgeordnete in Beijing. Vier Tage vor der Wahl und nach ausgiebigem Feilschen bekam jeder Abgeordnete die stattliche Summe von fünftausend Silberyuan. Am 5. Oktober 1923 wurde Cao Kun mit 480 Stimmen zum Präsidenten Chinas »gewählt«. Xue wurde umgehend in den nächsthöheren militärischen Rang befördert. Mit ihm zusammen wurden siebzehn Frauen zu »Sonderberatern« befördert – ausnahmslos Geliebte oder Konkubinen von Kriegsherrn und Generalen. Diese Episode ist als trauriges Beispiel für

Wahlmanipulation in die chinesische Geschichte eingegangen. Noch heute zitieren die Menschen in China sie als Argument dafür, daß in China die Demokratie nicht funktionieren kann.

Im Frühsommer des folgenden Jahres stattete General Xue Yixian seinen Besuch ab. Yixian war zwar nur eine kleine Stadt, aber von strategischer Bedeutung. Die Macht der Regierung in Beijing reichte nur bis hierher, das Gebiet weiter nordöstlich gehörte zum Einflußgebiet des großen Kriegsherrn Zhang Zuolin, den alle den »Alten Marschall« nannten. Offiziell befand sich General Xue auf einer Inspektionsreise, er hatte jedoch auch private Interessen an diesem Gebiet. Die wichtigsten Getreidespeicher und die größten Geschäfte der Stadt gehörten ihm, unter anderem ein Pfandleihgeschäft, das gleichzeitig als Bank fungierte und eigene Geldnoten druckte, die in der Stadt und in der Umgebung als Zahlungsmittel verwendet wurden.

Für meinen Urgroßvater bedeutete der Besuch des Generals die Chance seines Lebens. Er würde nie mehr in seinem Leben in die Nähe eines so hochgestellten Mannes kommen. Sein Ziel war es, in die Eskorte des Generals aufgenommen zu werden, und bei dieser Gelegenheit wollte er versuchen, seine Tochter mit dem General zu verheiraten. Seine Frau informierte er lediglich über seine Pläne, mehr nicht. Abgesehen davon, daß das damals üblich war, verachtete mein Urgroßvater seine Frau. Als er ihr sagte, was er vorhatte, weinte sie, sagte aber nichts. Er schärfte ihr ein, daß sie kein Wort davon zu ihrer Tochter sagen dürfe. Das Mädchen fragte er selbstverständlich nicht nach seiner Meinung. Eine Ehe war eine geschäftliche Transaktion und hatte nichts mit Gefühlen zu tun. Das Mädchen würde informiert werden, wenn die Hochzeit unter Dach und Fach war. Mein Urgroßvater wußte, daß er die Sache nicht direkt angehen durfte. Er konnte dem General nicht einfach die Hand seiner Tochter anbieten – das hätte ihren Preis gesenkt. Außerdem war es ja möglich, daß der General das Angebot ablehnte. General Xue mußte Gelegenheit bekommen, die angebotene Ware in Augenschein zu nehmen. In jenen Tagen konnte man anständige Frauen nicht einfach fremden Männern vorstellen, daher mußte Yang ein Treffen zwischen dem General und seiner Tochter arrangieren, und dieses Treffen mußte zudem noch zufällig erscheinen.

In Yixian gab es einen prächtigen, neunhundert Jahre alten buddhistischen Tempel. Er war fast dreißig Meter hoch und aus kostbarem Holz gezimmert. Der Tempel stand in einem knapp zweieinhalb Quadratkilometer großen, erhaben wirkenden Zypressenhain. Der Tempel beherbergte eine imposante Buddhastatue aus Holz, fast neun Meter hoch und bunt bemalt. Das Innere des Tempels war mit erlesenen Wandmalereien geschmückt, Szenen aus Buddhas Leben. Selbstverständlich mußte mein Urgroßvater dem hohen Besuch diesen Tempel zeigen, wenn er ihn durch die Stadt führte. Und ein Tempel war einer der wenigen Orte, die eine Frau aus gutem Hause alleine aufsuchen durfte.

Meine Großmutter wurde angewiesen, an einem bestimmten Tag den Tempel aufzusuchen. Um Buddha ihre Ehrerbietung zu zeigen, nahm sie parfümierte Bäder und meditierte stundenlang vor einem kleinen Schrein, in dem Weihrauch brannte. Vor einem Tempelbesuch sollte der Gläubige sich im Zustand absoluter Ruhe befinden und sich von allen aufwühlenden Gedanken befreit haben. Am verabredeten Tag machte sich meine Großmutter in Begleitung einer Zofe in einer gemieteten Pferdekutsche auf den Weg. Sie trug eine Jacke im Blauton eines Enteneis, die ringsum mit Goldfäden gesäumt war, was ihren einfachen Schnitt betonte. An der linken Seite war sie mit Schmetterlingsknöpfen besetzt. Dazu trug sie einen pinkfarbenen Faltenrock, der über und über mit winzigen Blumen bestickt war. Ihr langes schwarzes Haar hatte sie zu einem Zopf geflochten. Oben auf dem Kopf steckte eine seidene schwarz-grüne Pfingstrose im Haar, die seltenste Art. Sie war nicht geschminkt, aber stark parfümiert, genau wie es sich für einen Tempelbesuch gehörte. Im Innern des Tempels kniete sich meine Großmutter vor der riesigen Buddhastatue auf den Boden. Sie verbeugte sich mehrfach tief und blieb dann reglos mit zum Gebet gefalteten Händen auf den Knien sitzen.

Während sie betete, war ihr Vater mit General Xue eingetreten. Die beiden Männer beobachteten sie aus einem dunklen Seiteneingang. Mein Urgroßvater hatte die Sache klug eingefädelt. In der knienden Position, in der sich meine Großmutter befand, sah man nicht nur ihre Seidenhosen, die genauso wie ihre Jacke mit einer Goldbordüre eingefaßt waren, sondern auch ihre kleinen Füße in den bestickten Satinschuhen.

Nach dem Gebet verbeugte sie sich wieder dreimal tief vor dem Buddha. Beim Aufstehen taumelte sie ein wenig, was mit gebundenen Füßen leicht passieren konnte. Sie streckte den Arm hilfesuchend nach ihrer Zofe aus. Genau in diesem Moment kamen General Xue und ihr Vater aus dem Seiteneingang. Sie errötete beschämt, senkte den Kopf und machte Anstalten zu gehen. Nichts anderes wurde von ihr in dieser Situation erwartet. Ihr Vater trat vor und stellte sie General Xue vor. Sie verbeugte sich, hielt dabei aber weiterhin den Kopf gesenkt.

Wie es sich für einen Mann seiner Position gebührte, sagte der General zu einem Beamten, der in einer so untergeordneten Position tätig war wie mein Urgroßvater, kein Wort über die Begegnung mit seiner Tochter. Aber mein Urgroßvater hatte sehr genau gemerkt, daß der General von meiner Großmutter fasziniert war. Als nächstes galt es, eine etwas direktere Begegnung der beiden zu arrangieren. Also mietete Yang unter Aufwendung seiner gesamten Ersparnisse das beste Theater der Stadt und ließ eine hiesige Oper aufführen. General Xue sollte sein Ehrengast sein. Wie alle chinesischen Theater war auch dieses um einen rechteckigen Platz gebaut und hatte kein Dach, nur an drei Seiten hölzerne Wände. Die vierte Seite bildete die Bühne. Sie war vollkommen kahl, ohne Vorhang, ohne jegliches Bühnenbild. Der Zuschauerraum glich eher einem Café als einem Theater. Die Männer saßen auf dem freien Platz an Tischen, aßen und tranken und unterhielten sich lautstark während der Vorstellung. Seitlich davon, ein wenig erhöht, war der erste Rang. Dort saßen die Damen, weitaus zurückhaltender als die Herren an kleineren Tischen, ihre Zofen standen hinter ihnen. Mein Urgroßvater hatte es so eingerichtet, daß General

Xue von seinem Platz aus meine Großmutter immer im Blickfeld hatte.

Dieses Mal war sie viel mehr herausgeputzt als bei ihrer ersten Begegnung im Tempel. Sie trug ein reichbesticktes Satinkleid und Haarschmuck. Und dieses Mal sprühte sie vor natürlicher Lebhaftigkeit und Energie und unterhielt sich mit ihren Freundinnen und lachte. General Xue warf kaum einen Blick auf das Geschehen auf der Bühne.

Nach der Vorstellung spielte man das traditionelle chinesische Spiel »Lampion-Raten«, man spielte nach Geschlechtern getrennt in zwei Sälen. In jedem Saal befanden sich Dutzende von kunstvoll gearbeiteten Lampions, an jeden Lampion waren mehrere Rätselfragen in Versform geheftet. Wer die meisten Fragen richtig beantworten konnte, gewann einen Preis. Unter den Männern schnitt General Xue am besten ab – wie hätte es auch anders sein können. Bei den Frauen wurde meine Großmutter die Siegerin.

Damit hatte Yang dem General gezeigt, daß seine Tochter nicht nur schön, sondern auch intelligent war. Als letztes mußte sie nun noch ihre künstlerischen Talente beweisen. Zwei Tage nach dem Theaterabend lud mein Urgroßvater den General zum Abendessen ein. Es war eine klare, warme Vollmondnacht – das klassische Ambiente für eine *qin*-Vorführung. Nach dem Essen saßen die beiden Männer auf der Veranda, und meine Großmutter wurde zum Vorspielen in den Hof zitiert. Unter einer Pergola, umgeben vom Duft des Flieders, gab meine Großmutter eine Probe ihres Könnens. Der General war bezaubert. Später erklärte er ihr, daß ihr Spiel in jener Mondnacht ihn vollends in ihren Bann geschlagen habe. Als meine Mutter zur Welt kam, gab er ihr den Namen »Bao Qin«, das bedeutet »Kostbare Zither«.

Noch bevor der Abend zu Ende war, hatte der General um die Hand meiner Großmutter angehalten, selbstverständlich nicht bei meiner Großmutter, sondern bei ihrem Vater. Er wollte sie nicht heiraten, sondern zu seiner Konkubine machen. Aber Yang hatte auch nichts anderes erwartet. Die Familie Xue hatte für den General bestimmt schon lange eine ihrem sozialen Rang angemessene Heirat arrangiert. Auf jeden Fall gehörten die Yangs einer viel zu niederen Schicht an, als daß ihre Tochter seine Ehefrau hätte werden können. Damals war es gang und gäbe, daß Männer wie General Xue sich Konkubinen nahmen. Ehefrauen waren nicht für das Vergnügen da – dafür hatte man Konkubinen. Konkubinen konnten zwar sehr mächtig werden, aber ihr sozialer Status blieb immer ein anderer als der einer Ehefrau. Eine Konkubine war eine Art institutionalisierte Geliebte, die man nach Gutdünken ins Haus holte und wieder verstieß.

Meine Großmutter erfuhr erst wenige Tage vor der »Hochzeit« von ihrem Glück. Ihre Mutter eröffnete ihr die Nachricht. Meine Großmutter senkte nur den Kopf und weinte. Sie wollte keine Konkubine werden, aber ihr Vater hatte entschieden, und es war undenkbar, den Eltern zu widersprechen. Sich einer Entscheidung der Eltern zu widersetzen, sie auch nur in Frage zu stellen, galt als »respektlos«, und Respektlosigkeit wog fast so schwer wie Verrat. Selbst wenn sie sich den Wünschen ihres Vaters widersetzt hätte, hätte man ihr Nein nicht ernst genommen. Sie wolle ihre Eltern nicht verlassen, hätte es geheißen. Die einzige Möglichkeit, nein zu sagen und ernst genommen zu werden, war der Selbstmord. Meine Großmutter preßte die Lippen aufeinander und sagte nichts. Sie konnte und durfte nichts sagen. Sie konnte nicht einmal ja sagen, denn das galt als wenig schicklich für eine junge Dame, hätte es doch so gedeutet werden können, daß sie es nicht erwarten konnte, ihr Elternhaus zu verlassen.

Meine Urgroßmutter sah, wie unglücklich ihre Tochter war und versuchte, ihr die Verbindung mit dem General schmackhaft zu machen. Ihr Mann hatte ihr erzählt, wie mächtig der General war. »In Beijing heißt es: ›Wenn General Xue aufstampft, erzittert die ganze Stadt‹«, hatte er ihr berichtet. Meine Großmutter war von dem großzügigen, betont männlichen Auftreten des Generals angetan. Und sie war geschmeichelt, als ihr Vater ihr berichtete, mit welcher Bewunderung er von ihr gesprochen hatte. Der Vater erzählte seiner Tochter Wort für Wort, was der General gesagt hatte, und schmückte seine Schilderung noch mit eigenen Worten aus. Kein Mann in Yixian war eine so eindrucksvolle Erscheinung wie der Kriegsherr. Mit ihren fünfzehn Jahren hatte meine Großmutter keine Ahnung, was es bedeutete, eine Konkubine zu sein. Sie bildete sich ein, sie könne die Liebe des Generals gewinnen und ein glückliches Leben an seiner Seite führen.

General Xue hatte versprochen, daß sie in Yixian bleiben könne, in einem Haus, das er eigens für sie kaufen wollte. Sie mußte sich also nicht von ihrer Familie trennen, und was noch viel wichtiger war: Sie mußte nicht auf seinem Landsitz leben, unter der Fuchtel seiner Ehefrau und seiner anderen Konkubinen, die in der Hierarchie über ihr standen. Im Haus eines Potentaten, wie es der General Xue war, lebten die Frauen fast wie Gefangene. Bedingt durch ihre unsichere Stellung verging kein Tag, an dem sie sich nicht untereinander stritten und zankten. Ihre einzige Sicherheit war die Gunst ihres Ehemanns und Gebieters. General Xues Angebot, meiner Großmutter ein eigenes Haus zu kaufen, und sein Versprechen, die Verbindung in einem feierlichen Rahmen einzugehen, bewirkten, daß ihre Tränen versiegten. Damit würden sie und ihre Familie in der Stadt beträchtlich an Ansehen gewinnen. Und schließlich gab es eine letzte Erwägung, die meiner Großmutter sehr am Herzen lag: Sie hoffte, daß ihr Vater nunmehr, da er bekommen hatte, was er wollte, ihre Mutter besser behandeln würde.

Frau Yang litt an Epilepsie und meinte daher, sie sei ihrem Mann zu Dank verpflichtet, daß er sie überhaupt geheiratet habe. Sie fügte sich stets allen seinen Wünschen, er hingegen behandelte sie wie Dreck und nahm keinerlei Rücksicht auf ihre Gesundheit. Seit Jahren mäkelte er an ihr herum, weil sie keinen Sohn geboren hatte. Meine Urgroßmutter wurde nach der Geburt meiner Großmutter noch unzählige Male schwanger und hatte eine Reihe von Fehlgeburten, bevor sie im Jahr 1917 ein zweites Kind zur Welt brachte – wieder ein Mädchen.

Mein Urgroßvater wünschte sich sehnlichst, genügend Geld zu haben, um sich Konkubinen leisten zu können. Mit der »Heirat« meiner Großmutter ging dieser Wunsch in Erfüllung. General

Xue verteilte großzügig Verlobungsgeschenke an sämtliche Familienmitglieder, das meiste davon bekam mein Urgroßvater. Die Geschenke waren herrlich, wie es der Position des Generals entsprach.

Am Hochzeitstag wurde meine Großmutter in einer mit reich bestickter roter Seide und Satin ausgeschlagenen Sänfte zu Hause abgeholt. Vor der Sänfte lief eine Prozession mit Bannern, Schmucktafeln und Lampions aus Seide, auf die goldene Phönixe – das erhabenste Symbol für die Frau – gemalt waren. Die Hochzeitszeremonie fand abends, beim Schein roter Lampions statt. Ein Orchester aus Trommeln, Becken und den durchdringenden Blasinstrumenten, die die Chinesen so lieben, spielte lustige Weisen. Bei einer guten Hochzeitsfeier mußte es laut hergehen, denn wenn man leise war, hieß das, daß man etwas zu verbergen hatte. Meine Großmutter trug bunt bestickte Kleider, ein roter Seidenschleier bedeckte Gesicht und Kopf. Später am Abend trugen sie acht Männer in der Sänfte zu ihrem neuen Haus. Im Innern der Sänfte war es stickig heiß, sie schob vorsichtig die Vorhänge ein paar Zentimeter zur Seite und warf einen Blick hinaus. Durch ihren Schleier hindurch sah sie die Leute auf der Straße stehen und die Hochzeitsprozession bestaunen. Das freute sie. Einer gewöhnlichen Konkubine stand weit weniger zu – eine kleine Sänfte mit indigoblauem Tuch ausgekleidet und von nur zwei, höchstens vier Trägern getragen, keine Musik und keine Prozession. Sie hingegen wurde rund um die Stadt getragen und passierte alle vier Stadttore, wie es sich für eine richtige Hochzeitszeremonie gehört. Auf Karren und in riesigen Weidenkörben wurden ihre teuren Hochzeitsgeschenke hinter ihrer Sänfte her gezogen. Nach der Prozession durch die ganze Stadt brachte man sie in ihr Haus, eine weitläufige, elegante Residenz. Meine Großmutter war zufrieden. Sie fand, daß sie durch all den Pomp und die Zeremonie an Prestige und Ansehen gewonnen hatte. Seit Menschengedenken hatte es in Yixian keine vergleichbare Feier mehr gegeben.

General Xue und die örtlichen Würdenträger erwarteten meine Großmutter bereits vor ihrem neuen Haus. In voller Uniform, mit seinen sämtlichen Orden an der Brust war der General eine imposante Erscheinung. Rote Kerzen und glühende Gaslampen erleuchteten den Mittelpunkt des Hauses, das Wohnzimmer, wo das Brautpaar einen feierlichen Kotau vor den Wandtafeln machte, die Himmel und Erde darstellten. Dann verbeugten sie sich voreinander, und meine Großmutter zog sich in das Schlafgemach zurück, während General Xue sich mit den Männern das verschwenderische Bankett schmecken ließ.

General Xue ging drei volle Tage nicht aus dem Haus. Meine Großmutter war glücklich. Sie glaubte, daß sie ihn liebte, und er zeigte ihr in seiner brummigen Art so etwas wie Zuneigung. Aber er sprach kaum mit ihr über wichtige Angelegenheiten, sondern hielt es mit dem alten Sprichwort: »Frauen haben viel auf dem Kopf, aber nur wenig im Kopf.«

Ein chinesischer Mann mußte selbst innerhalb der Familie verschwiegen und erhaben erscheinen. Daher sagte auch sie wenig, massierte nur morgens vor dem Aufstehen seine Füße und spielte ihm abends nach dem Essen auf der *qin* vor. So verstrich eine Woche. Dann erklärte er ihr plötzlich, daß er gehen müsse. Er sagte nicht, wohin er ging, und sie fragte nicht, denn sie wußte, daß sich das nicht gehörte. Es war ihre Pflicht zu warten, bis er wieder zurückkam. Sie mußte volle sechs Jahre warten.

Im September 1924 brach ein Kampf zwischen den beiden größten Fraktionen der verfeindeten Kriegsherren in Nordchina aus. General Xue wurde zum stellvertretenden Kommandanten der Garnison von Beijing ernannt, aber nach einigen Wochen wechselte sein alter Verbündeter, der christliche General Feng, die Seiten. Am 3. November mußte Cao Kun zurücktreten, der Mann, den mein Großvater und General Feng im Jahr zuvor mit auf den Präsidentensessel gehievt hatten. Am selben Tag wurden die Truppen der Garnison von Beijing entlassen, zwei Tage später wurde die Polizeibehörde aufgelöst. General Xue mußte die Hauptstadt fluchtartig verlassen. Er zog sich in eines seiner Häuser in der französischen Konzession Tianjin zurück, das extraterritoriale Immunität genoß, an denselben

Ort, an den auch Präsident Li vor einem Jahr geflohen war, nachdem Xue ihn aus dem Präsidentenpalast gejagt hatte.

Währenddessen hatte auch meine Großmutter unter den neuerlichen Kämpfen zu leiden. Der Nordosten des Landes war für die sich bekämpfenden Armeen der Kriegsherrn von entscheidender Bedeutung. Vor allem die Städte entlang der Eisenbahnlinie, insbesondere Verkehrsknotenpunkte wie Yixian, waren heiß umkämpft. Kurz nach General Xues Abreise erreichten die Auseinandersetzungen die Stadt, direkt vor den Stadtmauern kam es zu offenen Kampfhandlungen. Der Krieg unmittelbar vor der Haustür gehörte von nun an zum täglichen Leben meiner Großmutter. Plünderungen standen auf der Tagesordnung. Eine ausländische Waffenfirma bot den Militärmachthabern an, statt Geld als Bürgschaft für gelieferte, aber nicht bezahlte Ware auch »zur Plünderung freigegebene Dörfer« zu akzeptieren. Vergewaltigungen waren genauso üblich. Wie viele andere Frauen mußte sich auch meine Großmutter das Gesicht mit Asche schwarz bemalen und sich schmutzig und häßlich kleiden. Glücklicherweise kam Yixian dieses Mal weitgehend unbeschadet davon. Die Kampfhandlungen verlagerten sich schließlich mehr in den Süden, und das Leben ging wieder seinen normalen Gang.

»Normal« hieß für meine Großmutter, daß sie sich überlegen mußte, wie sie die Zeit in ihrem riesigen Haus totschlagen konnte. Das Haus war in dem für Nordchina typischen Stil errichtet: Um einen rechteckigen Innenhof war an drei Seiten das Haus gebaut, die vierte Seite, die Südseite, bildete eine zwei Meter hohe Mauer. Von hier aus erreichte man durch ein Mondtor einen äußeren Hof, der wiederum durch ein riesiges Doppeltor mit einem runden Messingtürklopfer abgeschlossen war.

Die Bauweise der Häuser bot Schutz vor den extremen Temperaturschwankungen und dem rauhen Klima dieser Region. Die Winter waren bitterkalt, die Sommer brütendheiß, und dazwischen gab es praktisch keinen Frühling oder Herbst. Im Sommer kletterten die Temperaturen oft weit über dreißig Grad, im

Winter fielen sie dagegen weit unter minus dreißig Grad; hinzu kamen schneidend kalte Winde, die von Sibirien her über die Ebenen der Mandschurei hinwegpeitschten. Staub drang in die Augen und fraß sich den Großteil des Jahres über in die Haut. Die Bewohner der Stadt mußten oft Masken tragen, die Gesicht und Kopf völlig bedeckten. Im Innenhof lagen die Fenster in den Haupträumen nach Süden, damit soviel Sonne wie möglich hereindrang. Die Wände an der Nordseite hingegen mußten dem Wind und dem Staub standhalten.

An der Nordseite des Hauses lagen ein Wohnzimmer und das Schlafzimmer meiner Großmutter, in den Seitenflügeln waren die Zimmer der Dienerschaft und die übrigen Räume untergebracht. Die Fußböden der wichtigsten Räume waren gekachelt, die Holzfenster mit Papier ausgekleidet. Das steile Dach bestand aus glatten schwarzen Ziegeln.

Das Haus war gemessen am örtlichen Standard luxuriös und viel schöner als das ihrer Eltern, aber meine Großmutter fühlte sich einsam und traurig. Sie hatte mehrere Bedienstete, darunter einen Torwächter, einen Koch und zwei Zofen. Sie sollten meine Großmutter nicht nur bedienen, sondern auch bewachen und bespitzeln.

Der Torwächter hatte Anweisung, meine Großmutter unter keinen Umständen allein ausgehen zu lassen. Vor seiner Abreise hatte General Xue meiner Großmutter als warnendes Beispiel erzählt, wie es einer anderen Konkubine in seinem Haushalt ergangen war: Mein Großvater hatte herausgefunden, daß die Konkubine ein Verhältnis mit einem Diener hatte. Er ließ sie aufs Bett fesseln und mit einem Stofftuch knebeln. Dann wurde Spiritus auf das Tuch getropft, und sie erstickte langsam. »Selbstverständlich konnte ich ihr nicht den Gefallen tun und sie eines schnellen Todes sterben lassen. Ihren Ehemann zu betrügen ist das Schlimmste, was eine Frau tun kann«, schärfte der General meiner Großmutter ein. Für einen Mann wie den General war die Hauptschuldige bei einem Treuebruch selbstverständlich immer die Frau. »Den Liebhaber habe ich bloß erschießen lassen«, setzte er beiläufig hinzu. Meine Großmutter

fand nie heraus, ob die Geschichte wirklich stimmte. Aber mit ihren fünfzehn Jahren erschrak sie zu Tode.
Von diesem Augenblick an lebte sie in ständiger Angst. Da sie kaum ausgehen durfte, mußte sie sich eine eigene Welt innerhalb ihrer vier Wände erschaffen. Aber selbst hier war nicht sie die wahre Herrin in »ihrem« Heim, sondern die Diener waren ihre Herrn. Meine Großmutter mußte viel Zeit damit zubringen, die Diener zu umgarnen und ihre Gunst zu gewinnen, damit sie nicht Geschichten über sie erfanden und in Umlauf setzten, was so oft vorkam, daß man es fast schon als unvermeidlich ansah. Sie schützte sich durch großzügige Geschenke und organisierte Mah-jong-Abende, denn von den Gewinnern wurde erwartet, daß sie die Dienerschaft großzügig mit Trinkgeld bedachten.
An Geld fehlte es ihr nie. General Xue ließ ihr regelmäßig über sein Pfandleihhaus Geld zukommen. Der Verwalter brachte jeden Monat die Summe persönlich bei ihr vorbei und sammelte bei dieser Gelegenheit die Rechnungen für die Mah-jong-Abende ein. Mah-jong-Abende waren der übliche Zeitvertreib für Konkubinen in ganz China. Ebenso weit verbreitet war das Opiumrauchen, denn an Opium kam man ohne weiteres heran. Frauen wie meine Großmutter wurden mit Hilfe von Opium zufrieden gehalten – man setzte sie unter Drogen und machte sie abhängig. Viele Konkubinen waren opiumsüchtig, denn mit Opium ertrugen sie ihre Einsamkeit besser. General Xue ermunterte meine Großmutter ebenfalls dazu. Aber sie blieb standhaft.
Nahezu die einzige Gelegenheit, bei der sie das Haus verlassen durfte, war der Besuch der Oper. Abgesehen davon hielt sie sich in ihren vier Wänden auf – jeden Tag und jede Nacht. Sie las viel, vor allem Theaterstücke und Romane, und kümmerte sich um ihre Lieblingsblumen. Draußen im Innenhof zog sie Gartenspringkraut, Hibiskus, Wunderblumen, großblumiges Johanniskraut und Zwergbäume. Neben ihren Pflanzen war eine Katze ihr einziger Trost in dem goldenen Käfig.
Meine Großmutter durfte zwar ihre Eltern besuchen, aber die Diener sahen es nicht gern. Über Nacht durfte sie schon gar

nicht fortbleiben. Obwohl ihre Eltern die einzigen Menschen waren, mit denen sie sprechen konnte, ging sie nur ungern zu ihnen. Ihr Vater war dank der Verbindung mit General Xue zum stellvertretenden Polizeichef befördert worden und hatte Land und Besitz gekauft. Jedesmal, wenn sie ihrem Vater ihr Unglück klagte, hielt er ihr eine Standpauke. Eine anständige Frau unterdrücke ihre Gefühle und habe einzig und allein den Wunsch, ihre Pflicht gegenüber ihrem Ehemann zu erfüllen. Es sei nichts dagegen einzuwenden, wenn sie ihren Ehemann vermisse, das sei sogar in höchstem Maße ehrenswert, aber eine Frau beklage sich nicht. Eine anständige Frau habe keine eigene Meinung, und falls sie wider Erwarten doch eine Meinung habe, solle sie wenigstens nicht so vermessen sein, diese auch noch in die Welt hinauszuposaunen. Er zitierte das alte chinesische Sprichwort: »Wenn du mit einem Huhn verheiratet bist, gehorche dem Huhn. Wenn du mit einem Hund verheiratet bist, gehorche dem Hund.«

Sechs Jahre vergingen. Anfangs kam ab und zu ein Brief von General Xue, dann hörte meine Großmutter nichts mehr von ihm. Mit ihren verkrüppelten Füßen konnte sie ihre nervöse Energie und sexuelle Frustration nicht einmal dadurch abreagieren, daß sie durch das riesige Haus marschierte. In der ersten Zeit trippelte sie im Haus herum und ließ immer wieder in Gedanken das kurze Leben mit ihm Revue passieren, während sie auf eine Nachricht von ihm wartete. Selbst ihre physische und psychische Abhängigkeit erschien ihr auf die Entfernung nicht mehr so schlimm. Sie vermißte ihn sehr, obwohl sie genau wußte, daß sie nur eine von vielen Konkubinen war, die wahrscheinlich überall in China verstreut lebten. Sie hatte sich niemals eingebildet, daß sie den Rest ihres Lebens mit ihm verbringen würde. Trotzdem sehnte sie sich nach ihm, da sie nur durch ihn leben konnte.

Aber aus den Wochen wurden Monate, aus den Monaten Jahre, und ihre Sehnsucht verblaßte allmählich. Sie wurde sich immer mehr bewußt, daß sie für ihn nur ein Spielzeug war, an das er sich wieder erinnern würde, wenn es ihm gefiel. Ihre Unruhe richtete sich nun auf nichts Bestimmtes mehr und wurde in eine Zwangsjacke gesteckt. Wenn sie sich gelegentlich doch wieder regte, fühlte sich meine Großmutter so aufgewühlt, daß sie nicht wußte, was sie mit sich anfangen sollte. Manchmal brach sie bewußtlos zusammen. Seit der Zeit hatte sie ihr Leben lang derartige kurze Anfälle von Bewußtlosigkeit.

Und dann stand ihr »Ehemann« plötzlich wieder vor der Tür, sechs Jahre nachdem er sang- und klanglos aus ihrem Leben verschwunden war. Das Wiedersehen verlief ganz anders, als sie es sich am Anfang ihrer Trennung erträumt hatte. Damals hatte sie sich vorgestellt, daß sie sich ihm vorbehaltlos und leidenschaftlich hingeben würde, aber jetzt war es nur eine erzwungene Pflichterfüllung. Außerdem hatte sie panische Angst, daß sie einen Diener gegen sich aufgebracht haben könnte oder daß die Diener Geschichten über sie in die Welt setzen könnten, um sich beim General beliebt zu machen und sie zu ruinieren. Doch alles ging gut. Der General war mittlerweile über fünfzig und schien sanfter geworden zu sein. Auch wirkte er längst nicht mehr so majestätisch auf sie. Wie sie erwartet hatte, verlor er kein Wort darüber, wo er die ganze Zeit gewesen war, warum er auf einmal verschwunden und warum er jetzt wieder zurückgekommen war. Und sie fragte ihn nicht danach. Abgesehen davon, daß sie nicht der Neugier bezichtigt werden wollte, interessierte es sie auch nicht mehr.

Und dabei war der General die ganzen Jahre über gar nicht weit weg von ihr gewesen. Er hatte das ruhige Leben eines wohlhabenden pensionierten Würdenträgers geführt und mit seiner Frau und den diversen Konkubinen abwechselnd in seinem Haus in Tianjin und auf seinem Landgut in der Nähe von Lulong gelebt. Die Welt, in der er seine Triumphe gefeiert hatte, gehörte allmählich der Vergangenheit an. Die Generalscliquen und ihr Herrschaftssystem hatten abgewirtschaftet. Der größte Teil von China wurde mittlerweile von einer einzigen Macht, der Kuomintang oder den Nationalisten, wie sie auch genannt wurden, unter der Führung von Chiang Kai-shek kontrolliert. Um den endgültigen Bruch mit den verworrenen Verhältnissen der Vergangenheit zu markieren und ein Zeichen für einen Neubeginn in größerer Stabilität zu setzen, verlegte die Kuomintang die Hauptstadt von Beijing (der »Nördlichen Hauptstadt«) nach Nanjing (der »Südlichen Hauptstadt«). Im Jahr 1928 wurde der Herrscher der Mandschurei, Zhang Zuolin oder der »Alte Marschall«, von den Japanern ermordet, die in diesem Gebiet immer mehr Unruhe stifteten. Der Sohn des Alten Marschalls, Zhang Xue-liang oder der »Junge Marschall«, schloß sich der Kuomintang an und vereinte die Mandschurei formell mit dem restlichen China. Dennoch konnte die Kuomintang nie wirklich in der Mandschurei Fuß fassen.

General Xues zweiter Besuch bei meiner Großmutter dauerte nicht viel länger als sein erster. Wie beim ersten Mal erklärte er ihr nach ein paar Tagen aus heiterem Himmel, daß er gehen werde.

In der Nacht vor seiner Abreise bat er sie, mit ihm in Lulong zu leben. Meine Großmutter erschrak zu Tode. Wenn er ihr befahl, mit ihm zu gehen, würde sie wie eine Gefangene mit seiner Frau und den anderen Konkubinen unter einem Dach leben müssen. Bei diesem Gedanken erfaßte sie eine Welle von Panik. Sie massierte seine Füße und bat ihn sanft, er möge sie in Yixian wohnen lassen. Sie sagte ihm, wie nett sie es gefunden habe, daß er ihren Eltern versprochen habe, sie ihnen nicht wegzunehmen. Sie erinnerte ihn daran, daß es ihrer Mutter gesundheitlich nicht gut gehe. Meine Urgroßmutter hatte vor kurzem ihr drittes Kind zur Welt gebracht, den langersehnten Sohn. Meine Großmutter sagte, sie wolle ihren Eltern eine treusorgende Tochter sein und gleichzeitig selbstverständlich ihrem Ehemann und Herrn zu Diensten stehen, wann immer es ihm beliebe, Yixian mit seiner Anwesenheit zu beehren. Am nächsten Tag packte sie seine Sachen, und er reiste alleine ab. Bei seiner Abreise überhäufte er sie übrigens genau wie bei seiner Ankunft mit Schmuck aus Gold, Silber, Jade, Perlen und Diamanten. Wie viele Männer seines Schlages glaubte er, daß er damit das Herz einer Frau gewinnen könnte. Für eine Frau wie meine Großmutter war ihr Schmuck die einzige Versicherung.

Wenig später merkte meine Großmutter, daß sie schwanger war. Am siebzehnten Tag des dritten Mondes im Jahr 1931 brachte sie ein Mädchen zur Welt, meine Mutter. Sie informierte General Xue in einem Brief von dem Ereignis. Er schrieb zurück, sie solle das Mädchen Bao Qin nennen und zusammen mit ihrer Tochter nach Lulong kommen, sobald sie beide kräftig genug seien.

Meine Großmutter freute sich unbeschreiblich über ihr Baby. Endlich hatte ihr Leben einen Sinn, und sie überschüttete ihre Tochter mit ihrer Liebe und ihrer Energie. Ein Jahr ging ins Land. General Xue hatte sie mehrmals aufgefordert, nach Lulong zu kommen, aber sie hatte die Abreise jedesmal mit einem anderen Vorwand hinauszögern können. Im Hochsommer des Jahres 1932 traf ein Telegramm ein, in dem es hieß, General Xue sei ernstlich erkrankt und wünsche sie und ihre gerade einjährige Tochter unverzüglich zu sehen. Der Tonfall des Telegramms war so, daß sie dieses Mal keine Ausflüchte vorzubringen wagte.

Lulong lag über dreihundert Kilometer von Yixian entfernt, und da meine Großmutter nie aus ihrer Heimatstadt herausgekommen war, wurde die Reise ein großes Unternehmen. Das Reisen mit gebundenen Füßen war extrem beschwerlich. Sie konnte kaum Gepäck tragen, schon gar nicht mit einem kleinen Kind auf dem Arm. Daher beschloß sie, ihre vierzehnjährige Schwester Yulan, genannt »Lan«, mitzunehmen.

Die Reise war ein Abenteuer. In der Mandschurei hatte es erneut schwere Erschütterungen gegeben. Im September 1931 hatte Japan, das schon seit längerem seinen Einfluß in diesem Gebiet immer mehr verstärkte, eine großangelegte Invasion in die Mandschurei begonnen. Am 6. Januar 1932 hatten japanische Truppen Yixian besetzt. Zwei Monate später proklamierte Japan die Errichtung eines neuen Staates namens Mandschukuo (»Land der Mandschu«), der einen Großteil des Nordostens von China umfaßte (ein Gebiet so groß wie Frankreich und

Deutschland zusammen). Die Japaner behaupteten, Mandschukuo sei ein unabhängiger Staat, aber in Wirklichkeit war Mandschukuo eine Marionette Tokios. Als Staatsoberhaupt setzten die Japaner den Mann ein, der als Kind der letzte Kaiser von China gewesen war, Pu Yi. Zuerst lautete sein Titel Staatspräsident, im Jahr 1934 wurde er zum Kaiser von Mandschukuo ernannt. All das berührte meine Großmutter nicht sonderlich, da sie kaum Kontakt zur Außenwelt hatte. Den meisten Menschen war es sowieso egal, von wem sie regiert wurden, man fragte sie ja auch nicht nach ihrer Meinung. Für viele war Pu Yi der natürliche Herrscher, ein Mandschu-Kaiser, der rechtmäßige Sohn des Himmels. Zwanzig Jahre nach Errichtung der Republik gab es noch immer keine geeinte Nation, die eine republikanische Regierung als Nachfolgerin des Kaisers hätte einsetzen können, und die Menschen in der Mandschurei hatten keine rechte Vorstellung davon, was es hieß, Bürger eines Staatsgebildes namens »China« zu sein.

An einem heißen Sommertag im Jahr 1932 bestiegen meine Großmutter, ihre Schwester und meine Mutter in Yixian den Zug in südlicher Richtung. Bei der Stadt Shanhaiguan, wo die Große Mauer von den Bergen herab zum Meer verläuft, verließen sie die Mandschurei. Der Zug tuckerte die Küstenebene entlang, und meine Großmutter bemerkte, daß sowohl die Landschaft als auch die Beschaffenheit des Bodens sich veränderten. Hier gab es nicht mehr den kargen, braungelben Boden der flachen Hochebenen der Mandschurei, sondern dunkles, fruchtbares, im Vergleich zum Nordosten geradezu üppig bewachsenes Land. Kurz nachdem sie die Große Mauer passiert hatten, verlief die Bahnlinie weiter ins Landesinnere. Eine Stunde später hielt der Zug in Changli, vor einem Bahnhof mit einem grünen Dach. Hier stiegen sie aus. Der Bahnhof sah aus wie ein Bahnhof in Sibirien.

Meine Großmutter mietete einen Pferdewagen und verließ damit die Stadt in nördlicher Richtung. Eine holprige und sehr staubige Straße führte zu General Xues Villa rund dreißig Kilometer von Changli entfernt, vor den Toren einer kleinen Stadt namens Yanheying. Dieses Städtchen war einst ein wichtiges Militärlager gewesen, in dem die Mandschu-Kaiser und ihr Hof häufig residierten. Daher hieß die Straße, die dorthin führte, hochtrabend »Kaiserstraße«. Sie war von Pappeln gesäumt, deren hellgrüne Blätter in der Sonne glänzten, dahinter erstreckten sich riesige Pfirsichplantagen, denn Pfirsiche gediehen in dem sandigen Boden gut. Doch meine Großmutter hatte keinen Blick für die Schönheiten der Landschaft. Sie war über und über mit Staub bedeckt und von der Fahrt auf der holprigen Straße völlig durchgeschüttelt. Vor allem aber quälte sie die Ungewißheit, was sie wohl am Ende der Fahrt erwarten würde. Sie war vom Anblick des Landhauses überwältigt. Zwei bewaffnete Männer bewachten das riesige Eingangstor, reglos standen sie neben den riesigen sitzenden Löwen, die den Eingang rechts und links flankierten. An acht steinernen Statuen konnte man die Pferde festbinden: Vier stellten Elefanten dar, vier Affen. Diese Tiere hatte man nicht zufällig ausgesucht. Das chinesische Wort für »Elefant« wird genauso ausgesprochen wie das Wort für »hohes Amt« *(xiang)*, dasselbe gilt für die Worte »Affe« und »Adel« *(hou)*. Als der Wagen durch das äußere Tor in einen Innenhof fuhr, starrte meine Großmutter auf eine hohe kahle Mauer. An einer Seite dieser Mauer war ein zweites Tor. Diese Art Schutzmauer gehörte zum klassischen chinesischen Baustil und erfüllte zwei Funktionen. Zum einen schützte sie den Besitz vor den neugierigen Blicken von Fremden, zum anderen konnten Angreifer nicht direkt durch das vordere Tor schießen oder in den Wohnbereich stürmen.

Sobald sie das innere Tor passiert hatten, tauchte ein Diener neben meiner Großmutter auf und nahm ihr mit einer entschiedenen Geste ihr Kind ab. Ein anderer Diener führte sie über ein paar Stufen hinauf in das Empfangszimmer von General Xues Ehefrau. In dem Empfangszimmer fiel meine Großmutter sofort auf die Knie und verbeugte sich tief. »Ich grüße dich, meine Herrin«, sagte sie, wie es die Etikette von ihr verlangte. Die Schwester meiner Großmutter wurde der Ehefrau erst gar nicht vorgestellt, sie mußte draußen vor der Tür warten wie eine

Dienerin. Das war nicht persönlich gemeint: Die Verwandten einer Konkubine gehörten nicht zur Familie. Nachdem meine Großmutter sich angemessen lange vor der Frau von General Xue verbeugt hatte, forderte diese sie auf, sich zu erheben. General Xues Ehefrau benutzte dabei eine Form der Anrede, die sofort klarstellte, welchen Platz sie meiner Großmutter in der Hierarchie des Hauses zuwies. Sie stand als Unter-Geliebte einer höhergestellten Zofe näher als einer Ehefrau.

Die Frau des Generals forderte meine Großmutter auf, sich zu setzen. Meine Großmutter mußte sich im Bruchteil einer Sekunde entscheiden. In einem traditionellen chinesischen Haushalt zeigt der Sitzplatz eines jeden seine Stellung innerhalb der Hierarchie des Hauses. General Xues Frau saß an der Nordwand des Raumes, zur Südseite blickend, wie es einer Person in ihrer Stellung gebührte. Neben einem kleinen Beistelltisch stand an der Nordwand ein zweiter Stuhl. Das war der Sitzplatz des Generals, ebenfalls mit Blick auf die Südseite des Zimmers. An den anderen beiden Seiten des Raumes standen jeweils zwei Reihen von Stühlen für Leute in unterschiedlicher Stellung. Meine Großmutter ging in gebeugter Haltung rückwärts und setzte sich auf einen Stuhl in unmittelbarer Nähe der Tür. Damit demonstrierte sie Bescheidenheit. Die Frau des Generals forderte sie auf, näher zu kommen, aber nur ein wenig. Von ihr erwartete man, daß sie sich großzügig zeigte.

Sobald meine Großmutter sich gesetzt hatte, eröffnete ihr die Ehefrau, daß sie von nun an die Erziehung ihrer Tochter übernehmen werde. Das Kind müsse fortan zu ihr »Mutter« sagen und nicht mehr zu meiner Großmutter. Für meine Großmutter sei das Kind künftig die junge Herrin des Hauses, und sie habe sich dementsprechend zu verhalten.

Eine Zofe wurde gerufen, sie führte meine Großmutter hinaus. Meiner Großmutter brach fast das Herz, aber sie nahm sich zusammen, bis sie in ihrem Zimmer war. Erst dann ließ sie ihren Tränen freien Lauf. Sie hatte immer noch rote Augen, als man sie zu General Xues Konkubine Nummer zwei führte. Sie war seine Favoritin und verwaltete den Haushalt. Konkubine Nummer zwei war hübsch und hatte feine Gesichtszüge. Zur Überraschung meiner Großmutter behandelte Konkubine Nummer zwei sie recht freundlich, aber meine Großmutter blieb trotzdem auf Distanz. Wie gerne hätte sie der anderen Frau ihr Leid geklagt und sich ihr weinend an die Brust geworfen, aber sie spürte instinktiv, daß Vorsicht geboten war.

Später führte man meine Großmutter zu ihrem »Ehemann« und erlaubte ihr, das Kind mitzunehmen. Der General lag auf einem *kang*, einem der in Nordchina gebräuchlichen beheizbaren Betten. Ein *kang* ist genaugenommen ein großer rechteckiger Aufbau, der ungefähr sechzig Zentimeter über einem Backsteinofen angebracht ist und von unten beheizt wird. Zwei Konkubinen oder Zofen knieten auf dem Bett und massierten dem ausgestreckt daliegenden General Beine und Bauch. General Xue sah sehr schlecht aus. Er hatte die Augen geschlossen. Meine Großmutter ging auf ihn zu, beugte sich über das Bett und rief leise seinen Namen. Er schlug die Augen auf und zwang sich zu einem gequälten Lächeln. Meine Großmutter setzte meine Mutter aufs Bett und sagte: »Das ist Bao Qin.« Der General strich dem Kind mit seiner schwachen Hand über den Kopf, schon diese Bewegung schien ihn sehr anzustrengen. Mühsam brachte er hervor: »Bao Qin ist ganz nach ihrer Mutter geraten. Sie ist sehr hübsch.« Dann schloß er die Augen wieder. Meine Großmutter rief mehrfach seinen Namen, aber seine Augen blieben geschlossen. Sie begriff, daß er sehr krank war und vielleicht sogar im Sterben lag. Sie hob meine Mutter aus dem Bett und drückte sie an sich. Aber sie hatte nur wenig Zeit, ihre Tochter im Arm zu halten und nachzudenken, denn bald zupfte die Ehefrau des Generals, die die ganze Zeit dabeigestanden hatte, ungeduldig an ihrem Ärmel. Draußen vor der Tür schärfte die Ehefrau meiner Großmutter ein, den Herrn und Meister ja nicht zu oft zu stören. Am besten sollte sie in ihrem Zimmer bleiben und warten, bis sie gerufen werde.

Meine Mutter hatte schreckliche Angst. Als Konkubine waren ihre Zukunft und die ihrer Tochter vollkommen ungewiß, vielleicht schwebten sie sogar in Lebensgefahr. Sie hatte keinerlei

Rechte, wenn der General starb, hing ihr Leben von der Gunst seiner Ehefrau ab. Die Ehefrau konnte mit ihr machen, was sie wollte, sie konnte meine Großmutter an einen reichen Mann verkaufen oder an ein Bordell, was häufig vorkam. Dann würde meine Großmutter ihre Tochter nie mehr zu Gesicht bekommen. Sie wußte, daß sie und ihre Tochter so schnell wie möglich fliehen mußten.

Als sie wieder in ihrem Zimmer war, versuchte sie verzweifelt, sich wieder zu beruhigen. Sie mußte ihre Flucht planen. Aber sie konnte keinen klaren Gedanken fassen, es war, als ob alles Blut sich in ihrem Kopf sammelte. Ihre Beine wollten sie nicht tragen, sie mußte sich an den Möbeln festhalten, sonst wäre sie gestürzt. Sie brach zusammen und weinte wieder – diesmal zum Teil aus Wut, weil ihr kein Ausweg einfiel. Die Vorstellung, daß der General jeden Moment sterben könnte und sie für immer eine Gefangene wäre, war am schlimmsten.

Nach und nach bekam sie ihre Nerven unter Kontrolle und zwang sich, klar zu denken. Sie stellte sich das Landhaus genau vor und erkundete es mit ihrem geistigen Auge Zentimeter für Zentimeter. Das Gelände war in mehrere weitläufige Innenhöfe unterteilt und von hohen Mauern umgeben. Selbst der Garten war mehr nach Sicherheitserwägungen als nach ästhetischen Gesichtspunkten angelegt. Zwar gab es ein paar Zypressen, Birken und Winterpflaumen, aber kein Baum stand in der Nähe der Mauer. Um potentiellen Angreifern keine Deckung zu geben, waren nicht einmal größere Sträucher gepflanzt worden. Zwei Türen führten aus dem Garten hinaus, sie waren mit schweren Schlössern gesichert, und das Eingangstor wurde rund um die Uhr von bewaffneten Männern bewacht.

Meine Großmutter durfte das Gelände innerhalb der Mauern nicht verlassen. Ihren Ehemann konnte sie täglich einmal besuchen, aber nie allein. Zusammen mit anderen Konkubinen durfte sie an seinem Bett vorbeidefilieren und flüstern: »Ich grüße dich, mein Meister.«

In der Zwischenzeit versuchte sie, sich ein Bild von den wichtigsten Personen im Haushalt des Generals zu machen. Nach der

Ehefrau rangierte Konkubine Nummer zwei an zweiter Stelle. Meine Großmutter merkte, daß diese die Dienerschaft angewiesen hatte, sie zuvorkommend zu behandeln, was ihre Situation erheblich erleichterte. In einem Haushalt wie diesem richtete sich das Verhalten der Diener danach, welche Stellung ein jeder in der Hierarchie des Haushaltes bekleidete. Die Mächtigen wurden umworben und die in Ungnade Gefallenen tyrannisiert. Die Konkubine Nummer zwei hatte eine Tochter, die wenig älter war als meine Mutter. Das war ein weiteres Band zwischen den beiden Frauen und ein Grund, warum die Konkubine so hoch in der Gunst des Generals stand, denn die beiden Mädchen waren seine einzigen Kinder.

Nach einem Monat hatten sich die beiden Konkubinen miteinander angefreundet. Meine Großmutter suchte die Frau des Generals auf und sagte ihr, sie müsse nach Hause fahren und Kleider holen. Die Ehefrau erlaubte es ihr. Meine Großmutter fragte, ob sie meine Mutter mitnehmen dürfe, damit sie sich von ihren Großeltern verabschieden könne. Die Ehefrau lehnte ab. Kein Nachkomme des Generals durfte das elterliche Haus verlassen.

Und so stieg meine Großmutter allein in die wartende Kutsche und fuhr die staubige Straße nach Changli hinab. Sobald der Kutscher sie vor dem Bahnhof abgesetzt hatte, fragte sie die herumstehenden Männer, ob jemand sie nach Lulong bringen könne.

Schließlich fand sie zwei Reiter, die bereit waren, ihr zwei Pferde zu vermieten. Sie wartete, bis es dunkel war, und ritt dann auf einer Abkürzung nach Lulong zurück. Ein Reiter hob sie in den Sattel, packte die Zügel ihres Pferdes und ritt mit dem anderen Pferd voraus.

Am Landhaus angekommen, schlich sie zur hinteren Seite des Gartens und machte ein vorher vereinbartes Zeichen. Nach einer Wartezeit, die ihr wie eine Stunde vorkam, tatsächlich aber nur wenige Minuten gedauert hatte, öffnete sich die Tür, und ihre Schwester trat mit meiner Mutter auf dem Arm heraus. Die freundliche Konkubine hatte die Tür aufgeschlossen und sie danach mit einer Axt eingeschlagen, damit es so aussah, als wäre sie mit Gewalt geöffnet worden.

Meine Großmutter hatte kaum Zeit, meine Mutter in die Arme zu schließen. Außerdem wollte sie die Kleine nicht aufwecken, denn wenn sie anfing zu weinen, würden die Wachen auf sie aufmerksam werden. Meine Großmutter und ihre Schwester setzten sich auf die beiden Pferde, einer der beiden Reiter nahm meine Mutter auf den Arm. Dann ritten sie hinaus in die Nacht. Die beiden Reiter trieben die Tiere an, denn meine Großmutter hatte sie gut bezahlt. Beim Morgengrauen waren sie wieder in Changli, und noch bevor man ihre Flucht bemerkt hatte, saßen sie im Zug nach Norden. Als der Zug bei Einbruch der Dunkelheit in Yixian eintraf, fiel meine Großmutter erleichtert zu Boden und blieb dort lange Zeit reglos liegen.

Hier waren sie einigermaßen in Sicherheit. Über dreihundert Kilometer trennten sie von Lulong und dem Haushalt des Generals. Aus Angst vor der Dienerschaft konnte sie meine Mutter nicht mit sich nehmen. Sie ging zu einer alten Schulfreundin und bat sie, meine Mutter bei sich zu verstecken. Die Freundin lebte im Haus ihres Schwiegervaters, eines Mandschu-Arztes namens Dr. Xia. Er war als freundlicher Mann bekannt, der niemals jemandem einen Gefallen abschlug oder einen Freund im Stich ließ. Die Familie des Generals würde sich nicht die Mühe machen, eine Konkubine zu verfolgen, aber auf ein leibliches Kind des Generals, meine Mutter, würden sie nicht verzichten. Meine Großmutter schickte ein Telegramm nach Lulong und teilte mit, daß meine Mutter auf der Reise krank geworden und gestorben sei. Lange Zeit hörte sie nichts aus Lulong. Sie schwankte zwischen Hochgefühl und panischer Angst. Nichts geschah. Manchmal glaubte sie, daß die Familie ihr die Geschichte abgenommen hatte, dann wieder fürchtete sie, daß sie Banditen ausgeschickt hatten, um sie oder ihre Tochter zurückzuholen. Schließlich tröstete sie sich mit dem Gedanken, daß die Familie Xue viel zu sehr mit dem bevorstehenden Ableben des Generals beschäftigt war, um irgendwelche Energien auf sie zu verschwenden, und daß es wahrscheinlich für alle Beteiligten in Lulong von Vorteil war, wenn sie ihre Tochter nicht um sich hatten.

Als meine Großmutter sicher war, daß sie von der Familie Xue nichts mehr zu befürchten hatte, holte sie meine Mutter wieder zu sich. Sie nahm nicht einmal mehr Rücksicht auf die Diener, denn sie wußte, daß General Xue nicht mehr wiederkommen würde. Ein Jahr lang hörte sie nichts aus Lulong. Dann traf an einem Herbsttag des Jahres 1933 ein Telegramm ein. General Xue war tot, sie sollte unverzüglich zur Beerdigung nach Lulong kommen.

Der General war im September in Tianjin gestorben. Sein Leichnam wurde in einem lackierten Sarg, der mit einem rotbestickten Seidentuch bedeckt war, zurück nach Lulong gebracht. Zusammen mit dem Sarg des Generals kamen zwei weitere Särge in Lulong an. Einer davon sah genauso aus wie der des Generals und war in dasselbe rote Seidentuch gehüllt, der andere war ein einfacher Holzsarg und nicht verhüllt. Der erste Sarg barg die sterblichen Überreste einer Konkubine, die eine Überdosis Opium genommen hatte, um dem General in den Tod zu folgen. Dies galt damals als der Gipfel ehelicher Treue. Später fertigte der berühmte Kriegsherr Wu Pei-fu dieser Konkubine zu Ehren eine Gedenktafel an, die in der Villa aufgehängt wurde. Der andere Sarg enthielt die sterblichen Überreste einer anderen Konkubine, die zwei Jahre zuvor an Typhus gestorben war. Man hatte ihren Leichnam exhumiert, um auch sie dem Brauch gemäß an der Seite des Generals zu beerdigen. Ihr Sarg war aus schlichtem Holz, weil sie an einer furchtbaren Krankheit gestorben war, das galt als böses Omen. Man hatte Quecksilber und Kohle in die Särge gestreut, damit die Leichen nicht verwesten, außerdem hatte man den Toten Perlen in den Mund gesteckt.

General Xue und die beiden Konkubinen wurden im selben Grab beigesetzt. Nach altem Brauch würden auch seine Frau und die anderen Konkubinen nach ihrem Tod an seiner Seite bestattet werden. Bei einem Begräbnis gab es ein sehr wichtiges Ritual: Man mußte ein bestimmtes Banner halten, um den Geist des Verstorbenen anzurufen. Das war normalerweise die Aufgabe des Sohnes des Verstorbenen. Da der General keinen Sohn hatte, adoptierte seine Frau seinen zehnjährigen Neffen. Der Neffe mußte auch ein zweites sehr wichtiges Ritual durchführen. Er kniete neben einer Seite des Sarges und rief: »Nimm dich in acht vor den Nägeln!« Die Chinesen glauben, daß der Tote sich an den Sargnägeln verletzen könnte, wenn man dieses Ritual nicht befolgte.

General Xue hatte selbst nach den Prinzipien der Geomantie den Ort ausgesucht, an dem sein Leichnam zur letzten Ruhe gebettet werden sollte. Die Grabstätte befand sich an einem herrlich ruhig gelegenen Fleckchen Erde. Im Rücken hatte er in einiger Entfernung die Berge des Nordens, vorne, zur Südseite hin, floß inmitten von Eukalyptusbäumen ein Fluß vorbei. Dieser Ort drückte aus, daß er Starkes und Verläßliches hinter sich wissen wollte, woran man sich anlehnen kann – die Berge. Vor sich hatte er die herrliche Sonne, das Symbol für wachsendes Wohlergehen.

Aber meine Großmutter bekam die Ruhestätte des Generals nie zu Gesicht, denn sie ging nicht zu seiner Beerdigung. Schon bald erschien der Verwalter des Pfandleihhauses nicht mehr mit den monatlichen Unterhaltszahlungen. Ungefähr eine Woche später bekamen ihre Eltern einen Brief von General Xues Witwe. Mit seinen letzten Worten hatte mein Großvater meiner Großmutter die Freiheit geschenkt, für damalige Verhältnisse eine sehr großzügige Geste. Meine Großmutter konnte ihr Glück kaum fassen. Mit vierundzwanzig Jahren war sie endlich frei.

KAPITEL 2

*»Auch klares kaltes
Wasser schmeckt süß«*

*Meine Großmutter heiratet
einen mandschurischen Arzt
(1933-1938)*

In dem Brief forderte die Ehefrau von General Xue gleichzeitig die Eltern meiner Großmutter auf, ihre Tochter wieder zu sich zu nehmen. Die Ehefrau drückte sich zwar, wie es den Konventionen entsprach, sehr vorsichtig aus, aber es war klar, daß meine Großmutter das Haus verlassen mußte, das der General für sie gekauft hatte.

Ihr Vater nahm sie zwar wieder in seinem Hause auf, aber nur höchst widerwillig. Inzwischen hatte er es nicht mehr nötig, den treusorgenden Familienvater zu spielen. Seit seine Tochter General Xue geheiratet hatte, war er gesellschaftlich aufgestiegen. Man hatte ihn zum stellvertretenden Polizeichef von Yixian befördert, damit gehörte er endlich zu den wichtigen Leuten am Ort mit den richtigen Beziehungen. Überdies war er relativ wohlhabend, er hatte Land gekauft und das Opiumrauchen angefangen.

Sofort nach seiner Beförderung schaffte er sich eine Konkubine an, eine Mongolin, die ihm sein unmittelbarer Vorgesetzter schenkte. Einem aufstrebenden Kollegen eine der eigenen Konkubinen zu schenken, war damals durchaus üblich, und der örtliche Polizeichef schätzte sich nur zu glücklich, daß er einem Günstling von General Xue einen Gefallen tun konnte. Aber mein Urgroßvater begann schon bald, Ausschau nach einer weiteren Konkubine zu halten. Für einen Mann in seiner Position war es gut, wenn er möglichst viele Konkubinen hatte, das

bewies, daß er mächtig und reich war. Er mußte nicht lange suchen, denn seine Konkubine hatte eine Schwester.
In den zehn Jahren, die meine Großmutter von zu Hause weg gewesen war, hatte sich somit einiges verändert. Jetzt lebte dort nicht nur ihre unglückliche, mit Füßen getretene Mutter, sondern zum Haushalt gehörten insgesamt drei Ehefrauen. Eine der beiden Konkubinen hatte meinem Urgroßvater eine Tochter geboren, die genauso alt war wie die Tochter meiner Großmutter. Die Schwester meiner Großmutter, Lan, war bereits sechzehn und immer noch nicht verheiratet, was meinem Urgroßvater großen Kummer bereitete.
Meine Großmutter war von einem Intrigennetz in das nächste geraten. Ihr Vater war wütend auf sie und auf ihre Mutter, wenn auch jeweils aus unterschiedlichen Gründen. Er verwünschte seine Frau und hätte sie am liebsten tot gesehen. Er behandelte sie eher noch unfreundlicher als vorher und bevorzugte seine Konkubinen. Mit den beiden nahm er seine Mahlzeiten ein, während seine Frau allein essen mußte. Meiner Großmutter nahm er übel, daß sie wieder in sein Haus zurückgekehrt war und seinen neuen Haushalt durcheinanderbrachte.
Und er hatte noch aus einem weiteren Grund etwas gegen sie. Sie galt als Unglücksbringerin, weil sie ihren Ehemann verloren hatte, denn Witwen wurden aufgrund eines Aberglaubens für den Tod ihres Mannes verantwortlich gemacht. Mein Urgroßvater fürchtete, meine Großmutter könnte ihm Unglück bringen, und deshalb wollte er sie so schnell wie möglich wieder aus dem Haus haben.
Die beiden Konkubinen hetzten ihn noch weiter auf, denn vor der Rückkehr meiner Großmutter hatten sie mehr oder weniger im Haus regiert. Meine Urgroßmutter war ein sanfter, ja ein schwacher Mensch. Obwohl sie theoretisch über den Konkubinen stand, war sie völlig von den Launen der beiden abhängig. 1930 hatte sie einen Sohn, Yu-lin, zur Welt gebracht. Damit war die Zukunft der beiden Konkubinen gefährdet, denn beim Tod meines Urgroßvaters ging sein gesamter Besitz automatisch an seinen Sohn über. Sie gerieten außer sich vor Wut, wenn er

zärtlich zu seinem Sohn war. Seit Yu-lins Geburt hatten sie den Nervenkrieg gegen meine Urgroßmutter noch verschärft und machten ihr das Leben im eigenen Hause zur Hölle. Sie nörgelten und kritisierten ständig an ihr herum, nie hörte sie ein gutes Wort von den beiden, und sie schauten sie immer nur mit bösen Blicken an. Mein Urgroßvater behandelte sie auch nach der Geburt des Stammhalters nicht besser. Er hatte ständig etwas Neues an ihr auszusetzen.

Meine Großmutter war eine resolutere Frau als ihre Mutter, und das Leid der vergangenen zehn Jahre hatte sie noch härter gemacht. Sogar ihr Vater hatte ein bißchen Angst vor ihr. Sie hatte sich vorgenommen, daß sie sich von ihrem Vater nichts mehr vorschreiben lassen wollte und daß sie für sich und ihre Mutter kämpfen würde. Solange sie im Hause war, nahmen sich die beiden Konkubinen zusammen und rangen sich zuweilen sogar ein heuchlerisches Lächeln ab.

In dieser Umgebung verbrachte meine Mutter die prägenden Jahre von ihrem zweiten bis zum vierten Lebensjahr. Obwohl die Liebe ihrer Mutter sie beschützte, entging ihr die auf dem Hause lastende Spannung nicht.

Meine Großmutter war mittlerweile eine schöne junge Frau Mitte Zwanzig. Nach dem chinesischen Wertekanon war sie sehr begehrenswert, und mehrere Männer hatten bei ihrem Vater um ihre Hand angehalten. Da sie aber eine ehemalige Konkubine war, wollten nur Männer aus ärmlichen Verhältnissen sie zur Ehefrau nehmen, und arme Bewerber hatten bei Herrn Yang von vornherein keine Chance.

Meine Großmutter hatte von dem durch Bosheit und Mißgunst geprägten Leben der Konkubinen ein für allemal genug. In dieser Welt gab es nur zwei Möglichkeiten: Entweder wurde man das Opfer, oder man machte andere zum Opfer. Ihr einziger Wunsch war, ihre Tochter in Ruhe und Frieden großzuziehen.

Ihr Vater drängte sie ständig, wieder zu heiraten, manchmal in Form von unfreundlichen Andeutungen, manchmal erklärte er ihr geradeheraus, sie solle ihm nicht länger auf der Tasche liegen. Aber sie konnte nirgendwo hingehen, sie durfte auch nicht arbeiten. Nach einiger Zeit hielt sie den Druck nicht mehr aus und erlitt einen Nervenzusammenbruch.

Ein Arzt wurde gerufen. Es war Dr. Xia, der Arzt, bei dem meine Großmutter vor drei Jahren nach der Flucht aus dem Haus von General Xue ihre Tochter versteckt hatte. Obwohl meine Großmutter mit seiner Schwiegertochter befreundet war, hatte Dr. Xia sie bis dahin noch nie gesehen, denn die Geschlechter lebten damals streng getrennt. Als er jetzt ihr Zimmer betrat, war er so überwältigt von ihrer Schönheit, daß er auf der Stelle kehrt machte und dem verdutzten Diener erklärte, er fühle sich nicht wohl. Nach einer Weile hatte er sich wieder gefaßt, und er setzte sich zu meiner Großmutter und sprach lange mit ihr. Er war der erste Mann, dem sie ihre wahren Gefühle anvertrauen konnte. Sie schüttete ihm ihr Herz aus, erzählte ihm von ihrem Kummer und ihren Hoffnungen, blieb dabei jedoch zurückhaltend, wie es sich für eine Frau geziemte, die mit einem Mann sprach, der nicht ihr Ehemann war. Der Doktor war freundlich und liebenswürdig. Meine Großmutter hatte sich noch nie zuvor von einem anderen Menschen so gut verstanden gefühlt. Sie verliebten sich ineinander, und Dr. Xia machte ihr einen Heiratsantrag. Er bat sie, seine Ehefrau zu werden, und wollte ihre Tochter wie sein eigenes Kind aufziehen. Meine Großmutter nahm seinen Antrag mit Freudentränen in den Augen an. Auch mein Urgroßvater war glücklich, beeilte sich jedoch darauf hinzuweisen, daß er meiner Großmutter keine Mitgift werde zahlen können. Dr. Xia beruhigte ihn und sagte, das spiele für ihn überhaupt keine Rolle.

Dr. Xia hatte sich eine große Praxis in traditioneller chinesischer Heilkunst aufgebaut und genoß einen hervorragenden Ruf. Er war kein Han-Chinese wie die Yangs und die meisten Menschen in China, sondern Mandschu, ein Angehöriger der Urbevölkerung der Mandschurei. Dr. Xias Vorfahren waren einst sogar Hofärzte der Mandschu-Kaiser gewesen und für ihre Dienste ausgezeichnet worden.

Dr. Xia war nicht nur als hervorragender Arzt bekannt, sondern auch als ein sehr freundlicher Mann, der Arme oft kostenlos behandelte. Er war sehr groß, über einsachtzig, bewegte sich aber dennoch sehr elegant. Er trug stets die traditionellen langen schwarzen Gewänder und eine Chinesenjacke. Er hatte sanfte braune Augen, einen Spitzbart und einen herabhängenden Schnauzer. Sein Gesicht und seine gesamte Haltung strahlten Ruhe aus.

Dr. Xia war bereits ein alter Mann, als er um die Hand meiner Großmutter anhielt. Er war fünfundsechzig, verwitwet und hatte drei erwachsene Söhne und eine Tochter, die alle verheiratet waren. Seine drei Söhne lebten mit ihm unter einem Dach. Der älteste kümmerte sich um den Haushalt und den Hof der Familie, der zweite arbeitete in der Praxis seines Vaters mit, und der dritte, der die Schulfreundin meiner Großmutter geheiratet hatte, war Lehrer. Von seinen drei Söhnen hatte Dr. Xia insgesamt acht Enkelkinder, eines davon war bereits selbst verheiratet und hatte einen Sohn.

Dr. Xia rief seine Söhne zu sich in sein Arbeitszimmer und informierte sie über die geplante Heirat. Die Söhne warfen sich ungläubige, vielsagende Blicke zu. Lange Zeit schwiegen sie. Dann begann der älteste Sohn: »Ich nehme an, Vater, du möchtest sie zu deiner Konkubine machen.« Aber sein Vater erwiderte, daß er sie zur rechtmäßigen Ehefrau nehmen wolle. Das hatte weitreichende Auswirkungen für die drei Söhne, denn dadurch wurde meine Großmutter ihre Stiefmutter. Sie wurde automatisch als Altersgenossin ihres Mannes betrachtet und mußte genauso respektvoll behandelt werden wie er. In jedem chinesischen Haushalt war die jüngere Generation der älteren gegenüber zu besonderer Ehrerbietung verpflichtet, aber in Dr. Xias Haushalt galt die noch um einiges kompliziertere Mandschu-Etikette. Die jüngere Generation mußte der älteren jeden Morgen und jeden Abend ihre Ehrerbietung erweisen, die Männer taten dies kniend, die Frauen mit einem Knicks. An Festtagen wurde von den männlichen Familienmitgliedern sogar ein Kotau verlangt. Die Tatsache, daß meine Großmutter eine Konkubine gewesen war, und der Altersunterschied – meine Großmutter war ja beträchtlich jünger als Dr. Xias Kinder – waren zuviel für die Söhne.

Sie berieten sich mit den übrigen Familienmitgliedern und steigerten sich dabei in eine maßlose Wut hinein. Selbst die alte Schulfreundin meiner Großmutter war aufgebracht, denn die Eheschließung zwischen ihrer Freundin und ihrem Schwiegervater würde das Verhältnis der beiden Frauen grundlegend verändern. Die Schwiegertochter konnte nicht an einem Tisch mit ihrer alten Freundin essen, ja sie durfte sich nicht einmal zu ihr setzen. Sie mußte sie von morgens bis abends bedienen und vor ihr Kotau machen.

Alle Familienmitglieder – Söhne, Schwiegertöchter, Enkelkinder, sogar der Urenkelsohn – suchten nacheinander Dr. Xia auf und flehten ihn an, »auf die Gefühle seines eigenen Fleisches und Blutes Rücksicht zu nehmen«. Sie fielen vor ihm auf die Knie, machten Kotau, weinten und wehklagten.

Sie sagten, er dürfe nicht vergessen, daß er ein Mandschu sei und daß nach altem Mandschu-Brauch ein Mann seines Ranges keine Han-Chinesin heiraten sollte. Dr. Xia antwortete, daß diese Regel längst abgeschafft sei, worauf seine Kinder entgegneten, daß er als guter Mandschu die Regel trotzdem respektieren müsse. Als nächstes führten sie an, daß der Altersunterschied zwischen ihm und meiner Großmutter zu groß sei, er sei doch mehr als doppelt so alt wie sie. Ein Sohn zitierte sogar ein altes Sprichwort: »Eine junge Frau mit einem alten Ehemann ist in Wahrheit die Frau eines anderen.«

Am meisten aber trafen Dr. Xia die moralischen Erpressungsversuche seiner Kinder, vor allem das Argument, daß er durch seine Heirat mit einer ehemaligen Konkubine die soziale Stellung der Kinder gefährden würde. Er wußte, daß sie damit recht hatten, und es tat ihm leid. Aber er hatte das Gefühl, daß das Glück meiner Großmutter Vorrang vor solchen Überlegungen hatte. Als Konkubine hätte meine Großmutter das Gesicht verloren, und die ganze Familie hätte sie wie eine Sklavin behandelt. Seine Liebe allein konnte ihr nicht genügend Schutz bieten, er mußte sie zu seiner Ehefrau machen.

Dr. Xia bat seine Familie um nichts weiter, als den Wunsch eines alten Mannes zu respektieren. Aber seine Familie und die Gesellschaft waren der Meinung, daß ein unverantwortlicher Wunsch nicht respektiert werden dürfe. Einige deuteten an, er sei senil. Andere sagten zu ihm: »Du hast doch schon Söhne und Enkelsöhne und sogar einen Urenkel, eine große, blühende Familie. Was willst du mehr? Warum mußt du sie denn unbedingt heiraten?«

Immer mehr Leute redeten auf ihn ein. Seine Söhne luden Verwandte und Freunde ein, und alle sagten, diese Heirat sei eine völlig unsinnige Idee. Dann kehrten sie ihre Wut gegen meine Großmutter: »Ihr Ehemann ist noch nicht richtig unter der Erde, da will sie schon wieder heiraten! Das hat sie wirklich klug eingefädelt. Sie lehnt es ab, deine Konkubine zu werden, damit du sie zur Ehefrau nehmen mußt. Wenn sie dich wirklich liebte, würde sie sich damit zufrieden geben, deine Konkubine zu sein.« Sie unterstellten meiner Großmutter, sie wolle ihn nur dazu bringen, sie zu heiraten, damit sie die Macht in der Familie an sich reißen und seine Kinder und Enkelkinder schikanieren könne.

Außerdem äußerten sie den Verdacht, sie habe es auf Dr. Xias Geld abgesehen. Im Grunde genommen ging es ihnen gar nicht um Anstand, Moral oder Dr. Xias Wohl, es ging um den Besitz des alten Mannes. Seine Verwandten fürchteten, daß meine Großmutter als seine Ehefrau Verfügungsgewalt über sein Vermögen erlangen könnte, weil sie automatisch Verwalterin des Haushalts würde.

Dr. Xia war ein reicher Mann. Er besaß über siebenhundert Hektar Land im ganzen Kreis Yixian und sogar südlich der Großen Mauer. Sein geräumiges Stadthaus war aus grauem Stein erbaut und weiß gestrichen. Die Decken im Haus waren gekalkt und die Zimmer tapeziert, so daß alle Balken und Träger verdeckt waren, ein wichtiges Zeichen für den Wohlstand des Besitzers. Außerdem besaß er eine florierende Praxis und eine Apotheke.

Als die Angehörigen einsehen mußten, daß all ihre Argumente

und ihre Versuche, ihn moralisch unter Druck zu setzen, umsonst waren, beschlossen sie, sich direkt an meine Großmutter zu wenden. Eines Tages meldete sich die Schwiegertochter, die mit meiner Großmutter zur Schule gegangen war, bei ihr zu Besuch an. Nachdem sie Tee getrunken und den neuesten Klatsch ausgetauscht hatten, kam die Freundin auf den eigentlichen Anlaß ihres Besuches zu sprechen. Meine Großmutter fing an zu weinen, faßte ihre Freundin vertraulich bei der Hand und fragte sie, was sie an ihrer Stelle tun würde. Als die Schulfreundin schwieg, fuhr sie fort: »Du weißt, was es heißt, Konkubine zu sein. Du würdest es doch selbst auch nicht sein wollen. Konfuzius hat einmal gesagt: ›Stell dir vor, mein Herz wäre deins.‹« Wer in China an die besseren Seiten eines Menschen appellieren wollte, kleidete das gern in ein moralisches Gebot des großen Weisen. Damit hatte man oft mehr Erfolg als mit einem direkten Nein.

Die Schwiegertochter ging von Gewissensbissen geplagt wieder nach Hause und berichtete der Familie von ihrem Fehlschlag. Sie deutete an, daß sie es einfach nicht übers Herz gebracht habe, meine Großmutter noch mehr unter Druck zu setzen. Zu ihrer eigenen Überraschung fand sie in De-gui, Dr. Xias zweitem Sohn, einen Verbündeten. Er arbeitete in der Praxis seines Vaters mit und stand ihm näher als seine beiden Brüder. Er meinte, sie sollten ihren Widerstand gegen die Heirat aufgeben. Auch der dritte Sohn schwankte, als ihm seine Frau berichtete, wie unglücklich meine Großmutter gewesen war.

Der älteste Sohn und seine Frau blieben bei ihrer entschiedenen Ablehnung. Als die Frau sah, wie die beiden anderen Söhne abtrünnig wurden, sagte sie zu ihrem Mann: »Den anderen beiden kann es ja egal sein. Sie haben ihren Beruf, und den kann ihnen diese Frau nicht wegnehmen. Aber was wird aus dir? Du verwaltest doch nur den Besitz des alten Mannes, und der wird ihr und ihrer Tochter zufallen. Was soll dann aus mir und aus unseren armen Kindern werden? Wir haben nichts. Vielleicht ist es das beste, wenn wir alle sterben! Vielleicht will das dein Vater. Vielleicht sollte ich mich töten, damit sie alle glücklich sind!«

Dabei klagte und weinte sie. Ihr Mann entgegnete erregt: »Gib mir Zeit bis morgen!«

Als Dr. Xia am nächsten Morgen aufstand, fand er die gesamte Familie, alles in allem fünfzehn Personen, kniend vor seinem Schlafzimmer vor. Nur De-gui fehlte. Sobald der älteste Sohn Dr. Xia erblickte, schrie er: »Kotau!« und alle verbeugten sich gleichzeitig. Dann rief der Sohn mit vor Erregung bebender Stimme: »Vater, deine Kinder und die gesamte Familie werden nicht eher von der Stelle weichen und so lange Kotau machen, bis du anfängst, auch an uns, deine Familie, und vor allem an dein älteres Selbst zu denken.«

Dr. Xia bebte vor Wut am ganzen Körper. Er befahl seinen Kindern aufzustehen, aber bevor sich jemand rühren konnte, antwortete der älteste Sohn: »Nein, Vater, das werden wir nicht tun. Nicht bevor du diese Hochzeit abgesagt hast.« Dr. Xia versuchte, vernünftig mit ihm zu reden, aber der Sohn zeterte weiter mit sich überschlagender Stimme. Schließlich sagte Dr. Xia: »Ich weiß, was euch auf dem Herzen liegt. Ich habe nicht mehr lange zu leben. Wenn ihr euch Sorgen macht, wie sich eure zukünftige Stiefmutter euch gegenüber verhalten wird, dann habe ich nicht den geringsten Zweifel, daß sie sehr anständig sein wird. Ich weiß, sie ist ein guter Mensch. Aber ihr werdet einsehen, daß euch mein Hinweis auf ihren guten Charakter als Versicherung genügen muß ...«

Kaum war das Wort »Charakter« gefallen, da platzte der älteste Sohn heraus: »Wie kannst du bei einer Konkubine von ›Charakter‹ sprechen? Keine Frau aus einer guten Familie hätte sich zur Konkubine machen lassen!« Daraufhin beschimpfte er meine Großmutter und ließ kein gutes Haar an ihr. Das war zuviel für Dr. Xia. Er hob seinen Spazierstock und schlug auf seinen Sohn ein.

Zeit seines Lebens war Dr. Xia ein Muster an Ruhe und Gefaßtheit gewesen. Für seine Familie, immer noch auf den Knien, kam der Wutausbruch völlig überraschend. Der Urenkel fing hysterisch an zu schreien, der älteste Sohn verstummte, aber nur für einen Moment. Dann schrie er wieder los, und zwar nicht nur vor Schmerz, sondern auch aus verletztem Stolz, weil sein Vater ihn vor aller Augen züchtigte. Dr. Xia hielt inne, er war vor Wut und Anstrengung ganz außer Atem. Daraufhin fing der älteste Sohn wieder an, meine Großmutter zu beschimpfen. Sein Vater schrie ihn an, er solle sofort aufhören, und schlug so heftig auf ihn ein, daß der Stock zerbrach.

Ein paar Sekunden vergingen, bis der Sohn sich seines Schmerzes und der Demütigungen voll bewußt wurde. Dann zog er eine Pistole aus der Tasche und sah Dr. Xia direkt in die Augen. »Ein treuer Untertan tötet sich aus Protest gegenüber seinem Kaiser. Auch mir bleibt nur dieses Mittel!« Ein Schuß krachte. Der älteste Sohn wankte und brach dann zusammen. Er hatte sich eine Kugel in den Bauch geschossen.

Man brachte ihn mit einem Pferdekarren ins nahegelegene Krankenhaus, wo er tags darauf starb. Er hatte wahrscheinlich überhaupt nicht die Absicht gehabt, sich umzubringen. Es sollte lediglich ein dramatischer Appell an den Vater sein, in der Hoffnung, daß sein Vater einem solchen Druck nicht standhalten würde.

Nach dem Tod seines Sohnes war Dr. Xia ein gebrochener Mann. Äußerlich ließ er sich wie immer nichts anmerken, aber Menschen, die ihn gut kannten, spürten, daß er in seinem Innersten tieftraurig war. Immer wieder suchten ihn Anfälle von Schwermut heim, die so gar nicht zu seiner früheren Ausgeglichenheit paßten. Yixian brodelte vor Entrüstung, Gerüchten und Beschuldigungen. Dr. Xia und meine Großmutter wurden für den Selbstmord verantwortlich gemacht. Dr. Xia wollte zeigen, daß er sich davon nicht beirren ließ, und setzte kurz nach der Beerdigung den Termin für die Hochzeit fest. Er erklärte seinen Kindern, daß er von ihnen erwarte, daß sie seine Frau mit dem gebührenden Respekt behandeln würden, und verschickte Einladungen an die Honoratioren der Stadt. Die Honoratioren konnten nicht anders, als der Einladung Folge zu leisten und Geschenke mitzubringen. Meiner Großmutter sagte er, sie solle sich auf eine große Hochzeitsfeier einstellen. Ihr selbst machte das Gerede der Leute und die unabsehbaren Wirkungen auf Dr. Xia schwer zu schaffen. Verzweifelt sagte sie sich immer wieder, daß sie keine Schuld am Tod seines Sohnes traf. Aber meine Großmutter war genauso dickköpfig wie ihr zukünftiger Mann, und so stimmte sie einer großen Hochzeitszeremonie zu. Am Hochzeitstag wurde meine Großmutter in einer kunstvoll gearbeiteten Kutsche vom Haus ihres Vaters abgeholt, der Kutsche folgte eine Prozession von Musikanten. Dem Brauch entsprechend mietete ihre Familie eine Kutsche für die Hälfte der Strecke zu ihrem neuen Zuhause, und von dort holte eine zweite, von ihrem Ehemann gemietete Kutsche sie ab. Am Übergabepunkt wartete ihr fünfjähriger Bruder Yu-lin mit tiefgebeugtem Rücken vor der Kutsche, ein symbolischer Akt, der ausdrücken sollte, daß er meine Großmutter auf dem Rücken zu Dr. Xias Kutsche trug. Die Geste wiederholte er dann vor dem Haus ihres zukünftigen Ehemannes. Eine Frau durfte nicht zu Fuß ins Haus ihres Mannes gehen, das hätte einen schweren Ansehensverlust bedeutet. Sie mußte getragen werden, damit deutlich wurde, daß sie sich sträubte.

Zwei Brautjungfern führten meine Großmutter in den Raum, wo die Hochzeitszeremonie stattfinden sollte. Dr. Xia stand vor einem Tisch mit einem schweren, rot bestickten Seidentuch, auf dem die Tafeln des Himmels, der Erde, des Kaisers, der Vorfahren und des Lehrers lagen. Auf dem Kopf hatte er einen geschmückten Hut, der aussah wie eine Krone. An die hintere Seite des Hutes waren Federn wie ein Art Schwanz gesteckt. Dazu trug er ein langes besticktes Mandschu-Gewand mit weiten, glockenförmigen Ärmeln. Das Gewand war ein traditionelles Kleidungsstück der Mandschu. Als sie noch Nomaden gewesen waren, hatten sie es zum Reiten und Bogenschießen getragen. Dr. Xia kniete vor dem Tisch nieder und machte fünf Kotaus vor den Tafeln, dann ging er allein ins Hochzeitsgemach. Daraufhin knickste meine Großmutter, immer noch mit den beiden Dienerinnen an ihrer Seite, fünfmal und berührte dabei jedesmal mit der rechten Hand ihr Haar. Es sah aus, als ob sie salutierte. Mit ihrem prächtigen Kopfschmuck konnte sie keinen Kotau machen. Dann folgte sie Dr. Xia in das Hochzeitsgemach, und dort nahm er ihr das rote Tuch vom Kopf. Jede der beiden Brautjungfern überreichte dem Brautpaar eine leere, kürbisförmige Vase, daraufhin verließen sie das Hochzeitsgemach. Das Brautpaar blieb eine Weile allein im Hochzeitsgemach, beide schwiegen, dann ging Dr. Xia hinaus und begrüßte die Verwandten und Gäste. Meine Großmutter mußte allein auf dem *kang* mit Blick auf das Fenster sitzen bleiben, in dem ein riesiger roter Scherenschnitt hing, der das »Doppelglück« darstellte. Sie mußte mehrere Stunden allein dort sitzen, man nannte es »das Glück hereinsitzen«. Die Zeremonie symbolisierte die vollkommene Ruhe und Ausgeglichenheit, die von einer Frau gefordert wurde. Nachdem alle Gäste sich verabschiedet hatten, kam ein junger Verwandter des Doktors zu ihr ins Zimmer und zupfte sie dreimal am Ärmel. Erst jetzt durfte sie vom *kang* aufstehen. Mit Hilfe zweier Dienerinnen zog sie das reichbestickte mantelartige Gewand aus und schlüpfte in ein einfaches rotes Kleid und rote Hosen, den großen Kopfschmuck mit den klirrenden Juwelen legte sie ab und steckte ihr Haar in zwei Rollen über den Ohren fest.

Und so zog im Jahr 1935 meine damals sechsundzwanzigjährige Großmutter mit ihrer vierjährigen Tochter in Dr. Xias komfortables Haus ein. Eigentlich war es eine Ansammlung von Gebäuden: das Wohnhaus, das von der Straße versetzt nach hinten lag, die Praxis und die Apotheke, die zur Straße hin lagen. Es war üblich, daß erfolgreiche Ärzte ihre eigene Apotheke neben ihrer Praxis betrieben. Dr. Xia verkaufte alte chinesische Heilmittel, Kräuter und Tierextrakte, die in einer Werkstatt von drei Lehrlingen hergestellt wurden.

Die Fassade des Hauses wurde von reichverzierten roten und goldfarbenen Dachgesimsen überragt. In der Mitte hing ein rechteckiges Schild, auf dem in Goldbuchstaben der Name Xia stand. Hinter der Apotheke lag ein kleiner Hof, von dem aus man in die Zimmer der Dienerschaft und der Köche gelangte. Hinter den Räumen der Diener wurde der Hof breiter und öffnete sich zu mehreren kleinen Innenhöfen. Dort hatten die Familienmitglieder ihre Zimmer. Noch weiter hinten erstreckte sich ein großer Garten mit Zypressen und Winterpflaumenbäumen. In den Höfen wuchs kein Gras, das Klima war zu rauh. Der Boden war mit harter, unfruchtbarer brauner Erde bedeckt, die sich im Sommer in Staub und in der kurzen Frühjahrsperiode während der Schneeschmelze in Schlamm verwandelte. Dr. Xia liebte Vögel und hatte eine große Voliere. Bei jedem Wetter ging er morgens hinaus in den Garten, lauschte dem Zirpen und Singen seiner Vögel und machte seine *qigong*-Übungen. Diese eleganten, sehr langsamen Bewegungen sind auch unter dem Namen *tai chi* bekannt.

Nach dem Tod seines Sohnes war Dr. Xia täglich mit den stummen Vorwürfen seiner Familie konfrontiert. Er sprach nie mit meiner Großmutter darüber, wie weh ihm das tat. Ein chinesischer Mann hatte stumm zu leiden. Meine Großmutter wußte aber auch so, wie es um ihn stand, und litt wortlos mit ihm. Sie umsorgte ihn liebevoll und las ihm jeden Wunsch von den Lippen ab.

Seiner Familie gegenüber war sie stets freundlich, obwohl seine Kinder sie unter dem Mantel förmlicher Ehrerbietung im allgemeinen mit kalter Verachtung behandelten. Selbst die Schwiegertochter, die mit meiner Großmutter zur Schule gegangen war, ging ihr aus dem Weg. Daß man sie für den Tod des ältesten Sohnes verantwortlich machte, lastete schwer auf meiner Großmutter.

Ihr gesamtes Alltagsleben wurde von den Regeln der Mandschu-Tradition bestimmt. Sie schlief mit ihrer Tochter in einem Zimmer, Dr. Xia hatte ein eigenes Schlafzimmer. Sehr früh am Morgen, lange vor dem Aufstehen, lag sie bereits aufgeregt im Bett und wartete auf die Geräusche, die das Herannahen der Familienmitglieder ankündigten. Sie mußte sich rasch waschen und jedes einzelne Familienmitglied mit einer genau vorgeschriebenen Anzahl an Verbeugungen und einer strengen Abfolge von Grußformeln begrüßen. Zum Schlimmsten gehörte es, daß sie ihr Haar zu einer sehr komplizierten Frisur aufstecken und einen riesigen Haarschmuck aufsetzen mußte, unter dem sie eine Perücke trug. Die Familie bedachte sie bei der Begrüßungszeremonie lediglich mit ein paar eisigen »Guten Morgen«. Davon abgesehen sprachen Dr. Xias Kinder kaum mit ihr. Während die Familienmitglieder sich vor meiner Großmutter verbeugten und ihre Kratzfüße machten, spürte sie förmlich den Haß in ihren Herzen. Das Ritual tat ihr um so mehr weh, als sie genau wußte, wie inhaltslos und unaufrichtig es war.

An Festtagen und bei anderen wichtigen Gelegenheiten mußten sämtliche Familienmitglieder Kotaus und Knicks vor ihr machen. Sie mußte von ihrem Stuhl aufspringen und rechts oder links neben dem Stuhl stehen bleiben, um zu zeigen, daß dieser Stuhl in Ehrerbietung für die verstorbene Mutter ihrer Stiefsöhne leer blieb. Das Mandschu-Ritual sorgte dafür, daß sie und Dr. Xia kaum zusammenkamen, sie durften beispielsweise nicht gemeinsam essen, meine Großmutter aß alleine. Eine Schwiegertochter stand die ganze Zeit hinter ihr und bediente sie. Aber die Schwiegertöchter zeigten ihr dabei eine so böse Miene, daß meine Großmutter das Essen als eine Qual empfand und kein Vergnügen daran hatte.

Auch meine Mutter bekam das strenge Mandschu-Ritual zu spüren. Kurz nach ihrem Einzug in Dr. Xias Haus hatte sie es sich einmal auf einem besonders weichen und warmen Platz auf dem *kang* gemütlich gemacht. Da lief Dr. Xias Gesicht plötzlich rot an vor Wut, er stürzte auf sie zu und zog sie unsanft herunter. Sie hatte auf dem Platz gesessen, der ihm allein zustand. Es war das einzige Mal, daß er sie schlug. Nach Mandschu-Sitte ist der Platz des Familienoberhauptes heilig.

Nach dem Umzug in Dr. Xias Haus genoß meine Großmutter zum ersten Mal in ihrem Leben ein gewisses Maß an Freiheit, doch zugleich fühlte sie sich eingesperrt. Auch für meine Mutter war der Umzug eine zweischneidige Sache. Dr. Xia war sehr freundlich zu ihr und behandelte sie wie seine eigene Tochter. Sie nannte ihn »Vater«, und er gab ihr seinen Namen Xia, den sie bis heute trägt, und einen neuen Vornamen »De-hong«, der aus zwei Schriftzeichen zusammengesetzt ist: »Hong« heißt »wilder Schwan«, und »De«, der Generationsname, bedeutet soviel wie »Tugend«.

Dr. Xias Familie wagte es nicht, meine Großmutter offen anzugreifen. Das wäre einem Verrat an der eigenen Mutter gleichgekommen, aber bei ihrer Tochter war es etwas anderes. Die frühesten Kindheitserinnerungen meiner Mutter sind die Liebkosungen ihrer Mutter und die Schikanen der jüngeren Familienmitglieder im Hause Xia. Sie verbiß sich das Schreien und bemühte sich, ihre Schrammen und Kratzer zu verbergen. Doch meine Großmutter wußte, was los war. Sie sagte nichts zu Dr. Xia, weil sie ihm nicht noch mehr Kummer bereiten und das Verhältnis zu seinen Kindern nicht weiter trüben wollte. Aber meine Mutter war unglücklich. Sie wollte wieder ins Haus der Großeltern zurück oder noch besser in das Haus von General Xue, wo man sie wie eine Prinzessin auf Händen getragen hatte. Doch als sie merkte, daß ihrer Mutter jedesmal die Tränen in die Augen stiegen, wenn sie bat, sie sollten wieder »nach Hause« gehen, sagte sie nichts mehr.

Die liebsten Freunde meiner Mutter waren ihre Haustiere. Sie hatte eine Eule und einen schwarzen Beo, der ein paar einfache Sätze sprechen konnte, einen Falken, eine Katze, weiße Mäuse und ein paar Grashüpfer und Grillen, die sie in Glasflaschen hielt. Abgesehen von ihrer Mutter hatte sie unter den Menschen nur einen wirklichen Freund – Dr. Xias Kutscher. Er hieß bei allen »der Große Alte Li«, und war ein starker Mann aus den Hinggang-Bergen im hohen Norden, wo China an die Mongolei und an die Sowjetunion grenzt. Seine ledrige Haut schimmerte dunkel, seine Haare standen störrisch vom Kopf ab, er hatte wulstige Lippen und eine Stupsnase, was bei Chinesen sehr selten ist. Tatsächlich sah er überhaupt nicht aus wie ein Chinese. Er war sehr groß, dünn und drahtig. Sein Vater hatte ihn zum Jäger und Fallensteller ausgebildet, er hatte ihm beigebracht, wie man Ginsengwurzeln ausgrub und Bären, Füchse und Wild jagte. Eine Zeitlang konnten sie sehr gut vom Verkauf der Felle leben, aber dann vertrieben Banditen sie aus dem Geschäft. Die schlimmsten Banditen arbeiteten für den »Alten Marschall« Zhang Zuo-lin. Der Große Alte Li nannte ihn nur »den alten

Banditen«. Meiner Mutter fiel später immer Lis Bezeichnung für den »Helden« des Nordostens ein, wenn der »Alte Marschall« als aufrechter antijapanischer Patriot beschrieben wurde.

Der Große Alte Li nahm meine Mutter zu Ausflügen mit und kümmerte sich um ihre Tiere. Er brachte ihr das Schlittschuhlaufen bei, und im Frühjahr, wenn der Schnee und das Eis schmolzen, gingen sie zusammen spazieren und beobachteten die Menschen bei einem wichtigen, alljährlich wiederkehrenden Ritual, dem »Gräberfegen« und dem Bepflanzen der Gräber. Im Sommer angelten sie und sammelten Pilze, im Herbst pflückten sie Beeren oder fuhren hinaus vor die Stadt und jagten Hasen.

Die Abende in der Mandschurei waren lang, der Wind heulte über die weiten Ebenen, und an den Innenseiten der Fenster wuchsen Eisblumen. Dann saßen sie oft auf dem *kang* zusammen, er nahm sie auf seinen Schoß und erzählte ihr Geschichten von den Bergen im Norden, die sie den Kummer des Tages vergessen ließen. Beim Einschlafen dachte sie immer noch an rätselhaft hohe Bäume, seltsame Blumen und buntgefiederte Vögel, die wunderschön singen konnten. Der Große Alte Li eröffnete meiner Mutter eine ganz neue Welt, in der Ginsengwurzeln in Wirklichkeit kleine Mädchen waren. Wenn man eine ausgegraben hatte, mußte man sie schnell mit einem roten Bändchen festbinden, damit sie nicht fortrannte.

Der Große Alte Li erzählte meiner Mutter auch viele Fabeln, zum Beispiel über die Tiger, die es in den Bergen der Nordmandschurei noch immer gab. In Wirklichkeit seien sie gutmütig und bedrohten Menschen nur, wenn sie sich angegriffen fühlten. Der Große Alte Li liebte Tiger, ganz im Gegensatz zu Bären. Bären waren böse, Bären mußte man tunlichst aus dem Wege gehen. Er schärfte meiner Mutter ein, ja nicht sofort davonzulaufen, wenn sie einem dieser Scheusale begegnete. Sie dürfe erst losrennen, wenn der Bär seinen Kopf gesenkt habe. Der Bär habe nämlich eine Haarlocke an der Stirn, und die falle ihm in die Augen, so daß er nichts mehr sehen könne, wenn er den Kopf senke. Bei einem Wolf hingegen mußte man sich ganz anders verhalten. Vor einem Wolf durfte man nicht wegrennen, weil ein Wolf immer schneller war als ein Mensch. Man mußte vielmehr stehenbleiben und dem Wolf unverwandt und unerschrocken in die Augen schauen. Dann sollte man ganz langsam rückwärts gehen. Viele Jahre später rettete dieser Rat meiner Mutter das Leben.

Eines Tages, sie war fünf Jahre alt, stand sie im Garten und sprach mit ihren Tieren, da kamen Dr. Xias Enkelkinder auf sie zu und kreisten sie ein. Sie schubsten und beschimpften meine Mutter, schlugen und stießen sie immer kräftiger. Schließlich drängten sie meine Mutter in eine Ecke des Gartens, wo ein ausgetrockneter Brunnen stand, und warfen sie hinein. Der Brunnen war ziemlich tief, sie landete auf dem harten Abfall auf dem Boden des Brunnens. Es dauerte lange, bis jemand ihre Hilferufe hörte und den Großen Alten Li rief. Li kam mit einer Leiter angerannt, der Koch hielt die Leiter fest, und Li kletterte in den Brunnen hinunter. Inzwischen war auch meine Großmutter zur Stelle, halb wahnsinnig vor Angst. Kurze Zeit später kam Li mit meiner Mutter auf dem Arm die Leiter herauf. Sie war fast bewußtlos und hatte Kratzer und Schrammen am ganzen Körper. Li legte sie vorsichtig meiner Großmutter in den Arm. Meine Großmutter brachte sie ins Haus, und Dr. Xia untersuchte sie. Eine Hüfte war gebrochen, noch Jahre später renkte sie sich manchmal von selbst aus. Seit dem Tag hinkte meine Mutter leicht.

Dr. Xia fragte meine Mutter, wie das passiert sei, und sie erklärte ihm, »[Enkel] Nummer sechs« habe sie gestoßen. Dieser Enkel war Dr. Xias Liebling. Meine Großmutter war sehr darauf bedacht, Dr. Xia zu schonen, und nachdem er gegangen war, ermahnte sie meine Mutter eindringlich, sie solle sich nicht mehr über »Nummer sechs« beschweren, damit Dr. Xia keinen Kummer habe. Meine Mutter mußte eine Zeitlang wegen ihrer Hüfte im Haus bleiben. Die anderen Kinder mieden sie.

Nach diesem Vorfall verschwand Dr. Xia für mehrere Tage. Er fuhr in die ungefähr vierzig Kilometer südlich gelegene Provinzhauptstadt Jinzhou und suchte sich dort Arbeit. Die Atmosphäre innerhalb der Familie war unerträglich geworden, und der Unfall meiner Mutter, der leicht tödlich hätte enden können, gab den letzten Ausschlag.

Die Entscheidung fiel ihm nicht leicht. In China galt es als besonders ehrenvoll für eine Familie, wenn mehrere Generationen unter einem Dach zusammenlebten. So manche Straße hieß »Fünf Generationen unter einem Dach« und war zu Ehren einer solchen Familie benannt worden. Eine Großfamilie auseinanderzureißen war eine Tragödie, die normalerweise unter allen Umständen vermieden wurde. Aber Dr. Xia betrachtete die Sache von der pragmatischen Seite und erklärte meiner Großmutter mit einem gezwungenen Lächeln, er werde froh sein, wenn er weniger Verantwortung zu tragen habe.

Meine Großmutter war sehr erleichtert, versuchte es aber nicht zu zeigen. Seit dem Unfall meiner Mutter hatte sie ihn zu diesem Schritt zu bewegen versucht. Sie hatte genug vom Leben in der Großfamilie, in der sie nie allein war, wo sie weder eine Privatsphäre noch angenehme Gesellschaft hatte.

Dr. Xia teilte sein Vermögen unter seinen Kindern auf. Nur die Geschenke der Mandschu-Kaiser an seine Vorfahren behielt er. Die Witwe seines ältesten Sohnes erbte den gesamten Landbesitz, der jüngste Sohn bekam das Haus, der zweite Sohn die Apotheke. Dr. Xia richtete es so ein, daß der Große Alte Li und die anderen Bediensteten gut versorgt waren. Er erklärte meiner Großmutter, von jetzt an seien sie arm, und fragte sie, ob ihr das etwas ausmache. Sie antwortete, sie sei glücklich, wenn sie nur mit ihrer Tochter und ihm zusammensein könne. »Wenn man liebt, schmeckt auch klares kaltes Wasser süß.«

An einem bitterkalten Dezembertag des Jahres 1936 verließen sie die Stadt. Die Familie versammelte sich zum Abschied vor dem vorderen Tor. Der Abschied fiel sehr kühl aus, nur De-gui vergoß ein paar Tränen. Der Große Alte Li brachte sie mit der Pferdekutsche zum Bahnhof, wo sich meine Mutter unter Tränen von ihm verabschiedete. Aber schon im Zug war der Kummer vergessen, denn sie war erst ein einziges Mal, im Alter von einem Jahr, mit dem Zug gefahren. Sie schaute aus dem Fenster und hüpfte aufgeregt auf der Stelle.

Jinzhou war eine große Stadt mit fast 100 000 Einwohnern, die Hauptstadt einer der neun Provinzen von Mandschukuo. Die Stadt liegt ungefähr fünfzehn Kilometer vom Meer landeinwärts, wo die Mandschurei an die Große Mauer grenzt. Wie in Yixian verlief rund um die Stadt eine Mauer, aber Jinzhou wuchs sehr rasch und hatte sich bereits über die Stadtmauern hinaus ausgedehnt. In der Stadt gab es etliche Textilfabriken, zwei Ölraffinerien, sie war ein wichtiger Eisenbahnknotenpunkt und hatte sogar einen eigenen Flughafen.

Die Japaner hatten die Stadt Anfang Januar 1932 nach schweren Kämpfen eingenommen. Jinzhou war von großer strategischer Bedeutung und hatte bei der Besetzung der Mandschurei eine zentrale Rolle gespielt. Die Einnahme durch die Japaner führte zu diplomatischen Verwicklungen zwischen den Vereinigten Staaten von Amerika und Japan und war ein Schlüsselereignis in der langen Reihe von Vorfällen, die zehn Jahre später mit dem Überfall auf Pearl Harbor ihren Höhepunkt erreichten.

Als die Japaner im September 1931 ihren Angriff auf die Mandschurei begonnen hatten, mußte der »Junge Marschall« Zhang Xue-liang seine Hauptstadt Mukden an die Japaner abtreten. Er richtete daraufhin mit 200 000 Mann in Jinzhou sein neues Hauptquartier ein. Die darauffolgende Bombardierung der Stadt aus der Luft durch die Japaner war der erste derartige Angriff in der Geschichte. Nach ihrem Einfall in der Stadt wüteten die Japaner grausam.

Hier also mußte Dr. Xia in seinem siebenundsechzigsten Lebensjahr wieder von ganz unten anfangen. Er konnte sich nur eine Lehmhütte von drei auf zweieinhalb Metern in einer sehr armen und tief gelegenen Gegend an einem Fluß unterhalb eines Deichs leisten. Die meisten Besitzer der Hütten hatten kein Geld für ein Dach, statt dessen breiteten sie Wellblech über die vier Wände und beschwerten es mit Steinen, damit der ständige Wind ihre improvisierten Dächer nicht wegwehte. Das Wohnviertel lag am Stadtrand, auf der anderen Seite des Flusses begannen bereits die Sorghumfelder. Als sie im Dezember in der Stadt ankamen, war die braune Erde gefroren. Auch der Fluß, an dieser Stelle ungefähr dreihundertfünfzig Meter breit, war mit einer Eisschicht bedeckt. Im Frühling, wenn das Eis taute, verwandelte sich der Boden um die Hütte in Morast, und der Gestank des verfaulenden Abfalls, der im Winter sofort gefror, war unerträglich. Im Sommer wurde die Gegend von Moskitos heimgesucht, und die Menschen hatten ständig Angst vor Überschwemmungen, weil der Fluß des öfteren anstieg und die Uferbefestigungen größerem Druck kaum standhielten.

Der erste Eindruck meiner Mutter bei der Ankunft in der Stadt war die fast unerträgliche Kälte. Es war so kalt, daß man sich nicht nur zum Schlafen auf das *kang* legte, sondern alle Tätigkeiten dort verrichten mußte. Das *kang* war so groß, daß es neben einem kleinen Ofen in der Ecke fast den gesamten Platz in der Hütte einnahm. Alle drei mußten zusammen auf dem *kang* schlafen. Es gab keinen elektrischen Strom, kein fließendes Wasser und nur die öffentliche Latrine, eine Hütte über einer schlammigen Grube.

Gegenüber ihrer Hütte stand ein buntbemalter buddhistischer Tempel, der dem Gott des Feuers geweiht war. Die Leute, die zum Beten kamen, banden ihre Pferde vor Dr. Xias Hütte an. Als es wärmer wurde, begleitete meine Mutter Dr. Xia abends bei seinen Spaziergängen am Fluß entlang. Er rezitierte klassische Gedichte, während sie den herrlichen Sonnenuntergang bewunderten. Meine Großmutter ging meistens nicht mit. Zum einen war es nicht üblich, daß Ehepaare gemeinsam spazierengingen, zum anderen war das Gehen für meine Großmutter wegen ihrer gebundenen Füße immer eine Qual.

Die Familie verhungerte fast. In Yixian hatte Dr. Xia reichlich Lebensmittel von seinen eigenen Ländereien bezogen, und für die Familie war noch genügend Reis übriggeblieben, nachdem die Japaner ihren Anteil abgezweigt hatten. Jetzt verfügte die Familie über ein weit geringeres Einkommen, und die Japaner beanspruchten einen weit höheren Anteil an Lebensmitteln. Der größte Teil der Produktion wurde zwangsweise nach Japan exportiert. Die riesige, in der Mandschurei stationierte japanische Armee beschlagnahmte fast den gesamten verbleibenden Reis und Weizen für sich. Mit etwas Glück ergatterten die Einheimischen manchmal Mais oder Sorghum, aber selbst diese sehr einfachen Lebensmittel waren rar. Das Hauptnahrungsmittel war Eichelmehl, das nicht nur schrecklich schmeckte, sondern auch fürchterlich stank. Meine Großmutter hatte noch nie unter so ärmlichen Verhältnissen leben müssen, und dennoch war dies die glücklichste Zeit ihres Lebens. Dr. Xia liebte sie, und sie hatte ihre Tochter bei sich. Sie mußte nicht länger die aufreibenden Mandschu-Rituale befolgen, die kleine Lehmhütte war oft von Lachen erfüllt. Meine Großmutter und Dr. Xia spielten an den langen Winterabenden manchmal Karten nach ihren eigenen Regeln: Wenn Dr. Xia verlor, bekam er drei Klapse von meiner Großmutter, verlor sie, mußte er sie dreimal auf die Wange küssen.

Meine Großmutter hatte viele Freundinnen in der Nachbarschaft, das war für sie etwas völlig Neues. Als Frau eines Arztes wurde sie geachtet, obwohl er nicht reich war. Nach den vielen Jahren, in denen man sie gedemütigt und wie eine Sklavin behandelt hatte, genoß sie nun zum ersten Mal wirkliche Freiheit.

Ab und zu sangen die Freundinnen nach alter Mandschu-Tradition und tanzten zu Handtrommeln. Die Melodie bestand aus ein paar sehr einfachen Tönen in einem sich ständig wiederholenden Rhythmus, dazu erfanden die Frauen beim Spiel einen eigenen Text. Die verheirateten Frauen erzählten über ihr Sexualleben, die Unverheirateten stellten entsprechende Fragen. Da die meisten Frauen weder lesen noch schreiben konnten, wurde das Wissen über solche Dinge auf diese Weise weitergegeben. In ihren Liedern erzählten sie von ihrem Leben, ihren Ehemännern und tauschten Klatsch und Tratsch aus.

Meine Großmutter liebte diese Zusammenkünfte und übte oft zu Hause für das nächste Treffen. Sie saß auf dem *kang*, die Handtrommel in der Linken, und sang. Wenn Dr. Xia dabei war, machte er Vorschläge für ihren Text. Meine Mutter war noch zu klein und durfte nicht zu den Treffen mitgehen, aber sie durfte meiner Großmutter beim Üben zusehen. Sie war fasziniert und interessierte sich immer besonders dafür, welchen Text Dr. Xia vorgeschlagen hatte. Sie wußte, daß es etwas sehr Witziges sein mußte, denn er und ihre Mutter lachten laut. Aber selbst wenn ihre Mutter ihr die Worte wiederholte, wurde sie nicht schlau daraus. Sie verstand nicht, was die Worte bedeuteten.

Das Leben in der Lehmhütte war hart, jeder Tag war ein Kampf ums Überleben. Reis und Weizen bekam man nur auf dem Schwarzmarkt, und meine Großmutter verkaufte nach und nach einzelne Stücke von dem Schmuck, den General Xue ihr geschenkt hatte. Sie aß nie selbst etwas von den gekauften Lebensmitteln, sondern tat so, als habe sie bereits gegessen, oder sie behauptete, sie habe keinen Hunger und werde später essen. Eines Tages fand Dr. Xia heraus, daß meine Großmutter ihren Schmuck verkaufte, und stellte sie zur Rede. Sie mußte ihm versprechen, sofort damit aufzuhören. »Ich bin ein alter Mann«, sagte er. »Ich werde eines Tages sterben, und du wirst deinen Schmuck zum Lebensunterhalt brauchen.«

Dr. Xia arbeitete gegen Bezahlung für einen anderen Arzt. Anfangs hatte er deshalb nicht viele Möglichkeiten, sein Können unter Beweis zu stellen. Aber er arbeitete hart, und allmählich wuchs sein Ansehen. Eines Tages wurde er zu seinem ersten Hausbesuch gerufen. Als er am Abend zurückkehrte, hatte er ein Päckchen in der Hand, das mit einem Tuch umwickelt war. Er rief meine Mutter und seine Frau zu sich und sagte: »Ratet mal, was da drin ist!« Meine Mutter konnte ihre Augen nicht mehr von dem dampfenden Bündel nehmen, und noch bevor sie »eine heiße Mantou-Dampfnudel!« rief, fing sie schon an, das Päckchen aufzureißen. Während sie die Mantou verschlang, sah sie Dr. Xia an, und mehr als fünfzig Jahre später erinnert sie sich immer noch an seinen zufriedenen und glücklichen Gesichtsausdruck. Sie beteuert, sie habe nie wieder etwas so Köstliches gegessen wie diese einfachen Weizen-Dampfnudeln.

Hausbesuche waren für einen Arzt sehr wichtig, denn er wurde dann von der Familie bezahlt, die ihn gerufen hatte, und nicht von seinem Arbeitgeber. Wenn die Patienten glücklich oder reich waren, wurde der Arzt oft großzügig entlohnt. Dankbare Patienten beschenkten ihren Arzt an Neujahr und anderen besonderen Anlässen. Auch bei Dr. Xia ging es nach den ersten Hausbesuchen aufwärts.

Sein Ruf verbreitete sich bald in der ganzen Stadt. Eines Tages verfiel die Frau des Provinzgouverneurs in tiefe Bewußtlosigkeit. Der Gouverneur rief Dr. Xia, und er brachte sie wieder zu Bewußtsein. Auf die Menschen wirkte das, als hätte er sie von den Toten erweckt. Der Gouverneur ließ eine Gedenktafel anfertigen und versah sie eigenhändig mit folgender Inschrift: »Dr. Xia, der den Menschen und der Gesellschaft das Leben schenkt.« Der Gouverneur ordnete an, daß die Gedenktafel in einer Prozession durch die Stadt getragen wurde.

Kurz danach suchte der Gouverneur Dr. Xia in einer anderen Angelegenheit auf. Er hatte eine Frau und zwölf Konkubinen, aber keine hatte ihm bisher ein Kind geboren. Der Gouverneur hatte gehört, daß Dr. Xia sich bei Problemen mit der Fruchtbarkeit besonders gut auskannte. Dr. Xia verschrieb dem Gouverneur und seinen dreizehn Frauen einen Trank, etliche Frauen wurden daraufhin schwanger. Dr. Xia hatte sofort erkannt, daß das Problem beim Gouverneur lag, aber in seiner diplomatischen Art hatte er die Ehefrau und die Konkubinen mit behandelt. Der Gouverneur war überglücklich und widmete Dr. Xia eine noch größere Gedenktafel mit der Aufschrift »Der Wiedergeburt von Guanyin« (der buddhistischen Göttin der Fruchtbarkeit und Freundlichkeit). Die Prozession, mit der die neue Gedenktafel zu Dr. Xias Haus getragen wurde, war noch länger als die erste. Von da an kamen die Leute sogar aus dem über sechshundert Kilometer nördlich gelegenen Harbin angereist, um sich von Dr. Xia behandeln zu lassen. Man nannte ihn einen der »vier berühmten Ärzte« in Mandschukuo.

Ende 1937, ein Jahr nach ihrer Ankunft in Jinzhou, konnte Dr. Xia mit seiner Familie in ein Haus hinter dem alten Nordtor der

Stadt ziehen. Das neue Haus war ein gewaltiger Fortschritt gegenüber der Hütte am Fluß, denn es bestand aus rotem Backstein und nicht aus Lehm. Das Haus hatte drei Zimmer, und Dr. Xia konnte wieder eine eigene Praxis eröffnen. Das Wohnzimmer wurde sein Behandlungsraum.

Das Haus nahm die Südseite eines großen Innenhofes ein, der von zwei anderen Familien mitbenutzt wurde. Dr. Xias Haus hatte jedoch als einziges eine Tür direkt auf den Hof hinaus, die anderen beiden Häuser lagen zur Straße hin und hatten nicht einmal ein Fenster zur Hofseite. Die Bewohner dieser Häuser gelangten durch ein Tor von der Straße aus auf den Hof. Nach Norden hin war der Hof durch eine dicke Mauer abgeschlossen. Im Hof standen Zypressen und chinesische Stecheichen, dazwischen waren Wäscheleinen gespannt, an denen die drei Familien ihre Wäsche trockneten. Außerdem wuchs großblumiges Johanniskraut, das widerstandsfähig genug war für die hiesigen harten Winter. Im Sommer zog meine Großmutter ihre liebsten einjährigen Pflanzen auf dem Hof: Purpurwinden mit weißem Rand, Chrysanthemen, Dahlien und Springkraut.

Meine Großmutter und Dr. Xia hatten keine gemeinsamen Kinder. Er vertrat die Ansicht, daß ein Mann über fünfundsechzig nicht mehr ejakulieren sollte, um sich seinen Samen, das Wesen des Mannes, zu bewahren. Jahre später erzählte meine Großmutter meiner Mutter ein bißchen geheimnisvoll, daß Dr. Xia durch sein *qigong*-Training eine Technik entwickelt hatte, die es ihm erlaubte, einen Orgasmus zu haben, ohne zu ejakulieren. Für einen Mann seines Alters erfreute er sich einer bemerkenswert guten Gesundheit. Er war nie krank. Er duschte täglich eiskalt, selbst bei minus fünfundzwanzig Grad. Er rührte weder Alkohol noch Tabak an, unter anderem deshalb, weil die Regeln der quasireligiösen Sekte der *Zai-li-hui* (Gesellschaft der Vernunft), der er angehörte, dies untersagten.

Obwohl Dr. Xia selbst Arzt war, hielt er nicht viel von Medikamenten. Er vertrat die Ansicht, daß ein kräftiger Körper der Schlüssel zur Gesundheit sei. Er weigerte sich standhaft, eine Medizin zu verordnen, die seiner Meinung nach einen Teil des

Körpers heilte, während sie anderen Teilen Schaden zufügte. Wegen der möglichen Nebenwirkungen mied er starke Medikamente. Meine Mutter und meine Großmutter mußten ihre Medizin oft hinter seinem Rücken einnehmen. Wenn eine der beiden krank war, rief er einen anderen Arzt, und zwar einen traditionellen chinesischen Kräuterdoktor, der zugleich ein Schamane war. Die Schamanen glaubten, daß böse Geister bestimmte Krankheiten auslösten und mit Hilfe spezieller religiöser Techniken zufriedengestellt oder ausgetrieben werden mußten.

Meine Mutter war glücklich. Zum ersten Mal seit ihrem zweiten Lebensjahr lebte sie in einer Welt, in der sie sich rundum geborgen fühlte. Sie kam sich nicht mehr abgelehnt und überflüssig vor, wie es ihr zwei Jahre lang im Hause ihrer Großeltern ergangen war. Und niemand tyrannisierte sie mehr, wie es Dr. Xias Enkelkinder ein ganzes Jahr lang getan hatten.
An Festtagen war sie besonders aufgeregt, und fast jeden Monat gab es einen Feiertag. Der durchschnittliche Chinese dachte damals nicht in der Zeiteinheit »Woche«. Nur Beamte und Lehrer hatten am Sonntag frei. Für die meisten Menschen waren daher Festtage eine willkommene Unterbrechung des täglichen Einerleis.
Am dreiundzwanzigsten Tag des zwölften Mondes, sieben Tage vor dem chinesischen Neujahr, fing das Winterfest an. Der Legende zufolge stieg an diesem Tag der Küchengott hinauf in den Himmel, um dem Himmlischen Kaiser über das Verhalten der Familie Bericht zu erstatten. Die Bilder des Küchengottes und seiner Frau hingen über dem Ofen, wo sie das Jahr über lebten. Fiel der Bericht des Küchengottes günstig aus, dann konnte die Familie mit einem guten neuen Jahr rechnen, das heißt mit genügend Essen. Daher machten sämtliche Familienmitglieder in allen Häusern an diesem Tag ihren Kotau vor den Bildern des Küchengottes und seiner Frau. Danach wurden die Bilder verbrannt, und die Gottheiten konnten ihre Reise zum Himmel antreten. Meine Großmutter forderte meine Mutter

immer auf, Honig auf ihre Lippen zu streichen. Außerdem verbrannte sie mit den Bildern auch naturgetreue Nachbildungen von Pferden und anderen Figuren, die sie aus Sorghumwurzeln schnitzte. Die Figuren seien für den Küchengott und seine Frau im Himmel bestimmt, erklärte sie meiner Mutter. Durch diese zusätzliche Dienstleistung sollte das königliche Paar günstig gestimmt werden, damit sie nur Gutes über die Xias berichteten.
In den kommenden Tagen wurden alle möglichen Speisen vorbereitet. Die Fleischstücke wurden in einer bestimmten Form zurechtgeschnitten, Reis und Sojabohnen wurden zu Mehl gemahlen und zu Dampfnudeln, Hörnchen und Teigtaschen verarbeitet. Danach stellte man das vorbereitete Essen bis zum Neujahrstag in den Keller, der bei Temperaturen um minus fünfundzwanzig Grad ein natürlicher Kühlschrank war.
Um Mitternacht des alten Jahres wurde ein großes Feuerwerk abgebrannt, meine Mutter war begeistert. Sie ging mit ihrer Mutter und Dr. Xia nach draußen und verbeugte sich in die Richtung, aus der der Glücksgott vom Himmel herabsteigen sollte. Überall auf der Straße verbeugten sich die Menschen und begrüßten einander mit den Worten: »Möge das Glück Ihnen begegnen.«
Zum chinesischen Neuen Jahr beschenkten sich die Menschen gegenseitig. Sobald am Morgen das erste Licht durch das weiße Papier vor den Fenstern Richtung Osten drang, kletterte meine Mutter aus dem Bett und putzte sich in ihrem Sonntagsstaat heraus. Sie zog die neue Jacke an, die neuen langen Hosen, die neuen Strümpfe und neue Schuhe. Dann besuchte sie mit ihrer Mutter die Nachbarn, Verwandten und Freunde und machte vor allen Erwachsenen einen Kotau. Für jedes Mal, das ihr Kopf den Boden berührte, bekam sie einen »roten Umschlag« mit Geld geschenkt. Der Inhalt dieser Umschläge war ihr Taschengeld für das kommende Jahr.
In den nächsten vierzehn Tagen besuchten sich die Erwachsenen und wünschten einander Glück im neuen Jahr. Für die meisten Chinesen bedeutete Glück vor allem Geld, und sie wünschten sich nichts sehnlicher als das. Die Menschen waren

arm, Fleisch stand nur selten auf dem Speiseplan. Im Hause Xia gab es wie in vielen anderen Haushalten auch nur an Festtagen Fleisch für alle.

Die Festlichkeiten erreichten am fünfzehnten Tag ihren Höhepunkt mit einer Prozession und einem Laternenumzug nach Einbruch der Dunkelheit. An diesem Tag kam der Feuergott zu einem Inspektionsbesuch. In einem feierlichen Umzug wurde er durch die Straßen geführt, um die Bewohner vor den Gefahren einer Feuersbrunst zu warnen. Eine Brandkatastrophe stellte eine ständige Bedrohung dar, denn die meisten Häuser waren zumindest teilweise aus Holz, und das Klima war trocken und windig. Die Menschen lebten immer in Angst vor dem Feuer, deshalb opferten sie das ganze Jahr über der Statue des Feuergottes. Der feierliche Umzug begann vor dem Tempel des Feuergottes vor der Lehmhütte, in der die Xias gewohnt hatten, als sie nach Jinzhou gezogen waren. Eine Nachbildung der Götterstatue – ein Riese mit rotem Haar, rotem Bart und roten Augenbrauen und einem weiten Mantel – wurde von acht Männern in einer offenen Sänfte durch die Straßen getragen. Hinter der Sänfte wanden sich Drachen und Löwen, die jeweils von mehreren Männern dargestellt wurden. Es folgten Festwagen, Männer auf Stelzen und *yangge*-Tänzer, die die Enden eines langen, bunten Seidentuches, das um ihren Bauch geschlungen war, in den Händen hielten und durch die Luft schwangen. Das Feuerwerk, die Trommeln und Becken erzeugten einen ohrenbetäubenden Lärm. Meine Mutter hüpfte aufgeregt hinter der Prozession her. Am Straßenrand wurden dem Feuergott vor jedem Haus die köstlichsten Speisen als Opfergaben dargeboten. Als sie das erste Mal an diesem Fest teilnahm, fragte sie sich, was wohl aus all dem herrlichen Essen wurde, denn der Gott ging relativ schnell an den Opfergaben vorbei und nahm kaum Notiz davon. Ihre Mutter erklärte ihr, daß die Opfergaben eigentlich mehr für die Familien als für die Gottheiten gedacht waren. »Den Göttern zeigt man den guten Willen, aber das Essen wandert in die Bäuche der Menschen.« Man kann sich daher vorstellen, wie sehr sich meine Mutter auf diese Feste freute.

Feste, die mehr poetisch als kulinarisch ausgerichtet waren, interessierten sie hingegen nicht allzusehr. So wartete sie beispielsweise beim Laternenfest ungeduldig auf ihre Mutter, wenn diese Rätselfragen zu lösen versuchte, die an den wunderschönen, selbstgemachten Laternen an den Haustüren befestigt waren. Auch am neunten Tag des neunten Mondes hüpfte meine Mutter nicht vor Freude, wenn meine Großmutter sie mitnahm, um die Chrysanthemen in den Gärten zu bewundern.

Beim Jahrmarkt im Tempel des Stadtgottes zeigte meine Großmutter meiner Mutter eine Reihe von Lehmfiguren, die eigens für diese Gelegenheit frisch bemalt worden waren. Die Figuren stellten szenisch die Höllenqualen dar, mit denen die Toten für ihre Sünden auf Erden büßten. Meine Großmutter zeigte auf eine Lehmfigur, der zwei Teufel mit abstehenden Haaren wie Igelborsten und Augen wie Fröschen die Zunge mindestens dreißig Zentimeter herausgezogen hatten und sie in Stücke schnitten. Der Mann, den die Teufel so übel zurichteten, war zu seinen Lebzeiten ein Lügner gewesen, erklärte meine Großmutter. Und genau das würde auch meiner Mutter dereinst passieren, wenn sie nicht die Wahrheit sagte.

Es gab ungefähr ein Dutzend Gruppen von Statuen, jede Gruppe symbolisierte eine andere Tugend. Meine Großmutter zeigte meiner Mutter bereitwillig eine schreckliche Szene nach der anderen. An einer Figurengruppe jedoch führte sie sie kommentarlos vorbei. Jahre später fand meine Mutter heraus, daß es sich dabei um eine Frau handelte, die von zwei Männern in der Mitte durchgesägt wurde. Die Frau war Witwe und hatte sich wieder verheiratet. Sie wurde von ihren beiden Ehemännern in zwei Hälften zersägt, weil sie beiden gehört hatte. Damals schreckten angesichts solcher böser Aussichten viele Witwen davor zurück, sich wieder zu verheiraten, und blieben lieber ihren toten Ehemännern treu, auch wenn das viel Leid für sie bedeutete. Manche begingen sogar Selbstmord, wenn ihre Familien sie zwingen wollten, wieder zu heiraten. Meine Mutter begriff erst sehr viel später, daß ihrer Mutter die Eheschließung mit Dr. Xia wohl nicht leichtgefallen war.

KAPITEL 3

*»Alle sagen, daß Mandschukuo
ein glückliches Land ist«*

*Das Leben unter
japanischer Besatzung
(1938-1945)*

Anfang 1938 war meine Mutter knapp sieben Jahre alt. Sie war ein hübsches Kind und sehr wißbegierig. Ihre Eltern hielten es für das Beste, wenn sie sofort nach dem chinesischen Neujahrsfest mit der Schule begann.

Die Japaner wachten streng über das gesamte Erziehungswesen, vor allem aber über den Geschichtsunterricht und alles, was mit Weltanschauung zu tun hatte. Der Unterricht in diesen Fächern wurde in Japanisch, nicht in Chinesisch abgehalten. Nach dem vierten Schuljahr in der Grundschule fand der gesamte Unterricht in Japanisch statt, und die meisten Lehrer waren Japaner.

Am 11. September 1939, als meine Mutter in der zweiten Grundschulklasse war, statteten der Kaiser von Mandschukuo, Pu Yi, und seine Frau Jinzhou einen offiziellen Besuch ab. Meine Mutter war dazu auserkoren worden, der Kaiserin am Bahnhof einen Blumenstrauß zu überreichen. Auf dem buntgeschmückten Bahnsteig wartete bereits eine große Menschenmenge und schwenkte gelbe Papierfähnchen, Gelb war die Farbe von Mandschukuo. Man drückte meiner Mutter einen riesigen Blumenstrauß in die Hand, und sehr schuldbewußt stand sie neben der Musikkapelle und den Honoratioren der Stadt. Ein kleiner Junge, ungefähr genauso alt wie meine Mutter, hielt einen Blumenstrauß für den Kaiser Pu Yi. Als die Kaiserin erschien, stimmte die Kapelle die Nationalhymne von Mandschukuo an. Alle standen stramm. Meine Mutter trat vor und machte einen Knicks, dabei balancierte sie den riesigen Strauß geschickt in den Armen. Die Kaiserin trug ein weißes Kleid und, wie meine Mutter bemerkte, sehr schöne weiße Handschuhe, die ihr bis über die Ellbogen reichten. Meine Mutter fand die Kaiserin wunderschön. Sie konnte sogar einen Blick auf Pu Yi werfen, der in Uniform war. Seine Augen kamen ihr hinter den dicken Brillengläsern wie Schweinsaugen vor.

Man hatte meine Mutter für diese Gelegenheit nicht nur deshalb ausgewählt, weil sie eine gute Schülerin war, sondern weil sie genau wie Dr. Xia auf allen Formularen als Staatsangehörigkeit »mandschurisch« angab. Mandschukuo galt als der unabhängige Staat der Mandschu. Pu Yi war für die Japaner so besonders wertvoll, weil die Menschen in Mandschukuo durch ihn das Gefühl hatten, sie lebten immer noch unter einem Mandschu-Kaiser. Dr. Xia fühlte sich als loyaler Untertan, meine Großmutter ebenso. Üblicherweise drückte eine Frau ihre Liebe dadurch aus, daß sie in allen Dingen mit ihrem Mann einer Meinung war; ganz selbstverständlich stimmte meine Großmutter in dieser Frage mit Dr. Xia überein. In der Schule lernte meine Mutter, daß ihr Land Mandschukuo hieß und daß die Nachbarstaaten von Mandschukuo zwei chinesische Republiken waren: Mit der einen Republik unter Chiang Kai-shek sei man verfeindet, mit der anderen unter Wang-Jing-wei (dem Marionettenherrscher eines Teils von China) sei man befreundet. Meine Mutter hörte niemals, daß es ein großes China gab und daß Mandschukuo ein Teil davon war.

Die Schüler wurden dazu erzogen, gehorsame Untertanen von Mandschukuo zu sein. Als eines der ersten Lieder lernte meine Mutter in der Schule die Nationalhymne von Mandschukuo:

> Rote Jungen und grüne Mädchen
> spazieren durch die Straßen,
> alle sagen, daß Mandschukuo ein
> glückliches Land ist.
> Du bist glücklich, ich bin glücklich,

> Alle leben in Frieden und arbeiten
> gern
> und frei von Sorgen.

Die Lehrer sagten, Mandschukuo sei das Paradies auf Erden, aber meine Mutter merkte bereits, daß Mandschukuo nur für die Japaner ein Paradies war. Japanische Kinder hatten ihre eigenen Schulen, gut ausgestattet und geheizt, dort wurden die Fußböden geputzt, und die Fenster waren sauber. Die Schulen für die einheimischen Kinder waren in zerfallenen Tempeln und alten Häusern untergebracht, die Privatpersonen gespendet hatten. Es gab keine Heizung, und im Winter mußte die ganze Klasse oft mitten in der Schulstunde um das Viertel rennen oder mit den Füßen trampeln, um bei minus fünfundzwanzig Grad nicht zu erstarren. Die Lehrer waren nicht nur überwiegend Japaner, sie bedienten sich auch japanischer Erziehungsmethoden. Niemand fand etwas dabei, die Kinder zu schlagen. Jeder kleinste Fehler, jeder noch so geringe Verstoß gegen die Regeln, wurde mit Schlägen geahndet. So bezogen beispielsweise Mädchen, deren Haare einen Zentimeter länger waren als ihre Ohrläppchen, dafür Prügel. Mädchen und Jungen wurden oft hart ins Gesicht geschlagen, Jungen bezogen regelmäßig Schläge mit einem Holzprügel auf den Kopf. Manchmal mußten die Kinder auch zur Strafe stundenlang draußen im Schnee knien. Wenn ein mandschurisches Kind auf der Straße einem Japaner begegnete, mußte es sich verbeugen und zur Seite treten, auch wenn der Japaner ein gleichaltriges oder sogar noch jüngeres Kind war. Japanische Kinder lauerten den mandschurischen Kindern oft auf und prügelten völlig grundlos auf sie ein. Wenn die Geschlagenen sich bei ihren Lehrern beklagten, wurden sie stets beschuldigt, sie hätten die Schläge »provoziert«. Vor ihren Lehrern mußten sich die Kinder tief verbeugen. Meine Mutter bemerkte oft sarkastisch zu ihren Freunden, ein japanischer Lehrer sei wie ein Wirbelwind, der durch ein Grasfeld fege – er hinterlasse nur plattgedrücktes Gras. Auch viele Erwachsene verbeugten sich vor den Japanern, weil sie Angst vor den Folgen hatten, wenn sie einen Japaner beleidigten. Das Leben der Familie Xia veränderte sich durch die Anwesenheit der Japaner zunächst kaum. Mittlere und niedrige Positionen wurden nach wie vor von Einheimischen besetzt, von Mandschus ebenso wie von Han-Chinesen. Mein Urgroßvater beispielsweise war weiterhin stellvertretender Polizeichef von Yixian. Im Jahre 1940 lebten rund fünfzehntausend Japaner in Jinzhou. Im Nachbarhaus der Xias wohnten Japaner, und meine Großmutter verkehrte freundschaftlich mit ihnen. Der Mann war Regierungsbeamter. Jeden Morgen stand die Frau mit ihren drei Kindern am Tor und verabschiedete sich mit einer tiefen Verbeugung von ihrem Mann, der in einer Rikscha zur Arbeit fuhr. Danach machte sie sich an die tägliche Arbeit, die darin bestand, daß sie Kohlenstaub zum Heizen zu kleinen Bällchen formte. Aus Gründen, die meine Großmutter und meine Mutter nie verstanden, trug sie dazu stets weiße Handschuhe, die selbstverständlich binnen kurzem schmutzig waren.

Die Japanerin kam oft zu den Xias zu Besuch. Sie brachte Reiswein mit, und meine Großmutter bereitete einen kleinen Imbiß zu. Die Japanerin fühlte sich einsam, denn ihr Mann war selten zu Hause. Sie sprach kaum Chinesisch, und meine Großmutter konnte nur ein paar Brocken Japanisch. Die beiden Frauen summten Lieder zusammen und vergossen manchmal Tränen, wenn ihnen wehmütig zu Mute war. Oft halfen sie sich gegenseitig im Garten. Die Nachbarin besaß elegante Gartengeräte, die meine Großmutter jedesmal bewunderte.

Im Laufe der Zeit kamen den Xias immer mehr Greueltaten zu Ohren. Die Japaner brannten Dörfer nieder und trieben die Überlebenden in sogenannten »strategischen Ansiedlungen« zusammen. Über fünf Millionen Menschen, rund ein Sechstel der Bevölkerung, wurden obdachlos, Zehntausende kamen ums Leben. Zwangsarbeiter mußten für die Japaner in den Minen arbeiten, die Mandschurei besaß reiche Bodenschätze. Viele Zwangsarbeiter überlebten die Torturen nicht.

Lange Zeit hatte sich Dr. Xia über Pu Yi Illusionen gemacht. Er sagte immer wieder, der Kaiser sei in Wahrheit ein Gefangener der Japaner und wisse nicht, welche Mißstände im Lande herrschten. Pu Yi nannte Japan zunächst »unser befreundetes Nachbarland«, daraus wurde »das ältere Bruderland« und schließlich Mandschukuos »Mutterland«. Als Dr. Xia das hörte, schlug er mit der Faust auf den Tisch und nannte Pu Yi »einen albernen Feigling«. Aber selbst dann lastete er die Verantwortung für die Greueltaten noch nicht Pu Yi an. Zwei schreckliche Ereignisse fanden zu diesem Zeitpunkt in unmittelbarer Nachbarschaft der Xias statt.

Eines Tages Ende 1941 betrat ein fremder Mann Dr. Xias Praxis. Er trug nur Lumpen am Leib, war unrasiert, hatte ein eingefallenes Gesicht, war abgemagert bis auf die Knochen und wand sich unter Schmerzen. Der Mann sagte, er arbeite als Kuli bei der Eisenbahn und habe seit längerem schreckliche Bauchschmerzen. Er müsse sieben Tage in der Woche von morgens bis abends schwerste Lasten schleppen. Er wisse nicht mehr, wie es weitergehen solle, aber wenn er jetzt seine Arbeit verliere, könne er nicht mehr für seine Frau und ihr neugeborenes Kind sorgen.

Dr. Xia erklärte ihm, sein Magen könne die schwer verdauliche Kost, die er zu essen bekomme, nicht vertragen. Am 1. Juni 1939 hatte die Regierung ein Gesetz erlassen, wonach es Chinesen und Mandschu unter Todesstrafe verboten war, Reis oder Weizen zu essen. Diese Lebensmittel waren den Japanern vorbehalten. Die Chinesen und Mandschu mußten sich mit Eichelmehl und Sorghum begnügen, das sehr grob und schwer verdaulich war. Dr. Xia gab dem Mann kostenlos Medikamente, da er wußte, daß der Mann nichts bezahlen konnte. Außerdem sagte er zu meiner Großmutter, sie solle ihm etwas Reis geben, den sie auf dem schwarzen Markt gekauft hatte, was selbstverständlich ebenfalls verboten war.

Kurz danach erfuhr Dr. Xia, daß der Mann in einem japanischen Arbeitslager gestorben war. Nachdem er Dr. Xias Haus verlassen hatte, hatte er den Reis gegessen und war dann wieder zur Arbeit gegangen. Auf dem Gelände der Eisenbahn erbrach er dann. Ein japanischer Wachbeamter entdeckte Reiskörner in dem Erbrochenen und zeigte den Mann an. Er wurde als sogenannter »Wirtschaftskrimineller« verhaftet und in ein Arbeitslager gesteckt. In seinem geschwächten Zustand überlebte er nur wenige Tage. Als seine Frau vom Tod ihres Mannes erfuhr, ertränkte sie sich mit ihrem Baby.

Meine Großmutter und Dr. Xia waren über diesen Vorfall zutiefst erschüttert. Sie fühlten sich am Tod des Mannes mitschuldig. Dr. Xia sagte immer wieder: »Reis kann einen Menschen umbringen und retten. Ein kleiner Beutel Reis – drei Menschenleben!«

Wenig später war die Familie Xia direkt betroffen. Dr. Xias jüngster Sohn war Lehrer in Yixian. Wie in jeder Schule hing auch in seiner Schule im Büro des japanischen Direktors ein Bild von Pu Yi. Der Rektor der Schule, an der Dr. Xias Sohn arbeitete, war Japaner. Jeder, der den Raum betrat, mußte sich vor dem Bild von Pu Yi verbeugen. Eines Tages vergaß Dr. Xias Sohn die Verbeugung. Der japanische Rektor schrie ihn an, er solle sich sofort vor Seiner Majestät verbeugen, und schlug ihn so stark ins Gesicht, daß er taumelte. Dr. Xias Sohn schrie daraufhin wütend: »Muß ich mich denn jeden Tag verbeugen? Darf ich nicht einmal einen Moment aufrecht stehen? Ich habe doch gerade erst bei der Morgenversammlung meine Ehrerbietung gezeigt ...« In diesem Moment kamen zwei andere Lehrer, ebenfalls Mandschu, ins Zimmer, und sie konnten ihn gerade noch daran hindern, weitere Majestätsbeleidigungen hervorzustoßen. Aber die Mienen seiner Kollegen sagten ihm, daß er sich in ernste Schwierigkeiten gebracht hatte. Er fand schließlich die Selbstkontrolle wieder und rang sich eine Verbeugung vor dem Bildnis des Kaisers ab.

An jenem Abend kam ein Freund zu Dr. Xias Sohn nach Hause und erzählte ihm, er habe gehört, er habe sich »krimineller Gedanken« schuldig gemacht. Das war ein Verbrechen, das zumindest mit einer Gefängnisstrafe, wahrscheinlicher aber mit dem Tod bestraft wurde. Dr. Xias Sohn wartete bis zum Einbruch der Nacht und floh dann. Von da an war er verschwunden, seine Familie hat nie wieder etwas von ihm gehört. Wahrscheinlich wurde er entweder gefangengenommen und starb im Gefängnis, oder er wurde in ein Arbeitslager verschleppt und starb dort. Dr. Xia war ein gebrochener Mann. Er erholte sich nie mehr von diesem Schicksalsschlag und wurde ein erbitterter Gegner von Mandschukuo und Pu Yi.

Dr. Xias Praxis florierte inzwischen. Er behandelte sowohl Japaner als auch Mandschu. Manchmal sagte er, nachdem er einen hohen japanischen Beamten oder einen hochrangigen Kollaborateur behandelt hatte: »Ich wünschte, er wäre gestorben ...« Aber seine persönlichen Ansichten beeinflußten seine Haltung als Arzt nicht im geringsten. »Jeder Patient ist ein Mensch«, sagte er immer. »Alles andere sollte einem Arzt gleichgültig sein. Er darf sich nicht darum scheren, ob er ein guter Mensch ist oder nicht.«

Meine Großmutter hatte inzwischen ihre Mutter zu sich geholt. Nachdem meine Großmutter Dr. Xia geheiratet hatte, blieb meine Urgroßmutter allein mit einem Ehemann, der sie verachtete, und den zwei mongolischen Konkubinen, die sie haßten. Meine Urgroßmutter fürchtete, die beiden könnten versuchen, sie und Yu-lin zu vergiften. Deshalb benutzte sie stets silberne Eßstäbchen, denn die Chinesen glauben, daß Silber schwarz anläuft, wenn es mit Gift in Berührung kommt. Außerdem ließ sie immer ihr Schoßhündchen von dem Essen probieren, bevor sie oder Yu-lin einen Bissen anrührten. Eines Tages, wenige Monate nach der Heirat meiner Großmutter, sackte der Hund zusammen und war tot. Zum ersten Mal in ihrem Leben stritt sich meine Urgroßmutter mit ihrem Ehemann. Unterstützt von ihrer Schwiegermutter, der alten Frau Yang, zog sie mit Yu-lin in eine Pension. Die alte Frau Yang war so empört über ihren Sohn, daß sie ebenfalls wegging und nichts mehr mit ihrem Sohn zu tun haben wollte. Erst als sie im Sterben lag, sah sie ihn wieder.

In den ersten drei Jahren zahlte mein Urgroßvater meiner Urgroßmutter einen monatlichen Unterhalt, aber 1938 stellte er die Zahlungen ein. Meine Urgroßmutter wagte nicht, das Geld von ihm einzufordern. Dr. Xia und meine Großmutter mußten sie unterstützen – sie, ihre Schwiegermutter und Yu-lin. Nachdem die Schwiegermutter 1942 gestorben war, zog meine Urgroßmutter mit Yu-lin zu ihrer Tochter nach Jinzhou. Sie hielt sich und ihren Sohn für Menschen zweiter Klasse, die von Almosen lebten. Ihrer eigenen Tochter und Dr. Xia gegenüber war sie ängstlich und unterwürfig. Die ganze Zeit über wusch sie die Wäsche der Familie oder putzte wie besessen. In jeder freien Minute kochte sie Gemüse oder Obst für den Winter ein, wenn es in der Mandschurei nichts Frisches gab. Sie war eine fromme Buddhistin und betete zu Buddha, er möge sie in ihrem nächsten Leben nicht als Frau zur Welt kommen lassen. »Laß mich eine Katze oder ein Hund werden, egal was, nur keine Frau ...«

Meine Großmutter hatte außerdem ihre über alles geliebte Schwester Lan zu sich nach Jinzhou geholt. Lan hatte in Yixian einen Mann geheiratet, der sich nach der Hochzeit als homosexuell erwies. Er arbeitete für einen Onkel, der eine Ölmühle betrieb. Bei diesem reichen Onkel wollte er sich einschmeicheln und bot ihm seine Frau an. Lan wagte nicht, sich ihm zu widersetzen. Später bot ihr Mann sie auch dem Geschäftspartner seines Onkels an. Dieses Mal weigerte sich Lan. Meine Großmutter mußte sie schließlich aus ihrer Ehe freikaufen, denn eine Frau konnte sich nicht scheiden lassen. Lan kam nach Jinzhou. In der Zwischenzeit hatte sie einen Mann namens Pei-o geheiratet. Er war Gefängniswärter.

Die beiden besuchten die Xias oft. Wenn Pei-o Geschichten aus dem Gefängnis erzählte, standen meiner Mutter die Haare zu Berge. Im Gefängnis saßen lauter politische Gefangene. Pei-o erzählte oft, wie mutig die Gefangenen seien und daß sie die Japaner selbst noch unter der Folter verfluchten. Folterungen waren an der Tagesordnung; es gab keinerlei medizinische Versorgung, man ließ ihre Wunden einfach verfaulen.

Dr. Xia erbot sich, ins Gefängnis zu gehen und die Gefangenen zu behandeln. Bei einem seiner ersten Besuche stellte Pei-o ihm seinen Freund Dong vor, dem Henker des Gefängnisses. Zum Tode Verurteilte wurden routinemäßig gefoltert, hauptsächlich mit der Garrotte. Der Häftling wurde mit einem Strick um den Hals auf einen Stuhl gefesselt, dann wurde der Strick langsam zugezogen. Der Verurteilte starb einen langsamen und grausamen Tod.

Dr. Xia wußte von seinem Schwager, daß Dong Gewissenskonflikte plagten. Jedesmal, wenn er einen Gefangenen mit der Garrotte töten sollte, mußte er sich vorher betrinken, ohne Alkohol brachte er es nicht fertig. Dr. Xia lud Dong zu sich ein, gab ihm Geschenke und schlug ihm vor, er könne doch ab und zu versuchen, den Strick nicht ganz zuzuziehen. Dong sagte, er wolle sehen, was sich machen lasse. Meistens wohnte ein japanischer Wärter oder ein zuverlässiger Kollaborateur der Hinrichtung bei, aber manchmal, bei nicht so wichtigen Gefangenen, war der Henker mit seinem Opfer allein. Bisweilen gingen die Japaner auch hinaus, bevor das Opfer tot war. Solche Gelegenheiten nutzte Dong. Nach der Hinrichtung wurden die Toten in eine Holzkiste gelegt und mit einem Karren auf ein brachliegendes Stück Land draußen vor der Stadt geschafft. Dort auf dem sogenannten Südhügel wurden die Leichen ohne jegliche Beerdigungszeremonie in eine flache Grube geworfen. Überall sah man streunende Wildhunde auf Beute lauern. Neugeborene Mädchen wurden damals häufig getötet, sie warf man ebenfalls in diese Grube.

Dr. Xia freundete sich mit dem Fahrer des Leichenkarrens an. Der alte Mann verstand sofort, ohne daß Dr. Xia allzu deutlich werden mußte. Er tauchte des öfteren in Dr. Xias Praxis auf und schwadronierte scheinbar unzusammenhängend über das Leben. Aber schließlich kam er auf die Begräbnisstätte zu sprechen. »Ich habe den toten Seelen erklärt, daß ich nicht daran schuld bin, daß sie dort gelandet sind. Ich habe ihnen gesagt, daß ich ihnen alles Gute wünsche. Ich habe ihnen gesagt: ›Kommt nächstes Jahr, an eurem Todestag, wieder. Wenn ihr aber in der Zwischenzeit zu einem besseren Leben aufbrecht und eure Körper verlaßt, dann tut das in die Richtung, in der euer Kopf liegt. Das ist der beste Weg für euch.‹« Dong und der Fahrer des Totenkarrens sprachen nie miteinander über die

Angelegenheit, und Dr. Xia erfuhr nie genau, wie viele Gefangene der Fahrer gerettet hatte. Nach dem Krieg trafen sich die geretteten »Leichen« und sammelten Geld, damit sich Dong ein Haus und Land kaufen konnte. Der Fahrer des Leichenkarrens war inzwischen gestorben.

Einer der Geretteten war ein entfernter Cousin meiner Großmutter namens Han-chen. Er hatte eine wichtige Rolle im Widerstand gegen die Japaner gespielt. Jinzhou war der bedeutendste Eisenbahnknotenpunkt nördlich der Großen Mauer, und im Juli 1937 starteten die Japaner von Jinzhou aus ihren Hauptangriff auf das eigentliche China. Han-chen gehörte einer antijapanischen Widerstandsgruppe an. Ein Spion schleuste sich in seine Gruppe ein, und die ganze Gruppe wurde mit einem Schlag verhaftet. Sie wurden gefoltert, danach wurden die meisten getötet. Die Familie meiner Mutter glaubte lange Zeit, Han-chen sei tot. Doch eines Tages kam Onkel Pei-o ins Haus meiner Großmutter und berichtete, Han-chen sei noch am Leben, er solle aber demnächst hingerichtet werden. Dr. Xia nahm sofort Kontakt zu Dong auf.

In der Nacht der Hinrichtung fuhren Dr. Xia und meine Großmutter in zwei Kutschen hinaus zum Südhügel, wo die Hingerichteten abgeladen wurden. Sie versteckten sich hinter einer Baumgruppe und warteten. Die wilden Hunde rings um die Grube heulten; aus der Grube drang der ekelerregende Geruch verwesenden Fleisches.

Nach einer Zeit, die ihnen wie eine Ewigkeit erschien, ratterte der Totenkarren heran. In der Dunkelheit erkannten sie den alten Fahrer kaum. Er stieg ab und kippte mehrere Leichen aus den Holzkisten. Sie warteten, bis er davongefahren war, und gingen dann hinüber zu der Grube. Zuerst konnten sie in der Dunkelheit gar nicht erkennen, ob Han-chen unter den Toten war. Sie sahen sich alle Leichen genau an und fanden ihn schließlich. Er war jedoch mehr tot als lebendig, sie merkten erst nach einer Weile, daß er noch atmete. Sie versuchten, ihn wieder zu Bewußtsein zu bringen und auf die Füße zu stellen. Aber er war so schwer gefoltert worden, daß er nicht laufen konnte. Unter Aufbietung all ihrer Kräfte schafften sie ihn in eine Kutsche und fuhren ihn nach Hause.

Sie versteckten ihn in einem Abstellraum, der nur durch eine Tür vom Schlafzimmer meiner Mutter her zugänglich war. Die zweite Tür im Zimmer meiner Mutter führte ins Schlafzimmer ihrer Eltern. So war sichergestellt, daß niemand zufällig in den Abstellraum gelangte. Da nur das Haus von Dr. Xia einen direkten Zugang zum Hof hatte, konnte Han-chen sich ohne weiteres auf dem Hof bewegen, wenn jemand Wache stand.

Die größte Gefahr drohte durch Razzien der Polizei oder der örtlichen Nachbarschaftskomitees. Gleich zu Anfang der Besetzung der Mandschurei hatten die Japaner ein System der Nachbarschaftskontrolle eingeführt, das sie in ihrer Heimat bereits perfektioniert hatten. Die Nachbarschaftskomitees sollten rund um die Uhr nach »gesetzlosen Elementen« Ausschau halten. Tatsächlich handelte es sich um eine Form des institutionalisierten Gangstertums, »Schutzgewährung« und Spitzelwesen stellten den Schlüssel zur Macht dar. Für Denunziationen zahlten die Japaner große Belohnungen. Paradoxerweise war die Polizei von Mandschukuo weniger gefährlich als die gewöhnlichen Zivilisten, denn die meisten Polizisten waren antijapanisch eingestellt. Zu den wichtigsten Aufgaben der Polizei gehörte es zu kontrollieren, ob alle Bürger ordnungsgemäß an ihrem Wohnort gemeldet waren. Sie durchsuchten häufig Haus für Haus eines Straßenzugs, aber sie kündigten ihr Erscheinen dadurch an, daß sie laut »Meldekontrolle! Meldekontrolle!« riefen, und jeder, der sich verstecken mußte, hatte reichlich Zeit dazu. Han-chen oder meine Großmutter hörten sie oft »Meldekontrolle!« brüllen. Dann versteckte meine Großmutter ihren Cousin unter einem Haufen getrockneter Sorghumwurzeln, die als Brennstoff dienten und im Abstellraum gelagert wurden. Die Polizisten stürmten ins Haus, setzten sich brav an den Tisch und beteuerten entschuldigend, wie leid es ihnen tue, ihr derartige Umstände zu machen. »Reine Formsache, müssen Sie wissen ...«

Meine Mutter war damals elf Jahre alt. Ihre Eltern erklärten ihr

nicht, was vor sich ging, aber sie begriff instinktiv. Sie wußte, daß sie niemandem etwas von Han-chen erzählen durfte. Alle Chinesen lernen von klein auf, diskret zu sein.
Unter der Pflege meiner Großmutter wurde Han-chen ganz allmählich wieder gesund. Nach drei Monaten war er so weit, daß er sich verabschieden konnte. Es war ein bewegender Abschied. »Ältere Schwester und älterer Schwager«, sagte er, »ich werde nie vergessen, daß ihr mir das Leben gerettet habt. Sobald ich Gelegenheit habe, werde ich diese große Schuld zurückzahlen.« Drei Jahre später kehrte er zurück und machte sein Versprechen wahr.

Im Unterricht mußten meine Mutter und ihre Klassenkameradinnen auch Wochenschauberichte über den Fortgang der japanischen Kriegführung ansehen. Die Japaner waren nicht im geringsten über ihr Treiben beschämt und machten es sogar bewußt publik, um die Menschen in Angst und Schrecken zu versetzen. Die Japaner beobachteten die elf- und zwölfjährigen Schulmädchen im Halbdunkel des Vorführraums und wachten darüber, daß kein Mädchen die Augen schloß oder sich ein Taschentuch in den Mund stopfte, um das Schluchzen zu ersticken. Meine Mutter hatte noch jahrelang jede Nacht Alpträume.
Im Jahr 1942 waren die japanischen Truppen über ganz China, Südostasien und den Pazifischen Ozean verteilt, und in Japan fehlten Arbeitskräfte. Im letzten Grundschuljahr wurden meine Mutter und die anderen Mädchen aus ihrer Klasse zur Arbeit in einer Textilfabrik abkommandiert. Auch japanische Kinder mußten in der Fabrik arbeiten, aber die einheimischen Mädchen mußten sechs Kilometer hin und zurück zu Fuß gehen, die japanischen Kinder wurden mit Lastwagen zur Arbeit gefahren. Den mandschurischen Mädchen setzte man eine dünne Suppe aus schimmeligem Mais vor, in der tote Würmer schwammen. Für die japanischen Mädchen hingegen gab es köstliche Vesperpakete mit Fleisch, Gemüse und Obst.
Die japanischen Mädchen bekamen einfache Arbeiten zugewie-

sen, zum Beispiel Fensterputzen. Die mandschurischen Mädchen hingegen mußten an komplizierten Spinnmaschinen sitzen, die selbst für Erwachsene schwierig zu bedienen und sehr gefährlich waren. Ihre Aufgabe bestand darin, abgerissene Fäden wieder zusammenzubinden, während die Maschinen in voller Geschwindigkeit weiterliefen. Wenn ihnen das nicht gelang, wurden sie von den japanischen Aufsehern geschlagen. Die Mädchen lebten ständig in panischer Angst. Das Zusammenwirken von Angst, Kälte, Hunger und Erschöpfung führte dazu, daß es häufig Unfälle gab. Über die Hälfte der Schulkameradinnen meiner Mutter erlitten Verletzungen, manche schwere. Eines Tages sah meine Mutter, wie ein Weberschiffchen aus einer Maschine flog und dem Mädchen neben ihr das Auge ausschlug. Den ganzen Weg ins Krankenhaus schalt der japanische Aufseher das Mädchen, weil sie nicht aufgepaßt habe.

Nach der Arbeit in der Fabrik kam meine Mutter in die höhere Schule. Die Zeiten hatten sich seit der Jugend meiner Großmutter geändert. Junge Frauen wurden nicht mehr in den vier Wänden ihres Elternhauses eingeschlossen, sie konnten wie die Jungen in den Genuß einer höheren Bildung kommen. Unter den Japanern wurden Jungen und Mädchen unterschiedlich erzogen. Die Erziehung der Mädchen sollte sie zu »gehorsamen Ehefrauen und guten Müttern« machen, wie es das Schulmotto verkündete. In der Schule wurden den Mädchen wie am Fließband alle möglichen Dinge beigebracht, vor allem aber sollten sie Unterwürfigkeit lernen. Der Unterrichtsstoff umfaßte alles, was »wichtig für eine Frau« war, wie es die Japaner nannten: Haushaltsführung, Kochen und Nähen, aber auch die höherrangigen Fertigkeiten wie die Teezeremonie, das Ikebana, Sticken, Malen und die Wertschätzung der Kunst. Als wichtigstes aber mußten die zukünftigen Ehefrauen lernen, wie man seinem Ehemann gefällt. Dazu gehörte, daß sie sich richtig zu kleiden und zu frisieren wußten, daß sie vollendete Verbeugungen vor ihrem Ehemann machen konnten und daß sie ihm in allem bedingunglos gehorchten. Meine Mutter wehrte sich heftig

gegen diesen Unterricht und lernte fast nichts, nicht einmal Kochen.
Bei den Abschlußprüfungen mußten die Mädchen praktische Fertigkeiten unter Beweis stellen, zum Beispiel ein bestimmtes Gericht kochen oder ein Blumengesteck anfertigen. Der Prüfungsausschuß bestand aus hohen chinesischen und japanischen Beamten. Sie beurteilten nicht nur die schulischen Leistungen der Mädchen, sondern auch ihre sonstigen Vorzüge. Am Anschlagbrett wurden die Noten der Mädchen angebracht und daneben von jedem Mädchen ein Foto. Sie trugen hübsche Schürzen, die sie selbst entworfen und genäht hatten. Japanische Beamte suchten sich oft unter den Schülerinnen ihre Bräute aus oder schickten Mädchen nach Japan, wo sie mit Männern verheiratet wurden, die sie nie zuvor gesehen hatten. Oftmals geschah das mit Zustimmung der Mädchen oder wenigstens ihrer Familien. Gegen Ende der japanischen Besatzungszeit wurde auch eine Freundin meiner Mutter als Braut für einen Mann in Japan ausgewählt, aber sie verpaßte ihr Boot und war immer noch in Jinzhou, als die Japaner kapitulierten. Meine Mutter verachtete sie.

Anders als ihre chinesischen Vorgänger, die Mandarine, waren die Japaner nicht der Ansicht, daß gebildete Menschen sich jeglicher körperlicher Betätigung enthalten sollten. Die Japaner trieben sogar sehr gern Sport, und das gefiel meiner Mutter, denn auch sie liebte Sport. Mit ihren langen Beinen hatte sie sich zu einer guten Läuferin entwickelt. Einmal wurde sie für einen wichtigen Wettkampf nominiert. Sie trainierte wochenlang und war für den großen Tag bestens vorbereitet. Ein paar Tage vor dem Wettkampf nahm sie ihr mandschurischer Trainer beiseite und erklärte ihr, es wäre besser für sie, nicht zu gewinnen, den Grund könne er ihr nicht sagen. Aber meine Mutter verstand auch so. Die Japaner sahen es nicht gern, wenn Chinesen besser waren als sie. Außer meiner Mutter nahm noch eine andere mandschurische Läuferin an dem Wettkampf teil, und der Trainer bat meine Mutter, sie solle dem anderen Mädchen seine Warnung weitergeben, ihr aber nicht sagen, daß die Warnung von ihm stamme.

Meine Mutter kam bei dem entscheidenden Lauf nicht einmal unter die ersten sechs. Ihre Freunde sahen sofort, daß sie sich nicht richtig anstrengte. Aber das andere Mädchen konnte sich nicht zurückhalten und ging als erste durchs Ziel.

Die Japaner sagten zunächst kein Wort, aber sie nahmen schon bald Rache. Die Schüler mußten sich jeden Morgen unter der Aufsicht des Rektors versammeln. Die Kinder nannten ihn »Esel«, weil sein Name Mao-li fast genauso klang wie das chinesische Wort für Esel, Mao-lü. Er brüllte seine Befehle in harten gutturalen Lauten. Zuerst bellte er »Ferne Verehrung der Kaiserlichen Hauptstadt!«, und alle Schüler mußten sich daraufhin in Richtung Südosten nach Tokio verbeugen. Dann folgte der Befehl »Ferne Verehrung der nationalen Hauptstadt!«, und die Schüler mußten sich in Richtung Norden, nach Hsinking, der Hauptstadt von Mandschukuo verbeugen. Dann hieß es »Ehrerbietige Verbeugung vor dem Himmlischen Kaiser!« Damit war der Kaiser von Japan gemeint. Es folgte die »Ehrerbietige Verbeugung vor dem Kaiserlichen Bild!«, eine tiefe Verbeugung vor dem Bildnis Pu Yis. Schließlich mußten sich die Schüler noch vor ihren Lehrern verbeugen.

An diesem Morgen zerrte der Rektor das Mädchen, das am Vortag den Lauf gewonnen hatte, aus ihrer Reihe. Er behauptete, sie habe sich nicht um mindestens neunzig Grad vor Pu Yi verneigt; das kam einer Majestätsbeleidigung gleich. Er schlug sie ins Gesicht, gab ihr Fußtritte und sagte, sie müsse die Schule verlassen. Das war eine Katastrophe für sie und ihre Familie.

Ihre Eltern verheirateten sie bald darauf an einen kleinen Regierungsbeamten. Nach der Kapitulation der Japaner wurde ihr Mann als Kollaborateur gebrandmarkt. Als Frau eines Kollaborateurs fand sie nur in einer chemischen Fabrik Arbeit, in der giftige Dämpfe entwichen. Im Jahr 1984 besuchte meine Mutter Jinzhou und machte ihre alte Schulkameradin ausfindig. Durch die Chemiedämpfe war sie fast völlig erblindet. Ihre Freundin sprach mit einem müden Lächeln über die Ironie des Schicksals:

Sie hatte die Japaner in dem Rennen geschlagen, und der Dank war, daß sie als Kollaborateurin behandelt wurde. »Vielleicht klingt es merkwürdig«, sagte sie weinend, »aber ich bereue es kein bißchen, daß ich damals gewonnen habe.«

Die Menschen in Mandschukuo erfuhren nicht viel darüber, was sich in der übrigen Welt abspielte oder wie sich Japan im Krieg schlug. Die Kampfhandlungen tobten weit entfernt, Nachrichten von außen wurden streng zensiert, das Radio brachte nur die offizielle japanische Propaganda. Aber die Menschen schlossen aus einer Vielzahl von Indizien, wie beispielsweise der verschlechterten Lebensmittelversorgung, daß Japan immer mehr in Schwierigkeiten geriet.
Im Sommer 1943 brachten die Zeitungen zum ersten Mal eine ehrliche Nachricht: Japans Verbündeter Italien hatte kapituliert. Ab Mitte 1944 wurden japanische Zivilisten, die in Mandschukuo Regierungsstellen innegehabt hatten, eingezogen. Am 29. Juli 1944 tauchten die ersten amerikanischen B-29-Bomber am Himmel über Jinzhou auf. Auf Befehl der Japaner mußten sämtliche Haushalte zusätzliche Luftschutzkeller ausheben, die Schüler mußten oft mehrmals am Tag an Luftschutzübungen teilnehmen. Eines Tages richtete ein Mädchen aus der Klasse meiner Mutter einen Feuerlöscher auf einen ihr besonders verhaßten japanischen Lehrer. Normalerweise hätte das zu härtesten Vergeltungsmaßnahmen geführt, aber diesmal wurde dem Mädchen kein Haar gekrümmt. Das war ein eindeutiges Zeichen dafür, daß das Blatt sich gewendet hatte.
Seit langem wurde die Bevölkerung aufgefordert, Fliegen und Ratten zu fangen. Die Schüler mußten den Ratten die Schwänze abschneiden, sie in Umschläge stecken und der Polizei übergeben. Die Fliegen wurden in Glasflaschen gesammelt. Die Polizisten zählten die Rattenschwänze und sogar die toten Fliegen. Eines Tages im Jahr 1944 brachte meine Mutter wieder eine Flasche voll Fliegen zur Polizei. Der einheimische Polizist sagte zu ihr: »Das reicht aber nicht für eine Mahlzeit.« Meine Mutter schaute ihn verdutzt an, woraufhin er meinte: »Weißt du nicht,

daß die Japsen tote Fliegen mögen? Sie braten und essen sie.«
Meine Mutter sah das zynische Funkeln in seinen Augen und
wußte, daß er keine Angst mehr vor ihnen hatte.
Meine Mutter war aufgeregt und voller Erwartung, aber seit
dem Herbst 1944 hatte sich eine dunkle Wolke über ihrem Heim
zusammengezogen. Das Familienleben war nicht mehr so ruhig
und harmonisch wie früher, sie spürte, daß zwischen ihren
Eltern eine Spannung herrschte.
In der fünfzehnten Nacht des achten Mondes im chinesischen
Jahr begann das Mittherbst-Fest, das Fest der Familieneintracht. Entsprechend der alten Sitte stellte meine Großmutter in
dieser Nacht einen Tisch mit Melonen, runden Kuchen und
Gebäck hinaus ins Freie. Die Chinesen betrachten dieses Fest
deshalb als Fest der Familieneintracht, weil das chinesische
Wort für »Eintracht« *(yuan)* das gleiche ist wie das Wort für
»rund« oder »heil«. Der volle Herbstmond galt als besonders
schön und rund. Alle Speisen, die man an diesem Tag zu sich
nahm, mußten rund sein.
Im sanften Mondlicht erzählte meine Großmutter jedes Jahr
meiner Mutter Geschichten über den Mond. Der größte Schatten im Mond war ein riesiger Osmanthus-Baum, unter dem ein
Herr namens Wu Gang sein ganzes Leben zubrachte; unablässig
versuchte er, den Baum zu fällen. Aber der Osmanthus-Baum
war verzaubert, und daher konnte Wu Gang ihn nicht fällen.
Meine Mutter starrte hinauf zum Himmel und hörte den Geschichten andächtig zu. Der wunderschön runde Mond bezau-
berte sie. Aber in diesem Jahr durfte sie nichts über den Mond
sagen, denn ihre Mutter hatte ihr verboten, das Wort »rund«
auszusprechen, weil Dr. Xias Familie auseinandergebrochen
war. Dr. Xia war mehrere Tage lang sehr niedergeschlagen, und
meine Großmutter hatte ihre übliche Lust am Geschichtener-
zählen verloren.
In diesem Jahr 1944 saßen meine Mutter und meine Großmutter
unter einer mit Wintermelonen und Bohnen bewachsenen Pergola und lugten durch die wenigen Lücken in dem schattenspendenden Blätterwerk in das weite Universum der Sterne. Es war

eine klare, wolkenlose Nacht, der Himmel schimmerte dunkelblau, und in dem trockenen Klima leuchtete der runde Mond kristallklar am sternenübersäten Firmament. Meine Mutter wollte gerade sagen: »Der Mond ist heute besonders rund«, als meine Großmutter sie unterbrach und dann plötzlich laut zu weinen begann. Sie rannte ins Haus, und meine Mutter hörte sie schluchzen und schreien: »Geh doch zurück zu deinem Sohn und zu deinen Enkelsöhnen! Ich möchte, daß wir uns scheiden lassen. Zahle mir und meiner Tochter Unterhalt und geh deiner Wege!« Zwischen ihren Schluchzern fragte sie Dr. Xia immer wieder: »War es meine oder deine Schuld, daß dein Sohn sich umgebracht hat? Warum müssen wir Jahr um Jahr dafür büßen, daß deine Familie auseinandergebrochen ist? Ich habe nichts dagegen, daß du dich mit deiner Familie triffst. Sie haben doch unsere Einladung ausgeschlagen ...« Seit sie Yixian verlassen hatten, war nur Dr. Xias zweiter Sohn einmal zu Besuch gekommen. Dr. Xia antwortete nicht.

Seit damals spürte meine Mutter, daß zwischen ihren Eltern etwas nicht mehr stimmte. Dr. Xia war immer öfter schweigsam und in sich gekehrt, und meine Mutter ging ihm instinktiv aus dem Weg. Meine Großmutter brach immer wieder in Tränen aus und murmelte vor sich hin, daß sie und Dr. Xia nie wieder richtig glücklich sein würden und daß sie einen hohen Preis für ihre Liebe bezahlt hätten. Sie nahm meine Mutter in den Arm und sagte schluchzend, sie sei das einzige, was sie im Leben habe.

Meine Mutter war bei Winteranbruch in einer ungewöhnlich traurigen Stimmung. Selbst als eine zweite B-29-Bomberstaffel am kalten, klaren Dezemberhimmel auftauchte, hellte sich ihre Stimmung nicht auf.

Die Japaner wurden immer nervöser. Eines Tages hatte eine Schulfreundin meiner Mutter ein Buch eines berühmten chinesischen Schriftstellers in die Hand bekommen, dessen Werke verboten waren. Sie suchte in der Nähe der Schule nach einem ruhigen Platz zum Lesen und entdeckte dabei eine Höhle, die sie für einen alten Luftschutzkeller hielt. Da es dunkel war,

tastete sie mit der Hand an der Wand entlang, bis sie etwas berührte, das sich anfühlte wie ein Lichtschalter. Ein durchdringender Signalton zerriß die Luft. Sie hatte einen Alarm ausgelöst. Durch Zufall war sie auf ein geheimes Waffenlager gestoßen. Vor Schreck bekam sie ganz weiche Knie. Als sie wieder einen klaren Gedanken fassen konnte, versuchte sie wegzulaufen. Doch nach ein paar hundert Metern wurde sie von einer Gruppe japanischer Soldaten festgenommen und abgeführt.
Zwei Tage später wurden sämtliche Schüler in Zweierreihen zu einem brachliegenden Landstück vor dem Westtor der Stadt geführt, das in einer Biegung des Xiao-ling-Flusses lag. Die Leiter der Nachbarschaftskomitees hatten auf Geheiß der Japaner die Mieter ihrer Wohnblöcke herbeizitieren müssen. Man erklärte den Kindern, sie würden nunmehr miterleben, wie eine Person bestraft würde, die es gewagt habe, das Große Japan zu beleidigen. Plötzlich sah meine Mutter, wie ihre Freundin von japanischen Wächtern herbeigezerrt wurde, direkt vor den Platz, wo meine Mutter stand. Das Mädchen war in Ketten und konnte kaum laufen. Man hatte sie gefoltert. Ihr Gesicht war so geschwollen, daß meine Mutter sie fast nicht erkannt hätte. Dann hoben die japanischen Soldaten ihre Gewehre und zielten auf das Mädchen, das offensichtlich etwas sagen wollte, aber keinen Ton herausbrachte. Schüsse krachten, das Mädchen brach zusammen, der Schnee färbte sich rot. Der japanische Rektor beobachtete die Reaktionen seiner Schüler. Meiner Mutter gelang es unter äußerster Kraftanstrengung, ihre Gefühle zu unterdrücken. Sie zwang sich, ihre tote Freundin anzuschauen, die in einem großen roten Fleck inmitten des weißen Schnees lag, und sagte sich, sie müsse jetzt tapfer sein. Aber sie wollte nie vergessen, was die Japaner getan hatten.
Meine Mutter hörte, wie jemand versuchte, ein Schluchzen zu unterdrücken. Es war eine junge japanische Lehrerin, Fräulein Tanaka. Meine Mutter hatte sie sehr gern. Im Nu stand »Esel« vor Fräulein Tanaka, schlug sie und gab ihr Fußtritte. Sie fiel zu Boden und versuchte sich wegzurollen, um seinen Tritten zu entgehen. Er trat weiter auf sie ein. Sie habe die japanische Rasse

verraten, schrie er. Schließlich hörte er auf und befahl den Schülern, zurück zur Schule zu marschieren.

Meine Mutter warf einen letzten Blick auf die gekrümmte Gestalt und die Leiche ihrer Freundin. Sie haßte die Japaner.

KAPITEL 4

*»Sklaven, die kein
eigenes Land besitzen«*

*Beherrscht von
verschiedenen Herren
(1945-1947)*

Im Mai 1945 verbreitete sich in Jinzhou die Nachricht, daß Deutschland, Japans Hauptverbündeter, kapituliert hatte und der Krieg in Europa zu Ende war. Immer öfter kreisten amerikanische Flugzeuge über der Stadt. Die amerikanischen B-29-Bomber griffen Jinzhou nicht an, aber andere Städte in der Mandschurei wurden bombardiert. Die Menschen spürten, daß die Tage der japanischen Besatzung gezählt waren.

Am 8. August wurden alle Schüler aus dem Unterricht geholt und zu einem Schrein geführt, wo sie für den Sieg der Japaner beten mußten. Am nächsten Tag marschierten sowjetische und mongolische Truppen in Mandschukuo ein. Die Nachricht, daß die Amerikaner zwei Atombomben über Japan abgeworfen hatten, wurde in Jinzhou mit einem Freudenfest gefeiert. In den folgenden Tagen gab es immer wieder Luftalarm, der Unterricht fiel aus. Meine Mutter blieb zu Hause und half beim Ausheben eines Luftschutzkellers.

Am 13. August hörten die Xias, daß Japan um Friedensverhandlungen nachgesucht habe. Zwei Tage später stürmte ein Nachbar, der für die Regierung arbeitete, aufgeregt zu ihnen ins Haus und sagte, sie sollten um die Mittagszeit das Radio einschalten, es werde eine wichtige Verlautbarung verlesen. Dr. Xia kam aus seiner Praxis und setzte sich zu meiner Großmutter in den Hof. Der Sprecher teilte mit, der japanische Kaiser habe die Kapitulation erklärt und Pu Yi habe als Kaiser von Mandschukuo abgedankt. Die Leute liefen vor Freude auf die Straße und kauften Wein und Fleisch für ein Festessen. Meine Mutter lief zu ihrer Schule, um zu schauen, was dort vor sich ging. Alles schien wie ausgestorben. Nur aus einem der Büros drang ein leises Geräusch. Sie kletterte zum Fenster hoch und schaute in das Zimmer: Die japanischen Lehrer saßen zusammen und weinten.

Eines Morgens, wenige Tage nach der japanischen Kapitulation, wurden die japanischen Nachbarn der Xias tot aufgefunden. Einige behaupteten, sie hätten sich vergiftet. Das war durchaus möglich, denn sehr viele Japaner nahmen sich damals in Jinzhou das Leben; allerdings wurden auch etliche gelyncht. Schulkinder rächten sich an ihren japanischen Lehrern und schlugen sie zusammen. So manche japanische Mutter legte ihren Säugling vor die Haustür einer mandschurischen Familie in der Hoffnung, dem Baby damit das Leben zu retten. Zahllose japanische Frauen wurden vergewaltigt. Viele Japanerinnen rasierten sich die Köpfe und versuchten, sich als Männer zu verkleiden.

Meine Mutter machte sich Sorgen um Fräulein Tanaka. Sie hatte als einzige Lehrerin an der Schule ihre Schüler nie geschlagen, und sie hatte bei der Erschießung der Schulfreundin meiner Mutter mit gelitten. Meine Mutter sagte ihren Eltern, sie wolle versuchen, die Lehrerin zu finden und sie dann zu Hause verstecken. Meine Großmutter schaute besorgt, sagte aber nichts. Dr. Xia nickte nur.

Meine Mutter ging zu ihrer Tante Lan, die ungefähr dieselbe Größe hatte wie Fräulein Tanaka, und borgte von ihr Kleider. Die Lehrerin hatte sich in ihrer Wohnung verbarrikadiert. Die Kleider paßten wie angegossen. Da sie größer und kräftiger war als die meisten Japanerinnen, konnte man sie leicht für eine

Chinesin halten, außerdem sprach sie fließend Chinesisch. Sie vereinbarten, daß sie sich als Cousine meiner Mutter ausgeben würde, falls irgend jemand danach fragen sollte. Die Chinesen haben für gewöhnlich so viele Cousinen und Verwandte, daß niemand den Überblick behalten kann. Fräulein Tanaka bezog den Abstellraum, in dem sich einst Han-chen vor den Japanern versteckt hatte.

Nach der Kapitulation der Japaner und der Abdankung der Regierung von Mandschukuo herrschte eine Woche lang vollkommenes Chaos in der Stadt. Jede Nacht hörte man Schüsse und gellende Schreie. Die männlichen Mitglieder des Haushaltes, darunter der fünfzehnjährige Bruder meiner Großmutter und die Lehrlinge von Dr. Xia, hielten nachts abwechselnd Wache auf dem Dach des Hauses, bewaffnet mit Steinen, Äxten und Beilen. Meine Großmutter hatte schreckliche Angst, meine Mutter überhaupt nicht. Staunend sagte meine Großmutter: »In deinen Adern fließt das Blut deines Vaters.«

Plünderungen, Vergewaltigungen und Mord waren an der Tagesordnung. Acht Tage nach der Kapitulation der Japaner erfuhr die Bevölkerung, daß eine weitere Armee im Anmarsch war: die sowjetische Rote Armee. Am 23. August wiesen die Leiter der Nachbarschaftskomitees die Bewohner ihrer Blocks an, sie sollten am nächsten Tag zum Bahnhof gehen und die russischen Soldaten willkommen heißen. Dr. Xia und meine Großmutter blieben zu Hause. Es war ein ungewöhnlich kalter Augusttag, meine Mutter zog ein warmes blaues Kleid an und reihte sich in die große Menschenmenge ein. Vorwiegend junge Leute hatten sich versammelt und zogen fröhlich mit bunten dreieckigen Papierfähnchen in Richtung Bahnhof. Als der Zug in den Bahnhof rollte, schwenkten sie ihre Fähnchen und riefen »Wula« (die chinesische Entsprechung zu »Ura«, dem russischen Wort für »Hurra«). Meine Mutter hatte sich die sowjetischen Soldaten als siegreiche Helden vorgestellt mit imposanten Bärten, die auf großen Pferden in die Stadt geritten kamen. Die Ankömmlinge waren eine herbe Enttäuschung für sie, denn es handelte sich vorwiegend um sehr junge Männer ohne Bärte

und in schäbigen Kleidern. Abgesehen von einem flüchtigen Blick auf eine jener mysteriösen Gestalten in einem vorbeifahrenden Wagen hatten meine Mutter und die anderen Bewohner von Jinzhou noch nie zuvor Weiße zu Gesicht bekommen.
Etwa tausend russische Soldaten wurden in Jinzhou stationiert. Über politische Fragen dachten die Bewohner der Stadt damals nicht nach; sie waren den Russen ganz einfach dankbar dafür, daß sie ihnen geholfen hatten, die Japaner zu vertreiben. Aber mit den Russen kamen neue Probleme. Die Schulen waren nach der Kapitulation der Japaner geschlossen worden, meine Mutter hatte Unterricht bei einem Privatlehrer. Eines Tages auf dem Nachhauseweg vom Unterricht sah sie am Straßenrand einen geparkten Lastwagen. Russische Soldaten standen daneben und verteilten ballenweise Stoff. Die japanischen Besatzer hatten Stoff streng rationiert, jetzt wurden sämtliche Vorräte verteilt. Sie ging hinüber zu dem Lastwagen, und es stellte sich heraus, daß der Stoff aus der Textilfabrik stammte, in der sie als Grundschülerin gearbeitet hatte. Die Russen tauschten den Stoff gegen Armbanduhren, Uhren und allerlei Krimskrams. Meine Mutter erinnerte sich, daß sie in einer Kommode eine alte Uhr gefunden hatte, als sie für ihre Japanischlehrerin nach einem Halstuch gesucht hatte. Sie rannte schnell nach Hause und holte die Uhr. Sie war ein bißchen enttäuscht, als sie merkte, daß die Uhr nicht mehr ging, aber sie konnte es wenigstens versuchen. Die russischen Soldaten freuten sich riesig über die Uhr und gaben ihr einen Ballen Stoff dafür. Es war ein wunderschöner weißer Stoff, bedruckt mit zarten rosa Blüten. Später saß die Familie Xia kopfschüttelnd beim Abendessen und konnte es nicht fassen, daß diese seltsamen Fremden so verrückt auf alte, kaputte Uhren und andere nutzlose Dinge waren.
Aber die Russen verteilten nicht nur die Erzeugnisse von Fabriken, sie demontierten ganze Fabrikanlagen, darunter auch die beiden Ölraffinerien, und transportierten sie per Schiff in die Sowjetunion. Die Russen sagten, das seien »Reparationszahlungen«, aber für die einheimischen Arbeiter hieß das einfach nur, daß sie keine Arbeit mehr hatten.

Die russischen Soldaten spazierten in die Häuser der Leute und nahmen sich, was ihnen gefiel, vor allem Uhren und Kleider. In Jinzhou kursierten Gerüchte, daß einheimische Frauen von russischen Soldaten vergewaltigt würden. Viele Frauen versteckten sich aus Angst vor ihren »Befreiern«, und in der Stadt brodelten Angst und Wut.

Das Haus der Xias befand sich außerhalb der Stadtmauern und war völlig ungeschützt. Ein Freund bot ihnen ein Haus innerhalb der Stadtmauern an, das zusätzlich von einer eigenen hohen Steinmauer umgeben war. Die Familie zog sofort um, die japanische Lehrerin blieb bei ihnen. Der Umzug bedeutete, daß meine Mutter nun einen viel längeren Weg zu ihrem Privatlehrer hatte, ungefähr eine halbe Stunde für eine Strecke. Dr. Xia bestand darauf, sie hinzubringen und am Nachmittag wieder abzuholen, aber meine Mutter wollte nicht, daß er so weit zu Fuß ging. Daher vereinbarten sie, daß sie sich auf halbem Weg trafen. Eines Tages sah sie ein paar russische Soldaten in einem Jeep auf sich zukommen. Der Jeep hielt an, die Soldaten stiegen aus und liefen auf meine Mutter zu. Sie rannte, so schnell sie konnte, die Russen rannten hinter ihr her. Nach einigen hundert Metern sah sie in der Ferne ihren Stiefvater, er schüttelte seinen Spazierstock. Die Russen waren meiner Mutter dicht auf den Fersen, und sie fürchtete, sie könnten sie noch erreichen, bevor sie bei ihrem Stiefvater in Sicherheit war. Daher flüchtete sie sich in einen verlassenen Kindergarten, der wie ein Labyrinth gebaut war und in dem sie sich gut auskannte. Dort versteckte sie sich länger als eine Stunde. Erst dann schlich sie sich zur Hintertür hinaus und kehrte wohlbehalten nach Hause zurück. Dr. Xia sah nur, daß die Russen in das Haus hineingingen, zu seiner großen Erleichterung kamen sie aber schon bald wieder heraus. Sie sahen enttäuscht aus, offenbar hatte die Anlage des Hauses sie ziemlich verwirrt.

Eine Woche nach Ankunft der Russen befahl der Leiter der Nachbarschaftskomitees meiner Mutter, am nächsten Abend zu einem Treffen zu kommen. Eine Reihe schäbig gekleideter chinesischer Männer und einige wenige Frauen waren versammelt. Die Männer hielten Reden und erzählten, wie sie es geschafft hatten, die Macht in China an sich zu reißen und wie sie acht Jahre lang gegen die Japaner gekämpft hatten. Es waren Kommunisten, chinesische Kommunisten. Am Tag zuvor waren sie ohne Aufsehen und ohne Ankündigung in Jinzhou eingetroffen. Meine Mutter fragte sich, wie sie behaupten konnten, sie hätten die Japaner besiegt. Sie hatten ja nicht einmal ordentliche Waffen und Kleidung. Meiner Mutter erschienen die Kommunisten erbärmlicher und schmutziger als Bettler.

Meine Mutter war enttäuscht, denn sie hatte sich die Kommunisten größer und eindrucksvoller vorgestellt, fast wie übermenschliche Wesen. Ihr Onkel Pei-o, der Gefängnisaufseher, und Dong, der Henker, hatten ihr erzählt, daß die Kommunisten die tapfersten Gefangenen waren. »Sie haben die härtesten Knochen«, sagte ihr Onkel oft. »Sie haben gesungen, ihre Parolen gerufen und die Japaner verflucht bis zum Schluß, bis sie erdrosselt wurden«, ergänzte Dong.

Die Kommunisten riefen die Bevölkerung mit Plakaten auf, Ruhe und Ordnung zu bewahren, und nahmen Kollaborateure und Personen fest, die bei den japanischen Sicherheitskräften mitgearbeitet hatten. Im Zuge dieser Aktion wurde auch Yang, der Vater meiner Großmutter, verhaftet, der seine Stelle als stellvertretender Polizeichef von Yixian bis zu dem Tag behalten hatte. Er wurde in seinem eigenen Gefängnis eingesperrt. Sein Vorgesetzter, der Polizeichef von Yixian, wurde hingerichtet. Die Kommunisten stellten schon bald die Ordnung wieder her und brachten die Wirtschaft in Gang. Die vormals katastrophale Versorgung mit Lebensmitteln verbesserte sich entscheidend. Dr. Xia empfing wieder Patienten und meine Mutter ging wieder zur Schule.

Die Kommunisten wurden bei der einheimischen Bevölkerung einquartiert. Sie wirkten ehrlich und bescheiden und unterhielten sich mit den Familien. »Wir haben nicht genug gebildete Leute«, sagten sie zu einer Freundin meiner Mutter. »Wenn ihr bei uns eintretet, könnt ihr sofort Kreisvorsitzende werden.«

Die Kommunisten brauchten neue Anhänger. Als die Japaner

kapituliert hatten, hatten sich die Kommunisten und die Kuomintang bemüht, soviel Territorium wie möglich zu besetzen, und die Kuomintang hatte die weitaus besser ausgerüstete Armee. Die Russen erkannten formell Chiang Kai-sheks Kuomintang als Regierung von Gesamtchina an, nicht die Kommunisten. Am 11. November verließ die sowjetische Rote Armee das Gebiet von Jinzhou und zog sich in die nördliche Mandschurei zurück. Nun kontrollierten die Kommunisten die Stadt. Eines Abends Ende November befand sich meine Mutter auf dem Nachhauseweg von der Schule. In der Nähe des südlichen Stadttors sah sie, wie eine große Anzahl von Soldaten in aller Eile Waffen und anderes Kriegsgerät einsammelte und sich in Richtung der Stadttore in Marsch setzte. Sie hatte gehört, daß vor der Stadt gekämpft wurde, und vermutete, daß die Kommunisten abzogen.

Der Rückzug gehörte zur Strategie des Führers der Kommunisten, Mao Zedong. Er hatte die Weisung ausgegeben, daß die Kommunisten nicht versuchen sollten, Städte zu halten, wo die Kuomintang militärisch im Vorteil war, sondern sich lieber auf das umliegende Land zurückziehen sollten. »Wir müssen die Städte vom Land her einkreisen und sie schließlich einnehmen«, lautete Maos Parole für die nächste Phase.

Am 29. November, einen Tag nach dem Rückzug der Kommunisten aus Jinzhou, übernahm eine neue Armee die Stadt – die vierte in vier Monaten. Diese Armee war schneidig, die Soldaten trugen saubere Uniformen und hatten polierte neue amerikanische Waffen. Das war die Kuomintang. Die Leute rannten hinaus auf die engen, schlammigen Straßen und klatschten und johlten Beifall. Meine Mutter kämpfte sich durch die aufgeregte Menge nach vorn, und auf einmal bemerkte sie, daß sie wie die anderen winkte und rief. Diese Soldaten sahen schon eher wie die Sieger über die Japaner aus. Begeistert rannte sie nach Hause, denn sie wollte ihren Eltern unbedingt von den schneidigen neuen Soldaten erzählen.

In ganz Jinzhou herrschte Feststimmung. Die Leute wetteiferten darum, wer die neuen Soldaten aufnehmen durfte. Bei den Xias zog ein Offizier ein. Er verhielt sich allen Familienmitgliedern gegenüber sehr respektvoll, und alle mochten ihn. Meine Großmutter und Dr. Xia waren sich sicher, daß die Kuomintang Ruhe und Ordnung schaffen und der Region endlich Frieden schenken würde.

Aber die Menschen jubelten der Kuomintang nicht lange zu, binnen kurzem hatte die Kuomintang den großen Vertrauensvorschuß der Bevölkerung verspielt. Die meisten Funktionäre der Kuomintang stammten aus anderen Teilen Chinas und sahen auf die mandschurische Bevölkerung herab. Sie nannten die Mandschu »Sklaven, die kein eigenes Land besitzen«, und predigten ihnen unablässig, wie dankbar sie der Kuomintang sein müßten, weil sie sie von den Japanern befreit habe. Eines Abends fand in der Schule meiner Mutter eine Party für die Schüler und Offiziere der Kuomintang statt. Die dreijährige Tochter eines Offiziers sollte einen Tanz vorführen. Zuvor hielt sie eine Rede: »Wir, die Kuomintang, haben acht Jahre lang gegen die Japaner gekämpft und haben euch, die ihr Sklaven Japans wart, nun gerettet ...« Meine Mutter und einige ihrer Freundinnen verließen daraufhin den Saal.

Ganz besonders abgestoßen war meine Mutter, als sie sah, wie sich die Soldaten der Kuomintang überall Konkubinen nahmen. Anfang 1946 quoll Jinzhou über vor Soldaten. Die Schule meiner Mutter war die einzige Mädchenschule der Stadt, und die Beamten und Offiziere kamen scharenweise angelaufen. Sie suchten vorwiegend Konkubinen, kaum einer wollte ein Mädchen wirklich heiraten.

Mit ihren fünfzehn Jahren war meine Mutter genau im heiratsfähigen Alter. Sie war eine sehr hübsche junge Frau, die beste Schülerin ihrer Schule und bei allen beliebt. Mehrere Offiziere hatten bereits um ihre Hand angehalten, aber sie hatte ihren Eltern gesagt, daß sie keinen von ihnen heiraten wolle. In einem Fall hatte der Stabschef eines älteren Generals gedroht, er werde sie in einer Sänfte abholen lassen, nachdem sie seine Goldbarren nicht angenommen hatte. Meine Mutter lauschte an der Tür, als der Offizier ihren Eltern seinen neuerlichen Antrag unterbreitete. Daraufhin platzte sie ins Zimmer und erklärte ihm ins Gesicht, daß sie sich in der Sänfte umbringen werde, wenn er seine Drohung wahr mache. Zum Glück wurde die gesamte Einheit kurz nach diesem Vorfall aus Jinzhou abberufen.

Meine Mutter wollte unabhängig sein, einen Beruf ergreifen und ihr eigenes Leben führen. Sie war verbittert darüber, wie Frauen behandelt wurden, und verabscheute das Konkubinenwesen. Auch ihre Eltern wollten nicht, daß sie einen Mann wie diesen Offizier heiratete, und sie wollten nicht, daß sie Konkubine wurde. Aber sie mußten ständig junge Männer abweisen, die um die Hand ihrer Tochter anhielten, und es bedurfte einer komplizierten Diplomatie, die Ablehnung so zu formulieren, daß der Abgelehnte sie nicht bedrohte.

Eine Lehrerin meiner Mutter, Fräulein Liu, hatte Gefallen an ihr gefunden. Die Geschlechter lebten zwar nicht mehr so streng getrennt wie in der Jugend meiner Großmutter, aber junge Männer und Frauen hatten trotzdem wenig Gelegenheit, sich zu treffen. Junge Leute lernten sich oft dadurch kennen, daß sie dem Bruder oder der Schwester eines Freundes vorgestellt wurden. Auf diese Weise kamen viele Ehen zustande. Fräulein Liu wollte meine Mutter mit ihrem Bruder bekannt machen. Aber zuerst mußten Herr und Frau Liu, die Eltern, ihre Zustimmung geben.

Anfang 1946, am Abend des chinesischen Neujahrsfestes, war meine Mutter bei den Lius eingeladen. Herr Liu besaß einen großen Laden in Jinzhou, die Familie lebte in einem wunderschönen Haus. Der neunzehnjährige Sohn trat sehr weltmännisch auf. Er trug einen dunkelgrünen Anzug mit einem Taschentuch in der Brusttasche, was in einer Provinzstadt wie Jinzhou ausgesprochen gewagt und elegant wirkte. Er studierte in Beijing russische Sprache und Literatur. Meine Mutter war sehr beeindruckt von ihm, und seiner Familie gefiel meine Mutter. Die Lius schickten daher bald einen Heiratsvermittler zu Dr. Xia und ließen um ihre Hand anhalten. Selbstverständlich erfuhr meine Mutter nicht das geringste davon.

Aber Dr. Xia war liberaler als die meisten Männer damals. Er fragte meine Mutter, wie sie zu dem jungen Mann stehe. Meine Mutter antwortete, sie könne sich vorstellen, mit dem jungen Mann befreundet zu sein.

Meine Mutter ging eine Zeitlang mit dem jungen Liu aus. Sein weltgewandtes Auftreten beeindruckte sie. Alle ihre Verwandten, Freunde und Nachbarn fanden, sie habe es prächtig getroffen mit ihrem Verehrer. Auch Dr. Xia und meine Großmutter fanden, daß die beiden ein hübsches Paar abgaben, und sahen in Herrn Liu insgeheim bereits ihren künftigen Schwiegersohn. Aber meine Mutter spürte, daß er ein oberflächlicher Mensch war. Er fuhr nie nach Beijing, sondern lungerte lieber zu Hause herum und führte ein nutzloses Leben. Meine Mutter war eine sehr gewissenhafte Schülerin, und es war ihr wichtiger, was ein Mann im Kopf hatte, als wie er aussah. Eines Tages stellte sie fest, daß er nicht einmal den berühmten chinesischen Klassiker aus dem 18. Jahrhundert »Der Traum der roten Kammer« gelesen hatte, den jeder des Lesens und Schreibens kundige Chinese kannte. Sie machte keinen Hehl daraus, wie enttäuscht sie war, aber der junge Herr Liu meinte nur hochmütig, die chinesischen Klassiker seien nun einmal nicht seine Stärke, er ziehe ausländische Literatur vor. Um das verlorene Terrain wieder gutzumachen, setzte er hinzu: »Hast du schon *Madame Bovary* gelesen? Das ist mein Lieblingsroman. Außerdem finde ich, daß es das beste Buch von Maupassant ist.«

Meine Mutter hatte *Madame Bovary* gelesen. Und sie wußte, daß der Roman nicht von Maupassant, sondern von Flaubert war. Dieser eitle Gedankenblitz des jungen Liu brachte meine Mutter endgültig gegen ihn auf. Er war nicht nur ungebildet, nein, schlimmer noch, er hatte versucht, sich mit etwas zu brüsten, wovon er keine Ahnung hatte. Aber sie sagte nichts und vermied vorerst die direkte Konfrontation.

Liu spielte gern, vor allem Mah-jong, was meine Mutter zu Tode langweilte. Eines Abends, nicht lange nach diesem Vorfall, saßen sie bei einem Spiel zusammen, als eine Dienerin eintrat und ihn fragte: »Von welcher der Dienerinnen wünschen sich der junge Herr im Bett bedienen zu lassen?« Liu nannte beiläufig einen Namen. Meine Mutter war sehr verärgert und zeigte das deutlich, aber Liu hob nur die Augenbrauen, als ob ihn ihre Reaktion völlig überraschte. Dann sagte er hochmütig: »In Japan ist das ganz üblich. Jeder macht es. Es heißt *si-qin*, Bett mit Bedienung.« Er wollte meiner Mutter zu verstehen geben, sie sei engstirnig und eifersüchtig. Eifersucht galt in China traditionellerweise als ein ganz besonders schlimmes Laster bei einer Frau. Meine Mutter war ebenfalls so erzogen worden, daß Eifersuchtsgefühle sie beschämten. Sie kochte zwar innerlich vor Wut, aber sie sagte auch dieses Mal nichts.

Meine Mutter war sicher, daß sie mit Liu nicht glücklich werden würde. Sie wollte keinen traditionellen Ehemann, der meinte, daß Flirts und außereheliche Affären eben für einen »richtigen Mann« dazugehörten. Sie wünschte sich einen Mann, der sie liebte, der ihr nicht weh tun wollte und der deshalb derartige Dinge unterließ. Sie beschloß, die Verbindung mit Liu zu lösen. Wenige Tage später starb der alte Herr Liu. Ein großes Begräbnis war damals sehr wichtig, vor allem für das Familienoberhaupt. Ein Begräbnis, das die Erwartungen der Verwandten und der Öffentlichkeit nicht erfüllte, brachte der Familie Schande. Die Lius planten nicht nur eine einfache Prozession vom Haus zum Friedhof, sondern eine ausgeklügelte Begräbniszeremonie.

Als erstes holten sie Mönche ins Haus, die in Gegenwart der ganzen Familie die buddhistische Sutra »des Köpfesenkens« lasen. Daraufhin brachen alle Familienmitglieder in lautes Wehklagen aus. Die Tradition verlangte, daß bis zur Beerdigung am neunundvierzigsten Tag nach dem Tod aus dem Haus des Verstorbenen vom Morgengrauen bis Mitternacht Wehklagen und Weinen zu hören waren, und dabei mußte man Papiergeld verbrennen, damit der Verstorbene in der anderen Welt Geld hatte. Viele Familien standen diesen Marathon nicht allein durch und holten sich gedungene Klageweiber ins Haus. Die Lius verehrten den Verstorbenen zu sehr, um sich das Wehklagen von Klageweibern abnehmen zu lassen, und wollten diese Aufgabe mit Hilfe der vielen Verwandten selbst meistern.

Am zweiundvierzigsten Tag nach seinem Tod wurde der Leichnam von Herrn Liu in einen wunderbar geschnitzen Sandelholzsarg in einem Zelt im Hof aufgebahrt. Man glaubte, daß der Verstorbene in den letzten sieben Nächten vor der Beerdigung jeden Abend auf einen hohen Berg in der anderen Welt stieg und von dort auf seine gesamte Familie hinabschaute. Er konnte in der anderen Welt nur glücklich werden, wenn die Familie sich vollzählig versammelt hatte. Andernfalls würde er nie Ruhe finden. Die Familie wollte, daß meine Mutter als künftige Schwiegertochter an den Nachtwachen teilnahm.
Meine Mutter weigerte sich. Sie war traurig über den Tod des alten Herrn Liu, den er war immer freundlich zu ihr gewesen. Aber wenn sie mit der Familie wachte, bedeutete das, daß sie mit den Heiratsplänen einverstanden war. Die Familie Liu schickte scharenweise Boten zu den Xias.
Dr. Xia war der Ansicht, daß meine Mutter an den Begräbnisfeierlichkeiten teilnehmen sollte, sie würde sonst nur den alten Liu enttäuschen. Dr. Xia hatte zwar nichts dagegen, daß sie die Beziehung zu dem jungen Liu abbrach, nur war er der Ansicht, daß sie im Moment ihre persönlichen Wünsche wichtigeren Interessen unterordnen sollte. Meine Großmutter fand ebenfalls, sie müsse zu den Lius gehen. »Wo gibt's denn so etwas, daß ein Mädchen einen jungen Mann abweist, weil er den Namen eines ausländischen Schriftstellers verwechselt oder weil er Frauengeschichten hat?« sagte sie zu meiner Mutter. »Alle reichen jungen Männer haben ihren Spaß und stoßen sich die Hörner ab. Im übrigen brauchst du dir um Konkubinen und Dienerinnen keine Sorgen zu machen. Du bist ein starker Charakter und wirst deinen Ehemann schon stramm am Zügel führen.«
So stellte sich meine Mutter ihr Leben nicht vor, und das sagte sie meiner Großmutter auch ganz offen. Insgeheim stimmte meine Großmutter ihr zu, aber sie wäre froh gewesen, wenn meine Mutter endlich geheiratet hätte, damit nicht weiterhin Kuomintang-Offiziere den Xias das Haus einrannten.
Die Lius waren empört über meine Mutter, auch Dr. Xia und

meine Großmutter waren verärgert. Meine Großmutter redete tagelang auf meine Mutter ein, flehte sie an, schrie und weinte. Meine Mutter gab nicht nach. Schließlich bekam auch Dr. Xia einen Wutanfall. Es war der erste Wutausbruch, seit sie einst als Kind auf seinem *kang* gesessen und er sie deshalb angeschrien hatte. »Du bringst Schande über den Namen Xia. So eine Tochter will ich nicht!« rief er.
Daraufhin stand meine Mutter auf und schrie: »Ich habe verstanden. Du wirst keine Tochter wie mich ertragen müssen. Ich gehe!« Damit rannte sie aus dem Zimmer, packte ihre Sachen und verließ das Haus.
Zu Zeiten meiner Großmutter wäre es unvorstellbar gewesen, daß ein junges Mädchen einfach das Elternhaus verließ. Außer als Dienstmädchen konnten Frauen nicht arbeiten, und selbst Dienstmädchen brauchten Referenzen. Aber in der Zwischenzeit hatte sich einiges geändert. Im Jahr 1946 konnten Frauen Arbeit finden, beispielsweise als Lehrerinnen oder Ärztinnen, und auf eigenen Füßen stehen. Allerdings sahen es viele Familien nur als letzten Ausweg an, daß ein Mädchen arbeiten mußte. Die Schule meiner Mutter gehörte zu einem Seminar für Lehrerbildung. Das Lehrerseminar bot allen Mädchen, die mindestens drei Jahre die höhere Schule besucht hatten, freie Unterkunft und kostenlose Ausbildung. Die Mädchen mußten sich einer Aufnahmeprüfung unterziehen und sich verpflichten, nach Abschluß der Ausbildung als Lehrerinnen zu arbeiten. Das waren die einzigen Bedingungen. Die meisten Schülerinnen stammten aus armen Familien, die sich sonst keine Ausbildung für ihre Tochter hätten leisten können, oder sie rechneten sich für die Zulassung zur Universität keine Chancen aus. Erst seit 1945 durften Frauen überhaupt studieren. Unter den Japanern waren Frauen höchstens zur Mittelschule zugelassen, und dort lernten sie nur, wie man einen Haushalt führte und eine Familie versorgte.
Bis dahin hatte meine Mutter nicht im Traum daran gedacht, auf das Lehrerseminar zu gehen, denn es wurde abschätzig als etwas Zweitrangiges angesehen. Sie war sich sicher gewesen,

daß sie auf die Universität gehörte. Am Seminar wunderte man sich ebenfalls über ihre Bewerbung, doch sie legte ihre glühende Begeisterung für den Lehrerberuf überzeugend dar. Sie hatte die drei Jahre in der Schule noch nicht absolviert, aber weil sie als herausragende Schülerin bekannt war, nahm das Seminar sie trotzdem mit offenen Armen auf. Die Eingangsprüfung bestand sie ohne weiteres. Sie wohnte nun im Seminar. Schon bald besuchte sie meine Großmutter und flehte sie an, wieder nach Hause zu kommen. Meine Mutter freute sich über die Versöhnung und versprach, ihre Eltern oft zu besuchen. Aber sie wollte weiterhin im Seminar wohnen, in diesem Punkt gab sie nicht nach. Sie wollte von niemandem mehr abhängig sein, nicht einmal von Menschen, die sie sehr liebten. Das Lehrerseminar war für sie der ideale Platz. Sie hatte die Garantie, daß sie nach der Ausbildung arbeiten konnte, während die Absolventen der Universität später oft nicht gleich eine Anstellung fanden. Auch die kostenlose Ausbildung war ein Vorteil, denn Dr. Xia bekam bereits Auswirkungen der Mißwirtschaft der Kuomintang zu spüren.

Meine Großmutter und Dr. Xia klagten schon bald, die Kuomintang sei schlimmer als die Japaner. Unter den Japanern habe zumindest die Wirtschaft funktioniert und sie hätten Recht und Ordnung durchgesetzt, wenn auch mit brutalen Methoden.

Die Kuomintang besetzte die Fabrikleitungen – soweit die Russen die Fabriken nicht demontiert hatten – mit ihren Leuten, doch sie waren nicht in der Lage, die Wirtschaft wieder in Gang zu bringen. Zwei Fabriken arbeiteten wenigstens einigermaßen, wenn auch weit unter ihrer Kapazität, und der größte Teil des Gewinns wanderte in die Taschen der Leiter.

Nach der Einnahme von Yixian entließ die Kuomintang meinen Urgroßvater Yang aus dem Gefängnis – oder er kaufte sich frei. Die Einheimischen vermuteten mit gutem Grund, daß die Funktionäre der Kuomintang ein Vermögen an ehemaligen Kollaborateuren verdienten. Yang versuchte sich zu schützen und verheiratete seine letzte Tochter von einer Konkubine mit einem Kuomintang-Offizier. Aber der Mann hatte nur einen niederen

Rang und konnte seinen Schwiegervater nicht schützen. Yangs gesamter Besitz wurde konfisziert, er lebte als Bettler »an den Abflußrohren«, wie die Menschen in der Stadt sagten. Seine Frau hörte davon und verbot ihren Kindern ausdrücklich, ihm Geld zu geben oder auf andere Art zu helfen.

Im Jahr 1947, kurz nach seiner Entlassung aus dem Gefängnis, begann eine bösartige Geschwulst in seinem Nacken zu wuchern. Er spürte, daß er nicht mehr lange zu leben hatte, und sandte eine Nachricht nach Jinzhou. Er wollte seine Kinder noch einmal sehen. Meine Urgroßmutter lehnte das kategorisch ab, aber er gab nicht auf und schickte weitere Briefe. Schließlich ließ sie sich erweichen. Meine Großmutter, Lan und Yu-lin fuhren mit dem Zug nach Yixian. Zehn Jahre waren vergangen, seit meine Großmutter ihren Vater das letzte Mal gesehen hatte, und er war nur noch ein Schatten seiner selbst. Beim Anblick seiner Kinder liefen ihm Tränen über die Wangen. Sie konnten ihm nicht ohne weiteres vergeben, denn sie hatten nicht vergessen, wie er ihre Mutter – und sie, die Kinder – behandelt hatte. Bei der Anrede benutzten sie eine distanzierte Höflichkeitsform. Mein Urgroßvater bat Yu-lin, er solle ihn Vater nennen, aber Yu-lin lehnte ab. Yangs zerfurchtes Gesicht war von Verzweiflung gezeichnet. Meine Großmutter sagte Yu-lin, er solle ihn Vater nennen, wenigstens einmal. Zuletzt gab er nach und sprach das Wort »Vater« aus, vielmehr preßte er es zwischen zusammengebissenen Zähnen hervor. Sein Vater ergriff Yu-lins Hand und sagte: »Werde Gelehrter oder eröffne ein kleines Geschäft. Aber du darfst niemals Beamter werden. Ich bin daran zugrunde gegangen, und du würdest auch zugrunde gehen.« Das waren die letzten Worte meines Urgroßvaters.

Als er starb, war eine Konkubine bei ihm. Er hatte nicht einmal genug Geld für einen Sarg hinterlassen. Man legte seine Leiche in eine zusammengenagelte Kiste und beerdigte ihn ohne Begräbniszeremonie. Von der Familie war niemand dabei.

Die Korruption war ein so verbreitetes Übel, daß Chiang Kaishek eine eigene Organisation zu ihrer Bekämpfung schuf, die »Anti-Tiger-Truppe«, denn im Volksmund hießen bestechliche Beamte Tiger. Die Menschen sollten Beschwerden über Korruptionsfälle bei dieser Truppe vorbringen. Aber schon bald merkten sie, daß man mit dieser Truppe besonders gut Geld aus den Reichen herausquetschen konnte. »Tiger bekämpfen« war ein lukratives Geschäft.

Noch schlimmer war das schamlose Plündern. Dr. Xia wurde sehr oft von Soldaten und Beamten heimgesucht, die ihn betont höflich begrüßten und mit übertrieben unterwürfiger Stimme baten: »Ehrenwerter Dr. Xia, einige unserer Kollegen sind sehr knapp bei Kasse. Könnten Sie uns nicht etwas borgen?« Dr. Xia wußte, daß es unklug war, solche Bitten abzuschlagen. Jeder, der sich der Kuomintang entgegenstellte, setzte sich dem Vorwurf aus, Kommunist zu sein, und das bedeutete für gewöhnlich Gefängnis, Prügelstrafe und oft genug Folter.

Im Lehrerseminar freundete sich meine Mutter mit der wunderschönen, aufgeweckten und impulsiven siebzehnjährigen Bai an. Meine Mutter bewunderte sie und blickte zu ihr auf. Als meine Mutter Bai erzählte, wie enttäuscht sie von der Kuomintang sei, erwiderte Bai, sie dürfe »nicht den ganzen Wald anschauen, sondern die einzelnen Bäume«. Auch das Gute habe Schönheitsfehler. Bai war eine leidenschaftliche Anhängerin der Kuomintang; ihre Begeisterung ging so weit, daß sie dem Geheimdienst beitrat. Bei einem Fortbildungskurs des Geheimdienstes erfuhr sie, daß sie ihre Mitstudenten ausspionieren sollte. Bai lehnte das ab. In der nächsten Nacht hörten ihre Kommilitoninnen einen Schuß aus Bais Zimmer. Sie rissen die Tür auf und sahen Bai auf dem Bett liegen, totenbleich, aber noch am Leben. Das Kopfkissen war blutgetränkt. Bai starb, ohne daß sie noch ein Wort sagen konnte. Die Zeitungen machten daraus eine sogenannte »pfirsichfarbene Geschichte«, das heißt ein Verbrechen aus Leidenschaft. Sie schrieben, Bai sei von einem eifersüchtigen Liebhaber ermordet worden. Aber niemand glaubte das. Bai war Männern gegenüber immer sehr zurückhaltend gewesen. Meine Mutter hörte, Bai sei ermordet worden, weil sie habe aussteigen wollen.

Eines Tages klopfte es bei den Xias. Ein Mann Ende Dreißig in der Uniform der Kuomintang stand vor der Tür. Er wurde eingelassen, verbeugte sich vor meiner Großmutter und nannte sie »ältere Schwester«, Dr. Xia nannte er »älteren Bruder«. Sie brauchten eine Weile, bis sie in dem gutgekleideten, gesunden und wohlgenährten Mann Han-chen erkannten, den Verwandten, der gefoltert worden war und den die Xias vor der Garrotte gerettet hatten, den sie drei Monate lang in ihrem Haus versteckt und gesundgepflegt hatten. Han-chen brachte einen sehr großen, schlanken jungen Mann mit. Er trug ebenfalls Uniform, aber mit dem blassen Gesicht und der Brille wirkte er eher wie ein Student als wie ein Soldat. Han-chen stellte ihn als seinen Freund Zhu-ge vor. Meine Mutter fand sofort Gefallen an ihm. Han-chen war mittlerweile ein hoher Beamter im Geheimdienst der Kuomintang geworden, seine Abteilung war für die gesamte Region Jinzhou zuständig. Als er sich verabschiedete, sagte er zu meiner Großmutter: »Ältere Schwester, deine Familie hat mir mein Leben zurückgegeben. Wenn ihr einen Wunsch habt – ein Wort genügt. Ich werde dafür sorgen, daß er erfüllt wird.«
Han-chen und Zhu-ge waren fortan häufige Gäste im Hause Xia. Han-chen fand Arbeit für seine beiden Wohltäter Dong, den Henker, und Pei-o, den Gefängniswärter.
Der Geheimdienst war die mächtigste Gruppe, und in China bedeutete Macht Geld. Pei-o und Dong waren überglücklich, meine Großmutter freute sich ebenfalls. Angehörige des Geheimdienstes und deren Familien genossen besonderen Schutz. Lans Ehemann, Onkel Pei-o, fühlte sich wohl beim Geheimdienst. Er war von seinen neuen Arbeitgebern so angetan, daß er sich fortan »Xiao-shek« nannte, was soviel bedeutet wie »Treue zu Chiang Kai-shek«. Er arbeitete mit zwei anderen Männern unter Zhu-ges Führung. Zunächst hatten sie die Aufgabe, alle ehemaligen projapanischen Kräfte zu verfolgen. Aber schon bald schnüffelten sie unter Studenten nach kommunisti-

schen Sympathisanten. Eine Zeitlang tat der »treue« Pei-o, wie ihm geheißen, aber dann machte ihm sein Gewissen zu schaffen. Er wollte keine Menschen ins Gefängnis bringen oder zur Exekution aussuchen. Er bat um eine Versetzung auf einen anderen Posten und trat bald darauf seinen Dienst als Wachmann an einem städtischen Kontrollpunkt an.

Die Kommunisten hatten Jinzhou inzwischen verlassen, aber sie waren nicht weit weg gezogen. Im Umland lieferten sie sich beständig Gefechte mit der Kuomintang. In der Stadt versuchten die Behörden, die Kontrolle über die wichtigsten Versorgungsgüter zu behalten und zu verhindern, daß sie den Kommunisten in die Hände fielen.

Durch die Arbeit im Geheimdienst kam Pei-o zu Macht und Geld. Doch im Laufe der Zeit veränderte er sich. Er fing an, Opium zu rauchen, er trank, spielte und ging oft in Bordelle; dort holte er sich eine Geschlechtskrankheit. Meine Großmutter versuchte, ihn mit Geld dazu zu bringen, daß er ihre Schwester besser behandelte, aber es half nichts. Als Pei-o merkte, daß bei den Xias Lebensmittel knapp waren, lud er meine Großmutter oft zum Essen in sein Haus ein. Dr. Xia war darüber verärgert und verbot ihr, seine Einladungen anzunehmen: »Es ist unrechtmäßig erworbenes Gut, damit wollen wir nichts zu tun haben.« Aber die Lebensmittel wurden immer knapper, und zuweilen konnte meine Großmutter der Verlockung einer guten Mahlzeit nicht widerstehen. Dann schlich sie sich mit meiner Mutter und ihrem Bruder Yu-lin zu Pei-o und aß sich dort einmal richtig satt. Yu-lin war fünfzehn, als die Kuomintang Jinzhou einnahm. Er studierte bei Dr. Xia Medizin. Dr. Xia mochte ihn gern und sagte, er habe das Zeug, einmal ein sehr guter Arzt zu werden. Meine Großmutter hatte inzwischen die Rolle des weiblichen Familienoberhauptes übernommen, weil ihre Mutter, ihre Schwester und ihr Bruder von ihrem Ehemann abhängig waren. Sie fand es an der Zeit, eine passende Frau für Yu-lin auszusuchen. Ihre Wahl fiel auf eine Frau, die drei Jahre älter war als Yu-lin und aus einer armen Familie stammte. Die Herkunft aus armen Verhältnissen garantierte, daß sie viel arbeitete und tüchtig war.

Das Paar wurde 1946 standesamtlich getraut. Yu-lin war sechzehn, seine Frau neunzehn.

In der Zwischenzeit glitt der Kuomintang mehr und mehr die Kontrolle über die ländlichen Gebiete aus der Hand, und die Anwerbung neuer Soldaten wurde immer schwieriger. Die jungen Männer sahen es nicht mehr ein, daß sie als Kanonenfutter verheizt werden sollten. Der Bürgerkrieg wurde immer blutiger, es gab immer höhere Verluste. Ein Soldat stand mit einem Bein im Grab, hieß es. Die Gefahr, zur Armee eingezogen oder zwangsrekrutiert zu werden, stieg. Der einzige Weg, Yu-lin vor der Armee zu bewahren, bestand darin, ihm eine Art Versicherung dagegen zu besorgen. Meine Großmutter bat daher Han-chen, Yu-lin beim Geheimdienst unterzubringen. Zu ihrer Überraschung lehnte er ab mit der Begründung, ein anständiger junger Mann habe im Geheimdienst nichts zu suchen.

Meine Großmutter hatte noch nicht begriffen, wie verzweifelt Han-chen über seine Arbeit beim Geheimdienst war. Wie Pei-o rauchte er Opium, trank viel und ging zu Prostituierten. Er verkam zusehends. Dabei war Han-chen immer ein Mann mit Selbstdisziplin und offensichtlich stark ausgeprägten moralischen Grundsätzen gewesen. Es war ganz und gar nicht seine Art, sich derart gehenzulassen. Meine Großmutter schlug ihm vor, er solle heiraten, vielleicht half dieses uralte Heilmittel auch bei ihm. Er antwortete ihr, er könne nicht heiraten, denn er wolle nicht mehr leben. Meine Großmutter war entsetzt und bat ihn, er solle sich ihr anvertrauen. Aber Han-chen fing nur an zu weinen und sagte verbittert, das könne und dürfe er nicht tun, und abgesehen davon würde es sowieso nicht helfen.

Han-chen hatte sich der Kuomintang angeschlossen, weil er die Japaner haßte. Aber die Dinge hatten einen anderen Lauf genommen, als er erwartet hatte. Wer für den Geheimdienst arbeitete, hatte über kurz oder lang Blut an den Händen – das Blut von Chinesen, seinen Landsleuten. Dem Geheimdienst konnte man nicht einfach den Rücken kehren. Wer aussteigen wollte, dem erging es wie Bai, der Freundin meiner Mutter im Lehrerseminar. Han-chen sah offensichtlich nur einen Ausweg: den

Selbstmord. Aber nicht einmal der Selbstmord bot eine Lösung, denn Selbstmord war die traditionelle Form des Protestes und konnte für seine Familie schlimme Folgen haben. Han-chen mußte zu dem Schluß gekommen sein, daß er nur eines »natürlichen« Todes sterben durfte. Deshalb lebte er so zügellos und trieb mit seinem Körper Schindluder, deshalb wollte er sich nicht helfen lassen.

Am Vorabend des chinesischen Neuen Jahres 1947 besuchte er sein Elternhaus in Yixian und verbrachte die Festtage mit seinem Bruder und seinem alten Vater. Es schien, als ob er gespürt hätte, daß es ihr letztes Beisammensein sein würde, denn er dehnte seinen Besuch länger als geplant aus. In den letzten Tagen wurde er sehr krank. Meiner Großmutter hatte er gesagt, es gebe nur einen einzigen Grund, warum er bedaure, jetzt schon sterben zu müssen – er werde kein feierliches Begräbnis für seinen Vater organisieren können, wie es sich für einen guten Sohn gebühre.

Bevor Han-chen starb, erfüllte er noch seine Pflichten gegenüber meiner Großmutter und ihrer Familie. Er hatte einen Weg gefunden, Yu-lins Einberufung zur Armee zu verhindern, ohne daß er ihn beim Geheimdienst unterbringen mußte. Han-chen verschaffte Yu-lin ein Papier, das ihn als Offizier des Nachrichtendienstes auswies. Yu-lins Zugehörigkeit zum Geheimdienst war eine reine Formalität, aber sie bewahrte ihn davor, daß er zum Militärdienst eingezogen wurde. Er konnte weiter in Dr. Xias Praxis arbeiten.

Ein Lehrer an der Schule meiner Mutter war ein junger Mann namens Kang. Er unterrichtete chinesische Literatur. Er sah gut aus und war klug, und meine Mutter schätzte ihn sehr. Er erzählte meiner Mutter und ein paar anderen Mädchen, daß er sich in Kunming, einer Stadt im Südwesten Chinas, an Aktionen gegen die Kuomintang beteiligt hatte. Seine Freundin war bei einer Demonstration von einer Handgranate getötet worden. In seinem Unterricht merkte man deutlich seine Sympathie für die Kommunisten, er beeindruckte meine Mutter zutiefst.

Eines Morgens hielt der alte Pförtner meine Mutter am Eingangstor zum Seminar an. Er gab ihr einen Zettel und sagte ihr, daß Kang die Schule verlassen habe. Meine Mutter hatte keine Ahnung, daß Kang verraten worden war. Einige Agenten der Kuomintang hatten sich bei dem Kommunisten eingeschlichen. Damals wußte meine Mutter nicht viel über die Kommunisten, sie wußte auch nicht, daß Kang Kommunist war. Sie wußte nur eins: Er war ein netter Lehrer mit einem ausgeprägten Gerechtigkeitssinn, und er war geflohen, um der Verhaftung zu entgehen.

Auf Kangs Zettel stand nur ein Wort: Schweigen. Meiner Mutter fielen zwei Dinge dazu ein: Kang hatte ein Gedicht über seine Freundin geschrieben, und darin hieß es: »Schweigen – in dem wir Kräfte sammeln ...« Das würde bedeuten, daß sie nicht den Mut verlieren sollte. Aber die Notiz konnte auch eine Warnung sein, nichts Unüberlegtes zu tun. Meine Mutter stand in dem Ruf, absolut furchtlos zu sein, und sie hatte Rückhalt bei ihren Mitstudentinnen.

Als nächstes bekam sie mit, daß das gesamte Lehrerpersonal der Schule ausgetauscht wurde. Die neue Rektorin war Abgeordnete im Nationalkongreß der Kuomintang, dem Verbindungen zum Geheimdienst nachgesagt wurden. Sie brachte eine Reihe Mitarbeiter des Geheimdienstes mit, darunter einen gewissen Yao-han, der ein Auge darauf hatte, daß die Studenten die richtige politische Gesinnung an den Tag legten. Der Fachaufseher war zugleich Bezirksparteisekretär der Kuomintang.

Der engste Freund meiner Mutter war zu der Zeit ein entfernter Cousin namens Hu. Cousin Hu verliebte sich in meine Mutter. Das wurde ihm klar, als er merkte, wie eifersüchtig er auf den jungen Liu reagierte, ein oberflächlicher junger Dandy in Hus Augen. Hu war überglücklich, als meine Mutter mit Liu Schluß machte. Im Lehrerseminar besuchte er sie fast jeden Tag.

Eines Abends im März 1947 gingen sie zusammen ins Kino. Es gab zwei Sorten Karten: teurere Karten für Sitzplätze und billigere Karten für Stehplätze. Cousin Hu kaufte für meine Mutter einen Sitzplatz, für sich selbst jedoch nur einen Stehplatz. Er sagte, er habe nicht genug Geld bei sich. Meine Mutter nahm ihm diese Erklärung nicht ab und sah während der Vorführung immer wieder zu ihm hinüber. In der Mitte des Films beobachtete sie, wie eine adrett gekleidete junge Frau auf Hu zuging, sich dicht neben ihn stellte und wie sich ihre Hände dann für den Bruchteil einer Sekunde berührten. Meine Mutter stand sofort auf und erklärte ihm, sie wolle gehen. Draußen versuchte Cousin Hu zunächst, alles abzustreiten. Meine Mutter gab sich damit jedoch nicht zufrieden. Er sagte, er könne ihr das im Moment nicht erklären, und vertröstete sie auf später, sie sei einfach noch zu jung für manche Dinge. Er brachte sie nach Hause, aber sie ließ ihn nicht mit hineinkommen. In den nächsten Tagen kam er mehrfach vorbei und flehte sie an, wieder gut mit ihm zu sein. Meine Mutter blieb jedoch hart, und er gab schließlich auf.

Im März war meine Mutter zu einem Fest zu Hause. Inzwischen war sie innerlich bereit, Hus Entschuldigung anzunehmen und sich wieder mit ihm zu versöhnen. Sie hatte festgestellt, daß sie unzählige Male am Tag zum Hoftor hinausstarrte und nach ihm Ausschau hielt. Wochen nach ihrer letzten Begegnung kam er dann in Begleitung eines anderen Mannes über den Hof. Es schneite heftig. Aber er wollte nicht zu ihr. Statt dessen ging er schnurstracks auf die Wohnung eines Mannes namens Yu-wu zu, der bei den Xias zur Miete wohnte. Nach kurzer Zeit trat er wieder aus Yu-wus Wohnung und lief auf ihre Tür zu. Gehetzt erklärte er ihr, er müsse Jinzhou sofort verlassen. Sie fragte ihn, was denn passiert sei, und er antwortete nur: »Ich bin Kommunist.« Dann verschwand er in der verschneiten Nacht.

An diesem Abend begriff meine Mutter, daß der Vorfall im Kino mit einer von Hus heimlichen Missionen zu tun gehabt hatte. Es tat ihr sehr leid, und jetzt konnte sie das Mißverständnis nicht mehr ausräumen. Yu-wu, der Mieter der Xias, war also auch Kommunist. Man hatte Cousin Hu ins Haus gebracht, damit er sich bei Yu-wu versteckte. Cousin Hu hatte nicht gewußt, wo das Versteck war. Er hatte Yu-wu oft getroffen, wenn er meine Mutter besuchte, und hatte sich auch mit ihm unterhalten. Aber weder wußte Hu über Yu-wu Bescheid noch Yu-wu über Hu. Als dann Hu bei Yu-wu auftauchte, war beiden sofort klar, daß das nicht ging. Seine Verbindung zu meiner Mutter war in der Stadt nur zu gut bekannt. Hätte die Kuomintang im Haus der Xias nach Hu gesucht, hätten sie dabei auch Yu-wu entdeckt. Im Schneegestöber jener Nacht versuchte Cousin Hu, sich in das von den Kommunisten kontrollierte Gebiet fünfunddreißig Kilometer außerhalb der Stadt durchzuschlagen. Als die ersten Frühlingsknospen sprossen, erhielt Yu-wu die Nachricht, daß Hu der Kuomintang in die Hände gefallen sei, als er versucht habe, die Stadt zu verlassen. Seine Begleiter seien auf der Flucht erschossen worden. Später hieß es, Hu sei exekutiert worden.

Meine Mutter entwickelte eine immer stärkere Abneigung gegen die Kuomintang. Sie sah nur eine Alternative zur Kuomintang, und das waren die Kommunisten. An den Kommunisten gefiel ihr vor allem, daß sie versprachen, die Unterdrückung der Frauen zu beenden. Mit fünfzehn hatte sich meine Mutter noch zu jung gefühlt, sich ganz einer Sache zu verschreiben. Die Nachricht von Cousin Hus Tod gab den Ausschlag, daß sie nun den Entschluß faßte, bei den Kommunisten mitzukämpfen.

KAPITEL 5

*»Tochter zu verkaufen
für zehn Kilo Reis«*

*Der Kampf um
ein neues China
(1947-1948)*

Yu-wu, der Untermieter der Xias, hatte einige Monate zuvor mit einem Empfehlungsschreiben eines gemeinsamen Freundes vor der Haustür gestanden. Die Xias konnten das Geld, das ein Untermieter bezahlte, gut gebrauchen, denn sie waren kurz zuvor in ein großes Haus innerhalb der Stadtmauern, in der Nähe des Nordtores, umgezogen. Yu-wu hatte die Uniform der Kuomintang getragen und eine Frau mit einem Baby auf dem Arm bei sich gehabt, die er als seine Frau vorstellte. Die Xias wußten damals nicht, daß sie nicht seine Frau, sondern seine Mitarbeiterin war. Das Baby war auch nicht von Yu-wu, sondern von ihrem Ehemann, der irgendwo weit weg bei der regulären kommunistischen Armee kämpfte. Allmählich wurde aus dieser Scheinfamilie eine richtige Familie. Sie hatten zwei Kinder miteinander, und ihre ursprünglichen Ehegatten heirateten andere Partner.

Yu-wu war der Kommunistischen Partei 1938 beigetreten. Kurz nach der Kapitulation der Japaner hatten die Kommunisten ihn von ihrem Hauptquartier in Yan'an nach Jinzhou geschickt. Er sollte in der Stadt Informationen sammeln und seine Informationen an die kommunistischen Truppen außerhalb der Stadt weitergeben. Yu-wu operierte getarnt als Leiter einer militärischen Dienststelle der Kuomintang in einem Bezirk von Jinzhou, die Kommunisten hatten den Posten für ihn gekauft. Damals kauften viele Menschen Posten bei der Kuomintang, teils um Familienangehörige vor Zwangsrekrutierungen zu schützen, teils als

Möglichkeit, durch Macht zu Geld zu kommen. Wegen der strategisch günstigen Lage von Jinzhou hielten sich sehr viele Offiziere in der Stadt auf, und so war es für die Kommunisten ein leichtes, das System zu infiltrieren.

Yu-wu führte das Leben eines hochrangigen Angehörigen der Kuomintang. Er lud oft Gäste zu Abendgesellschaften, zum Essen und zu Spielabenden ein. Auf diese Weise knüpfte er nützliche Verbindungen und zugleich umgab er sich mit einem schützenden Netz von Kontakten. Aber bei Yu-wu gingen nicht nur Offiziere der Kuomintang und teilweise sehr hohe Beamte des Geheimdienstes ein und aus, ständig waren auch Verwandte und Freunde bei ihm zu Besuch. Dauernd sah man neue Gesichter, doch niemand stellte Fragen.

Ein weiterer Umstand kam Yu-wus Tarnung zugute. Dr. Xias Praxis stand immer offen, Yu-wus »Freunde« konnten jederzeit von der Straße aus durch die Praxis in den Innenhof zu Yu-wu gelangen. Dr. Xia duldete Yu-wus ausufernde Feste ohne Murren, auch wenn die Gäste oft schrien, bis sie heiser waren. Den Mitgliedern der Gesellschaft der Vernunft, der Dr. Xia angehörte, waren das Glücksspiel und der Alkoholgenuß verboten, doch Dr. Xia tat so, als sähe und hörte er nichts. Meine Mutter wunderte sich zwar darüber, schrieb sein Schweigen jedoch seiner toleranten Grundeinstellung zu. Erst Jahre später wurde ihr im Rückblick klar, daß er schon damals Bescheid gewußt oder Yu-wus wahre Identität zumindest erahnt haben mußte.

Nachdem meine Mutter gehört hatte, daß ihr Cousin Hu von der Kuomintang getötet worden war, wandte sie sich an Yu-wu, den Mieter der Xias, und bot ihm ihre Mitarbeit im kommunistischen Untergrund an. Er lehnte jedoch ab mit der Begründung, sie sei zu jung.

Meine Mutter war mittlerweile am Lehrerseminar relativ bekannt, und sie wußte, daß die Kommunisten von ihr gehört haben mußten. Sie hoffte, die Kommunisten würden an sie herantreten. Das taten sie schließlich auch, aber sie ließen sich damit Zeit und überprüften sie zuvor gründlich. Wenige Monate nachdem Yu-wu ihre Mitarbeit abgelehnt hatte, ein paar Wo-

chen vor ihrem 16. Geburtstag, sprach ein Mann Mitte Zwanzig sie an. Ein Studienfreund meiner Mutter, der heimlich für die Kommunisten arbeitete, hatte diesen Mann – sehr viel später erfuhr meine Mutter, daß er Liang hieß – auf sie aufmerksam gemacht. Liang eröffnete ihr, die Partei wolle sie zur Agitation unter den Kommilitonen am Lehrerseminar einsetzen.
Ihre erste Aufgabe bestand darin, kommunistische Literatur zu verteilen, wie beispielsweise Maos Schrift »Über die Koalitionsregierung«, Broschüren über die Landreform und andere wichtige Programmpunkte der Kommunisten. Selbstverständlich waren alle diese Schriften verboten und mußten aus kommunistisch kontrollierten Gebieten in die Stadt geschmuggelt werden. Für gewöhnlich versteckte man das Material in riesigen Bündeln von Sorghumstengeln, die zum Heizen verwendet wurden. In der Stadt wurden die Flugschriften dann neu verpackt, große grüne Paprikaschoten waren dazu sehr geeignet.
Eines Tages legte eine ziemlich zerstreute Schulfreundin meiner Mutter Maos Schrift »Über die Neue Demokratie« in ihre Schulmappe und vergaß sie dort. Ein paar Tage später ging sie auf dem Markt einkaufen. Als sie ihren Geldbeutel aus der Tasche ziehen wollte, fiel die Broschüre heraus. Zwei Spitzel des Geheimdienstes standen zufällig neben ihr und erkannten die Schrift an dem dünnen gelben Papier. Das Mädchen wurde sofort abgeführt und verhört. Sie starb unter der Folter.
Viele Menschen wurden Opfer des Geheimdienstes der Kuomintang, und meine Mutter wußte, daß sie ihr Leben riskierte. Doch das Schicksal dieses Mädchens schreckte sie nicht ab, sondern bestärkte sie. Auch das Gefühl, daß sie jetzt ein Teil der kommunistischen Bewegung war, beflügelte sie.
Die Mandschurei war der Hauptkriegsschauplatz im Bürgerkrieg, und was in Jinzhou geschah, war entscheidend für den Ausgang des Kampfes der beiden Titanen. Ende 1947 wurde Jinzhou allmählich von der Außenwelt abgeschlossen. Die Bauern hatten Schwierigkeiten, in die Stadt hineinzukommen und ihre Produkte zu verkaufen, weil die Kuomintang überall Kontrollpunkte eingerichtet hatte, an denen sie enorm hohe Abga-

ben verlangte oder die Waren einfach konfiszierte. Geldgierige Großhändler und korrupte Beamte der Kuomintang sorgten dafür, daß die Getreidepreise fast täglich weiter in die Höhe kletterten.

Die Kuomintang hatte in allen Gebieten, in die sie vorgedrungen war, eine neue Währung eingeführt, das sogenannte »Gesetzgeld«. Aber es gelang ihr nicht, die Inflation einzudämmen. Dr. Xia machte sich schon seit längerem Gedanken darüber, was nach seinem Tod aus meiner Großmutter und meiner Mutter werden sollte. Er war mittlerweile fast achtzig. Weil er Vertrauen in die Zentralregierung setzte, hatte er seine sämtlichen Ersparnisse in der neuen Währung angelegt. Nach einer gewissen Zeit wurde das Gesetzgeld durch eine neue Währung ersetzt, den Guanjin, aber auch diese Maßnahme konnte die Inflation nicht aufhalten. Später gab die Kuomintang dann den Goldyuan heraus, der jedoch buchstäblich über Nacht seinen Wert verlor. Zu dem Zeitpunkt hatte die Inflation Dr. Xias sämtliche Ersparnisse aufgefressen.

Die wirtschaftliche Situation verschlechterte sich im Winter 1947 auf 1948 zusehends. Protestaktionen gegen die Lebensmittelknappheit und Preistreiberei häuften sich. Jinzhou war die wichtigste Versorgungsbasis für die weiter im Norden operierenden Truppen der Kuomintang. Mitte Dezember 1947 stürmten zwanzigtausend Menschen zwei randvolle Getreidelager der Kuomintang.

Ein Geschäft florierte: der Handel mit jungen Mädchen, die als Prostituierte an Bordelle oder als »Dienerinnen« an reiche Männer verkauft wurden. An jeder Ecke in der Stadt versuchten Bettler, ihre Kinder gegen Nahrungsmittel zu verkaufen. Tagelang sah meine Mutter vor ihrer Schule eine völlig abgemagerte, verzweifelt aussehende Frau, die nur Lumpen am Leib trug, auf dem staubigen Boden sitzen. Neben ihr stand ein vielleicht zehnjähriges Mädchen mit vor Elend erstarrtem Gesichtsausdruck. Das Mädchen trug ein Schild um den Hals: »Tochter zu verkaufen für zehn Kilo Reis.«

In der Stadt wurde die Lage immer verzweifelter. Eines Tages sah meine Mutter ein ungefähr 14jähriges Mädchen mit einem abgestumpften, traurigen Gesichtsausdruck am Straßenrand stehen. Aus ihrer Bluse ragte hinten ein Stöckchen heraus, daran baumelte ein Schild: »Zu verkaufen – für zehn Kilo Reis!« Die Lehrer waren mit am schlimmsten betroffen. Sie hatten bei der Regierung um eine Gehaltserhöhung gebeten, und die Regierung hatte daraufhin das Schulgeld erhöht. Doch da die meisten Eltern nicht mehr Schulgeld bezahlen konnten, war den Lehrern mit dieser Maßnahme nicht geholfen. Ein Lehrer an der Schule meiner Mutter war an einer Lebensmittelvergiftung gestorben, nachdem er in seiner Verzweiflung ein Stück Fleisch gegessen hatte, das er auf der Straße gefunden hatte. Er wußte, daß das Fleisch verdorben war, aber er hatte solchen Hunger, daß er nicht widerstehen konnte.

Meine Mutter war mittlerweile zur Präsidentin der Studentenvereinigung gewählt worden. Ihr Kontaktmann in der Partei, Liang, hatte ihr die Anweisung gegeben, Studentenschaft und Lehrkörper zu mobilisieren. Sie organisierte eine Kampagne und rief die Bevölkerung zu Spenden für die Lehrer auf. Sie ging mit ihren Freundinnen vor die Kinos und Theater der Stadt und sammelte vor der Vorstellung für die Lehrer. Außerdem organisierten sie Gesangs- und Tanzveranstaltungen und Wohltätigkeitsbasare, aber die Einnahmen fielen dürftig aus. Die Menschen waren entweder zu arm oder zu geizig.

Eines Tages traf meine Mutter eine Freundin, die mit einem Offizier der Kuomintang verheiratet war; ihr Großvater war Brigadekommandeur. Sie erzählte meiner Mutter, daß am Abend im elegantesten Restaurant der Stadt ein großes Bankett für über hundert hohe Offiziere mit Gattinnen stattfinden solle. Das brachte meine Mutter auf eine Idee. Sie kehrte auf schnellstem Weg ins Lehrerseminar zurück und benachrichtigte so viele ihrer Kommilitoninnen, wie sie in der kurzen Zeit nur erreichen konnte. Sie sagte ihnen, sie sollten sich nachmittags um fünf bei dem großen Turm treffen. Als sie gegen fünf mit etlichen anderen dort ankam, stellte sie zu ihrer Freude fest, daß bereits über hundert Kommilitonen versammelt waren und ungeduldig auf Anweisungen warteten. Sie machten sich zu dem nahegelegenen Restaurant auf. Gegen sechs trafen die Gäste ein, einige stiegen aus luxuriösen Autos, andere aus Kutschen und Rikschas. Alle waren elegant gekleidet.

Die Studenten warteten eine Weile, und als sie sicher sein konnten, daß die Gäste angefangen hatten zu speisen, führte meine Mutter ihre Kommilitoninnen durch die unbewachten Eingänge in das Restaurant. Noch ehe die Festgesellschaft begriffen hatte, was vor sich ging, rannten die Mädchen die Treppe hinauf in den großen Saal. Im Nu war jeder Tisch von einer Gruppe von Mädchen umringt. Meine Mutter kletterte auf einen Stuhl. Sie hielt eine kurze Rede, schilderte das harte Schicksal der Lehrer und schloß mit den Worten: »Wir alle wissen, daß Sie freundliche und großzügige Menschen sind. Und ich weiß, Sie ergreifen nur zu gern die Gelegenheit beim Schopfe, Ihre Großzügigkeit durch eine Spende für unsere Lehrer unter Beweis zu stellen.«

Die Offiziere waren in einer mißlichen Lage. Keiner wollte den Anschein erwecken, geizig zu sein, jeder versuchte vielmehr anzugeben. Außerdem wollte man selbstverständlich die ungebetenen Eindringlinge so schnell wie möglich wieder loswerden. Die Mädchen gingen von Tisch zu Tisch und notierten die Spendenbeträge jedes einzelnen. Am nächsten Morgen suchten sie die einzelnen Offiziere auf und holten die versprochenen Beträge ab. Die Lehrer waren überglücklich und sehr dankbar.

Innerhalb der Stadtmauern waren Lebensmittel knapp, außerhalb fehlte Stoff für Kleidung. Seit der Onkel meiner Mutter, der »treue« Pei-o, als Wache an einem Stadttor Dienst tat, bestand seine Hauptaufgabe darin zu verhindern, daß Stoff aus der Stadt hinausgeschmuggelt wurde. Damals produzierten die Textilfabriken von Jinzhou bereits wieder etwas Stoff, das meiste wurde aus der Stadt hinausgeschmuggelt und zu horrenden Preisen an die Landbevölkerung verkauft, ironischerweise vorwiegend an Kommunisten, die inzwischen die ländlichen Gebiete kontrollierten. Bei den Schmugglern handelte es sich um eine Mischung aus professionellen Schwarzhändlern, Männern, die bei

Kuomintang-Beamten im Dienst standen, und um Kommunisten im Untergrund. Die Wachen an den Stadttoren ließen Schmuggler gegen entsprechendes Wegegeld gewöhnlich passieren. Eines Nachts fuhr wieder einmal ein unauffälliger, schmutziger Karren auf das Stadttor zu, an dem Pei-o Wache schob. Pei-o führte das übliche Schauspiel auf, schnüffelte den Ballen Stoff hinten auf dem Karren aus, während er langsam und gleichmütig um den Karren herumstolzierte in der Hoffnung, das werde den Fahrer einschüchtern und ihn mürbe machen für einen Kuhhandel zu Pei-os Gunsten. Gleichzeitig schätzte er den Wert der Ladung und den wahrscheinlich zu erwartenden Widerstand des Fahrers ab. Pei-o überlegte, wie er ihn in ein Gespräch verwickeln konnte, um herauszufinden, für wen der Fahrer arbeitete. Er ließ sich damit Zeit, denn es war eine große Fuhre, mehr als er vor dem Morgengrauen aus der Stadt würde befördern können.

Er setzte sich neben den Fahrer und hieß ihn umkehren und die Fuhre zurück in die Stadt bringen. Der Fahrer war es gewohnt, Befehle anderer auszuführen, und tat, wie ihm geheißen.

Meine Großmutter schlief tief und fest, als sie gegen ein Uhr nachts durch ein Klopfen an der Tür geweckt wurde. Sie öffnete. Vor der Tür stand Pei-o. Er sagte ihr, er wolle gern eine Wagenladung Ware die Nacht über bei ihr deponieren. Meine Großmutter mußte wohl oder übel zustimmen, weil sie miteinander verwandt waren. Die Verpflichtung gegenüber der eigenen Familie und Verwandtschaft zwang sie zu dieser Entscheidung.

Der »treue« Pei-o kam noch vor dem Morgengrauen mit zwei Karren zurück, lud die Stoffballen auf die Karren und machte sich bei Anbruch der Dämmerung davon. Keine halbe Stunde später umstellte bewaffnete Polizei das Haus. Pei-o hatte den Fahrer des Karrens gehen lassen. Der Fahrer arbeitete für einen anderen Geheimdienst und informierte seine Auftraggeber, die nun verständlicherweise ihre Ware zurückforderten.

Dr. Xia und meine Großmutter waren ziemlich nervös, aber wenigstens befand sich die gestohlene Ware nicht mehr in ihrem Haus, somit gab es keinen Beweis, daß sie überhaupt hier gewesen war. Aber für meine Mutter wäre die Hausdurchsuchung fast zu einer Katastrophe geworden. Sie hatte Flugblätter der Kommunisten im Hause. Kaum waren die Polizisten aufgetaucht, nahm sie alle Flugblätter und stürzte zur Toilette, wo sie alles in ihre wattierte Hose steckte und einen dicken Wintermantel darüberzog. Dann schlenderte sie ganz ruhig aus dem Haus, als wäre sie wie gewöhnlich auf dem Weg ins Seminar. Die Polizisten hielten sie an und sagten, sie müßten sie durchsuchen. Meine Mutter schrie und tobte, sie werde ihrem Onkel Zhu-ge erzählen, wie die Polizei sie behandelt habe.

Bis dahin hatte die Polizei nicht gewußt, daß die Familie Kontakte zum Geheimdienst hatte. Von dem Augenblick an, als der Name Zhu-ge gefallen war, veränderte sich die Haltung des Beamten, der die Aktion leitete. Sein Gesicht zeigte Überraschung und dann dumpfes Erkennen, und von da an war er nur noch unterwürfig. Augenblicklich veränderte sich auch das Verhalten seiner Untergebenen. Sie ließen ihre Waffen sinken und legten ihr arrogantes und herausfordernd freches Benehmen ab. Von jetzt an ging es ihnen nur noch darum, ohne allzu großen Schaden aus dieser Sache herauszukommen, die sich als Sackgasse erwiesen hatte. Der Anführer der Polizeitruppe verbeugte sich steif und entschuldigte sich wortreich dafür, daß man eine so angesehene Familie belästigt habe.

Um diese Zeit hatte die Kuomintang in der Stadt für die Studenten und Dozenten, die aus der kommunistisch besetzten Nordmandschurei geflohen waren, eine neue Universität eingerichtet, die sogenannte Nordöstliche Exiluniversität. Die Kommunisten hatten ihre Politik mit harter Hand durchgesetzt: Viele Landbesitzer wurden umgebracht, in den Städten verloren kleine Fabrikbesitzer und Händler ihr Hab und Gut. Die meisten Studenten kamen aus gutsituierten Familien, und sie selbst oder ihre Familien hatten unter den Kommunisten zu leiden gehabt. An der Exiluniversität gab es eine medizinische Fakultät, und meine Mutter wollte dort studieren. Seit jeher war es ihr sehnlicher Wunsch gewesen, Ärztin zu werden. Das war zum Teil auf

Dr. Xias Einfluß zurückzuführen, zum Teil beruhte dieser Wunsch auch auf der Einschätzung, daß der Arztberuf einer Frau ein Höchstmaß an Unabhängigkeit bot. Liang hielt dies für eine großartige Idee, die Partei hatte bereits Pläne mit meiner Mutter. Im Februar 1948 schrieb sie sich als Teilzeitstudentin an der medizinischen Fakultät ein.

Die Position der Kuomintang verschlechterte sich zusehends, ihre Führer überlegten, ob es nicht besser wäre, die gesamte Mandschurei aufzugeben. Studenten und Intellektuelle wurden aufgefordert, in den Süden des Landes zu fliehen. Nach Übergriffen der Kommunisten während der Landreform und Grausamkeiten gegenüber Kapitalisten in den Städten war die Propaganda der Kuomintang teilweise auf fruchtbaren Boden gefallen. Die Kommunisten wollten die Intellektuellen nicht verlieren. Sie modifizierten ihr Programm zur Landreform und gaben die Order aus, daß Kapitalisten in den Städten gut behandelt und Intellektuelle aus wohlhabenden Familien geschützt werden sollten. Vor dem Hintergrund dieser gemäßigten Politik agitierten die kommunistischen Untergrundkämpfer in Jinzhou mit dem Ziel, Studenten und Lehrer zum Bleiben in der Stadt zu bewegen. Es war eine Hauptaufgabe meiner Mutter, diese Überzeugungsarbeit zu leisten.

Trotz der Änderung der kommunistischen Parteilinie erschien es einigen Studenten und Lehrern sicherer zu fliehen. Ende Juni legte in Jinzhou ein Schiff ab, das bis auf den letzten Platz mit Studenten besetzt war. Ihr Ziel war die rund vierhundert Kilometer südwestlich gelegene Hafenstadt Tianjin. Als die Studenten dort ankamen, gab es für sie weder Unterkunft noch Verpflegung. Die örtlichen Verantwortlichen der Kuomintang versuchten, sie für die Armee zu rekrutieren. »Kämpft euch zurück in euer Heimatland!« riet man ihnen. Doch dafür hatten sie die Mandschurei nicht verlassen. Mit den Studenten waren auch einige kommunistische Untergrundkämpfer gekommen, und sie ermunterten die Studenten nun, für ihre Forderungen zu kämpfen. Am 5. Juli demonstrierten die Studenten im Stadtzentrum von Tianjin für Unterkünfte und etwas zu essen. Soldaten eröffneten das Feuer, zahlreiche Studenten wurden zum Teil schwer verwundet, einige sogar getötet.

Als diese Nachricht in Jinzhou bekannt wurde, wies Liang meine Mutter an, eine Solidaritätskampagne für die Studenten in Tianjin zu organisieren. Sie berief ein Treffen der Schüler- und Studentenvertreter der sieben weiterführenden und technischen Schulen der Stadt ein. Sie gründeten die Vereinigte Studentenschaft von Jinzhou, und meine Mutter wurde zur Vorsitzenden gewählt. Auf dem Treffen wurde weiterhin beschlossen, ein Solidaritätstelegramm an die Studenten in Tianjin zu schikken und einen Demonstrationszug zum Hauptquartier des mächtigsten Generals der Stadt, des Kriegsrechtskommandeurs, durchzuführen und ihm eine Petition zu überreichen.

Die Freunde meiner Mutter warteten ungeduldig auf dem Gelände der Universität auf ihre weiteren Instruktionen. Es war ein grauer, regnerischer Tag, der Boden hatte sich in Schlamm verwandelt. Es wurde bereits dunkel, und immer noch gab es kein Lebenszeichen von meiner Mutter und den anderen sechs Studentenführern. Dann hieß es, daß die Polizei das Treffen gestürmt und die Führer verhaftet habe.

Meine Mutter und die anderen Studentenführer wurden ins Hauptquartier des Kriegsrechtskommandeurs geschleppt. Nach einer Weile betrat General Chiu He den Raum. Über einen Tisch hinweg sah er die Studentenführer an und begann geduldig, wenn auch väterlich herablassend, auf sie einzureden. Es wirkte nicht zornig, sondern eher so, als machte er sich Sorgen um sie. Sie seien jung, und die Jugend neige nun einmal zu unüberlegten Handlungen. Aber was wüßten sie schon von Politik? Die Kommunisten benutzten sie doch nur für ihre eigenen Interessen. Sie sollten ihre Nasen in ihre Bücher stecken. Er versprach ihnen, sie freizulassen, wenn sie bereit wären, ein Geständnis zu schreiben und ihm die Namen der kommunistischen Rädelsführer im Hintergrund zu nennen. Dann legte er eine Pause ein und beobachtete, welchen Eindruck seine Worte hinterlassen hatten.

Meine Mutter fand seine Belehrungen und das Katz-und-Maus-

Spiel, mit dem er sie unter Druck setzen wollte, unerträglich. Sie trat vor und fragte mit fester Stimme: »Sagen Sie, Kommandeur, was haben Sie uns eigentlich vorzuwerfen?« Der Kommandeur verlor ob dieses ungebührlichen Verhaltens die Fassung: »Kommunistische Banditen haben euch dazu benutzt, Aufruhr zu stiften. Ist das nicht genug?« Meine Mutter schrie zurück: »Warum sprechen Sie von kommunistischen Banditen? Unsere Freunde in Tianjin sind gestorben, weil sie auf euren Rat hin vor den Kommunisten geflohen sind. Haben sie es verdient, daß sie dafür von euch erschossen wurden? Haben wir etwas Unrechtes getan?« Der Kommandeur schlug mit der Faust krachend auf den Tisch und rief nach seinen Wachen. »Führt sie herum und zeigt ihr, wo sie sich befindet!« schrie er. Zu meiner Mutter gewandt, meinte er: »Vielleicht ist dir das noch nicht klargeworden.« Bevor die Soldaten sie zu fassen bekamen, machte sie einen Satz nach vorne, schlug mit der Faust auf den Tisch und schrie: »Wo immer ich auch bin, ich habe nichts Unrechtes getan!«

Daraufhin packten die Soldaten meine Mutter an den Armen und zerrten sie vom Tisch weg. Sie führten sie einen Korridor entlang und dann eine Treppe hinunter. Vor ihr lag ein dunkler Raum. Am anderen Ende erkannte sie in der Dunkelheit das Profil eines Mannes, der nichts als Lumpen am Leib trug. Er schien auf einer Bank zu sitzen und sich gegen eine Säule zu lehnen. Sein Kopf kippte auf eine Seite. Da erst bemerkte meine Mutter, daß sein Oberkörper an der Säule und seine Schenkel an der Bank festgebunden waren. Von den Knien abwärts waren seine Beine frei. Zwei Männer, die viel besser gekleidet waren als der Gefangene, schichteten Ziegelsteine auf den bereits hohen Stapel unter seinen Füßen. Mit jedem zusätzlichen Ziegelstein stöhnte der Mann vor Schmerzen auf. Meiner Mutter wurde schwarz vor Augen, sie glaubte, das Geräusch brechender Knochen zu hören. Die nächste Szene, an die sie sich erinnert, war in einem anderen Raum. Ihr Führer, ein Offizier, zeigte auf einen Mann direkt neben ihnen. Er hing nur an den Handgelenken festgebunden von einem Holzbalken an der Dekke. Sein Oberkörper war nackt, die Haare waren verfilzt und bedeckten sein Gesicht. Auf dem Boden stand ein Kohlenbecken, daneben saß ein Mann, der beiläufig eine Zigarette rauchte. Der Mann holte eine wie eine Zange geformte Eisenstange aus dem Feuer, die Spitze der Zange war faustgroß und rotglühend. Mit einem Grinsen im Gesicht drückte er sie dem Mann, der von der Decke herunterhing, gegen die Brust. Meine Mutter hörte, wie der Gefolterte vor Schmerzen aufschrie, und danach ein schrecklich zischendes Geräusch. Sie sah, wie aus der Wunde Rauch aufstieg, und der durchdringende Geruch von verbranntem Fleisch drang ihr in die Nase. Aber sie schrie nicht, sie fiel nicht in Ohnmacht, sie taumelte nicht einmal. Das Grauen weckte in ihr nur eine grenzenlose, kaum zu beherrschende Wut, und die Wut war stärker als die Angst.

Der Offizier fragte sie, ob sie jetzt bereit sei, das Geständnis zu unterschreiben. Sie sagte nein. Sie wiederholte nochmals, sie habe nur ihren toten Kommilitonen helfen wollen und es gebe keine Kommunisten im Hintergrund. Man schob sie in einen kleinen Raum, in dem nur ein Bett mit ein paar Laken stand. Dort blieb sie einige endlos lange Tage. Aus den angrenzenden Zellen drangen die Schreie der Gefolterten. Sie weigerte sich weiterhin, irgendwelche Namen zu nennen.

Eines Tages führte man sie in einen Hof hinter dem Gebäude, der voller Unkraut und Abfall war. Sie mußte sich an die Wand stellen. Ein gefolterter Mann aus dem Kerker wurde vor ihr hinausgezerrt, man lehnte ihn, so gut es ging, neben sie an die Wand. Er konnte sich kaum aufrecht halten. Mehrere Soldaten nahmen routinemäßig, fast unbeteiligt, ihre Plätze ein. Einer band ihr eine Binde vor die Augen. Obwohl sie nichts sehen konnte, schloß sie die Augen. Sie war zum Sterben bereit und stolz darauf, daß sie ihr Leben für eine große Sache hingab.

Als nächstes hörte sie Schüsse, aber sie spürte nichts. Nach einer Weile wurde ihr die Augenbinde abgenommen, und sie schaute sich blinzelnd um. Der Mann, der neben ihr gestanden hatte, lag auf dem Boden. Der Soldat, der sie in den Kerker hinuntergeführt hatte, kam grinsend auf sie zu. Er hob eine

Augenbraue und schien überrascht zu sein, daß dieses siebzehnjährige Mädchen nicht zu einem zitternden Häuflein Angst zusammengesunken war. Meine Mutter erklärte ihm ruhig, daß sie nach wie vor nichts zu gestehen habe.

Man warf sie wieder in ihre Zelle. Dort ließ man sie völlig unbehelligt, niemand kümmerte sich um sie, niemand folterte sie. Nach ein paar Tagen wurde sie wieder auf freien Fuß gesetzt. In dieser Woche war viel passiert. Der kommunistische Untergrund hatte alles darangesetzt, sie freizubekommen. Meine Großmutter hatte täglich beim Kriegsgericht vorgesprochen, geweint, gebettelt und mit Selbstmord gedroht. Dr. Xia hatte mächtige Patienten aufgesucht und ihnen teure Geschenke gebracht. Die Familie mobilisierte zudem ihre Verbindungen zum Geheimdienst. Viele Menschen bürgten schriftlich für meine Mutter und schworen, sie sei keine Kommunistin, sie sei einfach jung und ungestüm.

Um diese Zeit wies der kommunistische Untergrund seine Leute an, in die von den eigenen Truppen kontrollierten Gebiete zu fliehen. Wer nicht gehen wollte oder konnte, sollte die Tätigkeit im Untergrund einstellen. Die Kuomintang schlug eine harte Gangart ein, zu viele kommunistische Kämpfer wurden verhaftet und hingerichtet. Liang verließ die Stadt und bat meine Mutter mitzukommen, aber meine Großmutter erlaubte es nicht. Außerdem wurde meine Mutter bisher noch nicht als Kommunistin verdächtigt, doch wenn sie jetzt die Stadt verließ, wäre das sicher der Fall. Durch ihre Flucht würde sie außerdem all die Menschen in Schwierigkeiten bringen, die sich für sie verbürgt hatten.

Meine Mutter blieb, aber sie hielt das Nichtstun nicht aus. Deshalb wandte sie sich an den einzigen Menschen, der noch in der Stadt war und von dem sie wußte, daß er für die Kommunisten arbeitete. Sie ging zu Yu-wu. Und diesmal schickte er sie nicht wieder fort.

Jinzhou war die Hauptnachschubbasis und das logistische Zentrum für alle im Nordosten Chinas stationierten Einheiten der Kuomintang. Im Frühjahr 1948 hatte die Kuomintang mit dem

Bau eines speziellen Verteidigungssystems rund um die Stadt begonnen. Es sollte aus einzelnen, voneinander unabhängigen Festungen bestehen. Jede Festung sollte soweit autark sein, daß sie selbst bei einer Einkreisung durch feindliche Truppen nicht auf fremde Hilfe angewiesen wäre.

Für die Kommunisten war es von größter Wichtigkeit, daß sie über den Fortgang der Arbeiten an der Befestigungsanlage und über die Aufstellung der feindlichen Truppen auf dem laufenden blieben. Sie zogen bereits eine riesige Armee von ungefähr einer viertel Million Mann für die Entscheidungsschlacht zusammen. Yu-wus Kampfgruppe wurde angewiesen, vor dem entscheidenden Angriff so viele aktuelle Informationen wie möglich zu sammeln. Er brauchte dringend Leute und war deshalb nur zu froh, als meine Mutter im Juli mit der Bitte um einen Auftrag zu ihm kam.

Die Kommunisten hatten einige Offiziere zur Erkundung der Verhältnisse in die Stadt geschickt. Wenn jedoch ein einzelner Mann die Stadtmauer entlangspazierte, hätte das sofort Aufsehen erregt. Ein offensichtlich verliebtes Pärchen hingegen war weit weniger verdächtig. Da die Aufklärungsoffiziere alle männlich waren, gab meine Mutter eine ideale »Freundin« ab.

Yu-wu nannte ihr Ort und Uhrzeit, wo sie sich einfinden sollte. Sie sollte ein hellblaues Kleid und eine rote Seidenblume im Haar tragen. Der kommunistische Offizier sollte ein Exemplar der Kuomintang-Zeitung »The Central Daily« zu einem Dreieck gefaltet in der Hand halten. Als weiteres Erkennungszeichen war vereinbart, daß er sich dreimal an der rechten Gesichtshälfte und dreimal links den Schweiß abwischen würde.

An dem verabredeten Tag ging meine Mutter zu einem kleinen Tempel direkt vor der Nordmauer der Stadt, noch innerhalb des Verteidigungsgürtels. Ein Mann, der die richtige Kleidung trug und die vereinbarten Zeichen machte, kam auf sie zu. Meine Mutter streichelte mit der rechten Hand dreimal über seine rechte Wange, und dann streichelte er sie mit der linken Hand auf ihrer linken Wange. Dabei schauten sie sich verliebt an. Dann hakten sie sich unter und spazierten davon.

Meine Mutter wußte nicht genau, was für eine Aufgabe er hatte, und sie fragte nicht nach. Meistens gingen sie schweigend nebeneinander her. Sie sprachen nur miteinander, wenn ihnen jemand entgegenkam. Ihr erster Auftrag verlief reibungslos.
Weitere Aufträge folgten. Erkundungsgänge entlang der Befestigungsanlagen und einmal ein Gang entlang der Eisenbahnlinie, denn die Eisenbahnlinie war der wichtigste Kommunikationsweg der Kuomintang.
An die Informationen kam man ohne weiteres heran, weit schwieriger war es, sie aus der Stadt herauszuschaffen. Seit Ende Juli waren die Stadttore geschlossen. Jeder, der in die Stadt hineingehen oder sie verlassen wollte, wurde eingehend durchsucht. Yu-wu beriet sich mit meiner Mutter, denn er hatte ihre Fähigkeiten und ihren Mut mittlerweile zu schätzen gelernt. Die Fahrzeuge von höheren Offizieren durften die Kontrollen ohne Durchsuchung passieren. Meiner Mutter fiel ein, daß eine ihrer Mitstudentinnen die Enkelin von General Ji war, dem Truppenbefehlshaber von Jinzhou. Ein Bruder des Mädchens war überdies Oberst in der Brigade seines Großvaters.
Die Jis waren eine alteingesessene Familie mit beträchtlichem Einfluß in der Stadt. Sie wohnten alle in einer Straße, die im Scherz schon »Ji-Straße« hieß. Dort lebten sie in einem riesigen Anwesen mit einem ausgedehnten, sehr gut gepflegten Garten. Meine Mutter war des öfteren mit ihrer Schulfreundin in dem Garten spazierengegangen. Mit Hui-ge, dem Bruder des Mädchens, stand sie auf freundschaftlichem Fuß.
Hui-ge war ein hübscher junger Mann Mitte Zwanzig mit einem Ingenieursdiplom. Anders als viele junge Männer aus reichem Haus war er kein Playboy. Meine Mutter mochte ihn, und er mochte sie. Er lud meine Mutter zum Tee ein und stattete den Xias Höflichkeitsbesuche ab. Meiner Großmutter gefiel er. Er war sehr höflich, in ihren Augen der ideale Schwiegersohn.
Bald verabredete sich Hui-ge allein mit meiner Mutter. Anfangs begleitete seine Schwester die beiden noch als Anstandsdame, aber schon bald verschwand sie mit irgendwelchen durchsichtigen Ausreden. Sie erzählte meiner Mutter viel von ihrem

Bruder und betonte, er sei der Liebling des Großvaters. Ebenso mußte sie ihrem Bruder eine Menge über meine Mutter erzählt haben, denn wie sich herausstellte, wußte er über vieles Bescheid, so auch darüber, daß sie wegen radikaler Umtriebe im Gefängnis gesessen hatte. Der Oberst sagte ihr offen seine Meinung über die Kuomintang. Ein- oder zweimal zerrte er mit einem Seufzer an seiner Uniform und sagte, er hoffe, daß der Krieg bald zu Ende sei, damit er wieder seinem eigentlichen Beruf als Ingenieur nachgehen könne. Er erklärte meiner Mutter, daß seiner Meinung nach die Tage der Kuomintang gezählt seien. Seine Worte wirkten auf sie sehr ehrlich.

Sie war sich sicher, daß er sie sehr gern hatte, aber sie fragte sich auch, ob nicht vielleicht politische Gründe dahintersteckten. Anscheinend versuchte er, durch sie den Kommunisten eine Botschaft zukommen zu lassen. Die Botschaft lautete in etwa: Ich mag die Kuomintang nicht, und ich bin bereit, euch zu helfen.

Meine Mutter erzählte Yu-wu von Hui-ge. Yu-wu riet ihr, den Kontakt zu dem Obersten zu pflegen. Kurz darauf sagte ihr Yu-wu, sie solle den Oberst bitten, er möge sie in seinem Jeep zu einer Ausfahrt außerhalb der Stadt mitnehmen. Sie unternahmen drei oder vier Ausfahrten zusammen. Die Ausflüge endeten stets am selben Ort, einem primitiven Toilettenhäuschen aus Lehm. Sobald sie dort ankamen, gab meine Mutter jedesmal vor, sie müsse zur Toilette. Sie stieg aus dem Jeep aus und versteckte eine Botschaft in einem Loch in der Wand. Hui-ge stellte nie Fragen.

Immer öfter sprach er davon, daß er sich Sorgen um sich und seine Familie mache. Er deutete an, daß die Kommunisten ihn hinrichten könnten: »Ich fürchte, daß ich schon bald eine körperlose Seele draußen vor dem Westtor sein werde.« (In China glaubte man, das Totenreich liege im Westlichen Himmel, weil dort ewiger Frieden herrsche. Deshalb lag die Hinrichtungsstätte in Jinzhou wie in den meisten Städten in China hinter dem Westtor der Stadt.) Wenn er solche Befürchtungen äußerte, schaute er jedesmal meiner Mutter fragend ins

Gesicht. Ganz offensichtlich erwartete er von ihr, daß sie ihm widersprach.

Meine Mutter war sicher, daß die Kommunisten ihn aus Dank für seine Hilfe verschonen würden. Beide sprachen jedoch nur indirekt über dieses Thema. Meine Mutter antwortete ihm jedes Mal aufmunternd: »Mach dir nicht so trübe Gedanken.« Oder: »Ich bin sicher, dir wird nichts geschehen.«

Die Position der Kuomintang verschlechterte sich im Spätsommer zusehends, und das nicht allein aufgrund militärischer Aktionen, auch die Korruption und Inflation trugen ihren Teil zum Niedergang bei. Der Preis für Sorghum, die einzige noch verfügbare Getreideart, verdoppelte sich in Jinzhou über Nacht. Die Ernährungslage der Stadtbewohner verschlechterte sich von Tag zu Tag. Für die Zivilbevölkerung bestimmte Lebensmittel wurden an die Armee verteilt und von den Kommandeuren auf dem Schwarzmarkt verkauft.

Im September hielt die Kuomintang nur noch drei Stützpunkte in der Mandschurei: Mukden, Changchun, die alte Hauptstadt von Mandschukuo, und Jinzhou. Die Kommunisten griffen alle drei Städte gleichzeitig an, und die Kuomintang wußte nicht, wo die meisten Kräfte konzentriert waren. Wie sich später herausstellte, hatten die Kommunisten Jinzhou als Zentrum auserkoren, weil sie die südlichste der drei Städte war und eine strategische Schlüsselposition innehatte. Wenn Jinzhou fiel, waren die anderen beiden Städte vom Nachschub abgeschnitten.

Am 12. September 1948 begann der Generalangriff auf das Gebiet von Jinzhou. Die Kommunisten zerstörten als erstes den Flughafen. Der amerikanische Diplomat John F. Melby flog am 23. September nach Mukden und notierte in seinem Tagebuch: »Im Norden entlang des Korridors in die Mandschurei machte die kommunistische Artillerie systematisch Kleinholz aus dem Flughafen in Chinchow [Jinzhou].« Am nächsten Tag, dem 24. September, rückten die kommunistischen Verbände näher. Vierundzwanzig Stunden später befahl Chiang Kai-shek General Wei, mit fünfzehn Divisionen aus Mukden auszubrechen und

Jinzhou zu Hilfe zu kommen. General Wei zögerte, und bis zum 26. September hatten die Kommunisten Jinzhou praktisch von der Außenwelt abgeschnitten.

Am 1. Oktober war Jinzhou eingekreist. An diesem Tag fiel Yixian, die rund vierzig Kilometer weiter nördlich gelegene Heimatstadt meiner Großmutter. Chiang Kai-shek, der den Nordosten nie inspiziert hatte, flog nach Mukden und übernahm persönlich das Kommando. Er befahl, sieben weitere Divisionen in die Schlacht um Jinzhou zu werfen, aber General Wei weigerte sich, Mukden zu verlassen. Erst zwei Wochen nachdem der Befehl ergangen war, setzte er sich in Marsch, und dann nur mit elf statt mit fünfzehn Divisionen. Am 6. Oktober flog Chiang Kai-shek nach Huludao und schickte von dort Entsatztruppen nach Jinzhou. Einzelne Einheiten kamen seinem Befehl nach, aber so zögerlich, daß sie eingekreist und aufgerieben wurden. Die Kommunisten bereiteten sich darauf vor, vom Angriff zur Belagerung überzugehen. In dieser Situation bat Yu-wu meine Mutter, eine gefährliche Mission zu übernehmen. Die Kommunisten wollten ein Munitionsdepot in die Luft sprengen, und zwar das von Hui-ges Division. Meine Mutter sollte den Sprengstoff hineinschmuggeln. Die Munition war in einem Behelfsdepot im großen Hof eines zivilen Gebäudekomplexes untergebracht. Die Mauern waren mit Stacheldraht gesichert, und es hieß, der Stacheldraht sei elektrisch geladen. Jeder, der in das Gebäude hineinging oder herauswollte, wurde gründlich durchsucht. Die Soldaten von General Jis Division lebten in diesem Gebäudekomplex und vertrieben sich die Zeit mit Glücksspielen und Trinken. Manchmal ließen sich die Offiziere Prostituierte kommen und veranstalteten Tanzabende und Nachtclubvergnügungen. Meine Mutter bat Hui-ge, sie wolle auch einmal an einem solchen Tanzabend teilnehmen. Er willigte ein, ohne Fragen zu stellen.

Am nächsten Tag übergab ein fremder Mann meiner Mutter den Sprengstoff. Sie legte ihn in ihre Handtasche und fuhr mit Hui-ge zum Depot. Da die Soldaten den jungen Oberst kannten, wurden die beiden nicht durchsucht. Meine Mutter ließ sich von Hui-ge

alles zeigen. Ihre Handtasche blieb, wie abgesprochen, im Auto. Sobald sie außer Sichtweite waren, sollten Untergrundkämpfer den Sprengstoff herausholen. Meine Mutter schlenderte gemächlich überall herum, auf diese Weise hatten ihre Kontaktleute reichlich Zeit. Hui-ge zeigte ihr bereitwillig das Gelände.
In jener Nacht erschütterte eine gewaltige Explosion die Stadt. Eine Detonation folgte auf die andere, das Dynamit und die Granaten erleuchteten den Himmel wie bei einem großen Feuerwerk. Die Straße, wo sich das Depot befunden hatte, stand in Flammen, in einem Umkreis von hundert Metern waren sämtliche Fensterscheiben geborsten. Am nächsten Morgen rief Hui-ge meine Mutter zu sich. Er hatte Ränder um die Augen und war unrasiert, man sah ihm an, daß er in der Nacht kein Auge zugemacht hatte. Er begrüßte sie höflich wie immer, aber ein wenig distanzierter als sonst.
Nach einem langen Schweigen fragte er meine Mutter, ob sie gehört habe, was passiert sei. Ihr Gesichtausdruck bestätigte seine schlimmsten Befürchtungen: Er hatte dazu beigetragen, daß seine eigene Division kampfunfähig gemacht wurde. Er sagte ihr, es werde mit Sicherheit eine Untersuchung in der Angelegenheit geben. »Ich frage mich«, seufzte er, »ob dieser Sprengstoff mir den Kopf von den Schultern blasen oder mir eine Belohnung bescheren wird.« Sie hatte Mitleid mit ihm und versuchte, ihn zu beruhigen: »Auf dich fällt doch kein Verdacht. Ich bin sicher, daß du eine Belohnung zu erwarten hast.« Daraufhin stand Hui-ge auf und salutierte vorschriftsgemäß. »Ich danke dir für dein Versprechen.«
Inzwischen schlugen Artilleriegranaten in der Stadt ein. Als meine Mutter zum ersten Mal die Granaten über sich pfeifen hörte, bekam auch sie es mit der Angst zu tun. Bei jeder Detonation setzte ihr Herzschlag aus. Im Laufe der Zeit wurde der Granatenbeschuß immer heftiger, und sie gewöhnte sich daran. Es war wie ein dauerndes Donnern am Himmel. An die Stelle der Angst war eine Art fatalistischer Gleichgültigkeit getreten. Angesichts der Belagerung durch die Kommunisten gab auch Dr. Xia sein strenges Mandschu-Ritual auf: Zum ersten Mal aß

der gesamte Haushalt zusammen, Männer und Frauen, Herrschaft und Gesinde. Bis dahin hatten die Mitglieder des Haushalts in acht Gruppen gegessen, jede Gruppe bekam ihr eigenes Essen. Eines Tages, als sie alle am Mittagstisch saßen, flog eine Granate durch das Fenster über dem *kang*, wo Yu-lins einjähriger Sohn spielte. Sie landete direkt unter dem Tisch. Zum Glück erwies sich auch diese Granate wie so viele andere als Blindgänger.

Das größte Problem waren Nahrungsmittel. Selbst auf dem Schwarzmarkt gab es nichts mehr zu kaufen. Wie viele andere Familien, die es sich leisten konnten, hatte meine Großmutter Sorghum und Sojabohnen gehortet, und Pei-o, der Mann ihrer Schwester, steuerte ab und zu dank seiner Verbindungen ein paar Leckerbissen bei. Eines Tages wurde der Esel der Familie von einem Granatsplitter getötet, und so gab es einmal während der Belagerung Eselfleisch.

Am 8. Oktober brachten die Kommunisten fast eine viertel Million Soldaten zum Angriff in Stellung. Der Artilleriebeschuß wurde immer heftiger. Am 13. Oktober gab der äußere Verteidigungsring nach. Über 100 000 Mann flüchteten Hals über Kopf ins Stadtzentrum von Jinzhou. Eine Gruppe von ungefähr zwölf abgerissenen Soldaten drang in Dr. Xias Haus ein und verlangte etwas zu essen. Die Soldaten hatten seit achtundvierzig Stunden nichts mehr gegessen. Dr. Xia begrüßte sie höflich, und Yu-lins Frau setzte sofort einen riesigen Topf auf den Tisch und ging in den Nebenraum, um die Soldaten zu rufen. Sie hatte sich kaum umgedreht, da landete eine Granate im Kochtopf, und die Nudeln spritzten durch das ganze Zimmer.

Bis zum Ende der Belagerung trafen die Granaten erstaunlich präzise. Die meisten Menschen verloren ihre Häuser jedoch nicht durch direkten Beschuß, sondern durch die Feuer, die die Granaten auslösten. Die Häuser bestanden überwiegend aus Holz, und es gab kein Wasser zum Löschen. Über der ganzen Stadt hing eine dicke, dunkle Rauchwolke, und selbst bei Tageslicht sah man höchstens ein paar Meter weit. Der Lärm der Artilleriegeschütze war ohrenbetäubend. Meine Mutter hörte

Menschen jammern und weinen, konnte aber nicht sagen, woher die Geräusche kamen und was geschehen war.

Am 14. Oktober starteten die Kommunisten die Schlußoffensive. Neunhundert Artilleriegeschütze nahmen die Stadt ununterbrochen unter Feuer. Die meisten Mitglieder der Familie Xia gingen in einen improvisierten Luftschutzkeller, den man bereits vor einiger Zeit gebaut hatte. Meine Großmutter verkroch sich zitternd in einer Ecke. Dr. Xia weigerte sich, das Haus zu verlassen. Er saß ruhig auf seinem *kang* in der Ecke am Fenster und betete leise zu Buddha. Auf einmal kamen vierzehn neugeborene Kätzchen ins Zimmer gerannt. Dr. Xia freute sich und sagte: »Wo eine Katze ihre Jungen versteckt, ist ein Glücksort.« Er hatte Katzen schon immer gern gehabt. Nicht eine einzige Kugel verirrte sich ins Zimmer, und alle vierzehn Kätzchen überlebten.

In den Morgenstunden des nächsten Tages stürmte eine Gruppe Soldaten ins Haus. Sie zerrten ungefähr zwanzig Zivilisten, jung und alt, mit sich. Es waren die Bewohner der drei Nachbarhöfe. Die Soldaten benahmen sich fast hysterisch. Gegenüber Dr. Xias Haus stand ein Tempel, der als Artillerieposten genutzt wurde. Dieser Tempel war soeben mit erstaunlicher Treffgenauigkeit beschossen worden, die Truppen waren aus dem Tempel geflüchtet. Sie brüllten die verängstigten Zivilisten an, einer von ihnen müsse ihre Stellung verraten haben, der Schuldige solle sich sofort freiwillig melden. Als niemand antwortete, packten die Soldaten meine Mutter, schoben sie gegen die Wand und behaupteten, sie habe es getan. Meine Großmutter zitterte vor Angst, sie zog hastig einige kleine Goldstücke aus der Tasche und drückte sie den Soldaten in die Hand. Sie und Dr. Xia fielen auf die Knie und bettelten um das Leben meiner Mutter. Yu-lins Frau sagte später, dies sei die einzige Begebenheit gewesen, wo Dr. Xia wirklich Angst gehabt habe. Er flehte die Soldaten an: »Sie ist mein kleines Mädchen. Bitte, glaubt mir, sie hat nichts getan ...«

Die Soldaten nahmen das Gold und ließen meine Mutter in Ruhe. Mit gezückten Bajonetten schoben sie alle in zwei kleine

Zimmer und schlossen sie ein. So könnten sie dem Feind wenigstens keine Signale mehr geben, sagten die Soldaten. In den beiden Zimmern war es stockdunkel, und alle hatten Angst. Schon bald hörte meine Mutter, daß der Geschützdonner nachließ, von draußen drangen jetzt andere Geräusche herein. Neben dem pfeifenden Geräusch von Kugeln hörte sie Handgranaten, das Klappern von Bajonetten und Stimmen: »Wenn ihr euch ergebt, wird niemandem etwas geschehen!« Sie hörte Schreie, die einem das Blut in den Adern gefrieren ließen, Schreie vor Wut und Schmerz. Die Schüsse und die Schreie kamen immer näher, dann hörte sie Stiefelgetrampel auf dem Kopfsteinpflaster. Die Soldaten der Kuomintang rannten um ihr Leben.

KAPITEL 6

*»Über Liebe
sprechen«*

*Die Heirat zweier
Revolutionäre
(1948-1949)*

Nach einer Weile wurden die Geräusche leiser, und dann hörten die Xias, wie jemand gegen das Seitentor vor ihrem Haus trommelte. Dr. Xia ging vorsichtig zur Tür und öffnete sie langsam. Die Wachen der Kuomintang waren weg. Dr. Xia ging weiter zum Seitentor und fragte, wer draußen sei. Eine Männerstimme antwortete: »Wir sind die Volksarmee. Wir sind gekommen, um euch zu befreien.« Dr. Xia öffnete das Tor, und mehrere Männer in sackartigen Uniformen kamen rasch herein. Im Dunkeln erkannte meine Mutter, daß sie weiße Handtücher wie Armbinden um den linken Arm trugen und daß ihre Gewehre

schußbereit waren, die Bajonette aufgepflanzt. »Habt keine Angst«, sagten sie, »wir tun euch nichts. Wir sind eure Armee, die Armee des Volkes.« Sie erklärten, sie müßten das Haus nach Soldaten der Kuomintang durchsuchen. Sie sagten es bestimmt, blieben aber höflich. Den Xias fiel auf, daß die Soldaten das Haus nicht auf den Kopf stellten, nichts zu essen verlangten und nichts stahlen. Als sie fertig waren, verabschiedeten sie sich freundlich.
Erst als die Kommunisten im Haus standen, begriff meine Mutter, was passiert war. Sie war überglücklich. Diesmal störten sie das schäbige Äußere und die dreckverspritzten Uniformen der kommunistischen Soldaten nicht.
Im Morgengrauen trat Yu-lins Frau vor die Haustür, als erstes fiel ihr Blick auf mehrere Leichen direkt vor der Tür. Sie stieß einen furchtbaren Schrei aus und rannte wieder ins Haus. Meine Mutter hörte sie und ging ebenfalls vor die Tür, um zu sehen, was los war. Überall auf der Straße lagen Leichen, viele ohne Kopf oder Gliedmaßen, viele mit aufgeschnittenen Bäuchen, aus denen die Eingeweide herausquollen, andere waren nur noch eine blutige Fleischmasse. Fleischfetzen, Arme und Beine hingen von den Telegrafenmasten herab. In den offenen Abflußrinnen floß rotgefärbtes Wasser, darin schwammen Menschenfleisch und Abfall.
Die Schlacht um Jinzhou war gigantisch gewesen, allein der Schlußangriff hatte einunddreißig Stunden gedauert. Er markierte den Wendepunkt des Bürgerkriegs. 20 000 Soldaten der Kuomintang waren gefallen, über 80 000 in Gefangenschaft geraten. Nicht weniger als achtzehn Generäle wurden gefangengenommen, darunter der Oberbefehlshaber der Kuomintang-Truppen in Jinzhou, General Fan Han-jie. Er hatte im letzten Augenblick noch versucht, in Zivilkleidung zu entkommen.
Die Kommunisten töteten niemanden, der sich ergab und die Waffen niederlegte, und sie behandelten alle Gefangenen gut. Sie bemühten sich, die einfachen Soldaten, die zumeist aus armen Bauernfamilien stammten, auf ihre Seite zu ziehen. Die Gefangenen kamen nicht in Lager. Die Kommunisten hielten

nur die mittleren und höheren Offiziersränge fest, die Mannschaften wurden fast auf der Stelle wieder freigelassen. Die Kommunisten organisierten sogenannte »Kummerkasten«-Versammlungen, bei denen die einfachen Soldaten über ihr hartes Los als landlose Bauern sprechen konnten. Die Kommunisten setzten ihnen auseinander, daß die Revolution einzig und allein den Zweck verfolge, ihnen Land zu geben. Danach stellte man sie vor die Wahl, entweder nach Hause zu gehen oder auf der Seite der Kommunisten zu kämpfen. Im ersten Fall bekamen sie das Fahrgeld für die Heimfahrt ausbezahlt, im anderen Fall sollten sie mithelfen, die Kuomintang endgültig zu besiegen, damit ihnen niemand mehr ihr Land wegnehmen konnte. Die meisten blieben und traten bereitwillig der kommunistischen Armee bei. Manche wollten nach Hause zurückkehren, konnten aber wegen des Krieges nicht reisen, und sie waren den Kommunisten sehr dankbar, daß sie ihnen die Heimfahrt wenigstens angeboten hatten. Mao hatte einen wichtigen Lehrsatz der alten chinesischen Kriegskunst übernommen, der besagt, daß die wirksamste Methode, die Menschen zu erobern, darin besteht, ihre Herzen und Köpfe für sich zu gewinnen. Der Umgang mit den Kriegsgefangenen erwies sich als äußerst wirkungsvoll. In den Kämpfen nach der großen Schlacht um Jinzhou ließen sich immer mehr Soldaten der Kuomintang widerstandslos gefangennehmen. Im letzten Jahr gingen rund achtzig Prozent der Verluste der Kuomintang auf das Konto von Überläufern, nur zwanzig Prozent fielen im Kampf.

Einer der hohen Offiziere war mit seiner hochschwangeren Tochter gefangengenommen worden. Der Vater bat den befehlshabenden Offizier der Kommunisten, daß er mit seiner Tochter in Jinzhou bleiben dürfe. Der kommunistische Offizier sagte, es sei nicht üblich, daß ein Vater seiner Tochter bei der Entbindung beistehe, man werde eine »Genossin« zu ihr schicken und sich gut um seine Tochter kümmern. Der Vater glaubte ihm jedoch nicht und meinte, der Offizier habe das nur gesagt, um ihn loszuwerden. Später stellte er jedoch zu seiner Überraschung fest, daß man seine Tochter wirklich gut behandelt hatte. Die »Genossin«, die sich um sie kümmerte, war die Frau des kommunistischen Offiziers.

Nach der Entscheidungsschlacht machte man sich in Jinzhou ans Aufräumen. Die meiste Arbeit leisteten die kommunistischen Soldaten, aber die Stadtbewohner halfen tatkräftig mit, weil sie die Leichen und den Schutt rings um ihre Häuser so schnell wie möglich beseitigt haben wollten. Tagelang sah man lange Karawanen von vollbeladenen Leichenkarren und Menschen mit Körben auf den Schultern durch die Straßen ziehen. Erst jetzt, nachdem man sich wieder frei in der Stadt bewegen konnte, stellte meine Mutter fest, wie viele ihrer Bekannten tot waren. Einige waren bei Bombenangriffen umgekommen, andere lagen unter den Trümmern ihrer Häuser begraben.

Am Morgen nach dem Sieg schlugen die Kommunisten überall in der Stadt Bekanntmachungen an mit der Aufforderung an die Bevölkerung, so schnell wie möglich zum normalen Leben zurückzukehren. Dr. Xia hängte sein buntes Praxisschild vor die Tür und zeigte so, daß seine Praxis und seine Apotheke wieder geöffnet waren. Später erfuhr er von der kommunistischen Verwaltung, daß er als erster Arzt in der Stadt wieder gearbeitet hatte. Am 20. Oktober waren auch die meisten anderen Läden wieder geöffnet, obwohl vereinzelt noch Leichen in den Straßen lagen. Zwei Tage später nahmen die Schulen und die öffentlichen Ämter ihren normalen Betrieb wieder auf.

Das vordringlichste Problem war die Versorgung mit Lebensmitteln. Die neue Regierung drängte die Bauern, ihre Produkte in der Stadt zu verkaufen, und schuf einen zusätzlichen Verkaufsanreiz dadurch, daß sie die Preise in der Stadt gegenüber dem flachen Land auf das Doppelte heraufsetzte. Der Preis für Sorghum fiel schnell von 100 Millionen Kuomintang-Dollar für ein Pfund auf 2200 Dollar, ein gewöhnlicher Arbeiter konnte von seinem Tagesverdienst schon bald zwei Kilogramm Sorghum kaufen. Die Menschen hatten keine Angst mehr, daß sie verhungern würden. An die Ärmsten verteilten die Kommunisten kostenlos Getreide, Salz und Kohle. Das machte großen Eindruck, unter der Kuomintang hatte es so etwas nie gegeben.

Die Kommunisten gewannen auch dadurch die Sympathien der Bürger von Jinzhou, daß sie sich sehr diszipliniert verhielten. Sie plünderten und vergewaltigten nicht, vielmehr bemühten sie sich, der Bevölkerung ein Vorbild zu sein. Die Kommunisten traten vollkommen anders auf als die Kuomintang.
Bis auf weiteres blieb Jinzhou in Alarmbereitschaft. Amerikanische Flugzeuge dröhnten über der Stadt. Am 23. Oktober scheiterten Truppen der Kuomintang bei dem Versuch, die Stadt in einer Zangenbewegung von Huludao und vom Nordosten her einzunehmen. Nachdem Jinzhou verloren war, ergaben sich bald auch die Armeen in Mukden und Changchun. Am 2. November war die gesamte Mandschurei in den Händen der Kommunisten. Den Kommunisten gelang es erstaunlich rasch, Ruhe und Ordnung herzustellen und die Wirtschaft wieder in Schwung zu bringen. Am 3. Dezember öffneten die Banken ihre Schalter, am darauffolgenden Tag gab es wieder Strom. Am 29. Dezember wurde ein neues System zur Verwaltung der Straßenzüge per Anschlag bekanntgegeben. Einwohnerkomitees lösten die alten Nachbarschaftskomitees ab, sie nahmen später im kommunistischen Verwaltungs- und Kontrollsystem eine Schlüsselstellung ein. Am 30. Dezember wurden die Haushalte wieder mit fließendem Wasser versorgt, und am 31. Dezember verkehrte der erste Zug nach der Schlacht.
Sogar die Inflation bekamen die Kommunisten in den Griff. Sie schufen eine neue Währungseinheit, die kommunistische »Große Mauer«, und tauschten das wertlose Kuomintang-Geld zu einem günstigen Kurs.
Seit die Kommunisten in der Stadt waren, hatte meine Mutter nur den einen brennenden Wunsch, für die Regierung zu arbeiten. Sie fühlte sich der kommunistischen Sache zutiefst verbunden. Nach ein paar Tagen ungeduldigen Wartens meldete sich ein Vertreter der Partei bei ihr und sagte, sie solle sich bei dem für die Jugendarbeit in Jinzhou Verantwortlichen melden, einem gewissen Genossen Wang Yu. An einem milden Oktobertag machte sie sich morgens auf den Weg zum Genossen Wang. Der Herbst war die schönste Jahreszeit in Jinzhou. Die Sommerhitze

war vorbei, die Luft hatte sich bereits abgekühlt, aber es war immer noch warm genug für Sommerkleider. Der Wind wirbelte nicht wie sonst fast das ganze Jahr über den Staub auf.

Meine Mutter trug ein traditionelles weites, weißes Kleid und einen weißen Seidenschal. Ihr Haar trug sie der neuen revolutionären Mode entsprechend inzwischen kurz. Als sie den Hof vor dem Hauptquartier der neuen Provinzregierung betrat, sah sie einen Mann mit dem Rücken zu ihr unter einem großen Baum stehen. Er beugte sich leicht nach vorne und putzte sich über einem Blumenbeet die Zähne. Als er fertig war, hob er den Kopf. Jetzt sah meine Mutter sein Gesicht: Er war Ende Zwanzig, hatte sehr dunkle Haut und große, wehmütige Augen. In seiner sackartigen Uniform schien er sehr dünn, und meine Mutter dachte, er sei kleiner als sie selbst. Er wirkte irgendwie verträumt. Meine Mutter fand, er sah aus wie ein Dichter. Sie sprach ihn an: »Genosse Wang, ich bin Xia De-hong vom Studentenverband. Ich bin hergekommen, um über unsere Arbeit zu berichten.«

»Genosse Wang« war der Deckname des Mannes, der mein Vater werden sollte. Er war ein paar Tage zuvor mit den kommunistischen Truppen nach Jinzhou gekommen. Seit Ende 1945 hatte er die kommunistischen Guerillakämpfer in der Umgebung befehligt. Inzwischen leitete er das Parteisekretariat und gehörte der kommunistischen Stadtregierung von Jinzhou an. Wenig später wurde er zum Leiter der Abteilung für Öffentliche Angelegenheiten befördert. In seine Zuständigkeit fielen Bildung, Kultur, Presse, Unterhaltung, Sport und Jugendarbeit, außerdem sollte er ein Ohr für die Stimmung in der Bevölkerung haben. Es war ein wichtiger Posten.

Mein Vater war 1921 in einer Stadt namens Yibin im Süden der Provinz Sichuan zur Welt gekommen, rund zweitausend Kilometer von Jinzhou entfernt. Yibin hatte damals ungefähr dreißigtausend Einwohner, es liegt am Zusammenfluß des Goldsandflusses und des Min. Von Yibin ab heißt der neue Fluß Yangzi, er ist der längste Fluß Chinas. Das Gebiet um Yibin ist sehr fruchtbar, und die gesamte Provinz Sichuan gilt als die

»Kornkammer des Himmels«. Dank des warmen, nebligen Klimas ist die Region hervorragend geeignet für den Teeanbau. Der größte Teil des Schwarztees, der heute in England getrunken wird, kommt aus Yibin.

Mein Vater wurde als siebtes von neun Kindern geboren. Sein Vater hatte seit seinem zwölften Lebensjahr als Lehrling in einer Textilmanufaktur gearbeitet. Als er erwachsen war, eröffnete er mit seinem Bruder, der ebenfalls in der Manufaktur gelernt hatte, einen eigenen Betrieb. Innerhalb von wenigen Jahren florierte das Geschäft, die beiden Brüder konnten sich ein großes Haus kaufen und große Familien ernähren.

Aber ihr ehemaliger Chef neidete ihnen ihren Erfolg. Er klagte sie an, sie hätten ihm Geld gestohlen und damit ihr eigenes Geschäft aufgebaut. Der Prozeß zog sich über sieben Jahre hin. Die beiden Brüder mußten alle ihre Rücklagen einsetzen, um sich von seinen Vorwürfen reinzuwaschen. Jeder, der etwas mit dem Gericht zu tun hatte, knöpfte ihnen Geld ab, die Beamten waren unersättlich. Mein Großvater mußte ins Gefängnis, sein Bruder bekam ihn nur dadurch wieder frei, daß er ihren ehemaligen Chef bat, die Anklage gegen sie fallenzulassen. Das kostete ihn tausend Silberstücke. Die Ausgabe ruinierte ihr Geschäft, und mein Großonkel starb kurz darauf im Alter von vierunddreißig Jahren an Kummer und Erschöpfung.

Mein Großvater mußte nun für zwei Familien sorgen, fünfzehn Menschen waren von ihm abhängig. Er machte sein Geschäft wieder auf, und Ende der zwanziger Jahre ging es ihm wieder besser. Aber damals kämpften die verschiedenen Kriegsherrn gegeneinander und erhoben unzählige Steuern von der Bevölkerung. Überdies machten die Auswirkungen der Großen Depression den Geschäftsinhabern das Leben schwer. Im Jahr 1933 starb auch mein Großvater mit fünfundvierzig Jahren an Überarbeitung und Erschöpfung. Die Familie verkaufte das Geschäft. Der Erlös reichte gerade aus, um die Schulden zu bezahlen.

Die Familie brach auseinander. Einige Familienmitglieder wurden Soldaten – ein letzter, verzweifelter Ausweg, denn in Anbetracht der vielen Kämpfe überall war das Risiko sehr hoch, daß man getötet wurde. Andere Brüder und Cousins kamen in allen möglichen Berufen unter, und die Mädchen verheirateten sich, so gut es ging. Eine Cousine meines Vaters, die er sehr gerne hatte, mußte mit fünfzehn Jahren einen opiumsüchtigen Mann heiraten, der zudem über zwanzig Jahre älter war als sie. Als sie am Hochzeitstag mit der Sänfte abgeholt wurde, rannte mein Vater hinter ihr her, denn er wußte nicht, ob er sie jemals wiedersehen würde. Er wollte bis zum letzten Augenblick mit ihr zusammensein, ehe sie möglicherweise auf Nimmerwiedersehen verschwand.

Mein Vater liebte Bücher. Er fing, höchst ungewöhnlich, schon im Alter von drei Jahren an, klassische Prosa zu lesen – aber natürlich verstand er kein Wort. Im Jahr nach dem Tod meines Großvaters mußte er von der Schule abgehen. Er war damals erst dreizehn und fand es schrecklich, daß er nicht mehr zur Schule durfte. Im darauffolgenden Jahr, 1935, verließ er Yibin und ging in die den Yangzi abwärts gelegene Stadt Chongqing. Diese Stadt war erheblich größer als Yibin. Er fand eine Lehrstelle in einem Warenhaus und mußte zwölf Stunden täglich arbeiten. Zu seinen Aufgaben gehörte es unter anderem, stets mit der Wasserpfeife hinter seinem Chef her zu gehen, auch in der Stadt, wenn der Chef sich von zwei Männern in einem Bambussessel durch die Straßen tragen ließ. Mein Vater erhielt keinen Lohn, er bekam lediglich ein Bett zum Schlafen und zwei karge Mahlzeiten am Tag, eine morgens, eine mittags. Ohne Abendessen ging er jeden Abend mit leerem Magen zu Bett und hatte ständig Hunger.

Nach einiger Zeit kehrte mein Vater zurück nach Yibin und arbeitete als Lehrling in verschiedenen Geschäften der Stadt. Überall sah er Not und Elend. Zunehmend beschäftigte ihn die Frage, ob es einen Ausweg aus dem scheinbar unauflöslichen und sich ständig erneuernden Teufelskreis von Armut und Ungerechtigkeit gab. Vom Kommunismus wußte er damals noch nichts, das war nur ein Wort für ihn. Im Alter von sieben Jahren, also 1928, hatte mein Vater zum ersten Mal etwas vom Kommunismus gehört. Er spielte in der Nähe seines Elternhauses, als er sah, daß sich an einer Straßenkreuzung eine große Menschenmenge gebildet hatte. Er lief hin und zwängte sich zwischen den Menschen hindurch nach vorne. Ein junger Mann, über Zwanzig vielleicht, saß im Schneidersitz auf dem Boden, seine Hände waren hinter dem Körper gefesselt. Ein Mann mit einem riesigen Breitschwert stand über ihn gebeugt. Der junge Mann durfte noch etwas sagen. Er sprach über seine Ideale und etwas, das er Kommunismus nannte. Einen Augenblick später sauste das Schwert des Henkers auf seinen Hals nieder. Mein Vater schrie auf und schlug die Hände vor die Augen. Er war zutiefst erschüttert, aber zugleich hatten ihn der Mut und die Gefaßtheit des jungen Mannes im Angesicht des Todes sehr beeindruckt.

In der zweiten Hälfte der dreißiger Jahre organisierte sich selbst in dem entlegenen Yibin der kommunistisch geführte Untergrund. Die brennendste Frage lautete damals, wie man den Japanern Widerstand leisten konnte. Die Kommunisten rangen Chiang Kai-shek die Zustimmung zu einer Einheitsfront gegen die Japaner ab, doch Chiang Kai-shek machte nur halbherzig mit, und trotz der Allianz mußten die Kommunisten weiterhin im Untergrund kämpfen.

Im Juli 1937 starteten die Japaner ihre Großoffensive auf das chinesische Kernland. Wie viele andere verfolgte mein Vater aufgeregt und verzweifelt, was seinem Land widerfuhr. Damals arbeitete er seit kurzem in einer Buchhandlung, die unter anderem linksgerichtete Literatur führte. Er schlief im Laden und war eine Art Nachtwächter. Ein bißchen zusätzliches Geld verdiente er sich abends als »Erklärer« im Kino. In den chinesischen Kinos liefen damals viele amerikanische Stummfilme, mein Vater stand neben der Leinwand und erklärte den Zuschauern das Geschehen, denn die Filme waren weder synchronisiert noch untertitelt. Um dieselbe Zeit trat er einer antijapanischen Theatergruppe bei. Er war ein schlanker junger Mann mit zarten Gesichtszügen und spielte daher oft Frauenrollen.

Mein Vater freundete sich mit einigen Theaterleuten an, und

durch sie kam er erstmals in Kontakt mit dem kommunistischen Untergrund. Im Jahr 1938, mit siebzehn, trat er in die Partei ein. Zu der Zeit wachte die Kuomintang sehr genau über die Aktivitäten der Kommunisten in Sichuan. Nanjing war im Dezember 1937 an die Japaner gefallen, und Chiang Kai-shek verlegte daraufhin seine Hauptstadt nach Chongqing in Sichuan. Dieser Ortswechsel führte zu einer hektischen Polizeitätigkeit, und die Theatergruppe meines Vaters wurde aufgelöst. Einige seiner Freunde kamen ins Gefängnis, andere flohen. Mein Vater war traurig, daß er nichts für sein Land tun konnte.

Wenige Jahre zuvor hatten die Kommunisten auf ihrem Langen Marsch, der sie über zehntausend Kilometer führte, auch abgelegene Teile von Sichuan passiert. Der Lange Marsch endete schließlich in Yan'an im Nordwesten. Einige Mitglieder der Theatergruppe hatten berichtet, daß es in Yan'an durch und durch kameradschaftlich zugehe, daß es keine Korruption gebe und alles funktioniere. Ein Leben, wie es sich mein Vater wünschte! Anfang 1940 machte er sich auf zu seinem privaten Langen Marsch nach Yan'an. Er war fast ein halbes Jahr unterwegs. Im Juli 1940 erreichte er Yan'an.

Yan'an war eine kleine Stadt auf dem Gelberdeplateau, in einem abgelegenen, unfruchtbaren Teil von Nordwestchina. Gelb war die Farbe der Stadt, so wie Grün die Farbe von Yibin gewesen war. Eine neunstöckige Pagode überragte alles. Die Stadt bestand aus hintereinander in die gelben Felsen gehauenen Höhlen, die nächsten fünf Jahre lebte mein Vater in einer solchen Höhle. Mao Zedong und seine erschöpfte Truppe waren um die Jahreswende 1935/36 am Ende ihres Langen Marsches nach Yan'an gekommen und hatten die Stadt zur Hauptstadt ihrer Republik gemacht. Das kommunistische Gebiet war eine Enklave inmitten von Feindesland, aber dank der Abgeschiedenheit mußte man kaum mit Angriffen rechnen.

Nach einem kurzen Intermezzo an einer Parteischule bewarb sich mein Vater um die Aufnahme in eine der angesehensten Institutionen der Partei, die Akademie für Marxistisch-Leninistische Studien. Die Aufnahmeprüfung war schwierig, aber er schnitt dank der vielen Nächte, die er lesend im Buchladen in Yibin verbracht hatte, erstaunlich gut ab. Seine Mitbewerber waren verblüfft. Die meisten stammten aus Großstädten wie Shanghai und waren ziemlich hochnäsig. Sie hatten anfangs auf meinen Vater herabgesehen und ihn wie eine Art Dorftrottel behandelt.

Mein Vater liebte die Atmosphäre in Yan'an. Die Menschen waren voller Begeisterung und Optimismus, ganz anders als in den von der Kuomintang kontrollierten Gebieten. Sein Leben hatte für ihn wieder einen Sinn. Die Parteiführer lebten so bescheiden wie die einfachen Mitglieder, darin unterschieden sie sich erheblich von der Kuomintang. Yan'an war keine Demokratie, aber verglichen mit den Zuständen, die mein Vater kannte, erschien ihm das Leben dort wie das Paradies.

Im Jahr 1942 leitete Mao eine Kampagne ein und forderte die Genossen auf, offen zu sagen, was sie von den Zuständen in Yan'an hielten und Kritik zu üben. Eine Gruppe Studenten der Akademie um Wang Shi-wei griff auf Wandzeitungen ihre Führer an und forderte mehr Freiheit und Meinungsvielfalt. Mein Vater gehörte auch zu dieser Gruppe. Ihre Aktion verursachte großen Wirbel in Yan'an, Mao erschien höchstpersönlich und studierte die Wandzeitungen.

Was er da las, gefiel ihm nicht. Aus der Aufforderung zur Kritik wurde eine Hexenjagd. Wang Shi-wei, so hieß es auf einmal, sei ein Trotzkist und feindlicher Spion. Mein Vater wurde von Ai Si-qi, dem damals bedeutendsten Theoretiker des Marxismus in China, der auch an der Akademie lehrte, in Schutz genommen. Er sei noch sehr jung und habe »aus Unwissenheit einen Fehler begangen«. Ai Si-qi hatte freilich meinen Vater schon oft als brillanten Studenten mit einem besonders scharfen Verstand gelobt. Mein Vater und sein Freund wurden kritisiert und mußten monatelang bei Versammlungen Selbstkritik üben. Man hielt ihnen vor, sie hätten Yan'an ins Chaos gestürzt und die Einheit und Disziplin der Partei untergraben. Letzten Endes könne dies das große Vorhaben zum Scheitern bringen: die Befreiung Chinas von den Japanern – und von Armut und Ungerechtigkeit. Immer wieder hämmerten die Parteiführer ihnen ein, daß die vollkommene Ergebenheit gegenüber der Partei absolut notwendig sei um der großen Sache willen.

Die Akademie wurde geschlossen, mein Vater wurde an die Zentrale Parteischule geschickt und sollte dort den Bauern, die kaum lesen und schreiben konnten, nun aber plötzlich Parteifunktionäre waren, alte chinesische Geschichte beibringen. Das Martyrium hatte ihn endgültig bekehrt. Wie so viele andere junge Leute glaubte er an Yan'an. Er war entschlossen, seinen Traum nicht so schnell wieder aufzugeben. Daß die Partei ihn so hart behandelte, hielt er nicht nur für berechtigt, er sah darin sogar eine wertvolle Erfahrung: Das reinigte seine Seele für die große Aufgabe, die Rettung Chinas. Er war überzeugt, daß man diese Aufgabe nur durch Disziplin, manchmal durch drakonische Maßnahmen erreichen konnte, und dazu gehörten auch persönliche Opfer und unbedingte Unterordnung.

Das Leben in Yan'an war hart, aber schön. 1942 verschärfte Chiang Kai-shek seine Blockade. Nahrungsmittel, Kleider und andere Dinge des täglichen Lebens wurden knapp. Mao rief alle auf, selbst Hacken und Spinnräder in die Hand zu nehmen und die lebenswichtigen Güter herzustellen. Mein Vater spann eine ausgezeichnete Wolle.

Am 9. August 1945 drangen sowjetische Truppen in den Nordosten Chinas vor. Zwei Tage später boten die Kommunisten den Russen militärische Zusammenarbeit im Kampf gegen die Japaner an. Die Russen lehnten das Angebot ab, Stalin unterstützte Chiang Kai-shek. Am selben Tag beschloß die Partei, bewaffnete Einheiten und politische Berater in die Mandschurei zu schikken, denn dort, davon waren alle überzeugt, würde sich das Schicksal des Landes entscheiden.

In der Zwischenzeit war mein Vater ein erfahrener Revolutionär. Einen Monat nach der Kapitulation der Japaner erhielt er den Befehl, Yan'an zu verlassen und zu einem Ort namens Chaoyang im Südwesten der Mandschurei aufzubrechen. Chaoyang lag ungefähr 1100 Kilometer Luftlinie entfernt nahe der Grenze zur Inneren Mongolei.

Nach einem zweimonatigen Fußmarsch erreichten er und seine Gruppe altgedienter Kämpfer Chaoyang. Das Gebiet war bergig und genauso karg wie Yan'an. Bis vor drei Monaten hatte der Landstrich noch zu Mandschukuo gehört. Einige Kommunisten aus dem Gebiet hatten eine unabhängige Regierung proklamiert, die Kuomintang hatte daraufhin ihre eigene Regierung ausgerufen. Die Kommunisten bekamen Unterstützung aus dem rund achtzig Kilometer entfernten Jinzhou. Der Gouverneur der Kuomintang wurde verhaftet und wegen »Verschwörung zum Sturz der kommunistischen Regierung« erschossen. Die Gruppe meines Vaters brachte alle Vollmachten aus der Hauptstadt Yan'an mit und innerhalb eines Monats war eine funktionsfähige Verwaltung für das gesamte Gebiet mit einer Bevölkerung von ungefähr 100 000 Menschen installiert. Mein Vater wurde stellvertretender Regierungschef. Umgehend gab die Regierung auf großen Plakaten ihre ersten Beschlüsse bekannt: Freilassung aller Gefangenen; Schließung der Pfandhäuser – verpfändete Gegenstände konnten zurückgeholt werden, ohne daß Gebühren zu entrichten waren –; Schließung aller Bordelle, den Prostituierten hatten ihre Besitzer sechs Monate Unterhalt zu zahlen; Öffnung aller Kornspeicher und Verteilung des Getreides an die Bevölkerung. Sämtlicher Besitz von Japanern und Kollaborateuren sollte konfisziert, Betriebe und Läden in chinesischem Besitz sollten geschützt werden.

Die Bevölkerung begrüßte diese Maßnahmen. Die Politik der Kommunisten nützte den Armen, und das war die große Mehrheit der Bevölkerung. In Chaoyang hatte man noch nie eine nur halbwegs gute Regierung erlebt. Erst war die Stadt von wechselnden Kriegsherrn heimgesucht worden, dann hatte sie mehr als zehn Jahre unter der japanischen Besatzung gelitten.

Wenige Wochen, nachdem mein Vater seine neue Arbeit übernommen hatte, wies Mao seine Leute an, sich aus allen bedrohten Städten und von den wichtigsten Verbindungsstrecken zurückzuziehen und auf das flache Land zu gehen. Die Parole lautete: »Verlaßt die großen Straßen, nehmt das Land zu beiden Seiten in Besitz und kreist die Städte vom Land her ein.« Die

Einheit meines Vaters zog sich aus Chaoyang in die Berge zurück. Dieses Gebiet war sehr unwirtlich, außer Gras wuchs dort nichts. Eisige Stürme fegten über das Land, und nachts fiel die Temperatur weit unter den Gefrierpunkt, eisige Stürme tobten. Wer schutzlos die Nacht im Freien verbringen mußte, erfror.

Um diese Zeit herum versuchten sowohl die Kommunisten als auch die Kuomintang, sich eine möglichst günstige Ausgangsposition für die bevorstehende Wiederaufnahme des Bürgerkriegs zu schaffen. Chiang Kai-shek hatte seine Hauptstadt mit Unterstützung der starken Truppenverbände wieder nach Nanjing in Nordchina verlegt. Die Soldaten hatten Order, schnellstmöglich alle strategisch wichtigen Punkte zu besetzen. Die Amerikaner schickten den angesehenen General George Marshall nach China, er sollte Chiang dazu bringen, daß er die Kommunisten als Juniorpartner einer Koalitionsregierung akzeptierte. Chiang ahnte, daß Marshall ihn zwingen würde, ein Waffenstillstandsabkommen mit den Kommunisten zu unterzeichnen. Am 10. Januar 1946 wurde dann in der Tat ein Waffenstillstandvertrag unterzeichnet, drei Tage später sollte er in Kraft treten. Am 14. Januar marschierte die Kuomintang in Chaoyang ein. Sie stellte unverzüglich ein riesiges Polizeiaufgebot auf, überzog die Stadt mit dem Netz ihres Geheimdienstes und bildete bewaffnete Einheiten der ortsansässigen Großgrundbesitzer. Mit über viertausend Mann führte die Kuomintang einen Vernichtungskampf gegen die in dem Gebiet lebenden Kommunisten. Im Februar mußten mein Vater und seine Mitkämpfer ihre Behelfsbasis aufgeben. Sie befanden sich ständig auf dem Rückzug und wichen in immer unwirtlichere Regionen aus. Meist fanden sie bei den ärmsten Bauern Unterschlupf. Sie mußten sich in kleine Gruppen aufteilen, Guerillataktik war ihre einzige Chance. Schließlich ließ sich mein Vater in einem Ort namens »Dorf der sechs Haushalte« nieder, in dem hügeligen Landstrich, wo der Fluß Xiaoling entspringt, ungefähr hundert Kilometer westlich von Jinzhou.

Der Anfang war schwer, aber im Juli, als das Sorghum reif und hoch genug war, daß sie sich bei Gefahr darin verstecken konnten, hielten sie ihre erste richtige Regierungsversammlung ab. Sie fand auf dem Dorfplatz unter einem riesigen Baum statt, der den Tempel überschattete. Mein Vater richtete das Wort an seine Genossen und zitierte als erstes den chinesischen Robin Hood aus dem berühmten historischen Roman »Die Räuber«: Er sagte: »Das ist unsere Halle der Gerechtigkeit. Wir haben uns hier versammelt, um darüber zu beraten, wie wir dazu beitragen können, daß die ›Menschen das Böse loswerden und die Gerechtigkeit im Namen des Himmels bewahren‹.«

Die Guerillas konnten kaum einmal zwei Nächte am selben Ort verbringen und mußten sogar oft mehrmals in der Nacht den Schlafplatz wechseln. Sie kamen nicht einmal mehr zum Schlafen aus den Kleidern, ihr Leben bestand nur noch aus Hinterhalten, Einkreisungs- und Ausbruchsversuchen. Auch einige Frauen kämpften mit den Guerillas, bis mein Vater beschloß, die Frauen, die Verwundeten und die Schwachen in ein weniger bedrohtes Gebiet im Süden in der Nähe der Großen Mauer zu bringen. Doch zuerst mußten sie ihre Einkreisung durchbrechen, und dann hatten sie einen langen und gefährlichen Weg durch Gebiete vor sich, die von der Kuomintang kontrolliert wurden. Jedes Geräusch konnte ihnen zum Verhängnis werden, daher befahl mein Vater, alle Babys bei ortsansässigen Bauern zurückzulassen. Eine Frau weigerte sich. Ihr Mann war ein guter Freund meines Vaters. Sie redeten ihr gut zu, aber alles half nichts, sie wollte nicht ohne ihr Baby gehen. Mein Vater stellte sie schließlich vor die Wahl: Entweder ließ sie das Kind zurück, oder sie würde vor ein Kriegsgericht gestellt. Sie ließ das Kind zurück.

In den folgenden Monaten rückte die Einheit meines Vaters in umgekehrter Richtung nach Osten vor, auf Jinzhou und die wichtigste Eisenbahnlinie zwischen der Mandschurei und dem eigentlichen China zu. Bis zur Ankunft der regulären kommunistischen Armee kämpften sie in den Bergen westlich von Jinzhou einen Guerillakrieg gegen die Kuomintang. Mit fünfundzwanzig Jahren, Ende 1946, war mein Vater so bekannt, daß die

Kuomintang eine Belohnung auf seinen Kopf ausgesetzt hatte und er überall im Gebiet von Jinzhou steckbrieflich gesucht wurde. In Jinzhou sah meine Mutter die Steckbriefe, und ihre Verwandten im Geheimdienst der Kuomintang erzählten viel von ihm und seinen Guerillas.

Die Einheit meines Vaters wurde zum Rückzug gezwungen, und die Truppen der Kuomintang rückten nach. Sie nahmen den Bauern die Kleidungsstücke und Nahrungsmittel wieder ab, die die Kommunisten bei den Grundbesitzern konfisziert und an die Bauern verteilt hatten. Viele Bauern wurden gefoltert oder gar getötet, besonders wenn sie kein Getreide zurückgeben konnten, weil sie es, halb verhungert, gegessen hatten. Im Dorf der sechs Haushalte war der größte Grundbesitzer, Jin Tin-quan, der auch das Amt des Polizeichefs bekleidet hatte, zur Kuomintang geflohen. Er hatte mehrere Frauen des Dorfes auf besonders brutale Weise vergewaltigt. Die Einheit meines Vaters war dabei gewesen, als man seinen Getreidespeicher geöffnet hatte. Nun kehrte Jin mit der Kuomintang zurück. Die Bauern mußten vor ihm im Staub kriechen und alles zurückgeben, was sie von den Kommunisten bekommen hatten. Ein Bauer, der sich weigerte, Kotau zu machen und Getreide zurückzugeben, wurde bei lebendigem Leib verbrannt.

Im Frühjahr 1947 wendete sich das Blatt zugunsten der Kommunisten. Im März konnte mein Vater mit seiner Gruppe Chaoyang zurückerobern, und im April befand sich das gesamte Gebiet rund um die Stadt wieder in ihren Händen. Man feierte den Sieg mit einem großen Fest, mein Vater erwies sich dabei als brillanter Unterhalter. Er hatte ein wunderbares Talent, sich Rätsel auszudenken, bei denen der Name einer bestimmten Person zu erraten war. Seine Soldaten waren begeistert.

Die Kommunisten nahmen als erstes eine Landreform in Angriff. Sie konfiszierten das Land der Großgrundbesitzer und verteilten es an arme Bauern. Im Dorf der sechs Haushalte wollte zunächst kein Bauer Land haben, das Jin Ting-quan gehört hatte, obwohl er inzwischen verhaftet war. Die Bauern hatten immer noch Angst vor ihm. Mein Vater sprach mit mehreren Familien und erfuhr stückweise die grausame Wahrheit über Jin. Die Regierung von Chaoyang verurteilte ihn zum Tod durch Erschießen, aber die Familie des Mannes, den Jin hatte verbrennen lassen, und die Familien mehrerer weiterer Opfer verlangten, daß Jin auf die gleiche Weise sterben sollte. Als die Flammen um seinen Körper züngelten, biß er die Zähne zusammen und gab keinen Ton von sich. Erst als das Feuer sein Herz verbrannte, schrie er.

Männer wie Jin waren nicht einfach reiche Grundbesitzer, sie hatten vielmehr uneingeschränkt und willkürlich über Leben und Tod der Bauern in ihren Dörfern verfügt. Diese Großgrundbesitzer hießen *eba*, was soviel bedeutet wie »grausame Despoten«. In manchen Gebieten wurden auch einfache Landbesitzer umgebracht. Man nannte sie »Steine« – Hindernisse auf dem Weg der Revolution. Für die Behandlung von »Steinen« wurde die Richtlinie ausgegeben: »Im Zweifelsfall töten.« Mein Vater fand das falsch. Er sagte seinen Untergebenen und der Landbevölkerung auf den Versammlungen, daß nur die Grundbesitzer zum Tode verurteilt werden dürften, an deren Händen zweifelsfrei Blut klebte.

In Berichten an seine Vorgesetzten mahnte er immer wieder, die Partei müsse Menschenleben achten, überdies würden allzu viele Hinrichtungen dem Ansehen der Revolution schaden. Dank Menschen wie meinem Vater ordnete die kommunistische Führung im Februar 1948 in einem Dringlichkeitsbefehl an, keine Hinrichtungen mehr vorzunehmen.

Währenddessen rückten die Hauptverbände der Kommunistischen Armee immer näher. Anfang 1948 schloß sich die Guerillagruppe um meinen Vater der regulären Armee an. Mein Vater wurde zum Leiter des Nachrichtendienstes für die Region Jinzhou-Huludao ernannt. Seine Aufgabe bestand darin, die Truppenbewegungen der Kuomintang im Auge zu behalten und sich ein Bild von ihrer Nachschublage zu verschaffen. Er bekam seine Informationen größtenteils von Agenten in den Reihen der Kuomintang, ein solcher Agent war Yu-wu. In den Berichten wurde auch meine Mutter erwähnt.

Der dünne, verträumt wirkende junge Mann, den meine Mutter an jenem Oktobermorgen in das Blumenbeet auf dem Hof spucken sah, war bei den anderen Guerillas wegen seiner Reinlichkeit bekannt. Er putzte sich zweimal am Tag die Zähne, was die Bauern in den Dörfern jedesmal in höchste Verwunderung versetzte. Im Unterschied zu allen anderen, die einfach auf den Boden schneuzten, benutzte mein Vater ein Taschentuch, das er täglich wusch. Er achtete außerdem peinlichst auf Hygiene, und das aus gutem Grunde, denn Augenkrankheiten waren weit verbreitet. Er galt nicht nur als besonders reinlicher Mensch, sondern auch als sehr gelehrt und belesen. Er hatte immer, auch im Kampf, einen Band mit klassischen Gedichten bei sich.

Als meine Mutter zum ersten Mal die Steckbriefe gesehen und von ihren Verwandten von dem gefährlichen Kommunisten gehört hatte, hatte sie gespürt, daß sie ihn ebensosehr bewunderten, wie sie ihn fürchteten. Jetzt ging sie über den Hof auf die schlanke Gestalt unter dem Baum zu und war kein bißchen enttäuscht, daß der berüchtigte, steckbrieflich gesuchte Guerillakämpfer keineswegs wie ein Krieger auf sie wirkte.

Mein Vater hatte sich nach den Geheimdienstberichten ein bestimmtes Bild von meiner Mutter gemacht. Immer wieder wurde ihr Mut hervorgehoben und – besonders ungewöhnlich bei einem siebzehnjährigen Mädchen – die Tatsache, daß sie Männern Anweisungen erteilte. Sie erschien als eine bewundernswerte emanzipierte Frau, aber mein Vater hatte sie sich ein bißchen auch als wilde Furie vorgestellt. Jetzt war er sehr erfreut, als statt dessen eine hübsche, sehr weibliche und sogar recht kokette junge Frau vor ihm stand. Sie hatte eine sanfte Stimme, sprach überzeugend und drückte sich – eine Seltenheit in China – sehr knapp und präzise aus. Das war für meinen Vater eine sehr wichtige Eigenschaft, denn er verabscheute die sonst übliche blumige, weitschweifige und ungenaue Ausdrucksweise.

Sie bemerkte, daß er gern lachte und daß seine Zähne strahlend weiß waren, während die meisten Guerillakämpfer schwarze und verfaulte Stummel im Mund hatten. Sie fand bald Gefallen an den Gesprächen mit ihm. Er war belesen und wissensdurstig – ganz bestimmt nicht die Sorte Mann, die Flaubert und Maupassant verwechselte.

Meine Mutter berichtete ihm über ihre Arbeit im Studentenverband. Mein Vater erkundigte sich, welche Bücher die Studenten lasen. Meine Mutter nannte ihm die Titel und fragte ihn, ob er Vorlesungen über Marxismus und Philosophie halten könne. Mein Vater stimmte zu, und schon ein paar Tage später begann er mit den Vorlesungen. Er sprach über Maos Werke und machte die Studentinnen mit den wichtigsten Punkten von Maos Theorie vertraut. Er verstand es, seine Zuhörer zu fesseln, und die Mädchen einschließlich meiner Mutter waren hingerissen.

Einige Wochen später erzählte er den Mädchen, daß die Partei einen Ausflug nach Harbin organisierte, der provisorischen Hauptstadt der Kommunisten im Norden der Mandschurei. Harbin war eine legendäre Stadt, wegen der breiten Straßen, der Parks, der bemalten russischen Häuser, der eleganten Läden und Cafés im europäischen Stil hieß sie das »Paris des Ostens«. Die Kommunisten stellten den Ausflug als reine Vergnügungsfahrt dar, aber in Wahrheit befürchteten sie, die Kuomintang könnte versuchen, Jinzhou zurückzuerobern. Sie wollten daher für alle Fälle die prokommunistischen Lehrer und Studenten sowie die akademische Führungsschicht, beispielsweise die Ärzte, aus der Stadt herausholen. Um die Leute nicht zu beunruhigen, wurde das Unternehmen als harmlose Vergnügungsfahrt deklariert. Insgesamt wurden 170 Leute für die Fahrt ausgewählt, darunter auch meine Mutter und etliche ihrer Freundinnen.

Ende November fuhren alle mit dem Zug nach Norden. Meine Mutter war schrecklich aufgeregt. Im verschneiten Harbin mit seinen romantischen alten Häusern und der typisch russischen Stimmung, einer Mischung aus Melancholie und Poesie, verliebten sich meine Eltern ineinander. In Harbin schrieb mein Vater ein paar sehr schöne Gedichte für meine Mutter. Er verfaßte sie nicht nur in einem sehr eleganten klassischen Stil, was Leistung genug war, er zeigte sich darüber hinaus noch als sehr guter Kalligraph. Meine Mutter bewunderte ihn noch mehr.

Am Neujahrsabend lud er meine Mutter und eine ihrer Freundinnen zu sich ein. Er wohnte in einem berühmten russischen Hotel, das mit seinem bunten Dach, den verzierten Giebeln, den zierlichen Schnitzereien um die Fenster und an der Veranda wirkte, als entstamme es einem Märchen aus alter Zeit. Als meine Mutter sein Zimmer betrat, sah sie eine Flasche mit einem Etikett in einer fremden Schrift auf einem Rokokotisch stehen – Champagner. Mein Vater hatte bis dahin noch nie Champagner getrunken, er kannte Champagner nur aus ausländischen Büchern.

Damals wußten die Mitstudentinnen meiner Mutter bereits, daß sie und mein Vater verliebt waren. Als Studentensprecherin stattete meine Mutter meinem Vater oft lange Berichte über ihre Arbeit ab. Ihren Studienkolleginnen entging nicht, daß sie nach solchen Berichten meistens erst in den frühen Morgenstunden wieder nach Hause kam.

Am Silvesterabend verabschiedete sich die Freundin meiner Mutter gegen Mitternacht. Als sie allein waren, fragte mein Vater meine Mutter, ob ihr Herz einem anderen gehöre. Sie erzählte ihm von ihren früheren Freundschaften und beteuerte, daß der einzige Mann, den sie je geliebt habe, ihr Cousin Hu gewesen sei, und der sei von der Kuomintang hingerichtet worden. Die neue kommunistische Moral sollte eine radikale Abkehr von der Vergangenheit sein, und dazu gehörte, daß für Männer und Frauen gleiche Regeln galten. Also erzählte auch mein Vater von seinen früheren Beziehungen. Während der Zeit im Untergrund habe er eine Reihe von Freundinnen gehabt, aber im Krieg sei selbstverständlich nicht an eine Heirat zu denken gewesen. Eine seiner Freundinnen heiratete später den Sekretär von Mao Zedong, Chen Boda. Boda war der Leiter der Fakultät, an der mein Vater in Yan'an studiert hatte, und brachte es zu großer Macht.

Sie erzählten sich rückhaltlos alles und legten ehrlich und umfassend über ihr vergangenes Leben Rechenschaft ab. Daraufhin sagte mein Vater, er werde an das Parteikomitee von Jinzhou schreiben und um die Erlaubnis bitten, mit meiner Mutter ernsthaft »über Liebe zu sprechen«. Das war der übliche Weg. Meine Mutter fand, daß sich gegenüber der Vergangenheit gar nicht soviel geändert hatte, nur bat man jetzt die Partei und nicht mehr das Familienoberhaupt um Erlaubnis. Und damit hatte sie auch recht: Die Kommunistische Partei war für die Parteimitglieder an die Stelle des Familienoberhaupts getreten.

Am nächsten Morgen schrieb meine Mutter ihren Eltern, sie habe einen Mann kennengelernt, den sie liebe. Ihre Mutter und Dr. Xia nahmen die Nachricht nicht begeistert, sondern besorgt auf, denn meine Mutter hatte sich ausgerechnet in einen Beamten verliebt, und auf Beamte waren die Chinesen nicht sonderlich gut zu sprechen. Von anderen Lastern einmal abgesehen, mußte man aufgrund ihrer unumschränkten Macht befürchten, daß sie eine Frau nicht gut behandelten. Meine Großmutter vermutete sofort, daß mein Vater bereits verheiratet sei und meine Mutter als Konkubine nehmen wolle. Schließlich war er weit über das Alter hinaus, in dem Männer in der Mandschurei üblicherweise heirateten.

Nach ungefähr einem Monat schien die Gefahr für Jinzhou gebannt, und die Gruppe konnte sicher aus Harbin zurückkehren. Die Partei erteilte meinem Vater die förmliche Erlaubnis, mit meiner Mutter »über Liebe zu sprechen«.

Nach der Rückkehr aus Harbin erfuhr mein Vater, daß man ihn zum Leiter des Amtes für Öffentliche Angelegenheiten von Jinzhou ernannt hatte. Einige Tage später nahm meine Mutter ihn mit nach Hause, um ihn ihren Eltern vorzustellen. Als mein Vater das Zimmer betrat, drehte meine Großmutter ihm den Rücken zu. Er begrüßte sie, aber sie reagierte nicht. Mein Vater war dunkel und schrecklich dünn – eine Folge der Entbehrungen während der Guerillazeit. Meine Großmutter war sich nunmehr sicher, daß er weit über vierzig sein mußte und daher auf jeden Fall schon verheiratet war. Dr. Xia behandelte meinen Vater höflich, aber reserviert.

Mein Vater verabschiedete sich bald wieder. Nachdem er weg

war, brach meine Großmutter in Tränen aus. Beamte taugten einfach nichts, brachte sie schluchzend hervor. Dr. Xia hatte inzwischen einiges über die Kommunisten gehört und entgegnete, die Partei habe ihre Kader so unter Kontrolle, daß kein Funktionär sie hinters Licht führen könne.

Meine Großmutter blieb meinem Vater gegenüber mißtrauisch und zurückhaltend, aber der Rest der Familie schloß ihn bald ins Herz. Dr. Xia verstand sich gut mit ihm, die beiden unterhielten sich oft stundenlang. Auch Yu-lin und seine Frau mochten ihn gern. Yu-lins Frau stammte aus einer sehr armen Familie. Ihr Großvater hatte ihre Mutter beim Kartenspielen als Einsatz verspielt, sie wurde in eine unglückliche Ehe gezwungen. Die ganze Familie kannte nur Not und Elend.

Yu-lins Frau mußte bei ihrer neuen Familie hart arbeiten. Vom ersten Tag ihrer Ehe an war sie um drei Uhr morgens aufgestanden, um die verschiedenen Mahlzeiten für die einzelnen Familienmitglieder vorzubereiten, die nach den komplizierten Regeln des Mandschu-Rituals aßen. Meine Großmutter führte den Haushalt, und obwohl sie zumindest theoretisch derselben Generation angehörte, fühlte sich Yu-lins Frau als die Unterlegene, weil sie und ihr Mann von den Xias abhängig waren. Mein Vater war der erste Mensch, der sich ihr gegenüber anders verhielt. Er schenkte den beiden ein paarmal Kinokarten, und sie freuten sich sehr. Yu-lins Frau fand, daß durch die Kommunisten das Leben sehr viel besser geworden war.

Eine Heirat war traditionell ein Vertrag zwischen zwei Familien, es gab weder eine standesamtliche Registrierung noch eine Heiratsurkunde. Für alle, die »sich der Revolution angeschlossen« hatten, war die Partei das Familienoberhaupt, und die Partei hatte als Bedingung für eine Heiratserlaubnis festgesetzt, daß die Regel »28-7-Regiment-1« erfüllt war. Die Regel besagte, daß der Mann mindestens 28 Jahre alt sein, seit mindestens sieben Jahren der Partei angehören und mindestens den Rang eines Regimentskommandeurs bekleiden mußte. Die »1« betraf die einzige Qualifikation, die die Frau haben mußte: Sie mußte seit mindestens einem Jahr für die Partei arbeiten. Meine Eltern entsprachen den Anforderungen. Bei den Chinesen ist der Tag der Geburt der erste Geburtstag, und nach dieser Altersrechnung war mein Vater achtundzwanzig. Seit über zehn Jahren gehörte er der Partei an, und er bekleidete eine Position, die dem Rang eines stellvertretenden Divisionskommandeurs entsprach. Meine Mutter war zwar nicht Parteimitglied, aber die Partei erkannte ihre Untergrundtätigkeit als gleichwertig mit einer einjährigen Parteimitgliedschaft an. Seit ihrer Rückkehr aus Harbin arbeitete sie ganztags für eine Parteiorganisation, den sogenannten Frauenverband. Diese Organisation kümmerte sich um Anliegen von Frauen: Sie überwachte die Freilassung der Konkubinen und die Schließung der Bordelle, sie rief die Frauen dazu auf, Schuhe für Soldaten herzustellen, kümmerte sich um Ausbildungsmöglichkeiten und Arbeitsplätze für Frauen, informierte sie über ihre Rechte und achtete darauf, daß Frauen nicht gegen ihren Willen verheiratet wurden.

Der Frauenverband war nun die »Arbeitseinheit« *(danwei)* meiner Mutter. Jeder Stadtbewohner gehörte einer Arbeitseinheit an, und über die Arbeitseinheiten kontrollierte die Partei praktisch jeden Lebensbereich der Menschen. Für die Heiratserlaubnis meiner Mutter war der Frauenverband zuständig, aber der Verband überließ die Entscheidung der Arbeitseinheit meines Vaters, weil er in der Funktionärshierarchie einen höheren Rang einnahm. Das Parteikomitee von Jinzhou gab relativ rasch seine Zustimmung. Es fehlte noch die Zustimmung des Parteikomitees der Provinz West-Liaoning, aber da sahen meine Eltern keine Schwierigkeit. Sie setzten den Hochzeitstermin auf den 4. Mai fest, den 18. Geburtstag meiner Mutter nach chinesischer Rechnung.

Am Hochzeitstag packte meine Mutter ihre Bettrolle und ihre Kleider zusammen und machte sich auf den Weg zu meinem Vater. Sie trug wie sonst auch ein weißes Kleid und einen weißen Seidenschal. Meine Großmutter war entsetzt. Für sie war es etwas Unerhörtes, daß eine Braut zu Fuß ins Haus ihres Bräutigams ging, sie mußte selbstverständlich in einer Sänfte dorthin getragen werden. Doch hinter der Entrüstung meiner Großmutter verbarg sich tiefe Traurigkeit darüber, daß ihre Tochter nicht mit einer prunkvollen traditionellen Hochzeitszeremonie heiraten würde. Vom ersten Lebenstag meiner Mutter an hatte sich meine Großmutter auf eine große Hochzeitszeremonie eingestellt, sowohl psychologisch als auch materiell. Jede Mutter begann sofort nach der Geburt einer Tochter, die Aussteuer zusammenzutragen. Besonders die Gebrauchsgegenstände für das Schlafzimmer und vor allem für das Bett galten als äußerst wichtig. Daher gehörten zu einer richtigen Aussteuer immer bestickte und satinbezogene Decken und Kissen mit aufgestickten Mandarinenten, außerdem Vorhänge und eine verzierte Vorhangstange für das Himmelbett. Aber meine Mutter wollte keine traditionelle Hochzeit. Sie und mein Vater wollten mit inhaltsleeren Ritualen Schluß machen, denn die Rituale hatten mit ihrer Liebe nichts zu tun. Und für diese beiden Revolutionäre zählte nur die Liebe.

Meine Mutter ging also zu Fuß zur Wohnung meines Vaters. Wie alle Beamten wohnte auch er in dem Gebäude, in dem er arbeitete. Das Städtische Parteikomitee war in einem von mehreren Bungalows mit Schiebetüren wie in japanischen Häusern untergebracht, alle Bungalows waren um einen großen Innenhof gruppiert. Es wurde bereits dunkel, und die beiden wollten zu Bett gehen. Meine Mutter zog meinem Vater gerade die Schuhe aus, da klopfte es an der Tür. Ein Mann übergab meinem Vater ein Schreiben vom Parteikomitee der Provinz. Darin stand, daß sie noch nicht heiraten konnten. Meine Mutter biß die Lippen zusammen, packte ohne ein Wort ihre Sachen wieder zusammen und verabschiedete sich. Sie weinte nicht, machte keine Szene und zeigte keinerlei Zeichen von Wut. Als sie fertig war, verabschiedete sie sich und sagte leichthin »bis später«.

Das Parteikomitee der Provinz hatte beschlossen, daß meine Mutter noch genauer unter die Lupe genommen werden mußte, bevor die Heiratserlaubnis erteilt werden konnte. Die Familie meiner Mutter war verdächtig. Meine Mutter mußte einen detaillierten Bericht über alle Verbindungen zum Geheimdienst der Kuomintang verfassen. Der Bericht war so etwas wie eine Aussage vor Gericht.

Sie mußte auch genau über jeden einzelnen Kuomintang-Offizier Rechenschaft geben, der sie umworben hatte, und erklären, warum sie so viele Freunde im Jugendverband der Kuomintang gehabt hatte. Sie schrieb, daß ihre Freunde politisch denkende Menschen gewesen seien, die die japanische Herrschaft abgelehnt hätten. Als die Kuomintang 1945 nach Jinzhou gekommen sei, hätten sie in ihr die chinesische Regierung gesehen. Vielleicht wäre sie auch selbst der Jugendliga beigetreten, aber mit vierzehn sei sie noch zu jung gewesen. Im übrigen hätten sich die meisten ihrer Freunde inzwischen den Kommunisten angeschlossen.

Die Partei war gespalten: Das Städtische Parteikomitee erkannte an, daß die Freunde meiner Mutter aus patriotischen Motiven gehandelt hatten, das Provinzparteikomitee, die höhere Instanz, blieb skeptisch. Meine Mutter wurde aufgefordert, »eine Linie zu ziehen« zwischen sich und ihren Freunden. »Eine Linie ziehen« war ein Schlüsselbegriff bei den Kommunisten; sie schufen damit eine Kluft zwischen denen, die »dazugehörten«, und denen, die »draußen waren«. Nichts blieb dem Zufall überlassen, nicht einmal menschliche Beziehungen. Wenn sie heiraten wollte, mußte sie den Kontakt zu ihren Freunden abbrechen.

Am härtesten traf meine Mutter das Schicksal ihres Freundes Hui-ge, des jungen Obersten der Kuomintang. Kaum war die Schlacht gewonnen und die erste Begeisterung über den Sieg ihrer Seite, der Kommunisten, verflogen, da wollte sie unbedingt wissen, was aus Hui-ge geworden war. Am Morgen nach dem Sieg rannte sie durch die blutgetränkten Straßen zum Anwesen der Jis. Ringsum nur Zerstörung – keine Straße mehr, keine Häuser, die ganze Stadt ein riesiger Schutthaufen. Hui-ge aber war verschwunden.

Im Frühjahr, als sie bereits die Hochzeit vorbereitete, erfuhr sie, daß er lebte und ausgerechnet in Jinzhou als Gefangener festgehalten wurde. Während der Belagerung war es ihm gelungen, nach Süden, nach Tianjin zu entkommen. Im Januar 1949 hatten die Kommunisten Tianjin eingenommen. Hui-ge wurde verhaftet und zurück nach Jinzhou gebracht.

Meine Mutter war zuversichtlich, daß die Kommunisten ihn nach allem, was er getan hatte, gut behandeln würden. Sie beschloß auf der Stelle, ein Gnadengesuch einzureichen. Als erstes sprach sie mit ihrer unmittelbaren Vorgesetzten beim Frauenverband, die das Gesuch an höhere Stelle weiterleiten sollte. Anschließend ging meine Mutter zu Yu-wu, der von ihrer Verbindung zu Hui-ge gewußt und sie ermutigt hatte. Sie bat Yu-wu, für Hui-ge zu bürgen, und Yu-wu schrieb einen Bericht, was Hui-ge für die Kommunisten getan hatte. Doch Yu-wu setzte hinzu, daß Hui-ge aus Liebe zu meiner Mutter gehandelt und womöglich nicht einmal gewußt habe, daß er für die Kommunisten arbeitete. Er sei blind vor Liebe gewesen.

Meine Mutter suchte einen anderen Untergrundführer auf, der Hui-ge kannte. Er war ebenfalls nicht bereit zu erklären, daß Hui-ge für die Kommunisten gearbeitet hatte, er bestritt sogar, daß Hui-ge in irgendeiner Weise bei der Beschaffung von militärisch relevanten Informationen mitgeholfen habe, denn er wollte die Lorbeeren ganz für sich alleine haben. Meine Mutter versuchte klarzustellen, daß sie und der Oberst kein Liebespaar gewesen waren, aber sie hatte dafür selbstverständlich keinerlei Beweise.

All das spielte sich in der Zeit ab, in der meine Mutter und mein Vater sich ineinander verliebten, und es überschattete ihre Beziehung, obwohl mein Vater sehr gut verstand, in was für einem Zwiespalt sich meine Mutter befand. Mein Vater wußte, daß meine Großmutter den Obersten als Schwiegersohn vorgezogen hätte.

Einige Wochen später kam schließlich die Heiratserlaubnis. Meine Mutter nahm an einer Versammlung des Frauenverbandes teil, als jemand hereinkam und ihr eine Nachricht vom örtlichen Parteichef Lin-Xiao-xia überbrachte. Er war ein Neffe Lin Biaos, eines der hohen Generale, die die kommunistischen Truppen in der Mandschurei befehligt hatten. Die Nachricht lautete lapidar: »Die Provinzparteiorganisation hat ihre Zustimmung zu eurer Heirat gegeben. Du wirst doch in einem solchen Augenblick nicht in deiner Versammlung bleiben wollen. Komm schnell und heirate!«

Meine Mutter fühlte sich wie im siebten Himmel. Sie ging so ruhig wie möglich nach vorne zum Pult und zeigte der Versammlungsleiterin die Nachricht. Diese gab ihr die Erlaubnis zu gehen, und meine Mutter machte sich sofort auf den Weg zur Wohnung meines Vaters. Sie trug ihren blauen »Leninanzug«, eine Art Uniform für Regierungsangestellte. Der Leninanzug bestand aus einer zweireihigen, taillierten Jacke und einer sackartigen Hose. Als sie die Tür öffnete, sah sie, daß auch Lin Xiao-xia und die anderen Parteiführer mit ihren Leibwächtern soeben eintrafen. Mein Vater sagte, er habe eine Kutsche zu den Xias geschickt und Dr. Xia abholen lassen. Daraufhin fragte Lin: »Und was ist mit deiner Schwiegermutter?« Mein Vater schwieg. »Das ist nicht richtig«, meinte Lin und schickte eine zweite Kutsche für meine Großmutter. Das Verhalten meines Vaters kränkte meine Mutter sehr, aber sie schrieb es seiner Abneigung gegenüber meiner Großmutter zu. Es kam ihr nicht in den Sinn, daß sein Verhalten eine Reaktion darauf war, wie ablehnend ihn meine Großmutter behandelt hatte.

Es gab keine Hochzeitszeremonie. Dr. Xia kam und gratulierte dem Paar, die anderen Gäste taten es ihm nach. Dann saß man noch eine Weile zusammen und aß die großen frischen Krabben, die das Städtische Parteikomitee meinem Vater zur Bewirtung der Gäste geschenkt hatte. Die Kommunisten versuchten auch für Hochzeitsfeierlichkeiten Bescheidenheit durchzusetzen. Früher hatten sich Familien für die Hochzeit in Ausgaben gestürzt, die ihren Geldbeutel bei weitem überstiegen und sie nicht selten finanziell ruinierten. Bei der Hochzeit meiner Eltern gab es Datteln, Erdnüsse und eine Frucht, die *Drachenauge* hieß und traditionellerweise bei Hochzeiten gereicht wurde, weil sie als Symbol für eine glückliche Ehe und viele Söhne galt. Nach einer Weile verabschiedeten sich Dr. Xia und die anderen Gäste und gingen wieder an ihre Arbeit.

Meine Mutter sagte meiner Großmutter, daß auch mein Vater

gleich wieder zu seiner Arbeit zurückkehren werde.»Bei den Kommunisten bekommt niemand wegen einer Heirat Urlaub. Ich muß auch bald wieder gehen.« Meine Großmutter fand das alles sehr befremdlich. Sie verstand nicht, wie die Kommunisten eine so bedeutende Sache wie eine Hochzeit als Nebensächlichkeit abtun konnten. Aber sie zweifelte nicht an den Worten meiner Mutter. Die Kommunisten hatten die Tradition schon in so vielen Punkten verletzt, daß es auf einen mehr oder weniger gar nicht mehr ankam. Meine Mutter unterrichtete damals Frauen in der Textilfabrik, in der sie selbst als Kind während der japanischen Besetzung gearbeitet hatte. Sie brachte den Arbeiterinnen das Lesen und Schreiben bei und lehrte sie, daß Mann und Frau gleichberechtigt seien. Die Fabrik befand sich nach wie vor in Privatbesitz, einer der Vorarbeiter schlug die Arbeiterinnen nach wie vor regelmäßig. Meine Mutter sorgte dafür, daß er entlassen wurde und half den Frauen, einen Vorarbeiter ihres Vertrauens zu wählen. Meine Mutter packte ihre Aufgabe sehr geschickt an.

Doch mit den Funktionärinnen des Frauenverbandes kam sie nicht zurecht. Die meisten waren ältere Bäuerinnen, einige hatten jahrelang im Untergrund gekämpft. Sie mochten keine jungen, hübschen, gebildeten Mädchen aus der Stadt wie meine Mutter, weil sie sofort die Blicke der kommunistischen Männer auf sich zogen. Meine Mutter hatte sich um die Aufnahme in die Partei beworben, aber ihre Bewerbung war abgelehnt worden mit der Begründung, sie sei der Aufnahme nicht würdig.

Wenn meine Mutter nach Hause ging, bekam sie einen Rüffel. Man warf ihr vor, »zu sehr an ihrer Familie zu hängen«, was als »bourgeoise Gewohnheit« galt und verpönt war. Sie durfte ihre eigene Mutter kaum noch sehen.

Innerhalb der Partei galt die unausgesprochene Regel, die noch aus der Guerillazeit herrührte, daß Funktionäre die ganze Woche über mit Ausnahme des Samstags in ihren Büros zu übernachten hatten. Meine Mutter mußte im Gebäude des Frauenverbandes übernachten, das genau neben dem Quartier meines Vaters lag. Nur eine niedrige Lehmmauer trennte die beiden

Gebäude. Wenn meine Mutter zu meinem Vater wollte, brauchte sie nur über diese Mauer zu klettern, durch den kleinen Vorgarten ins Haus zu laufen, und schon stand sie im Zimmer meines Vaters. Im Morgengrauen kehrte sie dann in ihr eigenes Zimmer zurück. Aber das blieb den Frauen im Verband natürlich nicht lange verborgen. Mein Vater und meine Mutter wurden sofort auf einer Parteiversammlung kritisiert. Die Kommunisten wollten nicht nur sämtliche Institutionen völlig umgestalten, sie hatten sich auch zum Ziel gesetzt, das Privatleben der Menschen umzukrempeln, vor allem der Menschen, die »sich der Revolution angeschlossen hatten«. Das Private wurde politisch, und das »Politische« sollte selbstverständlich nicht privat bleiben. Kleinliche Kontrolle bekam das Etikett »politisch« und war auf einmal erwünscht. Die Kommunisten benutzten politische Versammlungen als Forum, wo die Menschen feindseligen Gefühlen freien Lauf lassen durften.

Mein Vater mußte mündlich Selbstkritik üben, von meiner Mutter verlangte man einen schriftlichen Bericht. Man warf ihr vor, sie habe »die Liebe an die erste Stelle gesetzt«, während an erster Stelle doch immer die Revolution zu stehen hatte. Meine Mutter fand, daß ihr Unrecht geschah. Warum sollte es der Revolution schaden, wenn sie mit ihrem Mann schlief? Daß eine solche Regel im Untergrund ihren Sinn gehabt hatte, akzeptierte sie, aber jetzt, nach der Befreiung, erschien ihr diese Vorschrift sinnlos. Sie sah nicht ein, warum sie eine Selbstkritik schreiben sollte, und sagte das meinem Vater. Aber zu ihrer Überraschung bestärkte er sie nicht, sondern er ermahnte sie: »Die Revolution ist noch nicht gewonnen, der Krieg geht weiter. Du hast die Regeln verletzt. Man muß seine Fehler eingestehen. Die Revolution erfordert von allen die strikte Einhaltung der Regeln. Man muß der Partei gehorchen, auch wenn man ihre Anweisungen nicht versteht oder sie für unsinnig hält.«

Wenig später schlug das Schicksal völlig unerwartet zu. Ein Dichter namens Bian, der seinerzeit mit nach Harbin gefahren und inzwischen ein enger Freund meiner Mutter geworden war, hatte einen Selbstmordversuch unternommen. Bian betrachtete sich als Mitglied einer Gruppe namens »Neuer Mond«, einer bürgerlich-dekadenten Dichterschule, die von Hu Shi begründet worden war, dem späteren Botschafter der Kuomintang in den Vereinigten Staaten. Die Themen und der Stil dieser Dichter galten als individualistisch, träumerisch, manchmal geradezu weinerlich. Sie hatten nichts mit der Revolution zu tun. Bian hatte sich im Krieg den Kommunisten angeschlossen, mußte dann jedoch feststellen, daß seine Gedichte nicht veröffentlicht wurden, weil sie nach Ansicht der Partei nicht im Einklang mit den Zielen der Revolution standen. Die Revolution brauchte Propaganda, nicht Selbstausdruck. Einerseits akzeptierte Bian das, aber gleichzeitig fühlte er sich innerlich zerrissen und niedergeschlagen. Ihm wurde immer mehr klar, daß er solche Gedichte, wie sie die Partei von ihm verlangte, nie würde schreiben können, und ohne das Schreiben konnte er nicht leben, das hatte er oft gesagt.

Seine Tat schockierte die Partei. Es war schlecht für ihr Bild nach außen, wenn die Leute glaubten, daß jemand von der »Befreiung« so enttäuscht war, daß er den Wunsch hatte zu sterben. Die Partei verhielt sich in allen Dingen wie ein Familienoberhaupt – so auch bei diesem Selbstmordversuch. Bian hatte in Jinzhou als Lehrer an der Schule für Parteikader gearbeitet, viele Parteikader konnten weder lesen noch schreiben. Die Parteizelle an der Schule führte eine Untersuchung durch und kam zu dem Schluß, daß Bian den Selbstmordversuch aus enttäuschter Liebe unternommen habe – und seine Auserwählte sei niemand anders gewesen als meine Mutter. Bei den Versammlungen des Frauenverbandes mußte sich meine Mutter anhören, sie habe Bian zuerst ermuntert und ihm Hoffnungen gemacht, ihn jedoch sofort wieder fallengelassen, nachdem sie eine fettere Beute – meinen Vater – als zukünftigen Ehemann erspäht habe. Meine Mutter war wütend und verlangte Beweise für die Beschuldigungen. Selbstverständlich wurden nie Beweise vorgelegt.

Dieses Mal stand mein Vater hinter meiner Mutter. Er wußte, daß meine Mutter während des Aufenthalts in Harbin, wo sie angeblich heimliche Rendezvous mit dem Dichter gehabt haben sollte, in ihn verliebt gewesen war. Mein Vater wußte, daß Bian meiner Mutter Gedichte vorgelesen hatte, und daß sie ihn bewunderte, und er fand nichts Unrechtes daran. Aber weder mein Vater noch meine Mutter konnten dem Gerede ein Ende setzen. Die Frauen im Verband waren besonders geschwätzig und giftig.

Noch während dieser Verleumdungskampagne kam meiner Mutter zu Ohren, daß ihre Gesuche für Hui-ge nichts gefruchtet hatten. Die Nachricht traf meine Mutter wie ein Schlag. Sie hatte versprochen, ihm zu helfen, und fühlte sich nun, als hätte sie das Versprechen gebrochen. Sie war außer sich vor Angst. Sie hatte ihn regelmäßig im Gefängnis besucht und ihn ständig über ihre Bemühungen auf dem laufenden gehalten, eine Überprüfung seines Falles zu erreichen. Sie konnte sich nicht vorstellen, daß die Kommunisten ihn nicht verschonen würden. Als sie ihn jetzt wieder im Gefängnis besuchte, merkte er an ihren rotgeweinten Augen und ihrem angestrengten Versuch, ihre Verzweiflung zu verbergen, daß es keine Hoffnung mehr gab. Tränen liefen ihm die Wangen hinunter, und da konnte auch meine Mutter ihr Schluchzen nicht mehr unterdrücken. Sie weinten zusammen. Die beiden saßen sich gegenüber, die Hände auf dem Tisch, die Wachen sahen genau, was sich zwischen ihnen abspielte. Hui-ge nahm die Hand meiner Mutter, und sie entzog sie ihm nicht.

Mein Vater wußte von ihren Besuchen im Gefängnis. Anfangs hatte er nichts einzuwenden, zum Teil verstand er, daß sie sich dem Obersten gegenüber schuldig fühlte. Aber im Laufe der Zeit wurde er ärgerlich. Die Wogen nach dem Selbstmordversuch des Dichters hatten sich kaum geglättet, da hieß es, seine Frau habe eine Affäre mit einem Kuomintang-Offizier gehabt. Mein Vater war außer sich vor Wut. Eigentlich sollten das ihre Flitterwochen sein! Mein Vater wollte meine Mutter davon überzeugen, daß Leute wie der Oberst beseitigt werden mußten; sie würden die ersten sein, die der Kuomintang wieder in den Sattel helfen würden. Ein solches Risiko dürften die Kommunisten nicht eingehen. »Bei unserer Revolution geht es um Leben und

Tod.« Als meine Mutter ihm erzählen wollte, wie Hui-ge den Kommunisten geholfen habe, sagte er, daß ihre Besuche im Gefängnis dem Obersten nur geschadet hätten, vor allem die Tatsache, daß sie Händchen gehalten hätten. Seit den Zeiten von Konfuzius war körperlicher Kontakt zwischen den Geschlechtern verpönt, Berührungen in der Öffentlichkeit erregten nur dann keinen Anstoß, wenn der Mann und die Frau verheiratet oder zumindest ein Liebespaar waren. Aber auch Paare hielten höchst selten in der Öffentlichkeit Händchen. Daß meine Mutter und der Oberst Händchen gehalten hatten, wurde als Beweis dafür angesehen, daß er den Kommunisten nicht aus »anständigen« Gründen geholfen habe. Dieses Argument war nicht von der Hand zu weisen, aber obwohl meine Mutter vom Verstand her solche Begründungen akzeptierte, fühlte sie sich sehr unglücklich.

Das Gefühl, in ein unauflösliches Dilemma verstrickt zu sein, verstärkte sich noch, als weitere Verwandte und Bekannte in Schwierigkeiten gerieten. Die Kommunisten hatten bei Einnahme der Stadt verkündet, daß alle sich freiwillig melden sollten, die für den Geheimdienst der Kuomintang gearbeitet hatten. Yu-lin, der Bruder meiner Großmutter, war im Besitz eines gefälschten Geheimdienstausweises, hatte jedoch nie wirklich für den Geheimdienst gearbeitet. Er wollte sich sofort melden, aber seine Frau und meine Großmutter versuchten ihn davon abzuhalten. Doch Yu-lin hielt es für das beste, wenn er sich freiwillig meldete. Also ging er zur Polizei und beichtete ihnen alles. Yu-lin steckte in einer Zwickmühle: Hätte er sich nicht selbst gemeldet und wäre die Sache von alleine herausgekommen – in Anbetracht der hervorragenden Organisation der Kommunisten war das sehr wahrscheinlich –, dann hätte das schlimme Folgen gehabt. Umgekehrt hatte er sich durch sein freiwilliges Eingeständnis vielfältigen Verdächtigungen ausgesetzt.

Nach einer Weile verkündete die Partei ihr Urteil über Yu-lin: »Hat dunkle Flecken in seiner politischen Vergangenheit. Keine Verurteilung, aber Beschäftigung nur unter Kontrolle.« Wie beinahe alle Urteile wurde auch dieses nicht von einem Gericht gefällt, sondern von einem Parteigremium. Niemand wußte genau, was dieses Urteil bedeutete. Yu-lins Zukunft hing von der momentanen politischen Stimmung im Lande und von seinen Parteivorgesetzten ab.

Die Familie meiner Mutter lebte in ständiger Angst und Unruhe. Zu all dem familiären Kummer sollte meine Mutter auf Geheiß des Frauenverbandes eine Selbstkritik nach der anderen schreiben, denn es hieß, sie habe »einen Hang zur Kuomintang«.

Als nächstes warf der Frauenverband ihr vor, sie besuche ohne Erlaubnis der Partei einen Gefangenen, den Obersten Hui-ge. Meine Mutter war gar nicht auf die Idee gekommen, daß sie um Erlaubnis hätte fragen müssen, niemand hatte ihr das gesagt. Der Frauenverband erklärte, man habe ihr diese Besuche nicht schon früher verboten, weil man Verständnis habe für Leute, die »neu zur Revolution gestoßen« seien. Außerdem habe man sehen wollen, wie lange sie brauche, um selbst herauszufinden, was Disziplin bedeute, das heißt wie lange sie brauche, um auf die Idee zu kommen, daß sie die Partei um Erlaubnis fragen müsse. »Aber für was muß ich denn die Erlaubnis der Partei einholen?« fragte meine Mutter. »Für alles«, hieß die lapidare Antwort. Daß niemand einen Schritt ohne die Erlaubnis der Partei tun durfte, wurde ein wesentliches Element der kommunistischen Herrschaft in China. Im Laufe der Zeit verlernten die Menschen jegliche Eigeninitiative.

Meine Mutter wurde geächtet im Frauenverband, und der Frauenverband war ihre Welt. Es hieß, der junge Oberst habe meine Mutter für seine Ziele ausgenützt und darauf gewartet, daß seine Stunde kommen werde. »Sie sitzt ganz schön in der Tinte!« geiferten die Frauen. »Und alles nur, weil sie ein loses Frauenzimmer ist und sich mit Männern eingelassen hat!« Gleich fügte eine andere hinzu: »Und mit was für Männern!« Meine Mutter fühlte, daß von allen Seiten mit Fingern auf sie gezeigt wurde. Die Menschen, die ihre Genossen hätten sein sollen und mit denen sie dieses wunderbare neue Gefühl der Befreiung hätte teilen können, zweifelten ihr Urteilsvermögen, ihre Überzeugung und ihren Einsatz für die gemeinsame Sache an, und dabei hatte sie dafür doch ihr Leben aufs Spiel gesetzt. Eines Tages warf man ihr sogar vor, daß sie die Versammlung des Frauenverbandes verlassen habe, um zu heiraten, und damit die Sünde begangen habe, »die Liebe an erste Stelle zu setzen«. Meine Mutter entgegnete, daß ihr schließlich der örtliche Parteichef die Nachricht geschickt habe, sie solle sofort kommen. Aber die Vorsitzende des Frauenverbandes erwiderte: »Trotzdem hättest du die richtige Einstellung zeigen und dich für die Versammlung entscheiden müssen.«

Mit ihren achtzehn Jahren, frisch verheiratet und voller Hoffnungen auf ein neues Leben fühlte sich meine Mutter unglücklich und schrecklich allein. Bis dahin hatte sie stets ihrem eigenen Gefühl für Gut und Böse vertraut. Aber nun brachte sie dieses Gefühl in Konflikt zu der Sache, für die sie kämpfte, und in Konflikt zu ihrem Ehemann, den sie liebte. Zum ersten Mal in ihrem Leben zweifelte sie an sich.

Sie machte jedoch nicht die Partei oder die Revolution dafür verantwortlich, auch dem Frauenverband konnte sie nicht die Schuld geben, weil er ja die Partei repräsentierte. Ihre ganze Wut richtete sich auf meinen Vater. Sie fand, daß er sie nicht genügend unterstützte. Er stellte sich immer auf die Seite der Partei, sie hingegen wünschte, daß er in erster Linie zu ihr hätte stehen sollen. Sie sah ein, daß er sie kaum offen unterstützen konnte, aber zumindest wenn sie allein waren, hätte er Verständnis für sie zeigen können. Aber nicht einmal dann war er auf ihrer Seite. Mein Vater sagte, sie dürfe nicht schlecht von ihren Genossen und der Partei denken, alle meinten es nur gut mit ihr. Mein Vater hatte langjährige Bindungen zu seinen Genossen, meine Mutter nicht. Von Anfang an unterschieden sich mein Vater und meine Mutter in einem Punkt grundlegend: Mein Vater hatte sich mit Leib und Seele dem Kommunismus verschrieben und meinte, daß er privat zu seiner Frau und öffentlich unbedingt dieselbe Sprache sprechen müsse. Meine Mutter dachte nicht so rigide. Sie ließ sich in ihrem Engagement für die Partei sowohl von ihrem Kopf als auch von ihren

Gefühlen leiten. Und sie hatte Platz für das Private, mein Vater nicht.

Meine Mutter hielt es nicht mehr in Jinzhou aus und sagte meinem Vater, sie wolle weg, und zwar sofort. Er stimmte zu, obwohl eine wichtige Beförderung ins Haus stand. Er reichte beim Städtischen Parteikomitee ein Versetzungsgesuch ein mit der Begründung, er wolle wieder in seine Heimatstadt Yibin zurück.

Die Partei stimmte der Versetzung meines Vaters zu. Zwei Monate nach ihrer Hochzeit und weniger als ein Jahr nach der »Befreiung« vertrieben das Gerede und die Mißgunst meine Eltern aus der Heimatstadt meiner Mutter. Die Freude meiner Mutter über die Befreiung war ängstlicher Schwermut gewichen. Unter der Herrschaft der Kuomintang hatte sie ihrer Spannung in Taten Luft gemacht. Damals war sie sicher gewesen, daß sie den richtigen Weg ging, und das hatte ihr Mut gegeben. Jetzt hatte sie andauernd das Gefühl, sie sei im Unrecht. Als sie mit meinem Vater darüber sprach, erklärte er ihr, Kommunist zu werden sei ein schmerzhafter Prozeß. Was sie jetzt durchmache, sei ganz normal.

KAPITEL 7

*»Die fünf
Bergpässe bezwingen«*

Der Lange
Marsch meiner Mutter
(1949-1950)

Kurz bevor meine Eltern Jinzhou verließen, erhielt meine Mutter dank der Fürsprache des stellvertretenden Bürgermeisters, der das Urteil des Frauenverbandes einfach überging, die vorläufige Parteimitgliedschaft. Er sagte, in einer neuen Stadt brauche sie wenigstens die vorläufige Mitgliedschaft. Die vorläufige Mitgliedschaft bedeutete, daß sie binnen einem Jahr Vollmitglied werden konnte, sofern die Partei sie für würdig befand.

Meine Eltern reisten zusammen mit einer Gruppe von ungefähr hundert anderen, die alle nach Südwesten wollten, die meisten nach Sichuan. Die Gruppe bestand überwiegend aus Männern, kommunistischen Funktionären, die aus dem Südwesten stammten. Die wenigen Frauen in der Gruppe kamen aus der Mandschurei und hatten Männer aus Sichuan geheiratet. Die ganze Gruppe wurde für die Reise in Einheiten eingeteilt, alle trugen grüne Armeeuniformen. Ihr Weg führte sie durch Gebiete, in denen immer noch der Bürgerkrieg tobte.

Am 27. Juli 1949 versammelten sich meine Großmutter, Dr. Xia und die engsten Freunde meiner Mutter, die den Kommunisten ausnahmslos verdächtig waren, zum Abschied auf dem Bahnsteig. Meine Mutter nahm mit gemischten Gefühlen Abschied. Einerseits fühlte sie sich wie ein Vogel, der endlich seinen Käfig verlassen und hoch hinauf in den Himmel fliegen kann, andererseits fragte sie sich, ob und wann sie die Menschen, die sie liebte, und vor allem ihre Mutter wiedersehen würde. Die bevorstehende Reise war gefährlich, und Sichuan befand sich immer noch in Händen der Kuomintang. Außerdem war Sichuan unvorstellbar weit weg. Sie spürte, wie ihr die Tränen in die Augen stiegen, aber sie hielt sie zurück, weil sie meine Großmutter nicht noch trauriger machen wollte, als sie sowieso schon war. Als meine Mutter im Zugabteil saß und der Bahnsteig immer kleiner wurde, fühlte sie sich vollkommen verlassen und allein. Mein Vater versuchte sie zu trösten. Er erklärte ihr, sie sei nun einmal eine junge Studentin, die sich »der Revolution anschließe«, und müsse umerzogen und abgehärtet werden. Sie habe auch noch nicht »die fünf Bergpässe bezwungen«, wie die Kommunisten sagten. Das hieß, daß man durch Not und Entbehrungen eine völlig neue Einstellung zu Familie, Beruf, Liebe, Lebensweise und körperlicher Arbeit gewinnen sollte. Nach der Theorie der Partei durften Intellektuelle nicht länger nach »bourgeoisen Gewohnheiten« leben, sondern mehr so wie die Bauern, achtzig Prozent der Bevölkerung. Meine Mutter hatte diese Theorien schon unzählige Male gehört, und es leuchtete ihr ein, daß sich jeder einzelne im Interesse eines neuen Chinas ändern mußte. Sie hatte gerade erst ein Gedicht über »den Sandsturm« in ihrer Zukunft geschrieben und darin die bevorstehenden Herausforderungen freudig begrüßt. Aber sie wünschte sich auch mehr Zärtlichkeit und Verständnis, und es erfüllte sie mit Bitterkeit, daß sie das bei meinem Vater nicht fand. Etwa vierhundert Kilometer südlich, in Tianjin, mußten sie eine Zwangspause einlegen, weil die Eisenbahnstrecke dort endete. Mein Vater schlug vor, ihr die Stadt zu zeigen. Tianjin war eine große Hafenstadt, und viele ausländische Mächte, unter anderem die Vereinigten Staaten, Japan und eine Reihe europäischer Länder hatten bis vor kurzem dort sogenannte Konzessionen, extraterritoriale Enklaven, besessen. (Der Vater meiner Mutter war in der französischen Konzession Tianjin gestorben, aber das wußte meine Mutter nicht.) Ganze Stadtviertel waren in ausländischem Stil erbaut mit vielen prachtvollen Gebäuden. Es gab elegante französische Jugendstilvillen, grazile italienische Palazzi und überladene Pracht im Stil des österreichisch-ungarischen

Spätrokoko. Meine Eltern schlenderten durch die Straßen, die von Bäumen mit intensiv duftenden Blüten gesäumt waren. Mein Vater hatte in ausländischen Büchern viel über die europäische Architektur gelesen und großes Interesse dafür entwickelt, aber hier sah er zum ersten Mal solche Gebäude mit eigenen Augen. Meine Mutter spürte, wie sehr ihm daran gelegen war, daß sie seine Begeisterung teilte, doch sie war immer noch sehr niedergeschlagen. Sie vermißte ihre Mutter, und vor allem war sie wütend auf meinen Vater, weil er ihr nicht direkt etwas Nettes sagen konnte, obwohl sie wußte, daß er mit der Stadtführung versuchte, sie aus ihrer niedergedrückten Stimmung herauszuholen.

Die unterbrochene Bahnlinie war erst der Anfang, weitere Schwierigkeiten folgten. Sie mußten die Reise zu Fuß fortsetzen. In dem Gebiet, das vor ihnen lag, lauerten bewaffnete Einheiten von einheimischen Großgrundbesitzern, Banditen und versprengte Kuomintang-Soldaten, die beim Vormarsch der Kommunisten zurückgeblieben waren.

Tagsüber legten sie wahre Gewaltmärsche zurück, meist auf schlechten Wegen. Für die ehemaligen Guerillakämpfer in der Gruppe war das kein Problem, sie waren daran gewöhnt. Aber meine Mutter hatte schon nach wenigen Tagen riesige Blasen an den Füßen. Sie konnte sich nicht ausruhen. Außerdem trug sie ihre Bettrolle und ihre sonstigen Habseligkeiten auf dem Rücken. Jeden Morgen biß sie die Zähne zusammen und schleppte sich weiter.

Sehr oft gab es überhaupt keine Wege. Einmal mußten sie mehr als fünfzig Kilometer marschieren, den ganzen Tag über regnete es in Strömen. Meine Mutter war vom Regen und ihrem Schweiß bis auf die Haut durchnäßt. Sie hatten einen Berg bestiegen, nicht sehr hoch, nur ungefähr neunhundert Meter, aber meine Mutter war völlig erschöpft. Sie meinte, einen zentnerschweren Stein auf dem Rücken zu tragen, dabei war es nur ihre Bettrolle. Ihre Augen brannten von dem Schweiß, der ihr ständig von der Stirn tropfte. Sie atmete tief ein und hatte doch bei jedem Atemzug das Gefühl, nicht genug Luft zu bekommen.

Vor Erschöpfung sah sie Sterne und konnte kaum einen Fuß vor den anderen setzen; ihre Gedanken drehten sich nur darum, wie sie den nächsten Schritt schaffen konnte. Am Gipfel angelangt, meinte sie das Schlimmste hinter sich zu haben. Aber dann mußte sie feststellen, daß der Abstieg fast genauso anstrengend war. Die Muskeln in ihren Unterschenkeln fühlten sich weich an wie Brei. Die Landschaft war wild und unwegsam. Der schmale Weg führte steil an einem Abgrund entlang, der mehrere hundert Meter abfiel. Ihre Beine zitterten, und sie glaubte unzählige Male, gleich werde sie den Abgrund hinunterstürzen. Mehrere Male klammerte sie sich im letzten Augenblick an einem Baum fest.

Nachdem sie diesen Berg überwunden hatten, mußten sie mehrere Flüsse durchqueren. Das Wasser reichte ihr bis zur Taille, und sie konnte sich kaum aufrecht halten. Einmal stolperte sie in der Mitte des Flusses und verlor den Halt. Meine Mutter konnte nicht mehr weiter und weinte hemmungslos, vor allem weil sie genau in diesem Moment sah, wie eine ihrer Freundinnen von ihrem Mann getragen wurde. Er war ein leitender Funktionär wie mein Vater und hätte das Recht auf einen Wagen gehabt. Aber er hatte es vorgezogen, dieses Privileg nicht in Anspruch zu nehmen, und ging lieber mit seiner Frau zu Fuß.

Mein Vater trug meine Mutter nicht. Er durchwatete den Fluß auch nicht, sondern wurde von seinem Leibwächter in einem Jeep gefahren. Ein Funktionär seines Ranges mußte nicht zu Fuß gehen, er bekam entweder einen Jeep oder ein Pferd, je nachdem was zur Verfügung stand. Meine Mutter hatte gehofft, daß er wenigstens ihre Bettrolle in seinem Auto transportieren würde, aber er bot ihr das nie an. An dem Abend, an dem sie fast im Fluß ertrunken wäre, nahm sie sich vor, ihn noch einmal zur Rede zu stellen. Sie hatte einen schrecklichen Tag hinter sich, außerdem mußte sie sich dauernd übergeben. Warum dürfe sie nicht wenigstens gelegentlich in seinem Jeep mitfahren, fragte sie ihn. Er erwiderte, er könne sie einfach nicht mitnehmen, sonst würde es heißen, er begünstige Familienmitglieder. Es sei seine Pflicht, gegen die in China seit Jahrhunderten praktizierte

Vetternwirtschaft zu kämpfen. Im übrigen müsse meine Mutter erfahren, was Härte bedeute. Meine Mutter hielt ihm vor, daß ihre Freundin von ihrem Mann durch den Fluß getragen worden sei. Mein Vater entgegnete, das sei etwas völlig anderes: Ihre Freundin sei eine altgediente Kommunistin, sie habe in den dreißiger Jahren im Nordosten Chinas unter unvorstellbar harten Bedingungen eine Guerillaeinheit im Kampf gegen die Japaner angeführt. Sie habe bereits sehr viel gelitten in ihrem Leben, unter anderem habe sie ihren ersten Mann verloren. Er sei auf Befehl von Stalin hingerichtet worden. Meine Mutter könne sich unmöglich mit dieser Frau vergleichen. Sie sei nur eine junge Studentin. Andere Leute dürften auf keinen Fall den Eindruck bekommen, sie werde bevorzugt, das sei schlecht für sie. »Es ist nur zu deinem Besten«, sagte er und erinnerte sie, daß über ihren Antrag auf Vollmitgliedschaft in der Partei noch nicht entschieden war. »Du hast die Wahl: entweder ins Auto oder in die Partei. Beides geht nicht.« Meiner Mutter leuchtete das zwar theoretisch ein, aber ihre Gedanken drehten sich nur darum, daß ihr ständig übel war und sie sich vollkommen erschöpft fühlte. Eines Nachts hielt sie es nicht mehr aus und brach in Tränen aus. Die Gruppe übernachtete meistens in Tempeln, leeren Speichern oder Schulen, wo es einfacher war, für ihre Sicherheit zu sorgen. In jener Nacht schliefen alle dichtgedrängt in einem großen Raum. Mein Vater lag neben ihr. Als ihr die ersten Tränen hinunterliefen, drehte sie sich von ihm weg und verbarg das Gesicht in der Armbeuge, damit die anderen sie nicht hörten. Mein Vater wachte sofort auf, richtete sich halb auf, beugte sich über sie und hielt ihr mit der Hand den Mund zu. Sie hörte ihn nervös flüstern: »Weine ja nicht laut! Wenn die Leute dich hören, wirst du kritisiert.« Kritisiert zu werden war eine ernste Sache. Es bedeutete, daß die Leute behaupten würden, sie sei nicht würdig, »der Revolution anzugehören«. Man würde ihr sogar vorwerfen, sie sei feige. Sie spürte, wie er ihr ein Taschentuch zusteckte, damit sie ihr Schluchzen ersticken konnte.

Am nächsten Tag nahm der Anführer ihrer Einheit sie beiseite und sagte ihr, daß sich einige Genossen letzte Nacht über sie beschwert hätten. Die Leute sagten, sie benehme sich wie ein »Zuckerpüppchen aus der Ausbeuterschicht«. Er könne sie ja verstehen, aber er müsse auch an die anderen denken. Es sei eine Schande, nur wegen so ein paar Schritten zu heulen. Sie verhalte sich nicht wie eine richtige Revolutionärin. Meine Mutter weinte daraufhin nie wieder, auch wenn ihr noch oft danach zumute war.

Nach vierzig Tagen erreichten sie die über tausend Kilometer südlich von Jinzhou gelegene Stadt Nanjing, die ehemalige Hauptstadt der Kuomintang. Nanjing ist als der »Backofen Chinas« bekannt, und Mitte September war es immer noch glühend heiß. Die Gruppe fand Unterschlupf in einer ehemaligen Kaserne. Auf der Bambusmatratze, die meiner Mutter als Lager diente, zeichnete sich dunkel der Umriß eines Menschen ab – der Schweiß all derjenigen, die vor ihr dort geschlafen hatten, hatte seine Spuren hinterlassen. Die Gruppe mußte in der drückenden, feuchten Hitze ein militärisches Training absolvieren. Sie lernten, wie man die Bettrolle, die Wickelgamaschen und den Tornister in höchster Eile zusammenpackte und übten das Marschieren mit vollem Gepäck. Entsetzt stellte meine Mutter fest, daß für sie als Teil einer Armee die strenge Disziplin in einer Armee galt. Sie trugen Khakiuniform und darunter grobe Baumwollhemden und Baumwollunterwäsche. Die Uniform mußte bis oben hin zugeknöpft werden, unter keinen Umständen durfte der Kragen offenbleiben. Meine Mutter bekam kaum Luft. Wie bei allen anderen hatte sich auf ihrem Rücken ein dunkler Schweißfleck gesammelt. Zu alledem mußten sie eine extra dicke Kappe aus Baumwolle tragen, die eng am Kopf anlag, damit kein Haar darunter hervorschaute. Meiner Mutter lief der Schweiß in Strömen über das Gesicht, der Rand der Mütze war ständig schweißnaß. In Nanjing mußten sie politische Vorlesungen anhören, unter anderem von Deng Xiaoping, dem späteren chinesischen Staatschef, und General Chen Yi, dem späteren Außenminister. Meine Mutter und ihre Genossen saßen auf dem Rasen vor der Zentralen Universität, die Vortragenden standen oft zwei oder drei Stunden in der prallen Sonne. Trotz der Hitze fand meine Mutter diese Vorlesungen interessant. Die Vortragenden verstanden es, ihre Zuhörer zu fesseln.

Eines Tages mußten sie in raschem Tempo und mit vollem Gepäck zum Grab von Sun Yat-sen marschieren, dem Gründungsvater des modernen Chinas. Das Grab lag mehrere Kilometer außerhalb der Stadt. Als sie zurückkehrten, spürte meine Mutter einen scharfen Schmerz im Unterbauch. An diesem Abend war eine Vorstellung der Chinesischen Oper in einem anderen Stadtteil angesagt, ein sehr berühmter Künstler sollte auftreten. Von meiner Großmutter hatte meine Mutter die Leidenschaft für die Beijing-Oper geerbt, und sie freute sich sehr auf die Vorstellung. Abends ging sie mit ihren Genossen zu Fuß die ungefähr acht Kilometer zum Opernhaus. Mein Vater fuhr mit dem Auto. Unterwegs wurden ihre Schmerzen heftiger, und sie überlegte, ob sie wieder umkehren sollte. Sie beschloß weiterzugehen. Mitten in der Vorstellung wurden die Schmerzen unerträglich. Sie ging hinüber zu meinem Vater und bat ihn, sie nach Hause zu fahren. Sie sagte nicht, daß sie Schmerzen hatte. Er warf einen Blick hinüber zu seinem Fahrer, der mit offenem Mund völlig gebannt auf die Bühne starrte. Dann drehte er sich zu meiner Mutter um und sagte: »Ich kann ihm doch jetzt nicht die Freude verderben, bloß weil meine Frau nach Hause möchte.« Meine Mutter wollte ihm daraufhin nicht mehr erklären, daß sie Schmerzen hatte. Sie ging.

Sie legte den ganzen Weg bis zur Kaserne zu Fuß zurück. Die Schmerzen waren nicht auszuhalten, vor ihren Augen drehte sich alles. Alles war schwarz, nur manchmal blitzten grelle Sterne auf. Sie hatte das Gefühl, als laufe sie auf Watte. Sie konnte die Straße nicht mehr erkennen und wußte nicht, wie lange sie unterwegs war. Es kam ihr wie eine Ewigkeit vor. In der Kaserne war alles wie ausgestorben, außer den Wachen waren alle in der Oper. Sie schleppte sich aufs Bett, und unter der Lampe sah sie, daß ihre Hose blutdurchtränkt war. Als ihr Kopf auf das Kissen niedersank, wurde sie ohnmächtig. Sie hatte ihr erstes Kind verloren. Und sie war ganz allein.

Wenig später kam mein Vater zurück. Da er mit dem Auto unterwegs war, traf er vor den anderen ein. Er fand meine Mutter ausgestreckt auf dem Bett. Zunächst glaubte er, sie sei nur erschöpft und habe sich hingelegt. Dann sah er das Blut, und er merkte, daß sie bewußtlos war. Er rannte los und suchte einen Arzt. Der Arzt vermutete zwar, daß es sich um eine Fehlgeburt handelte, aber als Armeearzt kannte er sich mit solchen Fällen nicht aus. Er rief ein Krankenhaus in der Stadt an und bat, einen Krankenwagen zu schicken. Das Krankenhaus machte zur Bedingung, daß der Krankenwagen und die Notoperation bar in Silberdollars bezahlt würden. Mein Vater sagte zu, obwohl er selbst kein eigenes Geld hatte. Er nahm es als selbstverständlich an, daß die Partei für ihre Mitglieder sorgte. Wer »zur Revolution gehörte«, war automatisch versichert.

Meine Mutter entging nur knapp dem Tod. Im Krankenhaus wurde eine Ausschabung vorgenommen, und sie bekam eine Bluttransfusion. Als sie nach der Operation die Augen aufschlug, sah sie meinen Vater neben dem Bett sitzen. Ihre ersten Worte waren: »Ich möchte die Scheidung!« Mein Vater war völlig zerknirscht und entschuldigte sich ein ums andere Mal. Er beteuerte, er habe doch keine Ahnung gehabt, daß sie schwanger sei. Und in der Tat hatte selbst meine Mutter es nicht gewußt. Ihre Periode war zwar ausgeblieben, aber da das schon öfter vorgekommen war, hatte sie sich nichts dabei gedacht. Sie führte das Ausbleiben ihrer Regel auf die langen Fußmärsche, das Bergsteigen und die Flußdurchquerungen zurück und meinte, das habe den Rhythmus ihres Körpers durcheinandergebracht. Mein Vater sagte, er habe nicht gewußt, was eine Fehlgeburt sei. Er versprach, in Zukunft mehr Rücksicht auf sie zu nehmen, und sagte, daß er sie liebe und sich bessern wolle. Während meine Mutter bewußtlos war, hatte er ihre blutverschmierten Kleider gewaschen. Das war für einen chinesischen Mann höchst ungewöhnlich. Schließlich ließ sich meine Mutter überreden, vorerst nicht die Scheidung einzureichen. Aber sie sagte, sie wolle zurück in die Mandschurei und Medizin studieren. Das hatte meine Großmutter immer gewünscht. Meine

Mutter sah meinen Vater direkt in die Augen und erklärte ihm, ihr sei inzwischen klargeworden, daß sie es der Revolution nie werde recht machen können, und wenn sie sich noch so sehr anstrengte. Sie werde doch nur Hohn und Kritik ernten. »Da gehe ich besser gleich.«

»Das darfst du nicht!« rief mein Vater. »Es wird heißen, du hättest dich vor Anstrengungen drücken wollen. Du wirst als Deserteur gelten, und dann ist es mit deiner Zukunft vorbei. Selbst wenn die Universität dich wieder aufnimmt, wirst du nie eine gute Stelle bekommen. Der Makel wird ein Leben lang haften bleiben.« Meine Mutter wußte damals noch nicht, daß niemand so einfach dem kommunistischen System den Rücken kehren konnte, denn auch dieses Verbot war wie so viele andere unausgesprochen. Aber sie registrierte den nachdrücklichen Tonfall. Wer sich einmal »der Revolution angeschlossen« hatte, konnte nicht einfach weggehen.

Meine Mutter blieb über einen Monat im Krankenhaus. Am 1. Oktober wurde den Patienten angekündigt, daß gleich eine wichtige Nachricht im Radio zu hören sein werde. Rund um das Krankenhaus waren Lautsprecher angebracht worden, damit alle die Sendung mitverfolgen konnten. Um dreizehn Uhr proklamierte Mao auf dem Tor des Himmlischen Friedens in Beijing die Volksrepublik China. Meine Mutter weinte wie ein Kind. Endlich war das China, das sie sich erträumt, das sie ersehnt und für das sie gekämpft hatte, Wirklichkeit geworden. Das Land, dem sie sich mit Leib und Seele verschreiben konnte, war entstanden. Mao verkündete, daß »das chinesische Volk sich erhoben« habe, und meine Mutter fragte sich, wie sie jemals hatte zweifeln können. Ihre Mühen waren nicht umsonst gewesen, und wie unbedeutend erschienen sie ihr jetzt im Vergleich mit dem großen Ziel: der Rettung Chinas. Sie war grenzenlos stolz auf ihr Land. Sie schwor sich, die Revolution nie im Stich zu lassen.

Kurz bevor meine Mutter die Fehlgeburt erlitt, ließen sich meine Eltern zum ersten Mal zusammen fotografieren. Auf dem Bild tragen sie beide Armeeuniformen und schauen nachdenklich, fast wehmütig in die Kamera. Das Foto sollte ein Andenken an ihren Einzug in die ehemalige Hauptstadt der Kuomintang sein. Meine Mutter schickte sofort einen Abzug an meine Großmutter.

Am 3. Oktober verließ die Einheit meines Vaters Nanjing. Kommunistische Truppen marschierten auf Sichuan zu. Meine Mutter mußte einen weiteren Monat im Krankenhaus bleiben und durfte sich danach noch erholen. Sie wurde in einem herrlichen Anwesen untergebracht, das einem früheren Geldgeber der Kuomintang, einem gewissen H. H. Kung, der ein Schwager von Chiang Kai-shek war, gehört hatte. Eines Tages hieß es, die Mitglieder ihrer Einheit sollten als Komparsen in einem Dokumentarfilm über die Befreiung von Nanjing mitwirken. Sie bekamen Zivilkleidung und spielten gewöhnliche Bürger, die die Kommunisten enthusiastisch begrüßten. Obwohl es sich um eine Rekonstruktion handelte (die im übrigen weitgehend den Tatsachen entsprach), wurde der Film in ganz China als Dokumentarfilm gezeigt – ein durchaus übliches Verfahren.

Meine Mutter blieb weitere zwei Monate in Nanjing. Ab und zu bekam sie ein Telegramm oder ein Bündel Briefe von meinem Vater. Er schrieb ihr täglich und schickte die Briefe bündelweise ab, wann immer er an einer Post vorbeikam, die noch in Betrieb war. In jedem Brief flehte er meine Mutter an, ihn nicht zu verlassen, und versprach, sich zu bessern. Sie dürfe nicht nach Jinzhou zurückkehren und die »Revolution im Stich lassen«.

Ende Dezember teilte man meiner Mutter mit, daß für sie und einige weitere Leute, die wegen einer Erkrankung hatten zurückbleiben müssen, Platz auf einem Dampfschiff sei. Sie sollte sich bei Einbruch der Dunkelheit am Dock einfinden. Weil die Kuomintang immer noch Bombenangriffe flog, war es zu gefährlich, tagsüber auf das Schiff zu gehen. Die Anlegestelle war in eisigen Nebel gehüllt, die wenigen Lichter hatte man aus Angst vor Luftangriffen vorsichtshalber ausgeschaltet. Ein kalter Nordwind wehte den Schnee über den Fluß. Meine Mutter mußte stundenlang an der Anlegestelle warten. Sie trug lediglich die dünnen Baumwollschuhe, die die Bauersfrauen anfertigten und die »Befreiungsschuhe« genannt wurden. Ihre Füße waren wie taub, und sie stampfte verzweifelt gegen die Kälte an. Das Dampfschiff beförderte sie auf dem Yangzi nach Westen. Die ersten rund dreihundert Kilometer, ungefähr bis zur Stadt Anqing, legten sie nur nachts zurück, tagsüber versteckten sie das Schiff im Schilf, damit die Flugzeuge der Kuomintang sie nicht entdeckten. Bei der Einfahrt in die Schluchten des Yangzi, wo die Provinz Sichuan beginnt und der Fluß sehr viel schmaler wird, mußten sie in zwei kleinere Boote umsteigen, die man ihnen von Chongqing geschickt hatte. Sie wurden darauf hingewiesen, daß die Einfahrt nach Sichuan gefährlich werden könnte.

Die Yangzi-Schluchten hießen auch »das Tor zur Hölle«. Eines Nachmittags verschwand plötzlich die strahlende Wintersonne. Meine Mutter lief an Deck, um zu sehen, was los war. Zu beiden Seiten des Schiffes ragten riesige Felswände über dem Fluß auf, die sich fast über dem Boot zu treffen und es zu erdrücken schienen. Die Felswände waren dicht bewachsen und so dunkel und hoch, daß sie den Himmel fast völlig verdeckten. Meine Mutter konnte den Fluß kaum noch sehen. Eine Felswand wirkte steiler als die andere. Meine Mutter hatte den Eindruck, als wäre ein riesiges Schwert vom Himmel herabgefahren und hätte die Felswand entzweigehauen.

Die Kommunisten hatten den größten Teil von Sichuan erst im letzten Monat eingenommen. In dem Gebiet hielten sich immer noch viele versprengte Truppen der Kuomintang auf, die dort hängengeblieben waren, als Chiang Kai-shek seinen Widerstand auf dem Festland aufgegeben hatte und nach Taiwan geflohen war. Die gefährlichste Situation erlebte meine Mutter, als Soldaten der Kuomintang das erste Boot angriffen, auf dem Munition transportiert wurde. Eine Granate traf. Meine Mutter stand an Deck und sah, wie das Boot ungefähr hundert Meter vor ihr in die Luft flog. Es schien, als ob der ganze Fluß plötzlich Feuer gefangen hätte. Brennende Holzplanken trieben auf das zweite Boot zu, eine Kollision mit dem brennenden Wrack schien unvermeidlich. Meine Mutter glaubte, das sei das Ende.

Ein riesiger Feuerball schoß auf sie zu. Aber plötzlich drehte sich das Wrack zur Seite und glitt wenige Zentimeter an ihnen vorbei.

Meine Mutter kam in eine völlig neue Welt. Das Klima und die Vegetation in Sichuan waren ihr fremd. Die Klippen entlang der Schluchten waren mit riesigen Rattanpalmen überwuchert, und die Atmosphäre wurde immer unheimlicher und exotischer. Affen kletterten durch das üppige Blattwerk. Als die Geräusche vom Fluß her nachließen, hörte meine Mutter das Lärmen der Affen, das Li Bo in seinen Gedichten aus dem 7. Jahrhundert verewigt hat. Am meisten beeindruckte meine Mutter jedoch nicht der Fluß, wie man nach dem Namen der Provinz vermuten könnte (Sichuan bedeutet »Vier Flüsse«), sondern die Berge. Sie bestaunte die unermeßlich hohen, herrlich steil abfallenden Felswände. Meine Mutter kannte nur die endlosen Ebenen der Mandschurei, so etwas hatte sie noch nie gesehen.

Auch die Menschen waren völlig anders. Meine Mutter fand die Bauern von Sichuan schrecklich knochig und klein. Es waren dunkle, abgehärmte, schmutzige Gestalten. Ihre Augen funkelten und sprühten, wenn sie meine Mutter anstarrten. Sie waren ein ganz anderer Menschenschlag als die Mandschuren: klein, dunkel, dünn und mit viel schärferen Gesichtszügen. Sie hatten viel größere, rundere Augen als die Menschen in der Mandschurei. Die Bauern banden sich eine Art Turban aus einem langen weißen Tuch um die Stirn. Da Weiß in China die Farbe der Trauer ist, meinte meine Mutter anfangs, sie seien alle in Trauer. Mitte Januar traf das Boot in Chongqing ein, der Hauptstadt der Kuomintang im Japanisch-Chinesischen Krieg. Dort mußte meine Mutter für die nächsten einhundertsechzig Kilometer flußaufwärts in die Stadt Luzhou in ein kleineres Boot umsteigen. In Luzhou erhielt sie von der örtlichen Partei eine Nachricht von meinem Vater. Er teilte ihr mit, er habe ihr einen Sampan entgegengeschickt, der sie direkt bis nach Yibin bringen werde. Erst da wußte meine Mutter, daß mein Vater angekommen und wohlauf war. Inzwischen war ihr Zorn verflogen. Sie hatte ihn über drei Monate nicht gesehen und vermißte ihn. Unterwegs hatte sie sich immer wieder vorgestellt, wie er sich über den Anblick so vieler Sehenswürdigkeiten freuen würde, von denen er bei den alten Dichtern gelesen hatte. Sie dachte daran, daß er während der Reise sicher einige Gedichte für sie geschrieben hatte, und bei dieser Vorstellung durchströmte sie ein Gefühl der Wärme für ihn.

Sie konnte noch am selben Abend weiterreisen. Am nächsten Morgen spürte sie, daß die Sonne wärmend den leichten Nebel durchdrang. Die Hügel entlang des Flusses waren grün und stiegen sanft an. Sie legte sich entspannt zurück und lauschte dem Plätschern des Wassers gegen den Bug. Sie genoß den Nebel, die Wärme und das sanfte Geräusch des Wassers. Am Nachmittag erreichten sie Yibin. Es war der Vorabend des chinesischen Neujahrsfestes. Yibin wirkte auf meine Mutter im ersten Augenblick wie eine übernatürliche Erscheinung – das zarte Abbild einer Stadt, die im Nebel schwebte. Als das Boot am Kai anlegte, hielt sie Ausschau nach meinem Vater. Schließlich machte sie seine Umrisse im Nebel aus: Dort stand er mit offenem Armeemantel und wartete auf sie, sein Leibwächter stand neben ihm.

Das Boot machte an einem Dock an der äußersten Landspitze fest. Der Bootsführer legte eine Holzplanke aus, und der Leibwächter meines Vaters kam auf das Boot und nahm meiner Mutter ihre Bettrolle ab. Meine Mutter lief den Steg hinunter, und ihr Herz hüpfte vor Freude im selben Takt. Mein Vater streckte die Arme aus und half ihr von Bord. Es schickte sich nicht, daß man sich in der Öffentlichkeit umarmte, aber meine Mutter wußte, daß er sich genauso freute wie sie. Sie war sehr glücklich.

KAPITEL 8

*»Heimkehr in einem
bestickten Seidengewand«*

*Familienleben und
Kampf gegen Banditen
(1949-1951)*

Den ganzen Weg über hatte meine Mutter sich vorzustellen versucht, wie Yibin wohl sein würde. Gab es dort Elektrizität? Waren die Berge ebenso hoch wie am Yangzi? Konnte man ins Theater gehen? Jetzt stieg sie mit meinem Vater den Hügel hinauf und sah, daß Yibin ein herrliches Fleckchen Erde war. Die Stadt steht auf einem Hügel auf einer vorspringenden Landzunge am Zusammenfluß zweier Flüsse, die zusammen den Yangzi bilden. Der eine Fluß führt klares, der andere trübes Wasser. In den niedrigen Häusern brannte elektrisches Licht. Die Wände bestanden aus Lehm und Bambus, die dünnen, gewellten Ziegel auf den Dächern wirkten auf meine Mutter grazil und zerbrechlich, fast wie eine Borte, ganz anders als die schweren Ziegel, mit denen man in der Mandschurei die Häuser vor Wind und Schnee schützte. Weiter hinten sah sie im Nebel kleine Häuser aus Bambus und Lehm inmitten von dunkelgrünen, mit Kampferbäumen, Chinesischen Mammutbäumen und Teesträuchern bewachsenen Bergen. Sie fühlte sich ganz leicht, nicht zuletzt weil der Leibwächter meines Vaters ihre Bettrolle trug. Nachdem sie in den letzten Monaten Hunderte vom Krieg zerstörter Städte und Dörfer gesehen hatte, genoß sie den Anblick einer völlig unversehrten Stadt. Die 7000 Mann starke Garnison von Yibin hatte sich kampflos ergeben.

Mein Vater wohnte in einem vornehmen Anwesen, das die Partei als Büro- und Wohngebäude übernommen hatte, meine Mutter konnte sofort bei ihm einziehen. Das Haus hatte einen

Garten mit wunderschönen Pflanzen, viele hatte meine Mutter noch nie in ihrem Leben gesehen, so etwa Papayas und Bananen mit ihren glänzenden großen, grünen Blättern. In einem Fischteich schwammen Goldfische, und eine Schildkröte kroch am Rand entlang. Im Schlafzimmer meines Vaters stand ein Sofa, das so breit war wie ein Doppelbett – und vor allem war es weich. Meine Mutter hatte noch nie auf einer so weichen Unterlage geschlafen. In der Mandschurei schlief man auf dem heizbaren *kang*. In Yibin brauchte man selbst im Winter nur eine warme Decke. Hier wehte kein schneidend kalter Wind, und der Staub drang nicht in jede Ritze und Pore. Yibin hatte fließendes Wasser, in Jinzhou mußten die Menschen das Wasser mit Eimern von den Brunnen holen. Zum ersten Mal in ihrem Leben konnte meine Mutter jeden Tag Reis, frisches Fleisch und soviel Gemüse essen, wie sie wollte. Im Nordosten gab es sechs Monate lang kein frisches Gemüse.

Die folgenden Wochen waren die eigentlichen Flitterwochen meiner Eltern. Meine Mutter war sehr glücklich. Jetzt konnte sie mit meinem Vater zusammensein, ohne daß sie dafür kritisiert wurde, daß sie »die Liebe an die erste Stelle setzte«. Die Atmosphäre in der Stadt war heiter und entspannt. Die Kommunisten freuten sich über ihren Siegeszug, niemand kam auf die Idee, von Ehepaaren zu verlangen, sie dürften nur samstags zusammensein.

Die Kommunisten hatten Yibin erst vor knapp zwei Monaten, am 11. Dezember 1949, eingenommen. Mein Vater war sechs Tage später in der Stadt angekommen und zum Verwaltungschef des Kreises Yibin ernannt worden. In seinem Amtsbereich lebten mehr als eine Million Menschen, 100 000 allein in Yibin. Mein Vater traf am 17. Dezember zusammen mit einer Gruppe von über hundert Studenten, die sich in Nanjing »der Revolution angeschlossen« hatten, in Yibin ein. Mehrere hundert Arbeiter hießen die Gruppe willkommen, sie schwenkten kleine rote Papierfähnchen mit fünf Sternen – ein großer und vier kleine Sterne, die neue Nationalflagge des kommunistischen Chinas – und skandierten Begrüßungsworte. Die Sterne waren an der falschen Stelle auf die Fähnchen gemalt; die Kommunisten am Ort wußten nicht, wie die neue Flagge genau aussah. Die Arbeiter freuten sich, daß mein Vater sie in ihrem heimischen Dialekt ansprach. Er trug seine grüne Armeeuniform und die achteckige Mütze, die in den zwanziger und dreißiger Jahren die Soldaten der kommunistischen Armee getragen hatten. Er sah darin sehr schneidig aus.

Mein Vater war seit zehn Jahren zum ersten Mal wieder in seiner Heimatstadt. Er hatte seine Familie, besonders seine jüngste Schwester, sehr vermißt. Seine gesamte Familie war außer sich vor Freude, daß er nicht nur am Leben, sondern sogar verheiratet war, und sie konnten es nicht erwarten, ihn in die Arme zu schließen. Er hatte seiner Familie über Parteikanäle eine Nachricht zukommen lassen, daß er bald in Yibin eintreffen werde, aber seine Familie hatte ihn zunächst nicht gefunden. Während seiner Untergrundtätigkeit in Yan'an hatte er wie viele andere einen *nom de guerre* angenommen, Wang Yu. »Yu« bedeutet »selbstlos in einem Maße, daß man es schon für dumm hält«. Nach seiner Heimkehr nahm mein Vater wieder seinen alten Familiennamen Chang an, bezog jedoch seinen Decknamen mit in den Namen ein und nannte sich fortan Chang Shou-yu, was soviel bedeutet wie »behalte Yu«.

Zehn Jahre zuvor hatte mein Vater als armer, hungriger, mit Füßen getretener Lehrling die Stadt verlassen. Jetzt kehrte er noch nicht dreißigjährig als ein mächtiger Mann zurück. Es war eine traditionelle chinesische Vorstellung, daß ein Mann »in einem bestickten Seidengewand« heimkehrt. Alle Familienmitglieder waren ungeheuer stolz auf ihn und mindestens genauso gespannt, ob er sich in den letzten zehn Jahren verändert hatte, denn sie hatten allerlei merkwürdige Dinge über die Kommunisten gehört. Und die Mutter meines Vaters brannte selbstverständlich darauf, ihre Schwiegertochter kennenzulernen.

Mein Vater sprach viel und lachte laut und herzlich. Er war aufgeregt und freute sich unbändig, fast wie ein kleiner Junge. Er hat sich kein bißchen verändert, dachte seine Mutter und seufzte erleichtert und glücklich auf. Die Frauen legten die traditionelle, von Kindheit anerzogene Zurückhaltung an den Tag, ihre Aufregung zeigte sich nur in ihren wachen, tränenerfüllten Augen. Nur seine jüngste Schwester erzählte lebhaft. Dabei spielte sie mit dem Ende ihres langen schwarzen Zopfes, und wenn sie etwas besonders Wichtiges zu sagen hatte, reckte sie das Kinn und warf den Zopf über die Schulter zurück. Mein Vater mußte lachen, denn das war die traditionelle Geste weiblicher Koketterie in Sichuan. In den zehn rauhen Jahren im Norden hatte er so etwas ganz vergessen.

Sie hatten viel nachzuholen und sich so viel zu erzählen. Mein Vater fragte, wie es den anderen Familienmitgliedern seit seinem Weggang ergangen war. Seine Mutter berichtete ihm ausführlich über alles und sagte dann, sie mache sich nur um ihre älteste Tochter Sorgen. Diese Tochter hatte sich ihr gegenüber sehr anständig verhalten und sich nach dem Tod ihres Vaters um die Mutter gekümmert. Sie war nicht nur für ihre Mutter, sondern auch für vier Kinder verantwortlich. Der Mann der Tochter war gestorben und hatte ihr ein kleines Stück Land hinterlassen, das sie mit Hilfe von ein paar Landarbeitern bewirtschaftete. Dieses Stück Land war ihre einzige Einnahmequelle. Jetzt drohten die Kommunisten angeblich, jeden zu bestrafen, der andere für sich arbeiten ließ.

Mein Vater war verletzt und verärgert. Dann brach es aus ihm heraus: »Ich habe mich so sehr auf diesen Tag gefreut, ich wollte den Sieg mit euch feiern. Die Ungerechtigkeit wird ein für allemal ein Ende haben. Das müßt ihr mir glauben. Es ist eine Zeit der Freude und der Hoffnung. Aber ihr seid so mißtrauisch und kritisch ... Ihr sucht immer nur nach Fehlern ...« Er brach ab und fing an zu weinen wie ein kleiner Junge. Seine Mutter, seine Cousine und seine Schwestern weinten auch. Er weinte Tränen der Enttäuschung.

Die Mutter meines Vaters wohnte noch immer in dem alten Haus der Familie, das ihr Mann ihr hinterlassen hatte. Es war ein Landhaus mit bescheidenem Komfort, niedrig, aus Holz und Ziegelsteinen errichtet, und lag direkt vor der Stadt. Eine Mauer und ein großer Garten trennten das Haus von der Straße, hinter dem Haus verströmten Pflaumenbäume einen herrlichen Duft, und durch ein dichtes Bambuswäldchen wirkte dieser Teil des Gartens wie ein Zaubergarten.

Meine Mutter stattete einen Tag nach ihrer Ankunft in Yibin ihren Antrittsbesuch bei ihrer Schwiegermutter ab. Das war eine aufregende Sache, denn die Schwiegermutter galt in China als die mächtigste Gebieterin ihrer Schwiegertochter. Der Schwiegermutter mußte sie bedingungslos gehorchen. Schwiegermütter nutzten ihre Stellung oft aus und tyrannisierten ihre Schwiegertöchter. Wenn die Schwiegertöchter dann selbst Schwiegermütter wurden, verhielten sie sich genauso. Die älteren Frauen ließen an den jüngeren ihre ganze Wut und Enttäuschung aus. Die Kommunisten hatten sich zum Ziel gesetzt, die Schwiegertöchter von diesem Joch zu befreien, und man erzählte sich, daß kommunistische Schwiegertöchter hochnäsige Drachen seien. Alle warteten deshalb sehr gespannt auf meine Mutter.

Die gesamte, wahrlich nicht kleine Verwandtschaft meines Vaters hatte sich mit Kind und Kegel im Hause meiner Großmutter versammelt. Als meine Mutter auf die Haustür zuging, hörte sie das Getuschel von drinnen: »Sie kommt! Sie kommt!« Die Kinder hüpften aufgeregt herum und versuchten, einen Blick auf die geheimnisvolle kommunistische Schwiegertochter aus dem weiten Norden zu erhaschen, und die Erwachsenen hatten alle Hände voll zu tun, die Kinder zu beruhigen.

Meine Mutter mußte ihre Schwiegermutter im Wohnzimmer begrüßen. Meine Eltern betraten den Raum gemeinsam, die Mutter meines Vaters saß in der Mitte des Zimmers auf einem unbequemen, mit Schnitzereien verzierten Stuhl aus Padoukholz. An beiden Seiten des Zimmers war jeweils eine lange Reihe dieser viereckigen, geradlehnigen und sehr schön verzierten Padoukstühle aufgereiht, die Begrüßungszeremonie wirkte dadurch noch förmlicher. Zwischen zwei Stühlen stand jeweils ein riesiger, zweistöckiger Teetisch, den eine Vase oder ein anderer Zimmerschmuck zierte. Meine Eltern gingen den Mittelgang zwischen den beiden Stuhlreihen entlang auf meine Großmutter zu. Sie wirkte völlig ruhig. Sie hatte kleine Augen, ein spitzes Kinn und dünne Lippen, die Mundwinkel hingen leicht nach unten. Sie war eine sehr kleine Frau, und es sah aus, als hätte sie die Augen halb geschlossen und meditierte. Vor ihrem Stuhl blieben meine Eltern stehen. Meine Mutter kniete nieder und verbeugte sich dreimal. Genauso gehörte es sich für eine junge Schwiegertochter, aber die Familie meines Vaters war nicht sicher gewesen, ob die junge Kommunistin sich an die althergebrachten Regeln halten würde. Jetzt atmeten alle erleichtert auf und lächelten, und die Schwiegermutter meiner Mutter war sichtlich entzückt. Die Cousins und Schwestern meines Vaters sagten zu ihr: »Eine wunderbare Schwiegertochter! So sanft und so hübsch! Mutter, du bist ein Glückspilz!«

Meine Mutter war stolz auf ihre kleine Eroberung. Sie und mein Vater hatten lange darüber diskutiert, wie sie sich verhalten sollten. Die Kommunisten hatten zwar erklärt, daß sie den Kotau abschaffen würden, weil er nicht mit der Würde des Menschen vereinbar sei. Aber meine Mutter wollte wenigstens dieses eine Mal eine Ausnahme machen. Mein Vater stimmte zu. Er wollte seine Mutter nicht verletzen und ebensowenig seine Frau, schon gar nicht nach der Fehlgeburt. Und außerdem war dieser Kotau ja etwas ganz anderes: Er sollte seine Familie für die Kommunisten gewinnen. Meine Mutter ließ er gewähren, aber er selbst brachte es nicht über sich, einen Kotau zu machen, wie es sich eigentlich gehört hätte.

Die Familie meines Vaters behandelte meine Mutter sehr nett. Die Frauen waren alle gläubige Buddhistinnen. Trotz der förmlichen ersten Begrüßung erwies sich die Großmutter als eine sehr umgängliche Frau. Sie urteilte selten über andere und kritisierte nie jemanden. Eine unverheiratete Schwester meines Vaters, Tante Jun-ying, meditierte und betete jeden Morgen und Abend nach Westen hin. Ihr rundes Gesicht war von Pockennarben entstellt, aber mit ihren kleinen Augen strahlte sie jeden so freundlich an, daß man sich bei ihr sicher und geborgen fühlte. Unwillkürlich verglich meine Mutter die Frauen ihrer neuen

Familie mit ihrer eigenen Mutter. Die Frauen in der Familie meines Vaters sprühten zwar nicht so vor Energie und Phantasie, aber durch ihre Ausgeglichenheit und Ruhe fühlte sie sich hier sofort wohl und zu Hause. Meine Mutter schloß die Frauen aus der Familie ihres Mannes schnell ins Herz. Die Frauen der Familie Chang empfingen sie so herzlich, daß sie sich von allen geliebt fühlte.

Schon bald bekam meine Mutter eine Stelle in der Abteilung für Öffentliche Angelegenheiten bei der Kreisverwaltung von Yibin, aber sie verbrachte die wenigste Zeit in ihrem Büro. Sie war hauptsächlich für die Versorgung der Bevölkerung mit Lebensmitteln zuständig, und das erwies sich als ein großes Problem. Die Führung der Kuomintang hatte sich in den Südwesten zurückgezogen, das war ihr letzter Stützpunkt. Eine Viertel Million Soldaten waren in Sichuan hängengeblieben, als Chiang Kai-shek im Dezember 1949 nach Taiwan geflohen war. Anders als in den meisten anderen Gebieten hatten die Kommunisten hier zuerst in den Städten Fuß gefaßt, bevor sie das Land eroberten. Versprengte, aber gut bewaffnete Einheiten der Kuomintang kontrollierten die ländlichen Gebiete im Süden Sichuans. Die Lebensmittelvorräte befanden sich größtenteils in den Speichern der Großgrundbesitzer, die selbstverständlich auf der Seite der Kuomintang standen. Die Kommunisten mußten sich dringend um den Lebensmittelnachschub zur Versorgung der Städte kümmern.

Nur wenige Tage nach der Ankunft meiner Mutter in Yibin, Ende Januar, organisierte die Kuomintang einen großen Aufstand im Süden von Sichuan. Dadurch brach die bis dahin schon prekäre Versorgungslage der Bevölkerung völlig zusammen, den Bewohnern von Yibin drohte der Hungertod. Die Kommunisten schickten bewaffnete Trupps aufs Land, um Lebensmittel zu requirieren.

Die Trupps setzten sich aus gewöhnlichen Zivilisten zusammen, die von Soldaten begleitet wurden. Jeder mußte mitgehen, im gesamten Kreis Yibin wurden nur zwei Frauen von den Expeditionen freigestellt: Die eine arbeitete im Telegrafenamt, die andere hatte ein neugeborenes Kind.

Meine Mutter nahm an mehreren solchen Expeditionen teil, jede dauerte einige Wochen. Ihr Trupp bestand aus dreizehn Personen, sieben Zivilisten und sechs Soldaten. Jeder trug eine Bettdecke, einen Vorrat an Reis und einen schweren Schirm auf dem Rücken. Der Trupp wanderte tagelang durch wilde Landschaften über gefährlich schmale Bergpfade, die im Volksmund »Schafsgedärm« hießen, an gähnenden Abgründen entlang und steilen Klippen vorüber. Wenn sie in ein Dorf kamen, hielten sie nach der schäbigsten Hütte Ausschau und versuchten, die armen Bauern für ihre Sache zu gewinnen. Sie sagten, die Kommunisten würden dafür sorgen, daß arme Bauern wie sie eigenes Land bekämen und ein besseres Leben führen könnten. Dann forderten sie die Bauern auf, ihnen die Namen der Großgrundbesitzer zu nennen, die Reisvorräte horteten. Die meisten Bauern fürchteten aufgrund tiefverwurzelter Ängste alle Beamten und mißtrauten ihnen. Viele kannten die Kommunisten nur vom Hörensagen, und selten hatten sie Gutes gehört. Meine Mutter erwies sich jedoch als sehr redegewandt und überzeugend. Wenn es einem Trupp gelang, den Bauern Informationen über die Großgrundbesitzer zu entlocken, die Lebensmittel besaßen, verhandelte man zuerst mit den Großgrundbesitzern und forderte sie auf, die Lebensmittel an den festgesetzten Verkaufspunkten abzuliefern. Manche Großgrundbesitzer bekamen es mit der Angst zu tun und verkauften ihre Vorräte ohne weitere Umstände, andere gaben nur leere Versprechungen ab.

Anfangs versuchte der Trupp meiner Mutter, bei armen Bauern unterzukommen. Aber wenn herauskam, daß eine Familie den Kommunisten geholfen hatte, wurden oft sämtliche Familienmitglieder getötet. Nachdem mehrmals hilfsbereite Bauern grausam getötet worden waren, beschloß der Trupp, in Zukunft keine Unschuldigen mehr zu gefährden. Sie schliefen von da ab entweder im Freien oder in leerstehenden Tempeln.

Auf ihrer dritten Expedition hatte meine Mutter wieder Anfälle von Übelkeit und Schwindel. Sie war wieder schwanger. Völlig erschöpft kam sie nach Yibin zurück und sehnte sich nach einer kurzen Ruhepause, aber statt dessen mußte sie fast pausenlos an politischen Versammlungen teilnehmen. Dann wurde ihr mitgeteilt, daß sie erneut aufbrechen müsse. Sollte sie mitgehen oder nicht? Sie war hin und her gerissen: Einerseits wollte sie gehen, aber andererseits wollte sie auch ihre Schwangerschaft nicht gefährden. Selbstaufopferung stand damals hoch im Kurs, es schickte sich nicht, daß man sich beklagte. Meine Mutter dachte voller Angst an ihre Fehlgeburt, die erst vier Monate zurücklag. Sie wollte nicht, daß wieder etwas passierte – diesmal noch dazu an einem völlig abgelegenen Ort, wo es keinen Arzt und keinerlei Verkehrsverbindungen gab.

Schließlich entschied sie sich doch zur Teilnahme an der Expedition. Außer ihr war noch eine weitere schwangere Frau dabei. Eines Nachmittags saß ihr Trupp zur Mittagspause in einem verlassenen Hof. Sie vermuteten, der Besitzer sei geflohen, vielleicht sogar vor ihnen. Um den mit Unkraut übersäten Innenhof verlief eine etwa schulterhohe Lehmmauer, die an mehreren Stellen zusammengefallen war. Das Hoftor aus Holz stand offen und klapperte in der Frühlingsbrise. Der Trupp hatte seinen eigenen Reis dabei und einen Koch. Er bereitete den Reis in der Küche des leerstehenden Hauses zu. Sie freuten sich schon auf das Essen, da tauchte ein unbekannter Mann mittleren Alters im Hof auf. Er war gekleidet wie ein Bauer und erzählte, daß eine gefürchtete Bande von Banditen, die unter dem Namen Breitschwert-Brigade berüchtigt war, auf dem Weg zu dem Haus sei. Sie hätten es besonders auf meine Mutter und die andere Frau abgesehen, weil sie wüßten, daß die beiden mit hochrangigen kommunistischen Funktionären verheiratet seien.

Der Mann war kein gewöhnlicher Bauer. Unter der Kuomintang war er der Vorsteher der örtlichen Verwaltungseinheit gewesen, der mehrere Dörfer angehörten, darunter auch das Dorf, in dem sich die Gruppe meiner Mutter gerade befand. Die Breitschwert-Brigade hatte bei ihm wie bei allen früheren Helfern der Kuomintang und allen Großgrundbesitzern um Unterstützung

geworben. Der Mann hatte sich der Brigade angeschlossen, wollte sich aber alle Möglichkeiten offenhalten, mit seiner Warnung an die Kommunisten wollte er sich auch ihres Wohlwollens versichern. Er zeigte ihnen den besten Fluchtweg.
Alle sprangen auf und rannten davon, nur meine Mutter und die andere schwangere Frau konnten nicht mehr schnell laufen. Der Vorsteher führte sie durch ein Loch in der Wand zu einem Heuhaufen in der Nähe, dort versteckten sie sich. Auch der Koch war noch nicht weg. Er verpackte den bereits fertigen Reis und goß kaltes Wasser auf den Wok, damit er abkühlte und er ihn mitnehmen konnte. Der Reis und der Wok waren zu kostbar, als daß er sie einfach zurücklassen konnte. Ein Wok aus Eisen war kaum zu beschaffen, zumal in so schwierigen Zeiten. Zwei Soldaten blieben bei ihm in der Küche und trieben ihn zur Eile an. In letzter Minute nahm er den Reis und den Wok vom Herd, und die drei machten sich durch die Hintertür aus dem Staub. In diesem Moment kamen die Banditen durch die Vordertür herein, und nach wenigen Minuten hatten sie den Koch und die beiden Soldaten eingeholt. Die Banditen stürzten sich auf die drei Männer und erstachen sie. Die Banditen sahen die anderen Mitglieder des Trupps davonrennen, aber sie hatten nicht genug Gewehre und Munition und konnten nicht auf sie schießen. Meine Mutter und die andere Frau blieben in ihrem Heuhaufen unentdeckt.
Kurz danach wurde die Bande zusammen mit dem Ortsvorsteher gefangengenommen. Er war einer der Anführer der Bande, eine »Schlange in ihrer alten Haut«. Ihm drohte die sofortige Exekution. Doch er verteidigte sich damit, daß er den Trupp gewarnt und den beiden Frauen das Leben gerettet habe. Damals wurden Todesstrafen von einem mit drei Richtern besetzten Gericht ausgesprochen, eine Prozeßordnung gab es nicht. Nur so war es möglich, daß mein Vater Vorsitzender des Tribunals wurde. Der zweite Richter war der Ehemann der anderen schwangeren Frau, der dritte der Polizeichef des Ortes.
Der Mann wurde mit einer Gegenstimme zum Tode verurteilt. Der Ehemann der anderen Schwangeren sprach sich für seine

Begnadigung aus, mein Vater und der Polizeichef stimmten für seine Hinrichtung. Meine Mutter flehte die drei Richter an, das Leben des Angeklagten zu schonen, aber mein Vater blieb hart. Genau darauf habe der Mann doch gebaut, erklärte er meiner Mutter. Er habe diese Gruppe gewarnt, weil er gewußt habe, daß die Ehefrauen zweier wichtiger Funktionäre dabeigewesen seien. »An seinen Händen klebt viel Blut«, sagte mein Vater. »Wir können genau aus dem Grund keine Milde walten lassen, weil unsere Frauen betroffen sind. Sonst wäre ja kein Unterschied mehr zwischen uns und der Kuomintang.« Die Sache war entschieden, der Ortsvorsteher wurde hingerichtet.

Meine Mutter verzieh das meinem Vater nie. Dieser Mann hatte ihr das Leben gerettet, und deshalb »schuldete« ihm mein Vater ein Leben. So sah sie es, und so hätten es die meisten Chinesen gesehen. Aber offensichtlich schätzte ihr Mann seine Frau nicht so, wie das der Ehemann der anderen Frau tat.

Kaum war die Verhandlung vorüber, da wurde meine Mutter erneut aufgefordert, an einer Expedition aufs Land teilzunehmen. Ihr war aufgrund der Schwangerschaft immer noch übel, sie mußte sich ständig übergeben, fühlte sich die ganze Zeit müde. Seit der Flucht Hals über Kopf in den Heuhaufen hatte sie Schmerzen im Unterleib. Der Ehemann der anderen Schwangeren hatte beschlossen, seine Frau nicht mehr gehen zu lassen. »Ich werde meine schwangere Frau beschützen«, sagte er, »und alle anderen schwangeren Frauen auch. Keine Frau, die ein Kind erwartet, darf sich solchen Gefahren aussetzen.« Damit stieß er jedoch auf den erbitterten Widerstand bei Frau Mi, der Vorgesetzten meiner Mutter, einer Bäuerin, die bei den Guerillatruppen gekämpft hatte. Keiner Bäuerin wäre es im Traum eingefallen, sich wegen einer Schwangerschaft zu schonen. Die Bäuerinnen arbeiteten bis zur Entbindung, und so manches Mal hatte eine Bäuerin draußen auf dem Feld mit der Sense die Nabelschnur ihres Neugeborenen durchtrennt und dann weitergearbeitet. Die Vorgesetzte meiner Mutter hatte ihr Kind auf dem Schlachtfeld zur Welt gebracht und es dort aussetzen müssen, weil das Weinen eines Babys die ganze Einheit

gefährdet hätte. Sie hatte ihr Kind verloren, und nun wollte sie offensichtlich, daß es anderen Frauen genauso erging. Sie bestand darauf, daß meine Mutter an der Expedition teilnahm, und brachte ein sehr überzeugendes Argument vor: Wenn nicht einmal die Frauen der Parteiführer sich an solchen Einsätzen beteiligten, wie konnte man es dann von anderen erwarten? Mein Vater gab ihr recht.
Trotz ihrer Angst vor einer Fehlgeburt stimmte meine Mutter zu. Sie war bereit zu sterben, aber sie hatte gehofft, daß mein Vater sich auf ihre Seite stellen und sie zurückhalten würde. Sie wollte spüren, daß ihre Sicherheit ihm wichtig war. Aber statt dessen erlebte sie, daß für meinen Vater die Revolution wieder einmal an erster Stelle stand. Sie war bitter enttäuscht.
Die folgenden Monate waren für sie schmerzhaft und anstrengend. Wieder stapften sie durch unwegsames Hügelland und über schwierige Bergpfade, immer öfter kam es zu Scharmützeln mit den Banditen. Jeden Tag hörten sie, daß die Breitschwert-Brigade und andere Banditen Mitglieder anderer Trupps mißhandelt und getötet hatten. Frauen behandelten sie besonders sadistisch. Eines Tages wurde die Leiche einer Nichte meines Vaters vor einem Stadttor zur Schau gestellt. Sie war vergewaltigt und danach mit einem Messer getötet worden. Ihre Scheide war eine einzige blutige Masse. Nach mehreren solcher Vorfälle beschloß man, keine Frauen mehr auf die Expeditionen mitzunehmen.

Unterdessen sorgte sich meine Großmutter in Jinzhou Tag und Nacht um ihre Tochter. Als meine Großmutter den ersten Brief von meiner Mutter bekam, in dem sie schrieb, sie sei wohlbehalten in Yibin eingetroffen, beschloß meine Großmutter, sich persönlich davon zu überzeugen. Im März 1950 machte sie sich allein auf den langen Weg durch ganz China.
Ihre Füße waren seit ihrer Heirat mit Dr. Xia ein wenig gewachsen. Bei den Mandschu war die Sitte, den Frauen die Füße zu binden, unbekannt, und meine Großmutter hatte die Tücher abgenommen. Das war jedoch fast so schmerzhaft gewesen wie

einst das Einbinden. Die gebrochenen Knochen wuchsen selbstverständlich nicht wieder zusammen, und die Füße erholten sich nicht mehr, sie blieben verkrüppelt und zusammengeschrumpft. Meine Großmutter wollte, daß ihre Füße normal aussahen, und stopfte sich Baumwolle in die Schuhe.

Der Bürgermeister von Jinzhou, Lin Xiao-xia, der meinen Eltern die Hochzeit ermöglicht hatte, händigte meiner Großmutter vor ihrer Abreise ein Dokument aus, das sie als Mutter einer Revolutionärin auswies. Gegen Vorlage dieses Dokuments stellten die Parteiorganisationen in allen Orten, die meine Großmutter passierte, Verpflegung, Unterkunft und Reisegeld zur Verfügung. Sie nahm fast dieselbe Route wie meine Eltern, zuerst mit dem Zug, manchmal in Lastwagen, und wenn sich keine andere Möglichkeit bot, ging sie zu Fuß. Einmal saß sie zusammen mit Frauen von kommunistischen Parteifunktionären und deren Kindern auf der Ladefläche eines Lasters. Der Laster hielt an, weil ein paar Kinder pinkeln mußten. In dem Moment krachten Schüsse und schlugen in die Holzplanken an den Seiten ein. Meine Großmutter duckte sich auf den Boden, während Kugeln nur Zentimeter über ihren Kopf hinwegpfiffen. Meine Großmutter überlebte den Angriff unbeschadet, aber mehrere Soldaten und Kinder wurden getötet.

Von Wuhan aus, einer großen Stadt in Zentralchina, mußte man das restliche Drittel der Strecke den Yangzi aufwärts zurücklegen, doch meine Großmutter erhielt überall die Auskunft, daß an eine Weiterfahrt im Moment nicht zu denken sei. Banditen machten das Gebiet unsicher, und sie mußte einen Monat lang warten, bis sich die Lage wieder beruhigt hatte. Ihr Boot, ein alter Kahn mit einem flachen offenen Deck wurde mehrmals vom Ufer aus angegriffen. Die Wachen hatten aus Sandsäcken einen über einen Meter hohen Wall an beiden Längsseiten des Boots errichtet und Schießscharten für ihre Gewehre ausgespart. Das Boot sah aus wie eine schwimmende Festung.

In Yichang mußte meine Großmutter in ein kleineres Boot umsteigen, das die Yangzi-Schluchten passieren konnte. Im Mai hatte sie Yibin fast erreicht, das kleine Boot glitt in dem ruhigen,

kristallklaren Wasser dahin. Meine Großmutter saß unter einem Dach aus Palmwedeln und atmete den herrlichen Duft der Orangenblüten ein, der vom Ufer herüberwehte. Die erhabene Schönheit der Teepflanzungen, die immer wieder aus der Nebeldecke über der Landschaft auftauchten, faszinierte sie. Soweit das Auge reichte, sah sie saftig grüne Hügel, breite Flüsse und fruchtbare Felder – welch ein Unterschied zu der braunen Öde des Nordostens! Hier gab es keinen Staub und kaum Wind. Meine Großmutter war glücklich, vor allem weil sie auf dem Weg zu ihrer geliebten Tochter war. Sie ahnte nicht, daß ihre Tochter ein paarmal nur knapp dem Tode entronnen war, auch über die Fehlgeburt hatte meine Mutter nichts geschrieben, weil sie meine Großmutter nicht unnötig beunruhigen wollte.
Mitte Mai, nach über zweimonatiger Reise, erreichte meine Großmutter Yibin. Meine Mutter kam gerade von einer Expedition aufs Land zurück und schloß ihre Mutter überglücklich in die Arme. Mein Vater hingegen war gar nicht begeistert. In Yibin lebten er und meine Mutter zum ersten Mal allein miteinander in einer zumindest halbwegs stabilen Situation. Gerade erst war er seiner Schwiegermutter entronnen, und da stand sie schon wieder vor der Tür, während er sie über 1600 Kilometer entfernt glaubte. Mein Vater war sich sehr wohl bewußt, daß er seiner Frau bisher keinen Ersatz für ihre enge Bindung an ihre Mutter hatte bieten können. Meine Mutter hegte immer noch Groll gegen meinen Vater. In dem Maße, wie die Bedrohung durch die Banditen wuchs, lebte man in Yibin wieder mehr nach militärischen Gepflogenheiten. Da beide sehr oft außer Haus waren, verbrachte meine Mutter kaum eine Nacht mit meinem Vater. Meistens unternahm er Inspektionsreisen durch das Kreisgebiet und machte sich vor Ort ein Bild von der Situation auf dem Land, er hörte sich die Beschwerden der Bauern an und kümmerte sich um vielfältige Probleme, vor allem um die Lebensmittelversorgung. Auch wenn mein Vater in Yibin war, arbeitete er oft bis spät in die Nacht. Meine Eltern sahen sich immer seltener und lebten sich auseinander.
In dieser Situation rührte die Ankunft meiner Großmutter an alte

Wunden. Meine Großmutter bekam ein eigenes Zimmer zugewiesen in demselben Hof, in dem meine Eltern wohnten. Damals sorgte die Partei in allen Belangen für den Lebensunterhalt ihrer Funktionäre. Die Funktionäre bekamen kein Gehalt, aber der Staat stellte kostenlos Unterkunft, Verpflegung, Kleidung und sämtliche Güter des täglichen Bedarfs zur Verfügung. Darüber hinaus erhielten die Funktionäre ein geringes Taschengeld – wie in der Armee. Gegessen wurde in Kantinen, wo die Portionen klein und lieblos zubereitet waren. Es war verboten, zu Hause zu kochen, selbst wenn man eigenes Geld hatte und Lebensmittel kaufen konnte.

Meine Großmutter verkaufte einzelne Schmuckstücke und deckte sich auf dem Markt mit frischen Lebensmitteln ein. Sie wollte selbst für meine Mutter kochen, denn eine Schwangere mußte gut essen. Aber schon bald hagelte es Beschwerden über meine Mutter. Man warf ihr »bourgeoise Gewohnheiten« vor, sie wolle besser behandelt werden als alle anderen und verbrauche Brennstoff, der wie Lebensmittel mühsam auf dem Land beschafft werden mußte. Sie sei ein »verwöhntes Gör«, die Anwesenheit ihrer Mutter behindere ihre Umerziehung. Mein Vater übte in seiner Parteizelle Selbstkritik und verbot meiner Großmutter, weiter zu Hause zu kochen. »Kannst du dich nicht ein einziges Mal auf meine Seite stellen?« fragte meine Mutter bitter. »Das Baby in meinem Bauch ist dein Kind so gut wie mein Kind, und es muß gut ernährt werden.« Schließlich gab mein Vater einen kleinen Schritt nach: Meine Großmutter durfte zweimal pro Woche zu Hause kochen, aber nicht öfter. Und auch das, betonte mein Vater, war schon ein Verstoß gegen die Bestimmungen.

Es stellte sich heraus, daß meine Großmutter mit ihrer Anwesenheit noch gegen eine viel wichtigere Bestimmung verstieß. Nur Funktionäre ab einem gewissen Rang durften ihre Eltern zu sich holen, und meine Mutter gehörte einem niedrigeren Rang an. Auch diese Regelung hing mit dem Versorgungssystem zusammen: Da Parteifunktionären kein Gehalt bezahlt wurde, mußte der Staat für alle Familienmitglieder aufkommen, die zu ihrem Haushalt gehörten, und dementsprechend hatte der Staat ein lebhaftes Interesse daran, daß die Zahl der Personen in einem Haushalt so klein wie möglich blieb. Aus diesem Grund hatte mein Vater seine eigene Mutter nicht zu sich geholt, Tante Jun-ying kümmerte sich um sie. Meine Mutter brachte vor, daß meine Großmutter dem Staat nicht zur Last fallen werde, da sie genug Schmuck besitze und selbst für sich sorgen könne, überdies habe Tante Jun-ying sie eingeladen. Frau Mi sagte darauf nur, das spiele keine Rolle, meine Großmutter habe in Yibin nichts verloren und müsse zurück in die Mandschurei fahren. Mein Vater stimmte Frau Mi zu.

Meine Mutter stritt erbittert mit ihm, aber mein Vater sagte nur, Bestimmungen seien dazu da, daß sie eingehalten würden. Er werde nicht daran rütteln. Meine Mutter brach in Tränen aus. Sie hatte Angst vor einer weiteren Fehlgeburt und fand, wenigstens aus Rücksicht auf ihre Schwangerschaft könnte er ein wenig großzügiger sein. Aber mein Vater blieb bei seinem Nein. »Korruption fängt immer im kleinen an«, entgegnete er. »Auf diese Weise höhlen wir unsere Revolution aus.« Mit keinem Gegenargument konnte meine Mutter seine Position erschüttern. Er hat kein Herz, dachte sie. Was ich will, kümmert ihn nicht. Er liebt mich nicht.

Meine Großmutter mußte abreisen, und meine Mutter verzieh das meinem Vater nie. Gerade einen Monat hatte meine Großmutter mit ihrer Tochter verbringen können, und dafür war sie länger als zwei Monate unter Lebensgefahr quer durch China gereist. Meine Mutter war sehr traurig und wütend auf meinen Vater. Meine Großmutter fürchtete, meine Mutter könnte wieder eine Fehlgeburt haben, und nachdem bereits die erste Schwangerschaft so geendet hatte, war das in der Tat sehr wahrscheinlich. Sie fürchtete, daß es in Yibin keine ordentliche medizinische Versorgung gab. Bevor sie abfuhr, suchte sie Tante Jun-ying auf und bat sie, auf meine Mutter aufzupassen. Schweren Herzens und unter Tränen ging meine Großmutter mit meiner Mutter hinunter zur Anlegestelle und wartete auf das Boot, mit dem sie den Yangzi abwärts ihre lange und gefährliche

Reise zurück in die Mandschurei beginnen sollte. Meine Mutter war im fünften Monat schwanger. Sie stand am Ufer und winkte dem Boot nach, bis es der Nebel verschluckte. Vielleicht würde sie ihre Mutter niemals wiedersehen.

Inzwischen war es Juli 1950. Meine Mutter war nunmehr seit fast einem Jahr Parteimitglied auf Probe und konnte als Vollmitglied aufgenommen werden, doch ihre Parteizelle ließ sie tüchtig schmoren. Die Parteizelle, die über die Aufnahme zu entscheiden hatte, bestand aus drei willkürlich zusammengewürfelten Menschen: meiner Mutter, dem Leibwächter meines Vaters und der Vorgesetzten meiner Mutter, Frau Mi. In Yibin gab es so wenig Parteimitglieder, daß man für die Zusammensetzung der Parteizellen keine Auswahl hatte. Die beiden anderen, beide Parteimitglieder mit vollen Rechten, neigten dazu, die Bewerbung meiner Mutter abzulehnen, aber sie sagten ihr das nicht offen. Sie ließen sie weiter im Ungewissen und verlangten eine Selbstkritik nach der anderen.

Auf jede Selbstkritik kamen etliche Gelegenheiten, bei denen sie von anderen kritisiert wurde. Ihre beiden Genossen warfen ihr »bürgerliches Verhalten« vor: Sie habe nicht aufs Land gehen wollen, um Lebensmittel zu beschaffen, und als sie dann doch gegangen sei, habe sie sich »in der Kampagne zur Vernichtung der Banditen nicht ausreichend bewährt«. Meine Mutter sagte, sie sei doch gegangen, als die Partei es von ihr verlangt habe, doch da erwiderten sie: »Aber zuerst wolltest du nicht gehen.«

Frau Mi warf ihr außerdem vor, sie habe Kleidung für ihr Baby genäht. »Seit wann muß ein Baby neue Sachen zum Anziehen haben? Das ist doch bourgeoise Verschwendungssucht! Sie kann ihr Baby in alte Kleider wickeln wie alle anderen auch!« Als meine Mutter traurig war nach der Abreise meiner Großmutter, war das für Frau Mi der endgültige Beweis, daß meine Mutter »die Familie an die erste Stelle« setzte – ein schlimmes Vergehen.

Der Sommer 1950 war der heißeste seit Menschengedenken, mit einer hohen Luftfeuchtigkeit und Temperaturen bis zu vierzig Grad. Meine Mutter wusch sich jeden Tag, und natürlich wurde sie von Frau Mi dafür kritisiert. Die Bauern, vor allem die im Norden des Landes, wuschen sich wegen der Wasserknappheit nur selten. Während der Guerillazeit hatten die Männer und Frauen darum gewetteifert, wer die meisten »Revolutionsinsekten« (das heißt Läuse) hatte, Sauberkeit galt als »unproletarisch«. Eines Tages brachte der Leibwächter meines Vaters die Klage vor, meine Mutter »benehme sich wie die große Dame eines Kuomintang-Offiziers«, weil sie einmal das restliche heiße Wasser meines Vaters benutzt hatte. Um Brennstoff zu sparen, durften sich damals nur Beamte ab einem bestimmten Rang mit heißem Wasser waschen, mein Vater gehörte zu dieser Kategorie, meine Mutter nicht. Nach der Kritik des Leibwächters verbot mein Vater meiner Mutter, sein Waschwasser zu benutzen. Das ging meiner Mutter endgültig zu weit: Nicht genug, daß mein Vater sie nicht unterstützte, jetzt drang »die Revolution« auch noch in ihr Privatleben ein.

Durch die sogenannte »Gedankenreform« wollte die Partei noch in die letzten Ritzen des Privatlebens eindringen. Jede Woche wurde für die »Mitglieder der Revolution« eine Versammlung zur »Gedankenüberprüfung« abgehalten. Jeder mußte sich für unrichtige Gedanken kritisieren und von anderen kritisieren lassen. Diese Versammlungen wurden von dienstbeflissenen, selbstgefälligen und engstirnigen Menschen beherrscht, die bei dieser Gelegenheit ihre Eifersucht und ihre Unzufriedenheit abreagierten. Menschen aus bäuerlichen Verhältnissen kritisierten Intellektuelle und Parteimitglieder aus »bourgeoiseren« Verhältnissen. Als Richtschnur galt, daß alle Menschen so werden sollten wie die Bauern, denn die kommunistische Revolution war weitgehend eine bäuerliche Revolution. Die Intellektuellen hatten besser gelebt als die Bauern, und deshalb machte man ihnen beständig Schuldgefühle. Die Selbstkritik zielte genau in diese Richtung.

Versammlungen waren ein wichtiges Herrschaftsinstrument der Kommunisten, und das in mehrfacher Hinsicht: Zum einen ließen sie dem einzelnen praktisch keine Freizeit mehr und zerstörten jedes Privatleben. Die engstirnige Kleinlichkeit auf diesen Versammlungen wurde damit gerechtfertigt, daß die wahre Reinigung der Seele nur zu erreichen sei, wenn man auch in die privatesten Belange eines Menschen vordringe. In der Tat wurde die Engstirnigkeit zum Wesensmerkmal einer Revolution, die das Privatleben abzuschaffen versuchte, intellektuelle Unwissenheit als große Errungenschaft feierte und die Mißgunst zum Herrschaftsinstrument machte. Die Parteizelle meiner Mutter ließ sie Woche um Woche, Monat um Monat schmoren und zwang sie zu endlosen Selbstkritiken.

Meine Mutter mußte sich dieser schmerzhaften Prozedur beugen. Die Parteimitgliedschaft bedeutete Leben, ohne die Mitgliedschaft in der Partei hatte das Leben eines Revolutionärs keinen Sinn. Außerdem war es das übliche Verfahren, und die Partei schien im Recht zu sein. Auch mein Vater hatte sich seinerzeit derselben Prozedur unterziehen müssen und sie akzeptiert als etwas, »was dazugehört, wenn man sich der Revolution anschließt«. Die Partei hatte nie einen Hehl daraus gemacht, daß es ein schmerzhafter Prozeß war. Mein Vater beruhigte meine Mutter, es sei völlig normal, wenn sie leide.

Zu guter Letzt sprachen sich die beiden Genossen meiner Mutter dagegen aus, sie aufzunehmen. Meine Mutter verfiel in eine tiefe Depression. Die Revolution hatte ihr soviel bedeutet, und jetzt stieß man sie zurück; der Gedanke war unerträglich. Außerdem war die Parteimitgliedschaft auch von der praktischen Seite sehr wichtig, denn wer nicht der Partei angehörte, war geächtet und ausgestoßen.

Zusätzlich zu ihren Schwangerschaftsbeschwerden hatte sie das Gefühl, die ganze Welt sei gegen sie. Sie klagte nicht die Partei an, denn die Partei hatte immer recht, sie machte ihre Schwangerschaft dafür verantwortlich und war wütend auf meinen Vater. Er hatte sie geschwängert, und jetzt stand er nicht zu ihr, wenn sie angegriffen und abgelehnt wurde und es ihr schlecht ging. Mehr als einmal dachte sie an Selbstmord, um ihn zu bestrafen, und sie malte sich aus, wie zerknirscht mein Vater an ihrem Grab stehen würde. Mehr als einmal ging sie am Kai

spazieren, starrte in das schlammig braune Wasser hinunter, unschlüssig, ob sie nun springen sollte oder nicht.
Die ablehnende Stellungnahme ihrer Parteizelle mußte von der nächsthöheren Instanz bestätigt werden, und dort saßen drei liberale Intellektuelle. Sie befanden, daß man meine Mutter ungerecht behandelt hatte, aber nach den Parteistatuten war es schwierig, das Votum der Parteizelle aufzuheben. Sie zögerten die Entscheidung hinaus. Das ließ sich ohne weiteres machen, denn selten waren alle drei zur selben Zeit in der Stadt. Meistens reisten sie wie mein Vater und die anderen männlichen Funktionäre auf dem Land herum und beschafften Nahrungsmittel oder bekämpften Banditen.
Die Kuomintang wußte, daß die Stadt Yibin kaum gesichert war. Überdies waren die Fluchtwege nach Taiwan oder durch Yunnan nach Indochina oder Burma versperrt, und so drangen versprengte Soldaten der Kuomintang, Grundbesitzer und Banditen bis Yibin vor und belagerten die Stadt. Eine Zeitlang sah es so aus, als würde Yibin fallen. Mein Vater kehrte sofort aus dem Hinterland zurück, als er von dem Angriff hörte.
Direkt an der Stadtmauer begannen die Felder. Die Angreifer nutzten dies als Deckung, drangen bis an die Mauer vor und versuchten mit einem Rammbock, das Nordtor zu durchbrechen. Obwohl meine Mutter inzwischen im siebten Monat schwanger war, versorgte sie mit anderen Frauen zusammen die Männer, die die Stadtmauer verteidigten, mit Wasser und schaffte die Verwundeten an sichere Plätze. In der Schule hatte sie Erste Hilfe gelernt, und diese Kenntnisse konnte sie jetzt gut gebrauchen. Außerdem war sie tapfer. Nach über einer Woche gaben die Belagerer auf. Die Kommunisten starteten einen Gegenangriff und brachen endgültig den bewaffneten Widerstand in der Region.

Unmittelbar danach begannen die Kommunisten mit der Landreform im Gebiet von Yibin. Die Landreform war der Hebel zur Neuordnung Chinas, die Richtlinien waren im Sommer in einem Gesetz über die Landreform niedergelegt worden. Alles landwirtschaftlich nutzbare Land in ganz China sollte neu verteilt, Zugtiere und Häuser sollten gerecht unter der Landbevölkerung aufgeteilt werden. Grundbesitzer wurden enteignet, durften aber wie alle anderen Bauern auch eine kleine Landparzelle bewirtschaften. Mein Vater war für die Durchführung der Landreform in seinem Kreis verantwortlich, meine Mutter wurde in Anbetracht ihrer fortgeschrittenen Schwangerschaft von der Mitwirkung freigestellt.

Yibin war ein reiches Gebiet; in Sichuan sagte man, daß die Bauern mit einem Jahr harter Arbeit für drei Jahre ausgesorgt hätten. Aber nach den jahrzehntelangen kriegerischen Auseinandersetzungen in der Vergangenheit war das Land verwüstet. Die Bauern hatten hohe Steuern für die Kämpfe und den achtjährigen Krieg gegen Japan bezahlen müssen, nach der Verlegung der Kriegshauptstadt der Kuomintang nach Sichuan saugten korrupte Beamte und einheimische Ausbeuter das Land vollends aus. All dies in Verbindung mit habgierigen Grundbesitzern hatte die vormals reiche Provinz in furchtbare Armut gestürzt. Achtzig Prozent der Bauern hatten entweder überhaupt kein Land oder aber nicht genug, um ihre Familien zu ernähren. Die Menschen verhungerten buchstäblich auf der Straße, die durchschnittliche Lebenserwartung lag bei vierzig Jahren. Die schreckliche Armut in einem so reichen Land hatte meinen Vater seinerzeit dazu bewogen, sich den Kommunisten anzuschließen.

In Yibin kam es bei der Landreform kaum zu Gewalttätigkeiten, weil viele Großgrundbesitzer sich während der ersten neun Monate der kommunistischen Herrschaft an Aufständen beteiligt hatten und dabei entweder gefangengenommen oder exekutiert worden waren. Dennoch gab es auch hier vereinzelt Gewaltakte. In einem Fall vergewaltigte ein Parteigenosse die weiblichen Familienangehörigen eines Grundbesitzers und schnitt ihnen anschließend die Brüste ab. Mein Vater ließ den Mann hinrichten.

Die Landreform war erst nach einem Jahr abgeschlossen. In den meisten Fällen nahm man den Grundbesitzern den Großteil ihres Landes und ihrer Häuser weg. Sogenannte »aufgeschlossene« Großgrundbesitzer, die sich nicht an Aufständen gegen die Kommunisten beteiligt oder die Kommunisten im Untergrund aktiv unterstützt hatten, wurden gut behandelt. Meine Eltern hatten Freunde unter den örtlichen Großgrundbesitzern, und manchmal wurden sie sogar in ihre prächtigen Häuser zum Essen eingeladen, bis die Partei die Häuser konfiszierte und an die Bauern verteilte.

Im November, als der Geburtstermin heranrückte, steckte mein Vater wieder einmal tief in Arbeit. Er war nicht einmal in der Stadt, als meine Mutter ihr erstes Kind, ein Mädchen, zur Welt brachte. Bei der Hochzeit mit meiner Großmutter hatte Dr. Xia meiner Mutter einen neuen Namen gegeben, De-hong. *Hong* heißt »Wilder Schwan«, *De* ist der sogenannte Generationsname. Mein Vater nannte meine Schwester Xiao-hong, das bedeutet »gleich (*xiao*) meiner Mutter«. Sieben Tage nach der Geburt meiner Schwester ließ Tante Jun-ying meine Mutter von zwei Männern auf einer Bambusbahre ins Haus der Changs tragen. Nachdem mein Vater ein paar Wochen später von seiner Inspektionsreise zurückgekehrt war, machte er meiner Mutter deswegen Vorwürfe – als Kommunistin habe sie sich nicht tragen lassen dürfen. Sie sagte, sie habe es nur zugelassen, weil es nun einmal nicht üblich sei, daß eine Frau nach der Geburt zu Fuß gehe. Mein Vater entgegnete, sie solle sich einmal überlegen, was wohl die Bäuerinnen davon halten würden, die sofort nach der Geburt weiter ihrer Arbeit auf dem Feld nachgingen.
Meine Mutter war immer noch sehr deprimiert, weil sie nicht wußte, ob sie in die Partei aufgenommen würde oder nicht. Da sie ihre Wut nicht an meinem Vater oder an der Partei auslassen konnte, machte sie das Neugeborene für ihr Elend verantwortlich. Vier Tage nach ihrer Entlassung aus dem Krankenhaus schrie meine Schwester die ganze Nacht durch. Meine Mutter war mit den Nerven am Ende, sie schrie die Kleine an und schlug auf sie ein. Tante Jun-ying schlief nebenan und wachte von dem Lärm auf. Sie kam ins Zimmer gelaufen und sagte zu meiner

Mutter: »Du bist erschöpft. Ich kümmere mich um die Kleine.«
Als meine Mutter einige Wochen später in ihr eigenes Haus zurückkehrte, blieb meine Schwester bei Tante Jun-ying im Haus meiner Großmutter.

Meine Mutter denkt noch heute voller Schmerz und Reue an die Nacht, in der sie meine Schwester schlug. Meine Schwester hat meine Mutter nie akzeptiert. Wenn meine Mutter zu Besuch kam, versteckte sie sich, und später verbat meine Mutter meiner Schwester – in einer tragischen Umkehr dessen, was sie als kleines Kind im Haus von General Xue erlebt hatte –, daß sie »Mutter« zu ihr sagte.

Meine Tante fand eine Amme für meine Schwester, die Partei zahlte allen Parteifunktionären eine Amme für ihre Neugeborenen. Das Geld war so großzügig bemessen, daß zwei weitere Personen davon ernährt werden konnten. Der Staat übernahm auch die Kosten für die medizinische Versorgung der Ammen, sie wurden wie staatliche Angestellte behandelt. Sie waren keine Dienerinnen und mußten nicht einmal Windeln waschen. Der Staat konnte sich diesen Luxus leisten, weil damals nur hochrangige Parteifunktionäre, die schon mehrere Jahre in der Armee gedient hatten, heiraten durften und es deshalb nur wenige Babys gab.

Allmählich erholte sich meine Mutter von ihrer Depression. Ihr Kind wußte sie in guten Händen. Nach der Geburt stand ihr vom Gesetz her ein Mutterschaftsurlaub von dreißig Tagen zu, diese Zeit verbrachte sie bei ihrer Schwiegermutter und Tante Jun-ying. Anschließend übernahm sie einen neuen Posten beim Kommunistischen Jugendverband der Stadt Yibin. In der Zwischenzeit hatte man die Verwaltung der gesamten Region, die eine Fläche von 12 000 Quadratkilometern und eine Bevölkerung von mehr als zwei Millionen umfaßte, neu organisiert. Die Region wurde in neun ländliche Kreise und die Stadt Yibin aufgeteilt, ein Gremium von vier Männern, einer davon mein Vater, stand an der Spitze der Regionalverwaltung. Innerhalb der Regionalverwaltung leitete mein Vater die Abteilung für Öffentliche Angelegenheiten.

Als Folge der Umorganisation bekam meine Mutter eine neue Chefin, die Leiterin der Abteilung für Öffentliche Angelegenheiten der Stadt Yibin, der auch der Jugendverband unterstand. Ungeachtet aller formalen Regeln spielt es auch im kommunistischen China eine große Rolle, was für einen Vorgesetzten man hat. Wie man von seinen Vorgesetzten behandelt wird, so wird man von der Partei behandelt. Ein netter Vorgesetzter macht das ganze Leben viel leichter.

Die neue Vorgesetzte meiner Mutter hieß Zhang Xi-ting. Sie und ihr Mann gehörten der Armee-Einheit an, die dazu auserkoren war, im Jahr 1950 am Einmarsch nach Tibet teilzunehmen. Sichuan war der Sammelpunkt für die Aktion, und für Han-Chinesen war Tibet das Ende der Welt. Die beiden wollten nicht nach Tibet marschieren und hatten um eine Versetzung gebeten, so waren sie nach Yibin gekommen. Der Ehemann hieß Liu Jie-ting; genaugenommen hatte er seinen Namen in Jie-ting (das bedeutet »mit Ting verbunden«) geändert, um zu zeigen, wie sehr er seine Frau bewunderte. Das Paar hieß überall »die beiden Tings«.

Im Frühjahr wurde meine Mutter zur Vorsitzenden des Jugendverbandes ernannt, ein wichtiges Amt für eine knapp zwanzigjährige Frau. Sie hatte ihr inneres Gleichgewicht wiedergefunden und viel von ihrem alten Schwung. In dieser Situation wurde ich gezeugt, im Juni 1951.

KAPITEL 9

*»Wenn ein Mann Macht bekommt,
steigen sogar seine Hühner und
Hunde zum Himmel auf«*

*Das Leben an der Seite
eines Unbestechlichen
(1951-1953)*

Meine Mutter war nun in einer neuen Parteizelle. Ihr gehörten außer meiner Mutter Frau Ting und eine dritte Frau an, die im Untergrund in Yibin gearbeitet hatte und mit der sich meine Mutter sehr gut verstand. Die dauernde Einmischung in ihr Privatleben und die ständigen Aufforderungen zur Selbstkritik hatten mit einem Schlag ein Ende. Ihre neue Zelle sprach sich für ihre Aufnahme in die Partei aus, und im Juli wurde sie Parteimitglied.

Die neue Vorgesetzte meiner Mutter, Frau Ting, war schlank, hatte volle, sinnliche Lippen, lebhafte Augen in einem sommersprossigen Gesicht und war nicht auf den Mund gefallen. Sie strahlte Energie und Selbstbewußtsein aus. Meine Mutter schloß Frau Ting sofort ins Herz.

Anders als bei Frau Mi konnte meine Mutter bei Frau Ting tun und lassen, was sie wollte. Sie durfte Romane lesen, während es vorher Vorwürfe gehagelt hatte, wenn jemand andere Bücher als marxistische Klassiker in die Hand nahm. Dann wurde man gleich als bourgeoiser Intellektueller beschimpft. Frau Ting erlaubte meiner Mutter auch, ohne Begleitung ins Kino zu gehen. Allein auszugehen war ein Privileg. Wer sich »der Revolution angeschlossen« hatte, durfte sich nur sowjetische Filme ansehen, und auch das nur in einer Gruppe bei eigens organisierten Vorführungen. Die öffentlichen Kinos, die sich nach wie vor in privater Hand befanden, zeigten immer noch ausländische

Filme, unter anderem amerikanische Filme mit Charlie Chaplin. Meine Mutter freute sich auch darüber, daß sie jetzt jeden Tag baden durfte, wenn sie wollte.

Eines Tages ging Frau Ting mit meiner Mutter auf den Markt und kaufte vier Meter polnischen Baumwollstoff, rosa mit Blumenmuster. Meine Mutter war schon vorher allein an den Ständen vorbeiflaniert und hatte die Stoffe mit den Augen verschlungen, aber sie hatte nicht gewagt, einen solchen Stoff zu kaufen, weil sie fürchtete, man würde sie für leichtfertig halten und kritisieren. Kurz nach ihrer Ankunft in Yibin hatte sie ihre Armeeuniform abgegeben, seither trug sie wieder ihren »Leninanzug« und darunter ein sackartiges rauhes, ungefärbtes Baumwollhemd. Zwar war es nicht vorgeschrieben, dieses Kleidungsstück zu tragen, aber jeder, der aus der Reihe tanzte, lief Gefahr, kritisiert zu werden. Meine Mutter hatte sich schon lange danach gesehnt, etwas Farbe in das Blau und Grau der Leninanzüge zu bringen. Mit ihrem rosa Baumwollstoff liefen sie und Frau Ting aufgeregt zum Haus der Changs zurück, und im Handumdrehen waren vier hübsche Blusen fertig, je zwei für meine Mutter und Frau Ting. Schon am nächsten Tag trugen sie unter ihren Leninjacken rosa Blusen mit Blumenmuster. Meine Mutter ließ den Kragen der Bluse ein bißchen unter der Jacke hervorschauen und war den ganzen Tag über schrecklich aufgeregt und nervös. Frau Ting wagte sogar noch mehr: Sie ließ nicht nur ihren Blusenkragen herausschauen, sondern krempelte auch noch die Ärmel der Leninjacke auf, so daß an beiden Armen ein breiter Streifen rosa Stoff zu sehen war.

Meine Mutter war über soviel Kühnheit verwirrt, fast ehrfürchtig starrte sie Frau Ting an. Erwartungsgemäß ernteten sie viele abschätzige und strafende Blicke, aber Frau Ting reckte ihr Kinn nur um so höher in die Luft und sagte: »Wen kümmert's?« Meine Mutter war sehr erleichtert. Wenn sie ihre Vorgesetzte auf ihrer Seite wußte, fiel es ihr leicht, die Kritik und die scheelen Blicke zu ignorieren.

Frau Ting scheute nicht davor zurück, bei Gelegenheit die Regeln ein wenig zu beugen. Zum Teil lag das daran, daß ihr

Mann Macht hatte und sie ohne Bedenken nutzte. Herr Ting, ein Mann mit einer scharfgeschnittenen Nase und einem hervorspringenden Kinn, der leicht gebeugt ging, leitete die Abteilung Parteiorganisation der Region Yibin, eine sehr wichtige Abteilung, denn er war für Beförderungen, Absetzungen und Bestrafungen zuständig. Dort wurden die Kaderakten sämtlicher Parteimitglieder geführt. Außerdem gehörte Herr Ting wie mein Vater dem vierköpfigen Gremium an, das die Region Yibin regierte.

Im Jugendverband arbeitete meine Mutter mit Leuten ihres Alters. Sie waren besser ausgebildet, ungezwungener, immer zu Scherzen bereit und nahmen die Dinge nicht so ernst wie die älteren selbstgefälligen Parteifunktionärinnen bäuerlicher Herkunft, mit denen sie bisher zusammengearbeitet hatte. Ihre neuen Kollegen gingen tanzen, fuhren zum Picknick hinaus und diskutierten über Bücher und Ideen.

In ihrer neuen Position trug meine Mutter mehr Verantwortung und wurde mehr geachtet, und der Respekt wuchs um so mehr, als die Leute schnell merkten, daß sie sehr fähig war und die Dinge energisch anpackte. In der neuen Umgebung wurde sie selbstbewußter und von meinem Vater unabhängiger, sie war nicht mehr ständig frustriert. Zudem hatte sie sich allmählich an ihn gewöhnt und erwartete längst nicht mehr, daß er sie an erste Stelle setzte. Sie hatte ihren Frieden mit der Welt geschlossen.

Die Beförderung brachte einen weiteren großen Vorteil für meine Mutter: Sie durfte nun ihre Mutter für immer zu sich nach Yibin holen. Ende August 1951 trafen meine Großmutter und Dr. Xia nach einer strapaziösen Reise, auf der es wenigstens keine Zwischenfälle gegeben hatte, in Yibin ein. Die Verkehrsverbindungen waren wieder intakt, und sie hatten die gesamte Strecke mit den regulären Zügen und Booten zurückgelegt. Da meine Großmutter und Dr. Xia nunmehr Angehörige einer Parteifunktionärin waren, wurde ihnen auf Kosten der Partei ein Haus mit drei Zimmern in einer Siedlung zugewiesen, in der lauter Angehörige der Regionalverwaltung wohnten. Der Verwalter der Siedlung lieferte ihnen kostenlos eine Ration Reis und

Brennstoff, zusätzlich bekamen sie ein wenig Bargeld, damit sie sich eigene Lebensmittel kaufen konnten. Meine Schwester und ihr Kindermädchen zogen zu ihnen, auch meine Mutter verbrachte den Großteil ihrer Freizeit dort und ließ sich von meiner Großmutter mit ihren Kochkünsten verwöhnen.

Meine Mutter freute sich, daß sie ihre Mutter und Dr. Xia, den sie sehr liebte, nun offenbar für immer bei sich hatte. Die Wiedersehensfreude wurde aber dadurch getrübt, daß meine Großmutter aus Jinzhou auch schlimme Nachrichten mitgebracht hatte. Gleich nach ihrer Ankunft hatte meine Mutter sich nach Hui-ge erkundigt, und meine Großmutter hatte ihr berichten müssen, daß er wenige Monate zuvor, im Februar, hingerichtet worden war. Ein Erschießungskommando hatte ihn, wie er es immer befürchtet hatte, an der Kehre im Fluß vor dem Westtor der Stadt erschossen. Für einen Chinesen ist es eines der schlimmsten Dinge, die einem Menschen widerfahren können, daß er nicht ordentlich begraben wird. Die Chinesen glauben, daß ein Toter nur dann Frieden finden kann, wenn sein Körper bedeckt ist und tief in der Erde ruht. Das ist eine religiöse Vorstellung, die aber auch eine ganz praktische Seite hat: Wenn ein Toter nicht begraben wird, reißen wilde Hunde den Körper in Stücke und Vögel picken das Fleisch. Früher hatte man die Leichen von Hingerichteten drei Tage offen liegen gelassen, erst dann durften sie beerdigt werden. Die Kommunisten hatten angeordnet, daß die Verwandten einen Hingerichteten sofort begraben sollten; wenn sie dazu nicht in der Lage waren, schickte die Regierung Totengräber, die sich um den Leichnam kümmerten.

Meine Großmutter war selbst zur Hinrichtungsstätte gefahren. Hui-ges Leichnam lag, von Kugeln durchsiebt, neben etlichen anderen Leichen auf dem Boden. Mit ihm zusammen hatte man noch fünfzehn Menschen erschossen. Der Schnee war rot von ihrem Blut. In der Stadt lebten keine Verwandten mehr von Hui-ge, so hatte meine Großmutter für ein anständiges Begräbnis gesorgt. Sie brachte ein großes Stück roter Seide mit und hüllte den Toten hinein. Bei der Hinrichtungsstätte traf sie noch eine Bekannte, die die Leichen ihres Mannes und ihres Bruders abholte. Beide hatten leitende Stellen in der Bezirksverwaltung der Kuomintang bekleidet. Diese Nachricht erschütterte meine Mutter zutiefst. Aber es kam noch schlimmer. Meine Großmutter war von ihrer eigenen Schwägerin, Yu-lins Frau, denunziert worden. Yu-lins Frau hegte seit langem Groll gegen meine Großmutter, da sie den Hauptteil der schweren Hausarbeiten erledigen mußte und von meiner Großmutter, der Hausherrin, herumkommandiert wurde. Die Kommunisten hatten die Leute darin bestärkt, auch über solche familiären Zerwürfnisse zu sprechen. Die Wut von Yu-lins Frau wurde in maoistische Bahnen gelenkt. Man erklärte ihr, sie sei ausgebeutet worden, und nun wollte sie ihre gerechte Rache haben. Nach Auffassung der Regierung war der Oberst ein Krimineller. Nachdem meine Großmutter seine Leiche abgeholt hatte, bezichtigte Yu-lins Frau sie der Unterstützung eines Kriminellen. Eine »Kampfversammlung« wurde einberufen, angeblich um meiner Großmutter »zu helfen«, ihre Fehler »einzusehen«. Meine Großmutter mußte teilnehmen, entschied sich aber wohlweislich, nichts zu sagen und so zu tun, als akzeptiere sie die Kritik vorbehaltlos. Innerlich jedoch kochte sie vor Wut auf ihre Schwägerin und die Kommunisten.

Diese Geschichte trug natürlich nicht dazu bei, das Verhältnis zwischen meiner Großmutter und meinem Vater zu verbessern. Als mein Vater hörte, was meine Großmutter getan hatte, wurde er sehr wütend. Anscheinend habe sie ja mehr Sympathien für die Kuomintang als für die Kommunisten, hielt er ihr vor. Aber Eifersucht spielte bei meinem Vater wohl auch eine Rolle. Meine Großmutter hatte Hui-ge gemocht und ihn sich als Schwiegersohn gewünscht.

Meine Mutter stand zwischen allen Fronten: zwischen ihrer Mutter und ihrem Ehemann, zwischen ihren persönlichen Gefühlen – ihrem Kummer über Hui-ges Tod – und ihren politischen Gefühlen – ihrer Verbundenheit mit den Kommunisten. Meine Mutter fand, daß es nicht viel Sinn hatte, mit ihrem Mann über ihre Zweifel zu sprechen, überdies sah sie ihn kaum. Die meiste Zeit reiste er über die Dörfer und kümmerte sich um die Probleme vor Ort, und auch wenn er in der Stadt war, sah sie ihn nur selten. Funktionäre hatten an sieben Tagen in der Woche von acht Uhr morgens bis elf Uhr abends an ihrem Arbeitsplatz zu sein. Das Familienleben mußte zurücktreten. Meine Mutter hatte sich an die langen Trennungen gewöhnt, und für gewöhnlich kam mindestens einer von beiden abends so spät nach Hause, daß sie kaum noch Zeit für ein Gespräch hatten. Ihre kleine Tochter lebte nicht bei ihnen, sie aßen beide in der Kantine, es blieb nicht viel Familienleben übrig.

Als die Landreform abgeschlossen war, überwachte mein Vater den Bau der ersten richtigen Straße in der Region und war wieder kaum in der Stadt. Bis die Kommunisten nach Yibin gekommen waren, hatte es nur den Fluß als einzige Verbindung zur Außenwelt gegeben. Die Regierung beschloß, eine Straße nach Süden in die Provinz Yunnan zu bauen. Innerhalb eines Jahres wurde allein von Menschenhand eine Strecke von 130 Kilometern durch bergiges Gelände und zahlreiche Flüsse fertiggestellt. Beim Straßenbau arbeiteten vor allem Bauern, ihren Lohn erhielten sie in Naturalien.

Bei den Aushubarbeiten für die Straße stießen die Bauern auf das Skelett eines Dinosauriers. Mein Vater erkannte den Wert des Fundes und sorgte dafür, daß das Skelett vorsichtig geborgen und in ein Museum in Beijing transportiert wurde. Er kümmerte sich ebenfalls um die Rettung alter Bauwerke und historischer Stätten. Es gab im Kreisgebiet Gräber aus dem 2. Jahrhundert nach Christus, die Bauern verwendeten die Backsteine zum Ausbessern ihrer Schweineställe. Mein Vater ließ die Gräber von Soldaten bewachen.

Eine wichtige Aufgabe meiner Mutter im Jugendverband war es, unter den jungen Fabrikarbeitern Unterstützung für die neue Regierung zu mobilisieren. Seit Anfang 1951 war sie unterwegs von einer Fabrik zur anderen, hielt Reden, erklärte die Politik der Kommunisten, hörte sich die Klagen der Fabrikarbeiter an und kümmerte sich um ihre Probleme. Zu ihrer Arbeit gehörte es auch, daß sie die jungen Leute ermunterte, sich dem Jugendverband und der Partei anzuschließen. Geraume Zeit wohnte sie nacheinander in mehreren Fabriken, denn die Kommunisten sollten »unter Arbeitern und Bauern arbeiten und leben«, wie es mein Vater tat, damit sie deren Probleme aus erster Hand kennenlernten.

In einer Fabrik außerhalb der Stadt wurden Isolierschalter hergestellt. Die Zustände in dieser Fabrik waren katastrophal, wie in den meisten anderen Fabriken auch. Dutzende von Frauen schliefen in einer Hütte aus Stroh und Bambus, die Arbeiter bekamen nicht genug zu essen, es gab nur zweimal im Monat Fleisch, obwohl sie körperliche Schwerstarbeit leisteten. Viele der Frauen standen acht Stunden am Tag in kaltem Wasser und wuschen die Porzellanschalter. Viele hatten aufgrund der schlechten Ernährung und der mangelnden Hygiene Tuberkulose. Nichts wurde sterilisiert, die Eßschalen und Stäbchen wurden nie richtig gespült, keiner hatte sein eigenes Eßgeschirr.

Im März hustete meine Mutter ein wenig Blut. Sie wußte sofort, daß sie Tuberkulose hatte, dennoch arbeitete sie weiter. Sie war froh, weil niemand sie bevormundete und sie ihr eigener Herr war. Sie hatte eine sinnvolle Aufgabe und freute sich über die Früchte ihrer Arbeit. Die jungen Arbeiter mochten sie, viele hatten sich ihretwegen der kommunistischen Sache verschrieben. Sie war der festen Überzeugung, daß die Revolution ihre ganze Hingabe und Selbstaufopferung brauchte. Daher arbeitete sie sieben Tage in der Woche von morgens bis abends. Nach monatelanger, pausenloser Arbeit war es jedoch nicht länger zu verbergen, daß sie schwer krank war. In ihrer Lunge hatten sich vier Kavernen gebildet. Und seit Sommer war sie mit mir schwanger.

Eines Tages Ende November brach meine Mutter in der Fabrikhalle bewußtlos zusammen. Sie wurde in ein kleines Krankenhaus in der Stadt gebracht, das ursprünglich von ausländischen Missionaren eingerichtet worden war. Dort wurde sie von chinesischen Ärzten und Krankenschwestern gepflegt, die katholisch waren. Ein Priester und ein paar Nonnen aus Europa trugen nach wie vor Ordenstracht. Frau Ting sagte meiner Großmutter, sie solle meiner Mutter zusätzlich Essen ins Krankenhaus bringen, damit sie zu Kräften komme. Meine Mutter aß bergeweise Dinge, die bei den Chinesen als besonders nahrhaft gelten, Eier, Fleisch und Hühnchen, und trank jeden Tag einen halben Liter Milch. Ich entwickelte mich infolgedessen zu einem Riesenbaby, meine Mutter nahm in der Schwangerschaft dreißig Pfund zu.

Das Krankenhaus besaß einen kleinen Vorrat an amerikanischer Medizin gegen Tuberkulose. Frau Ting ging in das Krankenhaus und verlangte, daß die gesamte Menge für meine Mutter herausgegeben werden sollte. Mein Vater erfuhr davon und forderte Frau Ting auf, dem Krankenhaus mindestens die Hälfte der Medizin zurückzugeben. Aber sie fuhr ihn an: »Was hätte das für einen Sinn? Es ist so schon nicht einmal genug für einen. Wenn Sie mir nicht glauben, dann fragen Sie doch den Arzt. Außerdem bin ich die Vorgesetzte Ihrer Frau und für sie verantwortlich. Ich muß keine Anordnungen von Ihnen entgegennehmen.« Das war ein großer Moment für meine Mutter, sie war Frau Ting sehr dankbar, daß sie sich meinem Vater und seinen allzu hehren Prinzipien in den Weg gestellt hatte. Mein Vater bestand jedoch auch nicht sehr nachdrücklich auf seiner Forderung. Er war ganz offensichtlich hin und her gerissen zwischen der Sorge um meine Mutter und seinen Prinzipien, wonach zumindest ein Teil der Medizin anderen Kranken zustand. Vielleicht war es sogar eine Entlastung, daß Frau Ting ihm die Entscheidung abgenommen hatte.

Da ich so groß war und nach oben drückte, wurden die Kavernen in ihrer Lunge zusammengepreßt und schlossen sich nach und nach. Die Ärzte sagten meiner Mutter, sie habe es ihrem Baby zu verdanken, daß sie wieder gesund geworden sei. Meine Mutter war jedoch der Ansicht, daß ihre Genesung der amerikanischen Medizin zuzuschreiben sei, die sie dank Frau Tings Fürsprache hatte einnehmen können. Meine Mutter blieb drei Monate im Krankenhaus, bis Februar 1952. Zu der Zeit war sie im achten Monat schwanger. Sie wäre gerne noch länger geblieben, aber eines Tages hieß es plötzlich, sie solle gehen, »zu ihrer eigenen Sicherheit«. Ein Freund erzählte ihr, man habe im Haus eines ausländischen Priesters in Beijing Waffen gefunden und nun stünden alle ausländischen Priester und Nonnen unter schwerem Verdacht.

Meine Mutter wollte nicht gehen. Das Krankenhaus lag in einem hübschen Garten mit einem Teich und herrlichen Seerosen, sie genoß die professionelle Pflege und die Sauberkeit, eine Seltenheit in China. Aber sie hatte keine Wahl. Sie wurde in ein anderes Krankenhaus verlegt, ins Volkskrankenhaus Nummer eins. Der Direktor des Krankenhauses war wegen ihrer bevorstehenden Niederkunft sehr besorgt, er hatte noch nie ein Kind entbunden. Er war Militärarzt bei der Kuomintang gewesen, bis sich seine Einheit mit den Kommunisten verbrüdert hatte und übergelaufen war. Bisher hatten ihn die Kommunisten gut behandelt, und nun fürchtete er, meine Mutter könnte bei der Geburt sterben und er dadurch in ernste Schwierigkeiten geraten, schließlich war mein Vater ein hoher Parteifunktionär.

Der Arzt schlug meinem Vater vor, meine Mutter in ein anderes Krankenhaus in eine größere Stadt zu verlegen, das sei besser ausgerüstet und habe Spezialisten für Geburtshilfe. Er meinte, ich könnte mit solcher Wucht aus meiner Mutter herausstoßen, daß ein Teil ihrer Lunge mitgerissen und eine schwere Blutung ausgelöst werden könnte. Mein Vater lehnte die Verlegung ab, er wollte, daß seine Frau wie jede andere Patientin behandelt wurde. Die Kommunisten seien angetreten, alle Privilegien abzuschaffen. Meine Mutter dachte bitter, daß er sich nie auf ihre Seite stellt und daß es ihm im Grund gleichgültig war, ob sie lebte oder starb.

Ich wurde am 25. März 1952 geboren. Weil der Fall so schwierig war, wurde ein zweiter Chirurg aus einem anderen Krankenhaus zu der Geburt hinzugezogen. Mehrere andere Ärzte waren dabei, außerdem stand Personal mit Beatmungs- und Transfusionsgeräten bereit. Auch Frau Ting war da. In China ist es nicht üblich, daß Männer bei der Geburt anwesend sind, aber der Direktor des Krankenhauses bat meinen Vater, vor dem Kreißsaal zu warten, weil es sich um einen besonderen Fall handele. Wahrscheinlich fürchtete er Komplikationen und wollte sich absichern. Die Entbindung war sehr schwierig, denn als mein Kopf geboren war, ging es nicht weiter. Meine Schultern waren zu breit und blieben stecken, ich war einfach zu dick. Die Schwestern zogen mit aller Kraft an meinem Kopf, benutzten aber nicht die Zange wie sonst in solchen Fällen. Ich kam blau und lila verfärbt und halb erstickt zur Welt. Die Ärzte steckten mich abwechselnd in heißes und kaltes Wasser, hielten mich an den Beinen hoch und klopften mir kräftig auf den Hintern. Schließlich fruchtete diese Schockbehandlung, und ich brüllte aus Leibeskräften. Alle lachten erleichtert. Ich wog etwas über zehn Pfund. Die Lunge meiner Mutter war nicht in Mitleidenschaft gezogen worden.

Eine Ärztin nahm mich auf den Arm und zeigte mich meinem Vater. Seine erste Reaktion war: »O Schreck, das Kind hat ja Froschaugen!« Meine Mutter war sehr verärgert über diese Bemerkung. Tante Jun-ying protestierte: »Nein, sie hat wunderschöne große Augen.«

In China gibt es für jede Gelegenheit ein besonderes Essen und natürlich auch ein spezielles Gericht für eine Frau gleich nach der Niederkunft: pochierte Eier in Sirup aus Rohzucker mit leicht angegorenem Reisbrei. Meine Großmutter hatte das Gericht im Krankenhaus zubereitet, denn wie alle Krankenhäuser hatte auch dieses eine Küche, wo die Angehörigen für die Patienten kochen konnten. Sobald meine Mutter etwas essen konnte, servierte man ihr das Gericht.

Als man Dr. Xia erzählte, meine Mutter habe eine Tochter zur Welt gebracht, sagte er: »Noch ein wilder Schwan.« Ich bekam den Namen Er-hong, das bedeutet »Zweiter Wilder Schwan«.

Mir meinen Namen zu geben war der letzte Akt in Dr. Xias langem Leben. Vier Tage nach meiner Geburt starb er im Alter von 83 Jahren. Er lag im Bett und trank ein Glas Milch. Meine Großmutter ging für einen Moment aus dem Zimmer, und als sie zurückkam, war das Glas heruntergefallen und die Milch verschüttet. Sein Tod war kurz und schmerzlos gekommen.

Beerdigungen sind in China ein sehr wichtiges Ereignis. Gewöhnliche Sterbliche stürzen sich für eine große Beerdigungsfeier oft in den finanziellen Ruin. Meine Großmutter liebte Dr. Xia und wollte ihm durch eine großartige Zeremonie Ehre erweisen. Sie bestand daher auf folgenden drei Dingen: Erstens wollte sie einen Sarg aus gutem Holz, zweitens sollte der Sarg von Trägern getragen und nicht auf einem Karren gefahren werden, und drittens sollten buddhistische Mönche die für die Toten bestimmten Sutras singen und auf der Suona spielen, einem durchdringenden Holzblasinstrument. Mit den ersten beiden Bitten war mein Vater einverstanden, die dritte lehnte er jedoch rundweg ab. Für die Kommunisten waren alle aufwendigen Zeremonien unnötig und überflüssig. Meine Großmutter war anderer Ansicht. Früher wurden nur sehr arme Leute in aller Stille zu Grabe getragen, zu der Beerdigung einer wichtigen Persönlichkeit gehörten Krach und Lärm, nur so wurde sie zu einer öffentlichen Angelegenheit. Dies wiederum brachte den Hinterbliebenen Ansehen und zeugte vom Respekt vor dem Toten. Mein Vater bestand jedoch darauf, daß keine Suona gespielt wurde. Es gab einen heftigen Streit, meine Großmutter erlitt nach der Beerdigung einen Nervenzusammenbruch und mußte für fast zwei Monate ins Krankenhaus.

Dr. Xia wurde auf einem Friedhof am Stadtrand beerdigt. Er lag auf einem Hügel mit einem herrlichen Blick auf den Yangzi. Pinien, Zypressen und Kampferbäume spendeten seinem Grab Schatten. In der kurzen Zeit in Yibin hatte sich Dr. Xia die Liebe und die Achtung aller, die ihn kannten, erworben. Der Verwalter des Gästehauses, in dem meine Großeltern lebten, nahm meiner Großmutter alle Formalitäten ab und führte mit dem Personal des Gästehauses den Trauerzug an.

Dr. Xia hatte einen sehr glücklichen Lebensabend erlebt. Er liebte Yibin und freute sich an den exotischen Blumen, die hier im subtropischen Klima blühten, das so ganz anders war als in Yixian oder Jinzhou. Er erfreute sich bis zu seinem Tod einer außergewöhnlich guten Gesundheit. Meine Großmutter und er waren versorgt gewesen und hatten reichlich zu essen gehabt.

In einer Gesellschaft ohne jegliche soziale Sicherung beschäftigte die Menschen die Frage sehr, ob es ihnen im Alter gutgehen würde. Der Stellung meiner Mutter und der neuen Regierung verdankten meine Großmutter und Dr. Xia einen sorglosen Lebensabend, und das zählte viel.
Dr. Xia war mit allen gut ausgekommen, auch mit meinem Vater, der ihn zutiefst respektierte als einen Mann mit Grundsätzen. Dr. Xia wiederum achtete meinen Vater, weil er sehr belesen war. Er sagte, er habe in seinem langen Leben viele Beamte kennengelernt, aber keinen wie meinen Vater.
Die beiden unterhielten sich oft stundenlang. In ethischen Fragen hatten sie viele Gemeinsamkeiten, auch wenn mein Vater von einem ideologischen Standpunkt aus argumentierte, während Dr. Xias Überzeugungen rein humanistisch geprägt waren. Einmal sagte er zu meinem Vater: »Ich glaube, ihr Kommunisten habt viel Gutes getan. Aber ihr habt zu viele Menschen umgebracht, Menschen, die ihr nicht hättet töten sollen.« »Wen zum Beispiel?« fragte mein Vater. »Die Meister der Gesellschaft der Vernunft zum Beispiel«, entgegnete Dr. Xia und meinte damit die Geheimgesellschaft, der er angehörte. Ihre Führer waren im Zuge einer Kampagne »zur Unterdrückung von Konterrevolutionären« hingerichtet worden. Mein Vater erwiderte, der Kampf gegen die Kuomintang sei eine Frage von Leben und Tod. Dr. Xia spürte, daß mein Vater selbst nicht ganz überzeugt war, aber glaubte, er müsse die Partei in Schutz nehmen.

Nach der Entlassung aus dem Krankenhaus zog meine Großmutter zu meinen Eltern, auch meine Schwester und ihr Kindermädchen zogen ins Haus meiner Eltern. Ich schlief mit meiner Amme in einem Zimmer. Ihr eigenes Baby war zwölf Tage vor mir zur Welt gekommen, und sie hatte die Stelle als Amme angenommen, weil sie dringend Geld brauchte. Ihr Mann war Arbeiter und saß wegen Opiumhandel und Glücksspiel, beides von den Kommunisten verboten, im Gefängnis.
Menschen wie meine Amme hatten keinerlei soziale Absiche-

rung oder Arbeitslosenunterstützung. Sie hatte bei ihrer Schwiegermutter gewohnt, die sich jetzt auch um ihr Baby kümmerte. Durch die Arbeit als Amme verdiente sie genug, daß sie ihr Baby und ihre Schwiegermutter ernähren konnte. Von der Partei bekam sie ein Gehalt und andere Zuwendungen.

Sie war eine sehr kleine Frau mit einer zarten Haut, ungewöhnlich großen runden Augen und wunderschönem langem Haar, das sie in einem Knoten trug. Sie war sehr freundlich und kümmerte sich liebevoll um mich. Gerade, breite Schultern widersprachen dem damaligen Schönheitsideal für Mädchen, deshalb wurden mir die Schultern fest eingeschnürt, damit sie im Laufe der Zeit nach vorne hingen. Das war das einzige Mal, daß ich lauthals weinte; ich schrie mir die Seele aus dem Leib. Schließlich ließ sie mit einem resignierten Seufzer meine Arme und Schultern los. So konnte ich Besuchern winken und sie umarmen, und das tat ich schon als sehr kleines Kind. Meine Mutter schrieb mein offenes Wesen der Tatsache zu, daß sie während der Schwangerschaft sehr glücklich gewesen war.

Wir wohnten in dem weitläufigen Gut eines Großgrundbesitzers, wo mein Vater sein Büro hatte. Das Haus lag inmitten eines großen Gartens mit chinesischen Pfefferbäumen, Bananenstauden und vielen duftenden Blumen und subtropischen Pflanzen. Die Regierung bezahlte für die Versorgung des Gartens einen Gärtner. Mein Vater zog selbst Tomaten und Chili, die Gartenarbeit machte ihm viel Spaß, und außerdem war er der Meinung, daß kommunistische Beamte im Unterschied zu den Mandarinen, die körperliche Arbeit verachtet hatten, mit Freude körperlich arbeiten sollten.

Mein Vater war sehr liebevoll zu mir. Als ich zu krabbeln begann, legte er sich oft bäuchlings auf den Boden und spielte »Berg« für mich. Ich kletterte nach Herzenslust auf ihn und über ihn hinweg.

Kurz nach meiner Geburt wurde mein Vater zum Gouverneur der Region Yibin ernannt, und nun erwarteten seine Freunde und seine Familie, daß er ihnen helfen würde. In China galt es als selbstverständlich, daß ein Mann in einer einflußreichen

Position sich um seine Verwandten kümmerte. Es gab ein vielzitiertes Sprichwort: »Wenn ein Mann Macht bekommt, steigen sogar seine Hühner und Hunde zum Himmel auf.« Aber mein Vater war ein Gegner von Vetternwirtschaft und Protektion, denn sie führten seiner Ansicht nach unweigerlich zur Korruption, der Wurzel aller Übel im alten China. Er wußte auch, daß die einheimische Bevölkerung ihn genau beobachtete und daß sie nach seinem Verhalten alle Kommunisten und den Kommunismus beurteilte.

Die Prinzipientreue entfremdete ihn seiner Familie. Einer seiner älteren Brüder war Experte für Teeanbau und arbeitete in einem Teehandelsbüro. Anfang der fünfziger Jahre florierte die Wirtschaft, die Produktion stieg, und die lokale Teebehörde wollte ihn zum Leiter befördern. Alle Beförderungen ab einer bestimmten Stufe mußten von meinem Vater genehmigt werden. Auch die Empfehlung für die Beförderung seines Bruders landete auf seinem Schreibtisch, und er lehnte sie ab. Die ganze Verwandtschaft einschließlich meiner Mutter war empört. »Schließlich beförderst ja nicht du ihn, sondern seine Vorgesetzten!« schrie sie meinen Vater an. »Niemand erwartet von dir, daß du ihm hilfst, aber zu behindern brauchst du ihn auch nicht.« Mein Vater erwiderte, sein Bruder sei dieser Aufgabe nicht gewachsen und wäre nie für diesen Posten vorgeschlagen worden, wenn er nicht der Bruder des Gouverneurs wäre. Es sei eine alte Tradition, daß man den Wünschen der Höhergestellten durch vorauseilenden Gehorsam entgegenkomme. Mein Vater brachte alle gegen sich auf. Die Teebehörde war wütend, weil sein Einspruch ein schlechtes Licht auf sie warf und unterstellte, daß ihre Empfehlung auf unkorrekte Motive zurückzuführen war. Sein Bruder sprach nie wieder ein Wort mit ihm.

Aber mein Vater nahm das ungerührt hin. Er führte seinen eigenen verbissenen Kreuzzug gegen die überkommenen Werte. Er bestand darauf, alle gleich zu behandeln. Da es jedoch keinen neutralen Maßstab für Gleichheit und Gerechtigkeit gab, verließ er sich auf seine eigenen Instinkte und überspannte den Bogen bis zu unnötiger Härte.

Sein persönlicher moralischer Kreuzzug erreichte 1953 den Höhepunkt. Zu dieser Zeit wurde ein neues Eingruppierungssystem für Beamte eingeführt. Alle Beamten und Bediensteten der Regierung wurden in fünfundzwanzig Rangstufen eingeteilt. In Gruppe 25, der niedrigsten, verdiente man gerade ein Zwanzigstel dessen, was man in der höchsten Gruppe verdiente. Aber noch viel größer waren die Unterschiede bei den Zusatzleistungen und Gratifikationen. Diese Rangordnung regelte nahezu alles: ob die Kleidung aus teurer Wolle oder nur aus billiger grober Baumwolle gemacht war, wieviel Quadratmeter Wohnraum einem zustanden und ob man eine eigene Toilette innerhalb der Wohnung hatte oder eine Außentoilette benutzen mußte.

Die Einstufung bestimmte über den Zugang zu Informationen. Ein wichtiges Merkmal des chinesischen kommunistischen Systems war es, daß Informationen nicht nur genau kontrolliert, sondern sehr selektiv häppchenweise zugeteilt wurden. Das galt selbstverständlich für die Bevölkerung, aber ebenso für Parteimitglieder.

Obwohl die ganze Bedeutung und Härte dieses Eingruppierungssystems noch gar nicht zu überblicken war, ahnten die Beamten schon damals, daß es sich entscheidend auf ihr weiteres Leben auswirken würde. Alle warteten gespannt, in welche Gruppe sie eingeordnet würden. Mein Vater war von seinen Vorgesetzten in Rang 10 eingestuft worden und mußte die Vorschläge für die Eingruppierung aller Beamten der Region Yibin überprüfen. Dazu gehörten auch seine jüngere Lieblingsschwester und deren Mann, er stufte beide um eine Rangstufe herunter. Auch meine Mutter mußte er eingruppieren. Ihre Abteilung hatte Stufe 15 vorgeschlagen, er verwies sie in Gruppe 17.

Dieses Eingruppierungssystem war nicht direkt mit der beruflichen Stellung verbunden. Meine Mutter wurde mehrmals an ihrem Arbeitsplatz befördert, kletterte aber nur zweimal in der Gesamthierarchie nach oben, einmal 1962 und dann noch einmal 1982, jedesmal um eine Rangstufe, und im Jahr 1990 befand sie sich demzufolge in Gruppe 15. Diese Rangstufe berechtigt nicht zum Erwerb eines Flugtickets oder eines »weichen Sitzes« im Zug, beides gibt es erst ab Rang 14. Meine Mutter darf nicht einmal ein Hotelzimmer mit Bad nehmen, denn Hotelzimmer mit Bad gibt es erst für Beamte ab Rangstufe 13. All das hat meine Mutter der Unerbittlichkeit meines Vaters im Jahr 1953 zu verdanken.

Während die Familie meines Vaters ihm seine Härte übelnahm, gewann er damit die Wertschätzung der einheimischen Bevölkerung. Mein Vater stand auf Jahrzehnte hinaus, bis auf den heutigen Tag, bei den Einheimischen in hohem Ansehen.

Besonders dankbar sind ihm die Lehrer der Mittelschule Nummer eins. Der Hausmeister erklärte meinem Vater irgendwann im Jahr 1952 einmal, es gebe Schwierigkeiten bei der Wohnungsbeschaffung für die Lehrer. Mein Vater fand sofort eine Lösung: »In dem Fall bekommen sie das Haus meiner Familie. Für drei Personen ist es sowieso viel zu groß.« Auf seine Mutter, seine Schwester und seinen geistig zurückgebliebenen Bruder, die dort wohnten und das herrliche Haus mit dem Zaubergarten so liebten, nahm er dabei keine Rücksicht. Die Lehrer waren entzückt über seinen Vorschlag, seine Familie natürlich ganz und gar nicht, obwohl er für sie ein kleines Haus mitten in der Stadt gefunden hatte. Seine Mutter war auch nicht glücklich, aber sie schwieg.

Nicht alle Beamten waren so unbestechlich wie mein Vater. Kurz nach der Machtübernahme steckten die Kommunisten in einer tiefen Krise. Sie hatten eine saubere Regierung versprochen und mit dem Versprechen die Unterstützung von Millionen von Menschen gewonnen, und jetzt ließen sich kommunistische Funktionäre bestechen oder begünstigten Familienangehörige und Freunde. Manche bereicherten sich im großen Stil. Das Regime war beunruhigt. Ende 1951 leitete man die sogenannte »Drei-Anti-Kampagne« ein, die sich gegen die drei Übel Korruption, Verschwendung, Bürokratismus richtete. Die Regierung verurteilte einige korrupte Beamte zum Tode, verhaftete eine große Zahl und entließ viele andere.

Mein Vater war in seiner Region für die Durchführung der Kampagne verantwortlich. Tatsächlich gab es in seinem Amtsbereich keine korrupten Beamten in den höheren Rängen, aber er hielt es für wichtig, daß die Kommunisten ihre Entschlossenheit demonstrierten, eine saubere Verwaltung durchzusetzen. Daher mußten sämtliche Beamten sich einer Selbstkritik auch über die kleinsten Verfehlungen unterziehen. Sie mußten zum Beispiel beichten, ob sie jemals von einem Diensttelefon ein privates Gespräch geführt oder Briefpapier mit dem offiziellen Briefkopf für Privatbriefe mißbraucht hatten. Dabei achteten die Beamten damals Staatseigentum so sehr, daß sie nicht einmal wagten, mit Tinte aus dem Büro etwas Privates zu schreiben. Sie nahmen dann lieber ihren eigenen Füller, um ja den Dienstfüller nicht zu mißbrauchen.

Die Drei-Anti-Kampagne richtete sich nur gegen die Parteimitglieder, aber zu einer Bestechung gehören immer zwei. Diejenigen, die Beamte bestachen, waren Leute mit Geld, die nicht der Partei angehörten, vor allem Kapitalisten, die bisher noch verschont geblieben waren. Die alten Gewohnheiten hielten sich hartnäckig. Kurz nachdem die Drei-Anti-Kampagne in Gang gekommen war, startete die Partei im Frühjahr 1952 eine zweite Kampagne. Die Fünf-Anti-Bewegung richtete sich gegen die Kapitalisten und bekämpfte Bestechung, Steuerhinterziehung, Entwendung von Staatseigentum, Betrug und Geheimnisverrat. Die meisten Kapitalisten hatten eines dieser Verbrechen begangen. Sie erhielten für gewöhnlich eine Geldstrafe. Die Kommunisten benutzten diese Kampagne dazu, die Kapitalisten für sich zu gewinnen und (noch öfter) sie einzuschüchtern, aber so, daß sie sich für die Wirtschaft um so nützlicher erwiesen. Nur wenige kamen ins Gefängnis.

In diesen beiden zusammengehörigen Kampagnen bauten die Kommunisten Kontrollmechanismen aus, die aus der Frühzeit des Kommunismus stammten und einzigartig in China waren. Der wichtigste Kontrollmechanismus war die »Massenkampagne«, die von sogenannten »Arbeitsteams« durchgeführt wurde. Arbeitsteams waren von Fall zu Fall gebildete Einheiten aus

Beschäftigten von Regierungsstellen unter der Leitung eines höheren Parteifunktionärs. Die Zentralregierung in Beijing schickte solche Teams in die Provinzen, um die dortigen Beamten und Angestellten zu überwachen, die Beamten und Angestellten in den Provinzen wiederum bildeten Teams, die die ihnen untergeordneten Beamten kontrollierten. Auf diese Weise wurden die Beamten von ganz oben bis ganz unten lückenlos überwacht. Normalerweise konnte niemand Mitglied eines solchen Arbeitsteams werden, der nicht selbst in der betreffenden Kampagne schon kontrolliert worden war.

Die Teams wurden in alle Organisationen geschickt, in denen die Kampagne durchgeführt werden sollte, »um die Menschen zu mobilisieren«. Jeden Abend fanden Versammlungen statt, dabei studierte man die Verlautbarungen der höchsten Parteistellen. Die Mitglieder der Arbeitsteams redeten den ganzen Tag auf die Menschen ein, hielten ihnen Vorträge und versuchten sie dazu zu bewegen, alles auszuplaudern, was sie wußten. Die Menschen wurden ermutigt, anonym Beschuldigungen zu schreiben; es wurden eigens Kästen aufgestellt, in die man die anonymen Schreiben werfen konnte. Das Arbeitsteam überprüfte jeden einzelnen Fall. Wenn sich bei der Untersuchung der Verdacht erhärtete oder auch nur ein Zweifel bestehen blieb, verkündete die Gruppe ein Urteil und leitete es an das nächsthöhere Parteigremium.

Die Betroffenen konnten gegen die Urteile keinen Widerspruch einlegen. Sie durften zwar verlangen, daß ihnen die Beweise vorgelegt wurden, und konnten sich auch verteidigen, aber an dem Urteilsspruch änderte das meistens nichts. Die Arbeitsteams verhängten unterschiedliche Strafen, von der Verpflichtung zu öffentlicher Selbstkritik bis zum Verlust des Arbeitsplatzes und verschiedenen Arten der Überwachung. Die Höchststrafe war die Verschickung auf das Land, wo der Verurteilte körperliche Arbeit leisten mußte. Nur die schwersten Fälle wurden an die eigentliche Justiz verwiesen, die vollkommen von der Partei beherrscht war. Für jede Kampagne wurden ganz oben Richtlinien festgelegt, und die Arbeitsteams mußten sie buchstabengetreu einhalten. Aber vor Ort kam es dann doch darauf an, wie das Team den Fall bewertete, und das hing oft davon ab, was für Menschen dem Team angehörten.

Jede Kampagne zielte auf eine bestimmte Gruppe in der Bevölkerung, die vorher in Beijing als Zielscheibe benannt worden war. Wer zu der Gruppe gehörte, wurde genau überwacht, meist von seinen Arbeitskollegen und Nachbarn, selten von der Polizei. Das war Maos große Erfindung: Die gesamte Bevölkerung war Teil der Kontrollmaschinerie. Kaum ein Übeltäter – nach der Definition des Regimes – entging den wachsamen Augen des Volkes, zumal in einer Gesellschaft, wo nach langer Tradition jeder jeden beobachtete. Aber die »Effizienz« hatte einen hohen Preis: Unter dem Deckmantel solcher Kampagnen wurden oft persönliche Rachefeldzüge geführt, und manch einer geriet nur durch Gerüchte in Verdacht.

Die Kampagnen trafen viele Unschuldige, wie der Fall meiner Tante Jun-ying zeigt. Sie hatte über lange Jahre hinweg hart als Weberin gearbeitet, um ihre Mutter, ihren geistig behinderten Bruder, der keine Arbeit fand, und sich selbst zu ernähren. Da sie Nacht für Nacht bis zum Morgengrauen bei schlechter Beleuchtung gearbeitet hatte, hatte sie sich die Augen ruiniert, sie waren ständig geschwollen und entzündet. 1952 hatte sie schließlich genug Geld zusammengespart und geborgt, daß sie sich zwei zusätzliche Webstühle kaufen und zwei Freundinnen beschäftigen konnte. Obwohl die drei ihre Einkünfte zu gleichen Teilen untereinander aufteilten, waren die beiden Freundinnen theoretisch die Angestellten meiner Tante, weil ihr die Maschinen gehörten. In der Fünf-Anti-Kampagne kamen noch mehr Menschen in Verdacht. Auch sehr kleine Unternehmen wie das von Tante Jun-ying, die eigentlich eher Produktionsgenossenschaften waren, wurden als kapitalistische Betriebe eingestuft. Meine Tante hätte am liebsten ihre Freundinnen gebeten zu gehen, aber sie wollte auch nicht, daß sie das Gefühl bekamen, sie wolle sie entlassen. Das Problem löste sich dann von selbst, weil die beiden sich bald selbst eine andere Arbeit suchten. Sie wollten nicht in die Verlegenheit kommen, gegen meine Tante aussagen zu müssen. Sie fürchteten, daß jemand anders sie denunzieren und meine Tante dann denken könne, ihre beiden Freundinnen seien es gewesen.

Am 23. Mai 1953 gebar meine Mutter ihr drittes Kind, einen Jungen namens Jin-ming. Sie brachte ihn in demselben Missionskrankenhaus zur Welt, wo sie während der Schwangerschaft mit mir gelegen hatte, aber die Missionare waren nicht mehr da, man hatte sie wie überall in China vertrieben. Kurz zuvor war sie zur Leiterin der Abteilung für Öffentliche Angelegenheiten von Yibin ernannt worden, ihre Vorgesetzte war immer noch Frau Ting, die inzwischen zur Parteisekretärin der Stadt befördert worden war. Auch meine Großmutter lag zu der Zeit wegen ihres schweren Asthmas im Krankenhaus, allerdings in einem anderen. Und auch ich war wegen einer Nabelinfektion zusammen mit meiner Amme im Krankenhaus. Wir wurden gut versorgt, die Behandlung kostete nichts, weil wir Familienangehörige von »Revolutionären« waren. Eine der Ironien des Systems bestand darin, daß die Ärzte die knappen Krankenhausbetten mit Vorliebe an höhere Funktionäre und deren Familien vergaben, die durchschnittliche Bevölkerung kam nicht in den Genuß des staatlichen Gesundheitswesens. Gewöhnliche Arbeiter und Bauern mußten für ihre Behandlung bezahlen.
Meine Schwester lebte mit meiner Tante Jun-ying auf dem Land bei Freunden, mein Vater war allein zu Hause. Eines Tages kam Frau Ting zur Berichterstattung zu meinem Vater. Anschließend klagte sie über Kopfschmerzen und sagte, sie wolle sich einen Moment hinlegen. Mein Vater half ihr auf eines der Betten, daraufhin zog sie ihn an sich und versuchte, ihn zu küssen und zu liebkosen. Mein Vater entwand sich ihr und sagte: »Sie sind sehr erschöpft.« Dann ging er rasch aus dem Zimmer, doch einen Augenblick später kam er nervös und aufgeregt wieder zurück. Er brachte ihr ein Glas Wasser und stellte es auf den Nachttisch. »Sie müssen wissen, daß ich meine Frau liebe«, erklärte er Frau Ting, machte kehrt und verließ das

Zimmer, bevor Frau Ting irgend etwas unternehmen konnte. Unter das Wasserglas hatte er ihr einen Zettel mit der Notiz »Kommunistische Moral« gelegt.

Wenige Tage später wurde meine Mutter aus dem Krankenhaus entlassen. Sie stand mit ihrem kleinen Sohn auf dem Arm noch in der Tür, da eröffnete ihr mein Vater: »Wir verlassen Yibin auf der Stelle, und zwar für immer.« Meine Mutter fiel aus allen Wolken und verstand nicht, was mit ihm los war. Er erzählte ihr von dem Vorfall mit Frau Ting und fügte hinzu, daß Frau Ting schon seit längerem ein Auge auf ihn geworfen habe. Meine Mutter war eher über Frau Tings Verhalten entsetzt als wütend auf meinen Vater. »Aber warum müssen wir denn Hals über Kopf die Stadt verlassen?« fragte sie. Sie konnte das alles immer noch nicht begreifen.

»Diese Frau bekommt, was sie will«, sagte mein Vater. »Ich habe Angst, daß sie es noch einmal versucht. Außerdem ist sie eine rachsüchtige Frau. Am meisten fürchte ich, daß sie sich an dir rächen könnte. Das wäre ein leichtes, denn sie ist ja deine Vorgesetzte.« – »Ist sie denn wirklich so schlimm?« fragte meine Mutter. »Ich habe zwar munkeln gehört, sie sei eine lose Person. Jemand hat mir einmal erzählt, daß sie im Gefängnis einen Wärter verführt hat, solche Dinge. Aber man darf ja nicht alles glauben. Manche Leute machen gern andere schlecht und erzählen alles mögliche. Wie dem auch sei – ich kann gut verstehen, daß du ihr gefällst«, sagte sie augenzwinkernd. »Aber glaubst du wirklich, sie könnte mir etwas anhaben wollen? Sie war meine beste Freundin hier in Yibin.«

»Verstehst du das denn nicht? Es geht hier um verletzten Stolz. Ich war nicht gerade taktvoll und habe sie bestimmt verletzt. Das tut mir leid, aber im Eifer des Gefechts habe ich mich einfach nicht unter Kontrolle gehabt. Ich habe Angst. Sie wird sich rächen.«

Meine Mutter konnte sich lebhaft vorstellen, wie barsch er Frau Ting abgewiesen hatte. »Aber ich kann nicht glauben, daß Frau Ting so rachsüchtig ist. Und außerdem – was kann sie uns schon anhaben?« fragte meine Mutter zweifelnd. Daraufhin erzählte mein Vater ihr die Geschichte seines Vorgängers, des Gouverneurs Shu.

Herr Shu war ein Bauernsohn, der sich auf dem Langen Marsch der Roten Armee angeschlossen hatte. Er mochte Frau Ting nicht und kritisierte sie für ihr kokettes Benehmen. Daraufhin beschloß Frau Ting, sich mit Hilfe ihres Mannes an ihm zu rächen. Frau Tings Ehemann konnte als Leiter der Organisationsabteilung im Namen der Partei Strafen verhängen.

In Herrn Shus Büro arbeitete die ehemalige Konkubine eines Kuomintang-Beamten, der nach Taiwan geflohen war. Man hatte die beiden flirten sehen, und es hieß, sie hätten eine Affäre. Frau Ting brachte die Frau dazu, eine Erklärung zu unterzeichnen, wonach Herr Shu sich an sie herangemacht und versucht habe, sie zu vergewaltigen.

Eine bewährte chinesische Taktik, um einen Feind zu Fall zu bringen, sieht so aus, daß man mehrere völlig voneinander unabhängige Vorwürfe gegen den Betreffenden sammelt. So gingen auch die Tings vor, und sie wurden fündig. Herr Shu war einmal mit einer bestimmten von Beijing aus verfügten Maßnahme nicht einverstanden gewesen und hatte dies den obersten Parteiführern in einem Brief mitgeteilt. Als Veteran des Langen Marsches und Kriegsheld befand er sich in einer privilegierten und scheinbar unangreifbaren Position.

In seinem Brief schrieb er, er fühle sich nicht an den Beschluß von oben gebunden, solange er keine Antwort aus Beijing erhalten habe. Die Tings legten ihm dies als Opposition gegen das System aus. Herr Ting verknüpfte die beiden Anklagen und forderte, Herrn Shu all seiner Ämter zu entheben und aus der Partei auszuschließen. Mein Vater verteidigte Herrn Shu, weil er ganz sicher war, daß er sich der betreffenden Frau nie in der geschilderten Weise genähert und auch nicht versucht hatte, sie zu vergewaltigen. Außerdem befand mein Vater, Herr Shu habe durchaus das Recht, einen solchen Brief nach Beijing zu schreiben, schließlich sah das Parteistatut ausdrücklich diese Möglichkeit vor. Bei der entscheidenden Abstimmung unterlag mein Vater jedoch. Der ranghöchste Beamte, der Erste Parteisekretär der Region, unterstützte Herrn Ting. Herr Shu mußte gehen.

Mein Vater wollte meiner Mutter mit dieser Geschichte zeigen, daß die Tings vor nichts zurückschreckten, wenn sie an jemandem Rache üben wollten. Er führte noch weitere Beispiele an und wiederholte eindringlich, sie müßten die Stadt so schnell wie möglich verlassen. Schon am nächsten Tag reiste er in das eine Tagesreise nördlich von Yibin gelegene Chengdu ab. Dort suchte er sofort den Gouverneur der Provinz auf, den er gut kannte, und bat um seine Versetzung. Als Grund gab er an, daß er in seiner Geburtsstadt einfach zu sehr mit den mannigfaltigen Erwartungen seiner weitläufigen Verwandtschaft konfrontiert sei. Den wahren Grund verschieg er.

Der Gouverneur Li Da-zhang hatte einst die Bewerbung von Maos Frau Jiang Qing um die Parteimitgliedschaft unterstützt. Er zeigte Verständnis für die Probleme meines Vaters, riet ihm allerdings von einem sofortigen Umzug ab mit der Begründung, alle angemessenen Posten in Chengdu seien derzeit besetzt. Mein Vater meinte jedoch, er könne nicht länger warten, er werde jede Aufgabe annehmen, die man ihm übertragen wolle. Li Da-zhang versuchte vergebens, meinen Vater doch noch umzustimmen, schließlich gab er nach und bot meinem Vater an, er könne Leiter des Amtes für Kunst und Erziehung werden. Aber, so setzte er hinzu, »das ist weit unter Ihren Fähigkeiten«. Mein Vater sagte, das störe ihn nicht, solange er nur etwas zu tun habe.

Mein Vater war so besorgt, daß er gar nicht mehr nach Yibin zurückkehrte, sondern meiner Mutter schrieb, sie solle ihm so schnell wie möglich nach Chengdu folgen. Die Frauen seiner Familie protestierten, so kurz nach der Entbindung könne eine Frau nicht reisen, die ersten hundert Tage danach solle sie am besten gar nichts Anstrengendes unternehmen. Hundert Tage wollte mein Vater nicht warten, er hatte zu sehr Angst um meine Mutter. Kaum war ein Monat vorüber, schickte er seinen Leibwächter und ließ uns abholen.

Man befand, daß mein Bruder Jin-ming zu klein für die Reise

war und in Yibin bleiben sollte. Überdies wollten seine Amme und die Amme meiner Schwester ihre Familien nicht verlassen. Jin-mings Amme hatte ihn ins Herz geschlossen, und daher schlug sie meiner Mutter vor, Jin-ming bei ihr in Yibin zu lassen. Meine Mutter willigte ein, denn sie hatte vollstes Vertrauen zu der Amme.

Meine Mutter, meine Großmutter, meine Schwester und ich mit meinem Kindermädchen verließen Yibin Ende Juni mitten in der Nacht, der Leibwächter meines Vaters begleitete uns. Wir quetschten uns alle mit dem wenigen Gepäck in einen Jeep. Damals hatten Parteifunktionäre wie meine Eltern keinerlei privaten Besitz. Meine Großmutter hatte das kaum fassen können, denn für sie waren Möbel und Bettzeug so wichtig wie die Luft zum Atmen. Wir fuhren stundenlang über holprige, staubige Landstraßen, bis wir am frühen Morgen endlich in der Stadt Neijiang anlangten. Es war ein heißer Sommertag, und wir mußten stundenlang auf den Zug warten.

Als der Zug dann endlich in den Bahnhof einfuhr, fiel mir ein, daß ich unbedingt pinkeln mußte. Mein Kindermädchen hob mich hoch und hielt mich über den Rand des Bahnsteigs, aber meine Mutter fürchtete, der Zug könnte plötzlich losfahren, und sagte ihr, sie solle sofort einsteigen. Mein Kindermädchen hatte noch nie einen Zug gesehen und konnte sich unter einem Fahrplan nichts vorstellen. Ganz ernsthaft sagte sie zu meiner Mutter: »Können Sie den Fahrer nicht bitten, daß er wartet? Er-hong muß mal.« Sie meinte, alle anderen müßten wie sie selbst meine Bedürfnisse immer an die erste Stelle setzen.

Da wir alle unterschiedlichen Rangstufen angehörten, trennten sich im Zug unsere Wege. Meine Mutter hatte zusammen mit meiner Schwester ein Schlafwagenabteil zweiter Klasse. Meine Großmutter bekam einen weichen Sitzplatz in einem anderen Wagen. Meine Kinderfrau und ich waren in einem sogenannten »Mutter-und-Kind-Abteil« untergebracht, dort hatte sie einen Sitzplatz und ich eine Wiege. Der Leibwächter mußte in einem vierten Abteil mit einem harten Sitzplatz vorliebnehmen.

Während der Zug langsam dahintuckerte, starrte meine Mutter

den Großteil der Fahrt aus dem Fenster hinaus auf die Reisfelder und die wogenden Zuckerrohrpflanzen. Gelegentlich sah man Bauern, die langsam über die Dämme zwischen den Reisfeldern schritten. Sie schienen unter ihren breitkrempigen Strohhüten zu dösen. Sie hatten ihre Hosenbeine bis über die Knie gekrempelt, die Männer gingen mit bloßem Oberkörper. Die kleinen Rinnsale plätscherten stockend dahin, weil sie immer wieder von den winzigen Dämmen aus Erde aufgehalten wurden, die das Wasser auf die Reisfelder leiteten.

Meine Mutter war in nachdenklicher Stimmung. Nun verließen sie, ihr Mann und ihre Familie schon zum zweiten Mal nach dem Sieg der Revolution vor ungefähr vier Jahren einen Ort, an dem ihr Herz hing: zuerst ihre Heimatstadt Jinzhou und jetzt Yibin, die Heimatstadt meines Vaters. Es sah aus, als hätte die Revolution ihre vielen Probleme nicht gelöst, vielmehr hatten ihre Mitrevolutionäre ihnen neue Probleme aufgehalst. Zum ersten Mal kam meiner Mutter, wenn auch nur vage, der Gedanke, daß die Revolution von Menschen gemacht wurde und daher auch mit menschlichen Schwächen behaftet war. Sie erkannte noch nicht, daß die Revolution nicht viel dazu beitrug, menschliche Unzulänglichkeiten zu beseitigen, sondern vielmehr auf manchen, oft gerade den schlimmsten, systematisch aufbaute.

Als sie am späten Nachmittag in die Gegend von Chengdu kamen, gewann die Neugier und Vorfreude auf das neue Leben die Oberhand. Meine Mutter hatte schon viel über die alte Hauptstadt Chengdu gehört, die auch als »Seidenstadt« – nach ihrem berühmtesten Erzeugnis – bekannt ist. Manche nannten Chengdu auch die »Hibiskusstadt«, weil Straßen und Gebäude nach einem Sommersturm oft von Hibiskusblüten übersät waren. Meine Mutter meinte, den leichten Duft der Blüten zu riechen, je näher sie Chengdu kamen. Sie fragte sich gespannt, wie ihr neues Zuhause wohl aussehen würde. Meine Mutter war jetzt zweiundzwanzig Jahre alt. Zwanzig Jahre zuvor hatte ihre Mutter im selben Alter in der Mandschurei wie eine Gefangene gelebt, in einem Haus, das ihrem Mann gehörte, der nie da war und mehrere Frauen hatte. Ständig wurde sie von argwöhnischen Dienern bewacht. Sie war das Spielzeug und das Eigentum eines Mannes gewesen. Meine Mutter hielt sich das Schicksal ihrer Mutter vor Augen und genoß das Bewußtsein, ein freier, unabhängiger Mensch zu sein. So schlecht es ihr vielleicht manchmal ging, ihr Leben war zweifellos sehr viel besser als das Leben ihrer Mutter und aller Frauen im alten China. Sie sagte sich, daß sie der kommunistischen Partei dafür Dank schuldete. Als der Zug in den Bahnhof einfuhr, sah sie voller Optimismus ihrem neuen Leben in Chengdu entgegen.

KAPITEL 10

*»Durch Leiden wird man ein
besserer Kommunist«*

*Meine Mutter
gerät in Verdacht
(1953-1956)*

Mein Vater holte uns vom Bahnhof ab. Die Luft lag drückend auf der Stadt, kein Luftzug regte sich. Meine Mutter und meine Großmutter waren völlig erschöpft von der anstrengenden Autofahrt die ganze Nacht hindurch und von der Hitze im Zug. Mein Vater brachte uns zu einem Gästehaus der Provinzregierung, wo wir fürs erste wohnen sollten. Meine Mutter war so kurzfristig nach Chengdu gekommen, daß man für sie noch keinen Arbeitsplatz und für uns alle noch keine Unterkunft gefunden hatte.

Chengdu war die Hauptstadt von Sichuan, der mit 65 Millionen Menschen bevölkerungsreichsten Provinz Chinas. Chengdu hatte über eine halbe Million Einwohner. Die Stadt war im 5. Jahrhundert vor Christus gegründet worden und hatte sich rasch entwickelt. Im 13. Jahrhundert hatte Marco Polo Chengdu besucht, der Reichtum der Stadt beeindruckte ihn sehr. Chengdu war nach demselben Plan erbaut wie Beijing: Die alten Paläste und Haupttore der Stadt lagen an einer Nord-Süd-Achse, die die Stadt in zwei gleiche Teile teilte, einen westlichen und einen östlichen. 1953 war Chengdu über ihre alten Stadtgrenzen hinausgewachsen und wurde in drei Verwaltungsbezirke eingeteilt, einen östlichen, einen westlichen und die Außenbezirke.

Schon wenige Wochen nach ihrer Ankunft hatte meine Mutter eine neue Arbeit. Nach guter alter chinesischer Manier besprach die Partei mit meinem Vater, welche Arbeit für meine Mutter gut sein könnte, mit meiner Mutter sprach niemand. Mein Vater meinte, ihm sei alles recht, solange sie nur nicht direkt ihm untergestellt sei. Sie wurde zur Leiterin der Abteilung für Öffentliche Angelegenheiten des östlichen Verwaltungsbezirks der Stadt ernannt. Da die Arbeitseinheit auch für die Unterbringung der einzelnen Mitglieder sorgen mußte, wurde meiner Mutter eine Wohnung in den Räumen der Abteilung zugewiesen. Ihre Dienststelle war in einem Gebäudekomplex mit einem traditionellen Innenhof untergebracht. Meine Mutter und wir Kinder zogen dort ein, mein Vater wohnte weiterhin in seiner Dienstwohnung.

Regierungsstellen wurden vorwiegend in den konfiszierten Villen von ehemaligen Kuomintang-Beamten und Großgrundbesitzern eingerichtet und waren daher zumeist recht geräumig. Alle Regierungsangestellten, auch die höheren Beamten, wohnten in ihren Büros. Es war verboten, zu Hause zu kochen, daher aßen wir alle in der Kantine. Von dort bekamen wir auch heißes Wasser, das wir dann in Thermosflaschen mitnahmen.

Ehepaare durften nur den Samstag und die Samstagnacht gemeinsam zu Hause verbringen. Deshalb sagten Beamte auch verschämt »den Samstag verbringen«, wenn sie meinten »zusammen schlafen«. Mit der Zeit entspannte sich die Lage, und Ehepartner konnten mehr miteinander unternehmen. Aber immer noch verbrachten fast alle die meiste Zeit im Büro.

Die Abteilung meiner Mutter war für die Grundschulerziehung, das Gesundheitswesen und für kulturelle Belange zuständig, daneben auch für die Erkundung der öffentlichen Meinung. Mit zweiundzwanzig Jahren leitete meine Mutter eine Abteilung, die fast 200 000 Menschen verwaltete. Sie stürzte sich voller Eifer in die Arbeit, und wir bekamen sie kaum zu Gesicht. Die Regierung wollte sich das Monopol für den Handel mit den wichtigsten Gütern – Getreide, Baumwolle, Speiseöl und Fleisch – sichern, bekannt als »Vereinheitlichung der Finanz- und Wirtschaftsarbeit«. Die Bauern sollten diese Güter nur noch an die Regierung verkaufen, und die Regierung würde die Güter dann an die städtische Bevölkerung weiterverkaufen oder in andere Landesteile verschicken, wo ein entsprechender Mangel herrschte.

Wenn die Kommunistische Partei einen neuen politischen Kurs einschlug, startete sie immer zugleich eine entsprechende Propagandakampagne, um den neuen Kurs im ganzen Land zu verbreiten. Es gehörte zum Aufgabenbereich meiner Mutter, die Menschen davon zu überzeugen, daß der neue Kurs eine gute Sache war. Damals lautete der Kern der Botschaft: China habe es in seiner langen Geschichte noch nie geschafft, seine riesige Bevölkerung zu ernähren und zu kleiden. Die kommunistische Regierung habe größtes Interesse an der gerechten Verteilung der Grundnahrungsmittel. Niemand sollte hungern, während einige Getreide und andere lebensnotwendige Nahrungsmittel horteten. Meine Mutter stürzte sich beherzt in die Arbeit. Sie fuhr mit dem Fahrrad durch ihren Bezirk, sprach Tag für Tag auf endlosen Versammlungen, sogar dann noch, als sie hochschwanger mit ihrem vierten Kind war. Ihre Arbeit machte ihr Spaß, und sie glaubte an den Sinn.

Meine Mutter ging erst in letzter Minute ins Krankenhaus und brachte am 15. September 1954 ihr viertes Kind, einen Sohn, zur Welt. Wieder war es eine schwierige Geburt. Ihre Plazenta löste sich nicht vollständig ab, was der Arzt jedoch zu spät merkte. Er wollte schon nach Hause gehen, als meine Mutter ihn aufhielt und ihm erklärte, etwas könne mit ihr nicht stimmen. Sie blutete ungewöhnlich stark und bestand darauf, daß der Arzt noch blieb und sie untersuchte. Tatsächlich stellte er fest, daß ein Teil der Plazenta fehlte. Eine größere Operation war nötig. Sie bekam eine Vollnarkose, und der Arzt suchte in ihrem Unterleib nach dem fehlenden Stück. Er fand es, das rettete ihr wahrscheinlich das Leben.

Meine Großmutter war zu der Zeit in der Mandschurei, weil ihre Mutter schwer krank war. Mein Vater hielt sich auf dem Land auf, um die Bauern für die staatliche Monopolpolitik zu gewinnen. Die Partei hatte ihn inzwischen in Rangstufe zehn und zum Direktor der Behörde für Öffentliche Angelegenheiten der Provinz Sichuan befördert. Zu seinen Aufgaben gehörte es, stets über die öffentliche Meinung auf dem laufenden zu sein. Was hielt die Bevölkerung von einer bestimmten Maßnahme? Welche Klagen wurden laut? Da die Bauern die überwältigende Mehrheit der Bevölkerung darstellten, fuhr er oft aufs Land, um ihre Gefühle und Ansichten kennenzulernen. Er war zutiefst vom Sinn seiner Arbeit überzeugt. Er hatte dafür zu sorgen, daß die Partei und die Regierung den Kontakt zur Bevölkerung nicht verloren.

Am siebten Tag nach der Geburt ließ ein Kollege meines Vaters meine Mutter mit dem Auto vom Krankenhaus abholen. Es war üblich, daß sich die Parteiorganisation um die Ehefrau eines abwesenden Funktionärs kümmerte. Meine Mutter war sehr froh, denn sonst hätte sie eine halbe Stunde nach Hause laufen müssen. Als mein Vater ein paar Tage später zurückkam, rügte er seinen Kollegen. Meine Mutter sei nur dann berechtigt, einen Dienstwagen zu benutzen, wenn er selbst mitfahre. Wenn sie aber in seiner Abwesenheit einen Dienstwagen benutze, könnten die Leute sagen, er gewähre seinen Verwandten unerlaubte Vorteile. Meine Mutter konnte seine puritanische Krittelei nicht mehr ertragen. Es war das zweite Mal, daß sie nach einer schwierigen Geburt als erstes einen Vorwurf von ihm zu hören bekam.

Zwei Tage nach der Geburt bekam mein kleiner Bruder Xiao-hei starke Hautausschläge. Meine Mutter führte das darauf zurück, daß sie im Sommer keine gekochten grünen Oliven gegessen hatte, wofür meine Großmutter bestimmt gesorgt hätte, wenn sie in Chengdu gewesen wäre. Die Chinesen glauben, daß Oliven die Körperhitze abführen, die sonst in Form von Hitzeblasen aus dem Körper austritt. Xiao-heis Händchen mußten monatelang an den Gitterstäben seines Bettes festgebunden werden, damit er sich nicht kratzte. Als er sechs Monate alt war, kam er in eine Hautklinik. Um diese Zeit mußte meine Großmutter nach Jinzhou zurück, denn ihre Mutter war schwer erkrankt. Xiao-heis Amme war ein Mädchen vom Lande aus der Gegend von Yibin, hatte dickes, langes schwarzes Haar und kokette Augen. Sie hatte ihr eigenes Baby unabsichtlich getötet: Sie war beim Stillen eingeschlafen und hatte es erstickt. Über eine Verwandte hatte sie Kontakt zu meiner Tante Jun-ying bekommen und sie um eine Empfehlung bei unserer Familie gebeten. Das Mädchen wünschte sich nichts sehnlicher, als sich in einer großen Stadt ins Vergnügen zu stürzen. Meine Tante gab ihr die gewünschte Empfehlung, obwohl einige Frauen ihr davon abrieten. Sie sei ein loses Frauenzimmer, sagten sie, sie wolle nur nach Chengdu, um ihren Mann loszuwerden. Wenn möglich blieb sie mit Xiao-hei den ganzen Tag draußen und spazierte durch die Straßen von Chengdu. Meine Tante Jun-ying war zwar unverheiratet, gönnte aber anderen ihren Spaß, auch was Sex anbelangte. Sie freute sich für andere, war verständnisvoll und tolerant gegenüber sämtlichen menschlichen Schwächen und fällte so gut wie nie Urteile über andere Menschen.

Nach wenigen Monaten hieß es, die junge Amme habe eine Affäre mit einem Totengräber, der in derselben Siedlung wohnte. Meine Eltern betrachteten das als Privatangelegenheit und taten so, als wüßten sie von nichts.

Die Amme ging mit meinem Bruder in die Hautklinik. Den Kommunisten war es gelungen, die Geschlechtskrankheiten fast völlig auszurotten, in einigen Zimmern lagen jedoch immer noch geschlechtskranke Patienten. Eines Tages erwischte man die Amme mit einem solchen Patienten im Bett. Das Krankenhauspersonal unterrichtete meine Mutter über den Vorfall und riet ihr, Xiao-hei nicht mehr von ihr stillen zu lassen. Meine

Mutter bat die Amme daraufhin zu gehen. Mein Kindermädchen und das Kindermädchen meines ältesten Bruders Jin-ming, der inzwischen aus Yibin nachgekommen war, kümmerten sich von da an um Xiao-hei.

Jin-mings Kindermädchen hatte meine Mutter Ende 1954 in einem Brief gebeten, auch nach Chengdu übersiedeln zu dürfen. Sie halte es nicht länger bei ihrem Mann aus, er sei ein Trinker und schlage sie ständig. Meine Mutter mochte das Kindermädchen sehr und freute sich auch darauf, Jin-ming endlich wiederzusehen. Sie hatte ihn seit anderthalb Jahren nicht mehr gesehen; damals war er erst wenige Wochen alt gewesen. Aber das Wiedersehen mit ihm wurde eine Enttäuschung. Er erkannte sie nicht und ließ sich lange Zeit nicht einmal von ihr berühren, er sagte nur zu seinem Kindermädchen »Mama«.

Auch meinem Vater fiel es schwer, eine herzliche Bindung zu Jin-ming herzustellen, aber zu mir war er sehr liebevoll. Er kniete sich oft auf alle viere und ließ mich auf seinem Rücken reiten, dazu steckte er sich Blumen in den Kragen, an denen ich unterwegs riechen konnte. Wenn er die Blumen einmal vergaß, zeigte ich auf den Garten und bedeutete mit kommandierenden Gesten, daß jemand augenblicklich Blumen bringen müsse. Er küßte mich oft auf die Wangen. Einmal war er schlecht rasiert, ich verzog das Gesicht und sagte vorwurfsvoll »Alter Bart«. Einige Monate lang nannte ich ihn »Alter Bart«. Ich besuchte ihn gern im Büro und spielte mit den Angestellten. Ich sagte ihnen Kinderverse vor und dachte mir für jeden einen Spitznamen aus. Mit knapp drei Jahren hieß ich überall »der kleine Diplomat«.

Ich glaube, die Angestellten hatten mich hauptsächlich deshalb so gern, weil ihnen die Unterbrechung ihrer Arbeit gefiel und ich mit meiner kindlichen Geschwätzigkeit Abwechslung in den Büroalltag brachte. Ich war überdies ziemlich dick und rund, sie hoben mich auf den Schoß und drückten und zwickten mich.

Als ich knapp über drei Jahre alt war, wurden meine Geschwister und ich auf verschiedene Kinderheime verteilt. Ich verstand nicht, was los war, stampfte mit den Füßen auf und zerriß aus Protest mein Haarband. Im Kinderheim war ich aufsässig, ich verabscheute das Essen dort, besonders die Milch und die Lebertrankapseln. Die Milch schüttete ich immer in mein Schreibpult. Nach dem Essen mußten wir einen langen Mittagsschlaf halten; ich nutzte die Zeit, den anderen Kindern in dem riesigen Schlafsaal Geschichten zu erzählen. Schon bald war ich als Übeltäter entlarvt und mußte zur Strafe auf der Türschwelle sitzen.

Wir mußten ins Kinderheim, weil sich zu Hause niemand mehr um uns kümmern konnte. Eines Tages im Juli 1955 hieß es, meine Mutter und die anderen 800 Angestellten des östlichen Verwaltungsbezirks dürften ihre Büroräume bis auf weiteres nicht verlassen. Man hatte eine neue politische Kampagne zur Aufdeckung »versteckter Konterrevolutionäre« gestartet. Jeder einzelne mußte gründlich überprüft werden.

Meine Mutter akzeptierte diese Maßnahme ohne Murren, ebenso ihre Kollegen. Es schien ihr nur zu verständlich, daß die Partei ihre Mitglieder überprüfte, um sicherzustellen, daß die neue Gesellschaft auf einer soliden Grundlage errichtet wurde. Wie bei den meisten ihrer Genossen überwog auch bei ihr der Wunsch, sich voll und ganz der Sache zu widmen, den Ärger über die strenge Maßnahme. Außerdem war sie nicht allzu überrascht über diese neue Kampagne.

Die neue Kampagne war Maos Reaktion darauf, wie sich manche kommunistischen Schriftsteller, darunter der prominente individualistische Schriftsteller Hu Feng, verhielten. Sie vertraten gar nicht unbedingt andere Ansichten als Mao, aber sie legten eine Unabhängigkeit und die Fähigkeit zu selbständigem Denken an den Tag, die für ihn unannehmbar war. Jede Form von unabhängigem Denken brachte laut Mao die Gefahr mit sich, daß die betreffende Person ihm gegenüber nicht mehr bedingungslos ergeben und gehorsam war. In Maos neuem China mußten alle dasselbe denken und dasselbe sagen, sonst drohte seiner Auffassung nach das Land auseinanderzubrechen. Er ließ etliche Schriftsteller verhaften, weil sie angeblich an einer »konterrevolutionären Verschwörung« beteiligt waren. »Konterrevolutionäre Umtriebe« waren eine schwerwiegende Anklage, darauf standen harte Strafen bis hin zur Todesstrafe. Das war der Anfang vom Ende jeder Möglichkeit zum individuellen Ausdruck in China. Gleich nachdem die Kommunisten an die Macht gekommen waren, hatte sich die Partei bereits die Kontrolle über die Medien gesichert. Von nun an wurde die gesamte Nation einer immer strengeren Gesinnungskontrolle unterzogen. Mao beteuerte, die Kampagne diene der Entlarvung von »Spionen der imperialistischen Länder und der Kuomintang, von Trotzkisten, ehemaligen Offizieren der Kuomintang und Verrätern in den Reihen der Kommunistischen Partei«. Die Kommunisten führten genaue Personalakten über ihre Mitglieder, die Personalakten lagen bei der Organisationsabteilung der Partei. Jeder Staatsbedienstete, der nicht Parteimitglied war, wurde einer Arbeitseinheit zugewiesen, und die erstellte ein ausführliches persönliches Dossier über ihn. Die Akten blieben bei der Personalverwaltung der Arbeitseinheit. Jedes Jahr schrieb der jeweilige Chef eine neue Beurteilung und fügte sie der Personalakte hinzu. Niemand bekam Einblick in seine Personalakte, und nur eigens ermächtigte Personen durften die Personalakten von anderen einsehen.

In der neuen Kampagne war jeder verdächtig, der in der Vergangenheit irgendeine noch so lose Verbindung zur Kuomintang gehabt hatte. Meine Mutter geriet sofort in Verdacht, unsere Ammen waren wegen ihrer Familienverhältnisse verdächtig.

In Chengdu gab es eine Arbeitseinheit, die für Hauspersonal und Bedienstete der Provinzregierung zuständig war, zum Beispiel Chauffeure, Gärtner, Dienstmädchen, Köche und Hausmeister. Der Ehemann meines Kindermädchens saß wegen Opiumschmuggels im Gefängnis. Damit wurde sie zur »unerwünschten Person«, denn der Opiumhandel war die Domäne der Kuomintang gewesen. Jin-mings Kindermädchen hatte in die Familie eines Grundbesitzers eingeheiratet, ihr Mann war früher ein untergeordneter Kuomintang-Beamter gewesen. Da

Ammen keine bedeutsamen Positionen innehatten, verfolgte die Partei diese Fälle nicht allzu streng. Dennoch durften sie auf Geheiß der Partei nicht länger bei uns arbeiten.

Kurz bevor meine Mutter in Haft kam, durfte sie noch einmal nach Hause. Sie mußte den beiden Kindermädchen die schlechte Nachricht überbringen, und die beiden waren sehr traurig. Sie liebten Jin-ming und mich, mein Kindermädchen fürchtete überdies, daß sie in Yibin keine Arbeit finden würde. Meine Mutter schrieb an den dortigen Gouverneur und bat ihn, sich nach einer Stelle für sie umzusehen. Sie bekam Arbeit auf einer Teeplantage und konnte ihre kleine Tochter zu sich holen.

Bei Jin-mings Kindermädchen hingegen lagen die Dinge komplizierter, denn sie wollte nicht zu ihrem Ehemann zurück. Sie hatte in der Zwischenzeit in Chengdu einen neuen Freund gefunden, einen Hausmeister, und wollte ihn heiraten. Unter Tränen flehte sie meine Mutter an, ihr zu einer Scheidung zu verhelfen. Eine Scheidung war außerordentlich schwierig zu erreichen, aber das Kindermädchen wußte, daß ein Wort meiner Eltern, insbesondere meines Vaters, genügen würde. Meine Mutter wollte ihr helfen, denn sie mochte sie und wünschte ihr, daß sie glücklich würde. Überdies würde eine Scheidung ihr gleich doppelt nützlich sein. Ihre Klassenzugehörigkeit richtete sich nämlich nicht nach der Arbeit, die sie verrichtete, sondern nach der ihres Ehemannes. Wenn sie sich von ihm scheiden ließ und den Hausmeister heiratete, schied sie automatisch aus der Grundbesitzerklasse aus und wurde Mitglied der Arbeiterklasse, in dem Falle brauchte sie meine Familie überhaupt nicht zu verlassen. Meine Mutter sprach mit meinem Vater über die Angelegenheit, aber er weigerte sich kategorisch. »Was sollen die Leute denken, wenn wir ihr zu einer Scheidung verhelfen. Dann heißt es doch nur, daß die Kommunisten Familien zerstören ...« – »Und was soll aus unseren Kindern werden, wenn die Kindermädchen weggehen müssen?« Mein Vater hatte natürlich auch dafür eine Lösung: »Sie kommen eben in ein Kinderheim.«

Als Jin-mings Kindermädchen von meiner Mutter hörte, daß sie uns verlassen mußte, brach sie fast zusammen. Jin-mings früheste Erinnerung ist ihre Abreise. Eines Abends trug ihn jemand bei Einbruch der Dunkelheit zur Haustür. Dort stand sein Kindermädchen, gekleidet wie eine Bäuerin, ihre Habseligkeiten hatte sie in einem Baumwolltuch verschnürt. Jin-ming wollte auf ihren Schoß und streckte die Arme nach ihr aus, aber sie stand zu weit weg. Sie weinte. Dann stieg sie die Treppe hinunter und ging auf das Tor am anderen Ende des Hofes zu. Jemand, den er nicht kannte, begleitete sie. Als sie durch das Tor gehen wollte, schrie Jin-ming laut auf. Sie blieb stehen und drehte sich um. Er strenge sich an, ihr Gesicht deutlich zu erkennen, aber er sah alles wie durch einen Schleier. Er schrie und weinte, trat und schlug um sich, aber man brachte ihn nicht zu ihr. Das Kindermädchen blieb lange im Torbogen stehen und schaute ihn an. Dann drehte sie sich schnell um und verschwand. Jinming sah sie nie wieder.

Meine Großmutter war immer noch in der Mandschurei. Ihre Mutter war inzwischen an Tuberkulose gestorben. Bevor meine Mutter »kaserniert« wurde, brachte sie uns in Kinderheime. Alles kam so plötzlich, daß keines der städtischen Kinderheime so schnell Platz für uns vier gemeinsam hatte. Wir wurden auf vier verschiedene Heime verteilt.

Zum Abschied gab mein Vater meiner Mutter noch eine Mahnung mit auf den Weg: »Sei immer offen und ehrlich zur Partei, verschweige nichts und vertraue voll und ganz auf sie. Sie wird das richtige Urteil über dich fällen.« Eine Welle der Abneigung durchströmte sie. Gerade in einer solchen Situation hätte sie mehr Wärme und Zuneigung gebraucht. Mit diesen wenig ermutigenden Worten ihres Mannes im Ohr ging sie zum zweitenmal in ihrem Leben auf den Weg in ein Gefängnis – diesmal schickte ihre eigene Partei sie dorthin.

Wenn jemand unter Beobachtung stand, bedeutete das nicht automatisch, daß die Partei ihn für schuldig befunden hatte. Es hieß nur, daß es dunkle Punkte in der Vergangenheit gab, die aufgeklärt werden sollten. Meine Mutter war bekümmert, daß sie eine so demütigende Prozedur über sich ergehen lassen mußte nachdem sie so viele Opfer für die Partei gebracht und ihre Ergebenheit so oft unter Beweis gestellt hatte. Für die Untersuchung ihres Falles wurde ein eigenes Team gebildet. Der Leiter war ein gewisser Herr Kuang, der Leiter der Abteilung für Öffentliche Angelegenheiten der Stadt Chengdu. Damit stand er in der Hierarchie über meiner Mutter, aber unter meinem Vater. Unsere Familien kannten sich gut. Wenn man sich zufällig auf der Straße traf, unterhielt man sich über die Kinder. Herr Kuang war zwar nach wie vor freundlich zu meiner Mutter, aber deutlich förmlicher und reservierter.

Meiner Mutter wurde eine weibliche »Begleiterin« zugeordnet, die im selben Zimmer, ja im selben Doppelbett mit ihr schlief, und ihr überallhin folgte, sogar auf die Toilette. Dies sei nur zu ihrem Schutz, erklärte man ihr. Wovor sie geschützt werden mußte, sagte ihr jedoch niemand. Aber sie und alle anderen wußten, daß sie davor »geschützt« werden sollte, Selbstmord zu begehen oder sich mit jemand anderem abzusprechen.

Die Verhöre liefen wie freundliche Unterhaltungen ab. Aber allein das Thema und zu einem gewissen Teil auch die Art der Unterhaltung waren äußerst unangenehm. Man warf ihr keine bestimmte Schuld vor, aber man behandelte sie auch nicht wie eine Unschuldige. Und da es keinen geregelten Rechtsweg gab, konnte man gegen falsche Beschuldigungen kaum etwas unternehmen.

Die Personalakte meiner Mutter enthielt detaillierte Berichte über jede Phase ihres Lebens: die Studentenzeit, die Arbeit im kommunistischen Untergrund, im Frauenverband in Jinzhou und ihre unterschiedlichen Tätigkeiten in Yibin. Die Berichte stammten von ihren früheren Vorgesetzten. Die erste Frage betraf ihre Entlassung aus dem Gefängnis unter der Kuomintang im Jahr 1948. Wie war es möglich gewesen, daß ihre Familie sie angesichts der Schwere des Delikts hatte freibekommen können? Es war offensichtlich nicht allzu schwierig gewesen, und man hatte sie nicht einmal gefoltert! War nicht vielleicht ihre Verhaftung ein abgekartetes Spiel gewesen, um sie bei den Kommunisten in ein gutes Licht zu rücken, damit sie sich dann in eine Vertrauensposition einschleichen und Spionage für die Kuomintang betreiben konnte?

Der nächste Punkt betraf ihre Freundschaft mit dem Obersten Hui-ge. Es stellte sich heraus, daß ihre Vorgesetzten im Frauenverband in Jinzhou sich in ihrer Personalakte mißbilligend über ihre Verbindung zu ihm geäußert hatten. Da der Oberst versucht hatte, sich durch sie abzusichern für den Fall, daß die Kommunisten siegten, war es doch naheliegend, daß sie versucht hatte, sich über ihn bei der Kuomintang abzusichern.

Dann ging man die Liste ihrer Verehrer aus den Reihen der Kuomintang durch, und bei jedem wurde ihr dieselbe Frage gestellt. Hatte sie die Männer nicht angelockt, um für den Fall vorzusorgen, daß die Kuomintang siegen würde? Damit lastete ein noch schwerwiegenderer Verdacht auf ihr: Hatte sie vielleicht ein Verehrer dazu angestiftet, innerhalb der Kommunistischen Partei für die Kuomintang zu wühlen?

Meine Mutter stand vor der unlösbaren Aufgabe, ihre Unschuld zu beweisen. Die Leute, nach denen man sie fragte, waren entweder hingerichtet worden oder nach Taiwan geflüchtet, oder sie hatte keine Ahnung, wo sie sich aufhielten. In allen Fällen handelte es sich um Personen, die der Kuomintang nahestanden, und deshalb würde man ihren Aussagen sowieso nicht glauben. Wie konnte man sie nur überzeugen, dachte sie verzweifelt, wenn sie zum hundertsten Mal nach demselben Vorfall gefragt wurde.

Meine Mutter gehörte keiner verurteilten Bevölkerungsgruppe an. Trotzdem stellte man ihr immer wieder die Frage: Wie kam es, daß sie so viele Verbindungen zur Kuomintang hatte?

Meine Mutter blieb sechs Monate in Haft. In dieser Zeit mußte sie mehrmals an Massenversammlungen teilnehmen, bei denen sogenannte »feindliche Agenten« vorgeführt wurden. Während der Verhandlung wurde ihnen der Prozeß gemacht, sie wurden verurteilt, in Handschellen gelegt und ins Gefängnis abgeführt. Zehntausende nahmen an den Versammlungen teil, schrien Parolen und schüttelten die Fäuste. In den Versammlungen wurden außerdem »Konterrevolutionäre« zur Schau gestellt, die

»gestanden« hatten und deshalb »milde bestraft« wurden, was hieß, daß sie nicht ins Gefängnis mußten. Darunter befand sich auch eine Freundin meiner Mutter. Nach der Versammlung beging sie Selbstmord, sie hatte während des Verhörs aus Angst ein falsches Geständnis abgelegt. Sieben Jahre später gab die Partei zu, daß sie von Anfang an unschuldig gewesen war.

Die Teilnahme an diesen Versammlungen sollten meine Mutter einschüchtern, sie sollte »eine Lektion erteilt« bekommen, man wollte sie seelisch zermürben und gefügig machen. Sie zeigte ihre Kooperationsbereitschaft dadurch, daß sie unbeirrbar bei der Wahrheit blieb, das erschien ihr als die einzig richtige Einstellung. Sie war eine starke Persönlichkeit und ließ sich im Unterschied zu vielen nicht von der Angst lähmen oder durch die seltsame Logik und die Schmeicheleien bei den Verhören verwirren. Sie behielt einen klaren Kopf und verfaßte eine wahrheitsgetreue Geschichte ihres Lebens. Nicht mehr und nicht weniger.

Nächtelang lag sie wach; der Gedanke an die ungerechte Behandlung, die ihr widerfuhr, ließ sie nicht schlafen. In schwülen Sommernächten hörte sie die Moskitos vor dem Netz über ihrem Bett herumschwirren, im Herbst klatschte der Regen gegen die Scheiben, im Winter herrschte nur noch dumpfe Stille. Immer wieder mußte sie denken, wie ungerecht die Verdächtigungen waren, insbesondere die Zweifel an ihrem Verhalten, während sie bei der Kuomintang in Haft gesessen hatte. Sie war stolz darauf, wie sie sich damals verhalten hatte, und nie hätte sie sich träumen lassen, daß ausgerechnet das der erste Anlaß für ihre Entfremdung von der Revolution werden würde. Aber schließlich kam sie zu dem Ergebnis, daß sie der Partei keinen Vorwurf daraus machen durfte, daß sie keine Verdächtigen in ihren Reihen haben wollte. Ein gewisses Maß an ungerechter Behandlung war in China nichts Ungewöhnliches, und diesmal diente die Ungerechtigkeit sogar einer guten Sache. Sie rief sich die Worte ins Gedächtnis, mit denen die Partei Opfer von ihren Mitgliedern verlangte: »Das ist eine Prüfung für dich – durch Leiden wird man ein besserer Kommunist.«

Wie sollte es weitergehen, wenn es ganz schlimm kam und sie als Konterrevolutionärin eingestuft wurde? Dann würde man sie vor eine schreckliche Wahl stellen. Wir, ihre Kinder, würden mit ihr gebrandmarkt werden, unser Leben wäre ruiniert. Es gab nur eine Möglichkeit, das zu verhindern: Sie mußte sich von meinem Vater scheiden lassen und erklären, sie sei nicht mehr unsere Mutter – sie mußte sich verleugnen. Nachts, wenn so schreckliche Zukunftsaussichten sie plagten, durfte sie nicht einmal weinen. Ja, sie durfte sich nicht einmal im Bett wälzen, denn eine Bewacherin schlief mit ihr im selben Bett. Die Bewacherinnen mußten, auch wenn sie noch so freundlich waren, genauestens Bericht über ihr Verhalten erstatten. Tränen würde man als Zeichen dafür werten, daß sie sich von der Partei falsch behandelt fühlte und das Vertrauen in sie verlor. Beides durfte nicht sein, solche Regungen würden sich negativ auf das endgültige Urteil auswirken.

Daher biß meine Mutter die Zähne zusammen und sagte sich, sie dürfe den Glauben an die Partei nicht verlieren. Mehr konnte sie nicht tun. Aber sie litt sehr unter der Trennung von ihrer Familie. Sie vermißte ihre Kinder schrecklich. Mein Vater besuchte sie nie und schrieb ihr kein einziges Mal – beides war verboten. Sie hätte damals mehr als alles andere eine Schulter zum Anlehnen oder zumindest ein tröstendes Wort am Telefon gebraucht.

Aber meine Mutter erhielt Telefonanrufe. Am anderen Ende der Leitung erzählte ihr jemand Witze und brachte sie zum Lachen, sprach ihr Trost zu und stärkte sie. Es gab in der gesamten Abteilung nur ein Telefon, und zwar auf dem Schreibtisch der Frau, die für »Geheimakten« zuständig war. Wenn ein Gespräch für meine Mutter kam, holte die Frau meine Mutter in ihr Zimmer. Die »Beschützerinnen« meiner Mutter standen dabei, während sie telefonierte. Sie mochten sie und wußten, daß sie Trost brauchte. Deshalb zeigten sie ihr, daß sie ihre Telefonate nicht belauschten. Die Frau, die die »Geheimakten« bearbeitete, war nicht mit der Untersuchung des Falls meiner Mutter beauftragt und durfte daher nicht zuhören oder über sie berichten. Sie ließ meine Mutter allein, wenn sie telefonierte. Tags darauf berichteten die Bewacherinnen lapidar: »Direktor Chang hat angerufen. Es ging um Familienangelegenheiten.« Überall hieß es, was für ein aufmerksamer und mitfühlender Ehemann mein Vater doch war, weil er sich so liebevoll um meine Mutter kümmerte. Eine junge »Beschützerin« meiner Mutter sagte ihr eines Tages, sie wünsche sich später auch einmal einen so netten Ehemann wie meinen Vater.

Niemand ahnte, daß der Anrufer gar nicht mein Vater war, sondern ein anderer hoher Funktionär, der während des Krieges gegen die Japaner von der Kuomintang zu den Kommunisten übergelaufen war. Als ehemaliger Angehöriger der Kuomintang war er selbst in Verdacht und 1947 in Haft gekommen, später wurde er offiziell entlastet. Er erzählte meiner Mutter von seinen Erfahrungen und sprach ihr Mut zu, er blieb ein lebenslanger Freund meiner Mutter. Mein Vater rief in den ganzen sechs Monaten nicht ein einziges Mal an. Er war lange genug in der Kommunistischen Partei, um zu wissen, daß die Partei es lieber hatte, wenn die verdächtige Person während der Untersuchung keinerlei Kontakt mit der Außenwelt pflegte, nicht einmal mit dem Ehepartner. Hätte er meiner Mutter in ihrer Situation beigestanden, so hätte das seiner Meinung nach als Mißtrauen gegen die Partei gedeutet werden können. Meine Mutter verzieh ihm das nie, daß er sie in einer Zeit im Stich gelassen hatte, in der sie Liebe und Unterstützung mehr gebraucht hätte als alles andere. Wieder einmal mußte sie enttäuscht feststellen, daß für meinen Vater die Partei immer an erster Stelle stehen würde.

An einem Januarmorgen starrte meine Mutter hinaus auf das vom Wind zerzauste, aber immer noch grüne Gras, als sie zu Herrn Kuang, dem Leiter des Untersuchungsteams, bestellt wurde. Er sagte ihr, sie sei frei, sie dürfe zurück an die Arbeit, sie dürfe ausgehen. Aber sie müsse sich jeden Abend melden. Die Partei habe noch nicht endgültig über sie entschieden.

Meine Mutter begriff sofort, was das Problem war: Die Untersuchung steckte in einer Sackgasse. Die meisten der gegen sie vorgebrachten Vorwürfe konnten weder bewiesen noch entkräftet werden, und die Untersucher wußten nicht mehr weiter. Obwohl sie mit einem solchen Ausgang eigentlich nicht zufrieden sein konnte, schob sie jeden Gedanken daran beiseite und freute sich auf das Wiedersehen mit ihren Kindern.

Wir waren in verschiedenen Kinderheimen und hatten unsere Mutter sechs Monate nicht gesehen, auch unseren Vater hatten wir in dieser Zeit kaum zu Gesicht bekommen. Er reiste die meiste Zeit auf dem Land herum. Wenn er einmal in Chengdu war, was selten genug vorkam, schickte er samstags seinen Leibwächter und ließ mich und meine Schwester abholen. Unsere beiden Brüder ließ er nie holen, weil sie zu klein waren und er nicht wußte, wie man so kleine Kinder versorgte. »Nach Hause« hieß, daß er uns in sein Büro kommen ließ. Er selbst mußte oft weg, zu irgendeiner Versammlung, und sein Leibwächter sperrte uns dann im Büro ein, wo wir nichts zum Spielen hatten. Wir pusteten Seifenblasen um die Wette, und einmal war es so langweilig, daß ich einen großen Schluck Seifenwasser trank. Danach war ich tagelang krank.

Meine Mutter schwang sich sofort auf ihr Fahrrad und machte sich auf den Weg zu uns. Ihr Fahrrad war in einem Schuppen abgestellt, an dem sie immer vorbeikam, wenn sie sich ihr Essen oder Wasser in der Kantine holte. Sie hatte sich jedesmal überlegt, wann sie es wohl wieder benutzen würde, und hatte sich ausgemalt, wie sie sich auf das Fahrrad setzen und zu uns fahren würde. Um Jin-ming machte sie sich die meisten Sorgen, ihn wollte sie als erstes besuchen. Er war erst zweieinhalb, und sie kannte ihn kaum. Sie stieg auf ihr Fahrrad und fuhr davon. Unterwegs kaufte sie ein paar große saftige Pfirsiche.

Als sie in Jin-mings Kinderheim ankam, sah die Erzieherin sie strafend an. Jin-ming gehöre zu den wenigen Kindern, die nicht einmal an den Wochenenden abgeholt worden seien. Am Anfang habe er viel geweint und nach »Mutter Chen« gefragt. »Das sind doch nicht Sie, oder?« fragte sie überflüssigerweise. Meine Mutter sagte, damit sei seine Amme gemeint. Jin-ming fühle sich so vernachlässigt, berichtete die Erzieherin weiter, daß er sich immer in einer Ecke des Zimmers verstecke, wenn die anderen Kinder von ihren Eltern abgeholt würden. Die Erzieherin war über die Inhaftierung meiner Mutter nicht unterrichtet, und meine Mutter fand die Geschichte zu kompliziert, um sie ihr zu erklären.

Jin-ming wurde hereingebracht, blieb aber am anderen Ende des Zimmers stehen und weigerte sich, zu meiner Mutter zu kommen oder sie überhaupt »Mutter« zu nennen. Er sagte kein Wort, stand wie angewurzelt und starrte sie feindselig an. Meine Mutter holte die Pfirsiche heraus und versuchte, ihn damit zu locken. Aber Jin-ming machte keinerlei Anstalten näher zu kommen. Sie legte die Pfirsiche auf ein Taschentuch und schob es über den Tisch auf ihn zu. Er wartete, bis sie ihre Hand zurückgezogen hatte, dann schnappte er sich einen Pfirsich und aß ihn mit Heißhunger. Das wiederholte sich mit dem zweiten Pfirsich und mit dem dritten. Zum ersten Mal seit ihrer Verhaftung ließ meine Mutter ihren Tränen freien Lauf.

Ich erinnere mich noch genau an den Abend, an dem sie mich besuchte. Ich war damals knapp vier und lag in meinem Gitterbett, das aussah wie ein Käfig. Eine Seite des Gitters war heruntergelassen, meine Mutter saß neben mir, hielt meine Hand und wartete darauf, daß ich einschlief. Aber ich war so aufgeregt, daß ich nicht einschlafen konnte. Ich wollte ihr alle meine Abenteuer erzählen. Ich fürchtete, daß sie wieder weggehen könnte, sobald ich einschlief. Immer wenn sie meinte, ich sei endlich eingeschlafen, und ihre Hand wegziehen wollte, packte ich sie verzweifelt und fing an zu weinen. Sie blieb bis gegen Mitternacht an meinem Bett sitzen. Ich schrie, als ich merkte, daß sie gehen wollte, aber sie riß sich los. Ich wußte nicht, daß ihr »Ausgang« zu Ende war.

KAPITEL 11

*»Nach der Anti-Rechts-Kampagne
macht niemand mehr
den Mund auf«*

*Friedhofsruhe in China
(1956-1958)*

Da wir keine Kindermädchen mehr hatten und meine Mutter sich jeden Abend vom Ausgang zurückmelden mußte, mußten wir in unseren jeweiligen Kinderheimen bleiben. Meine Mutter hätte ohnedies nicht die Zeit gehabt, sich um uns zu kümmern. Sie war zu sehr damit beschäftigt, zusammen mit dem Rest der chinesischen Gesellschaft »in großen Schritten dem Sozialismus entgegenzueilen«, wie es in einem Propagandalied hieß.

Während meine Mutter in Haft saß, hatte Mao verstärkt die Neuordnung Chinas betrieben. Im Juli 1955 hatte er zur Kollektivierung der Landwirtschaft aufgerufen, und auf dem Höhepunkt dieser Kampagne, im November, hatte er aus heiterem Himmel die Verstaatlichung von Industrie und Handel, die bis dahin in privater Hand gewesen waren, verkündet.

Die Entlassung meiner Mutter fiel genau in diese Zeit. Theoretisch sollte der Staat gemeinsam mit den ehemaligen Besitzern Eigentümer der Betriebe sein. Die ehemaligen Besitzer durften während der nächsten zwanzig Jahre jährlich fünf Prozent des Wertes ihrer Aktien aus dem Unternehmen abziehen. Da es offiziell keine Inflation gab, würden die Besitzer durch die fünfprozentige Entnahme über einen Zeitraum von zwanzig Jahren theoretisch vollständig entschädigt werden. Sie sollten weiterhin als Geschäftsführer in ihren Firmen tätig sein und relativ hohe Gehälter beziehen; allerdings mußten sie einen Parteifunktionär über sich dulden.

Meine Mutter wurde zur Leiterin eines Arbeitsteams ernannt, das die Verstaatlichung von über hundert Lebensmittel produzierenden Betrieben, Bäckereien und Restaurants in ihrem Bezirk überwachen sollte. Sie befand sich in einer höchst merkwürdigen Situation: Einerseits hatte sie nur »Ausgang«, mußte sich jeden Abend zurückmelden und durfte nicht in ihrem eigenen Bett schlafen, andererseits hatte man ihr eine so wichtige Aufgabe übertragen.

Die Partei hatte meine Mutter mit einer stigmatisierenden Bezeichnung belegt: »Beschäftigt, aber unter Kontrolle und Überwachung«. Das wußten jedoch nur sie und die mit ihrem Fall betrauten Personen. Die Kollegen in ihrem Arbeitsteam wußten, daß sie sechs Monate inhaftiert gewesen war, aber nicht, daß sie immer noch unter besonderer Aufsicht der Partei stand.

Während meine Mutter in ihrem Bezirk die Verstaatlichung von Betrieben betrieb, wurde ihre Mutter in der Mandschurei enteignet. Meine Großmutter war 1955 zur Beerdigung ihrer Mutter nach Jinzhou zurückgekehrt. Nach ihrer Verhaftung hatte meine Mutter sie unter einem fadenscheinigen Vorwand gebeten, fürs erste in der Mandschurei zu bleiben. Sie wollte nicht, daß ihre Mutter etwas von ihrer Verhaftung erfuhr, sie würde sich sonst unnötig Sorgen machen.

Meine Großmutter befand sich daher immer noch in Jinzhou, als die Verstaatlichungen begannen. Nachdem die Xias 1951 aus Jinzhou weggezogen waren, hatte Yu-lin, der Bruder meiner Großmutter, die Apotheke weitergeführt. Nach Dr. Xias Tod im Jahr 1952 hatte meine Großmutter die Apotheke geerbt. Jetzt wollte der Staat sie auszahlen. Eine speziell dazu eingesetzte Gruppe sollte einen »fairen Preis« festsetzen. Um sich bei den Behörden beliebt zu machen, wurde oft ein viel zu niedriger Wert angenommen. Meine Großmutter fand den Preis, den der Staat ihr bot, lächerlich gering, aber das Ganze hatte auch einen Vorteil: War der Wert des Betriebes niedrig, wurde sie nur als »Kleinkapitalist« eingestuft, und damit blieb sie weitgehend unbehelligt. Es gefiel ihr zwar nicht, daß man sie enteignete, aber sie behielt ihre Meinung für sich.

Sie war hin und her gerissen. Konnte sie Wut auf die Sache verspüren, der sich ihre Tochter ganz und gar verschrieben hatte? Oder aber mußte sie sich glücklich schätzen, wie man ihr von allen Seiten sagte? Aber das entsprach nicht ihren wahren Gefühlen. Dr. Xia hatte sich das eigene Geschäft hart erarbeitet, es hatte sie und ihre Tochter ernährt. Es fiel ihr nicht leicht, das Geschäft so ohne weiteres aufzugeben.

Vier Jahre zuvor, im Koreakrieg, hatte die Regierung die Bevölkerung aufgefordert, Wertsachen zu spenden, damit Kampfflugzeuge gekauft werden konnten. Meine Großmutter wollte ihren Schmuck nicht hergeben. Sie hatte ihn von General Xue und Dr. Xia geschenkt bekommen, zeitweilig war der Schmuck ihre einzige Einkommensquelle gewesen. Außerdem hatten die Schmuckstücke natürlich einen Erinnerungswert. Meine Mutter vertrat damals die Ansicht der Regierung und redete auf meine Großmutter ein. Für sie gehörte der Besitz von Schmuck der Vergangenheit an, er war eine Frucht der »Ausbeutung des Volkes«, wie es die Partei nannte, und daher »schmutzig« und mußte dem Volk zurückgegeben werden. Sie fragte ihre Mutter: »Wozu brauchst du das Zeug überhaupt noch? Heutzutage trägt doch kein Mensch mehr Schmuck. Und als Rücklage brauchst du ihn auch nicht. Jetzt, wo die Kommunistische Partei regiert, wird China kein armes Land mehr sein. Wozu also machst du dir Sorgen? Außerdem hast du ja noch mich, deine Tochter. Ich werde mich um dich kümmern. Du brauchst dir keine Sorgen mehr zu machen.«

Meine Mutter hatte so eindringlich und überzeugend gesprochen, daß meine Großmutter schließlich nachgab. Sie spendete all ihren Schmuck bis auf zwei Armreifen aus Gold und Jade, ein Paar Ohrringe und einen Goldring, die Hochzeitsgeschenke von Dr. Xia. Von der Regierung erhielt sie eine Quittung und lobende Worte für ihren »patriotischen Eifer«.

Aber der Verlust ihres Schmucks schmerzte meine Großmutter, auch wenn sie es sich nicht anmerken ließ. Abgesehen von der eher gefühlsmäßigen Seite hatte das einen ganz praktischen Grund. Meine Großmutter hatte ihr Leben lang nur Unsicherheit gekannt. Konnte man nun auf einmal von der Kommunistischen Partei erwarten, daß sie für alle Menschen sorgen würde? Und zwar immer?

Jetzt, vier Jahre später, sollte sie wieder etwas hergeben, was sie lieber behalten hätte. Und diesmal war es ihre letzte Habe. Doch sie hatte keine Wahl. Sie blieb also wegen der Verstaatlichung des Geschäfts in der Mandschurei; überdies wollte meine Mutter die Rückkehr meiner Großmutter so lange hinauszögern, bis sie wieder völlige Bewegungsfreiheit hatte und in ihrer eigenen Wohnung leben durfte. Frei bewegen konnte sie sich im Sommer 1956, aber ihr Fall war immer noch nicht endgültig entschieden.

Die Entscheidung fiel endlich Ende des Jahres. In dem Urteil der Parteibehörden von Chengdu hieß es, daß man den Bericht meiner Mutter für glaubhaft halte und zu dem Schluß gekommen sei, sie habe keinerlei politische Verbindungen zur Kuomintang gehabt. Diese eindeutige Entscheidung sprach meine Mutter von allen Vorwürfen frei. Sie war sehr erleichtert, denn sie wußte, daß man ihren Fall, wie so viele andere, »aus Mangel an ausreichenden Beweisen in der Schwebe« hätte lassen können, dann wäre sie den Verdacht nie mehr losgeworden. In jeder künftigen politischen Kampagne hätte man die alten Vorwürfe wieder hervorgeholt und sie damit erneut konfrontiert. So aber war dieses Kapitel ein für allemal abgeschlossen – meinte sie zumindest. Sie war Herrn Kuang, dem Leiter des Untersuchungsteams, sehr dankbar. Viele mit Untersuchungen beauftragte Funktionäre fahndeten mit Übereifer nach Beweisen, um sich selbst vor Verdächtigungen zu schützen. Es gehörte Mut dazu, wenn jemand den Worten eines Beschuldigten glaubte, wie Herr Kuang es getan hatte.

Nach achtzehn Monaten Angst und Ungewißheit war meine Mutter endlich von allen Vorwürfen entlastet. Sie hatte Glück, denn im Zuge dieser Kampagne wurden über 160 000 Männer und Frauen als »Konterrevolutionäre« gebrandmarkt, ihr Leben war auf drei Jahrzehnte hinaus ruiniert. Dieses Schicksal erlitten auch viele Freunde meiner Mutter in Jinzhou. Als die Kommunisten nach Jinzhou gekommen waren, hatten sie alle Mitglieder der Jugendliga der Kuomintang pauschal als »Konterrevolutionäre« eingestuft. Viele verloren ihre Arbeitsplätze und mußten harte körperliche Arbeit verrichten.

Im Sommer 1956 kehrte meine Großmutter nach Chengdu zurück. Als erstes holte sie uns Kinder aus den Heimen ab und brachte uns nach Hause. Sie hatte eine tiefe Abneigung gegen Kinderheime und fand, daß Kinder in einer Gruppe nie richtig betreut werden könnten. Unsere Reaktionen auf die Zeit im Kinderheim bestätigten offensichtlich ihre schlimmsten Befürchtungen. Mit meiner Schwester und mir schien alles in Ordnung zu sein, aber sobald wir unsere Großmutter sahen, fingen wir an zu schreien und wollten nach Hause gebracht werden. Unsere beiden Brüder dagegen waren ganz und gar nicht in Ordnung. Jin-mings Erzieherin beschrieb ihn als sehr zurückgezogenes Kind, das keinen Erwachsenen an sich heranlasse. Er rief ständig nach seinem ehemaligen Kindermädchen. Beim Anblick meines Bruders Xiao-hei brach meine Großmutter in Tränen aus. Er war zwei Jahre alt, wirkte aber wie eine Holzpuppe und lächelte alle ausdruckslos an. Man konnte ihn hinstellen oder hinsetzen, wo man wollte, er rührte sich nicht von der Stelle. Er wußte offensichtlich nicht, daß er den Erwachsenen etwas sagen konnte, wenn er auf die Toilette mußte, er schien nicht einmal weinen zu können. Meine Großmutter nahm ihn in die Arme, und von dem Moment an war er ihr Liebling.

In der Wohnung meiner Mutter ließ sie dann ihrer Wut über meine Eltern freien Lauf. Unter Tränen nannte sie meine Eltern herzlos, solche Eltern wie sie beide seien ihr noch nie begegnet. Sie konnte ja nicht wissen, daß meine Mutter keine Wahl gehabt hatte.

Mein Vater blickte finster drein und sagte, sie würde uns nur verhätscheln, wenn wir zu Hause in ihrer Obhut blieben. Wir sollten alle wieder zurück in unsere Kinderheime, um dort »im kollektiven Geist erzogen« zu werden, der für die Bürger des neuen China unerläßlich sein würde. Die beiden stritten sich fürchterlich, Tränen flossen. Schließlich machte mein Vater das

Zugeständnis, daß die beiden Jüngeren, meine Brüder, zu Hause bleiben durften, meine Schwester und ich sollten unter der Woche zurück ins Kinderheim. Jeden Montagmorgen trugen uns mein Vater und sein Leibwächter zum Auto, während wir schrien, mit den Füßen nach ihnen schlugen und sie an den Haaren zerrten.
Das ging eine Weile so, bis ich unbewußt einen Weg fand, mich dagegen zu wehren. Jedesmal, wenn ich ins Kinderheim zurückkam, wurde ich krank und bekam so hohes Fieber, daß die Ärzte sich Sorgen machten. Kaum war ich wieder zu Hause, war ich wie durch ein Wunder wieder gesund. Mein Vater gab schließlich nach, und auch wir Mädchen durften zu Hause bei unserer Großmutter bleiben.
Großmutter war der Inbegriff der Liebe für uns. Sie nahm uns in den Arm und erzählte uns Märchen. Für sie waren die Blumen und Bäume, die Wolken und der Regen menschliche Wesen, die ein Herz hatten, weinten und zwischen Gut und Böse unterscheiden konnten. Für sie waren wir liebe Kinder, wenn wir die alte chinesische Regel befolgten, wonach Kinder »die Worte beachten«, das heißt folgsam sein sollten, wenn nicht, würden uns die seltsamsten Dinge passieren. So warnte sie uns beispielsweise davor, Orangenkerne zu verschlucken. »Wenn ihr nicht tut, was ich sage, werdet ihr eines Tages nicht mehr ins Haus kommen. Jeder Kern ist ein kleiner Orangenbaum, der wachsen will, so wie ihr. Was sollen wir dann tun? Ohne daß ihr es merkt, wird er in eurem Bauch hinaufwachsen, bis er eines Tages oben am Kopf herauskommt. Er wird Blätter bekommen und Orangen tragen und so hoch werden, daß er nicht mehr durch unsere Tür paßt ...«
Der Gedanke daran, einen Orangenbaum aus meinem Kopf wachsen zu sehen, faszinierte mich so, daß ich genau das tat, wovor Großmutter uns gewarnt hatte. Eines Tages verschluckte ich einen Orangenkern, nur einen einzigen, denn ich wollte ja keine Plantage auf meinem Kopf, das wäre viel zu schwer geworden. Den ganzen Tag über befühlte ich meinen Schädel und prüfte, ob sich schon etwas regte. Mehrmals hätte ich fast den

Fehler gemacht und Großmutter gefragt, ob ich die Orangen auf meinem Kopf auch essen durfte. Aber dann fiel mir noch rechtzeitig ein, daß ich das nicht sagen dürfte, denn sonst merkte sie ja, daß ich Orangenkerne gegessen hatte. Wenn der Baum auf meinem Kopf sichtbar war, würde ich so tun, als hätte ich versehentlich einen Kern geschluckt. In jener Nacht schlief ich schlecht. Ich hatte das Gefühl, als drückte etwas von innen gegen meine Schädeldecke.

Abends las uns Großmutter immer Geschichten vor. Wir hatten viele Kinderbücher über Tiere und Vögel und Mythen und Märchen. Wir hatten ein Buch mit ausländischen Kindergeschichten, vor allem mit Märchen von Hans Christian Andersen und Fabeln von Aesop. Ich erinnere mich noch gut an »Rotkäppchen«, »Schneewittchen und die Sieben Zwerge« und »Aschenbrödel«.

Neben Kindergeschichten liebte ich Kinderreime. Dadurch lernte ich die Poesie kennen. Da in der chinesischen Sprache unterschiedliche Tonlagen eine große Rolle spielen, ist die chinesische Poesie sehr melodisch. Ich war fasziniert, wenn Großmutter klassische Gedichte rezitierte, auch wenn ich kein Wort verstand. Sie trug sie in klassischem Stil vor, einer Art Singsang, bei dem die Tonlage ständig variierte. Eines Tages hörte meine Mutter, wie Großmutter uns Gedichte aus dem 6. Jahrhundert vor Christus vortrug. Sie erklärte Großmutter, diese Gedichte seien doch viel zu schwierig für uns, sie solle das besser lassen. Aber Großmutter meinte, wir bräuchten den Inhalt nicht zu verstehen, wenn wir ihre Musikalität fühlten, sei das schon genug. Sie sagte oft, wie sehr sie es bedaure, daß sie ihre Zither verloren habe, als sie vor zwanzig Jahren aus Yixian weggegangen sei.

Für mich war unser Familienleben friedlich und liebevoll. Meine Mutter hegte möglicherweise Groll gegen meinen Vater, aber sie stritten sich selten, zumindest nicht vor uns Kindern. Als wir größer waren, zeigte uns mein Vater seine Liebe nicht mehr durch körperliche Berührungen. In China war es unüblich, daß ein Vater seine Kinder auf den Schoß nahm oder sie küßte und umarmte. Als die Jungen ein bißchen größer waren, klopfte er ihnen manchmal auf die Schultern oder strich ihnen über das Haar, was er bei uns Mädchen fast nie tat. Als wir zwei oder drei waren, achtete er darauf, daß seine Hände unter unseren Armbeugen waren, wenn er uns hochhob. In diesem Punkt richtete er sich streng nach alten chinesischen Regeln, die jegliche Intimität zwischen Vätern und Töchtern verboten. Er klopfte immer an, bevor er das Zimmer betrat, in dem ich und meine Schwester schliefen.

Auch meine Mutter konnte uns nicht soviel körperliche Nähe vermitteln, wie sie gerne gewollt hätte, denn das widersprach den Regeln der Kommunistischen Partei. Der puritanische Lebensstil der Kommunisten in den fünfziger Jahren forderte von den Genossen den allumfassenden Einsatz für die Revolution und »das Volk«. Jede Äußerung von Liebe und Zuneigung für die eigenen Kinder war verpönt. Außer der Zeit zum Essen und Schlafen gehörte jede Minute des Tages der Revolution und mußte mit Arbeit ausgefüllt sein. Wenn man seine Kinder in die Arme nahm, war das kein revolutionärer Akt, und alles, was »nichts mit der Revolution zu tun« hatte, mußte mit einem Minimum an Zeitaufwand erledigt werden.

Anfangs fiel es meiner Mutter sehr schwer, sich daran zu gewöhnen, und sie wurde ständig dafür kritisiert, daß sie »die Familie an erste Stelle setzte«. Aber schließlich ging es ihr in Fleisch und Blut über, ununterbrochen für die Revolution zu arbeiten. Wenn sie abends nach Hause kam, lagen wir Kinder schon lange im Bett. Sie setzte sich dann zu uns und beobachtete uns. Das war für sie der glücklichste Augenblick des Tages.

Wann immer sie Zeit hatte, liebkoste sie uns. Sie kratzte oder kitzelte uns sanft am Ellbogen, was uns sehr gefiel. Der Höhepunkt körperlichen Vergnügens war für mich, wenn ich den Kopf in ihren Schoß legen durfte und sie mich im Ohr kitzelte.

Ab 1956 hatten Funktionäre sonntags frei. Meine Eltern gingen mit uns in den Park und auf den Spielplatz und sahen zu, wie wir auf den Schaukeln und Karussells spielten oder die grasbewachsenen Hügel hinunterrollten. Ich erinnere mich, daß ich in einem irrsinnigen Tempo einen Hügel hinunterhüpfte. Ich wollte direkt in die Arme meiner Eltern rennen, verfehlte sie aber, und landete statt dessen in zwei dicht hintereinander stehenden Hibiskusbäumen voller rosaroter, samtiger Blüten.

Im großen und ganzen aber mußten wir Kinder ohne unsere Eltern auskommen. Mein Vater arbeitete nicht nur lange im Büro, sondern unternahm auch oft Inspektionsreisen aufs Land. Meine Mutter leistete Agitationsarbeit in den Organisationen, die ihr unterstanden.

Meine Großmutter empörte sich beständig darüber, daß meine Eltern so selten da waren. »Was sind das nur für Eltern!« sagte sie oft kopfschüttelnd. Sie versuchte, die Unterlassungen meiner Eltern durch doppelte Hingabe und Liebe wettzumachen. Aber sie wurde einfach nicht mit uns vier fertig, deshalb lud meine Mutter Tante Jun-ying ein, zu uns zu ziehen. Sie und meine Großmutter verstanden sich gut, anders als viele andere Verwandte hackten sie nicht aufeinander herum. In das harmonische Familienleben fügte sich auch das Hausmädchen ein, das seit Anfang 1957 bei uns arbeitete und wohnte. Damals zogen wir in ein im chinesischen Stil erbautes ehemaliges christliches Pfarrhaus um. Mein Vater zog auch in das Pfarrhaus, und so lebte die ganze Familie zum ersten Mal unter einem Dach.

Das Hausmädchen war achtzehn Jahre alt und stammte vom Land. Sie war überglücklich, daß sie bei uns in Chengdu arbeiten durfte. Sie hatte große, derbe Hände und wirkte durch und durch bäuerlich. Sie trug Hosen und ein Oberteil mit einem großen Blumenmuster. Daß man ihr sofort ansah, woher sie kam, kümmerte sie nicht im geringsten, und das sprach für ihren Charakter. Sie lächelte ein schüchternes, aufrichtiges Lächeln, war dunkel und von der Sonne gebräunt und hatte zwei Grübchen in den stets rosigen Backen. Alle schlossen sie sofort ins Herz. Sie aß mit uns zusammen und erledigte mit Großmutter und Tante Jun-ying die Hausarbeit. Die drei Frauen gingen sehr respektvoll miteinander um. Meine Großmutter war glücklich, daß sie zwei Vertraute und Freundinnen hatte, denn meine Mutter sah sie kaum.

Meine Eltern bezahlten dem Hausmädchen Lohn. Das alte System der staatlichen Versorgung war 1956 abgeschafft worden. Mein Vater hatte auch seinen Leibwächter abgeben müssen, er war durch einen persönlichen Diener ersetzt worden. Meine Eltern bekamen jetzt ein Gehalt, das sich nach ihrer Eingruppierungsstufe in der Beamtenhierarchie richtete. Meine Mutter war in Rangstufe 17, mein Vater in 10, was bedeutete, daß er doppelt soviel verdiente wie meine Mutter. Er bekam zwar nicht sehr viel Geld, aber da die meisten Grundnahrungsmittel billig waren und man noch nicht in einer Konsumgesellschaft lebte, verdienten sie für damalige Verhältnisse nicht schlecht. Mein Vater gehörte der speziellen Kategorie der *gao-gan* an, der hohen Funktionäre. Sie bildeten in gewisser Weise die wahre Elite des Landes, hoher Funktionär war man ab Rangstufe 13, in ganz Sichuan gab es vielleicht zweihundert. In der gesamten Provinz Sichuan mit einer Bevölkerung von 72 Millionen Menschen gab es weniger als zwanzig Beamte in Rangstufe 10 und höher.

Die allgemeine Stimmung war 1956 entspannter als je zuvor seit 1949. Im Frühjahr dieses Jahres hatte Mao in einer Rede die Parole ausgegeben: »Laßt hundert Blumen blühen!« und damit die Bewegung der »hundert Blumen« eingeleitet. Er meinte damit, daß die Freiheit des künstlerischen und literarischen Ausdrucks eine Vielfalt von Formen und Farben hervorbringen sollte, wie es bei Blumen der Fall ist. China trat in eine neue Phase seiner Entwicklung ein, die sogenannte »Nachaufbauphase«, dazu brauchte es die aktive Unterstützung gebildeter und auch halbgebildeter Kreise.

Das allgemeine Bildungsniveau war sehr gering. Der größte Teil der damals 600 Millionen Menschen lebte in Unwissenheit und Armut. In China hatten stets Diktatoren regiert, und Unwissenheit sicherte Gehorsam. Das Bildungsproblem hing auch mit der Sprache zusammen: Die chinesische Schrift ist sehr kompliziert, sie besteht aus Zehntausenden von unterschiedlichen Schriftzeichen, die nichts mit der Aussprache der Wörter zu tun haben. Jedes Schriftzeichen muß auswendig gelernt werden.

Nur eine kleine Minderheit konnte lesen und schreiben, die breite Masse waren Analphabeten.

Jeder, der nur eine rudimentäre Bildung genossen hatte, war ein »Intellektueller«. Die Klassenzugehörigkeit spielte für die Kommunisten die zentrale Rolle, und »Intellektuelle« waren eine eigene Klasse, wenn auch mit vager Abgrenzung. Kindermädchen gehörten ebenso dazu wie Studenten, Schauspieler und Ingenieure, Techniker waren »Intellektuelle«, Ärzte und Wissenschaftler. Zur Zeit der »hundert Blumen« erlebte das Land über ein Jahr relativer Ruhe und Entspannung. Im Frühjahr 1957 kam die Wende. Die Partei forderte die Intellektuellen zur Kritik an der Beamtenschaft bis hinauf zu den höchsten Rängen auf. Meine Mutter meinte, dies sei ein Schritt hin zu weiterer Liberalisierung. Bruchstückhaft erfuhr sie von einer Rede Maos zu diesem Thema, danach war sie derart aufgewühlt, daß sie die ganze Nacht nicht schlafen konnte. Sie konnte immer nur denken: China bekommt wirklich eine moderne und demokratische Partei, eine Partei, die sich durch Kritik ständig selbst erneuert. Sie war stolz, daß sie dieser Partei angehörte.

Meine Mutter wußte allerdings nichts von einer anderen Rede Maos, die er im Februar gehalten hatte und in der es darum ging, »die Schlangen aus ihren Höhlen zu locken«: Das hieß, er wollte all jene entlarven und unschädlich machen, die sich ihm und seinem Regime in den Weg stellten. Ein Jahr zuvor hatte der sowjetische Staatschef Chruschtschow in seiner berühmten »Geheimrede« Stalins Verbrechen aufgedeckt. Diese Rede hatte Mao aufgeschreckt.

Auch der Ungarnaufstand im Herbst desselben Jahres beunruhigte Mao, handelte es sich dabei doch um den ersten, wenn auch kurzlebigen, Versuch, ein etabliertes kommunistisches Regime zu stürzen. Mao wußte, daß es in der Partei und in der Staatsführung etliche Stimmen gab, die für Zurückhaltung und Liberalisierung plädierten. Er wollte verhindern, daß es in China einen »Ungarnaufstand« gab. Ungarischen Führern gegenüber gestand er offen ein, daß die Kampagne der »Hundert Blumen« eine Falle war und daß er gegen den Rat seiner Genossen ihre

Verlängerung angeordnet hatte, um sämtliche potentiellen Dissidenten »ausräuchern« zu können.

Die Arbeiter und Bauern fürchtete er nicht. Er war sich ziemlich sicher, daß sie den Kommunisten dafür dankbar sein würden, daß sie ihnen zu einem Auskommen verholfen hatten. Er achtete überdies ihre intellektuellen Fähigkeiten für gering und glaubte nicht, daß sie ihm gefährlich werden konnten. Aber die Intellektuellen bereiteten ihm Kummer. Sie hatten in Ungarn eine führende Rolle gespielt.

In Unkenntnis der taktischen Hintergedanken Maos, aus denen er bewußt ein Geheimnis machte, forderten Beamte und Intellektuelle zur Kritik auf und übten selbst Kritik. Mao hatte verkündet, sie sollten »zu allem und umfassend ihre Meinung sagen«. Meine Mutter wurde wie fast alle anderen Funktionäre auch kritisiert. Die in ihrem Stadtbezirk gelegenen Schulen kritisierten vor allem, daß sie sogenannte Schlüsselschulen bevorzugt habe. In China gab es eine Reihe von offizieller Seite ausgewählter Schulen und Universitäten, in die der Staat seine begrenzten Mittel für die Bildungspolitik bevorzugt investierte. Diese Schulen erhielten bessere Lehrer und eine bessere Ausstattung, sie suchten sich die intelligentesten Schüler aus und hatten deshalb höhere Übergangsquoten auf weiterführende Bildungseinrichtungen, vor allem auf die Schlüsseluniversitäten, vorzuweisen.

Nicht nur die gesamten Schulen wurden unterschiedlich behandelt, auch jeder einzelne wurde in ein Rangsystem eingestuft. Gute Lehrer bekamen Ehrenränge, und das bedeutete mehr Gehalt, besondere Lebensmittelzuwendungen auch in Notzeiten, bessere Wohnungen und Freikarten für das Theater. Viele Lehrer im Zuständigkeitsbereich meiner Mutter hatten einen »unerwünschten« familiären Hintergrund. Nun beklagten sich etliche Lehrer, denen kein Ehrenrang zuerkannt worden war, meine Mutter lege mehr Wert auf berufliche Fähigkeiten als auf den richtigen »Klassenhintergrund«. Meine Mutter übte Selbstkritik, weil sie die Schlüsselschulen bevorzugt hatte. Sie bestand jedoch darauf, auch weiterhin außerordentliche fachliche Verdienste als Kriterium bei Beförderungen zugrunde zu legen.

Für andere Beschwerden hatte sie viel Verständnis, aber sie konnte nichts unternehmen, um Abhilfe zu schaffen. Dazu gehörten das Wohnungsproblem, die zu niedrigen Lehrergehälter und die unzureichende Lebensmittelversorgung der Chirurgen. Die Lebensmittelzuteilungen wurden nach der Schwere der körperlichen Arbeit bemessen. Die Chirurgen empfanden ihre Arbeit als mindestens ebenso anstrengend wie die eines Kungfu-Kämpfers in der traditionellen chinesischen Oper, trotzdem bekamen sie nur drei Viertel von deren Ration.

Einen Monat lang übten die Menschen im Frühsommer des Jahres 1957 Kritik an diversen Mißständen. Zum Teil wurden persönliche Streitereien ausgetragen, praktische oder auch gänzlich unpolitische Vorschläge für Verbesserungen vorgebracht. Anfang Juni 1957 drang Maos Rede vom Februar des Jahres bis zu meiner Mutter durch, in der er davon gesprochen hatte, »die Schlangen aus ihren Höhlen zu locken«.

In dieser Rede sprach Mao davon, daß »Rechtsabweichler« zum Angriff auf die Kommunistische Partei und das sozialistische System Chinas geblasen hätten. Zwischen einem und zehn Prozent der Intellektuellen gehörten dem »rechten Lager« an, und die gelte es zu »zerschmettern«. Der Einfachheit halber hatte man die Parole ausgegeben, fünf Prozent – der Mittelwert der von Mao genannten Zahlen – »Rechte« müßten ausfindig gemacht werden. Das bedeutete, daß meine Mutter hundert »Rechte« in den Organisationen finden mußte, die ihr unterstanden.

Sie war zwar über manche gegen sie vorgebrachte Kritik nicht gerade glücklich gewesen, aber »antikommunistische« oder »antisozialistische« Tendenzen vermochte sie darin beim besten Willen nicht zu erkennen. Nach allem, was sie in den Zeitungen gelesen hatte, war es vereinzelt zu Kritik am Machtmonopol der Kommunisten und am sozialistischen System gekommen. Aber in den ihr unterstehenden Schulen und Krankenhäusern waren derart grundsätzliche Stimmen nicht laut geworden. Wo in aller Welt sollte sie die hundert Rechtsabweichler bloß hernehmen? Außerdem fand sie es unfair, Menschen dafür zu bestrafen, daß sie Kritik geübt hatten, nachdem man sie vorher dazu ermuntert, ja förmlich gedrängt hatte, Kritik zu üben. Schließlich hatte Mao ausdrücklich erklärt, daß niemand Repressalien zu befürchten habe. Auch meine Mutter hatte die Leute zur Kritik ermutigt.

Täglich nach den endlosen Versammlungen mußte meine Mutter bei den Parteibehörden der Stadt über den Stand der Kampagne Bericht erstatten. In Chengdu war ein gewisser Herr Ying, ein schlanker, großer Mann mit einem arroganten Gehabe, für die Durchführung der Kampagne zuständig. Meine Mutter mußte ihm nur Zahlen nennen, wie viele Rechtsabweichler sie aufgespürt hatte. Die Namen interessierten ihn nicht, Namen waren unwichtig geworden, nur noch Zahlen zählten.

Aber wo sollte sie hundert »antisozialistische, antikommunistische Rechte« auftreiben? Schließlich berichtete einer der Stellvertreter meiner Mutter, ein gewisser Herr Kong, der für das Erziehungswesen im östlichen Verwaltungsbezirk zuständig war, er habe einige wenige Rechtsabweichler in den Schulen ausfindig gemacht, darunter eine Grundschullehrerin, die mit einem im Bürgerkrieg umgekommenen Kuomintang-Offizier verheiratet gewesen war. Sie hatte etwas in der Richtung gesagt, daß in China gegenwärtig alles schlechter sei als in der Vergangenheit. Eines Tages geriet sie mit der Rektorin aneinander, weil diese ihr Bummelei vorgeworfen hatte. Sie beschimpften sich gegenseitig, und im Verlauf des Wortgefechts wurde die Lehrerin so wütend, daß sie auf ihre Rektorin einschlug. Mehrere andere Lehrer versuchten, sie zurückzuhalten, einer sagte ihr, sie müsse vorsichtig sein, da die Rektorin schwanger sei. Jetzt wurde ihr vorgeworfen, sie habe gebrüllt, der »kommunistische Bastard« (das ungeborene Baby der Rektorin) müsse weg.

Der für das Gesundheitswesen zuständige Stellvertreter meiner Mutter nannte ihr überhaupt keine Rechtsabweichler, aber höhere Stellen in der Stadtverwaltung, die Herrn Yeh unterstanden, hatten mehrere Ärzte ausfindig gemacht. Die Ärzte waren von den städtischen Behörden zu Versammlungen eingeladen worden und hatten dort Kritik geäußert.

Alles in allem kamen nicht einmal zehn Rechtsabweichler zusammen – ein Zehntel der geforderten Quote. Herr Ying hatte mittlerweile genug von dem mangelnden Eifer meiner Mutter und ihrer Kollegen. Er erklärte ihr, die Tatsache, daß sie nicht in der Lage sei, Rechte dingfest zu machen, beweise nur, daß sie selbst »rechtsabweichlerische Tendenzen« besitze. Meine Mutter und ihre Kollegen verbrachten etliche schlaflose Nächte, wer als Rechter abgestempelt wurde, war politisch tot. Die Arbeit war man in jedem Fall los, die weiteren Konsequenzen waren unvorhersehbar, und allein diese Unsicherheit flößte Angst ein. Vor allem aber hatten die Kinder und die Familie eines Rechten mit Benachteiligungen zu rechnen.

Meine Mutter stand vor einer schwierigen Entscheidung. Wenn sie als Rechtsabweichlerin abgestempelt wurde, mußte sie ihre Kinder aufgeben, und zwar für immer, oder die Zukunft ihrer Kinder wäre ruiniert. Mein Vater würde wahrscheinlich gezwungen sein, sich von ihr scheiden zu lassen, um sich und die Kinder zu schützen. Ansonsten lief auch er Gefahr, seinen Posten zu verlieren, und das würde bedeuten, daß er ein gezeichneter Mann wäre, der auf der schwarzen Liste stünde und permanent verdächtigt würde. Selbst wenn meine Mutter sich opferte und sich von ihm scheiden ließ, würde die ganze Familie den Verdacht nie mehr loswerden. Aber wenn sie sich und ihre Familie retten wollte, mußte sie dafür mehr als hundert Unschuldige und deren Familien opfern.

Meine Mutter schüttete ihr Herz nicht bei meinem Vater aus. Was war von ihm schon anderes zu erwarten als inhaltslose Parteiphrasen? Sie war wütend. Er würde nie vor einer so schweren Entscheidung stehen, in seiner Position hatte er es nicht mit Einzelfällen zu tun. Die niederen und mittleren Beamten jedoch wie Herr Ying, meine Mutter und ihre Stellvertreter, die Schulleiterinnen und Krankenhausdirektoren mußten ihre moralischen Prinzipien auf eine schwere Probe stellen und schmerzliche Entscheidungen treffen, die das Leben von vielen Menschen betreffen.

In dem Bezirk, in dem meine Mutter tätig war, lag das Lehrerseminar Nummer Zwei von Chengdu. Es unterstand jedoch direkt der Stadtverwaltung und gehörte nicht zum Amtsbereich meiner Mutter. Die Studenten in Lehrerseminaren erhielten staatliche Stipendien, daher drängten viele Kinder armer Eltern dorthin. Die erste Eisenbahnlinie, die Sichuan, »die Kornkammer des Himmels«, mit dem übrigen China verband, war kürzlich erst fertiggestellt worden. Auf einmal wurde sehr viel Getreide in andere Teile Chinas exportiert, und die Preise für viele Artikel kletterten über Nacht auf das Zwei- bis Dreifache. Die Höhe der Stipendien war vor dem Bau der Eisenbahn festgesetzt worden, und die Studenten konnten sich auf einmal nur noch die Hälfte oder ein Drittel kaufen. Sie organisierten eine Demonstration und forderten eine Erhöhung ihrer Stipendien. Herr Ying verglich ihre Demonstration mit den Aktionen des Petöfi-Kreises 1956 in Ungarn und sagte, die Studenten seien »den ungarischen Intellektuellen verwandte Geister«. Er befahl, daß sämtliche Studenten, die an der Demonstration teilgenommen hatten, als Rechtsabweichler eingestuft würden. Von den insgesamt rund dreihundert Studenten am Lehrerseminar hatten hundertdreißig an der Demonstration teilgenommen, sie wurden alle als Rechte klassifiziert. Da das Lehrerseminar im Bezirk meiner Mutter lag, war damit ihre Quote erfüllt.

Herr Ying vergab meiner Mutter ihren mangelnden Eifer im Aufspüren von Rechten nicht. Er setzte meine Mutter auf die Liste der Verdächtigen, die auf ihre »Rechtstendenzen« hin überprüft werden müßten. Doch bevor er etwas unternehmen konnte, wurde er selbst als Rechtsabweichler verurteilt.

Viele Funktionäre nutzten die Kampagne, um private Rechnungen zu begleichen. Eine bequeme Art, die Quote zu erfüllen, sah so aus, daß man seine Feinde ans Messer lieferte. Andere handelten aus reiner Rachsucht. In Yibin denunzierten die Tings etliche intelligente Leute, mit denen sie entweder nicht zurechtkamen oder auf die sie neidisch waren. Fast alle Mitarbeiter meines Vaters, die er ausgewählt und gefördert hatte, wurden als Rechtsabweichler verurteilt, einer wurde sogar als »extremer Rechtsabweichler« eingestuft. Sein ganzes Verbrechen hatte darin bestanden, daß er gesagt hatte, China solle sich nicht »ganz und gar« auf die Sowjetunion verlassen. Damals verkündete die Partei allenthalben die unverbrüchliche Freundschaft zur Sowjetunion. Er wurde zu drei Jahren Zwangsarbeit in einem chinesischen Gulag verurteilt und baute Straßen in unzugänglichen Bergregionen. Viele seiner Mitgefangenen überlebten die Zeit im Lager nicht.

Die Anti-Rechts-Kampagne hatte für die Gesellschaft insgesamt kaum Auswirkungen, Bauern und Arbeiter bekamen kaum etwas davon mit. Als die Kampagne nach einem Jahr beendet wurde, waren 550 000 Schriftsteller, Künstler, Studenten, Lehrer, Wissenschaftler und andere Akademiker als »Rechtsabweichler« gebrandmarkt worden. Die meisten wurden ihrer Posten enthoben und mußten körperliche Arbeit in Fabriken oder auf dem Land verrichten, manche wurden zur Zwangsarbeit in Arbeitslagern geschickt. Aber das war nicht einmal ihr größtes Unglück. Sie und ihre Familien wurden zu Bürgern zweiter Klasse. Die Lektion war hart und eindeutig: Der Staat duldete keinerlei Kritik. Von da ab beschwerte sich niemand mehr oder sagte auch nur seine Meinung, es gab bei den häufigen Versammlungen nur noch einhellige Zustimmung zu allem, was von der Partei vorgeschlagen wurde. Der folgende Ausspruch spiegelt die Atmosphäre der damaligen Jahre wider: »Nach der ›Drei-Anti-Kampagne‹ wollte niemand mehr Geld in Händen haben, nach der ›Anti-Rechts-Kampagne‹ machte niemand mehr den Mund auf.«

Aber die Tragödie des Jahres 1957 bestand nicht nur darin, daß die Menschen mundtot gemacht wurden. Weit schlimmer war die Unsicherheit; jeder konnte jederzeit in den Abgrund stürzen. Das Quotensystem bewirkte in Verbindung mit der Möglichkeit, in diesen Kampagnen persönliche Fehden auszutragen, daß jeder ohne den geringsten Beweis verfolgt werden konnte. Nicht genug damit, daß der Staat keine Schranken gegen die

Verfolgung aufrichtete, daß es kein Rechtssystem und keine Berufungsmöglichkeit gab, vielmehr konnten Staatsfeinde ungehindert frei erfunden werden. Für viele Menschen war 1957 ein Wendepunkt. Meine Mutter arbeitete zwar noch für die kommunistische Sache, aber erste Zweifel beschlichen sie. Mein Vater hielt strikte Disziplin für unabdingbar. Er glaubte fest, daß die Revolution nur bewahrt und fortgesetzt werden könne, wenn niemand sie offen kritisierte. In einer Schlacht mußte man auch dann für die eigene Seite kämpfen, wenn sie manchmal Fehler machte. Solange sie nur besser war als die andere Seite, mußte man sie bedingungslos unterstützen. Geschlossenheit war die oberste Devise.

Meine Mutter wußte, daß mein Vater eine ganz besondere Beziehung zur Partei hatte und daß sie dagegen immer eine Außenstehende bleiben würde. Einmal äußerte sie etwas Kritisches über die Situation, und er gab keine Antwort. Sie meinte bitter: »Du bist ein guter Kommunist, aber ein lausiger Ehemann!« Mein Vater nickte und sagte, das wisse er wohl.

Vierzehn Jahre später erzählte mein Vater uns Kindern, wie es ihm im Jahr 1957 um ein Haar ergangen wäre. Seit der Zeit in Yan'an war er mit einer bekannten Schriftstellerin namens Ding Ling befreundet. Im März 1957 nahm er mit einer Delegation aus Sichuan in Beijing an einer Konferenz der Abteilungen für Öffentliche Angelegenheiten teil. Ding Ling lud ihn zu einem Besuch in Tianjin in der Nähe von Beijing ein. Mein Vater hätte sie gern besucht, hatte aber keine Zeit. Einige Monate später wurde Ding Ling als »die Rechte Nummer eins in ganz China« gebrandmarkt. »Wenn ich sie besucht hätte«, sagte mein Vater, »wäre ich erledigt gewesen.«

KAPITEL 12

*»Eine tüchtige Frau bringt auch
ohne Lebensmittel eine
Mahlzeit auf den Tisch«*

*Hungersnot
(1958-1962)*

Im Herbst 1957 war ich sechs und kam in die Grundschule. Mein Schulweg, ungefähr zwanzig Minuten zu Fuß, führte mich größtenteils durch schmale, schlammige Gassen mit Kopfsteinpflaster. Jeden Tag auf dem Weg von und zur Schule hielt ich meinen Blick fest auf den Boden geheftet und suchte jeden Zentimeter nach abgebrochenen Nägeln, rostigen Zahnrädern und anderen Metallstücken ab. Die Ausbeute meiner täglichen Suche wanderte zur Stahlproduktion in sogenannten Kleinhochöfen. Im zarten Alter von sechs Jahren war ich somit in der Stahlproduktion tätig und wetteiferte mit meinen Schulkameraden, wer das meiste Alteisen ablieferte. Um mich herum dröhnte es aus allen Lautsprechern, und Wandzeitungen verkündeten mit großen Lettern: »Es lebe der Große Sprung nach vorn!« und »Alle machen mit bei der Stahlproduktion!« Ich verstand zwar nicht recht, was das sollte, aber ich wußte, daß der Vorsitzende Mao die ganze Nation zur Stahlproduktion aufgerufen hatte. In unserer Schule standen anstelle der Woks große Gefäße auf den Öfen in der Küche, sie dienten als Schmelztiegel. Alles Metall, das wir gesammelt hatten, wanderte dort hinein. Die Woks wurden zerschlagen und ebenfalls eingeschmolzen. Tag und Nacht mußten die Öfen brennen, bis alles geschmolzen war. Unsere Lehrer feuerten sie abwechselnd mit Brennholz und rührten das Alteisen in den Woks mit einem riesigen Löffel um. Wir hatten nur sporadisch Unterricht, denn unsere Lehrer waren durch diese Arbeit vollkommen in Anspruch genommen.

Die größeren Kinder halfen mit, wir kleineren waren dazu eingeteilt, die Wohnungen der Lehrer zu putzen und auf ihre Kinder aufzupassen.

Ich weiß noch, daß wir Kinder einmal eine Lehrerin im Krankenhaus besuchten, die sich die Arme mit geschmolzenem Eisen verbrannt hatte. Ärzte und Krankenschwestern in weißen Kitteln hetzten aufgeregt die Gänge auf und ab. Auf dem Krankenhausgelände stand ebenfalls ein Schmelzofen, und das Krankenhauspersonal mußte selbst während Operationen und die Nacht über Feuerholz nachfüllen.

Kurz bevor ich in die Schule kam, waren wir aus dem ehemaligen Pfarrhaus in eine Siedlung umgezogen, in der nur Regierungsbedienstete der Provinz Sichuan wohnten. Die Siedlung umfaßte mehrere Straßenzüge mit Wohnblocks und Büros und etliche Villen. Eine hohe Mauer trennte das Gelände von der Außenwelt ab. Ein Gebäude in der Nähe des Haupteingangs hatte während des Zweiten Weltkriegs als Kasino für amerikanische Soldaten gedient, 1941 hatte Hemingway es besucht. Das Kasino war im klassischen chinesischen Stil erbaut und erinnerte an einen Palast in der Verbotenen Stadt in Beijing. Das Dach war mit gelben Ziegeln gedeckt und am Rand nach oben gewölbt, die ganze Konstruktion ruhte auf schweren roten Balken. In diesem Gebäude war das Sekretariat der Regierung der Provinz Sichuan untergebracht. Auf dem Parkplatz stand ein riesiger Hochofen, hier schien die Stahlproduktion in großem Umfang im Gang zu sein. Nachts war der Himmel vom Feuerschein hell erleuchtet, und die Stimmen der Menschen, die den Hochofen bedienten, drangen dreihundert Meter weit bis in mein Kinderzimmer. Alle Woks meiner Familie waren zusammen mit allen gußeisernen Haushaltsgegenständen bereits in diesen Hochofen gewandert. Es war verboten, zu Hause zu kochen, alle mußten in der Kantine essen. Aber die Hochöfen waren unersättlich. Das weiche, bequeme Bett meiner Eltern wurde ebenfalls geschmolzen, es hatte Eisenfedern statt der sonst üblichen Holzplanken gehabt. Die eisernen Geländer an den Bürgersteigen waren verschwunden wie alles übrige aus

Eisen. Ich sah meine Eltern monatelang kaum. Sie lebten in ihren Büros und kamen oft nicht einmal über Nacht nach Hause, weil sie rund um die Uhr dafür sorgen mußten, daß die Temperatur in ihren Schmelzöfen nicht abfiel.

Mao war von der halbausgegorenen Idee beherrscht, China in kürzester Zeit in eine moderne Großmacht zu verwandeln. Er deklarierte die Stahlproduktion zum »Marschall« der Industriezweige und ordnete an, die Stahlproduktion innerhalb eines Jahres zu verdoppeln: von 5,35 Millionen Tonnen im Jahr 1957 auf 10,7 Millionen Tonnen im Jahr 1958. Doch es wurden nicht etwa Facharbeiter in Stahlwerken eingestellt, sondern die ganze Bevölkerung mußte sich als Stahlkocher betätigen. Jeder Arbeitseinheit wurde eine bestimmte Stahlquote vorgegeben, und monatelang ruhte die normale Arbeit, weil alle damit beschäftigt waren, ihre Quote zu erfüllen. Die gesamte wirtschaftliche Entwicklung des Landes wurde auf die Frage reduziert, wie viele Tonnen Stahl erzeugt werden konnten, und die gesamte Arbeitskraft wurde auf dieses Ziel hin gelenkt. Nach offiziellen Schätzungen konnten etwa 100 Millionen Bauern nicht mehr ihre Felder bestellen, weil sie Stahl kochen mußten. Sie hatten für die Ernährung der Bevölkerung gesorgt. Ganze Hänge wurden abgeholzt, weil man die Bäume zum Befeuern der Hochöfen brauchte. Die Stahlkampagne war ein gigantischer Fehlschlag, es kam nur Ausschuß dabei heraus.

Diese absurde Situation spiegelte nicht nur Maos vollkommene Unkenntnis wirtschaftlicher Zusammenhänge wider, sondern die geradezu metaphysische Weise, in der er die Realität ignorierte. Bei einem Dichter hätte dieser Wesenszug möglicherweise interessant sein können, aber bei einem politischen Führer mit unumschränkter Macht lagen die Dinge anders. Ein wichtiger Zug in Maos Charakter war seine tiefe Verachtung gegenüber menschlichem Leben. Kurz zuvor hatte er dem finnischen Botschafter folgendes gesagt: »Selbst wenn Amerika noch größere Bomben hätte und ein riesiges Loch in die Erde sprengen oder China in tausend Stücken in die Luft jagen würde, wäre das vielleicht für unser Sonnensystem ein bedeutendes Ereignis, aber das Universum insgesamt würde gar nichts davon merken.«

Bestärkt wurde Mao in seiner Haltung durch einen Besuch in Rußland. Chruschtschows Geheimrede im Jahr 1956 über Stalins Verbrechen hatte Mao tief enttäuscht. Ende 1957 reiste er nach Moskau zu einem Treffen kommunistischer Staatsführer. Er kehrte zurück mit der Überzeugung, daß Rußland und seine Verbündeten den Weg des Sozialismus verlassen und den Weg des »Revisionismus« eingeschlagen hatten. Nur noch China hielt am rechten Glauben fest. China mußte sich gewaltsam einen eigenen Weg bahnen. Maos Obsessionen – beispielsweise die Stahlproduktion – wurden ebenso fraglos und widerspruchslos hingenommen wie seine sonstigen Einfälle. Er erklärte Spatzen zu Feinden, weil sie Getreidekörner aufpicken. Die Bevölkerung wurde zum Kampf gegen die Spatzen mobilisiert. Wir saßen im Freien und schlugen wie wild auf Metallobjekte aller Art ein – von Becken bis zu Bratpfannen –, um die Spatzen von den Bäumen zu verscheuchen. Wir sollten die Spatzen so ermüden, daß sie schließlich vor Erschöpfung tot umfielen. Aber selbstverständlich trafen wir nicht nur die Spatzen. Noch heute höre ich den Lärm, den meine Geschwister und ich und die Regierungsbediensteten veranstalteten, samt und sonders versammelt unter einer riesigen Wolfsbeere im Hof unseres Hauses.

Mao hatte phantastisch hohe Produktionszahlen für die Wirtschaft ausgegeben. Er behauptete, Chinas Industrieproduktion könne die Produktion von Großbritannien und den Vereinigten Staaten innerhalb von fünfzehn Jahren überrunden. Großbritannien und die Vereinigten Staaten verkörperten für die Chinesen die kapitalistische Welt, wenn man die Vereinigten Staaten und Großbritannien überholte, was das ein Triumph über die Feinde. Das schmeichelte dem chinesischen Volksstolz und beflügelte die Bevölkerung ungemein. Die Chinesen fühlten sich schwer gedemütigt durch die Weigerung Amerikas und der meisten westlichen Länder, China diplomatisch anzuerkennen. Sie waren so sehr darauf aus, der Welt zu beweisen, daß sie es auch ohne die Unterstützung der Amerikaner schaffen würden, daß sie gerne an Wunder glauben wollten.

Anfang 1958 hielt sich Mao nach seiner Rückkehr aus Moskau ungefähr einen Monat in Chengdu auf. Er war erfüllt von der Idee, China werde alles erreichen, was es sich vornehme. Darunter stellte er sich vor allem vor, daß China den Russen die Führung des »sozialistischen Lagers« entreißen würde. In Chengdu entwarf er den Plan für den Großen Sprung nach vorn. Mao nahm während seines Aufenthaltes an einer großen Parade durch die Stadt teil, hielt sich aber im Hintergrund. Wie so oft hatten die Teilnehmer keine Ahnung, daß er da war. Bei der Parade wurde die Parole ausgegeben: »Eine tüchtige Frau bringt auch ohne Lebensmittel eine Mahlzeit auf den Tisch«, eine Umkehrung des alten chinesischen Sprichworts: »Eine Frau kann noch so tüchtig sein, ohne Lebensmittel kann sie keine Mahlzeit auf den Tisch bringen.« Aus bombastischer Rhetorik wurden konkrete Forderungen, phantastische Ziele sollten Realität werden.

In diesem Jahr war der Frühling besonders schön. Eines Tages ging Mao in einem Park spazieren, der »Garten der Villa des Marquis Zhu-ge Liang« hieß und im 3. Jahrhundert unserer Zeitrechnung angelegt worden war. Meine Mutter hielt sich an jenem Tag ebenfalls in dem Park auf, ihr Büro war für die Sicherheit eines Parkabschnitts zuständig. Sie und ihre Kollegen schlenderten wie harmlose Touristen herum, während sie in Wirklichkeit Ausschau nach verdächtigen Personen oder Vorgängen hielten. Mao folgte selten den Terminplänen und unterrichtete oft nicht einmal seine enge Umgebung über seinen genauen Aufenthaltsort. Meine Mutter saß stundenlang in einem Teehaus, trank einen Tee nach dem anderen und versuchte, wachsam zu bleiben. Schließlich wurde sie ungeduldig und sagte ihren Mitarbeitern, sie werde sich ein wenig die Beine vertreten. Gedankenverloren schlenderte sie durch den Park und geriet dabei in die dem westlichen Stadtbezirk unterstellte Sicherheitszone. Die Beamten kannten sie nicht, und sie wurde sofort verfolgt, was sie allerdings nicht bemerkte. Die Sicherheitsbeamten verständigten den Parteisekretär des westlichen Stadtbezirks, daß eine »verdächtige Frau« sich im Park herumtreibe. Der Parteisekretär begab sich daraufhin höchstpersönlich an Ort und Stelle. Er erkannte meine Mutter und mußte lachen: »Aber das ist doch die Genossin Xia aus dem östlichen Stadtbezirk!« Hinterher wurde sie von ihrem Chef, dem Distriktparteichef Guo, zurechtgewiesen, weil sie sich »disziplinlos in der Gegend herumgetrieben« habe.

Mao besuchte auch einige Bauernhöfe in der Ebene von Chengdu, sie hatten die höchsten Getreideerträge pro Kopf und Hektar in ganz China vorzuweisen. Hier fiel die Entscheidung, die Kooperativen zu größeren Einheiten zusammenzulegen, den sogenannten »Volkskommunen«. Zu einer Volkskommune gehörten zweitausend bis zwanzigtausend Haushalte.

Es war eine Zeit, in der die Leute in unvorstellbarer Weise sich selbst und andere belogen und diese Lügen auch noch glaubten. Bauern verfrachteten die Ernteerträge mehrerer Felder auf ein einzelnes Feld und brüsteten sich mit ihrer »Rekordernte« vor Parteifunktionären. Ähnliche »Potemkinsche Felder« wurden Agronomen, Reportern, Bauern aus anderen Regionen und Besuchern vorgeführt, die entweder so naiv waren, daß sie die Sache nicht durchschauten, oder sie nicht durchschauen wollten. Nur wenige erkannten, wie absurd die Situation war, und von den wenigen wagte nur eine kleine Minderheit, den Mund aufzumachen. Man muß bedenken, daß die Anti-Rechts-Kampagne aus dem Jahr 1957 erst kurz zurücklag.

Vielerorts wurden Leute, die sich weigerten, von unerhörten Rekordernten zu berichten, so lange geschlagen, bis sie nachgaben. In meiner Heimatregion Yibin wurden mehrere Leiter von Produktionsmannschaften mit auf den Rücken gebundenen Armen auf dem Dorfplatz aufgehängt, und dann stellte man ihnen immer wieder die Frage:

»Wieviel Getreide holst du aus einem Mu heraus?«

»Vierhundert *jin*.« (Etwa zweihundertzwanzig Kilo, eine realistische Menge.)

Der Frager prügelt auf den Bauern ein. »Und wieviel könntest du schaffen?«
»Achthundert *jin*.«
Achthundert *jin* waren vollkommen unrealistisch, aber immer noch nicht genug. Der Unglückliche wurde so lange weitergeschlagen oder einfach hängengelassen, bis er endlich hervorpreßte: »Zehntausend *jin*.« Manchmal starben die derart Gepeinigten, weil sie sich weigerten, immer höhere Phantasiezahlen anzugeben oder weil sie nicht genug Zeit hatten, die Zahl weit genug hinaufzutreiben.
Lügen waren inzwischen alltäglich. Selbst Ärzte rühmten sich auf einmal, sie hätten Wunderheilungen an Unheilbaren vollbracht. Vor unserer Siedlung fuhren Laster vor mit grinsenden Bauern auf der Ladefläche, die über die neuesten Rekordergebnisse berichten wollten, einmal über eine Riesengurke, die halb so lang war wie der Laster, ein anderes Mal über eine Riesentomate, die zwei Kinder nur mit Mühe aufheben konnten. Einmal brachten sie ein riesiges Schwein mit und behaupteten, sie hätten ein normales Schwein zu dieser gigantischen Größe gemästet. In Wahrheit war es ein Schwein aus Pappmaché, aber als Kind kam es mir damals vor wie ein echtes Schwein. Möglicherweise war ich verwirrt durch die Erwachsenen um mich herum, die so taten, als glaubten sie all das. Die Menschen lernten, ihren Verstand auszuschalten, und verwandelten sich in perfekte Schauspieler.
Wir wurden ein Volk von Lügnern. Die Kluft zwischen den Worten und der Realität, der tatsächlichen Verantwortung und den wahren Gedanken der Menschen wurde immer größer. Niemandem machte es etwas aus zu lügen, denn die Sprache drückte sowieso nicht mehr das aus, was die Menschen dachten, und Worte wurden sowieso nicht mehr ernst genommen.
Dies ging Hand in Hand mit einer weiteren Reglementierung der gesamten Gesellschaft. Als Mao die ersten Kommunen errichtete, begründete er das damit, daß sie »leicht zu kontrollieren« seien. Die Bauern waren jetzt Teil eines durchorganisierten Systems und nicht mehr in Teilbereichen selbständig wie

bisher. Ein weiteres Instrument der Reglementierung war die Einrichtung von Kantinen in den Volkskommunen. In seiner überspannten Art definierte Mao den Kommunismus so: »Öffentliche Kantinen plus kostenlose Mahlzeiten.« Für ihn lösten diese Kantinen das uralte Problem, wie die chinesische Bevölkerung ernährt werden konnte – sie wurde kollektiv ernährt. Die Tatsache, daß die Kantinen kein Essen produzierten, kümmerte ihn wenig. Seit 1958 war es von Staats wegen verboten, zu Hause zu kochen, alle Bauern mußten in der Kantine der Volkskommune essen. Alle Küchengeräte wie Woks wurden abgeschafft, mancherorts übrigens sogar das Geld. Jeder sollte von der Kommune und vom Staat versorgt werden. Täglich standen die Bauern nach der Arbeit vor den Kantinen Schlange und aßen nach Herzenslust. Das hatten sie noch nie zuvor tun können, nicht einmal in den besten Erntejahren und in den fruchtbarsten Gebieten. Sie verbrauchten und verschwendeten die gesamten Nahrungsmittelvorräte auf dem Land. Natürlich gingen die Bauern auch noch auf die Felder, aber wieviel sie arbeiteten, spielte keine Rolle, denn was sie produzierten, gehörte dem Staat und diente nicht unmittelbar ihrem Lebensunterhalt. Mao hatte die Parole ausgegeben, daß China nunmehr in das letzte Stadium des Kommunismus eingetreten sei, und das chinesische Wort für Kommunismus bedeutet »Teilen von materiellen Gütern«. Die Bauern deuteten den Kommunismus nun so, daß sie auf jeden Fall versorgt würden, ganz gleich, wieviel sie arbeiteten, also zogen sie auf die Felder und machten ein Nickerchen.

Außerdem wurde die Landwirtschaft zugunsten der Stahlproduktion vernachlässigt. Viele Bauern waren erschöpft, sie mußten pausenlos Stahl kochen, Brennstoff und Alteisen sammeln, Eisenerz schürfen und die Brennöfen heizen. Um die Erntezeit 1958 sah man nur wenige Menschen auf den Feldern.

Daß es 1958 nicht gelang, die Ernte einzubringen, hätte ein alarmierender Hinweis auf eine bevorstehende Lebensmittelknappheit sein müssen. Statt dessen wiesen die offiziellen Statistiken für dieses Jahr eine zweistellige Erhöhung der landwirtschaftlichen Erträge aus, nach offiziellen Angaben übertraf

Chinas Getreideproduktion 1958 erstmals die der Vereinigten Staaten. In der *Volkszeitung*, dem Parteiorgan, wurde eine Debatte über die Frage ausgetragen: »Wie werden wir mit dem Lebensmittelüberschuß fertig?«

Die Abteilung meines Vaters war für die Presse in der Provinz Sichuan zuständig. Die Zeitungen in seinem Amtsbereich veröffentlichten dieselben Phantasiezahlen wie überall im Land. Die Zeitungen waren die Stimme der Partei, und wenn es um Parteipolitik ging, zählte weder die Meinung meines Vaters noch die eines Redakteurs. Sie waren alle Teil eines riesigen Transmissionsriemens. Mein Vater beobachtete die Entwicklung mit wachsender Sorge, er befürchtete eine Katastrophe. Ihm blieb nur die Möglichkeit, seine Befürchtungen der obersten Parteiführung mitzuteilen.

Ende 1958 schrieb er einen Brief an das Zentralkomitee in Beijing und wies auf folgende Punkte hin: Die Anstrengungen in der Stahlproduktion seien weitgehend sinnlos, man verschwende nur die Ressourcen des Landes. Die Bauern seien erschöpft und fühlten sich um den Lohn ihrer Arbeit gebracht. Und es drohe eine Lebensmittelknappheit. Er forderte entschiedenes und rasches Handeln.

Mein Vater übergab seinen Brief dem Gouverneur mit der Bitte, ihn weiterzuleiten. Der Gouverneur Li Da-zhang war der dritthöchste Beamte in der Provinz. Er hatte meinem Vater seinen ersten Posten in Chengdu verschafft, als er damals von Yibin gekommen war. Der Gouverneur war fast zwanzig Jahre älter als mein Vater und hatte ihn bisher immer gefördert.

Der Gouverneur las den Brief und rief meinen Vater dann zu sich. Er sagte, er werde den Brief nicht weiterleiten, was mein Vater da schreibe, sei längst bekannt. »Die Partei weiß alles. Vertrauen Sie der Partei.« Er warnte meinen Vater, er solle keinen Fehler machen. Mao hatte gesagt, daß der Optimismus des Volkes unter keinen Umständen beeinträchtigt werden dürfe, die Beamten mußten ihn vielmehr noch stützen.

Gouverneur Li erzählte meinem Vater, er habe unter den Parteiführern der Provinz den Spitznamen »die Opposition«. Das war ein gefährlicher Spitzname. Nur wegen seiner anderen Qualitäten, seiner Treue zur Partei und seines höchst ausgeprägten Sinns für Disziplin sei ihm bisher nichts geschehen. »Glücklicherweise haben Sie bisher Ihre Zweifel lediglich innerhalb der Partei geäußert und Ihre Unzufriedenheit nicht in der Bevölkerung verbreitet.« Mein Vater solle sich vor weiterer Kritik hüten, er werde sonst sich selbst, seine Familie und »andere« in ernste Schwierigkeiten bringen. Damit meinte der Direktor ganz eindeutig sich selbst als seinen »Förderer«. Mein Vater lenkte ein. Halb hatte der Gouverneur ihn überzeugt, halb fand er, der Einsatz sei einfach zu hoch. Er war mittlerweile so weit, daß er sich auf Kompromisse einließ.

Aber mein Vater und seine Kollegen in der Abteilung für Öffentliche Angelegenheiten sammelten als Teil ihrer Arbeit viele Beschwerden und leiteten sie nach Beijing weiter. Sowohl unter der Bevölkerung als auch bei Parteifunktionären herrschte Unzufriedenheit. Der Große Sprung nach vorn und die Hungersnot, die er zur Folge hatte, führten zum gefährlichsten Bruch innerhalb der Führung der Kommunistischen Partei seit der Machtübernahme vor zehn Jahren. Mao mußte das weniger wichtige seiner beiden großen Ämter abgeben und trat als Staatspräsident zurück. Liu Shaoqi wurde sein Nachfolger in diesem Amt. Seine politischen Differenzen mit Mao überspielte man taktvoll, von Opposition gegen Mao war keine Rede. Liu wurde der zweitmächtigste Mann Chinas, aber er erreichte bei weitem nicht Maos Ansehen. Mao behielt überdies seine Schlüsselposition als Parteivorsitzender.

Der allgemeine Unmut wurde so heftig, daß die Partei im Juni 1959 eine Sonderkonferenz in Lushan, einem Luftkurort in den Bergen Zentralchinas, einberufen mußte. Verteidigungsminister Marschall Peng Dehuai formulierte auf der Konferenz einen Brief an den Vorsitzenden, in dem er Kritik am Großen Sprung übte und realistischere Zielvorgaben für die Wirtschaft forderte. Peng war einer von Maos ältesten Gefolgsleuten und einer seiner engsten Vertrauten. Aber Mao duldete nicht einmal die leiseste Kritik, zumal in einer Zeit, in der er sich besonders unsicher fühlte, weil er wußte, daß er im Unrecht war. Er brandmarkte Peng und die wenigen, die ihn offen unterstützen, als »rechte Opportunisten«. Peng wurde seines Amtes als Verteidigungsminister enthoben, unter Hausarrest gestellt und auf einen unwichtigen, aber arbeitsreichen Posten in Sichuan versetzt.

In Lushan dachte sich Mao ein Komplott aus, um seine Macht zu bewahren. Er verstand es meisterlich, Menschen gegeneinander auszuspielen. Seine Lieblingslektüre war eine klassische Sammlung von Hofintrigen in dreißig Bänden, er empfahl die Lektüre auch anderen Parteiführern. Er war auch ein Meister des »Teile und Herrsche« und nutzte geschickt die Neigung der Menschen, andere den Wölfen vorzuwerfen, für seine Zwecke aus. Nur wenige Spitzenfunktionäre setzten sich für Marschall Peng ein, auch wenn sie im privaten Kreis offen zugaben, daß Maos verrückte Maßnahmen sie ernüchtert hatten. Der einzige, dem es erspart blieb, offen Farbe zu bekennen, war der Generalsekretär der Partei, Deng Xiaoping. Er habe sich beim Billardspielen ein Bein gebrochen, entschuldigte er sich.

Kommissar Li, der Erste Sekretär von Sichuan, kehrte mit einer gekürzten Version von Pengs Rede auf der Konferenz nach Chengdu zurück. Er ließ sie drucken und an Beamte von Rangstufe 17 aufwärts verteilen mit der Bitte, ihre Meinung dazu abzugeben. Die Menschen nickten damals gewohnheitsmäßig zu allem, aber diesmal merkten die meisten offensichtlich, daß etwas faul war. Normalerweise trugen wichtige Dokumente bei ihrer Veröffentlichung Maos Unterschrift und waren seitlich mit einem Vermerk wie »zur Kenntnis genommen« versehen. Dieses Dokument wies weder Unterschrift noch Vermerk auf. Die Art und Weise, wie Pengs Brief weitergegeben wurde, und die Tatsache, daß doch Mao selbst den Großen Sprung nach vorn proklamiert hatte, machten viele Funktionäre vorsichtig, selbst wenn sie mit Peng übereinstimmten.

Der Gouverneur von Sichuan hatte meinem Vater bei ihrer Unterredung von dem Streit in Lushan erzählt. Und mein Vater tat etwas, was er bis dahin noch nie getan hatte: Er warnte meine

Mutter, der Brief sei eine Falle. Damit verstieß er gegen sämtliche Vorschriften. Meine Mutter war tief bewegt. Zum ersten Mal hatte er ihre Interessen über die Vorschriften der Partei gestellt. In Chengdu lebten zwei Veteranen der Roten Armee, die unter Marschall Peng gedient hatten. Einer von ihnen war inzwischen Leiter des Getreidebüros der Stadt, der andere war Leiter des Postamtes. Beide erklärten, sie stimmten ihrem alten und hochverehrten Befehlshaber Peng voll und ganz zu, ihre eigenen Erfahrungen auf dem Land stützten Pengs Beobachtungen. Meine Mutter fragte sich, ob die beiden Veteranen wohl wußten, daß es sich um eine Falle handelte. Da alle anderen informiert zu sein schienen, nahm meine Mutter dasselbe auch von ihnen an. Und wenn das stimmte, dann legten sie mit ihrem Bekenntnis Heldenmut an den Tag. Sie wünschte, sie wäre so mutig wie sie. Aber der Gedanke an ihre Kinder hielt sie zurück, sie war nicht mehr so frei und unabhängig wie damals als Studentin. Sie war gebunden. Schließlich sagte sie: »Wie Peng in seinem Brief an das Problem herangeht, steht nicht im Einklang mit der Politik der Partei der letzten Jahre.«

Ihrem Vorgesetzten, dem Parteisekretär des Bezirks, Herrn Guo, genügte ihre Erklärung nicht. Tagelang bangte sie, was er unternehmen würde. Die beiden Veteranen der Roten Armee, die Peng unterstützt hatten, wurden als »rechte Opportunisten« gebrandmarkt, von ihren Posten enthoben und in die Produktion abkommandiert. Herr Guo war der Ansicht, daß meine Mutter es bewußt vermieden habe, ihre Meinung zu sagen. Eine Versammlung wurde einberufen, und sie wurde für ihre »rechtsabweichlerischen Tendenzen« kritisiert. Bei der Gelegenheit beschuldigte Herr Guo sie noch eines weiteren »schweren Fehlers«. Seit 1959 blühte in Chengdu der Schwarzmarkt für Hühner und Eier. Die Behörden ordneten die Zerschlagung des Schwarzmarktes an. Beamte mußten jeden Tag durch die Straßen patrouillieren und nach Bauern Ausschau halten, die sich im Schwarzhandel betätigten. Herr Guo hatte meine Mutter aufgefordert, sich auch an der Jagd auf die Bauern zu beteiligen. Aber meine Mutter hatte ihm erklärt: »Ich weiß nicht, was daran falsch sein soll, wenn sie etwas verkaufen, was die Leute dringend brauchen. Wo eine Nachfrage ist, sollte auch ein Angebot sein.« Diese Bemerkung bestätigte die »rechtsabweichlerischen Tendenzen« meiner Mutter, und sie wurde offiziell verwarnt.

Ende 1958, auf der Höhe des »glorreichen« Großen Sprungs nach vorn, hatte man mit einem umfangreichen Bauvorhaben begonnen. In der Hauptstadt Beijing sollten innerhalb von zehn Monaten bis zum 1. Oktober 1959, dem zehnten Jahrestag der Gründung der Volksrepublik China, zehn große Gebäude fertiggestellt werden.
Eines davon war die Große Halle des Volkes, ein in sowjetischem Stil errichtetes, von Säulen getragenes Gebäude an der Westseite des Tiananmen-Platzes. Die breite, mit Marmor verkleidete Vorderseite der Großen Halle des Volkes war gut vierhundert Meter breit, in dem großen Bankettsaal mit den unzähligen Kronleuchtern fanden mehrere tausend Personen Platz. In diesem Gebäude sollten wichtige Versammlungen abgehalten und »ausländische Gäste« von der chinesischen Führung empfangen werden.
Die großzügig ausgelegten Räumlichkeiten waren nach den verschiedenen Provinzen benannt, mein Vater sollte sich um die Ausstattung des Raumes Sichuan kümmern. Einer der Berater am Bau war Deng Ken, ein Cousin des Generalsekretärs der Partei, Deng Xiaoping, der aus Sichuan stammte. Nachdem der Auftrag erledigt war, lud mein Vater die Parteigrößen, die etwas mit Sichuan zu tun hatten, ein, sich das Ergebnis anzuschauen. Deng Xiaoping, der aus Sichuan stammte, und dessen enger Freund Marschall He Long, der bei der Gründung der Roten Armee eine wichtige Rolle gespielt hatte, folgten der Einladung. Während sie sich den Raum ansahen, wurde mein Vater herausgerufen. Als mein Vater wieder zurückkam, zeigte Marschall He gerade auf Deng Xiaoping und sagte zu einem Kollegen: »Eigentlich gehört er auf den Thron.« Beim Anblick meines Vaters verstummten sie.

Mein Vater lebte danach in ständiger Angst. Er wußte, daß er völlig zufällig Zeuge eines Machtkampfes ganz oben an der Spitze der Parteihierarchie geworden war. Alles, was er jetzt tat oder unterließ, konnte ihn in tödliche Gefahr bringen. Nach seiner Rückkehr nach Chengdu sah er so schlecht aus, daß es meiner Mutter keine Ruhe ließ und sie ihn fragte, was geschehen sei. Mein Vater brach erneut das Verbot, Parteigeheimnisse auszuplaudern, und erzählte meiner Mutter, was er gehört hatte. »Allein daß ich diese Bemerkung gehört habe, ist wie ein Verrat«, sagte er und benutzte dabei einen chinesischen Ausdruck, der soviel bedeutet wie »eine Tat, die mit Enthauptung bestraft wird«.

Meine Mutter sah ganz klar, in welcher Gefahr er schwebte. Aber sie versuchte ihn zu trösten und sagte, daß ja niemand sicher sein könne, ob er die Bemerkung wirklich gehört hatte. Er könne doch einfach so tun, als wüßte er von nichts, und die ganze Sache vergessen. Mein Vater sagte, er werde es versuchen, aber er wurde den Gedanken daran und die Angst vor einer drohenden Katastrophe nie wieder los.

Mao blieb auf dem Thron. Er hegte Mißtrauen gegen seine Kollegen an der Spitze und vergaß nicht, wer ihn in Lushan kritisiert hatte. Halsstarrig betrieb er seine verrückte Wirtschaftspolitik weiter. Insgeheim wußte er, was für katastrophale Folgen seine Wirtschaftspolitik hatte, und ein paar besonders unsinnige Maßnahmen ließ er stillschweigend fallen. Aber er konnte es sich nicht leisten, die ganze Sache abzublasen und einen »Gesichtsverlust« zu riskieren. Anfang der sechziger Jahre breitete sich daher eine schreckliche Hungersnot in ganz China aus.

In Chengdu wurden die Lebensmittelrationen für Erwachsene auf ganze achteinhalb Kilogramm Reis, zehn Gramm Speiseöl und hundert Gramm Fleisch, sofern es überhaupt welches gab, pro Monat festgesetzt. Abgesehen davon gab es fast nichts anderes zu kaufen, nicht einmal Kohl. Viele Menschen litten unter Ödemen, Wasseransammlungen unter der Haut als Folge der Mangelernährung. Die Haut der Erkrankten färbte sich gelb, sie wirkten aufgedunsen. Man glaubte, Grünalgen seien ein Heilmittel dagegen, da sie angeblich viel Eiweiß enthielten. Grünalgen gedeihen auf menschlichem Urin. Daher gingen die Leute fortan nicht mehr zur Toilette, sondern pinkelten in besondere Behälter. In den frischen Urin gaben sie Grünalgensamen. Nach ein paar Tagen sah das Ganze wie grüner Fischlaich aus. Die Grünalgen wurden aus dem Urin genommen, gewaschen und mit Reis gekocht. Es sah ekelhaft aus und schmeckte ekelhaft, aber es half gegen die Ödeme.

Mein Vater bekam wie alle anderen nur rationierte Lebensmittel, aber als hoher Funktionär hatte er einige Privilegien. In unserer Siedlung gab es zwei Kantinen, eine kleine für die Direktoren der Abteilungen und deren Frauen und Kinder, und eine große für die übrigen Bewohner wie meine Großmutter, Tante Jun-ying und das Hausmädchen. Man konnte das Essen auch aus den Kantinen mit nach Hause nehmen und dort essen, was wir meistens auch taten. In den Kantinen gab es mehr Nahrungsmittel als draußen. Die Provinzregierung hatte einen eigenen Gutsbetrieb, und die Kreisregierungen überbrachten ab und zu »Geschenke«. Die wertvollen Lebensmittellieferungen wurden unter den beiden Kantinen aufgeteilt, das meiste ging an die Kantine für die hohen Funktionäre.

Als Parteifunktionäre bekamen meine Eltern besondere Gutscheine für Nahrungsmittel. Ich begleitete oft meine Großmutter in ein Geschäft außerhalb der Siedlung, wo wir Lebensmittel einkauften. Meine Mutter hatte blaue Gutscheine. Ihr standen fünf Eier zu, fünfundzwanzig Gramm Sojabohnen und ebensoviel Zucker pro Monat. Mein Vater hatte gelbe Gutscheine. In seiner Position erhielt er die doppelte Ration Lebensmittel. Für jeden Rang gab es unterschiedliche Gutscheine. Wir legten die Lebensmittel aus den Kantinen und unseren anderen Bezugsquellen zusammen und aßen gemeinsam. Die Erwachsenen sorgten immer dafür, daß wir Kinder mehr zu essen bekamen, ich hungerte nie. Aber die Erwachsenen litten unter Unterernährung, meine Großmutter entwickelte eine leichte Wassersucht. Sie zog Grünalgen, und ich sah, daß die Erwachsenen sie aßen, allerdings erklärten sie mir nicht warum. Einmal versuchte ich die Grünalgen auch, aber der Geschmack war so abscheulich, daß ich sie sofort wieder ausspuckte. Es blieb bei dem einen Versuch.

Damals hatte ich nur eine vage Ahnung, daß um mich herum eine schreckliche Hungersnot herrschte. Aber zwei Begebenheiten machten mir bewußt, daß etwas nicht stimmte.

Eines Tages aß ich auf dem Weg zur Schule ein kleines Mantou, als plötzlich eine Gestalt vor mir auftauchte und mir das Gebäck entriß. Als ich mich vom ersten Schock erholt hatte, sah ich eine sehr dünne, dunkle Gestalt in kurzen Hosen und barfuß die Straße hinunterrennen. Mit einer Hand stopfte sie sich etwas in den Mund, beim Rennen verschlang sie offensichtlich ihre Beute. Als ich meinen Eltern erzählte, was passiert war, sah mein Vater mich traurig an. Er strich mir über den Kopf und sagte: »Du bist sehr gut dran, andere Kinder hungern ...«

Ich mußte damals wegen meiner Zähne ins Krankenhaus, und jedesmal wurde mir dabei schlecht. Ich sah Dutzende von Leuten mit geschwollenen Gliedmaßen, die durchscheinend, fast transparent und so groß wie Fässer waren. Die Patienten wurden auf flachen Karren ins Krankenhaus gebracht. Es waren sehr viele. Ich fragte meine Zahnärztin, was für eine Krankheit diese Leute hätten, und sie sagte traurig: »Wassersucht.« Ich fragte, was das sei, und sie gab mir eine Antwort, aus der ich schloß, daß es etwas mit der Ernährung zu tun hatte.

Die Leute mit Wassersucht waren meistens Bauern. Auf dem Lande wütete die Hungersnot viel schlimmer als in der Stadt, weil es dort keine Lebensmittelrationen gab. Die Regierung versorgte als erstes die Bewohner der Städte, vor allem der Großstädte.

Die städtischen Beamten hatten Anweisung, den Bauern mit Gewalt die Lebensmittel abzunehmen. Bauern, die Lebensmittel versteckten, wurden verhaftet, zusammengeschlagen oder gefoltert; Beamte, die sich weigerten, den hungernden Bauern Lebensmittel wegzunehmen, wurden entweder entlassen oder mißhandelt. Daher starben die Bauern in China zu

Millionen, und von den Bauern hing die Ernährung der gesamten Bevölkerung ab.

Erst später erfuhr ich, daß mehrere Verwandte in Sichuan und in der Mandschurei während der Hungersnot gestorben waren, darunter auch der geistig zurückgebliebene Bruder meines Vaters. Seine Mutter war 1958 gestorben, und er kam allein nicht zurecht, weil er nicht planen konnte. Die Lebensmittelrationen wurden monatlich zugeteilt, er aß seine Ration innerhalb von wenigen Tagen auf. Danach hatte er für den Rest des Monats nichts mehr zu essen und verhungerte nach kurzer Zeit. Lan, die Schwester meiner Großmutter, und ihr Mann, der »treue« Pei-o, starben ebenfalls. Sie waren wegen Pei-os Verbindungen zum Geheimdienst der Kuomintang in den hohen Norden der Mandschurei aufs Land verbannt worden. Mit zunehmender Lebensmittelknappheit teilten die Dorfbeamten die Rationen nach ihren eigenen, ungeschriebenen Gesetzen zu. Pei-o und seine Frau gehörten zu den ersten, die keine Lebensmittel mehr zugeteilt bekamen, und den Großteil ihrer mageren Rationen gaben sie ihrem Sohn und ihrer Tochter. Die Kinder überlebten, weil die Eltern auf ihr Essen verzichteten.

Eines Abends, als ich ungefähr acht Jahre alt war, kam eine winzige, sehr alt wirkende Frau mit einem faltigen Gesicht in unsere Wohnung. Sie war so dünn und schwach, daß man fürchtete, der kleinste Windzug könnte sie umstoßen. Sie warf sich vor meiner Mutter auf den Boden, berührte den Boden mit der Stirn und bezeichnete meine Mutter als die »Retterin ihrer Tochter«. Sie war die Mutter unseres Hausmädchens und in Wirklichkeit viel jünger, als sie aussah. »Wenn Sie nicht wären«, sagte sie zu meiner Mutter, »dann würde meine Tochter das alles nicht überleben ...« Erst Monate später, als ein Brief für unser Hausmädchen kam, begriff ich, was sie damit gemeint hatte. In dem Brief stand, daß die Eltern des Hausmädchens gestorben waren. Ich werde nie ihr herzzerreißendes Schluchzen vergessen. Sie stand draußen auf der Veranda, an einen Holzpfosten gelehnt, und versuchte, ihr Schluchzen mit dem Taschentuch zu ersticken. Meine Großmutter saß im Schneidersitz auf dem Bett und weinte ebenfalls. Ich hatte mich verängstigt in einer Ecke ihres Moskitonetzes versteckt und hörte meine Großmutter schluchzen: »Die Kommunisten sind gut, aber alle diese Menschen sind tot ...«

Im Jahr 1989 erzählte mir ein Funktionär, der damals mit den Folgen der Hungersnot zu tun gehabt hatte, daß seiner Einschätzung nach in Sichuan sieben Millionen Menschen gestorben waren, zehn Prozent der Bevölkerung in einer Provinz, die als reich galt. Eine realistische Schätzung für das gesamte Land besagt, daß etwa dreißig Millionen Menschen verhungert sind. Eines Tages 1960 war auf einmal die dreijährige Tochter einer Nachbarin meiner Tante Jun-ying in Yibin verschwunden. Ein paar Wochen später sah die Nachbarin ein kleines Mädchen auf der Straße spielen. Sie trug ein Kleid, wie ihre Tochter eines gehabt hatte. Die Nachbarin ging zu dem Mädchen hin und sah sich das Kleid näher an. An einem bestimmten Zeichen erkannte sie, daß es das Kleid ihrer Tochter war. Sie ging zur Polizei. Es stellte sich heraus, daß die Eltern des Mädchens luftgetrocknetes Fleisch verkauften. Sie hatten etliche Babys und Kleinkinder entführt und ermordet und ihr Fleisch als Kaninchenfleisch zu horrenden Preisen verkauft. Das Ehepaar wurde hingerichtet, der Fall vertuscht. Aber jeder wußte auch so, daß Babys getötet wurden.

Jahre später traf ich einen alten Kollegen meines Vaters, einen sehr freundlichen und tüchtigen Menschen, der nicht zu Übertreibungen neigte. Er erzählte mir tief bewegt, was er während der Hungersnot in einer Volkskommune gesehen hatte. Über ein Drittel der Bauern starben, und das nach einem ertragreichen Jahr. Allerdings wurde nur ein geringer Teil der Ernte eingebracht, weil die Männer zur Stahlproduktion eingezogen waren und die Kantine der Volkskommune die Lebensmittel verschwendete. Eines Tages war ein Bauer hereingestürmt, warf sich auf den Boden und schrie, er habe ein schreckliches Verbrechen begangen und müsse bestraft werden. Es stellte sich heraus, daß er sein eigenes Baby getötet und gegessen hatte. Er hatte zehn Tage lang nichts zu essen gehabt, und der

Hunger war so übermächtig geworden, daß er wie unter Hypnose ein Messer ergriffen und das Kind getötet hatte. Mit Tränen in den Augen ließ der Beamte den Bauern verhaften. Später wurde er erschossen, als abschreckendes Beispiel für die anderen Bauern.

Eine offizielle Erklärung für die Hungersnot lautete, Chruschtschow habe von China ganz plötzlich die Rückzahlung einer hohen Anleihe verlangt, die China im Koreakrieg aufgenommen habe, um Nordkorea zu unterstützen. Viele Bauern hatten die Erfahrung gemacht, daß herzlose Gläubiger ihr Geld zurückverlangten und sie damit ruinierten, und das nutzte die Regierung geschickt aus. Sie stellte die Sowjetunion als einen solchen herzlosen Gläubiger hin und schuf damit zugleich einen äußeren Feind, auf den sich die Wut der Bevölkerung richten konnte.

Eine weitere Erklärung besagte, es habe »beispiellose Naturkatastrophen« gegeben. China ist ein riesiges Land. Jedes Jahr fällt irgendwo die Ernte schlecht aus, und es gibt regionale Engpässe in der Nahrungsmittelversorgung. Außer der obersten Parteiführung hatte niemand Informationen über die Lage im gesamten Land. Die Bevölkerung war so wenig mobil, daß sie kaum wußte, was in der benachbarten Region oder auch nur hinter dem nächsten Berg passierte. Viele dachten damals – und viele glauben es noch heute –, daß die Hungersnot auf Naturkatastrophen zurückzuführen war. Ich habe auch kein umfassendes Bild, aber niemand, mit dem ich gesprochen habe, aus welchem Landesteil auch immer, berichtete etwas über eine Naturkatastrophe. Alle berichteten nur von Verhungerten.

Anfang 1962 kamen 7000 hohe Funktionäre zu einer Konferenz zusammen. Mao sagte bei dieser Konferenz, die Hungersnot sei zu siebzig Prozent durch Naturkatastrophen und zu dreißig Prozent durch menschliches Versagen verursacht worden. Präsident Liu Shaoqi meldete sich zu Wort und meinte, es seien wohl eher siebzig Prozent menschliches Versagen und dreißig Prozent Naturkatastrophen. Mein Vater nahm auch an dieser Konferenz teil, und nach der Rückkehr sagte er zu meiner

Mutter: »Ich fürchte, Genosse Shaoqi wird Schwierigkeiten bekommen.«

Die Funktionäre der niedrigeren Ränge wie beispielsweise meine Mutter bekamen nur gekürzte Fassungen der Reden zu lesen, die Worte von Liu Shaoqi fehlten. Die breite Masse der Bevölkerung erfuhr nicht einmal Maos Zahlen. Da die wahren Zusammenhänge vertuscht wurden, begehrte die Bevölkerung nicht auf. Niemand machte öffentlich die Kommunistische Partei für das Unglück verantwortlich. Es wurden keine Fälle von Korruption bekannt, beispielsweise daß Beamte Getreide horteten. Parteifunktionären ging es kaum besser als dem Gros der Bevölkerung. Die Hungersnot war schlimmer als jemals unter der Kuomintang, und man versuchte alles, um Lebensmittel zu beschaffen. Nach außen hin wirkte diese Hungersnot tatsächlich anders als unter der Kuomintang. Damals verhungerten die Menschen, während die Angehörigen der Kuomintang Gelage feierten.

Der Große Sprung nach vorn und die schreckliche Hungersnot erschütterten meine Eltern bis ins Mark. Obwohl auch sie kein genaues Bild hatten, glaubten sie nicht daran, daß die Hungersnot auf Naturkatastrophen zurückzuführen war. Sie fühlten sich zutiefst schuldig. Da sie beide für Propaganda zuständig waren, saßen sie im Zentrum der Desinformationsmaschinerie. Um sein Gewissen zu beruhigen und der unehrlichen täglichen Routine zu entgehen, erklärte sich mein Vater bereit, auf dem Land bei der Bekämpfung der Hungersnot zu helfen. Das bedeutete, daß man bei den Bauern blieb – und mit ihnen verhungerte. Mein Vater befolgte damit Maos Anweisungen, denn Mao hatte die Funktionäre aufgerufen, »die guten und die schlechten Zeiten mit den Massen zu teilen«. Aber den Mitarbeitern meines Vaters paßte das gar nicht, denn sie mußten ihn abwechselnd aufs Land begleiten und mit ihm hungern.

Von Ende 1959 bis 1961, in der schlimmsten Zeit der Hungersnot, bekam ich meinen Vater kaum zu Gesicht. Auf dem Land ernährte er sich wie die Bauern von Süßkartoffelblättern, wilden Kräutern und Baumrinde. Einmal ging er hinter einem bis aufs

Skelett abgemagerten Bauern her, der sich langsam und mit sichtlicher Anstrengung die Dämme zwischen den Reisfeldern entlang schleppte. Plötzlich war der Bauer verschwunden. Mein Vater rannte zu der Stelle, wo er ihn gerade noch gesehen hatte. Der Bauer lag tot in einem Reisfeld. Er war an Unterernährung gestorben.

Jeden Tag sah mein Vater solche schrecklichen Szenen, und er litt sehr. Die allerschlimmsten Zustände bekam er wie üblich wahrscheinlich gar nicht zu sehen, denn örtliche Funktionäre begleiteten ihn auf Schritt und Tritt. Mein Vater litt unter einer Lebervergrößerung, Wassersucht – und schweren Depressionen. Was um ihn geschah, erschütterte ihn zutiefst. Er mußte mehrere Male nach seinen Aufenthalten auf dem Land ins Krankenhaus, im Sommer 1961 für einige Monate. Mein Vater war ein anderer geworden, sanfter und milder, nicht mehr der unerbittliche Puritaner wie einst. Als später eine noch verrücktere politische Kampagne das Land erfaßte, wurde ihm vorgeworfen, damals sei »sein revolutionärer Wille geschwunden«. Und genauso war es.

In dieser Zeit ging er oft fischen. Gegenüber dem Krankenhaus floß ein herrlicher Fluß, der Jadebach. Am Ufer standen Weiden, ihre Zweige reichten bis ins Wasser hinunter. Wolken zerflossen und bildeten sich neu und spiegelten sich in immer neuen Formen im Wasser. Ich begleitete ihn häufig, lehnte an der steilen Uferböschung, starrte in die Wolken und beobachtete meinen Vater. Das Gelände oberhalb der Uferböschung gehörte zum Krankenhaus. Die ehemaligen Blumenbeete waren zu Gemüsebeeten umfunktioniert worden, um zusätzliches Gemüse für das Personal und die Patienten anzupflanzen. Wenn ich die Augen schließe, sehe ich immer noch die Schmetterlingslarven, die die Blätter der Krautköpfe auffraßen. Meine Brüder sammelten sie von den Krautköpfen, und mein Vater benutzte sie als Fischköder. Die Gemüsebeete boten einen jämmerlichen Anblick. Ganz offensichtlich verstanden die Ärzte und die Krankenschwestern nicht viel vom Gemüseanbau.

Die gesamte chinesische Geschichte hindurch hatten Gelehrte

und Mandarine das Fischen begonnen, wenn sie mit der Politik des Kaisers nicht mehr einverstanden waren. Das Fischen drückte den Rückzug in die Natur aus, die Flucht vor der Tagespolitik, es stand symbolisch für Desillusionierung, das Ende der Zusammenarbeit.

Mein Vater fing nicht viele Fische, und einmal schrieb er in einem Gedicht den Satz: »Nicht um der Fische willen gehe ich fischen.« Zum Fischen begleitete ihn häufig ein Stellvertreter aus seiner Abteilung. Er hatte mehr Glück und gab meinem Vater immer einen Teil von seinem Fang ab, denn 1961, auf dem Höhepunkt der Hungersnot, war meine Mutter wieder schwanger. Die Chinesen glauben, daß Fisch wichtig ist, damit das Kind schöne Haare bekommt. Meine Mutter hatte kein Kind mehr gewollt. Neben anderen Problemen erhielten meine Eltern mittlerweile Gehälter, was hieß, daß der Staat nicht mehr für Ammen und Kindermädchen sorgte. Sie mußten für ihre vier Kinder, für meine Großmutter und einen Teil der Familie meines Vaters sorgen, das Geld war knapp. Außerdem ging ein Großteil des monatlichen Gehaltes meines Vaters für Bücher ab. Er kaufte sich einmal eine vielbändige Klassikerausgabe, die zwei Monatsgehälter verschlang.

Eine Sterilisation oder eine Abtreibung, ja selbst Verhütungsmittel waren kaum zu bekommen. Die Kommunisten hatten 1954 ein Programm zur Familienplanung verkündet, meine Mutter war in ihrem Bezirk für die Durchführung zuständig. Damals war sie hochschwanger mit Xiao-hei, und sie eröffnete die Versammlungen zum Thema Familienplanung oft mit humorvoller Selbstkritik. Aber Mao lehnte die Geburtenkontrolle immer mehr ab. Er wollte ein großes, mächtiges China, und viele Menschen bedeuteten Macht und Größe. Zu Chruschtschow sagte er einmal, die Amerikaner könnten ruhig eine Atombombe auf China werfen, dann würden die Chinesen »einfach weiter Kinder machen« und in kürzester Zeit hätten sie die alte Bevölkerungszahl wieder erreicht. Mao teilte die traditionelle Einstellung der chinesischen Bauern: je mehr Kinder, desto besser. Im Jahr 1957 brandmarkte er persönlich einen berühmten Professor von der Universität Beijing, der sich für Geburtenkontrolle als notwendige Voraussetzung wirtschaftlichen Wachstums ausgesprochen hatte, als »Rechtsabweichler«. Danach war Familienplanung kein Thema mehr.

Meine Mutter war 1959 schon einmal schwanger gewesen. Sie wollte das Kind nicht und bat die Partei um die Erlaubnis zu einer Abtreibung. Das war damals das übliche Vorgehen. Außerdem war die Operation gefährlich, und auch deshalb mußte die Partei ihr Einverständnis geben. Meine Mutter begründete ihre Bitte um eine Abtreibung damit, sie habe alle Hände voll zu tun mit ihrer Arbeit für die Revolution und könne dem Volk besser dienen, wenn sie nicht noch ein weiteres Kind großziehen müsse. Die Partei gab ihr schließlich die Erlaubnis. Die Abtreibung war sehr schmerzhaft, weil eine primitive Methode angewandt wurde. Als meine Mutter 1961 wieder schwanger war, kam eine weitere Abtreibung nicht in Frage. Die Ärzte, sie selbst und die Partei, die einen mindestens dreijährigen Abstand zwischen zwei Abtreibungen vorgeschrieben hatte, waren dagegen. Sie mußte das Kind austragen.

Zur selben Zeit war auch unser Hausmädchen schwanger. Sie hatte den ehemaligen Diener meines Vaters geheiratet, der inzwischen in einer Fabrik arbeitete. Schwangere Frauen bekamen in China traditionellerweise gut zu essen. Meine Großmutter kochte für die beiden die Eier und die Sojabohnen, die meinen Eltern aufgrund ihrer Lebensmittelrationen zustanden. Unser Hausmädchen brachte Ende 1961 einen Jungen zur Welt und zog zu ihrem Mann. Unsere Familie konnte sich danach wegen der knappen Lebensmittelrationen kein Mädchen mehr leisten. Frauen vom Land, die liebend gern in die Stadt zum Arbeiten gekommen wären, konnten nicht eingestellt werden, da sie keine Lebensmittelzuteilungen bekamen. Großmutter und Tante Jun-ying mußten sich allein um uns fünf kümmern.

Mein jüngster Bruder, Xiao-fang, wurde am 17. Januar 1962 geboren und als einziges von uns Kindern von meiner Mutter gestillt. Meine Mutter hatte vor der Geburt daran gedacht, ihn wegzugeben, aber als er dann da war, brachte sie es nicht mehr übers Herz. Er wurde sogar ihr Liebling. Wir Größeren spielten mit ihm, als wäre er ein lebendiges Spielzeug. Alle verhätschelten und umsorgten ihn, und das war, wie meine Mutter glaubte, der Grund dafür, daß er zu einem selbstbewußten, unbefangenen und liebenswerten Menschen heranwuchs. Selbst mein Vater wurde bei ihm weich und spielte viel mehr mit ihm als mit uns anderen. Als Xiao-fang etwas älter war und sich für Spielzeug interessierte, ging mein Vater mit ihm jeden Sonntag in das Geschäft am Ende der Straße und kaufte ihm ein neues Spielzeug. Wenn Xiao-fang weinte, benahm sich mein Vater, als ginge die Welt unter.

Anfang 1961 führten Millionen von Toten Mao schließlich vor Augen, daß seine absurde Wirtschaftspolitik gescheitert war. Widerwillig gestand er seinem pragmatischen Staatspräsidenten Liu Shaoqi und seinen Kollegen, vor allem Deng Xiaoping, mehr Kontrolle über das Land zu. Mao wurde zur »Selbstkritik« gezwungen, aber er leistete sie in einer Weise, daß sein starker Hang zum Selbstmitleid nicht zu kurz kam. Er formulierte seine Selbstkritik stets so, als büßte er stellvertretend für sämtliche unfähigen Funktionäre Chinas.
Die Lage wurde ganz allmählich besser. Die Pragmatiker setzten eine Reihe von Reformen durch. In dieser Situation tat Deng Xiaoping den berühmt gewordenen Ausspruch: »Es ist gleichgültig, ob eine Katze schwarz oder weiß ist, solange sie nur Mäuse fängt.« Wir brauchten keinen Stahl mehr zu produzieren, absurde wirtschaftliche Zielvorgaben und Anordnungen der Partei wurden aufgehoben, ein realistischer Kurs in der Wirtschaftspolitik wurde eingeschlagen. Die öffentlichen Kantinen schlossen, die Bauern durften ihr Land wieder zum eigenen Nutzen bestellen. Sie bekamen die Haushaltsgegenstände zurück, die in den Besitz der Volkskommunen übergegangen waren, ebenso alle Arbeitsgeräte und die Haustiere wie Hühner, Enten und Schweine. Außerdem erhielt jeder Bauer ein kleines Stück Land zur selbständigen Bewirtschaftung, in manchen Regionen konnten die Bauern auch eigenes Land pachten.

Marktwirtschaftliche Elemente wurden in Industrie und Handel offiziell gebilligt, die strenge Kontrolle der Wirtschaft wurde gelockert. Innerhalb weniger Jahre erholte sich die Wirtschaft und florierte sogar.

Hand in Hand mit mehr Flexibilität im Wirtschaftsleben ging eine politische Liberalisierung. Etliche Landbesitzer wurden vom Vorwurf freigesprochen, sie seien »Klassenfeinde«, und viele Opfer der unterschiedlichen politischen Kampagnen wurden rehabilitiert, darunter »Konterrevolutionäre« aus dem Jahr 1955, »Rechtsabweichler« aus dem Jahr 1957 und »rechte Opportunisten« aus dem Jahr 1959. Meine Mutter war 1959 wegen ihrer »rechtsabweichlerischen Tendenzen« verwarnt worden und wurde nun als Wiedergutmachung von Rang 17 in Rang 16 hochgestuft. Schriftsteller und Künstler konnten sich freier äußern, die allgemeine Atmosphäre war entspannt. In den Augen meines Vaters und meiner Mutter und vieler anderer bewies das Regime damit, daß es aus seinen Fehlern lernen und daß es funktionieren konnte. Sie gewannen ihren Glauben an das System zurück.

Vor dieser »Kulisse« wuchs ich behütet hinter den schützenden Mauern unserer Siedlung zu einem Teenager heran. Katastrophen spielten sich weit weg von mir ab.

KAPITEL 13

*»Tausendfältige
kleine Kostbarkeit«*

*Eine behütete
Kindheit
(1958-1964)*

An einem Tag im August 1958 meldete mich meine Mutter in der Grundschule an. Ich trug eine neue rosarote Cordjacke, grüne Flanellhosen und eine große rosa Schleife im Haar. Wir steuerten direkt auf das Büro der Rektorin zu, die uns zusammen mit der Fachaufseherin und einer Lehrerin erwartete. Sie lächelten, sprachen meine Mutter mit »Direktorin Xia« an und behandelten sie wie eine hochrangige Persönlichkeit. Erst später erfuhr ich, daß die Schule zum Zuständigkeitsbereich meiner Mutter gehörte.

Ich mußte zu diesem besonderen Gespräch erscheinen, weil ich erst sechs war. Es gab nicht genug Schulen, und deshalb hatte man das Einschulungsalter auf sieben Jahre festgesetzt. Diesmal hatte selbst mein Vater nichts dagegen, sich über die Vorschriften hinwegzusetzen; er wünschte wie meine Mutter, daß ich möglichst früh mit der Schule anfing. Mein flüssiger Vortrag klassischer Gedichte und meine geschickte Pinselführung bei der Kalligraphie überzeugten die Schule, daß ich schulreif war. Nachdem ich auch noch die üblichen Tests bestanden hatte, wurde ich mit einer Ausnahmegenehmigung vorzeitig aufgenommen. Meine Eltern waren sehr stolz auf mich, zumal diese Schule bereits etliche Kinder von Kollegen meiner Eltern abgelehnt hatte.

Da dies die beste Schule in Chengdu und die »Schlüsselschule« der gesamten Provinz war, wollten alle ihre Kinder hier unterbringen, doch die Hürden vor den sogenannten Schlüsselschulen und Schlüsseluniversitäten waren hoch. Für die Aufnahme zählte nur die Begabung, Kinder von Funktionären wurden nicht bevorzugt. Jedesmal, wenn ich einem neuen Lehrer vorgestellt wurde, hieß es: »Das ist die Tochter von Direktor Chang und Direktorin Xia.« Meine Mutter kam oft zur Inspektion mit dem Fahrrad in die Schule. Eines Tages war es überraschend kalt geworden, und sie brachte mir eine warme grüne Cordjacke mit auf der Vorderseite aufgestickten Blumen. Die Rektorin höchstpersönlich kam ins Klassenzimmer und gab mir die Jakke. Mir war die Sache furchtbar peinlich, denn alle Klassenkameraden starrten mich an. Wie alle Kinder wünschte ich mir nichts sehnlicher, als so zu sein wie die anderen und von den Gleichaltrigen akzeptiert zu werden.

Wir schrieben jede Woche Klassenarbeiten, die Ergebnisse hingen für alle sichtbar am Schwarzen Brett aus. Ich war immer Klassenbeste, und die Schlußlichter unserer Klasse waren nicht gut auf mich zu sprechen. Sie ließen ihren Ärger auf verschiedene Weise an mir aus. Manchmal riefen sie mir »tausendfältige kleine Kostbarkeit« hinterher, oder sie versteckten einen Frosch in meinem Pult, der mir entgegenhüpfte, wenn ich das Pult aufklappte. Oder aber sie hatten meine langen Zöpfe an der hinteren Bank festgebunden, und wenn ich aufgerufen wurde, konnte ich nur halb aufstehen, weil es an meinen Haaren zog. Außerdem sagten sie, ich hätte nicht genug »Gemeinschaftssinn« und blickte auf andere herab. Aber ich war einfach nur gern allein.

Abgesehen von der Zeit, als wir Stahl produziert hatten, unterschied sich der Unterricht in unserer Schule nicht wesentlich von dem, was in westlichen Schulen gelehrt wurde. Wir hatten keinen politischen Unterricht, dafür aber viel Sport: Laufen, Hochsprung und Weitsprung, Gymnastik und Schwimmen. Meine Geschwister und ich trieben auch am Nachmittag Sport, ich wurde zum Tennis eingeteilt. Anfangs war mein Vater dagegen, daß aus mir eine Sportlerin werden sollte, wie es das Trainingsziel vorsah, aber dann suchte ihn die Tennislehrerin, eine sehr hübsche junge Dame in einer schicken kurzen Hose, persönlich auf. Neben seinen anderen Aufgaben war mein Vater auch für die sportlichen Aktivitäten der gesamten Provinz zuständig. Mit ihrem bezauberndsten Lächeln erklärte sie ihm, daß Tennis, die eleganteste Sportart von allen, in China leider noch kaum verbreitet sei. Und da würde es doch einen guten Eindruck machen, wenn die Tochter des Direktors »für die ganze Nation« vorangehe. Mein Vater war einverstanden.

Ich liebte meine Schule. Die Lehrer waren hervorragend und verstanden es, uns für ihre Unterrichtsfächer zu begeistern. Ich erinnere mich an den Lehrer für Naturkunde, einen Herr Da-li, der uns erklärte, wie Satelliten in eine Umlaufbahn geschossen wurden (die Russen hatten soeben den ersten Sputnik gestartet) und uns ausmalte, daß wir eines Tages zu fernen Planeten reisen würden. Selbst die größten Rabauken in unserer Klasse hingen wie gebannt an seinen Lippen. Unter der Hand munkelten einige meiner Mitschüler, er sei ein »Rechter« gewesen. Aber keiner von uns wußte, was ein »Rechter« war, und wir scherten uns auch nicht darum.

Meine Mutter erzählte mir Jahre später, daß Herr Da-li Sciencefiction-Geschichten für Kinder geschrieben hatte. 1957 wurde er als »Rechter« gebrandmarkt, weil er in einem Artikel von Mäusen berichtet hatte, die sich an gestohlenem Futter dick und rund fraßen. Das wurde als versteckter Angriff auf Parteifunktionäre verstanden. Er bekam Schreibverbot und sollte aufs Land geschickt werden, doch in letzter Minute gelang es meiner Mutter, ihn an meiner Schule unterzubringen. Nur wenige Funktionäre hatten den Mut, einem Rechten wieder Arbeit zu geben, meine Mutter gehörte dazu.

Meine Mutter hatte diesen Mut, und das war auch der Grund, warum man ihr überhaupt die Aufsicht über meine Schule übertragen hatte. Von der geographischen Lage in der Stadt hätte die Schule eigentlich in die Verwaltungshoheit des westlichen Stadtbezirks gehört. Aber die städtischen Behörden teilten sie dem östlichen Stadtbezirk zu, weil sie wollten, daß die besten Lehrer an die Schule verpflichtet wurden, auch wenn ihre politische Vergangenheit »zweifelhaft« war. Der Leiter der Abteilung für Öffentliche Angelegenheiten des westlichen Stadtbezirks brachte nicht den Mut auf, solche Leute einzustellen. Die Fachaufseherin an meiner Schule war die Frau eines ehemaligen Kuomintang-Offiziers, den die Kommunisten in ein Arbeitslager gesteckt hatten. Personen wie sie saßen normalerweise nicht auf solchen Posten. Doch meine Mutter weigerte sich, sie zu entlassen. Sie verlieh auch die Auszeichnungen für die besten Lehrer unabhängig vom familiären Hintergrund; das wagten nur die wenigsten Funktionäre. Meine Mutter beharrte auf dem Standpunkt, daß für die Beurteilung eines Lehrers nur sein berufliches Können zähle. Ihre Vorgesetzten stimmten ihr insgeheim zu, auch ihr Kollege im westlichen Stadtbezirk, aber keiner wollte die Verantwortung für ihr unorthodoxes Verhalten übernehmen. Sie jedoch scheute nicht davor zurück. Sie hatte durch die Position meines Vaters mehr Sicherheit und Schutz als ihre Kollegen.

Im Jahr 1962 bot man meinem Vater an, seine Kinder auf eine neue Schule neben unserer Siedlung zu schicken. Die Schule hieß »Platanenbaum« nach den Bäumen, die die Straße säumten. Die Schule wurde vom westlichen Stadtbezirk mit dem erklärten Zweck gegründet, daraus eine Schlüsselschule zu machen, denn bisher besaß der westliche Stadtbezirk noch keine anerkannte Schlüsselschule. Gute Lehrer wurden von anderen Schulen des Bezirks nach »Platanenbaum« versetzt. Die Schule hatte bald einen etwas zweifelhaften Ruf als »Aristokratenschule« für die Kinder von hochrangigen Angehörigen der Provinzregierung.
Vor der Gründung von »Platanenbaum« gab es nur ein Internat in Chengdu, das Kindern von hohen Armeeoffizieren vorbehalten war, dazu hatten einige wenige hohe Zivilbeamte ihre Kinder auf diese Schule geschickt. Es hieß, die Kinder lernten dort nichts, und sie seien durchweg hochnäsig. Alles drehte sich um den Rang, und die Frage: »Und was macht dein Vater?« war noch wichtiger und wurde noch häufiger gestellt als in England. Oft hörte man Bemerkungen wie die folgende: »Mein Vater ist

Divisionskommandeur. Dein Vater ist nur Brigadekommandeur!« An den Wochenenden standen lange Autoschlangen vor dem Internat, und Kindermädchen, Leibwächter und Chauffeure eskortierten die lieben Kleinen nach Hause. Die meisten Eltern, auch viele Funktionäre, waren der Ansicht, daß eine solche Atmosphäre den Kindern nicht bekam. Meine Eltern hatten diese Schule schon immer abgelehnt.

»Platanenbaum« wurde nicht als exklusive Schule geplant, und in Gesprächen mit dem Rektor und einigen Lehrern überzeugten sich meine Eltern, daß den Kindern dort hohe moralische Grundsätze und eine strenge Disziplin vermittelt würden. Pro Schuljahr wurden nur fünfundzwanzig Schüler aufgenommen. Selbst in meiner vorherigen Schule waren wir trotz ihrer Spitzenposition fünfzig Schüler in einem Jahrgang gewesen. All die Vorteile der neuen Schule sollten selbstverständlich den hohen Funktionären unserer Siedlung zugute kommen, die direkt neben der Schule lag, aber mein seit neuestem weniger orthodox gesinnter Vater sah über diese Vorzugsbehandlung hinweg.

Die Eltern der meisten meiner Klassenkameraden arbeiteten bei der Provinzregierung, einige lebten in derselben Siedlung wie wir. Abgesehen von meinem Schulweg verließ ich das Gelände der Siedlung so gut wie nie.

Wir hatten in der Siedlung einen freistehenden, sehr schönen einstöckigen Bungalow mit einem eigenen Hof bezogen. Das Haus war im traditionellen chinesischen Stil erbaut und ohne jeden modernen Komfort. Das Bad hatte keine Fliesen, es gab kein fließendes Wasser innerhalb der Wohnung, keine Wasserspülung in der Toilette und kein Waschbecken aus Keramik mit Medizinschränkchen darüber. Erst 1962 wurden in einem Teil der Siedlung solche mit westlichem Luxus ausgestatteten Häuser errichtet, und wir bekamen eine solche Wohnung zugewiesen. Bevor wir einzogen, besichtigte ich dieses Wunderland mit all seinen geheimnisvollen Wasserhähnen, den Wasserspülungen und Spiegelschränken an der Wand. Ich fuhr mit der Hand über die glänzenden weißen Kacheln auf dem Küchenboden und im Badezimmer. Sie waren kühl und fühlten sich angenehm glatt an. Es gab in der Siedlung dreizehn Wohnblocks, vier Häuser waren für die Direktoren der Abteilungen reserviert, in den übrigen wohnten die Büroleiter. Unsere Wohnung nahm ein ganzes Stockwerk ein, in den Häusern der Büroleiter mußten sich jeweils zwei Familien ein Stockwerk teilen. Außerdem waren unsere Räume größer. Unsere Innenfenster waren mit Moskitonetzen versehen, ihre nicht. Wir hatten zwei Badezimmer, sie dagegen nur eins. Wir bekamen heißes Wasser an drei Tagen pro Woche, sie bekamen überhaupt kein heißes Wasser. Wir hatten sogar ein Telefon, eine Seltenheit in China, ein Büroleiter hatte selbstverständlich kein Telefon. Gewöhnliche Beamte wohnten in kleineren Häusern auf der anderen Seite der Straße, ihre Wohnungen waren noch eine Stufe schlechter ausgestattet als die der Büroleiter. Aber auch die Direktoren der Abteilungen bildeten nicht die Spitze der Hierarchie. Das halbe Dutzend Parteisekretäre, der Kern der Parteiführung der Provinz, lebte innerhalb der Siedlung in einem eigenen Bezirk. Dieses Allerheiligste war durch zwei Tore vom Rest der Siedlung abgetrennt. Die Tore wurden rund um die Uhr von bewaffneten Armeesoldaten bewacht, man kam nur mit einem Spezialausweis hinein. Vor der Tür des ersten Sekretärs Li Jing-quan stand ein eigener bewaffneter Wächter. Rangordnungen zwischen Menschen waren für mich von Kindesbeinen an etwas Selbstverständliches.

Alle Erwachsenen, die innerhalb der Siedlung arbeiteten, mußten beim Betreten der Haupttore ihre Pässe vorzeigen. Wir Kinder hatten keine Pässe, aber die Wachen kannten uns. Kompliziert wurde es nur, wenn wir Besuch bekamen. Die Besucher mußten als erstes ein Formular ausfüllen, danach rief der Pförtner im jeweiligen Haus an, und man mußte die Besucher vorne am Tor abholen.

Zu Fuß brauchte man von unserem Haus bis zum Tor etwa zehn Minuten. Die Sicherheitsbeamten sahen es nicht gern, wenn wir andere Kinder mit nach Hause brachten, und das übrige Personal kritisierte, fremde Kinder machten immer alles schmutzig. Während der vier Jahre, die ich in der Grundschule Nummer eins zubrachte, lud ich einige wenige Male Freundinnen zu mir nach Hause ein.

Ich verließ das Gelände fast nur, um in die Schule zu gehen. Ein paarmal begleitete ich meine Großmutter in ein Kaufhaus, aber das beeindruckte mich nicht. Ich hatte nicht das Bedürfnis, etwas zu kaufen, Einkaufen war für mich etwas Fremdartiges. Außerdem bekam ich nur selten von meinen Eltern Taschengeld. Mein Vater meinte, Einschränkungen wirkten bei Kindern charakterbildend. Unsere Kantine war eigentlich mehr ein Restaurant, und außer in Hungerzeiten wurde dort ein vorzügliches Essen serviert. Wir konnten immer zwischen mindestens sieben oder acht Gerichten wählen, das eine so köstlich wie das andere. Die Köche waren handverlesen und gehörten entweder »Rang eins« oder dem »Spezialrang« an. Hervorragende Köche rangierten in derselben Rangstufe wie hervorragende Lehrer. Zu Hause hatten wir immer Süßigkeiten und Obst. Mein höchstes Glück waren Eislutscher. Einmal am Kindertag, dem 1. Juni, bekam ich Taschengeld von meinen Eltern. Ich zog damit los und aß sechsundzwanzig Eislutscher hintereinander.

Das Leben in der Siedlung verlief vollkommen unabhängig von der Außenwelt. Hinter den Mauern hatten wir alles: Geschäfte, Friseure, Kinos, Tanzlokale und viele Handwerker. Getanzt wurde damals viel. An den Wochenenden fanden für die Beamten der Provinzregierung nach Rangstufen getrennte Tanzveranstaltungen statt. Die Veranstaltung im ehemaligen Ballsaal des Kasinos für die amerikanischen Soldaten war den Familien ab der Stufe des Büroleiters vorbehalten. Für die Veranstaltungen im Kasino wurden eigens ein Orchester und Schauspieler der Gesangs- und Tanztruppe der Provinz mit dem Bus nach Chengdu gefahren, die dem Abend eine besondere Note verleihen sollten. Manchmal kamen ein paar Schauspieler vor der Vorstellung zu uns ins Haus und unterhielten sich mit meinen Eltern. Anschließend unternahmen sie mit mir einen Spaziergang durch die Siedlung. Ich war immer furchtbar stolz darauf, daß ich mich mit ihnen zeigen durfte. Schauspieler genossen in China traditionell hohes Ansehen, besonders bei Frauen. Ihnen gegenüber war man toleranter, sie durften sich ausgefallener und eleganter kleiden als andere, ihnen sah man sogar Liebesaffären nach. Da die Schauspieltruppe in den Zuständigkeitsbereich meines Vaters gehörte, war er ihr Chef. Sie verhielten sich jedoch nicht so unterwürfig wie andere Leute, sie zogen ihn auf und nannten ihn ihren »Startänzer«. Mein Vater lächelte nur verlegen. Er war in der Tat ein sehr guter Tänzer, immer ganz bei der Sache, und bei solchen Veranstaltungen amüsierte er sich offensichtlich gut. Meine Mutter hingegen tanzte nicht gut und fiel immer aus dem Takt. Ihr machte das Tanzen keinen Spaß. Während der Tanzpausen durften wir Kinder auf die Tanzfläche. Uns gefiel das Spiel, wir zogen uns an den Händen über den Boden. Die Atmosphäre, die Hitze, das Parfüm, die Damen in strahlender Abendrobe und die eleganten Herren: all das war für mich wie eine Traumwelt.

Jeden Samstagabend wurden Filme vorgeführt. Nachdem sich die Lage 1962 etwas entspannt hatte, wurden sogar Filme aus Hongkong gezeigt, vor allem Liebesfilme. Sie waren sehr beliebt, weil sie uns einen Eindruck von der Welt jenseits der Grenzen von China vermittelten. Außerdem standen selbstverständlich erbauliche Revolutionsfilme auf dem Programm. Die Vorstellungen für die Bediensteten der Provinzregierung fanden getrennt nach der jeweiligen Rangstufe in zwei verschiedenen Kinos statt. Die höheren Beamten konnten sich die Filme in einem geräumigen Saal mit breiten, bequemen Sesseln ansehen, die zweite Gruppe mußte mit einem großen Vortragssaal in einer anderen Siedlung vorliebnehmen, wo man dicht gedrängt saß.

In dem für höhere Beamte vorgesehenen kleineren Vorführraum wurden auch Filme für ein handverlesenes Publikum vorgeführt, die niemand sonst zu sehen bekam, nicht einmal die mittleren Beamten in der großen Filmhalle. Es handelte sich dabei um sogenannte »Informationsfilme«, die aus westlichen Filmen zusammengeschnitten waren. Bei einer solchen Vorführung sah ich zum ersten Mal einen Minirock oder die Beatles. Ich erinnere mich noch, daß in einem dieser Filmausschnitte ein

Spanner am Strand gezeigt wurde. Die Frauen, die er heimlich beobachtet hatte, schütteten ihm einen Eimer Wasser über den Kopf. In anderen Filmausschnitten ließ ein abstrakter Maler einen Schimpansen mit Tinte auf Papier malen, und ein Mann spielte mit dem Hintern Klavier.

Ich vermute, diese Filmausschnitte sollten uns demonstrieren, wie dekadent der Westen war. Nur höhere Parteifunktionäre waren zu den Vorführungen zugelassen, aber selbst ihnen wurden sämtliche Informationen über den Westen vorenthalten. Gelegentlich wurde ein Film aus dem Westen in einem kleinen Vorführraum gezeigt, zu dem wir Kinder keinen Zutritt hatten. Ich war sehr neugierig und bettelte meine Eltern an, mich mitzunehmen. In einigen wenigen Ausnahmefällen gaben sie nach. Mein Vater war mittlerweile uns gegenüber sehr großzügig geworden. An der Tür zum Vorführraum stand eine Wache, aber da ich in Begleitung meiner Eltern kam, durfte ich passieren. Ich war viel zu jung für diese Filme. Einer handelte von einem amerikanischen Bomberpiloten, der nach dem Abwurf einer Atombombe über Japan verrückt geworden war. In einem anderen Streifen ging es um Gewerkschaften. In einer Szene wurde ein Gewerkschafter von zwei Schlägern in einem Auto zusammengeschlagen, Blut floß ihm aus dem Mund. Ich bekam panische Angst. Zum ersten Mal in meinem Leben sah ich Gewalttätigkeiten und Blut (die Kommunisten hatten die körperliche Züchtigung von Schülern verboten). Chinesische Filme waren damals stets sanft, sentimental und erbaulich. Wenn es überhaupt Gewaltdarstellungen gab, dann stilisiert wie in der Pekingoper.

Ich war höchst überrascht, daß die Arbeiter in den Filmen adrette westliche Anzüge trugen, die kein bißchen geflickt waren. Die Kleidung der unterdrückten Massen in den kapitalistischen Ländern hatte ich mir wahrlich anders vorgestellt. Nach der Filmvorführung fragte ich meine Mutter danach, und sie murmelte etwas von »relativem Lebensstandard«. Ich verstand nicht, was sie meinte, und diese Frage ging mir nicht mehr aus dem Sinn.

Als Kind stellte ich mir den Westen als ein Jammertal der Armut und Not vor, etwa so wie in dem Märchen »Das Mädchen mit den Schwefelhölzern« von Hans Christian Andersen. Wenn ich in der Kinderkrippe meinen Teller nicht leeressen wollte, sagte die Erzieherin immer zu mir: »Denk nur an all die hungernden Kinder in der kapitalistischen Welt!« In der Schule ermahnten uns die Lehrer: »Seid froh, daß ihr in die Schule gehen dürft und Bücher zum Lernen habt. In der kapitalistischen Welt müssen die Kinder arbeiten, um ihre hungernden Familien zu unterstützen.« Wenn die Erwachsenen uns Kinder zu etwas bringen wollten, behaupteten sie, die Leute im Westen wünschten sich nichts sehnlicher als das, bekämen es aber nicht. Wir sollten daher unserem Schicksal dankbar sein. Allmählich ging mir diese Sicht in Fleisch und Blut über. Als eine Klassenkameradin einen neuen durchsichtigen, rosafarbenen Regenschirm trug, war mein erster Gedanke: »So einen hätte ich auch gern! Der sieht doch viel besser aus als mein einfacher Wachspapierschirm.« Aber im nächsten Augenblick bereute ich diese »bourgeoise« Anwandlung bereits, und ich schrieb in mein Tagebuch: »Denk immer an die armen Kinder in der kapitalistischen Welt – sie haben gar keine Regenschirme!«

Ausländer waren in meiner Vorstellung schreckliche Wesen. Da alle Chinesen schwarze Haare und braune Augen haben, erscheinen Menschen mit andersfarbigen Haaren und Augen fremdartig. Mein Ausländerbild entsprach mehr oder weniger dem offiziellen Stereotyp: wirre rote Haare, stechende Augen in einer unheimlichen Farbe und eine unvorstellbar lange Nase. Ausländer torkelten betrunken durch die Straßen und schütteten ab und zu Coca-Cola in sich hinein, wobei sie die Beine höchst unschön von sich spreizten. Ausländer waren Amerikaner, die in seltsamen Tonfall »Hallo« sagten. Ich wußte nicht einmal, was »Hallo« bedeutete, und nahm an, es sei ein Schimpfwort. Wenn wir »Guerillakrieg« spielten, unsere Version von »Cowboy und Indianer«, bekam die gegnerische Seite lange Nasen angepappt und brüllte ständig »Hallo«.

In der dritten Grundschulklasse, als ich neun Jahre alt war, kamen wir Kinder überein, unser Klassenzimmer mit Pflanzen zu verschönern. Ein Mädchen meinte, sie könne ein paar exotische Pflanzen aus dem Garten mitbringen, in dem ihr Vater arbeitete. Er war Gärtner auf dem Gelände einer katholischen Kirche in der Straße der Sicheren Brücke. In dieser Gegend lebten vorwiegend Katholiken. An die Kirche war früher ein Waisenhaus angegliedert gewesen, das man aber inzwischen geschlossen hatte. In der Kirche fanden noch Gottesdienste statt, aber sie unterstand strikter staatlicher Kontrolle. Die Regierung hatte die Katholiken gezwungen, sämtliche Verbindungen zum Vatikan abzubrechen und einer »patriotischen« Vereinigung beizutreten. Eine Kirche war etwas Geheimnisvolles und dank der staatlichen Propaganda auch etwas Beängstigendes für mich. Über Katholiken hatte ich gehört, daß sie imperialistische Spione waren, die Babys aus den Waisenhäusern zu medizinischen Experimenten mißbrauchten.

Jeden Tag auf meinem Schulweg kam ich an der von Perlschnurbäumen gesäumten Straße der Sicheren Brücke vorbei und warf einen Blick auf das Kirchenportal. Da ich an die chinesische Architektur gewöhnt war, erschienen mir die Säulen der Kirche sehr befremdlich: Im Gegensatz zu den runden, hölzernen Säulen waren diese aus Marmor und geriffelt wie griechische Säulen. Ich wünschte mir nichts sehnlicher, als einmal ins Innere der Kirche schauen zu dürfen. Ich bat die Tochter des Gärtners, mich zu sich nach Hause einzuladen, aber sie sagte, ihr Vater wolle nicht, daß sie jemanden mit nach Hause bringe. Das machte diesen Ort nur noch rätselhafter für mich. Als das Mädchen nun vorschlug, Pflanzen aus ihrem Garten mitzubringen, erbot ich mich, ihr beim Tragen zu helfen.

Vor dem Kirchentor blieb mir fast das Herz stehen. In meiner Erinnerung ist es riesig, das größte Tor, das ich je gesehen habe. Meine Freundin stellte sich auf die Fußspitzen und schlug mit einem eisernen Ring gegen das Tor. Quietschend öffnete sich eine kleine Tür, und vor uns stand ein alter Mann mit runzeligem Gesicht und tiefgebeugtem Rücken. Mir erschien er wie eine böse Gestalt aus einem Märchen. Obwohl ich sein Gesicht nicht genau sehen konnte, stellte ich mir vor, daß er eine lange, spitze Nase hatte, eine Nachtmütze trug und drauf und dran war, auf einem Besen in die Lüfte zu entschwinden. Die Tatsache, daß es sich bei Hexen gewöhnlich um Frauen handelte und der Alte ganz offensichtlich ein Mann war, störte mich wenig. Ich vermied es, ihn anzusehen, und zwängte mich rasch durch die Tür. Vor mir lag ein Garten in einem kleinen gepflegten Hof. Vor lauter Aufregung registrierte ich gar nicht, was ich eigentlich genau sah. Ich erinnere mich nur an eine Überfülle von Farben und Formen und an einen kleinen Brunnen in der Mitte eines Steingartens.

Meine Freundin nahm mich an der Hand und führte mich durch den Säulengang um den Hof. Auf der gegenüberliegenden Seite des Tors öffnete sie eine Tür und erklärte mir, daß der Priester hier seine Predigt hielt. Predigt! Ich hatte das Wort schon einmal in einem Buch gelesen, in dem davon berichtet wurde, wie ein Priester seine »Predigt« dazu mißbrauchte, um einem anderen imperialistischen Spion Staatsgeheimnisse zu übermitteln. Beim Betreten des riesigen dunklen Raumes, der mir eher wie eine große Halle vorkam, verkrampfte ich mich noch mehr. Einen Moment lang konnte ich überhaupt nichts erkennen. Dann entdeckte ich am anderen Ende der Halle eine Statue. Ich sah zum ersten Mal in meinem Leben ein Kruzifix. Ich ging auf die Figur zu, und mit jedem Schritt fühlte ich die Gestalt am Kreuz massiver und beeindruckender über mir thronen. Nach all den Schauergeschichten, die ich über die Katholiken gehört hatte, flößte mir die blutüberströmte Gestalt mit ihrer ganzen Haltung und ihrem Gesichtsausdruck panische Angst ein. Ich machte auf der Stelle kehrt und rannte aus der Kirche hinaus. Draußen stieß ich fast mit einem Mann in einer schwarzen Robe zusammen. Er streckte eine freie Hand nach mir aus und wollte mich auffangen. Ich aber dachte, er wolle mich festhalten, duckte mich und rannte weiter. Hinter mir ächzte eine weitere schwere Tür. Danach hörte ich nur noch das leise Rauschen des Brunnens. Ich öffnete die kleine Tür im Außentor und rannte, so schnell ich konnte, bis ans Ende der

Straße. Mein Herz klopfte wie verrückt, und in meinem Kopf drehte sich alles.

Im Gegensatz zu mir war mein ein Jahr jüngerer Bruder Jin-ming von klein auf sehr selbständig und unabhängig. Er liebte Technik und Experimente und las viele Sachbücher und Zeitschriften. Wie alles Gedruckte enthielten auch populärwissenschaftliche Zeitschriften die unvermeidliche Propaganda, aber sie berichteten über wissenschaftliche und technische Fortschritte im Westen, und Jin-ming war sehr beeindruckt. Die Bilder von Lasern, Luftkissenbooten, Hubschraubern, elektronischen Anlagen und Autos faszinierten ihn. Ein paarmal hatte er auch »Informationsfilme« mit angesehen, und allmählich gelangte er zu der Überzeugung, daß man der Schule, den Zeitschriften und Filmen und ganz allgemein den Erwachsenen nicht glauben durfte, wenn sie behaupteten, die kapitalistische Welt sei die Hölle und China das Paradies.

Jin-mings Gedanken drehten sich immer mehr um die Vereinigten Staaten, das Land mit dem höchsten technischen Entwicklungsstand. Eines Tages, er war damals elf, schilderte er beim Abendessen begeistert die neuesten Errungenschaften der Lasertechnik in Amerika, und dabei sagte er zu meinem Vater, daß er Amerika bewundere. Mein Vater wußte nicht, was er Jin-ming antworten sollte. Er strich ihm über das Haar und sagte zu meiner Mutter: »Was sollen wir nur tun? Dieses Kind wächst zu einem Rechtsabweichler heran.«

Noch bevor Jin-ming zwölf war, hatte er etliche »Erfindungen« gemacht, zu denen ihn die Bilder in Kinderbüchern angeregt hatten. Eine davon war ein Teleskop, mit dem er den Halleyschen Kometen beobachten wollte, eine weitere ein Mikroskop aus dem Glas einer Glühbirne. Bis zu seinem elften Lebensjahr wurde er zu seinen Experimenten ermuntert. Dann aber geschah etwas, was die Einstellung der Erwachsenen veränderte. Jin-ming arbeitete an der Verbesserung und Vervollkommnung eines »Repetiergewehrs« aus Gummiband, mit dem man kleine Steine und Eibennüsse abschießen konnte. Um das richtige

Geräusch zu erzielen, bat er einen Klassenkameraden, dessen Vater Armeeoffizier war, ihm ein paar leere Patronenhülsen mitzubringen. Der Freund fand zu Hause richtige Patronen, öffnete sie und schüttete das Pulver aus. Die leeren Hülsen gab er Jin-ming, ohne zu ahnen, daß die Zündvorrichtung ja noch intakt war. Jin-ming steckte eine aufgeschnittene Zahnpastatube in die Hülse. Dann hielt er die Hülse mit einer Zange über den Küchenofen, einen alten Kohleofen, bei dem der Wasserkessel auf einem Grill über den Kohlen stand. Jin-ming hielt die Zange mit den Patronen unter den Wasserkessel, da gab es plötzlich einen ohrenbetäubenden Knall, und der Boden des Kessels flog in Splittern durch die Küche. Wir stürzten herbei, um zu sehen, was passiert war. Jin-ming stand wie versteinert vor dem Ofen, aber nicht wegen der Explosion, sondern aus Angst vor meinem Vater. Wir hatten alle ein bißchen Angst vor unserem Vater.

Doch Vater schlug Jin-ming nicht, er schalt ihn nicht einmal. Er sah ihn nur eine Weile nachdenklich an und meinte dann, was passiert sei, habe ihn schon genug erschreckt, er brauche ihm nicht noch mehr Angst einzujagen. Er sagte Jin-ming, er solle eine Weile nach draußen gehen. Vor dem Haus lachte Jin-ming laut auf, vor lauter Erleichterung und Freude hüpfte er von einem Bein aufs andere. Er hätte nie gedacht, daß er so leicht davonkommen würde. Aber nach diesem Vorfall bestand mein Vater darauf, daß er seine Experimente nur noch unter der Aufsicht eines Erwachsenen durchführte. Da mein Vater sich jedoch nicht genügend um die Einhaltung seiner Anordnungen kümmerte, war schon bald wieder alles beim alten.

Manchmal assistierte ich Jin-ming. Einmal konstruierten wir das Modell einer wassergetriebenen Pulverisierungsmaschine, mit der man feste Kreide zu Pulver zermahlen konnte. Die Ideen und die Pläne für ihre Ausführung stammten selbstverständlich von Jin-ming. Ich verlor immer ziemlich rasch das Interesse an seinen Erfindungen.

Jin-ming besuchte dieselbe Grundschule wie ich. Er hatte ebenfalls bei dem unvergeßlichen Naturkundelehrer Da-li Unterricht, der als »Rechter« verurteilt worden war. Herr Da-li trug

entscheidend dazu bei, Jin-ming für die Wissenschaft zu interessieren, und Jin-ming blieb ihm dafür sein Leben lang dankbar.
Mein zweiter Bruder Xiao-hei, der 1954 geboren wurde, war zwar der Liebling meiner Großmutter, aber mein Vater und meine Mutter kümmerten sich wenig um ihn. Ein Grund dafür, daß sie fanden, Xiao-hei bekomme genügend Zuwendung von meiner Großmutter. Xiao-hei spürte, daß meine Eltern ihn nicht so gern hatten wie die anderen und verhielt sich seinerseits ablehnend. Das irritierte meine Eltern noch mehr, insbesondere meinen Vater. Er interpretierte Xiao-heis Verhalten als Unaufrichtigkeit, und Unaufrichtigkeit konnte er nicht ausstehen.
Manchmal war mein Vater so wütend auf Xiao-hei, daß er ihn schlug. Hinterher bereute er es schnell, und er sagte Xiao-hei, daß es ihm leid tue. Nach dem ersten Mal fuhr er Xiao-hei mit der Hand über den Kopf und sagte, er habe die Beherrschung verloren. Meine Großmutter stritt sich daraufhin heftig und unter Tränen mit meinem Vater, was ihn nur noch mehr aufbrachte. Er warf ihr vor, sie sei schuld daran, daß das Kind so verzogen sei. Ständig gab es zwischen meiner Großmutter und meinem Vater Streit wegen Xiao-hei. Meine Großmutter hielt nur um so mehr zu ihm und verhätschelte ihn noch mehr.
Meine Eltern fanden, daß nur Jungen ausgeschimpft und geschlagen werden durften, Mädchen nicht. Meine Schwester Xiao-hong bekam nur zweimal Prügel, einmal mit fünf. Sie hatte vor dem Mittagessen unbedingt Süßigkeiten haben wollen, und als das Essen dann auf dem Tisch stand, sagte sie, sie könne nichts mehr herunterbringen, weil sie immer noch den süßen Geschmack im Mund habe. Mein Vater erwiderte, sie habe nur bekommen, was sie gewollt habe. Xiao-hong gefiel das nicht, sie schrie und warf ihre Eßstäbchen durchs Zimmer. Mein Vater gab ihr einen Klaps, Xiao-hong packte einen Staubwedel und schlug damit nach meinem Vater. Er riß ihr den Staubwedel aus der Hand, und sie machte Bekanntschaft mit einem Besenstiel. Nach einigem Hin und Her schloß mein Vater sie in ihr Zimmer. Immer wieder sagte er: »Verzogen! Völlig verzogen!« An diesem Tag gab es für meine Schwester kein Mittagessen.

Xiao-hong hatte als Kind einen ziemlichen Dickkopf. Aus unerfindlichen Gründen wollte sie keine Filme und Theaterstücke sehen und nicht reisen. Und es gab vieles, was sie nicht essen mochte. Sie schrie wie am Spieß, wenn sie Milch trinken, Rindfleisch oder Lammfleisch essen sollte. Als ich noch klein war, machte ich es ihr oft nach, und dadurch entgingen mir viele Filme und köstliche Speisen.

Ich war ganz anders als meine Schwester. Die Leute sagten über mich, ich sei ein empfindsames und für mein Alter sehr vernünftiges Kind. Meine Eltern schlugen mich nie und schimpften nie heftig mit mir. Wenn sie mich einmal kritisierten, was selten genug vorkam, taten sie das sehr vorsichtig, als wäre ich ein Erwachsener und leicht verletzbar. Meine Eltern schenkten mir sehr viel Liebe, vor allem mein Vater. Er nahm mich immer zu seinem Nachmittagsspaziergang mit, und oft durfte ich ihn auch begleiten, wenn er Freunde besuchte. Im Rückblick fällt mir auf, daß alle seine besten Freunde, durchweg Veteranen der Revolution und gebildete und fähige Männer, nach den Maßstäben der Partei irgendeinen Makel trugen und daher nur sehr untergeordnete Positionen bekleideten.

Meine Kindheit dauerte mir viel zu lange, ich wartete sehnsüchtig darauf, endlich groß zu sein. Ich konnte stundenlang vor mich hin träumen, was ich alles tun würde, wenn ich erst einmal groß wäre. Sobald ich lesen und schreiben konnte, waren mir Bücher mit viel Text lieber als Bücher mit vielen Bildern. Auch sonst war ich sehr ungeduldig. Bonbons lutschte ich nie, wie ich eigentlich sollte, sondern biß sie in der Mitte durch und verschlang sie sofort. Ich kaute sogar meine Hustentabletten.

Wir Geschwister verstanden uns ungewöhnlich gut. Es war damals nicht üblich, daß Mädchen und Jungen zusammen spielten, aber wir waren gute Freunde und hatten uns gern. Eifersucht und Konkurrenzdenken spielten kaum eine Rolle, wir stritten uns selten. Wenn meine Schwester sah, daß ich weinte, brach auch sie sofort in Tränen aus. Es machte ihr nichts aus, wenn andere Leute mich lobten. Das gute Verhältnis unter uns Geschwistern erstaunte Bekannte immer wieder, und die Eltern anderer Kinder fragten meine Eltern oft, wie sie das geschafft hätten.

Meine Eltern und meine Großmutter sorgten für eine liebevolle Atmosphäre in der Familie. Wir sahen nur zärtliche Gesten bei unseren Eltern, ihre Auseinandersetzungen trugen sie nicht vor uns Kindern aus. Meine Mutter zeigte es uns, wenn sie von unserem Vater enttäuscht war. Nach der Hungersnot waren die meisten Funktionäre, auch meine Eltern, nicht mehr so begeistert bei der Sache wie in den fünfziger Jahren. Das Familienleben wurde wieder wichtiger, und man durfte Liebe genießen und Liebe schenken, ohne sich dabei schuldig zu fühlen. Liebe wurde nicht länger mit Verrat an der Revolution gleichgesetzt. Mein Vater war mittlerweile über vierzig, nicht mehr so streng und näher an meine Mutter herangerückt. Meine Eltern verbrachten mehr Zeit miteinander und gingen freundlicher miteinander um. Als ich größer wurde, tauschten sie häufiger Zärtlichkeiten aus. Eines Tages hörte ich, wie mein Vater meiner Mutter erzählte, daß einer seiner Kollegen ein Kompliment über sie gemacht habe. Die Frau dieses Kollegen galt als große Schönheit. »Wir beide können wirklich von Glück sagen«, meinte der Kollege, »daß wir so schöne Frauen haben. Schau dich doch um – sind sie nicht die schönsten weit und breit?« Mein Vater strahlte vor Freude, als er meiner Mutter die Worte seines Kollegen berichtete. »Ich habe selbstverständlich höflich gelächelt«, sagte er. »Aber im stillen habe ich mir gedacht: Wie kann er nur meine Frau mit seiner vergleichen? Das ist ein Unterschied wie Tag und Nacht. Sie kann dir doch nicht das Wasser reichen ...«

Einmal nahm mein Vater an einer dreiwöchigen Rundreise durch China teil, die für alle Direktoren der Abteilungen für Öffentliche Angelegenheiten des gesamten Landes veranstaltet wurde. Diese Reise galt als besondere Auszeichnung, überall machte man großes Aufhebens um die Gruppe. Aber mein Vater hielt es keine drei Wochen aus. Am Ende der zweiten Woche, als die Gruppe Shanghai besichtigte, sagte er, er fühle sich nicht wohl, und flog zurück nach Chengdu. Meine Mutter spottete später noch oft: »Du bist schon ein Dummkopf. Dein Haus hätte sich doch nicht in Luft aufgelöst, ich wäre auch nicht verschwunden. Jedenfalls nicht in dieser einen Woche. Du hättest etwas Schönes erleben können, und die Chance hast du dir entgehen lassen!« Aber jedesmal, wenn sie das sagte, spürte ich, daß sie das »dumme Heimweh« meines Vaters eigentlich sehr schmeichelte.

In der Erziehung legten unsere Eltern vor allem Wert auf zwei Dinge: Zum einen drängten sie ständig darauf, daß wir viel für die Schule lernten. Auch wenn sie viel Arbeit hatten, versäumten sie es nie, unsere Schulhefte durchzusehen, die Hausaufgaben zu kontrollieren und Aufsätze mit uns zu besprechen. Außerdem standen sie in ständigem Kontakt mit unseren Lehrern. Wir hörten von klein auf, daß sie von uns nur Bestleistungen in der Schule erwarteten. Nach der Hungersnot, als sie mehr freie Zeit hatten, kümmerten sie sich noch mehr um unsere Schulleistungen. Oft gaben sie uns abends Nachhilfestunden.

Meine Mutter unterrichtete uns in Mathematik, mein Vater in chinesischer Sprache und Literatur. Für meine Geschwister und mich war es immer etwas ganz Besonderes, wenn uns Vater abends in sein Arbeitszimmer holte. Es war vom Boden bis an die Decke mit Büchern vollgestopft, mit dicken Bänden und leinengebundenen chinesischen Klassikern. Wir mußten uns die Hände waschen, bevor uns Vater erlaubte, seine Bücher zu berühren. Wir lasen Lu Xun, den großen modernen chinesischen Schriftsteller, und viele Gedichte aus den goldenen Zeiten chinesischer Poesie. All das war selbst für Erwachsene schwierige Lektüre.

Neben der Förderung unserer intellektuellen Fähigkeiten legten meine Eltern größten Wert auf die Ausbildung moralischer Grundsätze. Vorrangiges Ziel meines Vaters war es, aus uns rechtschaffene und verantwortungsbewußte Bürger zu machen, denn darin sah er den eigentlichen Sinn und Zweck der kommunistischen Revolution. Gemäß der chinesischen Tradition nannte er jeden meiner Brüder nach einem seiner Ideale. Jin-ming hieß beispielsweise mit Beinamen *Zhi*, was soviel heißt wie

»ehrlich«; Xiao-hei bekam den Beinamen *Pu*, »bescheiden«; Xiao-fang hatte den Namenspartikel *Fang*, »unbestechlich«. Mein Vater war der Ansicht, daß diese Eigenschaften im alten China gefehlt hätten und daß die Kommunisten ihnen wieder Geltung verschaffen würden. Die Korruption war von allen Übeln das schlimmste gewesen und hatte das alte China zu Fall gebracht.

Mein Vater behandelte uns immer sehr streng, und das führte zu ständigen Spannungen zwischen uns und ihm und zwischen unserer Großmutter und ihm. 1965 kam eine Tochter von Prinz Sihanuk von Kambodscha anläßlich einer Ballettvorführung nach Chengdu. Das war selbstverständlich eine große Sensation in einer Gesellschaft, die völlig von der Außenwelt abgeschnitten lebte. Ich wollte unbedingt zu dieser Ballettvorführung gehen. Mein Vater bekam aufgrund seiner Position immer Freikarten für die besten Plätze bei allen neuen Vorstellungen. Wenn meine Mutter keine Zeit hatte, durfte ich ihn begleiten. Dieses Mal hatte er aus irgendeinem Grund keine Zeit. Er gab mir eine Freikarte, schärfte mir aber ein, ich müsse die Karte mit jemandem tauschen, der einen Platz weit hinten habe, denn ich als Kind könne nicht einen der besten Plätze belegen.

Am Abend stand ich also mit meiner Eintrittskarte in der Hand an der Eingangstür des Theaters, während die Besucher hineinströmten. Auch sie hatten aufgrund ihrer Position innerhalb der Beamtenhierarchie Freikarten. Ich wartete bereits eine gute Viertelstunde und traute mich nicht, jemandem meine Karte zum Tausch anzubieten. Schließlich ließ der Besucherstrom nach, die Vorstellung würde gleich beginnen. Ich war den Tränen nahe. In dem Moment sah ich einen jüngeren Mitarbeiter aus der Abteilung meines Vaters und hoffte, daß sein Blick auf mich fallen würde. Aber er schaute beharrlich in die andere Richtung. Ich nahm allen Mut zusammen und zog ihn von hinten an der Jacke. Er drehte sich um und erkannte mich. Ich sagte ihm, mein Vater wünsche, daß ich mit jemandem den Platz tausche. Er lächelte und erklärte sich sofort bereit, seinen Platz mit mir zu tauschen, denn er hatte eine Karte in der letzten

Reihe. Er war kein bißchen überrascht über mein Angebot, denn die Strenge unseres Vaters gegenüber seinen Kindern war in der gesamten Siedlung sprichwörtlich.

In China gibt es eine lange Tradition, daß Kinder von hohen Beamten arrogant sind und ihre Privilegien mißbrauchen. Das schuf oft böses Blut. Einmal erkannte ein neuer Wächter ein Mädchen aus unserer Siedlung nicht und wollte sie nicht hereinlassen. Daraufhin schrie sie ihn an und schlug ihn mit ihrem Schulranzen. Manche Kinder behandelten die Bediensteten sehr herrisch. In China gilt es als sehr ungebührlich, wenn ein jüngerer Mensch einen älteren nur mit seinem Namen anspricht. Ich werde nie den gequälten Blick unseres Kochs in der Kantine vergessen, als der Sohn eines Kollegen meines Vaters das Essen zurückbrachte mit der Bemerkung, es sei nicht gut, und dabei laut den Namen des Kochs rief. Er war tief verletzt, sagte aber nichts. Manche Funktionäre störte es nicht, wenn ihre Kinder sich so benahmen, aber mein Vater wurde jedesmal sehr zornig. Einmal sagte er: »Das sind keine Kommunisten.«

Meine Eltern erzogen uns zu Höflichkeit und Achtung gegenüber jedermann. Wir nannten beispielsweise das Dienstpersonal immer »Onkel« oder »Tante« Soundso, wie es traditionellerweise von höflichen Kindern im Umgang mit Erwachsenen erwartet wird. Wenn wir mit dem Essen fertig waren, trugen wir unsere schmutzigen Schüsseln und Stäbchen selbst in die Küche. Die Höflichkeit gegenüber den Köchen gebiete das, hatte mein Vater gesagt, denn sonst müßten die Köche die Tische selbst abräumen. Wegen dieser kleinen Hilfsdienste waren wir beim gesamten Personal der Siedlung beliebt. Die Köche hielten uns das Essen warm, wenn wir uns einmal verspäteten, die Gärtner schenkten uns Blumen oder Früchte. Der Wächter erlaubte, daß ich seine Pistole anfaßte, die allerdings nie geladen war. Und der Chauffeur machte nur zu gern einen Umweg, um mich nach Hause zu fahren. Davon durfte mein Vater allerdings nichts erfahren, denn er hätte nie zugelassen, daß wir in seiner Abwesenheit in seinem Dienstwagen befördert wurden.

Unsere Wohnung lag im dritten Stock. Vom Balkon aus sah man

auf ein schmales Gäßchen jenseits der Mauer unserer Siedlung. Die Straße bestand aus blanker Erde und ein paar Kopfsteinpflastern. Auf der einen Seite der Straße verlief die Mauer der Siedlung, auf der anderen erstreckte sich eine lange Reihe von dünnwandigen, einstöckigen Holzhäusern, der typischen Behausung für die arme Bevölkerung in Chengdu. Der Fußboden in den Häusern bestand nur aus Erde, es gab keine Toilette und kein fließendes Wasser. Die Vorderseite der Häuser bildeten senkrechte gestellte Planken, zwei Planken dienten als Haustür. Wenn man aus dem Haus kam, betrat man sofort den schmalen Gehsteig aus Ziegelsteinen, der gerade breit genug war, daß zwei Fußgänger sich aneinander vorbeizwängen konnten. An den Gehsteig schloß sich unmittelbar die Straße an, es gab keine Vorgärten und kein freies Gelände vor dem Haus. Die Räume gingen ohne Flur ineinander über, das hinterste Zimmer lag zur nächsten Straße hin. Die Häuser hatten keine Fenster, denn rechts und links waren bereits die nächsten Häuser angebaut. Die Bewohner mußten die vordere und die hintere Haustüre öffnen, um Licht und frische Luft hereinzulassen. Oft, vor allem an heißen Sommerabenden, sah man sie draußen auf dem schmalen Gehsteig sitzen und lesen, nähen oder sich unterhalten. Vom Gehweg aus blickten sie hinauf auf die geräumigen Balkone unseres Hauses mit den vielen Fenstern, die in der Sonne glänzten. Mein Vater sagte, wir müßten Rücksicht auf die Gefühle der Menschen auf der anderen Seite der Straße nehmen, und verbot uns, auf dem Balkon zu spielen.

An Sommerabenden gingen oft kleine Jungen aus dieser Straße mit Insektenschutzmitteln hausieren. Es waren meistens dunkle, magere, verschwitzte Gestalten mit bloßem Oberkörper, in kurzen Hosen und ohne Schuhe. Sie sangen eine bestimmte Melodie, um auf ihre Ware aufmerksam zu machen. Ich teilte mit meiner Schwester ein Zimmer, das auf die Straße hinausging. Meine abendliche Lesestunde wurde jedesmal durch diese nachklingende, düstere Melodie unterbrochen. Die Melodie stimmte mich traurig, denn dank der ständigen Ermahnungen meines Vaters war mir nur zu bewußt, wie glücklich ich mich schätzen durfte über das Privileg, daß ich in einem großen, kühlen Raum mit einem Parkettboden und Moskitonetzen vor den Fenstern ungestört lesen konnte. »Ihr dürft nicht meinen, daß ihr besser seid als diese Kinder«, ermahnte er uns. »Ihr habt es nur besser als sie. Versteht ihr jetzt, warum wir den Kommunismus brauchen? Damit jeder in einem so schönen oder in einem noch schöneren Haus wohnen kann, wie wir es haben.« Mein Vater schärfte uns solche Sätze immer wieder ein, bis ich mich schließlich unserer Privilegien schämte. Manchmal stellten sich Jungen aus unserer Siedlung auf den Balkon, ahmten die Melodie der kleinen Hausierer nach und machten sich über sie lustig. Ich schämte mich jedesmal und wurde traurig. Wenn ich mit meinem Vater in seinem Dienstwagen fuhr, war es mir peinlich, wenn der Fahrer sich hupend einen Weg durch die Menschenmenge bahnte. Wenn die Passanten in den Wagen starrten, versank ich vor Scham in meinem Sitz und versuchte, ihren Blicken auszuweichen.

Als Teenager war ich ein sehr ernstes Mädchen. Ich blieb gern für mich, und dann grübelte ich viel über moralische Fragen nach, die ich so verwirrend fand. Ich konnte Spielen, Spielplätzen und dem Zusammensein mit anderen Kindern nicht mehr viel abgewinnen. Auch zum Tratschen mit den anderen Mädchen traf ich mich selten. Ich war freundlich zu den anderen Kindern und auch bei ihnen beliebt, aber ich hielt immer eine gewisse Distanz zu den anderen. In China werden die Menschen schnell miteinander vertraut, vor allem die Frauen. Sie sind ständig zusammen und sprechen über alles mögliche. Ich hingegen wollte schon als Kind am liebsten alleine sein.

Meinem Vater gefiel dieser Wesenszug. Während meine Lehrer immer wieder anmahnten, ich solle mehr »Kollektivbewußtsein« an den Tag legen, sagte mir mein Vater, daß zuviel Vertrautheit und Nähe zu anderen auch etwas Zerstörerisches haben könne. Mit dieser Ermutigung bewahrte ich mir meinen privaten Raum. Für »Privatheit« und einen »eigenen Raum« gibt es im Chinesischen keine genauen Begriffe, aber instinktiv sehnen sich viele Menschen danach, so auch meine Geschwi-

ster. Jin-ming beispielsweise beharrte so entschieden auf seinem Freiraum, daß Menschen, die ihn nicht gut kannten, ihn für ungesellig hielten. In Wahrheit war er sehr gesellig und bei seinen Altersgenossen sehr beliebt.
Mein Vater sagte oft zu uns: »Ich finde es wunderbar, daß eure Mutter euch so ungestört grasen läßt.« Unsere Eltern respektierten, daß wir jeder unsere eigene Welt brauchten, und versuchten nicht, dort einzudringen.

KAPITEL 14

»Niemand ist dir
so nahe wie der
Vorsitzende Mao«

Personenkult um Mao
(1964-1965)

Der »Vorsitzende Mao«, wie wir ihn immer nannten, übte ab 1964, meinem 12. Lebensjahr, einen direkten Einfluß auf mein Leben aus. Nach der Hungersnot hatte er sich für einige Zeit im Hintergrund gehalten, im März 1963 kehrte er mit einer neuen Kampagne auf die politische Bühne zurück. Die Kampagne stand unter dem Motto »Lernen von Lei Feng« und richtete sich hauptsächlich an die Jugend.
Lei Feng sei Soldat gewesen, so erzählte man uns, und 1962 mit zweiundzwanzig Jahren gestorben. Er hatte eine unvorstellbare Zahl guter Taten vollbracht, andauernd half er Alten, Kranken und Armen. Seine gesamten Ersparnisse hatte er an Hilfsfonds für Bedürftige verschenkt und seine Lebensmittelrationen an Genossen im Krankenhaus verteilt.
Schon bald beherrschte Lei Feng mein Leben. Jeden Nachmit-

tag nach der Schule machten wir uns auf, »gute Taten zu vollbringen wie Lei Feng«. Wir gingen zum Bahnhof und boten alten Damen an, ihre Taschen zu tragen, wie es Lei Feng getan hatte. Manchmal mußten wir ihnen die Taschen mehr oder weniger gewaltsam entreißen, weil die Frauen vom Land uns für Diebe hielten. An Regentagen stand ich mit einem Schirm auf der Straße und hoffte inständig, daß endlich eine alte Frau vorbeikommen würde, die ich nach Hause begleiten konnte, wie Lei Feng es getan hatte. Da die älteren Häuser in China kein fließendes Wasser hatten, sah man des öfteren Leute, die sich eine Stange über die Schultern gelegt hatten und daran Wassereimer nach Hause schleppten. Ich brachte nie den Mut auf, meine Hilfe auch dafür anzubieten, und dabei wußte ich nicht einmal, wie schwer die Eimer waren.

Ganz allmählich verschob sich im Verlauf des Jahres 1964 das Gewicht der Kampagne von der pfadfinderischen Seite, dem Vollbringen guter Taten, zum Personenkult um Mao. Unsere Lehrer betonten allmählich immer mehr, daß das Wesentliche an Lei Feng seine »grenzenlose Liebe und Hingabe an den Vorsitzenden Mao« gewesen sei. Bevor Lei Feng irgendeinen Schritt unternommen habe, habe er sich immer ein passendes Mao-Zitat ins Gedächtnis gerufen. Er trug Maos Schriften immer bei sich und verschlang in jeder freien Minute gierig ein paar Sätze. Er hatte ein Tagebuch geführt, das mittlerweile gedruckt und zu unserem Lehrbuch in Moralfragen geworden war. Auf fast jeder Tagebuchseite fanden sich Bekenntnisse wie das folgende: »Ich muß die Worte des Vorsitzenden Mao studieren, auf seine Worte hören, den Anweisungen des Vorsitzenden Mao Folge leisten und ein guter Soldat des Vorsitzenden Mao werden.« Wir schwuren, dem Beispiel Lei Fengs zu folgen, wir wollten für Mao »Berge aus Messern erklimmen und Flammenmeere durchqueren«, wir wollten »unsere Körper zu Staub zermalmen und unsere Knochen in tausend Stücke zerschlagen lassen« und uns »bedingungslos der Kontrolle des obersten Lenkers, des Vorsitzenden Mao, unterwerfen«. Der Kult um Mao und der Kult um Lei Feng waren zwei Seiten einer Medaille:

Der Kult um Mao war ein Personenkult, der Kult um Lei Feng war der Kult des Unpersönlichen.
Meinen ersten Mao-Artikel las ich 1964 im Zuge dieser Kampagne. Damals beherrschten zwei Parolen unser Leben: »Dient dem Volk« und »Vergeßt niemals den Klassenkampf«. Was diese Parolen bedeuteten, wurde uns durch Lei Fengs Gedicht »Die vier Jahreszeiten« erläutert, das wir alle auswendig lernten:

> Warm wie der Frühling
> bin ich zu meinen Genossen.
> Glühend wie der Sommer brenne ich
> vor revolutionärem Eifer.
> Meinen Individualismus
> fege ich hinweg
> wie ein Herbststurm
> die gefallenen Blätter.
> Und zum Klassenfeind
> bin ich grausam
> und unbarmherzig
> wie der harte Winter.

Unser Lehrer ermahnte uns zur Wachsamkeit bei unseren nachmittäglichen Aktionen. Wir sollten aufpassen, daß wir ja keinem »Klassenfeind« zu Hilfe kämen. Dummerweise wußte ich nicht, was genau ein Klassenfeind war, und weder die Lehrer noch meine Eltern konnten mir eine befriedigende Antwort geben. Eine stereotype Antwort lautete beispielsweise: »Na eben jemand wie die Bösen im Film.« Aber wenn ich mich umsah, fand ich niemanden, der so aussah wie einer jener in höchstem Maße stilisierten Bösewichte aus den Kinofilmen. Das war ein großes Problem für mich, denn an der Bushaltestelle war ich mir plötzlich nicht mehr sicher, ob ich der alten Dame die Einkaufstasche tragen sollte oder nicht. Ich konnte sie doch schlecht fragen: »Sind Sie ein Klassenfeind?«
Manchmal putzten wir in den Häusern neben unserer Schule. In einem Haus wohnten ein junger Mann und drei Familien.

Während alle anderen sehr nett zu uns waren und uns Süßigkeiten schenkten, lümmelte er sich faul in einen Liegestuhl aus Bambus und schaute uns mit einem zynischen Lächeln beim Fensterputzen zu. Er bot uns nicht seine Hilfe an, sondern holte sein Fahrrad aus dem Schuppen und meinte, wenn wir schon dabei seien, könnten wir das auch gleich putzen. »Schade«, sagte er einmal mit einem bösartigen Unterton in der Stimme zu mir, »daß du nicht der wirkliche Lei Feng bist und daß gerade keine Fotografen zur Stelle sind, die dich für die Zeitung ablichten könnten.« (Lei Fengs gute Taten waren auf wundersame Weise samt und sonders von einem offiziellen Fotografen für die Nachwelt festgehalten worden.) Wir alle haßten den Faulpelz mit dem schmutzigen Fahrrad. War er vielleicht ein Klassenfeind? Aber nein, das war unmöglich, denn wie wir alle wußten, war er Arbeiter. Und die Arbeiterschaft war die beste, die führende Klasse in unserer Revolution. Das alles verwirrte mich sehr.

Um uns den nötigen Haß auf den »Klassenfeind« einzuimpfen, wurden in den Schulen regelmäßig Versammlungen durchgeführt, bei denen wir uns »die Bitterkeit in Erinnerung rufen und über das Glück nachdenken« sollten. Dazu wurden ältere Leute an die Schule geholt, die uns von den schlimmen Zeiten im vorrevolutionären China berichteten. Da unsere Generation »unter der roten Fahne« im neuen China aufgewachsen war, nahm man an, daß wir nichts über das Leben unter der Kuomintang wußten. Lei Feng hingegen hatte Bescheid gewußt, und deshalb haßte er den Klassenfeind von ganzem Herzen und liebte den Vorsitzenden Mao über alles. Es hieß, Lei Fengs Mutter habe sich erhängt, als er sieben war, nachdem sie von einem Grundbesitzer vergewaltigt worden war.

Arbeiter und Bauern hielten Vorträge an unserer Schule. Sie erzählten, wie sie als Kinder gehungert hatten, wie sie in bitterkalten Wintern ohne Schuhe herumlaufen mußten, wie ihre Eltern oder Geschwister viel zu früh an Hunger und Erschöpfung gestorben waren. Sie sagten, wie unendlich dankbar sie dem Vorsitzenden Mao dafür seien, daß er ihnen das Leben gerettet, ihnen zu essen und Kleider gegeben habe. Ein Mann gehörte zur Volksgruppe der Yi, einer ethnischen Minderheit. Bei den Yi hatte es bis in die späten fünfziger Jahre Sklaven gegeben. Dieser Mann war Sklave gewesen, und nun zeigte er uns die Narben, die von den Schlägen seiner früheren Herren herrührten. Wenn Menschen wie dieser Mann von den Qualen erzählten, die sie hatten durchleiden müssen, weinte der ganze Saal. Ich war nach jeder Versammlung außer mir vor Wut über die Kuomintang und dem Vorsitzenden Mao noch treuer ergeben als zuvor.

Um uns eine direkte Vorstellung davon zu geben, wie unser Leben ohne Mao aussehen würde, bekamen wir in der Schulkantine ab und zu ein sogenanntes »Bitterkeitsessen« vorgesetzt. Es hieß, daß dies das übliche Essen der Armen unter der Kuomintang gewesen sei. Die Mahlzeit bestand aus seltsamen Kräutern, und ich fragte mich insgeheim, ob sich nicht die Köche einen Scherz mit uns erlaubten, denn dieses Essen war wirklich ungenießbar. Die ersten paar Male mußte ich mich übergeben. Die Lektion lautete: »Wenn euch dieses Essen nicht schmeckt, dann folgt dem Vorsitzenden Mao.«

Eines Tages wurden wir im Rahmen der »Klassenerziehung« zu einer Ausstellung über Tibet geführt: Wir sahen Fotos von Kerkern, in denen Skorpione herumkrabbelten, und schreckliche Folterinstrumente wie beispielsweise ein spezielles Gerät zum Ausstechen der Augen und besondere Messer, mit denen man die Sehnen an den Füßen durchschneiden konnte. Einmal kam ein Mann in einem Rollstuhl in unsere Schule. Er erzählte, er sei früher ein Leibeigener in Tibet gewesen und wegen einer geringfügigen Verfehlung habe man seine Sehnen durchschnitten.

Ab 1964 wurden große Häuser als »Museen für Klassenerziehung« eingerichtet, damit wir uns ein Bild davon machen konnten, in was für einem Luxus die Grundbesitzer vor der Machtübernahme durch Mao gelebt und wie sie die Bauern bis aufs Blut ausgesaugt hatten. Während der Schulferien anläßlich des chinesischen Neujahrsfestes 1965 fuhr mein Vater mit uns zu

einem großen Landhaus zweieinhalb Stunden außerhalb von Chengdu. Selbstverständlich brauchte ein solcher Ausflug eine politische Rechtfertigung. Es war Anfang des Frühjahrs, und in China gibt es die Tradition des »Spaziergangs im frischen Grün«. Ich freute mich, denn das war eine der ganz seltenen Gelegenheiten, daß wir eine Fahrt aufs Land unternahmen.
Als wir im Wagen saßen und die von Eukalyptusbäumen gesäumte Straße entlangfuhren, konnte ich den Blick nicht von den herrlichen Bambuswäldern rings um die Bauernhöfe abwenden und vom dem Rauch, der über den strohgedeckten Dächern der Hütten aufstieg. Manchmal spiegelte sich eine frühe Pflaumenblüte in den kleinen Bächen, die aus jedem Gestrüpp hervorkrochen. Ich prägte mir die Wolken am Himmel ein und die Kampferbäume, die die Asphaltstraße säumten, denn mein Vater hatte uns aufgetragen, einen Aufsatz über den Ausflug zu schreiben. Da er uns immer wieder eingeschärft hatte, wie wichtig Detailgenauigkeit beim Schreiben war, wollte ich mir jetzt nicht die geringste Kleinigkeit entgehen lassen und starrte gebannt aus dem Fenster. Dabei fiel mir etwas auf: Die wenigen Bäume hatten nur oben an der Krone ein paar Zweige und Blätter, ansonsten waren sie vollkommen kahl, sie sahen aus wie kahle Fahnenmasten mit einer grünen Mütze. Ich fragte meinen Vater, ob es sich um eine besondere Baumart handele. Er antwortete, daß Brennholz in dieser dichtbesiedelten Region der Chengdu-Ebene rar sei und daß die Bauern daher so viele Zweige abgeschnitten hatten, wie sie nur konnten. Mein Vater verschwieg, daß es noch vor wenigen Jahren in dieser Gegend viel mehr Bäume gegeben hatte, daß aber die meisten während des »Großen Sprungs nach vorn« gefällt worden waren, um Brennholz für die Schmelzöfen zur Stahlproduktion zu gewinnen.
Dieser Landstrich wirkte sehr wohlhabend. Der Marktflecken, in dem wir zu Mittag aßen, wimmelte von Bauern in bunten neuen Kleidern, die älteren trugen leuchtend weiße Turbane und saubere, dunkelblaue Schürzen. In den Auslagen der vollbesetzten Restaurants lockten braun gebratene Enten; aus den

riesigen Garkörben aus Bambus, die einladend zur Straße hin in den Eingängen von Verkaufsständen aufgestellt waren, stieg uns ein verlockender Duft in die Nase. Unser Auto kämpfte sich über den Markt zum Gebäude der örtlichen Regierung, der Eingang war von zwei Löwen flankiert. Wie ich später erfuhr, hatte mein Vater während der Hungersnot 1961 in diesem Kreis gelebt, und jetzt, vier Jahre später, wollten die örtlichen Funktionäre ihm zeigen, was sich alles bei ihnen verändert hatte. Sie führten uns in ein Restaurant, wo sie ein Hinterzimmer für uns reserviert hatten. Wir gingen durch eine Straße, in der Blumen und Topfpflanzen verkauft wurden. Man konnte die weißen Pflaumen- und Mandelblüten bewundern, die ersten Blüten des Frühlings, und die frühen rosaroten Pfirsichtriebe. Die Gärtner hatten Weidentriebe geschnitten und eingepflanzt, Setzlinge waren aus den Gewächshäusern geholt worden und warteten darauf, in Gärten wieder eingepflanzt zu werden. Die ganze Zeit über warfen immer wieder Bauern aus dem Restaurant einen Blick zu uns ins Hinterzimmer, um sich die fremden Gäste anzusehen, die von den örtlichen Funktionären so ehrerbietig behandelt wurden. Auf den Tischen türmten sich fremdartige Speisen, bei deren Anblick mir das Wasser im Mund zusammenlief. Da wir nie in ein Restaurant essen gingen, hatte ich bisher kaum die Gelegenheit gehabt, fremdes Essen zu kosten; ich kannte nur das, was wir in unserer Kantine vorgesetzt bekamen. Die Köche in unserer Kantine kochten gut, aber nicht sehr abwechslungsreich. Ich fand, das Essen in diesem Dorf bot viele angenehme Überraschungen, außerdem hatten die Gerichte ausgefallene Namen wie Perlenbälle, Drei Schüsse oder Löwenköpfe. Sehr viel später erfuhr ich, daß es sich dabei um berühmte Gerichte der Küche in Sichuan handelte.

Nach dem Essen verabschiedete sich der Geschäftsführer des Restaurants draußen auf dem Gehsteig von uns, während die Bauern uns und unser Gefolge neugierig beäugten. In der Ferne sah ich ein paar Jungen und Mädchen aus meiner Schule, sie besuchten offensichtlich ebenfalls das Museum zur »Klassenerziehung«. Eine Lehrerin stand ganz hinten auf der Ladefläche.

Ich versank in meinem Autositz, weil es mir peinlich war, daß ich so angenehm von einem Chauffeur herumkutschiert wurde, während meine Schulkameraden in der kühlen Frühlingsbrise in dem offenen Laster über holprige Straßen schaukelten. Mein Vater saß mit meinem jüngsten Bruder vorne im Auto. Er erkannte meine Lehrerin und lächelte ihr zu. Er drehte sich nach mir um und wollte mich auf meine Schulkameraden aufmerksam machen. Da merkte er, daß ich völlig verschwunden war. Mein Vater strahlte vor Freude. Er meinte, es spreche für meinen guten Charakter, daß mir die Angelegenheit unangenehm gewesen sei. Es sei gut, daß ich mich über Privilegien schämte, anstatt damit zu protzen.

Das Museum fand ich entsetzlich. Wir besichtigten Rekonstruktionen einer Folterkammer und eines Kerkers mit einem Eisengitterkäfig, der in einer schmutzigbraunen Wasserlache stand. Ich hatte so etwas noch nie gesehen und war schockiert. Der Käfig war zu klein, als daß ein erwachsener Mensch aufrecht darin hätte stehen können, und zu schmal, als daß man sich richtig hätte setzen können. Wenn ein Bauer seine Abgaben nicht bezahlen konnte, hatte der Landbesitzer ihn in einen solchen Käfig gesperrt.

Daneben hörten wir noch andere verwirrende und entsetzliche Dinge. Der Landbesitzer hatte angeblich immer drei Ammen auf seinem Hof gehabt, da Muttermilch seiner Meinung nach besonders nahrhaft war. Außerdem, so berichtete man uns, hielt er sich ein paar sehr dicke Frauen und machte es sich auf ihrem Schoß bequem, wenn er mit seinem Pferdekarren in die Stadt fuhr. Seine Konkubine Nummer fünf aß täglich dreißig Enten, aber immer nur die Füße, die als große Delikatesse galten.

Wir erfuhren nichts darüber, daß der Bruder dieses angeblich so barbarischen Landbesitzers inzwischen einen Ministerposten in Beijing bekleidete. Er hatte Chengdu 1949 den Kommunisten übergeben und war dafür mit einem Ministerposten belohnt worden. Während man uns auf Schritt und Tritt über die »menschenverachtende Regierung der Kuomintang« belehrte, ermahnte man uns zur Dankbarkeit gegenüber den Kommunisten im allgemeinen und Mao im besonderen.

Trotz all der Vorträge und sonstigen Bemühungen der Kommunisten blieben für mich und die meisten meiner Altersgenossen Klassenfeinde eher abstrakte und unwirkliche Gestalten. Sie gehörten der Vergangenheit an, waren weit weg. Mao hatte ihnen keine für uns greifbare Form geben können, und ein Grund dafür war paradoxerweise, daß er die Vergangenheit so gründlich vernichtet hatte. Doch unmerklich wurden wir mit dieser Propaganda auf ein Feindbild eingeschworen. Und zugleich bereitete Mao damit den Boden für seine gottgleiche Verehrung. Meine Klassenkameraden und ich standen im Bann dieser grobschlächtigen und doch effektiven Indoktrination. Die Gehirnwäsche funktionierte, weil Mao hehre moralische Absichten verkündete: Die Härte gegenüber dem Klassenfeind wurde uns als Treue zum Volk dargestellt, die vollkommene Unterwerfung unter Mao war ein Akt der Selbstlosigkeit. Die Rhetorik war kaum zu durchschauen, zudem hörten wir praktisch von niemandem etwas anderes. Die Erwachsenen betrieben eifrig den Mao-Kult.

Zwei Jahrtausende lang hatten in China Kaiser regiert, die Gestalt des Kaisers verkörperte gleichermaßen weltliche Macht und geistige Autorität. Die Chinesen verehrten den Kaiser mit denselben religiösen Gefühlen, wie Menschen in vielen Teilen der Erde Gott verehren. Den Kaiser in Frage zu stellen, war unvorstellbar. Meine Eltern hatten diese Denkweise verinnerlicht wie Millionen anderer Chinesen auch.

Mao trug selbst zu seiner Vergöttlichung bei, indem er sich hinter einem Schleier von Geheimnissen verbarg. Er wirkte stets abwesend und entrückt. Im Radio sprach er selten, und Fernsehen gab es noch nicht. Nur ganz wenige hohe Parteiführer hatten mit ihm Kontakt oder hörten auch nur seine Stimme. Wenn seine Kollegen von der obersten Parteiführung einmal mit ihm zusammentrafen, war das meist eine steife Audienz. Nach der Zeit in Yan'an sah mein Vater Mao nur noch wenige Male und dann immer bei großen Veranstaltungen. Meine Mutter sah

Mao nur ein einziges Mal: 1958 kam er nach Chengdu, und alle Funktionäre ab Rang 18 durften sich mit ihm fotografieren lassen. Nach dem Fiasko des »Großen Sprungs nach vorn« verschwand Mao dann fast völlig von der Bildfläche.

Zum Mao-Kult gehörte von Anfang an auch Angst. Viele Menschen waren bereits so weit, daß sie nicht einmal frei zu denken wagten, weil sie fürchteten, ein Gedanke könnte ihnen versehentlich entschlüpfen. Wer unorthodoxe Gedanken hegte, schwieg sogar vor seinen Kindern, denn die eigenen Kinder konnten anderen Kindern etwas erzählen und damit ungewollt ein Verhängnis über die Familie bringen. Uns Kindern wurde in der Kampagne »Lernen von Lei Feng« eingeschärft, daß wir nur Mao gegenüber zu absoluter Treue verpflichtet waren, und zwar nicht nur in politischer Hinsicht, sondern bedingungslos in allen Bereichen. In einem bekannten Lied hieß es: »Vater ist mir nah, Mutter ist mir nah, aber keiner ist mir so nah wie der Vorsitzende Mao.« Uns wurde eingebleut, daß jeder, der gegen Mao war oder auch nur nicht hundertprozentig hinter ihm stand, unser Feind war, selbst unsere eigenen Eltern. Viele Eltern erzogen ihre Kinder zu Linientreue, denn das schien ihnen das Sicherste für ihre Zukunft. Die Selbstzensur betraf nicht nur Gedanken, sondern auch grundlegende Informationen. Meine Eltern erzählten mir zum Beispiel nie etwas von der Verhaftung meiner Mutter im Jahr 1955 oder von der Hungersnot. Sie sagten überhaupt nie etwas, was dazu hätte führen können, daß ich am System oder am Mao zu zweifeln begann. Wie fast alle Eltern in China äußerten sie nie etwas Unorthodoxes, weder Gedanken noch Fakten. 1965 hatte ich mir als guten Vorsatz zum neuen Jahr vorgenommen: »Ich will meiner Großmutter gehorchen.« Das war eine traditionelle chinesische Formulierung, wenn ein Kind versprach, brav zu sein. Mein Vater schüttelte den Kopf: »So solltest du es nicht sagen. Sag lieber: ›Ich gehorche dem Vorsitzenden Mao.‹« An meinem dreizehnten Geburtstag im März desselben Jahres bekam ich von meinem Vater nicht wie sonst einen Science-fiction-Roman, sondern die vier philosophischen Abhandlungen von Mao in einem dickleibigen Band.

Nur ein Erwachsener sagte jemals etwas zu mir, was im Widerspruch zur offiziellen Propaganda stand, und das war die Stiefmutter von Deng Xiaoping. Sie wohnte eine Zeitlang zusammen mit ihrer Tochter, die bei der Provinzregierung arbeitete, im Haus nebenan. Sie mochte Kinder, und ich besuchte sie oft in ihrer Wohnung. Wenn meine Freunde und ich ein paar Melonenblüten oder eingelegtes Gemüse aus der Kantine stibitzt oder Kräuter aus dem Garten der Wohnanlage gepflückt hatten und uns nicht nach Hause trauten, gingen wir zu ihr. Sie wusch und briet die Sachen für uns, und wir verspeisten die köstliche Zwischenmahlzeit mit ihr zusammen, ganz aufgeregt, weil wir etwas Gestohlenes aßen. Sie war ungefähr siebzig, sah aber aus wie fünfzig. Sie hatte winzige, gebundene Füße und lächelte immer aus ihrem freundlichen, glatten Gesicht. Sie trug stets eine graue Baumwolljacke und schwarze Baumwollschuhe, die sie selbst herstellte. Sie war sehr ausgeglichen und behandelte uns wie ihresgleichen. Ich saß gern in ihrer Küche und unterhielt mich mit ihr. Einmal, als ich ungefähr dreizehn Jahre alt war, ging ich direkt von einer »Bitterkeits«-Versammlung in der Schule, wo ich viele schreckliche Dinge gehört hatte, zu ihr. Ich zerfloß vor Mitleid mit allen, die unter der Kuomintang hatten leben müssen. Deshalb fragte ich sie: »Großmutter Deng, Sie müssen furchtbar unter der Kuomintang gelitten haben! Die Soldaten haben ja alles geplündert! Und dann die furchtbaren Landbesitzer! Das war doch bestimmt alles sehr schlimm ...«
Sie antwortete bedächtig: »Nun, sie haben nicht immer geplündert, und sie waren nicht immer böse ...« Ihre Worte trafen mich wie eine Bombe. Ich war so entsetzt, daß ich niemandem erzählte, was sie gesagt hatte.
Damals ahnte keiner von uns, daß der Mao-Kult und das dauernde Gerede vom Klassenkampf einem einzigen Ziel dienten: Es war die Vorbereitung zu der entscheidenden Kraftprobe zwischen Mao und seinen Gegnern, in erster Linie dem Präsidenten Liu Shaoqi und Deng Xiaoping, dem Generalsekretär der Partei. Mao gefiel die Liberalisierung in Wirtschaft und Gesellschaft nicht, die Liu und Deng nach der Hungersnot eingeleitet

hatten. In Maos Augen sah ihre Linie mehr nach Kapitalismus als nach Sozialismus aus, und vor allem ärgerte ihn, daß »der kapitalistische Weg« sich anscheinend als erfolgreich erwies, während sein Weg, der »richtige Weg«, in die Katastrophe geführt hatte. Mao hatte durchaus einen Sinn fürs Praktische, und deshalb ließ er sie eine Weile ihren Weg gehen. Doch sobald sich die Wirtschaft erholt haben würde, wollte er wieder seine Vorstellungen verfolgen und seine Gegner in der Partei ausschalten.

Der Gedanke, China in aller Ruhe aufzubauen, war Mao unerträglich. Er war ruhelos und brauchte beständig die »gewaltsame Aktion«, nur beständiger Kampf bringe die Entwicklung voran, so lautete sein Credo. Die Kommunisten waren für seinen Geschmack zu tolerant und nachgiebig geworden, sie strebten zu sehr nach Harmonie und zu wenig nach Konflikt. Seit 1959 hatte es keine politische Kampagne mehr gegeben, in der die Menschen sich gegenseitig bekämpften!

Und Mao fühlte sich durch seine Gegner gedemütigt, weil sie seine Unfähigkeit bloßgestellt hatten. Er wollte sich rächen, doch da er wußte, daß seine Gegner die Unterstützung der Partei genossen, mußte er seine Macht beträchtlich vergrößern. Zu diesem Zweck ließ er sich wie ein Gott verehren.

Im Laufe des Jahres 1964 wurden die wöchentlichen Tanzveranstaltungen eingestellt, es wurden auch keine Filme aus Hongkong mehr gezeigt. Schmucklosigkeit und Strenge waren wieder erwünscht, besonders bei der Kleidung. Vorbei war es mit den flotten Pferdeschwänzen, meine Mutter trug wieder kurzgeschnittenes, glattes Haar. Alles Bunte verschwand, fortan trug sie langweilige gedeckte Farben und sackartige Kleidungsstücke. Ich bedauerte vor allem, daß sie keine Röcke mehr anzog. Ich erinnerte mich gern daran, wie sie von ihrem Fahrrad gestiegen war und dabei graziös ihren blau-weiß karierten Rock mit dem Knie hochgehoben hatte. Abends erwartete ich sie gern gegen den gesprenkelten Stamm einer der Platanen gelehnt, die ein Dach über der Straße vor unserer Siedlung bildeten. Sie kam mir entgegengeradelt, und ihr Rock flatterte im Wind wie ein

Fächer. An Sommerabenden schob ich oft Xiao-fang in seinem Bambuskinderwagen die Straße hinunter und hielt nach ihr Ausschau.

Meine Großmutter, inzwischen Mitte Fünfzig, bewahrte sich mehr äußere Attribute ihrer Weiblichkeit als meine Mutter. Sie trug nicht die uniformartigen Jacken, sondern weiterhin Jacken im traditionellen chinesischen Stil, wenn auch nur noch in einer Farbe, einem blassen Grau. Ihr langes, dickes schwarzes Haar pflegte sie mit besonderer Sorgfalt. Nach alter chinesischer Tradition, die auch die Kommunisten nicht angetastet hatten, durfte das Haar von Frauen »mittleren Alters«, das heißt über dreißig, höchstens schulterlang sein. Meine Großmutter hatte ihr langes Haar zu einem hübschen Knoten am Hinterkopf zusammengebunden, und sie steckte sich immer eine stark duftende Blume ins Haar, manchmal eine elfenbeinfarbene Magnolienblüte, manchmal eine weiße Jasminblüte mit zwei grünen Blättern. Außerdem zog sie sich mit einem Kajalstift die Augenbrauen nach und puderte sich die Nase. Sie machte auf mich einen sehr glücklichen Eindruck, wenn sie vor dem Spiegel stand und ihre Augen in einer besonderen Art von Konzentration lächelten.

Es war für mich immer ein seltsames Gefühl, wenn ich ihr beim Schminken zusah. Der Anblick war mir von klein an vertraut, aber er gehörte zu einer anderen Welt als der, die uns in der Schule geschildert wurde. In unseren Schulbüchern stand, daß nur schlechte Frauen sich schminkten, Konkubinen etwa. Ich hatte zwar eine vage Vorstellung, daß meine geliebte Großmutter einst eine Konkubine gewesen war, aber ich war inzwischen gewohnt, mit widersprüchlichen Gedanken und Realitäten zu leben und sie in unterschiedliche Schubladen zu stecken. Wenn ich mit meiner Großmutter einkaufen ging, sah ich jedesmal, daß sie mit ihrem geschminkten Gesicht, auch wenn es noch so dezent war, und den Blumen im Haar anders war als andere Frauen. Die Leute starrten sie an, sie fiel auf. Sie hatte einen stolzen Gang, hielt sich gerade, aus ihrem ganzen Auftreten sprach Selbstbewußtsein.

Das konnte sie sich nur leisten, weil sie in unserer Siedlung wohnte. Hätte sie außerhalb gewohnt, wäre sie ein Fall für die »Bewohnerkomitees« geworden, die die Lebensführung all jener kontrollierten, die keiner Arbeitseinheit angehörten. Der Staat sorgte dafür, daß alle Stadtbewohner im arbeitsfähigen Alter Arbeit bekamen. Daher arbeiteten praktisch alle Frauen im Alter meiner Mutter und gehörten so automatisch einer Arbeitseinheit an. Nur ältere Frauen wie meine Großmutter wurden als Hausfrauen eingestuft und keiner Arbeitseinheit zugeteilt. Sie wurden in sogenannten »Bewohnerkomitees« zusammengefaßt, die die Kommunisten sofort nach der Machtübernahme eingerichtet hatten. An der Spitze solcher Komitees standen für gewöhnlich Männer im Ruhestand und ältere Hausfrauen, die Komitees waren berüchtigte Sammelstätten für Neugierige, Fanatiker und Rechthaber, denen nichts mehr Freude bereitete, als ihre Nase in fremde Angelegenheiten zu stecken und sich wichtig zu machen. In einem solchen Bewohnerkomitee hätte meine Großmutter mit Sicherheit mißbilligende Bemerkungen und offene Kritik zu hören bekommen. Aber das Leben in der Siedlung bewahrte sie davor.

Nachdem ich im Herbst 1964 auf die Mittelschule übergewechselt war, beeinflußte die Politik immer mehr mein Leben. Schon bei der Aufnahmefeier erklärte man uns, wir müßten dem Vorsitzenden Mao dankbar sein, daß wir diese Schule besuchen dürften, denn nur wegen der von ihm verkündeten »Klassenlinie« seien wir aufgenommen worden. Mao hatte beklagt, Schulen und Universitäten seien »zu sehr von der Bourgeoisie dominiert« und sollten deshalb schleunigst an die Arbeiterklasse zurückgegeben werden. Er hatte kritisiert, daß die Studenten bisher zum Großteil aus »schlechten Familien« stammten, jetzt sollten die Söhne und Töchter »mit gutem sozialem Hintergrund« zum Zuge kommen, das hieß die Kinder von Arbeitern, Bauern, Soldaten und Parteifunktionären.
Meine neue Schule, die Mittelschule Nummer vier, war die begehrteste in der Stadt und die führende Schlüsselschule der

Provinz Sichuan. In die Mittelschule Nummer vier kamen die Kinder, die bei den zentralen Aufnahmeprüfungen in der gesamten Provinz am besten abgeschnitten hatten. Früher hatten allein die Resultate der Prüfung den Ausschlag gegeben, aber seit 1964 war die Aufnahmeprüfung nur eines von zwei wichtigen Kriterien. Das zweite Kriterium war die klassenmäßige Herkunft des Schülers.

In meinen beiden Prüfungsarbeiten in Mathematik und Chinesisch erhielt ich in Mathematik eine Eins, in Chinesisch sogar eine Eins plus. Ich hatte von meinem Vater so oft gehört, daß Privilegien etwas Schlechtes seien, daß ich mich jetzt über die Bevorzugung aufgrund der Stellung meiner Eltern schämte. Ich wollte wegen meiner eigenen Verdienste akzeptiert werden. Der Hinweis auf die »Klassenlinie« gefiel mir nicht, weil damit angedeutet wurde, daß ich meiner sozialen Herkunft meine Leistungen zu verdanken hätte. Aber schon bald dachte ich nicht mehr darüber nach. Wenn der Vorsitzende Mao etwas sagte, dann mußte es wohl richtig sein.

In dieser Zeit wurde die Kategorie »Kinder hoher Funktionäre« wichtig. Kinder hoher Funktionäre bildeten fast eine eigene Klasse, sie galten als Elite, und bald benahmen sie sich auch so. Sie trugen ein Selbstbewußtsein zur Schau, wie man es nur kann, wenn man sich mächtiger Unterstützung im Hintergrund und dadurch einer gewissen Unantastbarkeit sicher sein kann. Die Kinder vieler hoher Funktionäre wurden arroganter und hochnäsiger als je zuvor und behandelten alle anderen als ihre Untergebenen. Von Mao abwärts äußerten sich alle besorgt über ihr Verhalten, und auch in der Presse wurde es ständig kritisiert. Aber dadurch beschäftigten sich die Leute nur noch mehr mit dieser Gruppe, und die »Kinder hoher Funktionäre« erschienen nur noch mehr als abgeschlossene Gruppe.

Mein Vater warnte uns oft vor solchem Dünkel und mahnte uns, wir sollten uns nicht mit anderen Funktionärskindern zu Cliquen zusammenschließen. Die Folge war, daß ich kaum Freunde hatte, denn Jungen und Mädchen aus anderen sozialen Schichten lernte ich kaum kennen. Als ich später mit ihnen in

Kontakt kam, war ich bereits so auf die Bedeutung der klassenmäßigen Herkunft programmiert und durch die mangelnden Erfahrungen mit anderen Schichten so vorbelastet, daß ich mit diesen Kindern nicht viel anfangen konnte.

Beim Wechsel auf die neue Schule mußten meine Eltern entscheiden, ob ich Englisch oder Russisch lernen sollte. Meine Eltern wählten Englisch. Die Entscheidung zwischen Physik oder Chemie im ersten Jahr überließen sie der Schule.

Ich liebte die neue Schule vom ersten Augenblick an. Man betrat sie durch ein riesiges Eingangstor, vergleichbar mit dem Tor zur Verbotenen Stadt in Beijing, mit geschwungenen Dächern aus blauen Ziegeln und buntbemalten Dachvorsprüngen. Eine große, gemeißelte Steintreppe führte hinauf, sechs rote Holzsäulen trugen die Eingangshalle. Hinter dem Tor erstreckten sich symmetrisch angeordnete Reihen von dunkelgrünen Zypressenbäumen und verstärkten noch die feierliche Atmosphäre.

In meiner Erinnerung ist die Schule riesengroß. Überall verstreut lagen Labors, dort wurden wir in Biologie und Chemie unterrichtet und lernten, wie man mit Mikroskopen umgeht und wie man tote Insekten seziert. In den Filmvorführräumen sahen wir uns Lehrfilme an. Jeder Schüler mußte nach dem Unterricht noch bei einer Arbeitsgemeinschaft mitmachen, und ich schloß mich der Biologiegruppe an. Wir durchstreiften mit dem Lehrer die Hügel und den Garten hinter der Schule und lernten die Namen und die Merkmale der verschiedenen Pflanzen. In einem Raum wurden in Brutkästen Enteneier und Kaulquappen ausgebrütet, und wir beobachteten, wie die kleinen Enten schlüpften und die Kaulquappen sich in Fische verwandelten. Im Garten standen viele Pfirsichbäume, jedes Jahr im Frühling erstreckte sich dort ein rosarotes Blütenmeer. Mein Lieblingsplatz war die Bibliothek, ein zweistöckiges, im traditionellen chinesischen Stil errichtetes Gebäude. Auf beiden Stockwerken lief eine überdachte Loggia rund um das Gebäude. Dieser Bereich sah aus wie die Schwingen eines Vogels. Ich konnte dort stundenlang sitzen und lesen, ab und zu streckte ich eine Hand

nach den fächerförmigen Blättern eines sehr seltenen Ginkgobaumes aus. Vor dem Eingang zur Bibliothek standen zwei Ginkgos, hoch aufragend, elegant wie etwas sehr Kostbares. Sie allein konnten mich von meinen Büchern losreißen.
Am liebsten aber denke ich an meine Lehrer zurück. Sie waren wiederum die besten auf ihrem Gebiet, allesamt entweder Rang eins oder Spezialrang. Ihr Unterricht war die reine Freude, ich konnte nie genug davon bekommen.
Doch immer mehr mischte sich in den normalen Schulstoff die politische Indoktrination. Bei den Morgenversammlungen wurden wir mit Mao-Zitaten vollgestopft, und in eigenen Unterrichtsstunden lasen wir gemeinsam Parteidokumente. In unserem Chinesisch-Lesebuch war mittlerweile mehr Propaganda abgedruckt als klassische Literatur. Als weiteres Unterrichtsfach kam Politik auf den Stundenplan, dort studierten wir vor allem Maos Schriften.
Fast jede Aktivität bekam einen politischen Anstrich. Eines Morgens bei der Morgenversammlung erklärte uns der Direktor, daß wir künftig jeden Tag Augengymnastik machen würden. Der Vorsitzende Mao habe bemängelt, daß zu viele Schulkinder eine Brille tragen müßten, weil sie beim Lernen ihre Augen überanstrengt hätten. Er habe angeordnet, diesem Mißstand entgegenzuwirken. Wir waren alle tief ergriffen von soviel Besorgnis des Vorsitzenden, einige weinten vor Dankbarkeit. Von da an machten wir jeden Morgen eine Viertelstunde lang Augengymnastik. Augenärzte hatten sich Übungen ausgedacht, die dann mit Musik unterlegt wurden. Zuerst mußten wir bestimmte Punkte rund um die Augen massieren, anschließend starrten wir angestrengt auf die Reihen von Pappeln und Weiden draußen vor den Fenstern. Grün galt als beruhigend. Ich erfreute mich an der Erholung, die die Augenübungen und die Blätter meinen Augen verschafften, dachte an Mao und erneuerte meinen Schwur, daß ich ihm allezeit ergeben sein würde.
Immer wieder wurde uns gesagt, wir dürften nicht zulassen, daß China »die Farbe wechselt«, das heißt vom Kommunismus zum Kapitalismus überging. Der zunächst verheimlichte Bruch mit

der Sowjetunion wurde Anfang 1963 bekannt. Man erklärte uns, daß es mit der Sowjetunion nach Stalins Tod im Jahr 1953 und Chruschtschows Machtübernahme stetig bergab gegangen sei, das Land habe vor dem internationalen Kapitalismus kapituliert, und die russischen Kinder müßten nun wieder Hunger und Not leiden wie die chinesischen Kinder unter der Kuomintang. Nachdem uns unsere Politiklehrerin zum hundertsten Mal vor dem russischen Weg gewarnt hatte, sagte sie: »Wenn ihr nicht wachsam seid, wird unser Land ganz allmählich die Farbe wechseln, von Leuchtendrot zu Hellrot, dann zu Grau und schließlich zu Schwarz ...« Sie meinte das symbolisch, »Hellrot« bedeutete in diesem Zusammenhang weniger kommunistisch. Das Wort »Hellrot« wird genauso ausgesprochen wie mein Name »Erhong«. Meine Klassenkameraden lachten und sahen mich verstohlen an. Ich hatte das Gefühl, daß mich mein Name zu einem Kapitalisten abstempelte oder daß die Leute das zumindest dachten. Als ich nach Hause kam, bat ich meinen Vater, mir einen anderen Namen zu geben. Er fragte mich, was für einen Namen ich mir wünschte, und ich antwortete, ich wolle etwas, das militärisch klinge. Viele meiner Freunde hatten sich Beinamen zugelegt, die etwas mit »Armee« oder »Soldat« zu tun hatten. Die Wahl meines Vaters fiel auf ein ganz ausgefallenes Schriftzeichen, das seine klassische Bildung verriet. Mein Name Jung (ausgesprochen »Yong«) ist ein sehr altes Wort für »militärische Angelegenheiten«. Es kommt nur in einigen wenigen altertümlichen Redewendungen und in klassischen Gedichten vor. Das Wort rief Bilder von längst vergangenen Schlachten zwischen Rittern in glänzender Rüstung, mit Quasten geschmückten Speeren und geflügelten Rössern wach. Als ich in der Schule meinen neuen Namen präsentierte, erkannten nicht einmal die Lehrer das Schriftzeichen.

Um diese Zeit rief Mao die Bevölkerung zu einer neuen Kampagne auf: nach »Lernen von Lei Feng« hieß es jetzt »Das ganze Volk lernt von der Armee«. Die Armee hatte sich unter Verteidigungsminister Lin Biao, seit 1959 Nachfolger von Marschall Peng Dehuai, zur Wegbereiterin des Mao-Kultes entwickelt, und Mao wollte das ganze Land in eine einzige riesige Armee verwandeln. Überall wurde ein Gedicht von Mao verbreitet, in dem er die Frauen aufforderte, sie sollten »alle weiblichen Kleidungsstücke ablegen und statt dessen Uniformen anziehen«. In der Schule gingen Indoktrination und Reglementierung Hand in Hand. Man erklärte uns, daß die Amerikaner nur auf eine Gelegenheit warteten, der Kuomintang wieder in den Sattel zu verhelfen. Lei Feng habe aus Angst vor einer amerikanischen Invasion Tag und Nacht seinen vordem schwächlichen Körper gestählt und sei zuletzt ein Meister im Handgranatenwerfen geworden. Der Sportunterricht war auf einmal ungeheuer wichtig als eine Art vormilitärische Ausbildung. Wir übten rennen, schwimmen, Hochsprung, Kugelstoßen und warfen hölzerne Handgranatenattrappen.

Ich war schon immer eine sportliche Niete gewesen und hatte den Sportunterricht mit Ausnahme von Tennis gehaßt. Bis dahin hatte niemand daran Anstoß genommen, aber jetzt war Sport eine politische Angelegenheit, wir hörten Parolen wie: »Stählt euren Körper, damit ihr euer Vaterland verteidigen könnt!« Solche Sätze verstärkten meine Abneigung gegen den Sportunterricht nur noch. Bei den Schwimmübungen hatte ich beispielsweise immer folgendes Bild vor Augen: Ins Land einmarschierte Amerikaner verfolgten mich bis ans Ufer eines reißenden Flusses. Da ich nicht schwimmen konnte, hatte ich nur die Wahl, entweder zu ertrinken oder mich von den Amerikanern gefangennehmen und foltern zu lassen. In der Schwimmstunde bekam ich vor lauter Angst häufig Krämpfe, und einmal wäre ich fast ertrunken. Obwohl wir im Sommer einmal in der Woche schwimmen mußten, lernte ich das Schwimmen erst, nachdem ich China verlassen hatte.

Das Handgranatenwerfen war aus naheliegenden Gründen ebenso wichtig. Ich schnitt immer am schlechtesten ab, die Holzattrappe landete jedesmal nur ein paar Meter von mir entfernt. Ich spürte, daß meine Klassenkameraden allmählich Zweifel bekamen, ob ich wirklich ernsthaft entschlossen war, die amerikanischen Imperialisten zu bekämpfen. Auf einer unserer wöchentlichen politischen Versammlungen machte jemand eine Bemerkung über meine miserablen Leistungen beim Handgranatenwerfen. Die Blicke aller Anwesenden bohrten sich wie Nadeln in mich, als wollten sie sagen: »Du bist ein Lakai der Amerikaner!« Am nächsten Morgen stellte ich mich in eine Ecke des Sportplatzes, nahm einen Ziegelstein in jede Hand und streckte die Arme aus. In Lei Fengs Tagebuch, das ich auswendig konnte, hatte ich gelesen, daß er auf diese Weise seine Muskeln für das Handgranatenwerfen gestählt hatte. Nach ein paar Tagen wurden meine Oberarme rot und schwollen an, ich gab mein Training mit den Ziegelsteinen auf. Jedesmal, wenn ich künftig eine hölzerne Handgranatenattrappe anfaßte, war ich so nervös, daß meine Hände unkontrollierbar zitterten.

Im Jahr 1965 bekamen wir den Auftrag, alles Gras auf dem Rasen auszureißen. Mao hatte verkündet, Rasen, Blumen und Haustiere seien »bourgeoise Gewohnheiten« und müßten eliminiert werden. Das Gras auf dem Rasen vor unserer Schule war eine ganz besondere Grassorte, die mir außerhalb Chinas nie wieder begegnet ist. Ihr Name lautet übersetzt ungefähr »fest mit dem Boden verbunden«. Das Gras breitet sich auf der harten Erdoberfläche aus und bildet unzählige Wurzeln aus, die sich wie stählerne Krallen in die Erde bohren. Unter dem Boden verbinden sich die Wurzeln und bilden neue, die wiederum in alle Richtungen sprießen. Kaum ist der erste Samen auf die Erde gefallen, sind bereits zwei Wurzelnetze entstanden, eins über und eins unter der Erde. Beide sind fest miteinander verbunden. Sie auszureißen glich dem Versuch, verknotete Metalldrähte zu lösen, die in die Erde genagelt sind. Das Gras überstand die ganze Prozedur meist unbeschadet, dafür waren meine Finger jedesmal völlig zerschunden.

Die Blumen setzten uns weniger Widerstand entgegen, aber niemand wollte sie ausreißen. Mao hatte Blumen und Gras schon früher kritisiert und gefordert, lieber Kohl und Baumwolle anzubauen. Aber erst Ende 1965 war der Druck so groß, daß man seinem Befehl nachkommen mußte – jedenfalls bis zu einem gewissen Grad. Die Chinesen lieben ihre Pflanzen einfach zu sehr, und etliche Blumenbeete überlebten Maos Ausrottungskampagne. Ich liebte Pflanzen auch sehr und war traurig, daß sie verschwinden sollten. Aber dennoch richtete sich mein Groll nicht gegen Mao, im Gegenteil, ich haßte mich dafür, daß ich mich so elend dabei fühlte. Die Gewohnheit, »Selbstkritik« zu üben, war mir in Fleisch und Blut übergegangen, und automatisch gab ich mir die Schuld für sämtliche Regungen, die Maos Anordnungen zuwiderliefen. Tatsächlich erschreckte mich bereits die Tatsache, daß ich überhaupt solche Regungen verspürte. Es war undenkbar, mit anderen darüber zu sprechen. Statt dessen wollte ich mich ändern und nur noch die richtigen Gedanken denken. Ich lebte in einem Zustand permanenter Selbstanklage.

Beständige Selbstprüfung und Selbstkritik waren ein wesentliches Kennzeichen des maoistischen Chinas. Selbstkritik, so sagte man uns immer wieder, werde uns in eine neue, bessere Gesellschaft führen. Aber diese dauernde Nabelschau diente in Wahrheit nur dem einen Ziel, Menschen zu schaffen, die keine eigenständigen Gedanken mehr hatten.

Der Mao-Kult hätte in einer traditionell weltlich ausgerichteten Gesellschaft wie der chinesischen nicht so starke religiöse Züge annehmen können, wenn man nicht auf eindrucksvolle wirtschaftliche Fortschritte hätte verweisen können. Das Land hatte sich erstaunlich rasch von der Hungersnot erholt, die Lebensbedingungen der Bevölkerung verbesserten sich außerordentlich. Obwohl Reis nach wie vor rationiert war, gab es in Chengdu sehr viel Fleisch, Geflügel und Gemüse. Wintermelonen, Rüben und Auberginen wurden aus Mangel an Lagerraum vor den Gemüsegeschäften aufgetürmt. Die Ladenbesitzer ließen ihre Vorräte auch über Nacht draußen, und fast nichts wurde gestohlen, denn Gemüse war spottbillig. Die früher so kostbaren Eier verrotteten in riesigen Körben, weil es einfach zu viele davon gab. Beamte gingen von Haus zu Haus und versuchten die Menschen dazu zu bewegen, ihnen für wenig Geld mehr von den großen, reifen, saftigen Pfirsichen abzunehmen. Noch vor wenigen Jahren hatte man lange nach einem einzigen Pfirsich suchen müssen, jetzt wurde es als »patriotische Pflicht« deklariert, Pfirsiche zu essen, denn das war die einzige Möglichkeit, mit den vielen Pfirsichen fertig zu werden.

Eine Reihe von Erfolgsmeldungen gaben dem chinesischen Nationalstolz weiteren Auftrieb. Im Oktober 1964 zündete China die erste Atombombe, was propagandistisch groß ausgeschlachtet und als Beweis für die wissenschaftliche und industrielle Leistungsfähigkeit des Landes hingestellt wurde. Immer wieder war die Rede davon, daß man es »mit dem imperialistischen Tyrannen aufnehmen« werde. Die Zündung der ersten Atombombe fiel zeitlich mit der Amtsenthebung Chruschtschows zusammen, und dies wurde als Beweis dafür hingestellt, daß Mao mit seiner Haltung gegenüber Chruschtschow recht gehabt hatte. 1964 erkannte Frankreich als erstes führendes Land der westlichen Welt China diplomatisch an. In China feierte man das als großen moralischen Sieg über die Vereinigten Staaten, die sich weigerten, China seinen rechtmäßigen Platz in der Welt zuzugestehen.

Außerdem gab es damals keine politische Verfolgung in großem Stil, und die Menschen lebten relativ zufrieden. Alle positiven Entwicklungen wurden völlig zu Unrecht Mao zugeschrieben. Obwohl die Spitzenfunktionäre gewußt haben mußten, wie gering Maos Anteil an der Aufbauleistung in Wirklichkeit war, schwiegen sie. In der Öffentlichkeit wurde Mao weiterhin glorifiziert. Ich erinnere mich an viele glühende Lobgedichte, die ich im Laufe der Jahre verfaßte, in denen ich Mao für all diese Errungenschaften dankte und ihm unerschütterliche Treue schwor.

Im Jahr 1965 war ich dreizehn. Am Abend des 1. Oktober wurde anläßlich des 16. Gründungstages der Volksrepublik China ein Feuerwerk auf dem großen Platz im Zentrum von Chengdu abgebrannt. An der Nordflanke des Platzes befand sich das Eingangstor zu einem alten kaiserlichen Palast. Es war erst kürzlich restauriert worden und legte nun Zeugnis von der einstigen Größe Chengdus ab, als die Stadt im 3. Jahrhundert vor unserer Zeitrechnung noch die Hauptstadt eines Königrei-

Mein Großvater, General Xue Zhi-heng, 1922–1924 Polizeichef der Regierung eines Kriegsherrn in Beijing.

Meine Mutter (links) mit ihrer Mutter und ihrem Stiefvater Dr. Xia, Jinzhou, um 1939. In der Mitte steht Dr. Xias zweitältester Sohn De-gui, der einzige aus Dr. Xias Familie, der nichts dagegen hatte, daß Dr. Xia meine Großmutter heiratete. Dr. Xias ältester Sohn erschoß sich aus Protest gegen die Ehe. Ganz rechts der Sohn von De-gui.

Dr. Xia

Meine Mutter als Schulmädchen in Mandschukuo im Alter von dreizehn Jahren, 1944.

Cousin Hu, der erste Freund meiner Mutter. Auf die Rückseite des Fotos schrieb er ein Gedicht:

*Wind und Staub
sind meine Begleiter,
Das Ende der Welt
ist mein Zuhause.* *Das Exil*

Nachdem sein Vater ihn 1947 aus dem Gefängnis freigekauft hatte, gab Cousin Hu das Foto einem Freund und bat ihn, es meiner Mutter als Lebenszeichen zukommen zu lassen. Das war zur Zeit der Belagerung Jinzhous, und der Freund sah meine Mutter erst, nachdem die Kommunisten die Stadt erobert hatten. Als er merkte, daß sie in meinen Vater verliebt war, beschloß er, ihr das Foto nicht zu geben. Sie bekam das Foto erst bei einer zufälligen Begegnung mit diesem Mann im Jahr 1985. Bei dieser Gelegenheit erfuhr sie auch, daß Cousin Hu während der Kulturrevolution gestorben war.

Lan, die Schwester meiner Großmutter,
mit ihrem Mann und ihrem kleinen Sohn.
Das Foto entstand, kurz nachdem der
»treue Pei-o« in den Geheimdienst
der Kuomintang eingetreten war.
Jinzhou, 1946.

Kommunistische Soldaten gehen durch ein Stadttor von Jinzhou, das die Belagerung der Stadt überstanden hat. Über dem Durchgang sind Parolen der Kuomintang zu erkennen. 1948.

Parolen auf den Sohlen von »Befreiungsschuhen«, geschrieben während des Bürgerkriegs: »Schützt unser Land« (links), »Schlagt Chiang Kai-shek«.

Kommunisten beim Angriff auf Jinzhou.
Oktober 1948.

Meine Eltern in Nanjing, der ehemaligen Hauptstadt der Kuomintang, auf ihrem langen Marsch von der Mandschurei nach Sichuan. Wenige Tage nachdem dieses Foto aufgenommen wurde, verlor meine Mutter durch eine Fehlgeburt ihr erstes Kind. Meine Eltern tragen beide kommunistische Armee-Uniformen. September 1949.

Abschiedsfest für meine Mutter in Yibin, Juni 1953. Hinten (von links) die jüngste Schwester meines Vaters und meine Mutter, vorn (von links) die Mutter meines Vaters, ich, die Mutter meiner Mutter, Xiao-hong, Jin-ming, Tante Jun-ying.

Meine Eltern (hinten), davor meine Großmutter (links) mit Xiao-hong auf dem Schoß, daneben ich mit meiner Amme, kurz nach unserer Ankunft in Chengdu. Herbst 1953.

Meine Großmutter mit mir (Schleifen im Haar) und Jin-ming auf dem Schoß, meine Mutter mit Xiao-hei im Arm, daneben Xiao-hong, Ende 1964

Dieses Foto drückt den Charakter meines Vaters besonders gut aus. Es entstand auf dem Marsch von der Mandschurei nach Sichuan, Ende 1949.

Meine Mutter hält eine Rede. Chengdu, 1958.

Ich im Alter von sechs Jahren.

Meine Mutter mit (von links) Xiao-hong, Jin-ming, Xiao-hei und mir, Chengdu, Anfang 1958. Dieses Foto wurde in aller Eile aufgenommen, damit mein Vater es nach Yibin mitnehmen konnte für seine Mutter, die damals schwer krank war. Die Eile ist daran zu erkennen, daß meine Mutter ihre Haare nicht glattgekämmt hat und daß an Jin-mings Matrosenanzug noch das Taschentuch befestigt ist (wie es bei kleinen Kindern damals üblich war).

Mit Xiao-hong (links), Xiao-hei (dahinter) und Jin-ming (rechts) bei der alljährlichen Blumenparade in Chengdu, 1958. Kurz nachdem dieses Foto aufgenommen wurde, begann die große Hungersnot. Mein Vater war die meiste Zeit auf dem Land unterwegs, daher entstanden mehrere Jahre lang keine Familienfotos.

Als Rotgardistin auf dem Tiananmen-Platz in Beijing (vorn, zweite von links) mit Freundinnen und den Luftwaffenoffizieren (darunter eine Frau), die sich um uns kümmern sollten. Ich trage die Armbinde der Roten Garden, die »Leninjacke« meiner Mutter und geflickte Hosen, die mir das richtige »proletarische« Aussehen verleihen sollen. Wir alle halten auf die damals übliche Weise das Kleine Rote Buch in der Hand. November 1966.

Das letzte Foto
meines Vaters vor
der Kulturrevolution.
Frühjahr 1966.

Mein Vater im
Lager von Miyi,
neben ihm
Jin-ming. 1971.

Meine Mutter in ihrem Lager
in der Büffeljungenebene,
dahinter ein Maisfeld, auf
dem sie gearbeitet hat. 1971.

Yu-lin, der Bruder meiner Großmutter, mit seiner Frau und seinen Kindern vor dem Haus, das sie sich bauten, nachdem sie nach zehn Jahren Verbannung aufs Land 1976 wieder in die Stadt zurückkehren durften. Der Kontakt zu meiner Großmutter war abgerissen, und sie schickten ihr dieses Foto als erstes Lebenszeichen nach zehn Jahren. Sie wußten nicht, daß Großmutter bereits seit sieben Jahren tot war.

Vor der Verschickung an den Fuß des Himalaja (hintere Reihe, zweite von rechts) mit (hintere Reihe von links) Jin-ming, Xiao-hong und Xiao-hei, vorne (von links) meine Großmutter, Xiao-fang und Tante Jun-ying. Chengdu, Januar 1969. Dies ist das letzte Foto von meiner Großmutter und meiner Tante.

Mit der Elektrikermannschaft in der Maschinenfabrik in Chengdu (erste Reihe Mitte). Die chinesischen Schriftzeichen bedeuten »Abschied von Genossin Jung Chang, die an die Universität geht, 27. September 1973. Die Elektrikermannschaft.«

Bei der militärischen Ausbildung als Studentin an der Universität von Sichuan (hintere Reihe, zweite von rechts). Die chinesischen Schriftzeichen bedeuten »Fisch und Wasser gehören zusammen [eine Parole, die das Verhältnis von Bevölkerung und Militär beschreiben sollte], Englisch-Klasse Nummer 1, Fakultät für Fremdsprachen, Universität Sichuan, 27. November 1974.«

Mit chinesischen Genossen und einem philippinischen Matrosen (Mitte) bei unserem Aufenthalt in Zhanjiang, Oktober 1975. In Gesprächen mit Seeleuten in der Hafenstadt sollten wir unser Englisch verbessern. Die Matrosen waren die ersten und einzigen Ausländer, mit denen ich bis zu meiner Abreise nach Großbritannien Kontakt hatte.

Mit Kommilitonen meines Studienjahrs (vordere Reihe, dritte von links) vor dem Tor der Universität von Sichuan. Chengdu, Januar 1975.

Bei der Begräbnisfeier für meinen Vater (ich stehe bei den übrigen Familienmitgliedern, vierte von rechts). Ein Funktionär verliest den Nachruf der Partei. Chengdu, 21. April 1975. Der Nachruf enthielt das offizielle Urteil der Partei über meinen Vater, der Wortlaut war daher für uns höchst wichtig. Das Urteil der Partei bestimmte über das Schicksal von uns Kindern, obgleich unser Vater tot war. Mao war noch am Leben, und da unser Vater ihn kritisiert hatte, fiel die erste Version des Nachrufs vernichtend aus. Meine Mutter kämpfte darum, daß der Nachruf so geändert wurde, daß er keinen Schaden mehr anrichten konnte. Die Begräbnisfeier wurde von einem »Begräbniskomitee« organisiert, das aus ehemaligen Kollegen meines Vaters bestand, darunter auch solchen, die ihn verfolgt hatten. Die Begräbnisfeier war bis ins letzte Detail geplant. Etwa fünfhundert Menschen nahmen daran teil, die vorgeschriebene Zahl für die Beerdigung eines Funktionärs vom Rang meines Vaters. Auch für die Größe der Kränze gab es genaue Vorschriften.

Vor der Einäscherung meines Vaters: Jin-ming und ich stützen unsere Mutter; auf der anderen Seite (von links nach rechts) Cheng-yi, Xiao-fang, Xiao-hei (in Luftwaffenuniform), Xiao-hong. Chengdu, April 1975.

In Beijing, September 1978, kurz vor meiner Abreise nach Großbritannien.

In Italien, Sommer 1990. (Jon Halliday)

ches und eine wohlhabende befestigte Stadt gewesen war. Das Tor glich dem Tor zum Himmlischen Frieden in Beijing, das jetzt den Eingang zur Verbotenen Stadt bildet. Unter dem Glasdach des Pavillons standen riesige dunkelrote Pfeiler, die Balustraden waren aus weißem Marmor. Ich stand mit meiner Familie und den Würdenträgern von ganz Sichuan hinter der Balustrade auf einer Tribüne, genoß die Feststimmung und wartete auf das Feuerwerk. Fünfzigtausend Menschen auf dem Platz jubelten, sangen und tanzten. Dann ertönten ein paar Meter von mir entfernt die Signale für das Feuerwerk, und im Handumdrehen verwandelte sich der Himmel in ein Meer aus Farben und Formen. Immer wieder wurde der Himmel von neuartigen Feuerwerkskörpern erleuchtet. Die Musik und der Lärm drangen von unterhalb des alten Tors zum Kaiserpalast herauf und feierten die zur Schau gestellte Pracht mit. Nach einer Weile war der Himmel für ein paar Sekunden dunkel, dann hörten wir einen Knall, und am Himmel entfaltete sich eine wunderschöne Blüte. Als nächstes entrollte sich ein langes, überdimensional großes Seidenbanner. Es spannte sich am Himmel mitten über dem Platz und schaukelte leicht in der sanften Herbstbrise. In dem hellen Licht über dem Platz leuchteten die Schriftzeichen: »Lang lebe unser Großer Führer, der Vorsitzende Mao!« Mein Hals war wie zugeschnürt, Tränen traten mir in die Augen. Ich war unendlich glücklich und sagte mir immer wieder: Ich kann mich grenzenlos glücklich, überglücklich schätzen, daß ich in der großen Ära des Vorsitzenden Mao leben darf! Wie können die Kinder in der kapitalistischen Welt nur weiterleben, ohne ihm nahe zu sein und ohne Hoffnung, ihn je zu sehen? Ich wollte etwas für diese Kinder tun und sie aus ihrer Bedrängnis retten. An jenem Abend schwor ich, noch härter für den Aufbau eines starken Chinas zu arbeiten und meinen Beitrag zur großen Weltrevolution zu leisten. Ich mußte mich sehr anstrengen, dann würde ich eines Tages den Vorsitzenden Mao sehen dürfen. Das war mein großes Lebensziel.

KAPITEL 15

*»Zerstört erst einmal alles,
der Aufbau kommt
dann von allein«*

Die Kulturrevolution beginnt
(1965-1966)

Ungeachtet der schrecklichen Zustände, die Mao verursacht hatte, war er Anfang der sechziger Jahre unbestritten Chinas Großer Führer, und das Volk verehrte ihn. Die Pragmatiker hatten die Führung übernommen, das Land durchlebte eine Phase relativer literarischer und künstlerischer Freiheit. Nach einem langen Winterschlaf entstand nun eine Fülle von Theaterstücken, Opern und Filmen. Niemand griff die Partei direkt an, nur selten wurden aktuelle politische Themen gewählt. Mao befand sich in der Defensive und wandte sich verstärkt seiner Frau Jiang Qing zu, die sich in den dreißiger Jahren einen Namen als Schauspielerin gemacht hatte. Die beiden gelangten zu der Überzeugung, daß historische Themen in der Kunst dazu benutzt würden, um das Regime und den Vorsitzenden anzugreifen.

In China gibt es eine lange Tradition, politischen Protest in historische Themen zu kleiden, scheinbar nur für Eingeweihte verständliche Andeutungen werden weithin als verschlüsselte Kritik am Tagesgeschehen interpretiert. Im April 1963 verbot Mao alle »Geisterdramen«, ein bestimmtes Genre von Theaterstücken, die davon handeln, daß die Geister getöteter Opfer sich an ihren Peinigern rächen. Die zurückgekehrten Geister erinnerten ihn zu sehr an die Klassenfeinde, die durch seinen Befehl gestorben waren.

Als nächstes traf der Zorn des Ehepaars Mao das Genre der »Dramen des Ming-Mandarin«. Der Protagonist dieser Stücke,

Hai Rui, ist Mandarin, ein hoher Beamter der Ming-Dynastie (1368-1644). Der Ming-Mandarin verkörpert den gerechten Beamten, der das Volk gegen die Mächtigen in Schutz nimmt, er riskiert sein Leben und setzt sich beim Kaiser für das notleidende Volk ein. Daraufhin wird er entlassen und des Landes verwiesen. Das Ehepaar Mao sah in dem Ming-Mandarin eine Anspielung auf Marschall Peng Dehuai, den Verteidigungsminister, der 1959 seine Stimme gegen Maos ruinöse Politik erhoben und ihn für die Hungersnot im Lande verantwortlich gemacht hatte. Unmittelbar nach Pengs Entlassung erlebte das Genre der Mandarin-Dramen eine Blüte. Frau Mao wollte gegen die Stücke einschreiten, aber sie stieß sowohl bei den Schriftstellern wie bei den zuständigen Ministern auf taube Ohren.

Im Jahr 1964 stellte Mao eine Liste mit den Namen von neununddreißig berühmten Künstlern, Schriftstellern und Gelehrten zusammen, die er als »reaktionäre bourgeoise Autoritäten« brandmarkte, eine neue Kategorie von Klassenfeinden. Die Liste wurde nicht veröffentlicht, die neununddreißig Genannten wurden nicht aus der Partei ausgeschlossen. Mao ließ die Liste an die Funktionäre bis herab zum Rang meiner Mutter verteilen und gab ihnen den Auftrag, weitere »führende Köpfe der bourgeoisen Reaktion« aufzuspüren. Meine Mutter wurde im Winter 1964/65 an der Spitze eines Arbeitsteams an eine Schule namens »Ochsenmarkt« entsandt, um Klassenfeinde zu entlarven, vornehmlich unter den Lehrern und den Verfassern von Artikeln und Büchern.

Meine Mutter war entsetzt und empört, vor allem deshalb, weil die Kampagne sich genau gegen die Menschen richtete, die sie am meisten bewunderte und schätzte. Zudem wurde ihr schnell klar, daß niemand sich auch nur im entferntesten kritisch geäußert hatte; sie würde keine »Feinde« finden, und wenn sie sich noch so bemühte. Die Erinnerung an die jüngsten Verfolgungen war noch so gegenwärtig, daß niemand mehr den Mund aufzumachen wagte. Dies meldete sie ihrem Vorgesetzten, Herrn Pao, der für die Durchführung der Kampagne in Chengdu zuständig war.

Das Jahr 1965 verstrich, und meine Mutter unternahm nichts. Herr Pao übte keinerlei Druck auf sie aus. Ihre Reaktion entsprach der allgemeinen Stimmung unter Parteifunktionären, die meisten hatten genug von den Verfolgungen. Sie wollten für die Verbesserung des Lebensstandards arbeiten und am Aufbau eines normalen Lebens mitwirken. Aber sie widersprachen Mao nicht öffentlich und betrieben weiter den Personenkult um Mao. Die wenigen, die den Mao-Kult ablehnten, wußten, daß sie nichts dagegen ausrichten konnten: Maos Macht und Ansehen waren zu groß. Ihnen blieb nur der Weg des passiven Widerstandes.

Mao entging nicht, daß die Funktionäre seinem neuerlichen Aufruf zur Hexenjagd Widerstand entgegensetzten, und er wertete das als ein Zeichen nachlassender Treue und Ergebenheit. Er glaubte, daß sie im Grunde ihres Herzens seine Gegner unterstützten, Präsident Liu und Generalsekretär Deng. Maos Verdacht erhärtete sich, als die Parteizeitung sich weigerte, einen von ihm autorisierten Artikel abzudrucken, in dem der Dramatiker Wu Han und sein Stück über den Ming-Mandarin verurteilt wurden. Der Artikel sollte der breiten Masse das Startsignal für die Hexenjagd geben. Jetzt mußte Mao feststellen, daß seine eigene Partei ihn von seinen Untertanen abschnitt, während die Partei doch eigentlich sein Transmissionsriemen sein sollte. Er hatte die Kontrolle über die Partei verloren. Wu Han war stellvertretender Bürgermeister von Beijing, und die dortige Parteiorganisation weigerte sich, unterstützt vom Ministerium für Öffentliche Angelegenheiten, das für Medien und Künste zuständig war, Wu Han zu kritisieren oder zu entlassen. Mao sah, daß seine Position bedroht war.

Am 10. November 1965 gelang es ihm schließlich, den Artikel über Wu Han von Anhängern in Shanghai drucken zu lassen, nachdem er es mehrmals vergeblich bei Zeitungen in der Hauptstadt Beijing versucht hatte. In diesem Artikel war zum ersten Mal von der »Großen Proletarischen Kulturrevolution« die Rede. Die Zeitungen in der Hauptstadt wollten den Artikel nach wie vor nicht bringen, in den Provinzen wurde er von manchen

Zeitungen nachgedruckt. Mein Vater überwachte damals die Parteizeitung der Provinz Sichuan, die *Sichuaner Tageszeitung*. Obwohl er nicht die ganze Geschichte kannte, sprach er sich dagegen aus, den Artikel zu drucken. Er spürte, daß dieser Artikel das Signal zu einer landesweiten Hexenjagd geben sollte. Mein Vater suchte daraufhin den für die Provinz Sichuan zuständigen Beamten für kulturelle Angelegenheiten auf und besprach das weitere Vorgehen mit ihm. Die beiden kamen überein, mit Deng Xiaoping in Beijing zu telefonieren, Deng stammte aus Sichuan. Deng war nicht in seinem Büro, Marschall He Long, ein enger Vertrauter Dengs, nahm das Gespräch entgegen. Marschall He Long war Mitglied des Politbüros. Ihn hatte mein Vater 1959 über Deng sagen gehört: »Eigentlich sollte er auf dem Thron sitzen.« He riet meinem Vater, den Artikel nicht zu drucken.

Als eine der letzten Provinzen veröffentlichte Sichuan schließlich am 18. Dezember den Artikel, in der *Volkszeitung* war er bereits am 30. November erschienen. Die *Volkszeitung* hatte ihn erst nach einer Intervention des Premierministers Zhou Enlai gedruckt, der inzwischen den Friedensstifter im Machtkampf an der Spitze spielte. Zhou Enlai hatte den Artikel mit der Erläuterung versehen, daß die »Kulturrevolution« eine rein »wissenschaftliche Diskussion« sei, das heißt er plädierte dafür, daß es eine apolitische Diskussion sein und daß die Kritik an künstlerischen und literarischen Arbeiten nicht politisch befrachtet werden sollte.

Im April bekam mein Vater den Auftrag, eine Art Leitfaden für die Durchführung der Kulturrevolution in Sichuan zu erstellen, der Leitfaden wurde später unter der Bezeichnung »Aprildokument« bekannt. Darin machte er aus seinen Überzeugungen keinen Hehl und schrieb unter anderem: »Es muß sich um eine rein akademische Debatte handeln. Wilde Beschuldigungen werden nicht geduldet. Die Partei darf Intellektuelle nicht gewaltsam unterdrücken.«

Kurz vor der Übergabe des Dokuments an die Presse im Mai wurde die Veröffentlichung unterbunden. Inzwischen gab es einen neuen Beschluß des Politbüros: Mao hatte die Formulierung durchgesetzt, alle von der Parteilinie abweichenden Intellektuellen und ihre Ideen müßten »ausgemerzt« werden. Er behauptete, daß Funktionäre innerhalb der Kommunistischen Partei die abweichlerischen Intellektuellen und andere Klassenfeinde geschützt hätten. Diese Funktionäre bezeichnete er als »Menschen, die Macht haben und dem Kapitalismus den Weg bahnen«. Sie hießen künftig »Kapitalistenhelfer«. Mao erklärte ihnen den Krieg und läutete damit die gigantische Kulturrevolution formal ein.

Wer waren nun diese »Kapitalistenhelfer?« Das wußte nicht einmal Mao persönlich ganz genau. Er wußte nur, daß er die Parteiorganisation der Hauptstadt entmachten wollte, und das tat er. Er wußte auch, daß er Liu Shaoqi und Deng Xiaoping und die anderen »bourgeoisen Hauptquartiere in der Partei« loswerden wollte. Aber er hatte keine Ahnung, wer in der Partei treu zu ihm stand oder wer Liu und Deng und ihrem »kapitalistischen Weg« folgte. Mao vermutete, daß er nur etwa ein Drittel der Partei kontrollierte. Damit ihm kein einziger Feind durch die Maschen glitt, beschloß er, die gesamte Kommunistische Partei von Grund auf umzuwälzen. Seine Getreuen würden siegreich aus dem Sturm hervorgehen. In seinen Worten hieß das: »Zerstört erst einmal alles, der Aufbau kommt dann von allein.«

Unterdessen war sowohl die Bevölkerung als auch die Mehrheit der Parteifunktionäre völlig verwirrt von seinen unklaren Kampfaufrufen. Nur wenige ahnten, was er vorhatte und wer dieses Mal die Gegner sein würden. Mein Vater und meine Mutter erkannten wie so manche andere hohe Funktionäre, daß Mao es diesmal auf Funktionäre abgesehen hatte, aber wer genau als Opfer ausersehen war, wußten sie nicht. Vielleicht gehörten sie selbst dazu. Angst und Unsicherheit griffen um sich.

In der Zwischenzeit unternahm Mao seinen auf organisatorischem Gebiet wichtigsten Schritt: Er schuf seine eigene Befehlshierarchie außerhalb des Parteiapparates und behauptete, sie unterstehe weiterhin dem Politbüro und dem Zentralkomitee.

Als erstes ernannte er Marschall Lin Biao zu seinem Stellvertreter. Lin war seit 1959 Verteidigungsminister und hatte entscheidend zur Verbreitung des Mao-Kults innerhalb der Armee beigetragen. Außerdem gründete Mao eine neue Einrichtung, die Behörde für die Kulturrevolution, die formell von seinem ehemaligen Sekretär Chen Boda geleitet wurde, in Wirklichkeit aber von Frau Mao. Diese Behörde wurde die treibende Kraft der Kulturrevolution.

Als nächstes bemächtigte sich Mao der Medien, allen voran der *Volkszeitung*. Als offizielle Parteizeitung erschien sie täglich und hatte daher besonderes Gewicht. Am 31. Mai ernannte Mao Chen Boda zum Chefredakteur und machte die Zeitung damit zu seinem Sprachrohr.

Ab Juni fand an unserer Schule kein Unterricht mehr statt, dennoch mußten wir täglich hingehen. Jeden Tag wurden über Lautsprecher Leitartikel der *Volkszeitung* vorgelesen, wir mußten täglich die Zeitungen studieren, auf deren Titelseiten oft ein großes Porträt des Vorsitzenden Mao prangte. Jeden Tag erschien eine Spalte mit Zitaten und Aussprüchen des Vorsitzenden in überdimensionalen Lettern. Da wir diese Artikel wieder und wieder lesen mußten, erinnere ich mich noch heute an jedes Wort. »Der Vorsitzende Mao ist die rote Sonne in unserem Herzen!« »Mao Zedongs Gedanken sind unsere Rettung.« »Wir werden alle vernichten, die sich dem Vorsitzenden in den Weg stellen!« »Völker der Welt, liebt unseren Großen Führer, den Vorsitzenden Mao!« Das tägliche Zeitunglesen wich schon bald dem Rezitieren von »Zitaten des Vorsitzenden Mao«. Die Zitate waren in einem kleinen, rot eingebundenen Bändchen erschienen, dem »Kleinen Roten Buch«. Jeder von uns bekam ein Exemplar, und man schärfte uns ein, daß wir es wie unseren Augapfel hüten sollten. Jeden Tag lasen wir daraus im Chor vor. Viele Zitate kann ich heute noch auswendig.

Eines Tages lasen wir in der *Volkszeitung*, daß ein alter Bauer die Wände seines Schlafzimmers mit zweiunddreißig Mao-Plakaten tapeziert hatte, »damit er aus jeder Stellung das Gesicht des Vorsitzenden Mao sah, sobald er aufwachte«. Also tapezierten auch wir die Wände unseres Klassenzimmers mit Bildern des Vorsitzenden, auf denen er sein gütigstes Lächeln aufgesetzt hatte. Aber schon bald mußten wir sie ganz schnell wieder abnehmen. Es hieß, der Bauer habe die Mao-Plakate in Wirklichkeit nur dazu benutzt, um auf billige Art seine Wände neu zu tapezieren. Die Mao-Bilder waren auf dem besten Papier gedruckt und wurden kostenlos verteilt. Außerdem erzählte man sich, daß der Journalist, der die Geschichte ausgegraben habe, ein »Klassenfeind« sei, der »den Mißbrauch des Vorsitzenden Mao« unterstützt habe. Zum ersten Mal beschlich mich Angst vor dem Vorsitzenden Mao.

Die Abteilung für Öffentliche Angelegenheiten der Stadt Chengdu hatte auch ein Arbeitsteam an meine Schule abkommandiert. Das Team hatte halbherzig ein paar unserer besten Lehrer als »führende Köpfe der bourgeoisen Reaktion« denunziert, aber den Schülern nichts davon gesagt. Im Juni 1966, als die Wogen der Kulturrevolution immer höher schlugen, bekam das Team Angst und meinte, es müsse Opfer präsentieren. Die Namen der Angegriffenen wurden in der ganzen Schule bekanntgemacht.

Zu den Opfern gehörte auch mein Lehrer für Chinesisch und Literatur, Herr Chi, den ich sehr bewunderte. Auf einer Wandzeitung stand zu lesen, er habe in den frühen sechziger Jahren die ketzerische Frage gestellt, ob der »Große Sprung nach vorn« die Bäuche der Menschen füllen werde. Ich wußte nicht, daß der »Große Sprung nach vorn« die Hungersnot verursacht hatte, deshalb verstand ich die Anspielung nicht; ich bemerkte nur den respektlosen Ton.

Herr Chi war auf eine unbestimmte Weise anders als die anderen; was genau ich als anders empfand, konnte ich damals nicht sagen. Heute glaube ich, daß es sein ausgesprochener Sinn für Ironie war. Wenn er zu etwas lieber schwieg, machte er ein Geräusch zwischen Husten und Lachen. Ich löste auch einmal mit einer Frage dieses Geräusch bei ihm aus: In einer Lektion in unserem Lesebuch war ein Auszug aus den Memoiren von Lu Dingyis abgedruckt, dem damaligen Minister für Öffentliche Angelegenheiten; der Text handelte von seinen Erlebnissen auf dem Langen Marsch. Herr Chi lenkte unsere Aufmerksamkeit auf eine lebhafte Schilderung, wie die Soldaten einen steilen Bergpfad hinaufkletterten. Kein Stern stand am Himmel, und die Marschierer trugen Kiefernfackeln in der Hand, um den Weg auszuleuchten. Als die Männer ihr Nachtlager erreicht hatten, »stürzte sich jeder gierig auf die Schüsseln, um etwas in den Magen zu bekommen«. Das verblüffte mich, denn es paßte so gar nicht zu dem Bild, das man uns bisher von den Soldaten der Roten Armee vermittelt hatte. Sie waren immer als Männer beschrieben worden, die lieber den letzten Happen einem Kameraden gaben und selbst hungerten. Es war für mich unvorstellbar, daß sie sich »gierig auf die Schüsseln stürzten«. Ich bat Herrn Chi, mir das zu erklären. Daraufhin machte er sein halb hustendes, halb lachendes Geräusch. Er sagte, ich wisse einfach nicht, was es heiße, Hunger zu haben, und wechselte dann schnell das Thema.

Daß Herr Chi mir eine Antwort schuldig blieb, änderte nichts an seiner Autorität. Mir imponierten sein Wissen und seine ironische Haltung. Ich konnte es nicht ertragen, daß man ihm plötzlich häßliche Schimpfwörter gab und ihn aufs schärfste kritisierte. Anderen Lehrern, die ich bewunderte, passierte dasselbe. Ich haßte das Arbeitsteam, das uns aufforderte, Wandzeitungen zu schreiben, in denen sie »bloßgestellt und verurteilt« wurden.

Ich war mit meinen vierzehn Jahren instinktiv gegen alles Militante eingestellt und wußte nicht, was ich schreiben sollte. Wenn ich die Wandzeitungen ansah, brach mir der kalte Schweiß aus. Tief in meinem Innern jagten mir die großen, mit schwarzer Tinte geschriebenen Schriftzeichen eine furchtbare Angst ein. Sie waren in einer seltsamen Sprache abgefaßt, rhetorisch sehr stilisiert und doch durch und durch gewalttätig. Mich ängstigten die Parolen, in denen ständig die Rede davon war, »den Hundekopf Soundso zu zerschmettern« oder »zu vernichten, wenn er sich nicht ergibt«. Immer öfter schwänzte ich die Schule und blieb zu Hause. Auf den endlosen Versammlungen, die nun in Mode kamen, wurde ich ständig dafür kritisiert, daß ich »die

Familie an die erste Stelle« setzte. Ich fürchtete diese Versammlungen, und ich hatte ständig das Gefühl, daß eine ungewisse Gefahr über mir schwebte.

Eines Tages wurde völlig überraschend unser stellvertretender Rektor, Herr Kan, ein freundlicher energiegeladener Mann, beschuldigt, er sei »Kapitalistenhelfer«. Alles, was er die ganzen Jahre an unserer Schule getan hatte, galt auf einmal als »kapitalistisch«, selbst das Studium von Maos Werken sei im »kapitalistischen Geist« erfolgt, weil er dafür weniger Zeit angesetzt habe als für die anderen Schulfächer.

Genauso schockierte mich, daß der stets fröhliche Sekretär des Kommunistischen Jugendverbandes an unserer Schule, Herr Shan, ebenfalls beschuldigt wurde, er sei »ein Gegner des Vorsitzenden Mao«. Herr Shan war ein gutaussehender junger Mann, der meine Blicke immer magisch anzog. Ich wollte seine Aufmerksamkeit erringen, weil ich hoffte, daß er mir bei der Aufnahme in den Jugendverband helfen würde, sobald ich fünfzehn war und das erforderliche Mindestalter erreicht hatte.

Herr Shan hatte für die sechzehn- bis achtzehnjährigen Schüler einen Kurs in marxistischer Philosophie gehalten und sie dann einen Aufsatz schreiben lassen. Bei der Korrektur der Aufsätze hatte er die Stellen markiert, die besonders gut geschrieben waren. Als Beweis für seine oppositionelle Haltung zum Vorsitzenden Mao stellten seine Schüler aus den unterstrichenen Passagen eine Wandzeitung zusammen. Jahre später erfuhr ich, daß die willkürliche Zusammenstellung von einzelnen Sätzen, die aus dem Zusammenhang gerissen wurden, seit 1955 eine beliebte Methode war. Damals hatte man sie zur Denunziation von Schriftstellern ersonnen.

Herr Shan hatte einfach Pech, er war zufällig als Sündenbock ausersehen, genauso wie der stellvertretende Rektor, Herr Kan. Sie waren nicht dagewesen, als die Opfer an unserer Schule ausgewählt wurden – sie waren als Mitglieder anderer Arbeitsteams unterwegs. Und Abwesende waren ideale Sündenböcke. Herr Kan war der Partei treu ergeben und litt schrecklich unter dem Unrecht. Eines Abends schrieb er einen Abschiedsbrief und schnitt sich mit der Rasierklinge die Kehle durch. Seine Frau kam jedoch an diesem Tag früher als sonst nach Hause und brachte ihn noch rechtzeitig ins Krankenhaus. Ich erfuhr damals nichts von seinem Selbstmordversuch, denn das Arbeitsteam vertuschte die Sache. Ein Selbstmordversuch galt bei einem Parteimitglied wie Herrn Kan als Verrat. Man befand, der Betreffende habe das Vertrauen in die Partei verloren und wolle sie erpressen. Deshalb hatte der Unglückliche kein Mitleid zu erwarten. Aber die Mitglieder des Arbeitsteams wurden nervös, denn sie wußten genau, daß sie Unschuldige beschuldigt hatten. Als meine Mutter von Herrn Kans Selbstmordversuch erfuhr, weinte sie. Sie hatte ihn gern und wußte, daß er ein umgänglicher und außergewöhnlich optimistischer Mensch war. Ein schrecklicher Druck mußte ihn zu einer solchen Tat getrieben haben.

In ihrer eigenen Schule beteiligte sich meine Mutter nicht daran, wahllos Lehrer zu beschuldigen. Doch als sie eines Tages im Juli mit dem Rad zur Schule kam, stellte sie fest, daß die Schüler eigenmächtig gegen einen Teil ihrer Lehrer vorgegangen waren. Sie hatten den Fachaufseher, die Lehrer der höheren Rangstufen, die sie allesamt als »führende Köpfe der bourgeoisen Reaktion« betrachteten, und alle Lehrer, die sie nicht leiden konnten, in ein Klassenzimmer eingesperrt und ein Schild mit der Aufschrift »Klasse der Dämonen« an die Tür gehängt. Die Lehrer hatten sich nicht gewehrt, denn sie waren durch die Kulturrevolution völlig verunsichert. Die Schulkinder schienen Berechtigung für ihre Aktion zu haben, auch wenn keiner wußte, warum und woher sie die Berechtigung hatten. Überall auf den Fußböden wurden riesige Wandzeitungen gemalt, mit großen Tintenpinseln schrieben die Schüler vorwiegend die Schlagzeilen der *Volkszeitung* ab. Meine Mutter bahnte sich einen Weg zu dem Klassenzimmer, das die Schüler in ein Gefängnis verwandelt hatten. Sie wußte nicht, ob sie vor Wut weinen oder über die groteske Szene lachen sollte. Vor der Tür stand eine große Schülergruppe. In den Gesichtern las sie die unterschiedlichsten Gefühle: Entschlossenheit, Angst, Besorgnis und Unsicherheit. Seit ihrer Ankunft folgten ihr immer mehr Schüler. Als Leiterin des Arbeitsteams hatte sie oberste Befehlsgewalt, sie repräsentierte die Partei, und die Schüler warteten auf ihre Befehle. Sie hatten zwar ihre Lehrer eingesperrt, aber jetzt wußten sie nicht weiter.

Meine Mutter erklärte das »Klassenzimmer der Dämonen« für aufgelöst. Unmut regte sich unter den Schülern, aber niemand protestierte offen. Ein paar Jungen unterhielten sich leise miteinander, verstummten aber sofort, als meine Mutter sie aufforderte, lauter zu sprechen. Sie hielt ihnen eine ausgiebige Standpauke und sagte ihnen, es sei verboten, grundlos jemanden festzuhalten. Sie hätten sich schlecht gegenüber ihren Lehrern verhalten, denen sie doch dankbar sein und mit Hochachtung gegenübertreten müßten. Dann schloß meine Mutter die Tür zum Klassenzimmer auf und ließ die »Gefangenen« frei. Meine Mutter sah einigen Jungen an, daß sie nicht damit einverstanden waren, aber sie sagten nichts.

Meine Mutter behauptete sich tapfer und ließ sich von der allgemeinen Welle nicht mitreißen. Viele Arbeitsteams beschuldigten Unschuldige, um ihre eigene Haut zu retten, und meine Mutter hatte mehr Grund zur Sorge als die meisten anderen. Das Provinzparteikomitee hatte bereits mehrere Sündenböcke gefunden, und mein Vater hatte das deutliche Gefühl, daß er der nächste sein würde. Ein paar Kollegen hatten ihm unter dem Siegel der Verschwiegenheit erzählt, daß man sich bemühte, in den Organisationen, die ihm unterstanden, Vorwürfe gegen ihn zu sammeln. Uns Kindern gegenüber sagten unsere Eltern von all dem kein Wort, sie schwiegen aus den gleichen Gründen, aus denen sie schon früher nicht mit uns über Politik gesprochen hatten. Diesmal war es noch weniger möglich, mit uns darüber zu sprechen. Die Situation war so schwierig und verworren, daß sie selbst sie nicht verstanden. Wie hätten sie uns das alles erklären sollen? Und was hätte es genützt, wenn sie es getan hätten? Man konnte nichts tun, darüber hinaus konnte Wissen allein schon gefährlich werden. Meine Geschwister und ich waren deshalb in keiner Weise auf die Kulturrevolution vorbe-

reitet, wir hatten nur eine unbestimmte Vorahnung einer nahenden Katastrophe.
Inzwischen war es August geworden. Und auf einmal fegten Millionen Rotgardisten wie ein heißer Sturm über China hinweg.

KAPITEL 16

*»Schwingt euch zum Himmel auf
und durchbohrt die Erde«*

*Maos
Rote Garden
(Juni-August 1966)*

Unter Mao wuchs eine Generation von jungen Leuten in der Erwartung heran, daß sie einst gegen Klassenfeinde kämpfen müßten. Die unbestimmten Aufrufe in den Zeitungen zur Kulturrevolution hatten sie in ihrem Gefühl bestärkt, daß der Ausbruch des »Krieges« unmittelbar bevorstand. Ein paar politisch besonders eifrige junge Leute sahen, daß ihr Idol Mao in den Krieg verwickelt war, und ihre politische Indoktrination ließ ihnen keine andere Wahl, als sich auf seine Seite zu stellen. Anfang Juni hatten sich Jugendliche an einer Mittelschule zusammengetan, die einer der bedeutendsten Universitäten Chinas angegliedert war, der Qing-Hua-Universität in Beijing. Sie hatten ihre Strategie für den bevorstehenden Kampf diskutiert und beschlossen, daß sie sich »die Roten Garden des Vorsitzenden Mao« nennen wollten. Als Motto wählten sie einen Ausspruch von Mao, der in der *Volkszeitung* zitiert worden war: »Die Rebellion ist berechtigt.«
Die ersten Gruppen der Roten Garden bestanden hauptsächlich

aus »Kindern hoher Funktionäre«. Nur Kinder, deren Eltern eine hohe Position bekleideten, fühlten sich hinreichend sicher, um an solchen geheimen Aktivitäten teilzunehmen. Sie waren in einer politisierten Atmosphäre aufgewachsen und hatten an politischen Intrigen mehr Interesse als die meisten Chinesen. Frau Mao wurde auf sie aufmerksam und gewährte ihnen im Juli eine Audienz. Am 1. August tat Mao etwas für ihn Ungewöhnliches und schrieb den Roten Garden einen offenen Brief, in dem er sie »seiner wärmsten und energischen Unterstützung« versicherte. In dem Brief wandelte er seinen früheren Ausspruch geringfügig ab und schrieb, »Rebellion *gegen reaktionäre Kräfte* ist berechtigt«. Für die eifrigen Teenager war der Brief wie ein Fingerzeig Gottes. Danach schossen erst in Beijing und bald in ganz China Rote Garden wie Pilze aus dem Boden.

Mao hatte sie als seine Stoßtruppen ausersehen. Ihm war nicht entgangen, daß die Bevölkerung auf seine wiederholten Aufrufe zum Kampf gegen die Kapitalistenhelfer nicht so reagierte, wie er es sich vorgestellt hatte. Die Kommunistische Partei hatte ihre Macht fest verankert und war nicht so leicht zu erschüttern, überdies hatten die Menschen die Lektion von 1957 noch nicht vergessen. Damals hatte Mao die Bevölkerung ebenfalls aufgefordert, Kritik an Funktionären zu üben, und wer gutgläubig dem Aufruf gefolgt war, wurde selbst als Rechter abgestempelt und verurteilt. Die meisten Menschen vermuteten, daß hinter der neuen Kampagne die gleiche Strategie steckte: »Die Schlangen aus ihren Löchern locken und ihnen dann die Köpfe abschlagen.«

Wenn Mao die Bevölkerung zu Aktionen bewegen wollte, mußte er den Rückhalt der Partei erschüttern und die Menschen zu absoluter Treue und Gehorsam ihm selbst gegenüber verpflichten. Absoluten Gehorsam bekam er nur durch Terror, der so schlimm sein mußte, daß alle anderen Erwägungen und Ängste in den Hintergrund traten. Die Jungen und Mädchen zwischen zehn und zwanzig paßten hervorragend zu seinem Plan. Sie waren mit dem fanatischen Mao-Kult und der militanten Doktrin vom »Klassenkampf« aufgewachsen. Sie hatten alle Eigenschaften der Jugend: Sie waren aufsässig, furchtlos und begierig, für eine »gerechte Sache« zu kämpfen, sie waren tatendurstig und abenteuerlustig. Und sie hatten kein Gefühl für Verantwortung, durchschauten Intrigen nicht und waren leicht zu manipulieren – und zu Gewalttaten zu bewegen. Die Roten Garden faßten ihre Aufgabe folgerichtig in einem Satz zusammen: »Wir versprechen all jenen einen blutigen Krieg, die es wagen, sich der Kulturrevolution und dem Vorsitzenden Mao entgegenzustellen!«

Bisher hatte ausschließlich die Partei für die Verbreitung von Informationen über politische Maßnahmen und Anordnungen gesorgt. Mao umging nun diese Kanäle und wandte sich direkt an die jugendlichen Massen. Er bediente sich unterschiedlicher Methoden: Über die Zeitungen verbreitete er vage, hochtrabende Appelle, die Behörde für die Kulturrevolution und insbesondere seine Frau übernahmen die verschwörerische Manipulation und Agitation. Es war die Rede von einer Rebellion gegen Autoritäten, einer Revolution in der Erziehung, davon, daß die alte Welt zerstört werden müsse, damit eine neue entstehen könne, daß ein neuer Mensch geschaffen werden solle – lauter Schlagworte, die im Westen Ende der sechziger Jahre von vielen begeistert aufgenommen wurden. Doch hinter diesen harmlosen Formulierungen verbargen sich in Wahrheit Aufrufe zur Gewalt. Mao hatte ein Gespür für die Gewaltbereitschaft der Jugend. Er sagte, wenn man den Jugendlichen genug zu essen gebe und die Schulen schließe, könne man sie ohne weiteres aufstacheln, und ihre freigesetzte Energie werde wie ein verheerender Orkan über das Land brausen.

Um das Gewaltpotential der Jugendlichen freizusetzen, brauchte man Opfer. Die naheliegendsten Zielscheiben an jeder Schule waren die Lehrer, und die rebellierenden Kinder konnten leicht gegen ihre Lehrer aufgebracht werden. Die Lehrer waren bessere Zielscheiben als die Eltern, die nur einzeln und nicht in Massenaktionen hätten angegriffen werden können. Außerdem waren die Lehrer in der chinesischen Kultur im Vergleich zu den Eltern die wichtigeren Autoritätspersonen. In praktisch jeder Schule in China wurden Lehrer beschimpft und geschlagen, einige so schwer, daß sie ihren Verletzungen erlagen. Schüler richteten Gefängnisse ein und folterten ihre Lehrer.

Die Gewalt gegen Lehrer genügte jedoch nicht, um den von Mao gewünschten Terror auszuüben. Am 18. August wurde die erste von acht Mammutveranstaltungen mit über einer Million jugendlichen Teilnehmern auf dem Tiananmen-Platz im Zentrum Beijings abgehalten. Dabei trat Lin Biao zum ersten Mal öffentlich als Maos Stellvertreter und Sprecher in Erscheinung. Er rief die Roten Garden auf, aus den Schulen herauszugehen und »das Alte zu zerschlagen«: die alten Gedanken, die alte Kultur, alte Sitten und Gewohnheiten.

In den nächsten Tagen übernahmen die Roten Garden Beijings die Straßen, die Roten Garden in den Provinzen taten es ihnen nach. Vandalismus, Ignoranz und Fanatismus ergossen sich über das Land. Die Jugendlichen stürmten Häuser und zerstörten alle Antiquitäten, Gemälde und Kalligraphien, die ihnen in die Hände fielen. Viele Bücher landeten auf dem Scheiterhaufen. Ihren Aktionen fielen fast sämtliche Kunstschätze in Privatbesitz zum Opfer. Viele Schriftsteller und Künstler begingen Selbstmord, nachdem sie schwer mißhandelt und gedemütigt worden waren und hatten zusehen müssen, wie ihr Lebenswerk ein Raub der Flammen wurde. Auch Museen wurden geplündert. Paläste, Tempel, alte Gräber, Statuen, Pagoden, Stadtmauern, alles, was auch nur im entferntesten als alt galt, wurde zerschlagen. Nur ein paar wenige Kunstschätze wie die Verbotene Stadt blieben auf Geheiß Zhou Enlais erhalten.

Mao lobte die Aktionen der Roten Garden und rief das ganze Volk auf, sie zu unterstützen. Er ermutigte die Roten Garden, den Kreis ihrer Opfer weiter zu ziehen. Bekannte Schriftsteller, Künstler, Wissenschaftler und herausragende Intellektuelle, die bislang Privilegien genossen hatten, wurden jetzt pauschal als »reaktionäre bürgerliche Autoritäten« verurteilt. Mit Hilfe von Kollegen, die ihnen feindlich gesonnen waren – die Gründe reichten von Fanatismus bis Neid –, machten die Roten Garden Jagd auf sie. Weitere Opfer waren die alten »Klassenfeinde«, ehemalige Grundbesitzer und Kapitalisten, Leute mit Verbindungen zur Kuomintang und Leute, die in früheren Kampagnen bereits am Pranger gestanden hatten, vor allem die »Rechtsabweichler« und selbstverständlich deren Kinder.

Viele Klassenfeinde waren nicht hingerichtet oder in Lager geschickt, sondern »unter Überwachung« gestellt worden. Vor der Kulturrevolution hatte die Anordnung gegolten, daß die Polizei nur bestimmten Personen gegenüber offenbaren durfte, wer unter Überwachung stand. Jetzt galt ein neuer Kurs. Der Polizeichef Xie Fu-zhi, Maos Vasall, wies seine Männer an, den Roten Garden mitzuteilen, wer als Klassenfeind eingestuft war und welche Verbrechen – wie zum Beispiel »Umsturzabsichten gegen die kommunistische Regierung« – die Betreffenden sich hatten zuschulden kommen lassen.

Bis zur Kulturrevolution waren körperliche Folterungen – im Unterschied zu seelischen Quälereien – verboten gewesen. Jetzt befahl Xie den Polizisten, sie sollten »sich nicht an die alten Vorschriften gebunden fühlen, gleichgültig ob es sich um Polizeivorschriften oder um staatliche Vorgaben handelt«. Nachdem er beteuert hatte, er sei »nicht dafür, daß Leute zu Tode geprügelt werden«, machte er deutlich, was er wirklich von den Polizisten erwartete: »Aber wenn einige [Rote Garden] den Klassenfeind so sehr hassen, daß sie ihn töten wollen, braucht ihr sie nicht mit Gewalt daran zu hindern.«

Eine Welle von Gewalt und Folter schwappte über das Land. Die Roten Garden stürmten Häuser, zwangen sämtliche Familienmitglieder, sich auf den Boden zu knien und Kotau zu machen, dann wurden sie mit Gürtelschnallen geschlagen. Die Roten Garden traten ihre Opfer mit Füßen und schoren ihnen eine Seite des Kopfes kahl, das hieß »die *yin-yang*-Frisur« (nach einem klassischen chinesischen Symbol mit einer dunklen Hälfte, *yin*, und einer hellen, *yang*). Das Hab und Gut der Opfer wurde zerschlagen oder geplündert.

Am schlimmsten wüteten die Roten Garden in Beijing mit Unterstützung der Behörde für die Kulturrevolution. Mehrere Theater und Kinos wurden in Folterkammern verwandelt, Opfer aus ganz China wurden nach Beijing verschleppt. Die Menschen mieden bestimmte Viertel der Stadt, weil die Straßen von den Schreien der Gefolterten widerhallten.

Anfänglich bestanden die Roten Garden hauptsächlich aus Kindern hoher Funktionäre. Auch später noch, als sich Jugendliche aus anderen sozialen Schichten den Garden anschlossen, konnten sich einige Gruppen ihren exklusiven Charakter bewahren. So auch die sogenannten »Wachposten«. Am Nationalfeiertag, dem 1. Oktober, ernannte Frau Mao die Roten Garden zu Ehrenwachen am Tor des Himmlischen Friedens auf dem Tiananmen-Platz. Bei der zweiten Massenversammlung der Rotgardisten erschien Lin Biao mit der Armbinde der Roten Garden, um zu demonstrieren, daß er einer der ihren war. Die Roten Garden entwickelten die völlig überspannte »Theorie der blutsmäßigen Vererbung«. In einem Lied klang das so: »Der Sohn eines Helden ist immer ein großer Mann, ein reaktionärer Vater bringt nur einen Versager zustande.« Ausgerüstet mit dieser »Theorie« tyrannisierten einige Kinder hoher Funktionäre andere Kinder. Mao ließ sie gewähren, weil sie den Terror und das Chaos schufen, das er wollte.

Mit Hilfe von Roten Garden aus Beijing wurde am 16. August die erste derartige Organisation an meiner Schule gegründet. Ich hatte schon seit einiger Zeit eine Krankheit vorgeschützt, damit ich nicht in die Schule und zu den politischen Versammlungen gehen mußte, wo die schrecklichen Parolen gerufen wurden. Ich hatte deshalb gar nicht mitbekommen, daß es nun auch an meiner Schule Rote Garden gab. Ein paar Tage später rief jemand aus der Schule an und beorderte mich zurück, »um an der Großen Proletarischen Kulturrevolution teilzunehmen«. Der Anruf kam von den Roten Garden in meiner Klasse. In der Schule war ich überrascht, wie viele Schüler stolz die rote Armbinde mit den goldenen Schriftzeichen für »Rote Garden« trugen.

In der Anfangsphase hatten die Roten Garden als Maos Hätschelkinder ein sehr hohes Ansehen und standen noch nicht in dem schlimmem Ruf wie später. Da die Organisationen aus-

drücklich Maos Segen hatte, stand es außer Frage, daß ich auch beitreten würde. Ich beneidete die Jungen und Mädchen, die bereits Rotgardisten waren, und reichte sofort meine Bewerbung beim Führer der Roten Garden meiner Klassenstufe ein. Er hieß Geng, war fünfzehn Jahre alt und hatte seit längerem ein Auge auf mich geworfen. Er suchte ständig meine Gesellschaft, benahm sich aber schüchtern und linkisch.
Ich verstand nicht, warum und wie ausgerechnet Geng Rotgardist geworden war, und einige andere ebensowenig. Er sprach nur ungern davon, was er als Rotgardist tat. Aber eins sprang auch mir sofort ins Auge: Die Mitglieder der Roten Garden waren vorwiegend Kinder hoher Funktionäre, und zwar sehr hoher Funktionäre. Der Leiter der Roten Garden an unserer Schule war der Sohn von Kommissar Li, dem Ersten Parteisekretär von Sichuan. Ich war aufgrund der Position meines Vaters geradezu prädestiniert für die Roten Garden, denn nur wenige Kinder hatten Eltern in höheren Positionen. Doch Geng erklärte mir unter vier Augen in seiner üblichen linkischen Schüchternheit, daß man mich für zu »weich« und »zu wenig aktiv« halte und daß ich zuerst ein bißchen abgehärtet werden müsse, bevor man mich aufnehmen könne.
Seit Juni forderte eine ungeschriebene Regel, daß alle Schüler rund um die Uhr in der Schule bleiben sollten, um sich voll und ganz der Kulturrevolution zu widmen. Ich war eine der wenigen, die sich nicht daran hielten. Aber jetzt hatte ich plötzlich Angst, nach Hause zu gehen, und blieb lieber in der Schule. Die Jungen schliefen in den Klassenzimmern und die Mädchen in den Schlafsälen. Jeder Rotgardistengruppe wurde eine Gruppe von Nicht-Mitgliedern zugeordnet, die sie zu den verschiedenen Aktionen begleitete.
An dem Tag, an dem ich in die Schule zurückkehrte, wurde ich mit einigen Dutzend anderer Kinder abkommandiert, allen Straßen neue, »revolutionäre« Namen zu geben. Die Straße, in der ich wohnte, hieß bislang »Handelsstraße«, und es kam zu einer hitzigen Debatte, wie sie künftig heißen sollte. Einige schlugen vor, sie im Hinblick auf die Rolle der Parteiführer der Provinz,

die in dieser Straße wohnten, »Straße des Leuchtturms« zu nennen. Andere wollten sie in »Straße der Staatsdiener« umbenennen, denn Diener des Staates sollten Beamte laut dem Vorsitzenden Mao sein. Schließlich zogen wir unverrichteter Dinge ab, weil wir ein praktisches Problem nicht lösen konnten: Wir kamen nicht an die Straßenschilder heran, sie waren einfach zu hoch aufgehängt. Soweit ich mich erinnern kann, unternahmen wir keinen zweiten Versuch.

Die Roten Garden in Beijing strengten sich in diese Hinsicht mehr an: Wie wir hörten, lag das britische Konsulat nunmehr in der »Anti-Imperialisten-Straße« und die amerikanische Botschaft in der »Anti-Revisionisten-Straße«.

In Chengdu wurden ebenfalls viele Straßennamen geändert. Aus »Fünf Generationen unter einem Dach« (einer alten konfuzianischen Tugend) oder »Die Pappel und die Weide sind grün« (»Grün« war keine revolutionäre Farbe) und »Jadedrachen« (ein Symbol feudaler Macht) wurde »Zerstört das Alte«, »Der Osten ist Rot« (der Titel eines berühmten Mao-Liedes) und »Revolution«. Das Namensschild des bekannten Restaurants »Der betörende Duft von süßem Wind« wurde in Stücke geschlagen, da das Wort »süß« als »bourgeois« galt. Das Restaurant bekam den revolutionären Namen »Der Geruch von Schießpulver«.

Mehrere Tage lang brach der Verkehr völlig zusammen, da es in den Augen der Jugendlichen ein Ausdruck konterrevolutionärer Gesinnung war, daß man bei Rot stehenbleiben sollte. Das mußte sofort geändert werden, denn selbstverständlich war Rot eine Aufforderung zum Weitergehen. Dasselbe galt für den Rechtsverkehr.

Einige Tage lang setzten wir die Verkehrspolizisten außer Dienst und regelten den Verkehr selbst. Ich stand an einer Straßenkreuzung und dirigierte die Radfahrer auf die linke Straßenseite um. In Chengdu gab es nicht viele Autos, und mitten auf der Straße setzte ich mich keiner allzugroßen Gefahr aus. Es gab auch nicht viele Verkehrsampeln. Aber an den wenigen großen Straßenkreuzungen brach das Chaos aus. Zu guter Letzt kehrte man doch wieder zu den alten Verkehrsregeln zurück.

Als Kind hatte ich mich immer vor kollektiven Aktivitäten gedrückt, mit meinen nunmehr vierzehn Jahren lehnte ich instinktiv alle Massenaktionen ab. Das gestand ich mir jedoch nicht ein, denn aufgrund meiner Erziehung fühlte ich mich immer schuldig, wenn ich mich nicht in Einklang mit dem Vorsitzenden Mao befand. Ich mußte versuchen, mich wie ein Revolutionär zu verhalten und aktiver sein. Ich täuschte daher einen nicht vorhandenen Enthusiasmus vor und sagte mir immer wieder, daß ich mein Denken an die neuen revolutionären Theorien und Praktiken anpassen mußte. Wenn ich etwas nicht verstand, war es mein Fehler, ich mußte mich bessern und anpassen. Obwohl ich ähnliche Denkprozesse, die sogenannte maoistische »Gedankenreform«, seit frühester Jugend an kannte, war ich dieses Mal nicht so mit ganzem Herzen und voller Überzeugung bei der Sache. Manchen Aktionen ging ich instinktiv aus dem Weg. So zum Beispiel wollte ich mich nicht daran beteiligen, wenn meine Mitschüler Passanten anhielten, ihnen die langen Haare, die engen Hosenbeine oder die Röcke abschnitten oder ihre halbhohen Absätze abbrachen. Dies alles waren laut den Beijinger Roten Garden Zeichen »bourgeoiser Dekadenz«.

Meine eigenen Haare brachten mir kritische Bemerkungen meiner Klassenkameraden ein, ich mußte sie mir ohrläppchenkurz schneiden lassen. Insgeheim vergoß ich bittere Tränen über den Verlust meiner langen Zöpfe und schämte mich gleichzeitig über meine »bourgeoise« Einstellung. Als Kind hatte mir meine Amme immer eine bestimmte Frisur gemacht, für die ich bei den Kollegen meiner Eltern bekannt war: Sie kämmte mir alle Haare am Oberkopf zusammen und band sie mit einem bunten Tuch hoch. Diese Kreation nannte sie »In den Himmel geschossener Feuerwerkskörper«. Ich habe noch ein Foto aus jener Zeit, in der mein Haar fast so lang ist wie mein Oberkörper und wie ein Weidenzweig von meinem Kopf absteht. Ich glaube, daß ich den Erwachsenen wegen meiner langen Haare so gut gefiel. Eine meiner liebsten Erinnerungen aus der Kindheit ist noch heute, wie meine Großmutter oder unser Mädchen mir liebevoll die Haare kämmten, während ich mein Frühstück verschlang. Am liebsten trug ich rosa Schleifen im Haar.

Mao predigte, daß ein schmuckloser, strenger Lebensstil der Atmosphäre des Klassenkampfes angemessen sei. Ich folgte seinen Aufrufen und nähte mir Flicken auf die Hosen, weil das »proletarischer« aussah und flocht mein Haar in zwei Zöpfe ohne Blumen und Schleifen. Lange Haare waren damals, vor 1964, noch nicht verpönt. Nun schnitt meine Großmutter sie mir widerwillig ab. Sie behielt ihre langen Haare, aber nur, weil sie in dieser ganzen Zeit nie das Haus verließ.

Neben langen Haaren kamen auch die berühmten Teehäuser von Chengdu als »dekadente Einrichtungen« in Beschuß. Ich verstand zwar nicht, warum das plötzlich so sein sollte, aber ich fragte auch niemanden danach. Wir lebten in einer Zeit, in der man weder nach Vernunft noch nach Begründungen fragte. Im Sommer 1966 lernte ich, meinen Verstand auszuschalten und nicht mehr nachzudenken. Die meisten intelligenteren Chinesen taten das schon seit einiger Zeit. Die Menschen hatten sich das Fragenstellen und das Verstehenwollen abgewöhnt.

Ein Teehaus ist für einen Bewohner der Provinz Sichuan ungefähr so wichtig wie ein Pub für einen Engländer, vor allem ältere Männer verbringen dort den Großteil des Tages, ihre langen Pfeifen im Mund, eine Tasse Tee und eine Schale mit Nüssen und Melonenkernen vor sich. In einem Teehaus kann man wie in einem europäischen Café Zeitungen lesen, manche gehen nur zum Lesen ins Teehaus. Aber vor allem ist es ein Ort, um sich zu treffen und zu unterhalten, um Neuigkeiten auszutauschen und zu tratschen. Oft gibt es auch unterhaltsame Einlagen, zum Beispiel Geschichtenerzähler, die immer wieder von lautem Beifallklatschen unterbrochen werden.

Vielleicht mußten die Teehäuser geschlossen werden, weil man in ihnen Orte des Müßiggangs sah. Wer im Teehaus saß, war nicht draußen auf der Straße und kämpfte für die Revolution. Ich folgte mit einer Gruppe von dreizehn- bis sechzehnjährigen Schülern einem Dutzend Rotgardisten in ein kleines Teehaus am Seidenfluß. Tische und Stühle standen vor dem Teehaus unter einem Perlschnurbaum. Die leichte Sommerbrise vom Fluß her trieb mir den schweren Duft der weißen Blütenpracht in die Nase. Die vorwiegend männlichen Gäste schauten von ihren Schachbrettern auf, als sie uns auf dem Kopfsteinpflaster der Uferpromenade daherkommen sahen. Unter dem Baum blieben wir stehen. Ein par von uns riefen: »Los, packt zusammen! Verlaßt diesen bourgeoisen, dekadenten Ort! ...« Bevor sich noch jemand von seinem Platz gerührt hatte, riß ein Junge aus meiner Klasse, der ganz vorne stand, das Schachbrett am nächstgelegenen Tisch herunter und warf es zu Boden. Die runden Holzfiguren fielen herab, einige kullerten ein paar Meter weit, bevor sie liegen blieben.

Die Schachspieler waren noch relativ jung. Einer ballte die Faust und machte Anstalten, auf den Jungen loszugehen, aber sein Freund hielt ihn an einem Zipfel seiner Jacke fest. Schweigend sammelten die Männer die Schachfiguren ein. Der Junge, der das Schachbrett zu Boden geworfen hatte, schrie: »Jetzt ist Schluß mit dem Schachspielen! Wißt ihr nicht, daß das eine bourgeoise Angewohnheit ist?« Er hob ein paar Schachfiguren vom Boden auf und warf sie in Richtung Fluß.

Ich war dazu erzogen worden, immer höflich und freundlich zu Älteren zu sein. Aber nun benahmen sich alle um mich herum offen und übertrieben unfreundlich. Wer revolutionär sein wollte, mußte sich vor allen aggressiv und militant betragen, Weichheit war eine »bourgeoise Angewohnheit«. Dafür hatte man mich schon des öfteren kritisiert, meine Weichheit war ein Grund dafür, daß ich noch nicht zu den Roten Garden gehörte. Aber bei diesem Vorfall, unter jenem Perlschnurbaum vor dem Teehaus, bemerkte ich, daß es den meisten Schülern, auch den Rotgardisten, peinlich war, wie sie mit anderen Menschen umsprangen. Die meisten schwiegen und klebten stumm viereckige Flugblätter mit Parolen an die Wände des Teehauses und an den Baumstamm.

Die Besucher des Teehauses gingen schweigend am Flußufer entlang davon in Richtung Brücke. Mich überkam bei ihrem

Anblick ein unbeschreibliches Gefühl von Trauer und Verlust. Noch vor ein paar Monaten hätten uns diese Erwachsenen wahrscheinlich gesagt, daß wir uns ganz schnell aus dem Staub machen sollten, aber jetzt wußten sie, daß die Roten Garden dank Maos Unterstützung Macht hatten. Wenn ich heute zurückdenke, kann ich mir vorstellen, wie sehr es manchen Kindern gefallen hat, den Erwachsenen ihre Macht zu zeigen. Zwei weitverbreitete Parolen der Roten Garden hießen: »Wir können uns zum Himmel aufschwingen und die Erde durchbohren, weil der Vorsitzende Mao, der Große Führer, unser Schutzherr ist!« und: »Der Vorsitzende Mao hat uns Macht verliehen!« Wie die Parolen zeigen, handelten die Roten Garden nicht aus eigenem Antrieb. Von Anfang an waren sie Werkzeuge in der Hand eines Tyrannen.

Als ich an jenem Augusttag im Jahr 1966 am Ufer des Seidenflusses stand, sah ich diese Zusammenhänge noch nicht, ich war nur verwirrt. Zusammen mit meinen Mitschülern ging ich in das Teehaus hinein. Einige sprachen mit dem Inhaber und forderten ihn auf, das Teehaus zu schließen, andere klebten Parolen an die Wände. Viele Gäste brachen auf. Aber in der hintersten Ecke, an einem schwarzen, wurmstichigen Pfeiler, saß immer noch ein alter Mann an seinem Tisch und schlürfte ruhig seinen Tee. Ich stand neben ihm, und es war mir furchtbar peinlich, daß ich mich ihm gegenüber als Autoritätsperson aufspielen sollte. Er sah mich an und schlürfte weiter laut vernehmlich seinen Tee. Sein Gesicht war von tiefen Furchen durchzogen, ohne weiteres hätte er als Propagandabild eines Vertreters der Arbeiterklasse ein Plakat zieren können. Die Hände, die die Teetasse und die Pfeife hielten, erinnerten mich an eine Geschichte in einem Lesebuch, die von einem alten Bauern handelte. Er konnte Brennholz voller Dornen zusammenbündeln, ohne Schmerzen zu empfinden.

Vielleicht war sich dieser alte Mann einfach seines über jeden Zweifel erhabenen sozialen Hintergrunds bewußt, oder aber er vertraute darauf, daß ihm sein Alter wie bisher den nötigen Respekt sichern würde, oder aber er ließ sich von uns ganz

einfach nicht beeindrucken – jedenfalls blieb er seelenruhig sitzen und kümmerte sich nicht um uns, während die anderen Gäste das Teehaus verließen. Schließlich nahm ich allen Mut zusammen und bat ihn mit leiser Stimme: »Bitte, könnten Sie jetzt auch gehen ...?« Ohne mich anzusehen, entgegnete er: »Wohin denn?«
»Nach Hause selbstverständlich«, erwiderte ich.
Er wandte mir sein Gesicht zu. Mit bewegter Stimme, aber leise, sagte er: »Nach Hause? Welches Zuhause? Ich bin pensioniert und wohne bei der Familie meines Sohnes. Ich habe zusammen mit zwei kleinen Kindern ein Zimmer. Eine Ecke des Zimmers haben wir für mich mit einem Bambusvorhang abgetrennt. Dort ist kaum Platz für ein Bett. Wenn die Kinder zu Hause sind und ich meine Ruhe möchte, komme ich hierher. Warum müßt ihr mir das wegnehmen?«
Seine Worte erschreckten und beschämten mich. Zum ersten Mal hörte ich aus erster Hand von so schlimmen Wohnverhältnissen. Ich machte auf der Stelle kehrt und ging hinaus.
Dieses Teehaus blieb wie alle anderen Teehäuser in Sichuan fünfzehn Jahre lang geschlossen. Erst 1981 wurde es im Zuge der Reformen Deng Xiaopings wieder geöffnet. 1985 ging ich mit einem englischen Freund zusammen hin. Wir setzten uns unter den Perlschnurbaum. Eine alte Bedienung goß uns in der traditionellen Art aus einem Teekessel aus einem halben Meter Entfernung Tee ein. Die Gäste spielten Schach. Für mich gehörte das zu den glücklichsten Momenten auf meiner Reise in die Vergangenheit.
Nachdem Lin Biao dazu aufgerufen hatte, alles zu zerstören, was die alte Kultur repräsentierte, machten sich einige Schüler in meiner Schule daran, alles kurz und klein zu schlagen, was ihnen in die Hände kam. Da unsere Schule über zweitausend Jahre alt war, fanden die Vandalen dort reichlich alte Dinge. Das Schultor hatte ein altes Ziegeldach mit geschnitzten Gesimsen, einige Jungen schlugen die Gesimse mit einem Hammer in Stücke. Schüler gingen mit riesigen Hämmern und Drahtseilen die Sandsteinbrücken hinunter, die über den Bach führten, und

zerstörten im Vorbeigehen die kleinen Statuen auf den Steingeländern. Auf einer Seite des Sportplatzes standen zwei große viereckige Steintafeln aus rotem Sandstein, jede ungefähr fünf Meter hoch. Darin waren in einer wunderschönen Schrift konfuzianische Lehrsätze eingemeißelt. Die Schüler befestigten ein großes Seil an der ersten Tafel und zogen in zwei Gruppen. Der Sockel war sehr stabil, es dauerte mehrere Tage, bis die Tafeln gefallen waren.

Alles, was mir lieb und teuer war, verschwand. Am meisten litt ich unter der Plünderung der Bibliothek: Das goldene Ziegeldach, die grazil gemeißelten Fenster, die blau bemalten Stühle, alles wurde zerstört. Bücher waren das Hauptziel der von Mao angeordneten Zerstörungsorgie. Da in den letzten Monaten keine Bücher mehr geschrieben werden konnten, waren die Bücher in den Bibliotheken nicht in dem üblichen Stil der Kulturrevolution abgefaßt, mit Zitaten des Vorsitzenden Mao auf jeder Seite. Mit Ausnahme einiger marxistischer Klassiker, der Schriften Maos und der Spätschriften von Lu Xun endeten die Bücher auf dem Scheiterhaufen. Das Land verlor den größten Teil seines schriftlichen Erbes. Viele Bücher, die die Angriffe der Roten Garden überlebt hatten, wanderten später als Brennstoff in die Flammen.

Ich hätte mich wie alle anderen natürlich auch an solchen »revolutionären Aktionen« beteiligen müssen. Aber ich konnte mich immer wieder entziehen, weil die Zerstörungen nicht organisiert waren. Die meisten Schüler beteiligten sich nicht, niemand überwachte die Teilnahme. Vielen konnte man an den Augen ablesen, daß die Aktionen ihnen zuwider waren, aber niemand versuchte, gegen die Zerstörungen einzuschreiten. Wahrscheinlich ging es vielen Schülern wie mir. Wir suchten die Schuld bei uns, meinten, wir hätten nicht das richtige Bewußtsein und müßten uns an die neue revolutionäre Situation anpassen, wie Mao es gefordert hatte. Aber jeder muß instinktiv gespürt haben, daß man offenen Widerstand mit dem Leben bezahlt hätte.

Um diese Zeit herum spielten »Anklageversammlungen« eine

immer größere Rolle. Die Rotgardisten aus meiner Klasse forderten mich einmal auf, an einer solchen Versammlung teilzunehmen. Ich bekam panische Angst, und trotz der heißen Nachmittagssonne war mir kalt, als ich das runde Dutzend Lehrer mit gesenkten Köpfen und gefesselt in der sogenannten »Flugzeugstellung« auf der Tribüne des Sportplatzes stehen sah. Dann zwang man einige in die Knie, indem man ihnen von hinten in die Kniekehlen schlug. Andere zerrte man auf schmale, lange Bänke ohne Rückenlehne. Mein Englischlehrer war ein älterer Mann mit den feinen, vornehmen Manieren eines Gentlemans alter Schule. Er kletterte auf eine Bank, konnte aber das Gleichgewicht nicht halten. Er fiel herunter und schlug mit der Stirn an der scharfen Kante der Bank auf. Ein neben ihm stehender Rotgardist beugte sich instinktiv zu ihm hinunter und wollte ihm aufhelfen. Aber im nächsten Augenblick hatte er sich wieder gefangen, richtete sich auf, gab sich übertrieben schroff und ballte die Fäuste. Dann schrie er: »Zurück auf die Bank! Aber schnell!« Er wollte sich unter keinen Umständen vor dem »Klassenfeind« eine Blöße geben. Meinem Lehrer lief das Blut von der Stirn und trocknete auf der linken Gesichtshälfte.

Den Lehrern wurden völlig abstruse Verbrechen vorgeworfen, aber in Wahrheit wurden sie angegriffen, weil sie hohe Ränge hatten und zu den Besten in ihrem Beruf gehörten, manche Schüler handelten aus persönlichen Rachegelüsten.

Jahre später erfuhr ich, daß die Schüler an meiner Schule vergleichsweise milde mit ihren Lehrern umgesprungen waren. Diese Eliteschule besuchten vorwiegend gute Schüler, die Wissen und Lernen zu schätzen wußten. An anderen Schulen kam es vor, daß Lehrer zu Tode geprügelt wurden. Ich erlebte nur einmal mit, daß ein Lehrer geschlagen wurde, es war meine Philosophielehrerin. Sie hatte schwächere Schüler ein wenig vernachlässigt, dafür bezichtigten einige sie der »Dekadenz«. Die angeblichen Beweise waren völlig lächerlich, sie zeigten vor allem ein wichtiges Merkmal der »Kultur«-Revolution: die extrem konservativen Moralvorstellungen. Die Lehrerin hatte ihren späteren Ehemann im Bus kennengelernt. Sie waren ins

Gespräch gekommen und hatten sich ineinander verliebt. Bei einigen meiner Klassenkameraden war eine Ehe, die aus einer solchen Zufallsbekanntschaft entstanden war, ein Zeichen von Unmoral. Unter diesem fadenscheinigen Vorwand schleppten die Schüler sie ins Büro und prügelten auf sie ein. Ich wurde eigens herbeigerufen und mußte zuschauen. »Was wird wohl in ihr vorgehen, wenn sie dich hier sieht, ihre Lieblingsschülerin?« Ich galt als ihre Lieblingsschülerin, weil sie meine Leistungen oft gelobt hatte. Außerdem sollte ich bei der Bestrafung der Lehrerin anwesend sein, weil ich angeblich zu weich war und »eine Lektion in Revolution« nötig hatte.

Als sie anfingen, auf die Lehrerin einzuschlagen, drängte ich mich in dem kleinen Büro ganz an die Wand, hinter die anderen Schüler. Einige Klassenkameraden wollten mich nach vorne schieben, damit ich auf meine Lehrerin einschlagen konnte. Aber ich ignorierte sie einfach. In der Mitte des Zimmers lag meine Lehrerin mit zerzaustem Haar auf dem Boden und wand sich unter den Fußtritten. Sie weinte und flehte um Gnade, aber einige Jungen schlugen ungerührt weiter auf sie ein und erwiderten mit kalter Stimme: »Bettle nur! Warst du nicht selbst grausam? Jetzt wirst du betteln lernen ...« Daraufhin schlugen sie erneut auf sie ein und befahlen ihr, einen Kotau vor ihnen zu machen und sie anzuflehen: »Bitte schont mein Leben, ihr Herren!«

Vor einem anderen Menschen einen Kotau machen zu müssen und zu betteln war die schlimmste Demütigung, die man jemandem zufügen konnte. Meine Lehrerin stand auf und starrte mit ausdruckslosen Augen vor sich hin. In diesem Augenblick sah ich durch ihr zerzaustes Haar ihre Augen, ich las darin Angst, Verzweiflung und Leere. Sie schnappte nach Luft, ihr Gesicht war aschfahl. Mir wurde schwindlig, und ich schlich mich hinaus. Einige Schüler folgten mir. Ich hörte, wie sie Parolen riefen, aber ihre Stimmen klangen verhalten und unsicher. Viele Schüler hatten wohl große Angst. Ich lief schnell weg, mein Herz hämmerte heftig. Ich hatte Angst, daß mich jemand aufhalten und zum Zurückgehen zwingen würde. Aber niemand stellte sich mir in den Weg, und auch später machte mir niemand Vorwürfe, daß ich weggegangen war.

Ich war damals nicht in Gefahr, obwohl es mir ganz deutlich an der nötigen Begeisterung fehlte. Das hing einmal damit zusammen, daß die Roten Garden keine straffe Organisation waren, zum anderen verdankte ich es meiner Familie. Da mein Vater ein hoher Funktionär war, galt ich nach der Theorie der Blutsvererbung als »leuchtendrot« von Geburt an. Ich wußte, daß man mit mir nicht zufrieden war, aber abgesehen von Kritik blieb ich unbehelligt.

Die Roten Garden teilten damals alle Schüler in drei Kategorien ein: in »Rote«, »Schwarze« und »Graue«. Jeder Farbe waren wiederum fünf Kategorien sozialer Herkunft zugeordnet. Als »Rote« galten Kinder von Arbeitern, Bauern, Beamten der Revolution, Offizieren der Revolution und Märtyrern der Revolution. Die »Schwarzen« waren Kinder von Grundbesitzern, reichen Bauern, Konterrevolutionären, schlechten Elementen und Rechten. Die »Grauen« kamen aus Familien mit nicht klar einzuordnender sozialer Stellung, Kinder von Ladenverkäufern und kleinen Angestellten. In meinem Schuljahr hätten eigentlich alle Schüler »Rote« sein müssen, da die Aufnahme nach der Klassenzugehörigkeit erfolgt war. Aber unter dem Druck der Kulturrevolution mußten unbedingt auch »schlechte Elemente« gefunden werden, und so stempelte man eben ein halbes Dutzend Schüler zu »Grauen« oder »Schwarzen« ab.

In einer Parallelklasse war ein Mädchen namens Ai-ling. Wir waren Freundinnen, ich hatte sie oft besucht und kannte ihre Familie gut. Ihr Großvater war ein prominenter Wirtschaftswissenschaftler gewesen und ihre Familie hatte unter den Kommunisten bislang viele Privilegien genossen. Sie hatten ein großes, luxuriös eingerichtetes Haus mit einem wunderschönen Garten – sie wohnten viel schöner als wir in unserer Siedlung. Ich hatte bei jedem Besuch die Antiquitätensammlung bewundert, vor allem die vielen Schnupftabaksdosen, die Ai-lings Großvater aus England mitgebracht hatte. Er hatte in Oxford studiert.

Und jetzt wurde Ai-ling auf einmal als »Schwarze« abgestempelt.

Ich hörte, daß Schüler aus ihrer Klasse ihr Haus überfallen und die Antiquitätensammlung, auch die vielen Schnupftabaksdosen, zerschlagen hatten. Ihre Eltern und ihr Großvater wurden mit Gürtelschnallen mißhandelt. Am nächsten Tag kam Ai-ling mit einem Kopftuch zur Schule, ihre Klassenkameraden hatten ihr eine »*yin-yang*-Frisur« geschoren, und sie hatte sich daraufhin die restlichen Haare abgeschnitten. Wir weinten zusammen. Ich fühlte mich schlecht, weil ich sie so gern getröstet hätte und nicht die richtigen Worte fand.

In meiner Klasse organisierten die Roten Garden eine Versammlung, bei der jeder Schüler seinen Familienhintergrund angeben mußte, damit er in die richtige Kategorie eingeordnet werden konnte. Mit großer Erleichterung verkündete ich »Beamter der Revolution«. Drei oder vier Schüler gaben als Beruf des Vaters »Beamter der Verwaltung« an. Der Unterschied zwischen den beiden Kategorien war nicht eindeutig definiert, weil keiner genau wußte, wer welche Befugnisse hatte. Trotzdem bekam jeder Schüler sein Etikett, und wir mußten die Bezeichnung dann auch in die verschiedensten Formulare eintragen. Jedes Formular hatte eine Spalte »familiärer Hintergrund«. Nun wurden diese Etiketten plötzlich lebenswichtig. Zusammen mit einem Mädchen, dessen Vater Verkäufer war, wurden die Kinder der Verwaltungsbediensteten zu »Grauen« gestempelt. Das bedeutete, daß sie besonders überwacht wurden, daß sie in der Schule die Böden wischen und die Toiletten putzen mußten, daß sie stets den Kopf gesenkt zu halten hatten und daß sie sich jederzeit von jedem Rotgardisten abkanzeln lassen mußten, der sich herabließ, das Wort an sie zu richten. Überdies mußten sie jeden Tag genau Bericht erstatten über ihre Gedanken und Taten.

Diese Kinder wirkten auf einmal gebeugt und unterwürfig. Ihre ganze Kraft und Begeisterung, die sie bis dahin reichlich an den Tag gelegt hatten, waren verschwunden. Ein Mädchen senkte den Kopf, und Tränen rannen ihr über die Wangen. Wir waren Freundinnen. Nach der Versammlung trat ich auf sie zu, weil ich ihr ein paar tröstende Worte sagen wollte. Doch als sie den Kopf hob, sah ich in ihren Augen Wut, fast Haß aufblitzen. Ich schwieg und ging weg. Traurig und ruhelos schlenderte ich durch den Garten hinter dem Schulgebäude. Es war Ende August, die Gardenien verströmten ihren schweren Duft. Ich verstand nicht, wie es überhaupt so gut riechen konnte.

Bei Einbruch der Dunkelheit ging ich zum Schlafsaal zurück. Auf einmal flog in ungefähr vierzig Meter Entfernung etwas an einem Fenster im zweiten Stock des Schulgebäudes vorbei. Dann hörte ich einen dumpfen Aufschlag auf dem Boden. Orangenbäume versperrten mir die Sicht auf die Vorderfront des Hauses. Leute rannten in die Richtung, aus der das Geräusch gekommen war. Ich hörte Stimmengewirr, gedämpfte Schreie, und dazwischen den Satz: »Da ist jemand aus dem Fenster gesprungen!«

Instinktiv hielt ich die Hände vors Gesicht und rannte in meinen Schlafsaal. Ich hatte schreckliche Angst. Ich war ganz allein. Wieder sah ich die schemenhafte, verkrümmte Gestalt durch die Luft fliegen. Schnell schloß ich die Fenster. Aber durch das dünne Glas hörte ich noch lange, wie die anderen sich aufgeregt über den Vorfall unterhielten.

Ein siebzehnjähriges Mädchen hatte versucht, sich das Leben zu nehmen. Vor der Kulturrevolution hatte sie der Leitung des Kommunistischen Jugendverbandes angehört. Ihren Mitschülern wurde sie immer als Vorbild beim Studium der Werke des Vorsitzenden Mao und der Lehren von Lei Feng gepriesen. Sie hatte viele gute Taten vollbracht, Genossen die Wäsche gewaschen, Toiletten geputzt und anderen Schülern oft Vorträge gehalten, wie treu ergeben sie den Lehren des Vorsitzenden Mao folge. Oft hatten wir sie ganz versunken in eine Unterhaltung mit einem Mitschüler gesehen, mit konzentriertem, ernsthaftem Gesichtsausdruck. Dann hatte sie ein »Vier-Augen-Gespräch« mit jemandem geführt, der dem Kommunistischen Jugendverband beitreten wollte. Und jetzt hatte man sie auf einmal in die Kategorie »Schwarze« gesteckt. Ihr Vater war Verwaltungsbediensteter, genauer gesagt arbeitete er bei der Stadtverwaltung und war Parteimitglied. Einige Klassenkameraden, die sie nicht leiden konnten und deren Väter auf höheren Posten saßen, hatten beschlossen, sie in die Kategorie »Schwarze« einzuordnen. In den letzten Tagen war sie mit anderen »Grauen« und »Schwarzen« unter Aufsicht gestellt worden; man hatte sie gezwungen, auf dem Sportplatz Gras auszureißen. Um sie zu demütigen, hatten ihr ihre Klassenkameraden die wunderschönen Haare abrasiert. Sie sah ganz entstellt aus mit ihrer Glatze. An jenem letzten Abend hatten die »Roten« in ihrer Klasse ihr und anderen Opfern einen beleidigenden Vortrag gehalten. Sie gab zurück, daß sie die treueste Anhängerin des Vorsitzenden Mao sei. Daraufhin schlugen die »Roten« sie ins Gesicht und schleuderten ihr entgegen, sie sei aufsässig, im übrigen stehe es ihr überhaupt nicht zu, über ihre Treue zum Vorsitzenden Mao zu sprechen, denn sie sei eine Klassenfeindin. Daraufhin rannte sie zum Fenster und stürzte sich hinaus. Die Rotgardisten waren erschüttert und verschreckt und brachten sie schleunigst ins Krankenhaus. Sie überlebte, blieb aber Zeit ihres Lebens ein Krüppel. Als ich sie Monate später wiedersah, ging sie an Krücken. Ihre Augen waren ausdrucksleer und starr.

In jener Nacht tat ich kein Auge zu. Jedesmal, wenn ich es versuchte, sah ich eine verschwommene, blutüberströmte Gestalt drohend über mir aufragen. Ich zitterte vor Angst. Am nächsten Tag bat ich um die Erlaubnis, nach Hause gehen zu dürfen, ich sei krank. Mein Zuhause schien mir der einzige Ort, wo ich den schrecklichen Szenen in der Schule entkommen konnte. Ich hatte nur den einen Wunsch, daß ich das Haus nie mehr verlassen mußte.

KAPITEL 17

*»Willst du,
daß unsere Kinder
›Schwarze‹ werden?«*

*Die Not meiner Eltern
(August-Oktober 1966)*

Mein Zuhause bot mir diesmal keine Zufluchtsstätte. Meine Eltern wirkten ruhelos und zerstreut, sie bemerkten mich kaum. Mein Vater ging entweder in der Wohnung auf und ab oder schloß sich in sein Arbeitszimmer ein. Meine Mutter leerte ein ums andere Mal einen bis zum Rand mit zusammengeknüllten Blättern gefüllten Papierkorb in den Küchenofen. Meine Großmutter sah aus, als erwarte sie jeden Moment eine Katastrophe. Ihre brennenden Augen waren angstvoll auf meine Eltern gerichtet. Furchtsam beobachtete ich, was mit meinen Eltern vorging, aber ich wagte nicht zu fragen.

Meine Eltern erzählten mir nichts von einer Unterredung, die sie einige Tage zuvor geführt hatten. An jenem Abend hatten sie vor dem offenen Fenster gesessen. Am Rande der Siedlung hing ein Lautsprecher am Pfosten einer Straßenlaterne und plärrte pausenlos Mao-Zitate, vor allem eines, das besagte, jede Revolution sei ihrem Wesen nach gewalttätig – »die gewalttätige Handlung einer Klasse, welche die andere stürzt«.

Die Zitate wurden immer und immer wieder von einer schrillen Stimme vorgetragen, die wie ein Alarmruf klang und die Aufmerksamkeit, Furcht und bei einigen auch Erregung hervorrief. Zwischen die Zitate waren Meldungen über »Siege« der Roten Garden eingestreut. Sie hatten noch mehr Häuser von »Klassenfeinden« gestürmt und »ihre Hundeköpfe zerschmettert«.

Mein Vater starrte zum Himmel, der durch den Sonnenuntergang blutrot loderte. Nach einer Weile wandte er sich meiner Mutter zu und sagte langsam: »Ich verstehe die Kulturrevolution nicht. Aber ich bin sicher, daß die ganze Sache in eine schreckliche falsche Richtung läuft. Das ist doch keine Revolution, die sich durch marxistische oder kommunistische Prinzipien rechtfertigen läßt. Die Menschen haben ihre grundlegenden Rechte verloren und sind schutzlos. Es ist unbegreiflich. Ich bin Kommunist, und es ist meine Pflicht, noch schlimmeres Unglück zu verhindern. Ich muß an die Parteiführung schreiben, an den Vorsitzenden Mao.« In China gab es praktisch keine Möglichkeit, Beschwerden vorzutragen oder politische Entscheidungen zu beeinflussen. Die einzige Hoffnung bestand darin, an die Parteiführer zu schreiben. In diesem besonderen Fall konnte nur Mao etwas verändern. Was immer mein Vater auch über Maos Rolle wußte oder ahnte, es blieb ihm nur die Möglichkeit, Mao um Hilfe zu bitten.

Meine Mutter wußte aus Erfahrung, daß es außerordentlich gefährlich war, sich zu beschweren. Menschen, die das getan hatten, waren furchtbar bestraft worden, auch ihre Familien hatten schrecklich gelitten. Sie sagte lange Zeit nichts, starrte in den fernen, brennenden Himmel und versuchte, ihrer Gefühle von Sorge, Ärger und Enttäuschung Herr zu werden. »Warum willst du dich wie eine Motte ins Feuer stürzen?« fragte sie schließlich.

Mein Vater erwiderte: »Das ist kein gewöhnliches Feuer. Es geht um Leben oder Tod von vielen Menschen. Ich muß etwas tun.« Meine Mutter war verzweifelt: »Na gut, du machst dir um dich selbst keine Sorgen. Deine Frau kümmert dich nicht. Das kann ich noch hinnehmen. Aber was ist mit unseren Kindern? Du weißt, was mit ihnen passieren wird, wenn du in Schwierigkeiten kommst. Willst du, daß unsere Kinder ›Schwarze‹ werden?«

Mein Vater antwortete nachdenklich, als müsse er sich mit jedem Wort selbst überzeugen: »Jeder Mann liebt seine Kinder. Du weißt, daß ein Tiger immer zuerst dafür sorgt, daß sein Junges in Sicherheit ist, bevor er ein Opfer anspringt und tötet.

Sogar menschenfressende Raubtiere empfinden so, vom Menschen selbst ganz zu schweigen. Aber ein Kommunist muß mehr sein. Er muß auch an die anderen Kinder denken. Was ist mit den Kindern der Opfer?« Meine Mutter stand auf und ging weg. Es hatte keinen Sinn mehr. Als sie allein war, ließ sie ihren Tränen freien Lauf.
Mein Vater setzte seinen Brief auf. Er schrieb und änderte ab, zerriß einen Entwurf nach dem anderen. Er war schon immer ein Perfektionist gewesen, und ein Brief an Mao war schließlich keine Kleinigkeit. Der Brief mußte nicht nur genau das ausdrücken, was mein Vater mitteilen wollte, sondern mußte auch die möglichen Konsequenzen mildern, vor allem die Familie schonen. Mit anderen Worten: Der Brief durfte nicht als Kritik aufgefaßt werden. Mein Vater konnte es sich nicht leisten, Mao zu beleidigen.
Mein Vater dachte seit Juni über den Brief an Mao nach. Immer wieder hatten Wellen von Denunziationen seine Kollegen getroffen, und er wollte sich für sie einsetzen. Aber dann hatten die Ereignisse ihn überrollt. Die Anzeichen häuften sich, daß er bald selbst zum Opfer werden würde. Eines Tages erblickte meine Mutter im Zentrum von Chengdu eine Wandzeitung, auf der mein Vater namentlich angegriffen wurde. Er wurde als »Gegner Nummer eins der Kulturrevolution in Sichuan« bezeichnet. Zwei Dinge warf man ihm vor: Erstens hatte er sich im vorigen Winter geweigert, den Artikel gegen die Mandarin-Dramen abzudrucken, in dem Mao das Startsignal zur Kulturrevolution gegeben hatte. Zweitens hatte sich mein Vater als Verfasser des sogenannten Aprildokuments gegen Verfolgungen ausgesprochen und versucht, die Kulturrevolution auf eine unpolitische Debatte zu beschränken.
Als meine Mutter meinem Vater von der Wandzeitung berichtete, sagte er sofort, daß sie das Werk der führenden Funktionäre der Parteiorganisation in der Provinz sei. Die beiden Dinge, die ihm vorgeworfen wurden, waren nur einem kleinen Kreis an der Spitze bekannt. Mein Vater war sicher, daß sie nun beschlossen hatten, ihn zum Sündenbock zu machen, und er wußte auch den

Grund. Die Studenten der Universitäten von Chengdu attackierten immer heftiger die Provinzfunktionäre. Die Studenten bekamen mehr Informationen von der Behörde für die Kulturrevolution als die Mittelschüler; ihnen hatte man gesagt, daß es in Wahrheit Maos Ziel war, die »Kapitalistenhelfer«, das heißt kommunistische Funktionäre, zu vernichten. Die Studenten waren überwiegend nicht Kinder von hohen Funktionären, denn die meisten kommunistischen Funktionäre hatten erst nach der Gründung der Volksrepublik im Jahre 1949 geheiratet und hatten noch keine Kinder im Studentenalter. Die Studenten hatten also kein Interesse, die bestehenden Machtverhältnisse zu erhalten, und mit Vergnügen wandten sie sich gegen die etablierten Parteifunktionäre.

Von den Gewalttaten der Mittelschüler waren die Funktionäre in Sichuan eingeschüchtert, vor den Studenten hatten sie panische Angst. Sie suchten einen hinreichend hohen Funktionär, den sie den Studenten opfern konnten. Mein Vater kam ihnen gerade recht. Er war einer der höchsten Funktionäre im Bereich Kultur, und Kultur war die Zielscheibe der Kulturrevolution. Er stand im Ruf, sehr prinzipientreu zu sein. Er hatte sich entschieden gegen die Verfolgung unschuldiger Menschen ausgesprochen. Die Parteiführer meinten, sie müßten gerade jetzt Einmütigkeit und Gehorsam beweisen, und sie dachten, ohne meinen Vater werde das leichter sein.

Die Schlinge zog sich bald um seinen Hals zusammen. Er wurde gebeten, am 26. August an einer Versammlung in der Universität von Sichuan teilzunehmen. Diese Universität war in der Provinz besonders angesehen. Die Studenten hatten die Professoren und den Kanzler angegriffen und wandten sich jetzt den Parteifunktionären der Provinz zu. Die Versammlung war angesetzt worden, damit sich die Parteifunktionäre die »Beschweren« der Studenten anhörten. Auf dem Podium saßen Kommissar Li und die gesamte lokale Parteiführung. Das Auditorium war bis auf den letzten Platz besetzt.

Die Studenten waren zu der Versammlung in der Absicht gekommen, Unruhe zu stiften, die Funktionäre hatten das geahnt.

Im Saal herrschte bald ein Höllenlärm. Die Studenten schrien ihre Parolen, schwenkten ihre Fahnen und versuchten, das Podium zu stürmen, um an das Mikrophon zu gelangen. Mein Vater leitete die Versammlung zwar nicht, aber er wurde gebeten, die Situation unter Kontrolle zu bringen. Während er sich den Studenten stellte, verschwanden die anderen Parteiführer einer nach dem anderen.

Mein Vater schrie die Studenten an: »Seid ihr intelligente Studenten oder Halbstarke? Kann man mit euch vernünftig reden oder nicht?« Traditionellerweise erwartet man in China von einem Beamten oder Funktionär, daß er sich ruhig und besonnen verhält. Aber mein Vater schrie genauso wie die Studenten. Seine aufrichtige Wut beeindruckte sie nicht im mindesten. Unmittelbar nach der Versammlung tauchten Wandzeitungen auf dem Universitätsgelände und in der Abteilung meines Vaters auf, auf denen er als »besonders hartnäckiger Kapitalistenhelfer« bezeichnet wurde, als »Ewiggestriger, der die Kulturrevolution bekämpft«.

Die Versammlung an der Universität von Sichuan wurde zu einem Meilenstein. Die Rotgardisten der Universität benannten ihre Gruppe daraufhin »26. August«. Sie wurde später die führende Gruppe eines die ganze Provinz umfassenden Zusammenschlusses von mehreren Millionen Menschen und eine zentrale Kraft der Kulturrevolution in Sichuan.

Nach der Versammlung ordneten die Provinzbehörden an, daß mein Vater auf keinen Fall unsere Wohnung verlassen dürfte – »zu seinem eigenen Schutz«. Mein Vater begriff, daß sie ihn erst den Studenten als Zielscheibe angeboten und ihn nun unter Hausarrest gestellt hatten. Er fügte seinem Brief an Mao einen Abschnitt über sein eigenes Schicksal hinzu. Eines Nachts bat er meine Mutter mit Tränen in den Augen, sie möge den Brief nach Beijing bringen, nachdem er sich nicht mehr frei bewegen durfte.

Meine Mutter war immer dagegen gewesen, daß mein Vater diesen Brief schrieb, doch nun änderte sie ihre Meinung. Den Ausschlag hatte gegeben, daß mein Vater zum Opfer geworden war. Dies bedeutete, daß ihre Kinder »Schwarze« werden würden – sie wußte, was das hieß. Sie hatte keine andere Wahl, als nach Beijing zu reisen und sich direkt an die Parteiführung zu wenden. Es war die einzige Chance, so gering sie auch scheinen mochte, meinen Vater – und ihre Kinder – zu retten. Sie hatte ihm deshalb versprochen, den Brief zu überbringen.

Am letzten Augusttag wurde ich durch ein Geräusch aus dem Teil der Wohnung geweckt, wo die Zimmer meiner Eltern lagen. Ich schlich auf Zehenspitzen zum Arbeitszimmer meines Vaters, die Tür war halb offen. Mein Vater stand mitten im Zimmer. Sein Gesicht konnte ich nicht sehen, da sich mehrere Menschen um ihn drängten. Ich erkannte Kollegen meines Vaters. Ihre Mienen waren streng, das sonst übliche eifrig-unterwürfige Lächeln fehlte. Ich hörte meinen Vater sagen: »Würdet ihr bitte den Provinzbehörden meinen Dank übermitteln? Ihre Besorgnis ehrt mich. Aber ich ziehe es vor, mich nicht zu verstecken. Ein Kommunist sollte sich vor Studenten nicht fürchten.«

Seine Stimme klang ruhig, doch ein Unterton darin versetzte mich in Angst. Dann hörte ich eine wichtig klingende Männerstimme ungeduldig sagen: »Aber Direktor Chang, das kann die Partei doch sicher besser beurteilen. Die Studenten haben Sie angegriffen, sie können sehr gewalttätig werden. Die Partei hält es für erforderlich, Sie zu schützen. Das ist die Entscheidung der Partei. Und wie Sie wissen, muß ein Kommunist den Parteientscheidungen ohne Widerspruch folgen.«

Nach einem langen Schweigen sagte mein Vater mit ruhiger Stimme: »Ich folge der Entscheidung der Partei. Ich komme mit Ihnen.«

»Wohin?« hörte ich meine Mutter fragen.

Dann wieder eine ungeduldige Männerstimme: »Die Anweisung der Partei lautet: Das darf niemand erfahren.«

Als mein Vater aus dem Arbeitszimmer kam, erblickte er mich und ergriff meine Hand. »Dein Vater geht für eine Weile weg«, sagte er. »Sei ein braves Mädchen und gehorche deiner Mutter.« Meine Mutter und ich begleiteten ihn von unserem Wohnblock bis zum Seiteneingang der Siedlung. Den ganzen Weg säumten Kollegen aus der Abteilung meines Vaters. Ich spürte, wie mein Herz klopfte, meine Knie waren weich wie Watte. Mein Vater schien sehr erregt, seine Hand zitterte in meiner, mit meiner anderen Hand streichelte ich sie.

Vor dem Tor wartete ein Wagen mit geöffneter Tür. Zwei Männer saßen darin, einer vorn, einer hinten. Das Gesicht meiner Mutter wirkte angespannt, aber sie blieb ruhig. Sie blickte meinem Vater direkt in die Augen und sagte: »Mach dir keine Sorgen. Ich werde es tun.« Ohne mich oder meine Mutter zu umarmen, stieg mein Vater in das Auto. Selbst in besonderen Situationen zeigen Chinesen in der Öffentlichkeit selten durch körperliche Berührungen ihre Zuneigung.

Ich begriff nicht, daß sie meinen Vater verhaftet hatten, denn offiziell war von »Schutz« die Rede. Mit meinen vierzehn Jahren war ich noch nicht in der Lage, die Doppeldeutigkeit der Worte zu durchschauen. Sie brauchten einen Vorwand, weil sie noch nicht entschieden hatten, wie sie mit ihm verfahren wollten. Wie meistens in solchen Fällen trat die Polizei nicht in Erscheinung. Die Männer, die meinen Vater abgeholt hatten, arbeiteten in seiner Abteilung und hatten für ihre Aktion die mündliche Ermächtigung des Provinzparteikomitees.

Sobald mein Vater weg war, packte meine Mutter ein paar Kleider in eine Tasche und sagte, sie wolle nach Beijing fahren. Der Brief meines Vaters an Mao war immer noch nicht fertig, der Entwurf enthielt Verbesserungen und Änderungen. Als er seine Kollegen in großem Aufgebot anrücken sah, hatte er den Brief meiner Mutter in die Hand gedrückt.

Meine Großmutter hielt meinen vier Jahre alten Bruder Xiaofang in den Armen und weinte. Ich sagte, daß ich meine Mutter zum Bahnhof begleiten wolle. Wir hatten keine Zeit, auf einen Bus zu warten, deshalb nahmen wir ein dreirädriges Taxi.

Ich hatte Angst und war durcheinander. Meine Mutter sagte kein Wort zu dem, was geschehen war. Sie wirkte angespannt und geistesabwesend, tief verloren in ihren Gedanken. Schließlich fragte ich sie, was denn los sei, aber sie gab mir nur kurz angebunden zur Antwort, daß ich das eines Tages schon noch erfahren würde. Dabei blieb es. Ich dachte, daß sie es zu kompliziert fand, mir die Angelegenheit zu erklären, und fand mich mit ihrer Antwort ab. Ich war daran gewöhnt, von Erwachsenen zu hören, ich sei zu jung, um gewisse Dinge zu verstehen. Ich wußte aber auch, daß meine Mutter vollkommen damit beschäftigt war, über die Situation nachzudenken und ihre nächsten Schritte zu planen. Ich wollte sie nicht stören. Damals wußte ich nicht, daß sie selbst Mühe hatte, die verworrene Situation zu begreifen.

Schweigend und angespannt saßen wir im Taxi. Unsere Hände lagen ineinander. Während der ganzen Fahrt drehte sich meine Mutter immer wieder um; sie konnte nicht glauben, daß die Parteizentrale tatenlos zusehen würde, wie sie nach Beijing fuhr. Mich hatte sie nur mitgenommen, damit ich bezeugen konnte, was sich ereignete.

Am Bahnhof kaufte sie einen Fahrschein für einen harten Sitz im nächsten Zug nach Beijing, der Zug fuhr am frühen Morgen. Wir setzten uns auf eine Bank im Wartesaal, der eigentlich nur ein überdachter, an den Seiten offener Unterstand war. Von hier aus konnten wir den Bahnhofsvorplatz gut überblicken, Verfolger mußten über diesen Platz kommen.

Ich schmiegte mich an meine Mutter und saß so über Stunden. Schweigend starrten wir über den dunklen Platz. Ein paar schwache, nackte Glühbirnen baumelten von hölzernen Laternenpfählen und verbreiteten ein bleiches Licht. Das Licht spiegelte sich in den Wasserlachen wider, die ein schweres Gewitter am Morgen hinterlassen hatte. Ich fröstelte in meiner dünnen Sommerbluse, meine Mutter legte ihren Regenmantel um meine Schultern. Die Nacht dehnte sich wie eine Ewigkeit. Meine Mutter sagte, ich solle ein wenig schlafen. Ich war erschöpft und nickte schließlich ein, mein Kopf lag in ihrem Schoß.

Ein Zucken in ihren Knien weckte mich auf. Ich hob meinen Kopf und sah zwei Gestalten in Regenmänteln vor uns stehen. Sie hatten die Kapuzen tief ins Gesicht gezogen und stritten sich leise. In meinem halbwachen Zustand konnte ich zunächst nicht verstehen, was sie sagten. Ich wußte nicht einmal, ob es Männer

oder Frauen waren. Undeutlich hörte ich meine Mutter sagen: »Ich werde die Roten Garden rufen ...« Ihre Stimme klang beherrscht. Die beiden Gestalten in den Regenmänteln schwiegen. Dann flüsterten sie miteinander, und schließlich gingen sie weg. Offenbar wollten sie keine Aufmerksamkeit erregen.
Im ersten Morgengrauen stieg meine Mutter in den Zug nach Beijing.
In Beijing brachte meine Mutter den Brief meines Vaters zum sogenannten Amt für Beschwerden. Durch die gesamte chinesische Geschichte hindurch hatten die Herrscher stets besondere Ämter eingerichtet, wo gewöhnliche Menschen Klagen gegen ihre Vorgesetzten vorbringen konnten, das gewährte der Bevölkerung einen gewissen Schutz. Die Kommunisten hatten diese Tradition übernommen. Als in der Kulturrevolution die Macht mancher kommunistischen Führer zu wanken begann, hatten sich viele Menschen, die bislang unter diesen Machthabern gelitten hatten, mit Beschwerden nach Beijing gewandt. Doch die Behörde für die Kulturrevolution befand, daß »Klassenfeinde« kein Recht hatten, sich zu beschweren, auch nicht über »Kapitalistenhelfer«. Wenn sie es trotzdem versuchten, würden sie um so härter bestraft.
Das Amt für Beschwerden hatte nicht oft mit Fällen zu tun, bei denen es um so hohe Funktionäre ging, wie es mein Vater war. Meine Mutter erregte deshalb einige Aufmerksamkeit. Nur wenige Ehepartner von Opfern der Kulturrevolution hatten den Mut, nach Beijing zu fahren und dort Beschwerde einzulegen. Gewöhnlich gerieten die Ehepartner unter Druck, zwischen sich und den Beschuldigten »eine Linie zu ziehen«. Es war gefährlich, sich zum Fürsprecher des Beschuldigten zu machen. Meine Mutter wurde fast sofort vom Minister für Öffentliche Angelegenheiten, Tao Zhu, einem der stellvertretenden Ministerpräsidenten, empfangen. Er spielte eine führende Rolle in der Kulturrevolution. Sie übergab ihm den Brief meines Vaters und bat ihn, die Parteiorganisation in Sichuan anzuweisen, daß sie meinen Vater auf freien Fuß setzte.
Zwei Wochen später empfing Tao Zhu sie wieder. Er übergab

ihr einen Brief mit dem Inhalt, mein Vater habe in vollkommener Übereinstimmung mit den Regeln und in Abstimmung mit der Parteiführung von Sichuan gehandelt, er sei auf der Stelle freizulassen. Tao hatte den Fall nicht weiter untersucht. Er glaubte meiner Mutter, denn was meinem Vater zugestoßen war, ereignete sich damals fast täglich: Parteifunktionäre in ganz China opferten wie in Panik ihre Kollegen, um ihren eigenen Kopf zu retten. Tao gab seinen Brief meiner Mutter mit, weil er ihn nicht den normalen Parteikanälen anvertrauen wollte; sie waren nicht mehr zuverlässig.

Tao Zhu gab ihr zu verstehen, daß er die Befürchtungen verstand und teilte, die mein Vater in seinem Brief geäußert hatte; er beobachtete die Hexenjagd überall im Land und die Welle der Gewalt mit Sorge. Meine Mutter merkte, daß er die Situation unter Kontrolle bringen wollte. Als Folge seiner Bemühungen geriet er schon bald selbst in die Schußlinien und wurde als »drittgrößter Kapitalistenhelfer« nach Liu Shaoqi und Deng Xiaoping verurteilt.

Meine Mutter schrieb Tao Zhus Brief ab und schickte die Abschrift an meine Großmutter. Meine Großmutter sollte mit dem Brief in die Abteilung meines Vaters gehen und mitteilen, daß meine Mutter erst zurückkommen werde, wenn mein Vater wieder auf freiem Fuß sei. Meine Mutter befürchtete, daß die Behörden in Sichuan ihr den Brief einfach abnehmen und sie einsperren würden – und mein Vater bliebe weiter in Haft. Sie beschloß, daß es das Beste war, wenn sie in Beijing blieb, denn dort konnte sie notfalls weiter Druck ausüben.

Meine Mutter schickte meiner Großmutter eine Abschrift von Tao Zhus Brief, und Großmutter überbrachte die Botschaft den Behörden. Aber dort hieß es, das Ganze sei ein Mißverständnis, man wolle meinen Vater nur schützen. Sie bestanden darauf, daß meine Mutter sofort aus Beijing zurückkommen und ihre individualistischen Einmischungsversuche aufgeben müsse.

Ein paarmal kamen Funktionäre zu uns ins Haus und redeten auf meine Großmutter ein, sie solle nach Beijing fahren und meine Mutter zurückholen. Einmal hörte ich, wie jemand zu meiner Großmutter sagte: »Ich denke wirklich nur im Interesse Ihrer Tochter. Warum verstehen Sie alles falsch, was die Partei will? Die Partei hat doch nur versucht, Ihren Schwiegersohn zu schützen. Ihre Tochter hat nicht auf die Partei gehört und ist nach Beijing gefahren. Ich mache mir Sorgen um sie. Wenn sie nicht zurückkommt, wird man vielleicht glauben sie sei gegen die Partei. Sie wissen, was das bedeuten würde. Sie sind Ihre Mutter, Sie müssen immer daran denken, was für sie das Beste ist. Die Partei hat versprochen, daß man ihr verzeiht, wenn sie zurückkommt und Selbstkritik übt.«

Bei dem Gedanken, daß sich ihre Tochter in höchster Gefahr befand, brach Großmutter fast zusammen. Nach mehreren solchen Gesprächen wurde meine Großmutter unsicher. Und eines Tages wurde ihr die Entscheidung abgenommen: Man teilte ihr mit, mein Vater habe einen Nervenzusammenbruch erlitten. Man werde ihn erst dann in ein Krankenhaus bringen, wenn meine Mutter zurückgekehrt sei.

Meine Großmutter bekam zwei Fahrkarten, eine für sich und eine für meinen Bruder Xiao-fang, und machte sich auf die Reise nach Beijing. Die Zugfahrt dauerte einen Tag, eine Nacht und noch einen Tag. Als meine Mutter hörte, was geschehen war, schickte sie ein Telegramm an die Abteilung meines Vaters und teilte mit, daß sie auf der Stelle zurückkehren werde. In der zweiten Oktoberwoche waren sie, meine Großmutter und Xiao-fang wieder zu Hause.

Meine Mutter war den ganzen September fort gewesen. Ich war in dieser Zeit zu Hause geblieben und hatte meiner Großmutter Gesellschaft geleistet. Ich merkte, daß sie sich große Sorgen machte, obwohl ich sie nie weinen sah, spiegelte sich doch das Unglück auf ihrem Gesicht. Aber was da vor sich ging, überstieg mein Begriffsvermögen. War mein Vater nun gefangen oder wurde er nur beschützt? War meine Familie in Schwierigkeiten oder nicht? Ich wußte es nicht, und niemand sagte mir etwas.

Ich durfte zu Hause bleiben, denn die Kontrolle der Roten Garden war nicht so streng wie die Kontrolle durch die Partei.

Außerdem hatte ich einen »Beschützer« in den Roten Garden: Geng, den fünfzehnjährigen linkischen Leiter meiner Gruppe. Er unternahm keinen Versuch, mich in die Schule zurückzuholen. Erst Ende September meldete er sich bei mir und drängte mich, vor dem Nationalfeiertag am 1. Oktober wieder in die Schule zu kommen, weil ich sonst nicht mehr ordentliches Mitglied der Roten Garden werden könnte.

Ich wurde nicht gezwungen, mich den Roten Garden anzuschließen, es war mein eigener Wunsch. Trotz allem, was um mich herum geschah, richtete sich damals meine Abneigung und Furcht nicht gegen ein bestimmtes Ziel. Nicht einen Augenblick lang stellte ich die Kulturrevolution oder die Roten Garden in Frage. Beide waren Maos Schöpfung, und Mao stand hoch über allem Zweifel.

Als ich dann endlich das rote Armband mit den goldenen Schriftzeichen in Händen hielt, war ich ein paar Tage lang unbändig stolz. Bei den Roten Garden war es damals Mode, daß man alte Armeeuniformen mit Ledergürteln trug, mit einem solchen Gürtel war Mao zu Beginn der Kulturrevolution in der Öffentlichkeit erschienen. Die Kleidung wurde das Symbol, daß man dazugehörte. Ich wollte natürlich auch mitmachen. Kaum war ich aufgenommen, rannte ich nach Hause und suchte aus einer alten Truhe eine hellgraue »Leninjacke« heraus, die Uniform meiner Mutter in den frühen fünfziger Jahren. Die Jacke war mir zu groß, ich bat meine Großmutter, sie enger zu machen. Aus einer Hose meines Vaters zog ich einen Ledergürtel, damit war meine Uniform vollständig. Doch draußen auf der Straße fühlte ich mich nicht wohl; ich fand, ich sah viel zu martialisch aus. Aber trotzdem wollte ich meine Uniform nicht mehr ausziehen.

Wenig später fuhr meine Großmutter nach Beijing. Das war mir lieb, denn ich konnte jetzt nicht mehr zu Hause bleiben. Als Rotgardist mußte ich jeden Tag eine bestimmte Zeit in der Schule verbringen und dort auch übernachten. Durch die Ereignisse zu Hause erschreckten mich die Vorgänge in der Schule noch mehr. Wenn ich die »Schwarzen« und die »Grauen« mit gesenkten Köpfen die Toiletten und den Hof putzen sah, kroch

mir die Furcht durch die Glieder, als ob ich eine von ihnen wäre. Wenn die Roten Garden zu ihren nächtlichen Überfällen aufbrachen, zitterten mir die Knie, als ob sie es auf meine Familie abgesehen hätten. Wenn ich zufällig ein paar Jungen oder Mädchen in meiner Nähe flüstern hörte, klopfte mein Herz wie wild: Flüsterten sie sich vielleicht zu, daß ich eine »Schwarze« geworden war oder daß mein Vater in Haft saß?
Dann fand ich einen Zufluchtsort: das Empfangsbüro der Roten Garden.
Das Empfangsbüro war in einem ehemaligen Klassenzimmer eingerichtet. Die Besucher bekamen Tee, man sprach mit ihnen. Wenn sie einen bestimmten Auftrag hatten, arrangierte das Empfangsbüro ein Gespräch mit einem Führer der Rotgardisten an der Schule. Ich stürzte mich auf die Arbeit in dem Büro, weil sie den Vorteil hatte, daß man nicht an der Bewachung der »Schwarzen« oder »Grauen« und auch nicht an den nächtlichen Aktionen teilnehmen mußte. Ich mochte das Büro auch, weil dort noch fünf andere Mädchen arbeiteten. Es herrschte eine warme und geschäftige Atmosphäre; sobald ich das Büro betrat, ging es mir gut. Es war ein ständiges Kommen und Gehen, viele Leute blieben lange im Büro und unterhielten sich mit uns. Oft standen sie sogar Schlange, manche kamen immer wieder. Heute ist mir klar, daß viele junge Männer die Gesellschaft von uns Mädchen suchten, die Revolution hatte uns nicht so weit verrohen können wie die Männer. Ich erinnere mich auch, daß ich sehr ernst war. Ich blickte nicht scheu zu Boden und flirtete nicht mit ihnen. Ich registrierte genau, was für Unfug sie erzählten, und merkte sofort, was sie wirklich im Sinn hatten.
An einem heißen Abend herrschte in unserem Empfangsbüro wie in der ganzen Schule das übliche Durcheinander, als zwei ordinäre, kriecherisch aussehende Frauen mittleren Alters eintraten. Sie stellten sich vor als die Leiterin und die stellvertretende Leiterin eines »Bewohner-Komitees« in der Nähe der Schule. Sie sprachen halblaut mit einigen Leuten im Büro und taten so geheimnisvoll und wichtigtuerisch, als hätten sie einen großen Auftrag. Mir war dieses theatralische und bewußt geheimnisvol-

le Benehmen immer zuwider, deshalb wandte ich mich ab. Bald wurde mir klar, daß die beiden Frauen eine Nachricht von explosiver Wirkung überbracht hatten. Die Menge um sie herum kochte vor Wut. Jemand brüllte: »Holt einen Lastwagen! Einen Lastwagen! Wir fahren alle dorthin!« Bevor ich wußte, wie mir geschah, wurde ich von der Menge fortgerissen und fand mich auf einem Lastwagen wieder. Da Mao den Arbeitern befohlen hatte, die Rotgardisten zu unterstützen, standen Lastwagen und Fahrer ständig zu unserer Verfügung. In dem Lastwagen wurde ich neben eine der beiden Frauen auf den Boden gepreßt. Wie eine Schauspielerin erzählte sie ihre Geschichte noch einmal, ihre Augen verrieten, daß sie darauf brannte, sich bei uns beliebt zu machen. Sie erzählte, eine Frau in ihrer Nachbarschaft sei mit einem Offizier der Kuomintang verheiratet, der nach Taiwan geflohen sei. Die Frau habe in ihrer Wohnung ein Porträt von Chiang Kai-shek versteckt.

Ich fand die Frau neben mir widerwärtig, vor allem ihr krötenartiges Lächeln. Und ich verabscheute sie, weil sie mich zu meinem ersten Hausüberfall gezwungen hatte. Schon nach kurzer Zeit hielt der Lastwagen vor einem sehr schmalen Durchgang. Wir sprangen alle herunter und folgten den beiden Frauen eine Gasse mit Kopfsteinpflaster entlang. Es war stockdunkel, die Gasse war nicht beleuchtet. Nur aus den Spalten zwischen den Holzplanken, die die Hauswände bildeten, fielen schmale Lichtstreifen auf den Straßenbelag. Ich stolperte und rutschte mehrfach aus; ich hoffte, daß ich auf diese Weise allmählich zurückfallen könnte. Die Wohnung der beschuldigten Frau bestand aus zwei winzigen Zimmern, wir paßten nicht alle hinein. Ich war froh, daß ich draußen bleiben konnte. Aber schon nach kurzer Zeit brüllte jemand, drinnen sei jetzt Platz und die draußen Wartenden sollten hereinkommen, um »eine Lektion in Klassenkampf« zu erhalten.

Als ich den Raum betrat, wurde mir beinahe übel: Ein durchdringender Gestank von Kot und Urin, vermischt mit dem Geruch ungewaschener Körper und unsäglichen Schmutzes drang mir in die Nase. Mir bot sich ein entsetzlicher Anblick. In dem

Zimmer herrschte das Chaos. Ein Moskitonetz hing halb heruntergerissen, ein leerer Koffer lag herum, die Kleider waren überall verstreut. Dann sah ich die beschuldigte Frau. Sie war um die vierzig Jahre alt und kniete nackt bis zur Taille in dem zweiten Zimmer, von der Decke baumelte eine trübe Glühbirne. In ihrem Schatten sah die Frau auf dem Boden grotesk aus. Ihr Haar war völlig durcheinander, an einigen Stellen klebte Blut darin. Mit vor Verzweiflung hervorquellenden Augen schrie sie: »Ihr Herren Rotgardisten! Ich habe kein Porträt von Chiang Kai-shek! Ich schwöre es!« Dabei schlug sie mit ihrem Kopf mehrfach so hart auf den Boden, daß man es krachen hörte und Blut aus einem Riß auf ihrer Stirn sickerte. Auf dem Rücken war das Fleisch aufgeplatzt, sie war mit Wunden und Blutflecken übersät. Wenn sie sich bückte, wurden an ihrem Hintern dunkle Flecken sichtbar, und der Gestank von Exkrementen füllte die Luft. Ich konnte den Anblick nicht ertragen und wandte mich schnell ab. Doch noch mehr erschrak ich, als ich sah, wer sie folterte – ein fünfzehnjähriger Junge aus meiner Schule namens Chian, den ich bisher recht gut hatte leiden können. Er lümmelte in einem Sessel, in der rechten Hand hielt er einen Ledergürtel und spielte nachlässig mit der Messingschnalle. »Sag die Wahrheit, sonst schlage ich dich noch mal...«, sagte er in einem Tonfall, in dem er auch hätte sagen können: »Es ist recht gemütlich hier.« Chians Vater war Offizier bei der Armee in Tibet. Chian kam oft zu uns ins Empfangsbüro. Seine betonte Lässigkeit hatte mir gefallen, er gab sich sehr freundlich und liebenswürdig. Vielleicht weil ich dieses Bild vor mir hatte, raunte ich ihm zu: »Hat uns der Vorsitzende Mao nicht gelehrt, daß wir mit Worten kämpfen sollen und nicht mit den Fäusten? Sollten wir nicht lieber...«

Mehrere andere unterstützten meinen schwachen Protest. Aber Chian blickte uns nur überrascht an und sagte dann ganz langsam: »Ihr müßt zwischen euch und dem Klassenfeind einen Strich ziehen. Der Vorsitzende Mao sagt: ›Mitleid mit dem Feind ist Grausamkeit gegenüber dem Volk!‹ Wenn ihr kein Blut sehen könnt, gehört ihr nicht zu den Roten Garden!« Sein

Gesicht trug einen häßlichen, fanatischen Ausdruck. Wir sagten nichts mehr. Mit ihm konnten wir uns nicht streiten. Unsere Generation war nach dem Grundsatz erzogen worden, Recht und Unrecht nach den Prinzipien des Klassenkampfes zu beurteilen und dem Klassenfeind gegenüber gnadenlos zu sein.

Ich ging hinaus. Draußen vor der Tür stand die Frau, die uns die Information überbracht hatte und die so begierig gewesen war, sich bei uns beliebt zu machen. Jetzt lag in ihren Augen Unterwürfigkeit und Furcht. Sie öffnete den Mund, als wollte sie etwas sagen. Aber kein Ton kam heraus. Als ich sie vor mir sah, wurde mir klar, daß es gar kein Bild von Chiang Kai-shek gab. Sie hatte die arme Frau dort drinnen aus reiner Rachsucht denunziert. Die Rotgardisten wurden mißbraucht, um alte Rechnungen zu begleichen. Ich kletterte auf den Lastwagen, erfüllt von Abscheu und Wut.

KAPITEL 18

*»Gewaltig-wunderbare
Nachrichten«*

*Pilgerfahrt
nach Beijing
(Oktober-Dezember 1966)*

Am nächsten Morgen erfand ich eine Ausrede, damit ich zu Hause bleiben konnte. Tagelang war ich allein in der Wohnung. Mein Vater war noch immer in Haft, meine Mutter, meine Großmutter und Xiao-fang waren in Beijing. Meine anderen Geschwister lebten anderswo ihr eigenes Leben.

Mein Bruder Jin-ming entwickelte vom ersten Augenblick an eine Abneigung gegen die Kulturrevolution. Er ging in dieselbe

Mittelschule wie ich, ins erste Schuljahr dort. Er wollte Wissenschaftler werden, aber in der Kulturrevolution war das plötzlich etwas »Bürgerliches«. Schon vor der Kulturrevolution hatten er und ein paar andere Jungen aus seiner Klasse sich zu einer Bande zusammengeschlossen, sie nannten sich die »Eiserne Bruderschaft«. Jin-ming war ihr Anführer. Er war groß und stark und ein ausgezeichneter Schüler. In seiner Klasse hatte er jede Woche mit chemischen Experimenten eine kleine Show abgezogen. Ohne Hemmungen schwänzte er die Unterrichtsstunden, die ihn nicht interessierten oder deren Stoff er schon beherrschte. Und er war gerecht und großzügig zu seinen Kameraden.

Nach der Gründung der Roten Garden an der Schule am 16. August trat Jin-mings »Bruderschaft« geschlossen über. Er und seine Bande erhielten den Auftrag, Flugblätter zu drucken und sie auf der Straße zu verteilen. Die Texte hatten Rotgardisten geschrieben, die ein paar Jahre älter waren als die Jungen der Bande. Die Überschriften lauteten: »Gründungserklärung der Ersten Brigade der Ersten Armeedivision der Roten Garden an der Mittelschule Nummer vier« (alle Rotgardistengruppen gaben sich militärische Namen), »Feierliche Erklärung« (ein Schüler änderte seinen Namen in »Huang, der Gardist des Vorsitzenden Mao«), »Gewaltig-wunderbare Nachrichten« (ein Mitglied der Behörde für die Kulturrevolution hatte ein paar Rotgardisten empfangen), »Die neuesten höchstwichtigen Anweisungen« (Mao hatte irgend etwas gesagt). Jin-ming hatte bald genug von dem Geschwätz. Er setzte sich immer häufiger von den Aktionen der Rotgardisten ab und wandte seine Aufmerksamkeit einem Mädchen zu, das so alt war wie er, dreizehn. Sie erschien ihm wie eine vollkommene Dame – hübsch, sanft, ein bißchen vornehm mit einem Anflug von Schüchternheit. Jin-ming wagte es nicht, sich ihr zu nähern, aber er war glücklich, wenn er sie nur aus der Ferne bewundern konnte.

Eines Tages sollten alle Schüler seiner Klasse an einem Sturm auf ein Haus teilnehmen. Jin-ming hatte keine Ahnung, worum es dabei ging. Die älteren Rotgardisten murmelten etwas von einer »bürgerlich-intellektuellen Familie«. Sämtliche Familienmitglieder wurden zu »Gefangenen« erklärt und mußten sich in einem Raum versammeln. Die Rotgardisten durchsuchten das Haus. Jin-ming mußte die Familie bewachen, zu seiner Freude war die zweite Wache das Mädchen, für das er schwärmte.

Sie hatten drei »Gefangene« vor sich: einen Mann in mittlerem Alter, einen jungen Mann, wahrscheinlich der Sohn des älteren, und eine junge Frau, vermutlich die Schwiegertochter. Sie wirkten weder erschrocken noch zornig, offenbar hatten sie den Überfall erwartet. Mit resigniertem Gesichtsausdruck saßen sie da und starrten in Jin-mings Augen, als blickten sie in einen leeren Raum. Jin-ming fühlte sich unter ihren Blicken unbehaglich, aber sein Unbehagen war auch auf die Gegenwart des Mädchens zurückzuführen, das er verehrte. Das Mädchen schien gelangweilt und blickte immer wieder zur Tür hinaus. Als sie mehrere Jungen sah, die eine große Holzkiste mit Porzellan vorbeitrugen, murmelte sie Jin-ming zu, daß sie sich das ansehen wolle, und ging hinaus. Jin-mings Unbehagen nahm zu, als er mit seinen Gefangenen allein war. Dann stand die junge Frau auf und sagte, sie müsse jetzt ihr Baby im Nebenzimmer stillen. Jin-ming erlaubte es ihr sofort. Kaum hatte sie den Raum verlassen, stürzte Jin-mings heimliche Liebe wieder ins Zimmer. In scharfem Ton fragte sie ihn, weshalb er zugelassen habe, daß eine Gefangene frei herumlaufe. Jin-ming erklärte ihr, daß er es der Gefangenen erlaubt habe. Daraufhin schrie das Mädchen ihn an und beschuldigte ihn, dem »Klassenfeind gegenüber weichherzig« zu sein. Ihre Augen quollen hervor. Um ihre von Jin-ming so oft bewunderten gertenschlanken Hüften trug sie einen Ledergürtel. Den Gürtel zog sie nun aus ihrer alten Leninjacke und richtete ihn auf Jin-mings Nase – eine typische Geste der Rotgardisten. Sie hörte nicht auf zu schreien. Jin-ming stand wie vom Blitz getroffen, er erkannte das Mädchen nicht mehr. Auf einmal war sie nicht mehr sanft, schüchtern und hübsch, sondern eine häßliche, hysterische Furie. In diesem Moment erlosch Jin-mings erste Liebe.

Die Rotgardisten verhängten über Jin-ming eine Strafe: Er muß-

te mit »Grauen« und »Schwarzen« zusammen Gras ausreißen. Aber er riß nicht lange Gras aus. Seine Mitbrüder aus der Eisernen Bruderschaft konnten nicht mit ansehen, wie er litt. Jin-ming wurde als »Sympathisant des Klassenfeindes« eingestuft und nicht mehr zu Hausüberfällen mitgenommen; damit war er sehr einverstanden. Und bald machte er sich mit seiner Bruderschaft auf eine Reise durch das Land, über Chinas Berge und Flüsse. Anders als die meisten Rotgardisten unternahm Jin-ming keine Pilgerfahrt nach Beijing zum Vorsitzenden Mao. Er kam erst Ende 1966 wieder nach Hause.
Meine Schwester Xiao-hong, inzwischen fünfzehn, war an ihrer Schule eine Rotgardistin der ersten Stunde. Aber sie spielte keine wichtige Rolle, denn auf ihre Schule gingen fast nur Kinder hoher Funktionäre, die sich an Eifer gegenseitig überboten. Sie litt so sehr unter der Atmosphäre von Militanz und Gewalt, daß sie bald am Rande eines Nervenzusammenbruchs stand. Anfang September kam sie nach Hause zurück und wollte meine Eltern um Hilfe bitten, aber meine Eltern waren nicht da. Mein Vater war in Haft und meine Mutter in Beijing. Unsere ängstlich besorgte Großmutter machte meine Schwester noch nervöser, deshalb kehrte sie gleich wieder in ihre Schule zurück. Dort meldete sie sich freiwillig für die »Wache« in der Schulbücherei, die wie die Bücherei in meiner eigenen Schule geplündert und versiegelt worden war. Sie verbrachte ihre Tage und Nächte mit Lesen und verschlang dabei so viele verbotene Bücher, wie sie nur konnte. Das Lesen gab ihr die Kraft durchzuhalten. Als die Rotgardisten ihrer Schule Mitte September zu einer Reise durch das Land aufbrachen, fuhr meine Schwester mit. Sie kam erst gegen Jahresende wieder zurück.
Mein Bruder Xiao-hei war elf Jahre alt und besuchte dieselbe Grundschule, die meine Schwester, Jin-ming und ich besucht hatten. Als auch in den Mittelschulen Rote Garden gegründet wurden, wollten sich Xiao-hei und seine Freunde unbedingt anschließen. Rotgardisten mußten nicht zu Hause wohnen, konnten die ganze Nacht über aufbleiben und hatten selbst über Erwachsene grenzenlose Macht. Also gingen Xiao-hei und seine

Freunde zu meiner Mittelschule und baten darum, in die Roten Garden aufgenommen zu werden. Dort wollte man die Kinder loswerden, und ein Rotgardist sagte beiläufig: »Ihr könnt die Erste Armeedivision von Einheit 4969 gründen.« So wurde Xiaohei Chef der Propagandaabteilung eines Trupps von zwanzig Jungen, alles »Kommandanten«, »Stabschefs« und dergleichen. Es gab keine einfachen Soldaten.

Xiao-hei beteiligte sich an Angriffen auf Lehrer. Eines der Opfer war ein Sportlehrer, angeblich ein »schlechtes Element«. Ein paar Mädchen in Xiao-heis Alter hatten gegen ihn vorgebracht, er habe ihnen in den Sportstunden an die Brüste gefaßt. Die Jungen mißhandelten ihn, nicht zuletzt wollten sie damit die Mädchen beeindrucken.

Die Jungen ahmten bald die Beijinger Mode nach, Wohnungen zu stürmen. Sie wählten eine Wohnung aus, in der angeblich die Familie eines ehemaligen Angehörigen der Kuomintang lebte. Sie wußten nicht genau, was sie dort tun sollten. Eigentlich hatten sie nur eine vage Vorstellung, dort etwas zu finden, was mit der Kuomintang zu tun hatte, vielleicht ein Tagebuch der Familie mit einem Eintrag, daß man sich die Rückkehr von Chiang Kai-shek wünschte und wie sehr man die Kommunistische Partei hasse.

Die Familie hatte fünf Söhne, allesamt gut gebaute, kämpferische Muskelmänner. Sie standen vor der Tür, hatten die Hände in die Hüften gestemmt und betrachteten die Kinder von oben herab mit finsteren Blicken. Nur ein Junge wagte es, sich in die Wohnung zu schleichen. Einer der Söhne packte ihn am Hemdkragen und warf ihn mit einer Hand aus dem Haus. Für Xiao-heis »Division« war dies das Ende ihrer »revolutionären Aktivitäten«.

Xiao-hei wohnte in seiner Schule und genoß seine Freiheit, Jin-ming und meine Schwester reisten durch das Land, meine Mutter und meine Großmutter waren noch in Beijing. Ich lebte allein in unserer Wohnung. Und ohne Vorankündigung stand eines Tages in der zweiten Oktoberwoche mein Vater vor der Tür.

Die Heimkehr verlief geradezu unheimlich ruhig. Mein Vater war ein anderer Mann, er war geistesabwesend, zurückgezogen, immer tief in Gedanken versunken. Mit keinem Wort erwähnte er, wo er gewesen und was ihm widerfahren war. Ich hörte ihn in seinem Zimmer hin und her gehen, wenn er nicht schlafen konnte und wenn ich vor Angst und Sorgen selbst nicht einschlafen konnte. Manchmal fiel ich erschöpft in einen unruhigen Halbschlaf. Aber immer wieder wachte ich auf, atemlos und mit stockendem Herzen. Zwei Tage später kehrten Mutter, Großmutter und Xiao-fang aus Beijing zurück. Diese zwei Tage waren mir endlos erschienen, erleichtert begrüßte ich sie.
Meine Mutter ging sofort in die Abteilung meines Vaters und überreichte den Brief von Tao Zhu. Mein Vater wurde sofort in ein Krankenhaus aufgenommen, meine Mutter durfte bei ihm bleiben.
Ich besuchte meine Eltern im Krankenhaus. Es lag in einer wunderschönen, ländlichen Gegend, an zwei Seiten floß ein tiefgrüner Bach vorbei. Mein Vater bewohnte ein Wohnzimmer mit leeren Bücherregalen, ein Schlafzimmer mit einem ungewöhnlich großen Doppelbett und ein daran angrenzendes Badezimmer mit glänzenden weißen Kacheln. Vor seinem Balkon verbreiteten blühende Bäume einen betörenden und doch milden Duft. Wenn eine leichte Brise aufkam, schwebten winzige goldene Blüten herab und landeten sanft auf der graslosen Erde. Meine Eltern wirkten ruhig und friedvoll. Meine Mutter erzählte mir, daß sie jeden Tag in dem Bach angelten. Nun war ich überzeugt, daß es ihnen gut ging, und ich erzählte, daß ich nach Beijing reisen wollte, um Mao zu sehen. Wie alle anderen wollte ich diese Reise unbedingt unternehmen, aber bislang hatte ich es noch nicht gewagt, weil ich spürte, daß ich meine Eltern nicht allein lassen konnte.
Pilgerfahrten nach Beijing wurden gefördert, Essen, Unterkünfte und Transportmittel wurden kostenlos zur Verfügung gestellt. Aber es waren keine organisierten Fahrten. Zwei Tage später verließ ich Chengdu zusammen mit fünf weiteren Mädchen aus dem Empfangsbüro der Roten Garden.

Während unser Zug nordwärts rollte, waren meine Gefühle gemischt. Ich war aufgeregt, aber zugleich um Vater tief besorgt. Die Landschaft, durch die wir fuhren, leuchtete goldfarben – die späte Zeit der Reisernte in der Ebene von Chengdu. Einige Felder waren bereits abgeerntet, viereckige Flecken schwarzer Erde mischten sich wie in einem Flickenteppich unter die goldfarbenen Felder. Über den Bauernhütten stieg Rauch auf, der leichte Wind gab den Rauchwolken die Form einer Krone, die sich über die graziösen Bambuswipfel und die Dächer legte. Die Bäche schimmerten in der Sonne, ich bildete mir ein, sogar ihr Murmeln zu hören. Der Geruch von Heu stieg mir in die Nase, ich fühlte mich wie in einem Traum. Noch nicht einmal fünf Monate waren seit Beginn der Kulturrevolution vergangen, und meine Welt hatte sich vollkommen verändert.
Die fruchtbare Ebene von Chengdu wich bald einer Kette unregelmäßiger niedriger Hügel. Die schneebedeckten Berge im westlichen Sichuan glänzten weit hinter uns in einem dünnen Dunstschleier. Bald fuhren wir durch die Tunnel der hohen Gebirgsketten von Qin. Diese wilden Berge trennten Sichuan von Nordchina, wo seit eh und je die Macht ihren Sitz hatte. Im Westen erstreckte sich Tibet, im Osten lagen die gefährlichen Schluchten des Yangzi, die Nachbarn im Süden galten als Barbaren. Sichuan war eine sehr abgeschiedene Region gewesen, bis Mitte der fünfziger Jahre die Eisenbahn gebaut wurde, die uns jetzt nach Norden brachte. Sichuan stand im Ruf, eine Art »unabhängiges Königreich« zu sein. Die Einwohner der Provinz hatten angeblich einen unabhängigeren Verstand als die meisten anderen Chinesen. Mao fürchtete die legendäre Neigung der Menschen in Sichuan, ihre Unabhängigkeit zu wahren. Die Kommunisten hatten deshalb sichergestellt, daß sich die Provinz immer fest im Griff Beijings befand.
Die Reise dauerte zwei Tage und eine Nacht. Die Schaffnerinnen unterhielten sich mit uns und sagten uns, wie sehr sie uns beneideten, weil wir bald den Vorsitzenden Mao sehen würden. Am Bahnhof von Beijing wurden wir auf riesigen Plakaten als »Gäste des Vorsitzenden Mao« begrüßt. Wir kamen nach Mit-

ternacht an, aber der Platz vor dem Bahnhof war taghell erleuchtet. Scheinwerferstrahlen schwangen über Tausende und Abertausende von Jugendlichen hin und her. Alle Jugendlichen trugen die roten Armbänder der Roten Garden, ich hörte die unterschiedlichsten Dialekte. Sie redeten, schrien, kicherten und stritten sich. Hinter diesem Tumult ragte der gigantische Block des Bahnhofs empor, der im sowjetischen Architekturstil gebaut war. Nur die pavillonartigen Dächer der beiden Uhrentürme an den beiden Enden des Gebäudes waren dem chinesischen Stil nachempfunden. Benommen stolperte ich aus dem Bahnhof auf den flutlichthellen Vorplatz. Die überwältigende Größe, der Glanz des Marmors und die Modernität des Gebäudes überwältigten mich. Ich war an die traditionellen, dunklen Holzsäulen und an die rauhen Ziegelmauern des chinesischen Baustils gewohnt. Mein Blick fiel auf das riesige Porträt Maos, das in der Mitte des Bahnhofs hing; darüber befanden sich die drei goldenen Schriftzeichen »Bahnhof Beijing« in Maos Handschrift.

Lautsprecher dirigierten uns zum Empfangsbüro in einer Ecke des Bahnhofs. In Beijing mußten, wie in jeder anderen chinesischen Stadt, Beamte für die Unterkunft der reisenden Rotgardisten sorgen. Die Rotgardisten wurden in Schlafsälen der Universitäten und in Schulen, in Hotels und Büros untergebracht und sogar in Häusern von »Klassenfeinden«, die aus der Hauptstadt vertrieben worden waren. Nachdem wir stundenlang Schlange gestanden hatten, wurden wir an die Qing-Hua-Universität verwiesen, eine der angesehensten Universitäten Chinas. Ein Bus brachte uns zu der Hochschule, man sagte uns, daß wir dort in der Mensa essen könnten. Um die Millionen reisender Jugendlicher kümmerte sich Zhou Enlai. Er war für die Alltagsprobleme zuständig, die Mao keines Blickes würdigte. Ohne Zhou oder einen anderen Mann in seiner Funktion wäre das Land – und die Kulturrevolution – schnell zusammengebrochen. Das wußte Mao, und deshalb ließ er Zhou gewähren.

Wir sechs Mädchen bildeten eine sehr ernsthafte Gruppe, wir hatten nur das eine Ziel, den Vorsitzenden Mao zu sehen. Unglücklicherweise hatten wir knapp seine fünfte Musterung der Roten Garden auf dem Tiananmen-Platz verpaßt. Was sollten wir tun? Freizeitbeschäftigungen und Stadtbesichtigungen waren verpönt – das brachte die Revolution nicht voran. Und so vertrieben wir uns die Zeit auf dem Universitätsgelände, indem wir die Wandzeitungen abschrieben. Mao hatte einmal gesagt, der Zweck des Reisens bestehe darin, »Informationen über die Kulturrevolution auszutauschen«. Das wollten wir tun: Wir wollten die Wandzeitungen der Roten Garden von Beijing nach Chengdu bringen.

Wir wohnten unter denkbar unerfreulichen Bedingungen auf dem Universitätsgelände. Noch heute rieche ich den Gestank der verstopften Toiletten am Ende des Flurs. Urin, durch aufgelöste Exkremente verdickt, blockierte die Abwasserröhren, stieg über die Toilettenschüsseln und überschwemmte den gekachelten Boden. Glücklicherweise war an der Toilettentür eine Schwelle, so daß der stinkende Brei nicht auf den Flur fließen konnte. Die Verwaltung der Universität war lahmgelegt, niemand kümmerte sich um die Reparaturen. Die Toilette zwei Stockwerke tiefer funktionierte besser. Ich ging in Notfällen dorthin, aber vor allem trank ich ab Nachmittag möglichst nichts mehr. Doch ein paar Bauerntölpel benutzten nach wie vor die Toilette auf unserem Stockwerk, Jauche gehörte schließlich zum Bauernleben. Wenn sie dann herauskamen, verteilten sie mit ihren Schuhen stinkende Spuren auf dem Flur und im Treppenhaus.

Zwei Wochen vergingen ohne Nachricht, wann wir Mao sehen könnten. Deshalb beschlossen wir, nach Shanghai zu reisen und den Ort zu besuchen, an dem die Kommunistische Partei 1921 gegründet worden war. Von dort wollten wir zu Maos Geburtsstätte weiterziehen. Die beiden Reisen erwiesen sich als die reine Hölle: Die Züge waren völlig überfüllt.

Wir sechs Mädchen aus Chengdu verhielten uns ganz und gar nicht wie militante Rote Garden. Um uns herum war immer lautes Geschnatter, manche stellten sich am Ende der langen Waggons auf die Bänke, um sich mit uns zu unterhalten. Das achtzehnjährige Mädchen in unserer Gruppe war besonders beliebt. Jeder, auch neue Bekanntschaften, nannte sie »Pummelchen«, da sie um die Hüften herum gut gepolstert war. Sie lachte viel, ihr Lachen war ein tief aus der Brust kommendes, opernhaftes »Ho-ho-ho«. Oft sang sie auch, aber natürlich nur Lieder, deren Texte aus Mao-Zitaten bestand. Alle anderen Lieder außer diesen und ein paar anderen, in denen Mao gepriesen wurde, waren während der Kulturrevolution verboten, ebenso andere Formen der Unterhaltung. Die Kulturrevolution dauerte zehn Jahre.

Mit »Pummelchen« und den anderen Mädchen erlebte ich die glücklichste Zeit seit dem Beginn der Kulturrevolution – obwohl ich mich ständig um meinen Vater sorgte und trotz des Gedränges in den Zügen. Jeder Quadratzentimeter war besetzt. Ein Mädchen rollte sich im Gepäcknetz zusammen, unter den Tischen lagen Jugendliche, selbst auf dem schmalen Rand einer Sitzbank balancierte ein Junge. Die Toilette war unbenutzbar, weil sich auch dort Jugendliche niedergelassen hatten. Die Quälerei in den Zügen verdarb mir jede Lust zur Besichtigung von Sehenswürdigkeiten. Nur der Wunsch, die heiligen Stätten Chinas einmal zu sehen, gab uns die Kraft, all das zu ertragen: Wir zerrten und drückten, stießen andere und kletterten über sie hinweg, schrien und schwitzten trotz der eisigen Kälte. Und wir waren todmüde vom stundenlangen Stehen.

Über dreitausend Kilometer legten wir auf dieser Reise zurück. Nie zuvor in meinem Leben war ich so erschöpft gewesen. Wir besichtigten Maos Geburtshaus, eine Mischung aus Museum und Schrein. Es war ein großes, weitläufiges Haus – ganz anders als meine Vorstellung von der Behausung »ausgebeuteter« Bauern, die man mir beigebracht hatte. An einer Wand hing ein Foto von Maos Mutter. Eine Inschrift besagte, daß sie eine gute und großherzige Frau gewesen sei, und da ihre Familie verhältnismäßig wohlhabend gewesen sei, habe sie den Armen oft etwas zu essen geschenkt. Die Eltern unseres großen Führers waren also reiche Bauern gewesen! Und »reiche Bauern« waren »Klassenfeinde«. Wie konnten dann Maos Eltern als Helden gefeiert werden, wenn andere Klassenfeinde hassenswerte Subjekte waren? Ich suchte nicht nach einer Antwort. Die Frage allein jagte mir solche Angst ein, daß ich jeden weiteren Gedanken unterdrückte.

Mitte November kehrten wir nach Beijing zurück. In der Hauptstadt herrschte eisige Kälte. Das Empfangsbüro befand sich nicht mehr im Bahnhof, weil es für die Menge der nach Beijing strömenden Jugendlichen zu klein geworden war. Ein Lastwagen brachte uns in einen Park, wo wir uns die Nacht über anstellen mußten, damit uns am nächsten Tag eine Unterkunft zugewiesen wurde. Wir konnten uns nicht auf den Boden setzen, er war gefroren, und es war unerträglich kalt. Ich schlief im Stehen ein. In meiner geliebten Heimat in der Ebene von Chengdu fiel die Temperatur im Winter selten unter null Grad. Wir waren im Herbst abgereist und nicht auf winterliche Temperaturen vorbereitet. Der Wind schien mir bis in die Knochen hinein zu dringen. Die Nacht kam mir endlos vor. Eine endlose Schlange von Wartenden wand sich um den zugefrorenen See. Die Morgendämmerung kam und ging, wir standen immer noch in der Schlange. Erst am Abend erhielten wir eine Unterkunft zugewiesen: die Zentrale Theaterkunstschule. In unserem Zimmer hatte früher Gesangsunterricht stattgefunden, jetzt lagen zwei Reihen Strohmatratzen auf dem Boden: unsere Betten. Es gab keine Bettbezüge und auch keine Kissen. Zwei Offiziere der Luftwaffe nahmen uns in Empfang und sagten uns, daß sie »vom Vorsitzenden Mao geschickt worden« seien, um uns militärisch auszubilden. Sie erklärten ihre Anwesenheit in einer Weise, daß wir tief gerührt waren, weil Mao uns soviel Fürsorge zuteil werden ließ.

Die beiden Offiziere waren sehr freundlich und herzlich zu uns. Sie brachten uns Tüten mit großen, reifen Äpfeln, wie man sie in Chengdu nur selten zu sehen bekam, und Unmengen von Karamelkastanien, die als Beijinger Leckerbissen galten. Als Gegenleistung schlichen wir uns in ihr Zimmer, sobald wir sicher sein konnten, daß sie nicht da waren, und holten ihre schmutzigen Kleider. Dann wuschen wir sie mit großer Begeisterung. Ich erinnere mich, wie ich mich mit den großen Khaki-Uniformen abmühte, die im kalten Wasser sehr schwer und hart wurden. Wir wuschen mit Hingabe. Von Soldaten zu lernen hieß, sie zu lieben, so hatte man uns erzählt. Es gab unzählige Bücher, Artikel, Lieder und Tänze darüber, wie Mädchen die Kleider der Soldaten wuschen.

Ich wusch sogar ihre Unterhosen, hatte aber dabei keinerlei sexuelle Empfindungen. Vermutlich waren viele Chinesinnen meines Alters so vollkommen von den politischen Vorgängen ausgefüllt, daß kein Raum blieb für sexuelle Empfindungen. Das galt aber keineswegs für alle. Nachdem die Eltern keine Kontrolle mehr über sie hatten, begann für manche eine Zeit unglaublicher Promiskuität. Ich erfuhr von zahllosen Liebesgeschichten und Tragödien. Als ich nach Hause zurückkehrte, hörte ich, daß eine frühere Klassenkameradin Selbstmord begangen hatte, nachdem sie von einem Rotgardisten auf der Reise nach Beijing schwanger geworden war. Ihr Vater hatte sie verprügelt, die Nachbarn hatten sie gemieden, und schließlich hatte sie sich »aus Scham« erhängt. Der mittelalterliche Grundsatz der Schande wurde damals von niemandem, auch von mir nicht, in Frage gestellt. Obwohl diese Form der Barbarei das Ziel einer echten »Kulturrevolution« hätte sein können, widmete Mao solchen Dingen keine Aufmerksamkeit. Sie gehörten nicht zu den »alten Zöpfen«, die die Roten Garden abschneiden sollten.

Die Kulturrevolution brachte auch eine große Zahl militanter Puritaner hervor oder bestärkte sie. Meistens waren es junge Frauen. Ein Mädchen aus meiner Klasse erhielt einmal einen Liebesbrief von einem sechzehnjährigen Jungen. Sie schrieb ihm zurück und beschimpfte ihn als »Verräter an der Revolution«: »Wie kannst Du es wagen, an etwas so Schamloses zu denken, solange der Klassenfeind noch wütet und die Menschen in der kapitalistischen Welt in einem Jammertal des Elends leben!« Schon damals fand ich ihre Reaktion übertrieben, denn eigentlich ging es ja nur darum, dem Jungen eine Absage zu erteilen. Aber so verhielten sich viele Mädchen um mich herum. Mao lehrte, daß die Mädchen wie Soldaten sein mußten, und Rotgardisten hatten Härte zu zeigen. In meiner Jugendzeit wurde Weiblichkeit mißbilligt und sogar unterdrückt. Viele Mädchen versuchten, sich wie aggressive, rohe Männer zu benehmen und machten sich über diejenigen lustig, die diesen Stil nicht nachahmten. Es gab ohnehin wenig Gelegenheit, Weiblichzeit zu zeigen. So war es uns beispielsweise verboten, etwas anderes als die unförmigen blauen oder grünen Jacken und Hosen zu tragen.

Unsere Luftwaffenoffiziere jagten uns jeden Tag über den Sportplatz der Theaterkunstschule. Neben dem Sportplatz lag die Mensa und zog meine Blicke magisch an, auch wenn wir gerade erst vom Frühstück kamen. Ich war immer hungrig. Dauernd dachte ich an Essen, malte mir die köstlichsten Gerichte aus. Wir bekamen zwar reichlich Gemüse und Reis, aber ich vermißte die Vielfalt der Küche von Sichuan. Ich kehrte nicht nur ausgehungert, sondern auch mit Arthritis nach Hause zurück. In Beijing war es so kalt, daß das Wasser in den Leitungen gefror, und ich besaß nur ein Paar wollene Hosen und nicht einmal einen Mantel. Es gab kein heißes Wasser, um unsere eiskalten Füße aufzuwärmen. Als wir angekommen waren, hatte jede von uns eine Decke bekommen. Ein paar Tage später trafen weitere Mädchen ein, und es waren keine Decken mehr da. Wir beschlossen, ihnen drei von unseren Decken zu geben und die übrigen drei gemeinsam zu benutzen. Unsere Erziehung ließ uns keine andere Möglichkeit, als unseren Genossinnen zu helfen.

Man hatte uns erklärt, daß die Decken aus Beständen stammten, die für Kriegszeiten angelegt worden seien. Der »Vorsitzende Mao« habe befohlen, daß die Decken an seine Rotgardisten verteilt werden sollten. Wir waren Mao aus tiefstem Herzen dankbar. Und jetzt, wo es nicht mehr genügend Decken gab, mußten wir Mao noch dankbarer sein, denn er hatte uns alles gegeben, was China besaß.

Die Decken reichten nur für zwei Menschen, wenn sie sehr eng aneinandergedrängt schliefen. Ich wälzte mich hin und her, furchtbare Alpträume quälten mich. Der Raum war nur notdürftig beheizt. Sobald ich in einen unruhigen Schlaf fiel, kroch die Kälte in mir hoch. Als wir schließlich die Heimreise antraten, waren meine Kniegelenke so entzündet, daß ich sie kaum noch beugen konnte. Jeder Gang zur Toilette wurde zur Qual, denn fast überall in China war die Toilette ein Loch im Boden.

Am Nachmittag des 24. November versammelten wir uns wie üblich in einem Zimmer der Jungen und lernten Zitate von Mao auswendig. (Aus Anstand betraten weder die Offiziere noch die Jungen die Schlafsäle der Mädchen.) Unser freundlicher Kommandant betrat das Zimmer ungewöhnlich beschwingt und mit glänzenden Augen. Er schlug uns vor, er werde dirigieren und wir sollten das berühmte Lied der Kulturrevolution singen: »Wenn wir das Meer befahren, brauchen wir den Steuermann.« Er dirigierte mit großen Gesten, seine Augen leuchteten, seine Wangen waren gerötet. Als wir fertig waren, verkündete er mit mühsam unterdrückter Aufregung, er habe eine gute Nachricht für uns. Wir wußten natürlich sofort, was es war.

»Morgen werden wir den Vorsitzenden Mao sehen!« rief er aus. Der Rest seiner Worte ging im Jubel unter. Schon bald stimmten wir alle in die Slogans ein: »Lang lebe der Vorsitzende Mao!« »Wir folgen treu dem Vorsitzenden Mao!«

Unser Kommandant erklärte uns, daß nach dieser Stunde niemand mehr das Haus verlassen dürfe. Wir sollten gegenseitig darauf achten, daß niemand gegen das Verbot verstieß. Es war völlig normal, daß man andere beobachtete oder aufgefordert wurde, das zu tun. Das waren Sicherheitsmaßnahmen für den Vorsitzenden Mao, und wir hielten uns nur zu gern daran. Wir waren alle eifrig bei der Sache. Ein paar von uns gingen auf den Basketballplatz hinaus, der nahe beim Haupttor lag, um sicherzustellen, daß niemand das Gelände verließ. Nach dem Abendessen näherte sich der Offizier unserer kleinen Gruppe und sagte leise und feierlich: »Wollt ihr etwas Besonderes für die Sicherheit des Vorsitzenden Mao tun?« Aufgeregt sprangen wir auf: »Natürlich!« Er gab uns ein Zeichen, ruhig zu sein, und fuhr flüsternd fort: »Bevor wir morgen losziehen, sollte eine von euch vorschlagen, daß wir alle uns gegenseitig durchsuchen. Wir wollen sicher sein, daß niemand einen unerlaubten Gegenstand bei sich führt. Ihr wißt ja, junge Menschen halten sich manchmal nicht an die Regeln ...« Die Regeln hatte er uns zuvor erläutert: Wir durften keine metallenen Gegenstände zu der Versammlung mitnehmen, nicht einmal Schlüssel.

Ich verbrachte eine schlaflose Nacht, vielen anderen erging es ebenso. Schließlich saßen wir alle auf den Matratzen und unterhielten uns aufgeregt. Um vier Uhr morgens standen wir auf und formierten uns in disziplinierten Reihen für den Marsch zum Tiananmen-Platz. Bevor unsere Abteilung losmarschierte, trat Pummelchen vor und schlug vor, daß wir uns gegenseitig noch einmal gründlich durchsuchen sollten. An den Mienen der anderen konnte ich ablesen, daß sie den Vorschlag für eine unnötige Zeitverschwendung hielten. Aber unser Kommandant unterstützte den Vorschlag, er wollte sogar als erster durchsucht werden. Ein Junge wurde herbeigerufen. Er fand tatsächlich einen Schlüsselbund. Unser Kommandant tat so, als wäre er besonders unachtsam gewesen und lächelte Pummelchen triumphierend zu. Wir durchsuchten uns gegenseitig. Dieses umständliche Vorgehen war typisch für die maoistische Herrschaftsweise: Alles mußte so *aussehen*, als geschähe es auf Verlangen des Volkes und nicht auf Befehl von oben.

Die nächtlichen Straßen waren voll von Menschen, aus allen Bezirken der Hauptstadt zogen die Roten Garden zum Tiananmen-Platz. Parolen brausten wie ohrenbetäubende Wellen über die Menge. Während wir mitschrien, winkten wir mit unseren Roten Büchern. Wenn wir die Bücher in die Höhe hoben, leuchteten lange rote Linien in der Dunkelheit. In der Morgendämmerung erreichten wir den Platz. Ich befand mich in der siebten Reihe auf dem breiten Bürgersteig der Straße zum Ewigen Frieden an der östlichen Seite des Tiananmen-Platzes. Hinter mir standen noch zahlreiche weitere Reihen. Nachdem wir uns alle ordentlich aufgestellt hatten, befahlen uns die Offiziere, wir sollten uns hinsetzen. Wir waren inzwischen zwar daran gewohnt, im Schneidersitz auf harten Böden zu sitzen, aber mit meinen entzündeten Knien war es diesmal die Hölle. Mir war entsetzlich kalt, ich war müde und erschöpft, weil ich hier nicht einschlafen konnte. Die Offiziere feuerten uns mit immer neuen Parolen an und brachten die einzelnen Gruppen zu einem Wettsingen, um uns wach und bei Stimmung zu halten.

Gegen Mittag kam auf einmal Bewegung in die Menschen um mich herum. »Lang lebe der Vorsitzende Mao!« »Lang lebe der Vorsitzende Mao!« Die Menschen vor mir sprangen auf und hüpften in fanatischer Begeisterung auf und ab, während sie hysterisch mit den kleinen Roten Büchern winkten. »Setzt euch hin! Hinsetzen!« schrie ich, aber niemand hörte mich. Unser Kommandant hatte erklärt, daß wir alle sitzen bleiben sollten. Aber nur wenige hielten sich an die Regeln, zu groß war die Erregung, Mao zu sehen.

Durch das lange Sitzen waren meine Beine gefühllos geworden. Ein paar Sekunden lang sah ich nichts als Reihen hüpfender Hinterköpfe. Als ich endlich auf die Beine kam, erhaschte ich nur noch einen Blick auf das Ende der Autokolonne. Präsident Liu Shaoqi, formell der zweite Mann im Staate, hatte mir sein Gesicht zugewandt.

Auf Wandzeitungen wurde Liu Shaoqi bereits als »Chinas Chruschtschow« und Maos ärgster Widersacher angegriffen. Mit seiner Absetzung war täglich zu rechnen. Liu sah niedergeschlagen und müde aus, aber ich bedauerte ihn nicht. Obwohl er Präsident war, bedeutete er meiner Generation nichts. Wir waren einzig und allein mit dem Personenkult um Mao aufgewachsen. Wenn Liu sich gegen Mao gewandt hatte, war es selbstverständlich, daß er gehen mußte.

Am Morgen dieses 25. November 1966 hatte ich nur den einen Gedanken, einen Blick auf Mao zu werfen. Schnell wandte ich meine Augen von Präsident Liu ab und schaute die übrigen Wagen an. Ich erkannte Maos breiten Rücken, er stand in einem Wagen und winkte. Sekundenbruchteile später war er verschwunden. Mir sank das Herz. Sollte das alles gewesen sein, was ich vom Vorsitzenden Mao zu sehen bekam? Nur einen flüchtigen Blick auf seinen Rücken? Die helle Sonne erschien mir schlagartig matt und grau. Die Rotgardisten um mich herum schrien aufgeregt, sie schienen überhaupt nicht erschöpft zu sein. Das Mädchen neben mir stach sich mit einer Nadel in den Zeigefinger ihrer rechten Hand, preßte das Blut heraus und schrieb damit auf ein sauber gefaltetes Taschentuch. Ohne hinzusehen wußte ich, was sie schrieb. Ich wußte es, weil andere Rotgardisten das oft getan hatten und weil es in den Zeitungen bis zum Überdruß beschrieben worden war: »Ich bin heute der glücklichste Mensch der Welt. Ich habe unseren Großen Führer, den Vorsitzenden Mao, gesehen!« Meine Verzweiflung wuchs, als ich die Rotgardisten beobachtete. Das Leben schien so sinnlos. Ein Gedanke schoß mir durch den Kopf: Sollte ich Selbstmord begehen?

Bereits im nächsten Augenblick war der Gedanke wieder verflogen. Heute, im Rückblick, vermute ich, daß der Gedanke an Selbstmord ein unbewußter Versuch war, das Ausmaß meiner Enttäuschung auszudrücken. Mein Traum war zerplatzt, und das nach einer langen Reise voller Entbehrungen. Die überfüllten Züge, die entzündeten Knie, der Hunger und die Kälte Tag und Nacht, die verstopften Toiletten, die vollkommene Erschöpfung: Wir hatten soviel auf uns genommen, und unsere Mühen waren nicht belohnt worden.

Unsere Pilgerfahrt war zu Ende, wir machten uns auf die Heimreise. Ich sehnte mich nach einem warmen und freundlichen Zuhause und einem heißen Bad, aber zugleich hatte ich düstere Vorahnungen. Kurz vor unserer Abreise traf ein Brief von meiner Mutter ein. Sie schrieb, daß sich mein Vater wieder völlig erholt habe und daß es der ganzen Familie in Chengdu gut gehe. Aber am Schluß hatte sie hinzugefügt, daß sowohl sie selbst als auch mein Vater als »Kapitalistenhelfer« angeprangert worden seien. Ich bekam Angst. Im Dezember 1966 war klar, daß die »Kapitalistenhelfer«, also die kommunistischen Funktionäre, die Hauptzielscheiben der Kulturrevolution waren. Ich sollte bald erfahren, was das für mich und meine Familie bedeutete.

KAPITEL 19

*»Wenn man jemanden
verurteilen will, findet man
auch einen Beweis«*

*Meine Eltern werden gequält
(Dezember 1966-1967)*

Der Definition nach war ein Kapitalistenhelfer ein mächtiger Funktionär, der eine Politik vertrat, die dem Kapitalismus den Weg ebnete. Doch in der Realität hatte kein Funktionär auch nur ansatzweise die Wahl, was für einen politischen Kurs er verfolgte. Ob die Anweisungen von Mao oder von seinen Gegnern kamen, immer erreichten sie die Funktionäre der unteren Ebenen als Anweisungen der Partei, denen man zu folgen hatte – auch wenn der politische Kurs dadurch ein Zickzackkurs wurde oder ab und zu eine Wendung um hundertachtzig Grad gefordert war. Wenn ein Funktionär einen bestimmten Befehl nicht ausführen wollte, konnte er nur passiven Widerstand leisten, und auch das nicht offen. Aufgrund der Arbeit, die ein Funktionär leistete, konnte man also unmöglich entscheiden, ob er nun ein Kapitalistenhelfer war oder nicht.

Viele Funktionäre hatten eine eigene politische Meinung, aber nach den Regeln der Partei war es verboten, die eigene Meinung öffentlich auszudrücken. Überdies wollte gar niemand seine Meinung sagen. Die breite Öffentlichkeit wußte nicht, was die Funktionäre in Wahrheit dachten.

Doch jetzt appellierte Mao an die Bevölkerung, die Kapitalistenhelfer zu bekämpfen. Selbstverständlich wurde nicht genau gesagt, woran man einen Kapitalistenhelfer erkannte, und ein eigenständiges Urteil durfte sich genauso selbstverständlich niemand bilden. So kamen die Funktionäre ausschließlich deshalb unter Beschuß, weil sie bestimmte Positionen innehatten.

Nicht der Rang eines Funktionärs spielte die ausschlaggebende Rolle, entscheidend war vielmehr, ob der Betreffende eine verhältnismäßig eigenständige Einheit leitete. Die ganze Bevölkerung war in Einheiten organisiert. Für die Menschen repräsentierten die Leiter der Einheiten die Macht, sie waren die unmittelbaren Vorgesetzten. Indem Mao zur Verfolgung der Leiter aufrief, nutzte er geschickt den Ärger mancher Menschen über ihre Vorgesetzten, wie er zuvor den Ärger der Schüler über ihre Lehrer ausgenutzt hatte. Die Leiter der Einheiten waren außerdem wichtige Glieder in der Machtstruktur der Kommunistischen Partei, die Mao beseitigen wollte.

Meine Eltern waren beide Abteilungsleiter, und deshalb wurden sie als Kapitalistenhelfer denunziert. Nahezu alle Leiter von Einheiten in ganz China, gleichgültig ob es sich um große oder kleine Einheiten handelte, wurden von ihren Untergebenen als Kapitalistenhelfer denunziert, weil sie angeblich eine Politik verfolgten, die »kapitalistisch und gegen den Vorsitzenden Mao gerichtet« war. Ein Kapitalistenhelfer war, wer freie Märkte auf dem Land zugelassen oder eine bessere Ausbildung der Arbeiter gefordert hatte, wer Schriftstellern und bildenden Künstlern relative Freiheit gewährt und den sportlichen Wettbewerb gefördert hatte – letzteres hieß jetzt »die bürgerliche Sucht nach Trophäen und Medaillen«. Bis dahin hatten die meisten Funktionäre nicht einmal geahnt, daß Mao gegen eine solche Politik etwas einzuwenden hatte, denn sie hatten alle ihre Anweisungen von der Partei bekommen, deren Vorsitzender Mao war. Und jetzt traf sie wie ein Blitz aus heiterem Himmel die Mitteilung, der bisherige politische Kurs sei von den »bürgerlichen Hauptquartieren« in der Partei angeordnet worden.

In jeder Einheit gab es ein paar besonders Aktive, die sogenannten »rebellischen Roten Garden« oder kurz »Rebellen«. Sie schrieben eifrig Wandzeitungen und Parolen, verlangten »Nieder mit den Kapitalistenhelfern!« und hielten Anklageversammlungen gegen ihre Vorgesetzten ab. Die Beschuldigungen klangen natürlich wenig überzeugend. Die Angeklagten konnten nur immer wieder sagen, daß sie lediglich Parteibefehle ausgeführt hätten. Mao habe sie immer ermahnt, jeder Anweisung der Partei bedingungslos zu folgen, er habe ihnen nie gesagt, daß es »bürgerliche Hauptquartiere« in der Partei gebe. Woher hätten sie das wissen sollen? Und wie hätten sie sich auch verhalten sollen? Die Menge sah das ein. Die Funktionäre standen nicht völlig allein, sie fanden auch viele Fürsprecher, die sogenannten »Loyalisten«. Zwischen den Rebellen und den Loyalisten entbrannten verbale und physische Auseinandersetzungen. Mao hatte nie befohlen, daß alle Parteifunktionäre angeklagt werden sollten. Die Gefolgsleute der Funktionäre, ob sie nun organisiert oder spontan auftraten, konnten deshalb argumentieren, daß diese Funktionäre keine Kapitalistenhelfer gewesen seien. Die Militanten zögerten: Was würde passieren, wenn sich herausstellte, daß diese Abteilungsleiter tatsächlich keine Kapitalistenhelfer gewesen waren? Die Menschen wußten nicht, was sie – abgesehen von Wandzeitungen, Aufschriften und Anklageversammlungen – tun sollten.

Bei meiner Rückkehr nach Chengdu im Dezember 1966 spürte ich die Ratlosigkeit und Unsicherheit förmlich.

Meine Eltern waren beide zu Hause. Das Krankenhaus, in dem mein Vater wegen seiner geistigen Verwirrung behandelt worden war, hatte ihn im November entlassen. Kapitalistenhelfer sollten zu ihren Einheiten zurückkehren, damit sie dort weiter angegriffen werden konnten. Die kleine Kantine war geschlossen worden, wir mußten unser Essen aus der großen Kantine holen, die aber weiterhin normal arbeitete. Meine Eltern erhielten jeden Monat regelmäßig ihre Gehälter, obwohl die Parteiverwaltung nicht mehr funktionierte und sie nicht mehr arbeiteten. Die Abteilungen meiner Eltern waren für Kultur zuständig gewesen. Ihre Vorgesetzten in Beijing waren den Mao-Anhängern besonders verhaßt, und schon zu Beginn der Kulturrevolution hatte es eine große Säuberung gegeben. Meine Eltern standen direkt in der Schußlinie. Auf den Wandzeitungen las ich die üblichen Aufforderungen: »Werft Bomben auf Chang Shou-yu!« und »Verbrennt Xia De-hong!« Aber im Grunde wurden gegen meine Eltern die gleichen Beschuldigungen vorgetragen wie gegen fast jeden anderen Abteilungsleiter in jeder öffentlichen Abteilung im ganzen Land, von kleinen Unterschieden des Stils oder der künstlerischen Freiheit abgesehen.

In der Abteilung meines Vaters wurden Anklageversammlungen gegen ihn abgehalten, er mußte erscheinen. Am eifrigsten klagte meinen Vater Frau Shau an, eine engstirnige und unerträglich selbstgerechte stellvertretende Sektionsleiterin, die schon lange auf ihre Beförderung zur Sektionsleiterin wartete. Sie glaubte, daß mein Vater ihre Beförderung verhindert hatte, und wollte sich an ihm rächen. Einmal spuckte sie ihm ins Gesicht und schlug ihn. Aber insgesamt ging es glimpflich ab. Viele mochten und respektierten meinen Vater und schonten ihn. Auch außerhalb seiner Abteilung wurden Anklageversammlungen gegen ihn abgehalten, beispielsweise bei der *Sichuaner Tageszeitung*. Aber die Beschäftigten dort kannten ihn kaum und wußten nicht, was sie ihm vorwerfen sollten. Solche Versammlungen waren eine reine Formsache.

Gegen meine Mutter wurden keine Anklageversammlungen abgehalten. Meine Mutter war außerordentlich beliebt. In ihrer Stellung hatte sie direkt mit den Alltagsproblemen der Menschen zu tun gehabt, sie war nicht wie mein Vater für große Organisationen zuständig gewesen, sondern für Gruppen von Menschen – für Schulen, Krankenhäuser und Theatergruppen. Normalerweise wäre ein Funktionär in ihrem Rang längst von irgend jemandem aus diesen Einheiten denunziert worden. Aber die Lehrer, Ärzte und Schauspieler ließen meine Mutter in Ruhe.

Sie hatte sich um ihre persönlichen Probleme gekümmert, um Wohnungen, Versetzungen und Pensionen, sie hatte stets unermüdlich, hilfsbereit und freundlich gearbeitet und war außerdem effizient und erfinderisch gewesen. Dafür schätzte man sie. Die Menschen waren ihr auch deshalb dankbar, weil sie in früheren Kampagnen nie versucht hatte, jemanden zum Sündenbock zu machen. In vielen Fällen war es ihr sogar gelungen, ihre Untergebenen zu schützen. Man wußte, daß sie dabei Risiken eingegangen war, und dankte es ihr nun damit, daß man in den pflichtschuldig abgehaltenen Anklageversammlungen nichts gegen sie vorbrachte.

Am Abend nach meiner Rückkehr herrschte zu Hause eine entspannte Stimmung. Meine Mutter berichtete fast amüsiert, was ihr und meinem Vater seit meinem Weggang widerfahren war. Sie erzählte, sie und mein Vater hätten vereinbart, daß sie nach der Kulturrevolution nicht mehr Funktionäre bleiben wollten. Sie hätten genug von der endlosen Arbeit, den Sorgen und Ängsten und den Machtkämpfen. Sie wollten den Antrag stellen, als einfache Genossen ein normales Familienleben führen zu dürfen. Erst später wurde mir klar, daß sich meine Eltern damit selbst etwas vormachten, denn die chinesische Politik ließ einen solchen Ausstieg gar nicht zu. Aber damals brauchten sie wohl einen Hoffnungsschimmer.

Mein Vater sagte auch: »Ein kapitalistischer Präsident kann von einem Tag auf den anderen wieder einfacher Staatsbürger werden. Es ist gut, wenn die Macht nicht auf Lebenszeit verliehen wird. Sonst würden die Funktionäre in Versuchung geraten, die Macht zu mißbrauchen.« Dann entschuldigte er sich bei mir, daß er oft ein so tyrannisches Familienoberhaupt gewesen sei. »Ihr seid wie Grillen, die durch den kalten Winter zum Schweigen gebracht wurden. Es ist gut, wenn ihr jungen Leute gegen uns, die Alten, aufbegehrt.« Und er fuhr fort, halb zu mir, halb zu sich selbst: »Ich finde nichts Schlimmes dabei, wenn Funktionäre wie ich kritisiert werden, auch wenn es dabei einmal ein bißchen hart zugeht.«

Das war ein weiterer hilfloser Versuch meiner Eltern, noch etwas Gutes an der Kulturrevolution zu finden. Der Verlust ihrer Privilegien machte ihnen nichts aus, im Gegenteil, sie bemühten sich, die positiven Seiten zu sehen.

Mit Beginn des Jahres 1967 trat die Kulturrevolution in eine neue, intensivere Phase. Der zweite Akt des Dramas begann. Im ersten Akt hatten sich die Rotgardisten formiert und eine Atmosphäre des Terrors geschaffen. Jetzt wandte sich Mao seinem eigentlichen Ziel zu: »Er ersetzte die »bürgerlichen Hauptquartiere« und die bestehende kommunistische Hierarchie durch sein persönliches Machtsystem. Präsident Liu Shaoqi und Deng Xiaoping wurden offiziell denunziert und verhaftet, ebenso Tao Zhu.

»Ergreift die Macht!« Das war in China ein geradezu magischer Satz. Macht bedeutete nicht Einfluß auf die Politik, sondern Verfügungsgewalt über Menschen, Macht brachte Geld, Privilegien, Ansehen, man wurde umschmeichelt – und konnte sich rächen. Für gewöhnliche Chinesen gab es praktisch keine Ventile, das gesamte Land brodelte wie ein Dampfkochtopf, in dem sich ein gewaltiger Überdruck aufgestaut hatte. Es gab keine Möglichkeiten, sich abzureagieren: keine Fußballspiele, keine Vereine, keine Möglichkeit, vor Gericht sein Recht einzuklagen, nicht einmal brutale Filme. Es war völlig unmöglich, eine Beschwerde über das System und seine Ungerechtigkeiten vorzubringen oder gar eine Demonstration zu organisieren. Selbst Gespräche über Politik – die in den meisten Gesellschaften eine gewisse Ventilfunktion haben – waren tabu. Ein Untergebener durfte seinem Vorgesetzten nicht widersprechen, auch wenn dieser wie so oft seine Macht willkürlich einsetzte. War man aber selbst Vorgesetzter, hatte man gewisse Möglichkeiten, sich abzureagieren: Man durfte gegenüber Untergebenen die Geduld verlieren.

Wenn sich jemand an einem anderen rächen wollte, war es am besten, der Vorgesetzte seines Feindes zu werden. Macht war zwar gefährlich, aber sie mußte den Menschen, die nie Macht besessen hatten, doch angenehmer erscheinen als ihre Ohnmacht. Jetzt sah es so aus, als wollte Mao einen Zustand herbeiführen, in dem das gemeine Volk nur noch nach der Macht zu greifen brauchte.

In fast jeder Organisationseinheit in China bildeten sich Rebellengruppen. Alle möglichen Leute – Arbeiter, Lehrer, Verkäufer, sogar Verwaltungsbedienstete – nannten sich auf einmal Rebellen. Nach dem Vorbild der Rebellen von Shanghai kämpften sie gegen die »Loyalisten« und schlugen sie so lange, bis sie kapitulierten. Die früher gegründeten Gruppen der Roten Garden begannen sich bereits aufzulösen, so auch in meiner Schule. Sie hatten sich um die Kinder hoher Funktionäre geschart, die jetzt ihrerseits Zielscheiben der Kulturrevolution wurden.

Die Funktionäre in der Abteilung meines Vaters, die den alten Behörden bis zur letzten Minute gedient hatten, nannten sich jetzt Rebellen. Die Menschen, die meinen Vater angeklagt und seine Verhaftung betrieben hatten, waren nun Rebellen. Frau Shau war nun Leiterin einer alle Provinzbehörden Sichuans umfassenden Rebellengruppe und Anführerin der Rebellen in der Abteilung meines Vaters.

Kaum hatten sich die Rebellen zusammengeschlossen, da entzweiten sie sich schon wieder in Machtkämpfen. Jede Seite klagte die andere an, ein »Gegner der Kulturrevolution« oder ein Anhänger der alten Parteiordnung zu sein. In Chengdu schlossen sich die zahlreichen Gruppen bald zu zwei großen Blöcken zusammen, angeführt von den Rebellengruppen der beiden Hochschulen: der Block »26. August« um die Rebellen der Universität von Sichuan und der Block »Rotes Chengdu« um die Studenten der Universität von Chengdu. Jede Gruppierung stand an der Spitze einer Volksbewegung von mehreren Millionen Menschen aus der gesamten Provinz. Frau Shaus Gruppe gehörte dem Block »26. August« an, ihre Gegenspieler gehörten zum »Roten Chengdu«. Das »Rote Chengdu« vertrat gemäßigtere Positionen, es waren viele Leute dabei, die mein Vater geschätzt und gefördert hatte und die ihn mochten.

Jenseits der Mauern unserer Siedlung hatten sowohl »26. August« wie »Rotes Chengdu« zusätzliche Lautsprecher an Bäumen und Strommasten aufgehängt. Tag und Nacht ertönten jetzt die gegenseitigen Schmähreden und Parolen. Bei manchen Botschaften standen mir buchstäblich die Haare zu Berge. Eines Nachts hörte ich, daß die Gruppe »26. August« Hunderte von Arbeitern zum Sturm auf die größte Textilfabrik in Sichuan zusammengetrommelt hatte. Die Fabrik war eine Hochburg des »Roten Chengdu«. Sie trieben die Fabrikarbeiter in einen Wohnblock und stürmten die Häuser, dann nahmen sie die Arbeiter gefangen und folterten sie. Die Foltermethoden bekamen Phantasiebezeichnungen wie »Singender Brunnen« (dabei wurde den Opfern der Schädel gespalten, bis das Blut herausschoß) und »Landschaftsmalerei« (die Gesichter wurden nach einem bestimmten Muster zerschmettert). In den Botschaften des »Roten Chengdu« hieß es, mehrere Arbeiter seien von den Dächern gesprungen und zu »Märtyrern« geworden. Vermutlich hatten sie sich in den Tod gestürzt, um der Folter zu entgehen. Die Angriffe der Rebellen trafen in erster Linie die berufliche Elite: angesehene Ärzte, Künstler, Schriftsteller, Wissenschaftler, aber auch Menschen, die von Haus zu Haus gingen und Nachttöpfe entleerten (menschliche Exkremente waren für die Bauern höchst wertvoll). Man warf ihnen vor, sie seien nur dank der Förderung von Kapitalistenhelfern in ihre wichtigen Positionen gekommen. Im Grunde jedoch fielen sie der Eifersucht ihrer Kollegen zum Opfer. Im Namen der Revolution wurden viele persönliche Rechnungen beglichen.

Schließlich wurde auch meine Mutter körperlich mißhandelt, jedoch nicht von ihren früheren Untergebenen, sondern hauptsächlich von ehemaligen Kriminellen, die im östlichen Stadtbezirk ihr Unwesen trieben: als Einbrecher, Drogenschmuggler und Zuhälter. Die gewöhnlichen Kriminellen wurden im Gegensatz zu den politischen Kriminellen, die die Kulturrevolution schmerzhaft zu spüren bekamen, zu Angriffen auf ausgesuchte Opfer ausdrücklich ermutigt. Sie hatten mit meiner Mutter nichts zu tun gehabt, sie kannten sie nicht einmal und konnten auch nichts gegen sie vorbringen. Aber meine Mutter war eine der höchsten Funktionärinnen im Bezirk gewesen, und das allein reichte aus, um sie zur Zielscheibe zu machen.

Nun hielten diese Kriminellen Anklageversammlungen gegen meine Mutter ab. Eines Tages kam sie mit schmerzverzerrtem Gesicht nach Hause – man hatte sie gezwungen, auf Glasscherben zu knien. Großmutter unterdrückte einen Aufschrei, als sie Mutters Hosenbeine hochrollte und die Glassplitter in ihren Knien sah. Den Rest der Nacht verbrachte meine Großmutter damit, die Splitter mit einer Pinzette und einer Nadel einzeln zu entfernen. Am nächsten Tag nähte sie für meine Mutter ein Paar dicke Knieschoner und einen gefütterten Hüftschurz, denn gegen die empfindlichen Hüften richteten die Angreifer ihre Schläge bevorzugt.

Meine Mutter erzählte nur selten, was ihr zugestoßen war. Meistens kam sie gefaßt und sogar fröhlich nach Hause. Wenn sie etwas berichten mußte, was sich nicht verschweigen ließ, wie etwa die Sache mit den Glasscherben, erzählte sie es eher beiläufig und versuchte, die Angelegenheit herunterzuspielen. Sie zeigte uns nie die Blutergüsse an ihrem Körper, sie wollte nicht, daß wir uns ihretwegen Sorgen machten, vor allem Großmutter nicht. Aber Großmutter wußte, wie sehr Mutter zu leiden hatte. Ängstlich folgte ihr Blick meiner Mutter überallhin, und dabei bemühte sie sich, ihre eigenen Schmerzen zu unterdrücken.

Meine Mutter bekam Unterleibsblutungen. In den nächsten sechs Jahren blutete sie fast jeden Tag, bis ihr 1973 die Gebärmutter entfernt wurde. Manchmal blutete sie so stark, daß sie ohnmächtig wurde und ins Krankenhaus gebracht werden mußte. Die Ärzte verschrieben ihr Hormone, und meine Schwester und ich spritzten sie ihr. Meine Mutter wußte, daß es gefährlich war, von Hormonen abhängig zu sein, aber sie hatte keine andere Wahl. Nur so konnte sie die Anklageversammlungen durchstehen.

Mittlerweile hatten die Rebellen in der Abteilung meines Vaters ihre Angriffe verschärft. Die Abteilung war eine der wichtigsten in der Provinzregierung, dort saßen mehr ehrgeizige Opportunisten als in anderen Organisationen. Funktionäre, die bislang gehorsame Werkzeuge der Partei waren, wurden jetzt eifrige Rebellen, angeführt von Frau Shau unter dem Banner des »26. August«.

Eines Tages stürmten Frau Shau und einige Kollegen in unsere Wohnung und geradewegs in Vaters Arbeitszimmer. Sie inspizierten die Bücherregale und erklärten meinen Vater zum »Ewiggestrigen«, weil er noch immer »reaktionäre Bücher« besitze. Schon vor einiger Zeit hatten viele Parteimitglieder bei den Bücherverbrennungen der jugendlichen Rotgardisten eigenhändig ihre Bücher ins Feuer geworfen. Mein Vater hatte das nicht getan. Jetzt unternahm er einen schwachen Versuch, seine Bücher zu schützen, und verwies auf die Werke von Marx, Engels, Lenin, Stalin und Mao. Die gebundenen Bände wirkten auf den Regalen besonders auffällig.

»Versuchen Sie nicht, uns Rotgardisten zum Narren zu halten!« schrie Frau Shau. »Sie besitzen viel giftiges Unkraut!« Und dabei zog sie ein paar chinesische Klassiker heraus, die auf feinem Reispapier gedruckt waren.

»Was meinen Sie mit ›wir Rotgardisten‹?« entgegnete mein Vater. »Ihrem Alter nach könnten Sie ihre Mutter sein ... und mehr Verstand haben.« Frau Shau schlug meinem Vater hart ins Gesicht, die anderen schrien ihn an und beschuldigten ihn wegen seiner »unverbesserlich schlechten Einstellung gegenüber den revolutionären Aktionen der Roten Garden«. Dann rissen sie seine Bücher von den Regalen und schleuderten sie betont grob in die riesigen Jutesäcke, die sie mitgebracht hatten. Als alle Säcke voll waren, schleppten sie sie nach unten. Sie mußten mehrmals die Treppe hinauf- und hinuntersteigen. Sie sagten meinem Vater, daß seine Bücher am nächsten Tag im Hof der Abteilung verbrannt würden, gleich nach der vorgesehenen Anklageversammlung gegen ihn. Sie befahlen ihm, zu der Bücherverbrennung zu erscheinen, sie solle »eine Lehre« für ihn sein. Bis dahin müsse er seine restlichen Bücher selbst verbrennen.

Als ich an diesem Nachmittag nach Hause kam, stand mein Vater in der Küche. In dem großen, steinernen Spülbecken brannte ein Feuer, und er warf seine Bücher in die Flammen.

Zum ersten Mal in meinem Leben sah ich ihn weinen. Es war ein schmerzerfülltes, wildes und dazwischen immer wieder ersticktes Weinen; so weinte ein Mann, der nie Tränen vergossen hatte. Ab und zu schüttelte ihn das Schluchzen am ganzen Körper, er stampfte mit den Füßen auf den Boden oder schlug den Kopf gegen die Wand.

Ich hatte solche Angst, daß ich eine Zeitlang nicht wagte, ihn zu trösten. Schließlich legte ich zögernd einen Arm um seinen Körper und schmiegte mich an seinen Rücken. Ich wußte nicht, was ich sagen sollte. Auch er sprach nicht. Mein Vater hatte sein gesamtes Geld für Bücher ausgegeben, die Bücher waren sein Leben gewesen. Nach der Bücherverbrennung spürte ich, daß sich in seinem Verstand etwas verändert hatte.

Mein Vater mußte an vielen Anklageversammlungen teilnehmen. Frau Shau und ihre Gruppe holten gewöhnlich auswärtige Rebellen zu den Veranstaltungen, um die Menschenmenge zu vergrößern und die Gewalttätigkeiten zu befördern. Die Prozedur begann üblicherweise mit dem Ruf: »Zehntausend Jahre, noch einmal zehntausend Jahre und noch einmal zehntausend Jahre soll unser Großer Lehrer, unser Großer Führer, unser Großer Befehlshaber und Großer Steuermann leben, der Vorsitzende Mao!« Dabei wurden die »zehntausend Jahre« und das Wort »groß« besonders laut gebrüllt, und alle hoben gleichzeitig ihre Kleinen Roten Bücher hoch.

Mein Vater machte nicht mit. Er erklärte, daß er sich an einem solchen Theater nicht beteiligen werde. Mit Formulierungen wie »zehntausend Jahre« habe man bereits die Kaiser gepriesen, für den Vorsitzenden Mao, einen Kommunisten, sei das unpassend. Diese Bemerkung reif hysterisches Gebrüll und Schläge hervor, aber Vater blieb fest. Das Verfahren mußte weitergehen, auch wenn sie den Angeklagten nicht dazu bringen konnten nachzugeben. Bei einer Versammlung wurde allen Angeklagten befohlen, niederzuknien und sich vor dem riesigen Bildnis Maos auf der Bühne zu verneigen. Oben am Bilderrahmen war eine rote Blume von der Größe eines menschlichen Kopfes befestigt, von der zwei rote Papierbänder herabhingen. Das war das Kennzeichen einer Anklageversammlung. Während alle anderen Opfer taten, was ihnen befohlen worden war, weigerte sich mein Vater, niederzuknien und sich zu verneigen. Er sagte, das seien entwürdigende, feudalistische Praktiken, die Kommunisten seien angetreten, so etwas ein für allemal zu beseitigen. Die Rebellen schrien, traten gegen seine Knie und schlugen ihn auf den Kopf. Aber er mühte sich, aufrecht stehen zu bleiben.

»Ich knie nicht nieder! Ich verbeuge mich nicht!« sagte er wütend. Die Menge war schockiert, dann wütend und verlangte

schließlich noch mehr: »Verbeuge dich und gestehe deine Verbrechen!«
Aber mein Vater verbeugte sich nicht. »Ich habe nichts verbrochen. Ich verbeuge mich nicht!«
Ein paar junge Männer sprangen auf ihn und versuchten, ihn zu Boden zu zwingen. Sobald sie wieder von ihm abließen, stand er auf, hob den Kopf und starrte den Zuschauern mit seinem direkten Blick in die Augen. Die Angreifer zogen ihn an den Haaren und schlugen auf seinen Nacken. Mein Vater kämpfte verzweifelt. Mitten in diesem gewalttätigen Durcheinander, als die Menge ihm entgegenschleuderte, er sei ein »Konter-Kulturrevolutionär«, schrie Vater wütend zurück: »Was für eine Kulturrevolution soll das denn sein? Das hat nichts mit Kultur zu tun! Es ist reine Barbarei!«
Die Männer, die ihn auf den Nacken geschlagen hatten, heulten auf: »Ha! Die Kulturrevolution wird vom Vorsitzenden Mao angeführt! Und du wagst es, dagegen zu sein?«
Mein Vater schrie noch lauter: »Ich bin dagegen, auch wenn sie vom Vorsitzenden Mao angeführt wird!«
Da wurde es totenstill um Raum. »Gegen den Vorsitzenden Mao« zu sein war ein Verbrechen, das mit dem Tode bestraft wurde. Viele Menschen waren auf grauenhafte Weise ums Leben gekommen, nur weil man sie beschuldigt hatte, sie seien »gegen Mao«, auch wenn man es nicht beweisen konnte.
Die Rebellen konnten es nicht fassen, daß mein Vater keinerlei Furcht zeigte. Nachdem sie sich vom ersten Schock erholt hatten, schlugen sie wieder auf ihn ein und verlangten, er solle seine unerhörten Worte widerrufen. Mein Vater weigerte sich. In höchster Wut fesselten sie ihn und schleppten ihn zur Polizei. Dort verlangten sie, er solle eingesperrt werden. Aber die Polizisten lehnten ab. Die meisten Polizisten schätzten Ruhe und Ordnung und die etablierten Parteiführer; die Rebellen hatten nicht ihre Sympathie. Überdies konnten sie einen Funktionär vom Rang meines Vaters nur mit einer Sondergenehmigung in Polizeigewahrsam nehmen, und niemand hatte eine entsprechende Anweisung gegeben.

Mein Vater wurde immer weiter geschlagen, aber er gab nicht nach, und schließlich ließen sie von ihm ab. Er war der einzige aus der ganzen Siedlung, tatsächlich der einzige unter all den Menschen, die ich kannte, der sich so verhielt, und viele, auch etliche Rebellen, bewunderten ihn dafür. Wenn wir zusammen durch die Straßen gingen, murmelte manchmal ein völlig Fremder meinem Vater zu, wie beeindruckt er von ihm sei. Ein paar Jungen sagten meinen Brüdern, daß sie gern so harte Knochen hätten wie mein Vater.

Nachdem meine Eltern ihre täglichen Qualen durchgestanden hatten, wurden sie von meiner Großmutter verarztet. Meine Großmutter hatte inzwischen ihre Abneigung gegen meinen Vater beiseite geschoben, auch er verhielt sich ihr gegenüber freundlicher. Sie kümmerte sich um ihn wie um ihre Tochter, behandelte seine Wunden mit Salbe, legte Breiumschläge auf, um die Entzündungen zu mildern und mischte ihm Likör mit einem weißen Pulver, das innere Verletzungen heilen sollte.

Meine Eltern hatten die Anweisung erhalten, zu Hause zu bleiben und auf die nächste Vorladung zu einer Anklageversammlung zu warten. Es gab keine Möglichkeit, sich zu verstecken oder zu flüchten. Ganz China war ein Gefängnis. Jedes Haus, jede Straße, jeder Zug wurde vom Volk selbst überwacht. In diesem riesigen Land gab es keinen Ort, wo man sich hätte verstecken können.

In dieser schlimmen Zeit, an einem Tag im Februar 1967, führten meine Eltern ein sehr ernsthaftes Gespräch miteinander, von dem ich aber erst viele Jahre später erfuhr. Meine Mutter saß auf der Bettkante, mein Vater in einem Korbsessel ihr gegenüber. Er sagte, er wisse nun endlich, worum es bei der Kulturrevolution in Wahrheit gehe, und mit dieser Entdeckung sei sein ganzes Weltbild eingestürzt. Er habe begriffen, daß nicht Demokratisierung das Ziel sei und daß auch das Volk nicht mehr Mitspracherechte bekommen solle. Die Kulturrevolution sei nichts anderes als ein blutiger Staatsstreich, um Maos persönliche Macht wiederherzustellen.

Mein Vater sprach langsam und überlegt, vorsichtig wählte er seine Worte. »Aber der Vorsitzende Mao war doch immer so großmütig«, sagte meine Mutter. »Er hat sogar Pu Yi geschont. Warum schont er jetzt nicht seine eigenen Waffenbrüder, die mit ihm für ein neues China gekämpft haben? Wie kann er ihnen gegenüber so hart sein?«

Mein Vater erwiderte ruhig, aber in sehr eindringlichem Tonfall: »Wer war Pu Yi? Ein Kriegsverbrecher, ohne jeden Rückhalt beim Volk. Er konnte nichts tun. Aber ... Er brach bedeutungsvoll ab, und meine Mutter verstand, was er hatte sagen wollen. Mao duldete keine möglichen Herausforderer. Dann fragte sie: »Aber warum geht es gegen uns, obwohl wir nur Befehle ausgeführt haben? Und warum werden jetzt all diese Menschen wie Verbrecher behandelt, warum gibt es soviel Zerstörung und Leid?«

Mein Vater antwortete: »Vielleicht hat der Vorsitzende Mao das Gefühl, daß er sein Ziel nicht erreicht, wenn er nicht das ganze Land umstürzt. Er ist immer sehr gründlich gewesen – und nie zimperlich mit Menschenleben umgegangen.«

Nach einer bedeutungsschweren Pause fuhr mein Vater fort: »Das kann doch keine Revolution sein, die durch das Interesse des Volkes gerechtfertigt ist. Es kann keine marxistische oder kommunistische Revolution sein. Es ist grundsätzlich falsch wenn man persönliche Macht auf Kosten des Landes und des Volkes erringen will.«

Meine Mutter ahnte das drohende Verhängnis. Wenn ihr Mann so dachte, mußte er auch entsprechend handeln. Wie sie erwartet hatte, sagte er nun: »Ich werde einen Brief an den Vorsitzenden Mao schreiben.«

Meine Mutter bedeckte ihr Gesicht mit den Händen. »Wofür denn?« brach es aus ihr heraus. »Wie kannst du nur glauben, daß der Vorsitzende Mao auf dich hören wird? Warum willst du dich selbst zerstören – für nichts und wieder nichts? Denk nur nicht, daß ich auch diesen Brief nach Beijing bringe!«

Mein Vater beugte sich vor und küßte sie auf die Stirn. »Ich will auch gar nicht, daß du ihn nach Beijing bringst. Ich werde ihn zur Post geben.« Dann hob er ihren Kopf hoch und schaute ihr

in die Augen. Hilflos sagte er: »Was kann ich sonst tun? Welche Alternative habe ich? Ich muß es sagen. Vielleicht hilft es doch. Und wenn ich es nur für mein Gewissen tue.«
»Warum ist dein Gewissen so wichtig?« fragte meine Mutter. »Wichtiger als deine eigenen Kinder? Willst du denn, daß sie ›Schwarze‹ werden?«
Sie schwiegen beide lange. Dann sagte Vater zögernd: »Du wirst dich wohl von mir scheiden lassen müssen und die Kinder auf deine Art großziehen.« Sie schwiegen wieder, und meine Mutter dachte, daß er noch zögerte, den Brief zu schreiben. Diesmal ahnte er wohl, welche Konsequenzen der Brief haben würde. Er würde der ganzen Familie zum Verhängnis werden.
Die Tage vergingen, graue Wintertage. Im Februar warf ein Flugzeug über Chengdu Tausende von Flugblättern ab. Sie schwebten aus dem bleigrauen Himmel herab, die tausendfache Vervielfältigung eines Aufrufs des Zentralen Militärkomitees, datiert vom 17. Februar. Das Militärkomitee war die oberste Armeeführung, ihm gehörten auch die führenden Marschälle an, die den Bürgerkrieg gewonnen hatten. In dem Brief wurden die Rebellen aufgefordert, die gewalttätigen Aktionen einzustellen. Obwohl die Kulturrevolution nicht verurteilt wurde, sollte der Brief offenbar doch bewirken, daß sie zum Stillstand kam. Eine Kollegin zeigte meiner Mutter ein Flugblatt. Meine Eltern schöpften vorübergehend Hoffnung, sie dachten, Chinas alte und geachtete Marschälle würden nun einschreiten. In den Straßen der Innenstadt von Chengdu fand eine recht große Demonstration zur Unterstützung des Aufrufs der Marschälle statt.
Die Flugblätter waren die Folge des Aufruhrs hinter den geschlossenen Türen in Beijing. Ende Januar hatte Mao erstmals die Armeeführung zum Eingreifen aufgefordert. Die meisten hohen Militärs – ausgenommen Verteidigungsminister Lin Biao – waren aufgebracht. Am 14. und am 16. Februar hielten sie lange Besprechungen mit fast allen führenden Politikern ab. Mao selbst blieb fern, beauftragte aber Zhou Enlai, den Vorsitz der Versammlung zu übernehmen, die eigentlich eine Ausein-

andersetzung zwischen zwei gegnerischen Lagern war. Die Marschälle taten sich mit den Mitgliedern des Politbüros zusammen, die den Säuberungsaktionen noch nicht zum Opfer gefallen waren. Die Marschälle waren Befehlshaber der kommunistischen Armee gewesen, Veteranen des Langen Marsches und Helden der Revolution. Sie verurteilten die Kulturrevolution, da unschuldige Menschen verfolgt würden und Unruhe über das Land komme. Einer der Vize-Premierminister, Tan Zhenlin, rief wütend aus: »Ich bin mein ganzes Leben dem Vorsitzenden Mao gefolgt. Jetzt folge ich ihm nicht mehr!« Unmittelbar nach diesen Treffen unternahmen die Marschälle Schritte, um die Gewalt zu stoppen. Da die Situation in Sichuan besonders schlimm war, verfaßten sie am 17. Februar eine Botschaft eigens für diese Provinz.

Zhou Enlai entschied sich für die Seite der Mehrheit und hielt zu Mao. Mao verdankte dem Personenkult eine unangreifbare Machtposition. Er holte umgehend zum Vergeltungsschlag gegen die Opposition aus und organisierte Attacken des Pöbels auf kritische Politbüromitglieder und Militärbefehlshaber. Sie wurden überfallen, zu Anklageversammlungen geschleppt und mißhandelt. Die Armee sah tatenlos zu, als Mao den Befehl zur Bestrafung der Marschälle gab.

Dieser einzige schwache Versuch, sich Mao und der Kulturrevolution in den Weg zu stellen, wurde als »Februar-Gegenströmung« bekannt. Das Regime ließ Andeutungen darüber durchsickern, um die Gewalt gegen die Kapitalistenhelfer weiter anzustacheln.

Für Mao markierten die beiden Februar-Versammlungen einen Wendepunkt. Er erkannte, daß fast alle gegen seine Politik waren. Daraufhin strukturierte er die politische Macht radikal um und reduzierte die Rolle der Partei weiter. Mao beschloß, alle noch bestehenden Parteistrukturen zu beseitigen oder zumindest entscheidend zu schwächen. Das Politbüro wurde abgeschafft, an seine Stelle trat die Behörde für die Kulturrevolution. Lin Biao setzte alle militärischen Befehlshaber ab, die den aufrührerischen Marschällen nahegestanden hatten, und übertrug die Funktionen des Zentralen Militärkomitees seinem eigenen Apparat. Mao regierte nun wie ein mittelalterlicher Herrscher an seinem Hof, umgeben von Frauen, Verwandten und katzbuckelnden Höflingen. Er entsandte seine Vertrauten in die Provinzen. Dort sollten sie »Revolutionskomitees« organisieren, die neuen Instrumente seiner persönlichen Machtausübung. Die neuen Strukturen sollten bis in die unterste Ebene wirken und die Parteiorganisation ersetzen.

In Sichuan wirkten alte Bekannte meines Vaters, die Tings, als Maos Handlanger. Seit meine Familie aus Yibin weggezogen war, hatten die Tings praktisch die Region unter ihre Kontrolle gebracht. Herr Ting war Parteisekretär der Region geworden, Frau Ting Parteivorsitzende der Stadt Yibin, der Hauptstadt der Region. Die Tings waren allgemein gefürchtet, sie verfolgten ihre Gegner gnadenlos und wandten große Energie auf, um sich selbst für kleinste Vorkommnisse zu rächen. Sie waren Meister der Schlüsselqualifikation in der chinesischen Politik unter Mao: der persönlichen Abrechnung.

Die Tings nutzten ihre Stellung zu etlichen privaten Rachefeldzügen. Eine Angelegenheit in den frühen fünfziger Jahren betraf Frau Tings Leibwächter. Frau Ting hatte mehrmals versucht, ihn zu verführen. Eines Tages klagte sie über Magenbeschwerden und forderte den jungen Mann auf, er solle ihren Bauch massieren. Dann führte sie seine Hand an ihre Geschlechtsteile. Der Mann zog sofort seine Hand zurück und ging weg. Frau Ting behauptete, er habe versucht, sie zu vergewaltigen, und brachte ihn für drei Jahre in ein Arbeitslager.

In Yibin wurden die Tings von den Funktionären und den durchschnittlichen Parteimitgliedern gleichermaßen gefürchtet. Die wiederholten politischen Kampagnen, bei denen die Zahl der Opfer von Anfang an festgelegt war, boten hervorragende Möglichkeiten, persönliche Gegner zu vernichten.

Im Jahr 1959 brachten die Tings den Gouverneur von Yibin zu Fall, den Mann, der 1953 die Nachfolge meines Vaters angetreten hatte. Er war ein Veteran des Langen Marsches und sehr beliebt, die Tings beobachteten seine Popularität mit Eifersucht.

Die Menschen nannten ihn »Li mit den Strohsandalen«, weil er immer Bauernsandalen trug als Zeichen, daß er seinen Wurzeln treu geblieben war. Während des »Großen Sprungs nach vorn« hatte er die Bauern nicht sehr nachdrücklich zur Stahlproduktion gedrängt, und 1959 sagte er offen, was er über die Hungersnot dachte. Die Tings denunzierten ihn als »rechten Opportunisten«, setzten ihn ab und machten ihn zum Einkäufer einer Brauereikantine. Er starb während der Hungersnot, obwohl er durch seine Arbeit eigentlich mehr Gelegenheit gehabt haben dürfte als viele andere, seinen Bauch zu füllen. Bei der Autopsie fand man nur Stroh in seinem Magen. Er war bis zu seinem Tod ein ehrlicher Mann geblieben.

Doch die Tings überspannten den Bogen. Sie schufen sich zu viele Feinde, etliche Menschen in der Region riskierten ihr Leben und denunzierten die Tings in Briefen an die Provinzbehörden. Im September 1966, als die Kulturrevolution begann, konnten die Tings irgendwie entkommen. Sie flüchteten nach Beijing und wandten sich an die Behörde für die Kulturrevolution. Sie präsentierten sich als Helden, die am »Klassenkampf« festgehalten hätten und dafür von den alten Parteikadern verfolgt worden seien. Meine Mutter begegnete ihnen sogar einmal vor dem Amt für Beschwerden. Sie fragten sie angelegentlich nach ihrer Adresse in Beijing, aber Mutter verriet ihnen nicht, wo sie wohnte.

Doch während meine Mutter nur bis zum Vizepremier Tao Zhu durchdrang, wurden die Tings von Frau Mao persönlich empfangen. Sie erkannte in den Tings sofort verwandte Seelen. Frau Maos Einsatz für die Kulturrevolution hatte weniger mit Politik zu tun als vielmehr mit privater Abrechnung der kleinlichsten, primitivsten Art. Besonders geschickt erwies sie sich bei der Verfolgung von Frau Liu Shaoqi, weil sie Frau Liu die glanzvollen Auslandsreisen mit ihrem Mann, dem Präsidenten, neidete. Das erklärte Frau Mao einmal persönlich einer Versammlung von Rotgardisten. Mao verreiste selten, er war nur zweimal im Ausland, beide Male in der Sowjetunion und beide Male ohne seine Frau. Noch schwerer wog, daß Frau Liu auf ihren Auslandsreisen elegante Kleider und teuren Schmuck trug, die in Maos kargem China nicht zu bekommen waren. Frau Liu wurde beschuldigt, eine CIA-Agentin zu sein. Sie wurde ins Gefängnis geworfen und überlebte nur knapp die Folterungen.

Durch Gerüchte erfuhr die Öffentlichkeit schließlich von Frau Maos Neigung zu persönlichen Rachefeldzügen selbst bei geringfügigen Anlässen. Sie enthüllte ihren Charakter in der Tat auch in ihren Reden, die auf Wandzeitungen zu lesen waren. Sie war zuletzt außerordentlich verhaßt, aber Anfang 1967 war über ihre schrecklichen Taten noch wenig an die Öffentlichkeit gedrungen.

Für Funktionäre vom Schlage von Frau Mao und den Tings gab es einen eigenen Namen: »Menschenverfolger«. Ratlos und verbissen verfolgten sie politische Gegner und bekämpften sie mit entsetzlich blutrünstigen Methoden. Im März 1967 wurden die Tings in einem von Mao unterzeichneten Dokument rehabilitiert und ermächtigt, das Revolutionskomitee von Sichuan zu gründen, das die Provinz regieren sollte.

Ende März 1967 besuchten die Tings meinen Vater. Sie wollten ihn in ihr Komitee aufnehmen, denn jemanden mit seinen Fähigkeiten konnten sie gut gebrauchen. Sie wußten, daß mein Vater zu der Zeit, als sie in Ungnade gefallen waren, keine Vorwürfe gegen sie vorgebracht hatte. Und vielleicht war Frau Ting immer noch insgeheim scharf auf ihn.

Als die Tings die Treppe zu unserer Wohnung heraufkamen, waren nur mein Vater und meine Großmutter zu Hause. Mein Vater begrüßte sie höflich, aber meine Großmutter hieß die Tings begeistert willkommen. Von ihren persönlichen Rachefeldzügen wußte sie wenig, ihr war nur wichtig, daß Frau Ting meine Mutter in Yibin gut behandelt hatte. Meine Großmutter wußte auch, daß Frau Ting die Behandlung meiner Mutter mit dem amerikanischen Medikament gegen Tuberkulose erlaubt hatte, das sie während der Schwangerschaft mit mir geheilt hatte.

Im Arbeitszimmer erklärten die Tings meinem Vater, daß sie rehabilitiert seien und welche Stellung sie jetzt bekleideten. Sie sagten, von den Rebellen in seiner Abteilung hätten sie erfahren, in was für Schwierigkeiten er sich selbst gebracht habe, sie hätten ihn jedoch immer geschätzt und wollten ihm helfen. In den frühen Jahren in Yibin seien sie gut mit ihm ausgekommen, und sie wollten auch jetzt wieder mit ihm zusammenarbeiten. Sie versprachen, sie würden all die belastenden Dinge vergessen, die er gesagt habe, wenn er mit ihnen kooperierte. Und nicht genug damit: Er könne wieder zu einer neuen Machtposition aufsteigen, beispielsweise wieder für alle kulturellen Angelegenheiten in Sichuan zuständig sein. Die Tings sagten meinem Vater nachdrücklich, daß er es sich nicht leisten könne, dieses Angebot abzulehnen.

Mein Vater hatte bereits vor der Rückkehr der Tings von ihrer Ernennung gehört, meine Mutter hatte es auf Wandzeitungen gelesen und meinem Vater davon berichtet. Damals hatte er zu meiner Mutter gesagt: »Das sind nur Gerüchte. Sie können einfach nicht stimmen.« Er konnte nicht glauben, daß Mao dieses Paar mit so wichtigen Aufgaben betraut hatte. Jetzt, als die Tings vor ihm standen, versuchte er, seine Empörung zu unterdrücken, und erwiderte: »Es tut mir leid, ich kann Ihr Angebot nicht annehmen.«

Frau Ting fuhr ihn an: »Wir tun Ihnen einen großen Gefallen. Andere Leute würden für so ein Angebot auf den Knien rutschen. Ist Ihnen eigentlich klar, in welchem Schlamassel Sie stecken? Und ist Ihnen klar, wer wir jetzt sind?«

Die Wut meines Vaters wuchs. »Was ich gesagt oder getan habe, kann ich sehr gut selbst verantworten. Mit Leuten wie Ihnen will ich nichts zu tun haben.« Er sagte, sie seien seiner Meinung nach völlig zu Recht bestraft worden und hätten gar nicht rehabilitiert werden dürfen. Völlig konsterniert entgegneten sie ihm, er solle vorsichtig sein, was er sage: Sie seien vom Vorsitzenden Mao selbst rehabilitiert worden, er habe sie sogar »gute Funktionäre« genannt.

Vaters Wut und Verachtung gewannen endgültig die Oberhand. »Der Vorsitzende Mao kann gar nicht alles über Sie gewußt haben. Sie beide wollen ›gute Funktionäre‹ sein? Sie haben unentschuldbare Fehler begangen.« Beinahe wäre ihm das Wort »Verbrechen« entschlüpft.

»Wie können Sie es wagen, dem Vorsitzenden Mao zu widersprechen!« schrie Frau Ting. »Unser Stellvertretender Armeebefehlshaber Lin Biao hat gesagt: ›Jedes Wort des Vorsitzenden Mao ist die reine, uneingeschränkte Wahrheit, und jedes Wort von ihm wiegt soviel wie zehntausend Wörter.‹«

»Wenn ein Wort ein Wort ist«, sagte mein Vater, »ist das schon eine großartige Leistung. Unter Menschen kann ein Wort nicht zehntausend Wörtern entsprechen. Die Bemerkung des Stellvertretenden Befehlshabers Lin Biao war rhetorisch gemeint und darf nicht wörtlich genommen werden.«

Die Tings glaubten ihren Ohren nicht mehr trauen zu können, wie sie später erzählten. Sie blickten sich entgeistert an und waren einen Moment lang sprachlos. Dann warnten sie meinen Vater: Wie er denke, was er sage und wie er sich benehme, sei gegen die Kulturrevolution gerichtet, die von dem Vorsitzenden Mao selbst angeführt werde. Mein Vater erklärte daraufhin, daß er über die ganze Angelegenheit gerne einmal mit dem Vorsitzenden Mao selbst diskutieren würde.

Diese Bemerkung war so selbstmörderisch, daß es selbst den Tings die Sprache verschlug. Aber sie spürten, daß mein Vater seinen Entschluß gefaßt hatte. Nach einem kurzen Schweigen erhoben sie sich.

Meine Großmutter hörte die demonstrativ harten Schritte der Tings und stürzte aus der Küche. Ihre Hände waren weiß von Mehl. Sie stieß frontal mit Frau Ting zusammen und fragte, ob die beiden zum Mittagessen bleiben wollten. Frau Ting ignorierte sie. Sie stürmte aus der Wohnung und stampfte die Treppe hinab. Auf dem Treppenabsatz blieb sie stehen und wandte sich noch einmal um. Wütend sagte sie zu meinem Vater, der inzwischen vor die Wohnungstür getreten war: »Sind Sie verrückt? Ich frage Sie zum letzten Mal: Lehnen Sie noch immer meine Hilfe ab? Ist Ihnen denn nicht klar, daß ich jetzt mit Ihnen machen kann, was ich will?«

Voller Verachtung sagte Vater: »Ich will nichts mehr mit Ihnen zu tun haben. Sie und ich, wir sind zwei verschiedene Arten Mensch.« Mein Vater ließ meine in Tränen aufgelöste Großmutter einfach stehen und zog sich in sein Arbeitszimmer zurück. Dort setzte er sich an den Schreibtisch und legte ein leeres Blatt Papier vor sich hin. Innerhalb kürzester Zeit verfaßte er seinen zweiten Brief an Mao. Er schrieb: »Vorsitzender Mao, als Kommunist bitte ich Sie, die Kulturrevolution zu beenden. Ich muß es aussprechen: Sie machen einen großen Fehler.« Er beschrieb das ganze Unglück, das die Kulturrevolution über China gebracht habe. Der Brief endete mit den Worten: »Ich befürchte das Schlimmste für unsere Partei und für unser Land, wenn Menschen wie Liu Jie-ting und Zhang Xi-ting die Macht über viele Millionen Menschen bekommen.«

Als Adresse schrieb er auf den Umschlag: »An den Vorsitzenden Mao, Beijing.« Er brachte den Brief zum Postamt am Ende der Straße und gab ihn als Einschreibebrief per Luftpost auf. Der Schalterbeamte nahm den Umschlag entgegen und warf einen Blick darauf. Er verzog keine Miene. Mein Vater ging nach Hause – und wartete.

KAPITEL 20

*»Ich verkaufe
meine Seele nicht«*

*Mein Vater
wird verhaftet
(1967-1968)*

Drei Tage, nachdem mein Vater seinen Brief an Mao abgeschickt hatte, klopfte es nachmittags an unsere Wohnungstür. Meine Mutter öffnete. Drei Männer standen vor der Tür, sie trugen dieselben uniformartigen blauen, unförmigen Anzüge wie alle Männer in China. Einen Mann kannte mein Vater: Er war Hausmeister in Vaters Abteilung gewesen und galt als militanter Rebell. Einer der beiden anderen, ein großer Mann mit Pickeln im Gesicht, eröffnete meinem Vater, sie seien »Rebellen von der Polizei« und würden ihn verhaften. Er sei ein »aktiver Konterrevolutionär, der den Vorsitzenden Mao und die Kulturrevolution attackiert«. Daraufhin ergriffen er und der dritte Mann, der kleiner und kräftiger war, meinen Vater an den Oberarmen und schoben ihn hinaus.

Die drei Männer wiesen sich nicht aus und präsentierten keinen Haftbefehl, doch es bestand kein Zweifel, daß sie Polizisten in Zivil waren. Sie waren mit einem Rebellen aus der Abteilung meines Vaters gekommen, das genügte als Legitimation.

Obwohl die Männer den Brief an Mao nicht erwähnt hatten, wußte mein Vater, daß man den Brief abgefangen hatte; das war zu erwarten gewesen. Mein Vater hatte mit seiner Verhaftung gerechnet. In seinem Brief standen seine blasphemischen Gedanken schwarz auf weiß, und die Tings, die Herrscher im Kreis, hatten die Macht, ihn verhaften zu lassen. Der Brief war meinem Vater als einzige, wenn auch geringe Chance erschienen, und er hatte sie nützen wollen. Während der Verhaftung sagte er

nichts, er war angespannt, aber er protestierte nicht. Unter der Tür drehte er sich noch einmal um und blickte meine Mutter an. »Du darfst nicht die Partei dafür verantwortlich machen. Du mußt darauf vertrauen, daß sie ihre Fehler korrigiert, so schwerwiegend sie auch sein mögen. Laß dich von mir scheiden und grüße die Kinder von mir. Beunruhige sie nicht unnötig.«
Als ich an diesem Nachmittag nach Hause kam, waren meine Eltern beide nicht da. Meine Großmutter sagte mir, daß mein Vater von den Rebellen weggeführt worden sei und daß meine Mutter nach Beijing gereist sei, um sich für ihn einzusetzen. Meine Großmutter sprach von »Rebellen«, nicht von Polizei, denn sie wollte mich nicht noch mehr erschrecken.
Ich rannte zur Abteilung meines Vaters und fragte, wo er sei. Ich bekam keine Antwort, sondern hörte nur Sätze wie: »Du mußt eine Linie ziehen zwischen dir und deinem stinkenden Kapitalisten-Vater!« – »Wo er auch ist, es geschieht ihm recht!« Mit größter Anstrengung verbiß ich mir die Tränen der Wut. Abscheu gegenüber diesen angeblich so intelligenten Erwachsenen erfüllte mich. Niemand zwang sie, so erbarmungslos, so brutal zu sein. Ein freundlicherer Blick, ein sanfterer Ton oder sogar ein vielsagendes Schweigen waren auch in jenen Tagen durchaus möglich.
Seit jener Zeit unterscheide ich zwischen zwei Arten von Chinesen: den menschlichen und den unmenschlichen. Die Erschütterung durch die Kulturrevolution brachte den wahren Charakter der Menschen ans Licht, und das galt für jugendliche Rotgardisten, erwachsene Rebellen und Kapitalistenhelfer gleichermaßen.
Unterdessen wartete meine Mutter zum zweiten Mal am Bahnhof auf den Zug nach Beijing. Diesmal fühlte sie sich sehr viel niedergeschlagener. Bei ihrer ersten Reise vor einem halben Jahr hatte es wenigstens einen Schimmer Hoffnung auf Gerechtigkeit gegeben, aber diesmal war die Lage vollkommen hoffnungslos. Trotzdem ließ sich meine Mutter nicht von Verzweiflung übermannen, sie war entschlossen zu kämpfen.
Auf dem Weg zum Bahnhof hatte sie überlegt, daß es in ganz

China nur einen Menschen gab, den sie aufsuchen konnte: Premierminister Zhou Enlai. Niemand sonst würde ihr helfen können. Wenn sie jemand anderen aufsuchte, würde das nur das Ende meines Vaters beschleunigen und sie selbst und ihre Familie zerstören. Sie wußte, daß Zhou viel gemäßigter war als Frau Mao und die Behörde für die Kulturrevolution und daß er beträchtliche Macht über die Rebellen besaß, denn fast jeden Tag erteilte er ihnen Befehle.

Aber an Zhou heranzukommen war ungefähr so leicht, als wollte man ins Weiße Haus hineinspazieren oder mit dem Papst unter vier Augen sprechen. Selbst wenn meine Mutter bis nach Beijing kommen sollte, ohne unterwegs abgefangen zu werden, und selbst wenn sie dort das richtige Beschwerdebüro finden sollte, durfte sie nicht sagen, wen sie eigentlich aufsuchen wollte. Die anderen Parteifunktionäre würden das als Beleidigung, womöglich sogar als Angriff auffassen. Ihre Angst wuchs, wenn sie daran dachte, daß die Rebellen ihre Abwesenheit vielleicht schon bemerkt hatten. Sie hätte zu Hause bleiben und auf die Vorladung zu ihrer nächsten Anklageversammlung warten müssen. Ihre einzige Chance bestand darin, daß die Rebellen denken würden, eine andere Gruppe habe sie abgeholt.

Während meine Mutter am Bahnhof auf und ab ging, entdeckte sie ein riesiges Transparent mit der Aufschrift »Petitionsdelegation des ›Roten Chengdu‹ nach Beijing«. Um das Plakat herum standen etwa zweihundert Menschen, alle um die zwanzig. Aus den anderen Plakaten und den hitzigen Diskussionen der Jugendlichen mit Passanten ging hervor, daß es sich um eine Gruppe von Hochschulstudenten handelte, die in Beijing gegen die Tings protestieren wollten. Außerdem stand auf ihren Plakaten, daß sie mit Premierminister Zhou Enlai sprechen wollten. Verglichen mit »26. August«, der anderen großen Gruppe, galt das »Rote Chengdu« als relativ gemäßigt. Die Tings unterstützten seit ihrer Rückkehr die Gruppe »26. August«, doch das »Rote Chengdu« gab nicht auf. Die Macht der Tings in der Provinz war nie wirklich gefestigt, auch wenn sie sich auf Mao und die Behörde für die Kulturrevolution beriefen.

Das »Rote Chengdu« verhehlte seine Gegnerschaft zu den Tings nicht, ungeachtet deren Rückhalt bei Mao. Die Gruppe hoffte, sie würde mit den Tings auch die feindliche Organisation »26. August« zu Fall bringen können.

Aus diesem Grunde sandte das »Rote Chengdu« seinen harten Kern, die Studenten der Hochschule, nach Beijing. Premierminister Zhou Enlai hatte versprochen, die Vertreter des »Roten Chengdu« zu empfangen.

Meine Mutter schloß sich der Delegation des »Roten Chengdu« an. Ohne Kontrolle wurden sie durch die Fahrkartenkontrolle und auf den Bahnsteig gelassen. Der Zug stand zur Abfahrt bereit. Als sie versuchte, zusammen mit den Studenten in einen Waggon zu klettern, hielt sie ein Student zurück. »Wer bist du?« brüllte er. Meine Mutter war fünfunddreißig und sah nicht gerade wie eine junge Studentin aus. »Du gehörst nicht zu uns! Raus aus dem Waggon!«

Meine Mutter klammerte sich an den Türgriff. »Ich will auch nach Beijing!« rief sie. »Ich will mich auch über die Tings beschweren! Ich weiß, was sie angerichtet haben!«

Der Student starrte sie ungläubig an. Aber ein Mann und eine Frau, die hinter ihm standen, riefen: »Laß sie einsteigen! Wir wollen hören, was sie zu sagen hat!«

Meine Mutter zwängte sich in das überfüllte Abteil. Der Mann und die Frau setzten sich neben sie und stellten sich als »Offiziere« aus dem Hauptquartier des »Roten Chengdu« vor. Der Mann hieß Yong, die Frau Yan. Beide studierten an der Universität von Chengdu.

Meine Mutter merkte bald, daß die Studenten nicht sehr viel über die Tings wußten. Sie erzählte ihnen von einigen Fällen der vielen Dutzend Verfolgungen in Yibin vor der Kulturrevolution, über die sie Bescheid wußte. Sie erwähnte nicht, daß Frau Ting 1953 versucht hatte, meinen Vater zu verführen; sie erzählte, daß das Ehepaar Ting meinen Vater kürzlich besucht habe und daß mein Vater sich geweigert habe, mit ihnen zusammenzuarbeiten. Sie sagte, die Tings hätten meinen Vater verhaften lassen, weil er an den Vorsitzenden Mao geschrieben habe, um gegen ihre Ernennung als Spitzenfunktionäre in Sichuan zu protestieren.

Yan und Yong versprachen meiner Mutter, sie würden sie zu der Unterredung mit Zhou Enlai mitnehmen. Die ganze Nacht tat meine Mutter kein Auge zu und dachte über die nächsten Schritte nach. Sie legte sich genau zurecht, was sie Zhou Enlai sagen wollte.

Am Bahnhof in Beijing wurde die Gruppe von einem Vertreter des Premierministers in Empfang genommen. Sie wurden in einem Gästehaus der Regierung untergebracht. Man sagte ihnen, daß das Gespräch mit dem Premierminister bereits am nächsten Abend stattfinden würde.

Am nächsten Tag besichtigten die Studenten die Stadt, und meine Mutter entwarf währenddessen ein Gesuch an den Premierminister. Gegen neun Uhr abends ging sie mit den Studenten zur Großen Halle des Volkes an der Westseite des Tiananmen-Platzes. Das Treffen des Volkes fand im Raum Sichuan statt, bei der Ausstattung dieses Raumes hatte mein Vater einst mitgearbeitet. Die Studenten saßen dem Premierminister in einem großen Halbkreis gegenüber. Es waren nicht genügend Sitzplätze vorhanden, deshalb ließen sich einige Studenten auf dem Teppichboden nieder. Meine Mutter saß in der hintersten Reihe.

Meine Mutter wußte, daß ihre Rede kurz und sachlich sein mußte. In Gedanken ging sie ihre Rede noch einmal durch, während die Studenten mit dem Premierminister sprachen. Diese Generalprobe beschäftigte sie so sehr, daß sie nicht hörte, was die Studenten sagten; nur die Reaktionen des Premierministers bekam sie mit. Ab und zu nickte er. Er versprach keine Unterstützung, aber er kritisierte auch niemanden. Er hörte nur genau zu und warf gelegentlich allgemeine Bemerkungen ein, daß man »dem Vorsitzenden Mao folgen« und daß man »einig sein« müsse. Ein Mitarbeiter führte Protokoll.

Auf einmal drang ein abschließendes »Sonst noch etwas?« in die Gedanken meiner Mutter. Sie sprang auf »Herr Premierminister, ich habe noch etwas vorzubringen.«

Zhou blickte in ihre Richtung. Meine Mutter war eindeutig keine junge Studentin. »Wer sind Sie?« fragte er.

Meine Mutter nannte ihren Namen und ihren Rang und begann dann sofort mit ihrer Rede, die sie so viele Male geprobt hatte: »Mein Mann ist als ›aktiver Konterrevolutionär‹ verhaftet worden. Ich bin hierhergekommen, damit ihm Gerechtigkeit zuteil wird.« Sie nannte Namen und Rang meines Vaters.

Zhou faßte sie aufmerksam ins Auge. Mein Vater hatte einen hohen Rang. »Die Studenten können gehen«, sagte er. »Ich werde mich mit Ihnen allein unterhalten.«

Meine Mutter hätte zu gern mit Zhou allein gesprochen, aber sie hatte sich entschlossen, diese Chance einem noch wichtigeren Ziel unterzuordnen. »Ich möchte gerne, daß die Studenten Ihre Worte bezeugen können, Herr Premierminister«, sagte sie. Zhou nickte verständnisvoll. »Gut. Fangen Sie an.«

Meine Mutter sprach schnell, aber klar. Sie erklärte, daß mein Vater wegen seines Briefes an den Vorsitzenden Mao verhaftet worden sei. Mein Vater lehne die Ernennung der Tings als neue Führer der Provinz Sichuan ab, weil er aus seiner früheren Arbeit mit den Tings wisse, wie sie ihre Macht mißbraucht hätten. Und meine Mutter erwähnte auch kurz: »Der Brief meines Mannes enthielt schwere Fehlurteile über die Kulturrevolution.«

Sie hatte viel darüber nachgedacht, wie sie das ausdrücken sollte. Zhou gegenüber mußte sie bei der Wahrheit bleiben, aber aus Angst vor den Rebellen konnte sie die Worte meines Vaters nicht genau wiederholen. Deshalb drückte sie sich so abstrakt wie nur möglich aus: »Mein Mann hatte teilweise falsche Ansichten. Aber er hat sie niemals öffentlich geäußert. Er hielt sich an die Parteisatzung und brachte seine Meinung nur dem Vorsitzenden Mao gegenüber zum Ausdruck. Nach der Satzung hat ein Parteimitglied dieses Recht, und das darf nicht als Vorwand für seine Verhaftung genommen werden. Ich bitte hier für ihn um Gerechtigkeit.«

Meine Mutter blickte Zhou direkt in die Augen; sie sah, daß er alles verstanden hatte: was wirklich in dem Brief stand und

warum sie den Inhalt nicht wiedergeben durfte. »Gut, ich habe verstanden«, sagte er. Dann wandte er sich an einen Mitarbeiter und flüsterte ihm etwas zu. Im Saal herrschte Totenstille. Alle Augen waren auf den Premierminister gerichtet.
Der Mitarbeiter reichte Zhou ein paar Bogen Papier mit dem Briefkopf des Staatsrates, also des Kabinetts. Der Premierminister begann mit schwerer Hand zu schreiben – er war in Yan'an einmal vom Pferd gefallen und hatte sich den Arm gebrochen. Dann schob er das Papier wieder seinem Mitarbeiter zu, und der Mitarbeiter las laut vor: »Erstens: Chang Shou-yu ist Mitglied der Partei und hat das Recht, an die Parteiführung zu schreiben. So schwer die Irrtümer in diesem Brief auch sein mögen, das Schreiben darf doch nicht als Vorwand dienen, ihn als Konterrevolutionär anzuklagen. Zweitens: Chang Shou-yu ist Direktor der Abteilung für Öffentliche Angelegenheiten der Provinz Sichuan. Als solcher muß er sich der Überprüfung und Kritik durch das Volk unterwerfen. Drittens: Ein endgültiges Urteil über Chang Shou-yu darf erst nach dem Ende der Kulturrevolution gefällt werden. Gezeichnet: Zhou Enlai.«
Meine Mutter war so erleichtert, daß sie kein Wort herausbrachte. Sie bemerkte, daß Zhous Brief nicht an die neuen Führer von Sichuan gerichtet war, wie es normalerweise der Fall gewesen wäre. Sie mußte Zhous Brief also nicht einer bestimmten Person oder Institution aushändigen. Vielmehr sollte sie den Brief behalten und ihn nur Personen vorlegen, die ihr helfen konnten.
Yan und Yong saßen neben meiner Mutter. Beide strahlten vor Freude. Die Zuneigung tat ihr gut.
Zwei Tage später fuhr meine Mutter nach Chengdu zurück. Sie sorgte sich, daß die Tings von Zhous Brief erfahren und Gefolgsleute schicken könnten, die ihr den Brief abnehmen und sie verhaften sollten. Auch Yan und Yong fürchteten um ihre Sicherheit und wollten sie beschützen. Sie bestanden darauf, meine Mutter vom Bahnhof bis zu unserer Wohnung zu begleiten. Meine Großmutter verköstigte sie mit Schweinefleischpasteten und beobachtete erfreut, wie die beiden jungen Leute das Gericht mit Heißhunger verschlangen.

Auch ich lernte Yan und Yong an diesem Tag kennen und fühlte mich sofort zu ihnen hingezogen. Sie waren Rebellen, und trotzdem verhielten sie sich meiner Familie gegenüber so freundlich und hilfreich! Es war unglaublich. Ich bemerkte sofort, daß sie ineinander verliebt waren: Dauernd schauten sie sich in die Augen, neckten und berührten sich – vor Fremden war das sehr ungewöhnlich. Nachdem sie gegangen waren, sagte meine Großmutter seufzend zu meiner Mutter, wie schön es wäre, wenn sie ihnen etwas zur Hochzeit schenken könnten. Und meine Mutter seufzte, daß das leider unmöglich sei: Die beiden kämen in furchtbare Schwierigkeiten, wenn das bekannt würde. »Bestechungen« von einem Kapitalistenhelfer anzunehmen war keine Kleinigkeit. Nach dem Essen verabschiedeten sich Yan und Yong, meine Mutter brachte sie zur Haustür. Als sie sich außerhalb meiner Hörweite befanden, flüsterten sie ihr zu, daß sie Zhous Brief an einem sehr sicheren Ort verstecken solle. Meine Mutter erzählte selbst uns Kindern nichts von ihrer Begegnung mit Zhou.

Am selben Abend suchte meine Mutter Herrn Chen Mo auf, einen alten Kollegen, und zeigte ihm Zhous Brief. Chen Mo hatte mit meinen Eltern in den frühen fünfziger Jahren in Yibin zusammengearbeitet und hatte sich mit beiden gut verstanden. Nach dem Weggang meiner Eltern blieb er in Yibin, er kam mit den Tings gut zurecht. Als die Tings rehabilitiert wurden, stellte er sich – wie auch andere Funktionäre in Yibin – auf ihre Seite. Meine Mutter bat ihn unter Tränen, er solle sich für die Freilassung meines Vaters einsetzen, und er versprach, mit den Tings zu reden. Die Tage vergingen. In der zweiten Aprilwoche war mein Vater auf einmal wieder da. Ich war unsagbar glücklich und erleichtert, aber die Freude verwandelte sich schlagartig in Entsetzen. Die Augen meines Vaters leuchteten eigenartig. Mit keinem Wort erwähnte er seine Abwesenheit, er sagte überhaupt kaum etwas. Wenn er sprach, verstand ich seine Worte kaum. Ich hatte Angst vor ihm. Er konnte nicht schlafen, unentwegt wanderte er in der Wohnung umher und führte Selbstgespräche. Einmal zwang er die ganze Familie, im strömenden

Regen vor der Tür zu stehen. Er erklärte uns, daß wir so »den revolutionären Sturm erleben« könnten. Ein anderes Mal holte er den Umschlag mit seinem Gehalt ab, warf ihn in den Küchenherd und verkündete, daß er sich »vom Privatbesitz lossage«. Allmählich dämmerte uns die furchtbare Erkenntnis, daß mein Vater verrückt geworden war.

Die Ausbrüche seiner Verrücktheit richteten sich hauptsächlich gegen meine Mutter. Er wütete gegen sie, nannte sie »schamlos« und »feige« und warf ihr vor, sie habe ihre Seele dem Teufel verkauft. Dann wieder überschüttete er sie vor der ganzen Familie mit peinlichen Liebesbezeigungen und sagte, wie sehr er sie liebe, was für ein schlechter Ehemann er sei und daß er sie bitte, zu ihm zurückzukehren und ihm zu vergeben.

Noch am Tag seiner Rückkehr stritt er sich heftig mit meiner Mutter. Er schaute sie mißtrauisch prüfend an und fragte sie, was sie getrieben habe. Sie erklärte ihm, daß sie nach Beijing gereist sei, um seine Entlassung zu erreichen. Er schüttelte ungläubig den Kopf und forderte Beweise. Einer inneren Stimme folgend zeigte sie ihm Zhou Enlais Brief nicht. Mein Vater war nicht mehr derselbe Mensch, überdies fürchtete meine Mutter, daß er sich noch immer an die Parteidisziplin gebunden fühlen könnte und deshalb Zhous Schreiben auf einen entsprechenden Befehl der Partei sogar den Tings aushändigen würde. Sie konnte nicht einmal Yan und Yong als Zeugen nennen, sonst hätte mein Vater ihr bestimmt vorgehalten, sie habe sich mit einer Rebellenfraktion eingelassen. Immer wieder kehrte mein Vater zwanghaft zu diesem Thema zurück. Jeden Tag verhörte er meine Mutter, und jedesmal fand er neue Lücken in ihrer Geschichte. Sein Mißtrauen wuchs, doch ebenso seine Verwirrung. Seine Wutanfälle gegen meine Mutter näherten sich der Gewalttätigkeit. Meine Geschwister und ich beschlossen, unserer Mutter zu helfen. Wir versuchten, ihre Erklärungen überzeugender zu machen, obwohl wir selbst nur einen Teil ihrer Geschichte kannten. Natürlich wurde alles noch verworrener, als mein Vater auch uns ins Kreuzverhör nahm.

Im Gefängnis hatten die Männer, die meinen Vater verhörten,

ihm immer wieder gesagt, daß seine Frau und seine Familie ihn verlassen würden, wenn er kein »Geständnis« unterzeichnete. Geständnisse waren etwas sehr Wichtiges. Die Opfer mußten gezwungen werden, ihre Schuld einzugestehen; wer ein Geständnis unterschrieb, war endgültig gebrochen. Aber mein Vater sagte immer wieder, er habe nichts zu gestehen und könne deshalb auch nichts unterschreiben.

Daraufhin wechselte man die Taktik. Seine Folterknechte sagten ihm, meine Mutter habe ihn denunziert. Als mein Vater um die Erlaubnis bat, mit ihr zu sprechen, beschied man ihn, sie sei zwar gekommen, habe sich aber geweigert, ihn zu sehen, denn sie wolle zwischen sich und ihm »eine Linie ziehen«. Sie merkten auch sofort, daß mein Vater sich einbildete, er höre Stimmen – ein Anzeichen von Schizophrenie. Sie machten ihn auf die Stimmen aus dem Nebenzimmer aufmerksam und behaupteten, meine Mutter warte dort, bis er sein Geständnis unterschrieben habe. Sie spielten ihm das so lebensecht vor, daß mein Vater wirklich die Stimme meiner Mutter zu hören glaubte. Nach ein paar Vorstellungen dieser Art verlor er seinen Verstand – aber nicht so vollständig, daß er ein Geständnis niedergeschrieben hätte.

Bei der Entlassung sagte einer der Männer, die meinen Vater verhörten, zu ihm, daß er nach Hause in die Aufsicht seiner Frau entlassen werde: »Sie hat von der Partei den Auftrag erhalten, Sie zu beobachten.« Sein Zuhause sei sein neues Gefängnis. Da er nicht verstand, weshalb er auf einmal frei war, klammerte er sich in seiner Verwirrung an diese Erklärung.

Meine Mutter wußte nicht, was meinem Vater während der Haft widerfahren war. Wenn mein Vater sie fragte, weshalb er entlassen worden war, konnte sie ihm keine befriedigende Antwort geben. Weder konnte sie Zhou Enlais Brief erwähnen noch ihren Besuch bei Chen Mo, der die rechte Hand der Tings war. Mein Vater hätte einen solchen »Gefallen« der Tings nicht ertragen, ebensowenig den Gedanken, daß seine Frau darum gebettelt hatte. In diesem Teufelskreis wuchs die Verzweiflung meiner Mutter im gleichen Maß wie die geistige Verwirrung

meines Vaters. Sie konnten es miteinander nicht mehr aushalten.
Meine Mutter versuchte, medizinische Behandlung für meinen Vater zu finden. Sie ging zu der Klinik, die für die frühere Provinzregierung zuständig gewesen war. Sie suchte die Kliniken für Geisteskrankheiten auf. Aber sobald sie bei der Aufnahme den Namen meines Vaters nannte, schüttelten alle die Köpfe. Die Tings und die Rebellen attackierten meinen Vater auf Wandzeitungen, sobald er aus der Haft entlassen war. Ich entnahm den Wandzeitungen, daß die Tings einen sehr mächtigen Rückhalt hatten. Offenbar hatten sie Frau Mao von den »kriminellen Worten« berichtet, die mein Vater bei der Anklageversammlung den Tings gegenüber und in seinem Brief an Mao benutzt hatte. In den Wandzeitungen stand, Frau Mao sei voller Empörung aufgesprungen und habe ausgerufen: »Wenn ein Mann es wagt, den Großen Führer so unverschämt anzugreifen, sind Gefängnis und sogar Todesurteil zu milde Strafen! Er muß gründlich bestraft werden, bevor wir mit ihm fertig sind!«
Solche Wandzeitungen übten auf mich einen enormen psychischen Druck aus. Maos Frau hatte meinen Vater verurteilt! Das war ohne Zweifel sein Ende. Doch paradoxerweise wirkte sich ein bösartiger Charakterzug von Madame Mao segensreich für meine Familie aus: Sie interessierte sich im Grunde nur für ihre privaten Rachefeldzüge. Weil sie meinen Vater nicht kannte und auch nichts gegen ihn hatte, verfolgte sie ihn nicht weiter und bestand auch nicht darauf, daß er weiter verfolgt wurde. Damals konnte ich das nicht wissen, ich war einfach von Angst überwältigt. Ich tröstete mich mit dem Gedanken, daß ihre angebliche Äußerung vielleicht nicht stimmte. Alle Wandzeitungen wurden – zumindest theoretisch – von »den Massen« verfaßt und waren inoffiziell. Aber tief im Inneren ahnte ich, daß der Inhalt der Wandzeitung der Wahrheit entsprach.
Mit dem Rückhalt von Madame Mao und den Tings behandelten die Rebellen meinen Vater bei den Anklageversammlungen immer brutaler. Eines Tages kam er mit einem schlimm verletzten Auge nach Hause. An einem anderen Tag wurde er auf einem

Lastwagen im Schrittempo durch die Straßen gefahren. Ein riesiges Plakat hing an einem dünne Draht um seinen Hals, der Draht schnitt immer tiefer in seinen Nacken. Mein Vater bemühte sich, den Kopf hochzuhalten, während die Rebellen versuchten, ihn niederzudrücken. Mein Vater schrie, ein Rebell schlug ihn brutal auf den Mund, um ihn zum Schweigen zu bringen. Am schlimmsten war es für mich zu sehen, daß er gegen körperliche Schmerzen immun zu sein schien. Es war, als hätte sich sein Bewußtsein von seinem Körper getrennt.

Eines Tages zerriß mein Vater Fotografien aus dem Familienalbum, auf denen die Tings zu sehen waren. Er verbrannte seine Bettbezüge und Leintücher. In den folgenden Tagen verbrannte er immer mehr Kleidungsstücke der Familie. Er brach die Beine der Tische und Stühle ab und verbrannte sie.

Mein Vater wurde gewalttätig. Eines Tages ruhte sich meine Mutter im gemeinsamen Schlafzimmer meiner Eltern aus, während mein Vater in seinem Lieblingssessel im Arbeitszimmer saß und mit durchdringendem Blick die Decke anstarrte. Plötzlich sprang er auf und stürmte ins Schlafzimmer. Wir alle hörten den Lärm und rannten hinterher. Schon seit geraumer Zeit hatten wir in ständiger Alarmbereitschaft gelebt. Jetzt hatte Vater unsere Mutter am Hals gepackt. Wir schrien und versuchten, ihn wegzuziehen. Seine Hände waren hart wie Eisenklammern, er schien übernatürliche Kräfte zu besitzen. Es gelang uns nicht, seine Hände zu lockern. Mutter brachte keinen Ton hervor. Er hätte sie erwürgen können, doch glücklicherweise ließ er sie auf einmal wieder los und ging aus dem Zimmer.

Mutter setzte sich langsam auf, ihr Gesicht war weiß wie die Wand. Sie preßte die Hand gegen ihr linkes Ohr. Mein Vater hatte sie durch Schläge gegen den Kopf aufgeweckt. Ihre Stimme war schwach, aber sie klang gefaßt. »Macht euch keine Sorgen, es ist alles in Ordnung«, sagte sie zu unserer Großmutter, die weinend daneben stand. Dann sah sie unsere ängstlichen Blicke und sagte: »Schaut nach, was mit eurem Vater ist. Und dann geht ihr wieder in eure Zimmer.«

Seit diesem Vorfall ist meine Mutter auf dem linken Ohr fast taub. Sie erkannte, daß es zu gefährlich war, in der Wohnung zu bleiben. Am nächsten Tag ging sie zu ihrer Abteilung, um dort nach einer neuen Unterkunft zu suchen. Die Rebellen waren sehr mitfühlend. Die Büros ihrer Abteilung waren in einem früheren Herrensitz untergebracht; in einer Ecke des Parks stand ein kleines Gebäude, das einst der Gärtner bewohnt hatte. Die Rebellen räumten darin ein Zimmer frei. Mit etwa acht Quadratmetern war es so klein, daß nur ein Doppelbett und ein Tisch hineinpaßten.

In der ersten Nacht schliefen meine Mutter, Großmutter, Xiaofang und ich in dem Doppelbett. Wir konnten uns weder ausstrecken noch umdrehen. Schließlich fiel ich erschöpft in einen unruhigen Halbschlaf. Aber ich wußte, daß weder meine Großmutter noch meine Mutter ein Auge zu taten.

Die Unterleibsblutungen meiner Mutter wurden immer schlimmer. Wir wußten uns nicht mehr zu helfen, denn in unserer neuen Unterkunft hatten wir nicht einmal einen Herd, wir konnten keine Nadeln sterilisieren und ihr Spritzen geben.

In den nächsten Tagen blieb ich bei meiner Mutter und kümmerte mich um sie, Jin-ming wohnte weiter bei meinem Vater. Neben unserer neuen Unterkunft wohnte einer der Rebellenführer des Distrikts, für den meine Mutter zuständig gewesen war. Ich hatte ihn bisher nicht gegrüßt, weil ich nicht sicher war, ob er von einem Mitglied einer Familie von Kapitalistenhelfern überhaupt gegrüßt werden wollte. Zu meiner Überraschung grüßte er uns ganz normal bei jeder Begegnung. Ich bemerkte auch, daß er meine Mutter etwas steif, aber höflich behandelte. Nachdem die Rebellen in der Abteilung meines Vaters immer nur demonstrativ abweisende Mienen zur Schau getragen hatten, fühlte ich mich in dieser Umgebung sehr erleichtert.

Ein paar Tage nach unserem Einzug stand meine Mutter unter dem Dachvorsprung vor unserem Raum und wusch sich das Gesicht. Unser Zimmer war so klein, daß man sich nicht darin waschen konnte. Der junge Mann stand unter dem Dachüberhang seines eigenen Zimmers. Er fragte meine Mutter, ob wir unser Zimmer gegen seines tauschen wollten, das doppelt so

groß war wie unseres. Am selben Nachmittag zogen wir um. Soviel Großherzigkeit – von einem Rebellenführer! – berührte uns sehr. Er verhalf uns auch zu einem zweiten Bett. Jetzt konnten wir endlich wieder verhältnismäßig bequem schlafen. Der junge Mann – er schielte sehr stark – hatte eine sehr hübsche Freundin. Sie kam oft und blieb über Nacht, damals etwas Unerhörtes. Es schien die beiden nicht zu stören, daß wir davon wußten. Kapitalistenhelfer befanden sich freilich am wenigsten in einer Situation, in der sie Steine auf andere werfen konnten. Wenn ich den beiden morgens begegnete, merkte ich an ihrem seligen Lächeln, daß sie glücklich waren. Damals wurde mir klar, daß glückliche Leute freundlich sind.
Als es meiner Mutter besser ging, kehrte ich zu meinem Vater zurück. Unsere Wohnung fand ich in einem schrecklichen Zustand vor: Die Fensterscheiben waren zersplittert, überall waren zerschlagene Möbel und zerfetzte Kleidungsstücke verstreut. Mein Vater schien mich überhaupt nicht wahrzunehmen, unentwegt lief er in der Wohnung hin und her. Tagsüber war ich dauernd auf der Hut, nachts verschloß ich meine Zimmertür, weil mein Vater nicht schlafen konnte und immerzu sinnloses Zeug auf mich einredete. Aber über der Tür befand sich ein kleines Fenster, das sich nicht schließen ließ. Mein Vater war kräftig. Eines Nachts riß mich ein Geräusch aus dem Schlaf. Mein Vater kletterte durch das Fenster. Leichtfüßig wie ein Akrobat sprang er auf den Fußboden. Meine Nackenhaare sträubten sich vor Schreck, aber er beachtete mich gar nicht. Ziellos und ohne sichtbare Anstrengung hob er einige schwere Mahagonimöbel hoch und ließ sie zu Boden fallen. Seine Geistesverwirrung schien ihm übermenschliche Kraft und Geschicklichkeit zu verleihen. Er war gefährlich, das Zusammenleben mit ihm wurde zu einem Alptraum. Oft war ich nahe daran, zu meiner Mutter zurückzukehren. Aber ich brachte es nicht über mich, ihn allein zu lassen.
Ich lief mehrmals weg, nachdem er mich geschlagen hatte. Er schlug mich so hart gegen den Kopf, daß ich ganz benommen war. Aber ich ging nicht weit weg, sondern verbrachte die

Nächte im Garten hinter dem Haus unter dem Balkon unserer Wohnung. Es war schon kühl, und ich wartete sehnsüchtig darauf, daß mein Vater einschlief und es in unserer Wohnung still wurde. Wenn er schlief, war es für mich ein Segen.

Eines Tages war mein Vater verschwunden. Von schlimmen Vorahnungen erfüllt, rannte ich zur Tür hinaus. Ein Nachbar, der über uns wohnte, kam gerade die Treppe herunter. Seit einiger Zeit grüßten wir uns nicht mehr, um Schwierigkeiten zu vermeiden. Damals galt der Grundsatz, mit anderen weder zu sprechen noch auf andere Art Kontakt aufzunehmen. Doch dieses Mal sah er vielleicht die Angst in meinem Gesicht und sagte: »Ich habe gesehen, daß dein Vater auf das Dach gestiegen ist.«

Unser Wohnblock hatte fünf Stockwerke. Ich rannte nach oben. Am obersten Treppenabsatz befand sich links ein kleines Fenster. Direkt unter dem Fenster stieß das Dach des Nachbargebäudes, das nur vier Stockwerke hatte, an unser Haus. Das Dach war flach, mit Schindeln eingedeckt und ringsum mit einem niedrigen Metallgeländer eingezäunt. Ich zog mich an dem Fenster hoch und versuchte hindurchzuklettern. Mein Vater stand mit dem Rücken zu mir am Dachrand. Das Blut hämmerte in meinem Kopf. Ich glaubte zu sehen, daß er einen Fuß hob und über das Geländer steigen wollte.

»Vater!« rief ich mit zitternder Stimme, obwohl ich mich bemühte, so normal wie möglich zu klingen. Ich schrie nicht. Instinktiv wußte ich, daß ich ihn nicht erschrecken durfte, weil er sonst über den Dachrand stürzen würde. Er wandte sich um. »Was willst du?«

»Bitte, hilf mir. Ich kann nicht durch das Fenster klettern.«

Ich wußte, daß ich ihn von der Dachkante weglocken mußte. In seiner Verwirrung war er wieder ein Kind geworden, und dabei war ich selbst noch ein Kind. Ich faßte ihn bei der Hand und beschwor ihn, mit mir in die Wohnung zurückzukehren. Irgendwie mußten meine Worte zu ihm durchgedrungen sein. Einen Augenblick nahmen seine Augen einen fast normalen Ausdruck an, sonst wirkten sie nur leer und gleichgültig oder rollten, wenn er grübelte. Er trug mich hinunter und legte mich auf das Sofa. Er holte sogar ein Tuch, um mir die Tränen abzuwischen. Er machte einen fast normalen Eindruck. Aber der Zustand der Normalität hielt nicht lange an. Noch bevor ich mich von meinem Schock richtig erholt hatte, mußte ich schon wieder flüchten, weil er mich schlagen wollte.

Die Rebellen fanden den Zustand meines Vaters unterhaltsam, eine Behandlung lehnten sie ab. Jeden zweiten Tag erschienen neue Wandzeitungen mit der Überschrift: »Neues vom verrückten Chang.« In der Abteilung meines Vaters arbeiteten angeblich hochqualifizierte Menschen. Jetzt fanden die gelehrten Schreiber endlich eine nützliche Betätigung: Mein Vater wurde nachgeäfft, verspottet, ausgelacht, erniedrigt und mit hämischen Bemerkungen überschüttet. Die Wandzeitungen wurden an einer gut sichtbaren Stelle direkt vor der Abteilung angeklebt. Immer standen Menschentrauben davor. Ich zwang mich, alle Zeitungen zu lesen, obwohl ich die Blicke der anderen Leser spürte, denn viele kannten mich. Ich hörte die flüsternden Fragen derjenigen, die nicht wußten, wer ich war. Die ganze Zeit raste mein Herz vor Wut und unerträglichem Schmerz über meinen Vater. Aber ich wußte, daß seinen Verfolgern genauestens berichtet wurde, wie ich reagierte. Ich wollte unbedingt ruhig und gelassen wirken und ihnen keinen Anhaltspunkt geben, daß ich mich von den Beschimpfungen beeindrucken ließ. Angst empfand ich nicht, nur Verachtung für die Menschen um mich herum.

Wie war es gekommen, daß all diese Menschen sich in Ungeheuer verwandelt hatten? Woher rührte diese sinnlose Grausamkeit? Meine bedingungslose Ergebenheit Mao gegenüber wurde erschüttert. Bislang hatte ich nie sicher sein können, ob die Opfer von Verfolgungen wirklich schuldlos waren, aber bei meinen Eltern hatte ich keinen Zweifel. Ich begann, an Maos Unfehlbarkeit zu zweifeln, doch zum damaligen Zeitpunkt lastete ich wie die meisten Menschen der Behörde für die Kulturrevolution die Fehler an. Mao, der gottgleiche Herrscher, war noch immer über alle Kritik erhaben.

Mein Vater verfiel mit jedem Tag mehr – physisch und psychisch. Meine Mutter bat erneut Chen Mo um Hilfe. Er versprach zu tun, was er konnte. Wir warteten, aber es geschah nichts. Das konnte nur bedeuten, daß er die Tings nicht hatte bewegen können, einer Behandlung meines Vaters zuzustimmen. In ihrer Verzweiflung ging meine Mutter zum Hauptquartier des »Roten Chengdu« und suchte Yan und Yong auf.
Die herrschende Gruppe an der Medizinischen Hochschule von Sichuan war im »Roten Chengdu« organisiert. Zur Hochschule gehörte auch eine psychiatrische Abteilung, und ein Wort vom Hauptquartier des »Roten Chengdu« würde genügen, meinem Vater einen Platz im psychiatrischen Krankenhaus zu sichern. Yan und Yong zeigten zwar Verständnis, doch sie mußten erst ihre Genossen überzeugen.
Mao hatte humanitäre Gedanken als »bürgerliche Scheinheiligkeit« verurteilt. Demzufolge konnte es natürlich auch kein Mitleid mit Klassenfeinden geben. Yan und Yong mußten also eine politische Begründung finden. Und sie fanden eine Lösung: Mein Vater wurde von den Tings verfolgt, er konnte Munition gegen die Tings liefern, vielleicht sogar zu ihrem Sturz beitragen. Und mit den Tings würde man wohl auch die gegnerische Gruppe »26. August« zu Fall bringen.
Mein Vater wurde in die psychiatrische Abteilung der Medizinischen Hochschule von Sichuan aufgenommen. Sie lag in einem Vorort von Chengdu inmitten von Reisfeldern. Bambus wogte über die langen Ziegelsteinmauern und über das eiserne Haupttor. Ein zweites Tor verschloß den Zugang zu einer weiteren Eingrenzung – dem Wohnbezirk der Ärzte und Krankenschwestern. Ihre niedrigen Häuser standen in einem moosgrünen Gelände mit Jasminbüschen und Bambusgewächsen. An einem Ende des Hofes führten rote Sandsteintreppen in das zweistöckige Krankenhaus, ringsherum verlief eine hohe und breite Mauer. Die Treppen waren der einzige Zugang zum Inneren – der psychiatrischen Abteilung. Mein Vater wurde von zwei männlichen Krankenpflegern abgeholt. Sie waren normal gekleidet und sagten ihm, daß sie ihn zu einer Anklageversamm-

lung bringen wollten. Vor dem Krankenhaus versuchte mein Vater zu fliehen. Die Pfleger zerrten ihn die Treppe hinauf und brachten ihn in ein kleines, leeres Zimmer. Sie schlossen die Tür hinter sich, damit meine Mutter und ich nicht mit ansehen mußten, wie sie ihm eine Zwangsjacke anlegten. Ich war völlig verzweifelt, daß er so grob behandelt wurde. Aber ich wußte, daß es nur zu seinem Besten geschah.

Der Psychiater, Dr. Su, war etwa fünfunddreißig Jahre alt, er machte einen freundlichen und erfahrenen Eindruck. Er erklärte meiner Mutter, daß er meinen Vater erst eine Woche lang beobachten wolle, bevor er eine Diagnose stellen könne. Nach einer Woche teilte er uns das Ergebnis der Beobachtungen mit: Mein Vater litt an Schizophrenie. Er erhielt Elektroschocks und Insulinspritzen, bei der Behandlung wurde er auf dem Bett festgebunden. Nach ein paar Tagen zeigten sich erste Anzeichen einer Besserung. Er flehte meine Mutter unter Tränen an, sie möge den Arzt bitten, die Behandlung zu ändern. »Es tut so weh«, sagte er mit erstickter Stimme, »es ist schlimmer als der Tod.« Aber Dr. Su erklärte, es gebe keine andere Möglichkeit. Als ich meinen Vater zum ersten Mal wiedersah, saß er auf dem Bett und unterhielt sich mit meiner Mutter und Yan und Yong. Alle lächelten, und mein Vater lachte sogar. Er sah gesund aus. Ich ging hinaus und wischte meine Tränen ab.

Auf Anweisung des »Roten Chengdu« bekam mein Vater besseres Essen und eine Sonderbehandlung. Eine Krankenschwester wurde ganz allein für ihn abgestellt. Yan und Yong besuchten ihn oft. Sie brachten Mitarbeiter aus Vaters Abteilung mit, die sich ihm verbunden fühlten. Diese Menschen mußten jetzt selbst Anklageversammlungen über sich ergehen lassen, nachdem Frau Shaus Gruppe die Macht in der Abteilung an sich gerissen hatte. Mein Vater mochte Yan und Yong sehr, und obwohl er gewöhnlich kein besonders aufmerksamer Mann war, entging ihm nicht, daß sie sich liebten. Er neckte sie manchmal, und die beiden hatten ihren Spaß daran. Jetzt schien mein Alptraum endlich zu Ende; solange es meinem Vater gut ging, konnten wir jedes Unglück gemeinsam durchstehen.

Die Behandlung dauerte ungefähr vierzig Tage. Mitte Juli war mein Vater wieder völlig normal und wurde entlassen. Ohne daß jemand nach seinen Wünschen gefragt hatte, fuhr eines Tages ein Wagen vor und brachte ihn und meine Mutter direkt zur Universität von Chengdu. Dort wurde ihnen eine Wohnung in einem kleinen, nach außen abgeschirmten Hof zugewiesen. Studenten bewachten das Tor. Mein Vater wurde unter einem falschen Namen dort einquartiert, und man bat ihn, zu seiner eigenen Sicherheit tagsüber das Grundstück nicht zu verlassen. Die Mahlzeiten holte meine Mutter von einer speziellen Küche, die viel besseres Essen zubereitete als die Kantine der Universität. Yan und Yong kamen jeden Tag, ebenso die Führer des »Roten Chengdu«, die alle sehr höflich zu meinem Vater waren. Ich besuchte meine Eltern häufig. Die Universität befand sich außerhalb der Stadt, auf den unebenen Landstraßen brauchte ich mit dem Fahrrad etwa eine Stunde. Mein Vater machte einen ruhigen Eindruck. Immer wieder sagte er, wie dankbar er den Rebellen sei, daß sie die Behandlung ermöglicht hätten.

In der Dunkelheit durfte er auch spazierengehen. Wir unternahmen lange, stille Wanderungen über das Universitätsgelände, in einiger Entfernung folgten uns zwei Wächter. Arm in Arm gingen wir die von Jasminhecken gesäumten Wege entlang. Die faustgroßen, weißen Blüten zwischen den saftigen grünen Blättern dufteten stark. Wenn eine leichte Sommerbrise wehte, schien jede Pore meiner Haut die unbeschreiblich duftende Kühle aufzunehmen. Es war wie ein friedvoller Traum, weit weg von Terror und Gewalt. Ich wußte zwar, daß mein Vater hier wie in einem Gefängnis lebte, aber dennoch wünschte ich mir, daß er dieses Gefängnis nie würde verlassen müssen.

Im Sommer 1967 entwickelten sich die Kämpfe zwischen den Rebellen in ganz China allmählich zu einem kleinen Bürgerkrieg. In Sichuan tobten die Kämpfe besonders heftig. Das hing zum einen damit zusammen, daß dort modernste Waffen eingesetzt wurden, denn die Provinz war das Zentrum der chinesischen Rüstungsindustrie. Panzer, gepanzerte Fahrzeuge und Artillerie wurden von beiden Seiten direkt in den Rüstungsfabriken beschlagnahmt. Zum anderen nutzten die Tings den Bürgerkrieg, um ihre Gegner zu vernichten. In Yibin bekämpften sich die verfeindeten Gruppen mit Gewehren, Handgranaten, Mörsern und Maschinengewehren. Allein in der Stadt Yibin starben über hundert Menschen. Schließlich mußte das »Rote Chengdu« die Stadt aufgeben. Viele Menschen flohen in die nahegelegene Stadt Luzhou, die vom »Roten Chengdu« gehalten wurde.

Das »Rote Chengdu« richtete drei Forderungen an meinen Vater. Erstens sollte er sie über die Tings informieren, zweitens sollte er die Organisation öffentlich unterstützen, drittens sollte er ihr Berater und später möglicherweise auch ihr Repräsentant im Revolutionskomitee von Sichuan werden.

Mein Vater lehnte alle drei Forderungen ab. Er sagte, er könne nicht eine Gruppe gegen eine andere unterstützen. Er wolle im Revolutionskomitee von Sichuan nicht eine Fraktion unterstützen, im übrigen wolle er überhaupt nicht Mitglied des Komitees werden. Er weigerte sich auch, dem »Roten Chengdu« Informationen über die Tings zu geben, und begründete dies damit, daß er nicht zur Verschärfung der Situation und der Feindseligkeiten beitragen wolle.

Danach war es mit der freundlichen Behandlung vorbei. Die Führer des »Roten Chengdu« wußten nicht recht, wie sie mit meinem Vater verfahren sollten. Eine Gruppe sagte, man habe es noch nie mit einem so sturen, in seine absurden Gedanken verrannten Mann zu tun gehabt. Seine Verfolger hätten ihn beinahe umgebracht, und jetzt hindere er andere Menschen daran, ihn zu rächen. Er wage es, zu den mächtigen Rebellen nein zu sagen, und dabei hätten sie ihm doch das Leben gerettet. Wütend und enttäuscht brüllten einige: »Wir sollten ihn kräftig verprügeln. Wir sollten ihm ein paar Knochen brechen, das wäre eine Lektion für ihn!«

Aber Yan und Yong und ein paar andere Rebellen traten für meinen Vater ein. »Solche Charakterfestigkeit ist selten«, sagte Yong. »Es wäre nicht richtig, ihn zu bestrafen. Er würde nicht nachgeben, und wenn wir ihn zu Tode prügelten. Und es wäre eine Schande für uns, wenn wir ihn folterten. Er ist ein prinzipientreuer Mann!«

Mein Vater blieb bei seinem Nein, auch als er von der Drohung hörte, man wolle ihn verprügeln. Er sagte, seine Dankbarkeit den Rebellen gegenüber sei grenzenlos, aber er könnte nicht gegen seine Überzeugungen handeln.

Eines Nachts Ende September 1967 fuhr ein Wagen vor und brachte ihn und meine Mutter nach Hause, Yan und Yong hatten ihn nicht länger schützen können. Sie begleiteten meine Eltern bis zur Wohnung und verabschiedeten sich dann von meinem Vater.

Meine Eltern fielen sofort den Tings und der Gruppe von Frau Shau in die Hände. Die Tings machten dem Personal in der Abteilung meines Vaters klar, daß ihre Haltung meinem Vater gegenüber entscheidend für ihre berufliche Zukunft sein werde. Frau Shau stellten sie in Aussicht, sie würde eine dem Rang meines Vaters entsprechende Stellung im künftigen Revolutionskomitee von Sichuan erhalten, wenn es ihr gelänge, meinen Vater »gründlich zu zerschmettern«. Wer Sympathien für meinen Vater zeigte, war selbst zum Untergang verdammt.

Eines Tages holten zwei Männer meinen Vater ab. Sie gehörten zu Frau Shaus Gruppe und wollten ihn zu »einer Versammlung« bringen. Später kamen sie wieder und forderten meine Brüder und mich auf, meinen Vater in seiner Abteilung abzuholen.

Mein Vater saß im Hof der Abteilung auf der Erde. Er lehnte sich gegen eine Wand, seiner Haltung nach hatte er versucht aufzustehen. Sein Gesicht war unglaublich stark angeschwollen, es war schwarz und blau und übersät mit Blutergüssen. Das Haar war offenbar sehr grob zur Hälfte abrasiert worden.

Es hatte keine Anklageversammlung stattgefunden. Sie hatten meinen Vater sofort in ein kleines Zimmer geführt, in dem man alle Möbelstücke an die Wände gerückt hatte. In dem Zimmer warteten fünf oder sechs muskulöse Kerle und begannen, ihn zu bearbeiten. Sie boxten ihn und traten ihn mit den Füßen und zielten dabei vor allem auf seinen Unterleib. Sie füllten ihm Wasser in Mund und Nase und traten dann mit ihren Lederstie-

feln auf seinen Magen. Wasser, Blut und Exkremente wurden herausgepreßt. Mein Vater sackte bewußtlos zusammen.
Als er wieder zu sich kam, waren die Schläger verschwunden. Er hatte furchtbaren Durst und schleppte sich aus dem Zimmer. Im Hof trank er Wasser aus einer Pfütze. Er wollte aufstehen und nach Hause gehen, aber er schaffte es nicht. Ein paar Mitglieder der Shau-Gruppe beobachteten ihn, aber niemand rührte einen Finger, um ihm zu helfen.
Mein Vater hatte nie gestöhnt, auch nicht nach den furchtbarsten Schlägen, doch in dieser Nacht schrie er vor Schmerzen. Am nächsten Morgen rannte mein vierzehnjähriger Bruder Jin-ming zur Kantine und suchte einen Karren, damit wir Vater ins Krankenhaus bringen konnten. Mein dreizehnjähriger Bruder Xiao-hei besorgte eine Schere und schnitt Vater die restlichen Haare ab. Als er in den Spiegel blickte, verzog er das Gesicht zu einem schiefen Lächeln. »Das ist gut so«, sagte er. »Jetzt brauche ich wenigstens keine Angst mehr zu haben, daß sie mich bei der nächsten Anklageversammlung an den Haaren packen!«
Wir legten meinen Vater auf den Karren und schoben ihn zu einem orthopädischen Krankenhaus ein paar Straßen weiter. Dieses Mal brauchten wir keine besondere Erlaubnis, denn seine Verletzungen hatten nichts mit dem Verstand zu tun. Geisteskrankheiten waren etwas Heikles, Knochen hingegen waren nicht ideologieverdächtig. Der Arzt, der meinen Vater untersuchte, war ungefähr fünfzig und schien sehr mitfühlend. Als ich sah, wie sanft er meinen Vater abtastete, stiegen mir die Tränen in die Augen. Ich hatte soviel Herumstoßen und Schlagen, so viele Mißhandlungen und so wenig Sanftheit gesehen.
Der Arzt sagte, mein Vater habe zwei gebrochene Rippen, aber ohne Erlaubnis könnte er nicht in das Krankenhaus aufgenommen werden. Im übrigen gebe es bereits zu viele ernsthaft Verletzte aus den Kämpfen der Rebellenfraktionen, das Krankenhaus sei überfüllt. Entsetzt sah ich einen jungen Mann auf einer Tragbahre, dessen Kopf zu einem Drittel fehlte. Sein Begleiter sagte, er sei von einer Handgranate getroffen worden.

Meine Mutter suchte erneut Chen Mo auf und bat ihn, bei den Tings ein gutes Wort für meinen Vater einzulegen. Sie sollten dem Schlagen endlich ein Ende machen. Ein paar Tage später überbrachte Chen Mo die Antwort. Die Tings seien bereit, meinem Vater »zu vergeben«, wenn er in einer Wandzeitung seine Unterstützung für die »guten Funktionäre« Liu Jie-ting und Zhang Xi-ting ausdrücke. Offenbar waren sie dringend auf Unterstützung angewiesen. Als meine Mutter meinem Vater dies mitteilte, verzog er voller Abscheu das Gesicht und sagte: »Wie schamlos können manche Leute sein!«

Meine Mutter sagte unter Tränen: »Es geht nicht um deine Stelle und nicht einmal um deine Rehabilitation! Es geht um dein Leben! Was ist schon eine Wandzeitung im Vergleich zu einem Menschenleben!«

»Ich verkaufe meine Seele nicht«, erwiderte mein Vater.

Über ein Jahr lang, bis Ende 1968, wurde mein Vater immer wieder eingesperrt. Den meisten der früher führenden Funktionären der Provinzregierung erging es ähnlich. Unsere Wohnung wurde immer wieder gestürmt und völlig auf den Kopf gestellt. Offiziell war nicht von Haft die Rede, sondern es hieß, die Funktionäre würden einer »Schulung im Denken Mao Zedongs« unterzogen. Der Druck bei diesen »Schulungen« war so stark, daß viele den Tings nachgaben; einige Funktionäre begingen Selbstmord. Aber mein Vater weigerte sich beharrlich, mit den Tings zusammenzuarbeiten. Später sagte er, daß ihm seine Familie durch ihre Liebe sehr geholfen habe. Die meisten begingen Selbstmord, nachdem ihre Familien sich von ihnen losgesagt hatten. Wir hingegen besuchten Vater, so oft wir durften – das war selten genug –, und wenn er für kurze Zeit nach Hause entlassen wurde, umgaben wir ihn mit all unserer Wärme und Zuneigung.

Die Tings wußten, daß mein Vater meine Mutter sehr liebte, und wollten sie zu ihrem Werkzeug machen, um ihn zu zerstören. Sie setzten meine Mutter beharrlich unter Druck und verlangten, sie solle Vater denunzieren. Meine Mutter hatte oft Anlaß gehabt, sich über meinen Vater zu ärgern. Er hatte ihre Mutter nicht zur Hochzeit eingeladen, er hatte sie Hunderte von Kilometern durch unwegsames Gelände marschieren lassen, und wenn es ihr schlecht ging, hatte er sich nicht sehr mitfühlend gezeigt. Für ihn waren die Partei und die Revolution immer wichtiger gewesen als meine Mutter. Aber meine Mutter hatte verstanden, warum sich mein Vater so verhielt, sie hatte seine Haltung respektiert – und vor allem hatte sie nie aufgehört, ihn zu lieben. Jetzt, da er sich in Schwierigkeiten befand, stand sie unerschütterlich zu ihm. Gleichgültig, was man ihr androhte, sie weigerte sich, ihn zu denunzieren.

Die Abteilung meiner Mutter stellte sich der Forderung der Tings gegenüber taub, meine Mutter zu verfolgen, doch die Gruppe von Frau Shau tat ihnen liebend gern den Gefallen. Meine Mutter mußte zu ungefähr hundert Anklageversammlungen erscheinen. Einmal wurden etwa tausend Leute im Volkspark von Chengdu zusammengetrommelt, sie alle sollten meine Mutter anklagen. Doch die meisten kannten sie überhaupt nicht. Meine Mutter hatte keine annähernd so bedeutende Position, daß ein solcher Massenauflauf gerechtfertigt gewesen wäre.

Meine Mutter wurde wegen aller möglicher Dinge verurteilt, unter anderem auch deswegen, weil ihr Vater ein Provinzgeneral gewesen war. Die Tatsache, daß sie ihren Vater kaum gekannt hatte, spielte dabei keine Rolle.

Damals wurde jedem Kapitalistenhelfer mindestens ein Team zugeordnet, das seine Vergangenheit bis ins kleinste Detail erforschen sollte, manchmal waren es auch mehrere Teams. Zu bestimmten Zeiten wurde die Vergangenheit meiner Mutter von vier verschiedenen Teams durchleuchtet, das größte und ausdauerndste bestand aus fünfzehn Personen. Die Mitglieder der Teams wurden an verschiedene Orte in ganz China geschickt. Auf diese Weise erfuhr meine Mutter, was aus ihren alten Freunden und Kollegen geworden war. Die meisten nutzten diese Reisen als Besichtigungstouren und kehrten ohne Material zurück, eine Gruppe jedoch brachte eine Sensation nach Hause.

In den späten vierziger Jahren hatte Dr. Xia dem kommunistischen Agenten Yu-wu in Jinzhou ein Zimmer vermietet. Yu-wu war in der Partei der Vorgesetzte meiner Mutter gewesen; seine Aufgabe hatte darin bestanden, militärische Informationen zu sammeln und aus der Stadt hinauszuschmuggeln. Yu-wus Vorgesetzter, den meine Mutter nicht kannte, hatte vorgegeben, für die Kuomintang zu arbeiten. Während der Kulturrevolution wurde er unter Druck gesetzt, er solle zugeben, daß er ein Spion der Kuomintang gewesen sei. Man folterte ihn furchtbar. Schließlich konnte er die Schmerzen nicht länger ertragen und legte ein »Geständnis« ab. Er erfand einen Spionagering und behauptete, auch Yu-wu habe dazugehört.

Daraufhin wurde Yu-wu grausam gefoltert. Aus Angst, er könnte unter der Folter andere beschuldigen, schnitt er sich die Pulsadern auf. Yu-wu hatte kein Wort von meiner Mutter gesagt, aber das Untersuchungsteam fand heraus, daß es zwischen ihnen eine Verbindung gegeben hatte, und behauptete, meine Mutter sei ein Mitglied des angeblichen Spionagerings gewesen.

All ihre früheren Kontakte zu Angehörigen der Kuomintang wurden nun wieder hervorgezerrt. Sämtliche Fragen, die sie bereits 1955 beantwortet hatte, wurden ihr nun erneut gestellt. Doch diesmal erwartete man keine Antworten. Man verlangte von ihr nur das Geständnis, daß sie für die Kuomintang spioniert hatte. Sie sagte, daß sie bei der Untersuchung im Jahr 1955 entlastet worden sei. Daraufhin erhielt sie zur Antwort, daß der damalige Leiter der Untersuchung, ein Herr Kuang, selbst ein »Verräter und Spion der Kuomintang« gewesen sei.

Hunderte und Tausende ehemaliger Untergrundkämpfer, tapfere Männer und Frauen, die für ein kommunistisches China gefochten hatten, wurden nun angeklagt, sie seien »Spione und Verräter«. Sie wurden verhaftet, zu Anklageversammlungen gezerrt, geprügelt und gefoltert. Nach einem später erstellten, offiziellen Bericht kamen in Yunnan, der Nachbarprovinz von Sichuan, über 14 000 Menschen zu Tode, in der Provinz Hebei rund um Beijing wurden 84 000 Menschen verhaftet und gefoltert, Tausende starben. Viele Jahre später erfuhr meine Mutter durch Zufall, daß ihr erster Freund, Cousin Hu, einer solchen Säuberung zum Opfer gefallen war. Sie hatte geglaubt, die Kuomintang habe ihn hinrichten lassen. Tatsächlich hatte ihn sein Vater mit Goldbarren freigekauft. Niemand hatte meiner Mutter sagen wollen, daß er in Wahrheit durch die Hände von Kommunisten gestorben war. Fast zwei Jahre lang, von Ende 1967 bis Oktober 1969, wurde meine Mutter auf unterschiedliche Weisen gefangengehalten. Sie war ihren Wärterinnen auf Gedeih und Verderb ausgeliefert. Manche behandelten sie freundlich – solange sie allein waren. Eine Wärterin war die Frau eines Armeeoffiziers. Sie besorgte meiner Mutter ein Medikament gegen ihre Blutungen und kümmerte sich darum, daß meine Mutter gut aß, damit sie bei Kräften blieb. Sie bat ihren Mann, der als Offizier Anspruch auf besondere Nahrungsmittel hatte, jede Woche Milch, Eier und Hähnchen für meine Mutter mitzubringen.

Der Freundlichkeit der Wärter war es auch zu verdanken, daß meine Mutter ab und zu ein paar Tage nach Hause kommen durfte. Doch eines Tages erfuhren die Tings davon. Sie waren der Meinung, meine Mutter leide nicht genügend. Die freundlichen Wärterinnen wurden durch eine Frau mit einem verkniffenen Gesichtsausdruck ersetzt, die meine Mutter nicht kannte. Sie fand besonderes Vergnügen daran, meine Mutter zu quälen und zu foltern. Zweimal band sie meine Mutter auf die sogenannte »Tigerbank«, eine schmale Bank, auf der sie aufrecht und mit ausgestreckten Beinen sitzen mußte. Der Oberkörper meiner Mutter wurde an eine Säule gebunden und ihre Schenkel an die Bank, so daß sie ihre Beine weder strecken noch bewegen konnte. Dann schichtete die Frau Ziegelsteine unter ihre Fersen. Dadurch sollten die Kniegelenke oder Hüftgelenke gebrochen werden. Schon einmal, vor zwanzig Jahren, war meine Mutter als Gefangene der Kuomintang Zeugin dieser Folter gewesen. Die »Tigerbank« wurde nur deshalb nicht fortgesetzt, weil die Frau Hilfe von Männern brauchte, um weitere Ziegelsteine aufzuschichten. Die Männer halfen ihr zweimal zögernd, dann weigerten sie sich. Jahre später wurde die Frau als Psychopathin in ein psychiatrisches Krankenhaus gebracht, dort lebt sie heute noch.

Meine Mutter unterschrieb etliche »Geständnisse«, daß sie den »kapitalistischen Weg« beschritten habe. Aber sie lehnte es standhaft ab, meinen Vater zu denunzieren, und wies alle Spionagevorwürfe zurück. Hätte sie »Spionagetätigkeit« eingestanden, so wäre die Hexenjagd unweigerlich auf andere Menschen in ihrer Umgebung ausgedehnt worden.

Während der ersten Monate ihrer Gefangenschaft durften wir sie nicht besuchen. Wir wußten nicht einmal, wo sie sich befand. Manchmal lief ich ziellos durch die Straßen in der Hoffnung, ich würde sie zufällig irgendwo entdecken.

Eine Zeitlang wurde sie in einem ehemaligen Kino in der Haupteinkaufsstraße festgehalten. Dort durften wir ab und zu ein Paket abgeben oder sie für ein paar Minuten sehen, aber niemals ohne Wärterin. Wenn eine strenge Wärterin Aufsicht hatte, saßen wir uns unter eiskalten Blicken gegenüber. Einmal, im August 1968, wollte ich ein Lebensmittelpaket für meine Mutter abgeben, doch es wurde nicht angenommen. Man nannte mir keinen Grund, es hieß nur, ich solle keine Pakete mehr schikken. Als meine Großmutter das erfuhr, fiel sie ihn Ohnmacht. Sie dachte, meine Mutter sei tot.

Es war unerträglich, nicht zu wissen, was mit meiner Mutter passiert war. Ich nahm meinen sechsjährigen Bruder Xiao-fang bei der Hand und machte mich auf den Weg zu dem Kino. Ich wollte wenigstens einen Blick auf sie erhaschen, damit wir wußten, wie es ihr ging. Xiao-fang und ich spazierten vor dem Eingang auf und ab und suchten mit den Augen die Fensterreihen im zweiten Stock ab. Verzweifelt riefen wir: »Mutter! Mutter!« Passanten starrten uns an, aber das war mir egal. Ich wollte nur meine Mutter sehen. Mein Bruder begann zu weinen. Unsere Mutter erschien nicht am Fenster.

Jahre später erzählte sie uns, daß sie unsere Rufe gehört habe. Ihre psychopathische Wärterin hatte sogar das Fenster leicht geöffnet, damit sie unsere Stimmen besser hören konnte. Man sagte ihr, daß sie nur meinen Vater zu denunzieren und zu gestehen brauche, daß sie eine Spionin der Kuomintang gewesen sei, dann dürften wir sie sofort besuchen kommen.»Sonst«, sagte ihre Wächterin, »werden Sie hier vielleicht nie mehr lebend hinauskommen.« Meine Mutter sagte nein. Und dabei bohrte sie sich die Fingernägel in die Handflächen, um ihre Tränen zurückzuhalten.

KAPITEL 21

*»Wenn es schneit, teilt man
die Kohlen mit anderen«*

*Meine Geschwister
und meine Freunde
(1967-1968)*

In den Jahren 1967 und 1968 kämpfte Mao um die Durchsetzung seines persönlichen Machtsystems. Die Opfer der Machtkämpfe, zu denen auch meine Eltern zählten, lebten in beständiger Unsicherheit und Angst.
Menschliches Leid kümmerte Mao nicht, die Menschen existierten für ihn nur, damit er seine strategischen Pläne verwirklichen konnte. Der Genozid gehörte nicht zu seinen Plänen, meiner Familie wurden – wie vielen anderen Opfern auch – trotz aller Foltern die materiellen Grundlagen des Lebens nicht entzogen.
Meine Eltern erhielten weiterhin jeden Monat ihre Gehälter, obwohl sie nicht mehr arbeiteten, sondern im Gegenteil denunziert und attackiert wurden. Die Hauptkantine in unserer Siedlung arbeitete weiter normal, damit die Rebellen ihre »Revolution« machen konnten, und wir wurden wie die Familien der anderen Kapitalistenhelfer verpflegt. Was wir darüber hinaus

zum Lebensunterhalt brauchten, bekamen wir vom Staat, in den gleichen Rationen wie alle anderen Stadtbewohner.

Die Menschen in der Stadt sollten ganz der Revolution zur Verfügung stehen, sie sollten am Existenzminimum leben und kämpfen. Mao schützte den außerordentlich kompetenten Premierminister Zhou Enlai, damit er die chinesische Wirtschaft in Gang halten konnte. Für den Fall, daß Zhou etwas zustoßen sollte, brauchte Mao einen erstklassigen Ersatzmann. Deshalb gewährte er Deng Xiaoping, der als wirtschaftspolitischer Experte galt, relative Sicherheit. Zu keinem Zeitpunkt der Kulturrevolution ließ Mao zu, daß die Wirtschaft völlig zusammenbrach.

Doch je länger die Kulturrevolution dauerte, desto mehr Bereiche der Wirtschaft stagnierten. Die Bevölkerung in den Städten wuchs um etliche Millionen, aber es wurden so gut wie keine neuen Wohnungen gebaut, auch die öffentlichen Dienstleistungen reichten bei weitem nicht mehr aus. Fast alles mußte rationiert werden oder verschwand völlig, von Salz und Zahnpasta bis hin zu Toilettenpapier, ganz zu schweigen von Lebensmitteln und Kleidung. In Chengdu gab es einmal ein ganzes Jahr lang keinen Zucker zu kaufen und ein halbes Jahr lang keine Seife.

Seit Juni 1966 wurde kein Unterricht mehr erteilt. Die Lehrer waren entweder denunziert worden oder organisierten ihre eigenen Rebellengruppen. Da die Schulen geschlossen waren, übte niemand mehr irgendeine Aufsicht über uns aus. Wir waren frei. Aber was konnten wir mit unserer Freiheit anfangen? Es gab praktisch keine Bücher, keine Musik, kein Theater, kein Museum, keine Filme, keinen Sport, keinerlei Möglichkeit, sich selbst zu beschäftigen, schon gar nicht auf produktive Weise. Das Ergebnis war ganz anders als bei den meisten Revolutionen: Es gab nichts zu tun. Die Betätigung als Rotgardist war immerhin für viele Jugendliche eine Vollzeitbeschäftigung. In Denunziationen und in physischen und verbalen Kämpfen fanden sie die einzigen Ventile für ihre Energie und Frustration.

Die Mitgliedschaft in den Roten Garden war nicht Pflicht. Als sich das Parteisystem aufzulösen begann, lockerte sich auch die

Kontrolle über den einzelnen, ein großer Teil der Bevölkerung wurde in Ruhe gelassen. Viele Menschen blieben einfach zu Hause, hatten dort aber nichts zu tun. Ein Ergebnis war die rapide Zunahme kleinerer, völlig sinnloser Gewalttätigkeiten. Die Menschen hatten so viel Energie in sich aufgestaut, daß sie sich beim geringsten Anlaß verprügelten. Die Spannung wuchs spürbar, ebenso die Unfreundlichkeit, die Hilfsbereitschaft nahm ab. Überall sah man Menschen streiten – mit Verkäufern, Busschaffnern, Passanten. Und ein weiteres Ergebnis war ein Baby-Boom, da es keine Geburtenkontrolle gab. Die Bevölkerung wuchs während der Kulturrevolution um rund zweihundert Millionen.

Ende 1966 beschlossen meine Geschwister und ich, daß wir nicht länger Rotgardisten sein wollten. Von den Kindern verfolgter Funktionäre verlangte man, daß sie sich von ihren Eltern abgrenzten. Viele taten das auch, damit sie wieder etwas mehr Bewegungsfreiheit bekamen und ihr eigenes Leben führen konnten. Ich kannte Kinder, die sich von ihren Vätern lossagten und ihre Namen änderten, Kinder, die ihre Eltern in der Gefangenschaft nie besuchten. Und ich kannte Menschen, die sogar bei den Anklageversammlungen gegen ihre eigenen Eltern aufstanden.

Meine Mutter fragte uns einmal nach unserer Meinung, als sie unter großen Druck gesetzt wurde, sich von meinem Vater scheiden zu lassen. Wenn wir zu ihm hielten, konnte wir »Schwarze« werden; wir hatten die Qual und Erniedrigung gesehen, die diese Leute erleiden mußten. Wir sagten, daß wir zu ihm halten wollten, gleichgültig was noch kommen mochte. Meine Mutter erwiderte, daß sie sich darüber sehr freue und sehr stolz auf uns sei. Daß wir zu unseren Eltern hielten, entstand aus unserem Mitgefühl für ihr Leiden, aus unserer Bewunderung für ihre Integrität und ihren Mut und aus unserer Verachtung für ihre Verfolger. Wir respektierten und liebten unsere Eltern.

Wir wurden schnell erwachsen. Streit, Rivalitäten und gegenseitige Ablehnung – die normalen Probleme Heranwachsender –

waren uns fremd, ebenso die normalen Vergnügungen. Die Kulturrevolution zerstörte den normalen Weg des Erwachsenwerdens und machte aus uns vernünftige Erwachsene, obwohl wir gerade erst das zweite Lebensjahrzehnt begonnen hatten.

Mit vierzehn liebte ich meine Eltern mit einer Intensität, die in normalen Zeiten völlig undenkbar gewesen wäre. Mein Leben drehte sich nur um sie. Wenn sie für kurze Zeit nach Hause durften, beobachtete ich ihre Stimmungen und versuchte, sie abzulenken. Wenn sie in Haft waren, kämpfte ich darum, daß ich sie in ihren Gefängnissen besuchen durfte. Manchmal durfte ich ein paar Minuten mit meinem Vater und meiner Mutter sprechen, natürlich unter Aufsicht eines Wärters, und dann sagte ich ihnen, wie sehr ich sie liebte. Die früheren Beamten der Provinzregierung von Sichuan und im Ostbezirk von Chengdu kannten mich bald gut, den Verfolgern meiner Eltern war ich ein Dorn im Auge. Auch die Rebellen haßten mich, weil ich mich vor ihnen nicht fürchtete. Als ich einmal Frau Shaus Gruppe besuchte und fragte, wo sich mein Vater befand, schrie mich Frau Shau an, ich würde durch sie hindurchsehen, als wäre sie Luft. Sie erfanden Anklagen gegen mich: Eines Tages las ich auf einer Wandzeitung, das »Rote Chengdu« habe meinem Vater nur deshalb eine Behandlung ermöglicht, weil ich Yong verführt hätte.

Wenn ich nicht mit meinen Eltern zusammen war, verbrachte ich meine freie Zeit mit Freundinnen. Nach meiner Rückkehr aus Beijing ging ich mit zwei achtzehnjährigen Mädchen, Pummelchen und ihrer Freundin Ching-ching, für einen Monat in eine Fabrik, wo Flugzeuge gewartet wurden. Wir suchten nach irgendeiner Beschäftigung. Mao verlangte von den Jugendlichen vor allem, daß sie in die Fabriken gehen und dort Rebellionen gegen die Kapitalistenhelfer anstiften sollten. Seiner Meinung nach drang der Aufruhr viel zu langsam in die Fabriken vor.

Der einzige Aufruhr, den wir drei erzeugten, bestand darin, daß ein paar junge Männer des Basketball-Teams der Fabrik auf uns aufmerksam wurden. Wir spazierten oft stundenlang über die

Feldwege und genossen abends den schweren Blütenduft der Pflaumenbäume. Als meine Eltern bei den Anklageversammlungen auch physisch mißhandelt wurden, kehrte ich nach Hause zurück. Fortan beachtete ich Maos Anweisungen nicht mehr und beteiligte mich auch nicht mehr an der Kulturrevolution.
Meine Freundschaft mit Pummelchen, Ching-ching und den Basketball-Spielern bestand weiterhin. Zu unserer Clique gehörten auch meine Schwester und mehrere andere Mädchen aus meiner Schule, alle waren älter als ich. Ihre Gesellschaft interessierte mich mehr als die gleichaltriger Mädchen. Wir trafen uns abwechselnd in unseren Wohnungen und verbrachten dann den ganzen Tag dort, da wir sonst nichts zu tun hatten. Oft übernachteten die Mädchen dann dort. Ich war aber immer sehr um meine Eltern besorgt und blieb nie lange von zu Hause fort. Wir Mädchen führten endlose Gespräche darüber, wer von den Jungen wen mochte und welche Anzeichen es dafür gab. Der Anführer des Basketball-Teams war ein gutaussehender neunzehnjähriger Junge namens Sai, der Sohn des Ersten Sekretärs von Chengdu. Die meisten Spekulationen drehten sich um ihn. Die Mädchen tuschelten darüber, ob er mich mochte oder Ching-ching. Sai war schweigsam und zurückhaltend. Ching-ching war fasziniert von ihm. Wenn wir uns mit ihm trafen, wusch und kämmte sie ausgiebig ihr schulterlanges Haar, bügelte ihre Kleider sorgfältig und zupfte so lange daran herum, bis sie fast modisch gekleidet erschien. Sie legte sogar ein wenig Rouge auf ihre Wangen und zog ihre Augenbrauen nach. Natürlich neckten wir sie gehörig.
Ich fühlte mich ebenfalls von Sai angezogen. Wenn ich an ihn dachte, begann mein Herz zu klopfen, nachts wachte ich auf, sah sein Gesicht vor mir und fühlte die Hitze in meinem Körper. Oft murmelte ich seinen Namen und unterhielt mich mit ihm in Gedanken, wenn ich mich fürchtete oder sorgte. Aber ich zeigte es weder ihm noch meinen Freundinnen, ich gestand es nicht einmal mir selbst ein und gestattete mir nur schüchterne Träumereien. Meine Eltern beherrschten mein Leben und meine bewußten Gedanken, jede Beschäftigung mit meinen eigenen

Angelegenheiten empfand ich als Untreue und unterdrückte sie sofort. Die Kulturrevolutionen hatte mich der normalen Jungmädchenträume, der Eifersüchteleien und Jugendlieben beraubt – oder hatte sie mir erspart.

Ich hatte meine eigene Form von Eitelkeit. Ich nähte große, blaue, abstrakt gemusterte Stoffetzen auf die Knie und das Gesäß meiner Hose, die durch Waschen und Tragen hellgrau geworden war. Die Flecken waren deshalb sehr auffällig und paßten überhaupt nicht zu der ausgeblichenen Hose. Wenn ich in dieser Hose auftauchte, lachten mich meine Freundinnen aus. Meine Großmutter war entsetzt. Sie hielt mir immer wieder vor: »Kein anderes Mädchen läuft so herum wie du.« Aber ich blieb dabei. Ich wollte nicht hübsch aussehen, ich wollte anders aussehen.

Eines Tages sagte uns ein Mädchen, ihre Eltern, berühmte Schauspieler, hätten Selbstmord begangen, weil sie die Denunziationen nicht mehr hätten aushalten können. Ein anderes Mal erfuhren wir, daß der Bruder einer Freundin aus einem Fenster im dritten Stock in den Tod gesprungen war. Er hatte an der Hochschule für Luftfahrt in Beijing studiert und war angeklagt worden, er habe mit einigen Kommilitonen eine Anti-Mao-Partei gegründet. Er hatte sich aus dem Fenster gestürzt, als die Polizei ihn verhaften wollte. Mehrere angebliche Mitverschwörer wurden hingerichtet, andere erhielten lebenslängliche Haftstrafen. Das waren die normalen Strafen für alle, die eine oppositionelle Gruppe zu organisieren versuchten. Tragödien wie diese gehörten für uns zum Alltag.

Die Familien von Pummelchen und Ching-ching und einige andere waren nicht betroffen. Sie blieben meine Freunde. In der Kulturrevolution gab es viel Boshaftigkeit. Grausamkeit und Verrat, doch daneben auch viel Freundlichkeit, Vertrauen und Freundschaft.

Die Verfolger meiner Eltern behelligten sie nicht, so weit reichte ihre Macht nicht. Meine Freunde gehörten zu jenen Millionen Menschen, die nicht mit dem Strom schwammen und die am traditionellen chinesischen Wert der Loyalität festhielten:

»Wenn es schneit, teilt man die Kohlen mit anderen.« Meine Freunde gaben mir die Kraft, die schlimmsten Jahre der Kulturrevolution zu überstehen.

Sie halfen mir auch in praktischen Dingen. Gegen Ende des Jahres 1967 begann das »Rote Chengdu«, unsere Siedlung anzugreifen, die vom »26. August« kontrolliert wurde. Unser Wohnblock wurde in eine Festung verwandelt. Wir mußten in ein paar Zimmer im Erdgeschoß des nächsten Blocks umziehen. Meine Eltern waren zu der Zeit wieder in Haft.

Wir wurden in einer Wohnung untergebracht, die bereits von einer Familie belegt war. Die Familie erhielt den Befehl, die Hälfte ihrer Wohnung für uns frei zu machen. In der ganzen Siedlung wurden die Häuser neu eingeteilt, so daß die Wohnungen in den oberen Stockwerken als Befehlszentralen genutzt werden konnten. Meine Schwester und ich teilten uns ein Zimmer. Unsere beiden Einzelbetten standen rechts und links vom Fenster, von dem aus man auf den leeren Hinterhof und die Mauer der Siedlung blickte. Das Fenster blieb ständig geschlossen, denn sobald wir es öffneten, drang ein starker Gestank von den verstopften Abwasserkanälen herein. Nachts drangen Schreie über die Mauer, manchmal hörten wir auch Schüsse. Einmal wurde ich durch das Geräusch von zersplitterndem Glas geweckt: Eine Kugel war oben durch das Fenster gedrungen und in der gegenüberliegenden Wand steckengeblieben. Eigenartigerweise fürchtete ich mich nicht. In einer Zeit, in der man überall Tote, Blut und Leiden sah, hatten Schüsse ihre furchteinflößende Wirkung verloren.

Um diese Zeit widmete ich mich neben der Fürsorge für meine Eltern einer zweiten großen Sache: Ich schrieb Gedichte in klassischem Stil. Das erste Gedicht, mit dem ich zufrieden war, schrieb ich an meinem 16. Geburtstag am 25. März 1968. Natürlich wurde mein Geburtstag nicht gefeiert. Meine Eltern waren in Haft. In der Nacht lag ich wach und dachte nach, ich hörte die Schüsse und die Lautsprecher der Rebellen, aus denen sinnlose, haarsträubende Schmähreden ertönten. In dieser Nacht nahmen meine Gedanken eine andere Richtung an. Mein ganzes

Leben lang – und es schien mir tatsächlich ein langes Leben – hatte ich immer gehört und auch geglaubt, daß ich in einem Paradies auf Erden lebte. Das sozialistische China war das Paradies, die kapitalistische Welt war die Hölle. Nun fragte ich mich: Geht es so im Paradies zu? Wenn das hier das Paradies ist, wie ist dann die Hölle? Mir wurde klar, daß ich nichts mehr glauben konnte, was man mir erzählte. Das Gegenteil schien mir richtiger. Ich beschloß, daß ich selbst entdecken mußte, ob es tatsächlich einen Ort gab, an dem die Menschen noch mehr leiden mußten als hier. Es war das erste Mal, daß ich das Regime haßte, unter dem ich leben mußte. Zum ersten Mal sehnte ich mich nach einer Alternative.

Unbewußt sparte ich aus solchen Gedanken immer noch Mao aus. Seit meiner Kindheit war Mao ein Teil meines Lebens gewesen, er war das Idol, der Gott, die Inspiration. Mein Lebenszweck war praktisch mit seinem Namen verbunden. Noch vor zwei Jahren hätte ich ihm freudig mein Leben geopfert, aber seit Beginn der Kulturrevolution war seine magische Macht aus meinem Unterbewußtsein verschwunden, doch er blieb über alle Zweifel erhaben und unantastbar. Selbst jetzt wagte ich es noch nicht, ihn offen in Frage zu stellen.

In diese Stimmung verfaßte ich mein erstes Gedicht in klassischem Stil. Ich beschrieb den Tod meiner indoktrinierten und unschuldigen Vergangenheit und verglich sie mit welken Blättern, die der Wind vom Baum und in eine Welt weht, aus der es keine Rückkehr gibt. Und ich beschrieb meine Verwirrung angesichts der neuen Welt, in der ich nicht wußte, was und wie ich zu denken hatte. Es war ein Gedicht über das Tasten und Suchen in der Dunkelheit.

Ich schrieb das Gedicht nieder, ging zu Bett und dachte noch einmal über meine Verse nach. Da hörte ich lautes Hämmern an der Tür. Ich wußte sofort, daß das Haus gestürmt wurde, Frau Shaus Rebellen hatten unsere Wohnung schon mehrmals überfallen. Sie kamen immer wieder, weil sie Beweise gegen meinen Vater zu finden hofften. Voller Angst überlegte ich, was wohl passieren würde, wenn sie mein Gedicht fanden. Ich wußte, was aus den Gedichten meines Vaters geworden war. Als er zum ersten Mal angeklagt wurde, hatte er meine Mutter gebeten, sie zu verbrennen. Es war ihm klar, daß jedes Schriftstück gegen ihn verwendet werden würde. Aber meine Mutter brachte es nicht über sich, alle Gedichte zu verbrennen. Sie bewahrte einige auf, die er für sie geschrieben hatte. Mein Vater mußte dafür mehrere brutale Anklageversammlungen über sich ergehen lassen.

In einem Gedicht hatte sich mein Vater über sich selbst lustig gemacht, weil er den Gipfel eines besonders schönen Berges nicht erreicht habe. Frau Shau und ihre Genossen hatten das Gedicht ganz willkürlich interpretiert und meinen Vater beschuldigt, er habe die Macht in Beijing an sich reißen wollen und drücke in dem Gedicht seine Frustration aus, daß ihm das nicht gelungen sei.

In einem anderen Gedicht hatte er beschrieben, wie er nachts arbeitete:

> Immer heller leuchtet das Licht
> in immer dunklerer Nacht,
> meine Feder stürzt
> der weißen Dämmerung entgegen ...

Die Rebellen hatten behauptet, mit der »dunklen Nacht« sei das sozialistische China gemeint, und die »weiße Dämmerung« beziehe sich auf die Rückkehr der Kuomintang (weiß war die Farbe der Konterrevolution). Es war damals üblich, jede schriftliche Äußerung mit solchen absurden Interpretationen zu belegen. Mao liebte klassische Lyrik, aber er hatte nicht daran gedacht, ihr in seiner Schreckensherrschaft einen Sonderstatus einzuräumen. Ganz im Gegenteil: Das Abfassen von Gedichten wurde eine sehr gefährliche Beschäftigung.

Als ich das Hämmern an der Tür hörte, schloß ich mich auf der Toilette ein, während meine Großmutter Frau Shau und ihre Bande hereinließ. Mit zitternden Händen zerriß ich das Gedicht in kleine Stücke, warf sie in die Toilettenschüssel und spülte. Sorgfältig suchte ich den Boden ab, ob ich keinen Papierschnipsel übersehen hatte. Aber das Papier war in der Toilette nicht völlig verschwunden, ich mußte noch einmal die Spülung betätigen. Die Rebellen standen bereits in der Wohnung und hämmerten an die Toilettentür. Sie befahlen mir barsch, sofort herauszukommen. Ich gab keine Antwort.

In jener Nacht bekam auch mein Bruder Jin-ming einen gehörigen Schrecken. Seit Beginn der Kulturrevolution besuchte er regelmäßig einen Schwarzmarkt für Bücher. Die Chinesen haben einen sehr ausgeprägten Geschäftssinn, und selbst in den schlimmsten Zeiten der Kulturrevolution florierte der Schwarzmarkthandel, ungeachtet der Tatsache, daß Mao ihn als das größte Übel des Kapitalismus gebrandmarkt hatte.

Im Zentrum von Chengdu, in der Haupteinkaufsstraße, stand ein Bronzedenkmal von Sun Yat-sen, dem Mann, der im Jahr 1911 die republikanische Revolution angeführt und die zweitausendjährige Herrschaft des Kaiserhauses in China gebrochen hatte. Das Denkmal war vor der Machtübernahme der Kommunisten errichtet worden. Mao gefiel es nicht, daß es bereits vor ihm revolutionäre Führer gegeben hatte, aber da Sun Yat-sen nun einmal für die revolutionäre Tradition vereinnahmt wurde, blieb das Denkmal an seinem Platz. Rings um das Denkmal wurden die Glashäuser einer Gärtnerei erbaut, seit Beginn der Kulturrevolution war die Gärtnerei verlassen. Und in dieser ehemaligen Gärtnerei entstand ein Schwarzmarkt für Bücher, die den Flammen entgangen waren. Ganz verschiedene Menschen kauften und verkauften Bücher: Rotgardisten, die mit beschlagnahmten Büchern ein bißchen Geld verdienen wollten; beschäftigungslose Geschäftsleute, die einen Gewinn witterten; Wissenschaftler, die ihre Bücher loswerden, aber nicht verbrennen wollten; begierige Leser, die alles Gedruckte aufkauften.

Die Bücher, die hier verkauft wurden, waren unter dem kommunistischen Regime vor der Kulturrevolution zugelassen und veröffentlicht worden. Abgesehen von den chinesischen Klassikern konnte man dort Werke von Shakespeare, Dickens, Byron, Shelley, Shaw, Thackeray, Tolstoj, Dostojewski, Turgenew, Tschechow, Ibsen, Balzac, Maupassant, Flaubert, Dumas und vielen anderen weltbekannten Schriftstellern kaufen. Sogar Sherlock Holmes gab es zu kaufen, diese Kriminalromane waren in China einst sehr beliebt gewesen.

Jin-ming besuchte den Schwarzmarkt fast täglich. Sein Startkapital waren Bücher gewesen, die er in einer Papierverwertung erstanden hatte. Verängstigte Genossen verkauften den Papierverwertungen ihre Bibliotheken zu Altpapierpreisen. Jin-ming hatte einfach einen Angestellten angesprochen, einen Stapel Bücher gekauft und zu viel höheren Preisen wieder verkauft. Dann kaufte er weitere Bücher auf dem Schwarzmarkt und verkaufte sie dort wieder, wenn er sie gelesen hatte.

Von Beginn der Kulturrevolution bis zum Jahresende 1968 waren etwa tausend Bücher durch Jin-mings Hände gegangen. Er las ein bis zwei Bücher am Tag. Sein Bücherbestand veränderte sich schnell. Allerdings wagte er es nicht, mehr als etwa ein Dutzend Bücher gleichzeitig im Haus zu haben, und auch diese mußte er sorgfältig verstecken. Ein Versteck befand sich unter einem nicht mehr funktionsfähigen Wasserbehälter in unserer Siedlung, bis das Wasser durch ein Leck im Tank austrat und Jin-mings Bücher zerstörte, darunter auch Jack Londons »Der Ruf der Wildnis«. Manchmal brachte er seine Bücher in die Wohnung und versteckte sie in den Matratzen und in Schrankecken. In der Nacht, in der ich mein Gedicht in die Toilette warf, hatte er »Rot und Schwarz« in seinem Bett versteckt. Aber wie üblich hatte er den Originalumschlag entfernt und statt dessen einen Umschlag von einem Band aus Maos Gesammelten Werken darumgelegt.

Jin-ming handelte auch mit anderen Gütern auf dem Schwarzmarkt. Seine Begeisterung für die Naturwissenschaften war ungebrochen. Damals gab es auf den Schwarzmärkten in Chengdu ab und zu Transistoren für Radios zu kaufen. Deren Produktion wurde gefördert, weil sie »die Worte des Vorsitzenden Mao verbreiten« halfen. Jin-ming erwarb solche Teile und baute damit Radios, die er zu guten Preisen verkaufte. Anderes kaufte er für sich selbst, für seine physikalischen Experimente. Schwarzmarkthandel war lebensgefährlich. Die Ware von

Schwarzhändlern wurde sofort konfisziert, die Händler wurden geschlagen und gefoltert, häufig durch Messerstiche ins Gesäß. Diese Foltermethode hieß »Aderlaß«. Man drohte ihnen an, daß sie noch härter bestraft würden, falls man sie ein zweites Mal erwischte. Aber trotzdem kamen die meisten Schwarzhändler immer wieder.

Mein zweiter Bruder Xiao-hei war damals, Anfang 1967, zwölf Jahre alt. Da er nichts Besseres zu tun hatte, schloß er sich einer Straßenbande an.

Bis ihm die Bandenmitglieder so weit vertrauten, daß sie ihn als Boten einsetzten, behandelten sie ihn zuvorkommend, denn sie hatten noch nie mit einem Sprößling hoher Funktionäre zu tun gehabt. Die meisten der Jungen kamen aus armen Stadtfamilien und hatten schon vor der Kulturrevolution außerhalb der Gesellschaft gestanden. Sie hatten mit der Kulturrevolution nichts zu tun und interessierten sich auch gar nicht dafür.

Xiao-heis neue »Brüder« füllten ihre leere Zeit mit Diebstählen. Die gesamte Beute mußte dem Führer ausgehändigt werden, der sie dann unter den Brüdern aufteilte. Xiao-hei hatte viel zuviel Angst, um einen Diebstahl zu begehen, aber die anderen Brüder gaben ihm ohne Murren einen Anteil von ihrer Beute.

Während der Kulturrevolution wurde sehr viel gestohlen, vor allem Fahrräder und Brieftaschen. Die Polizei war so mit Gruppenkämpfen in den eigenen Reihen beschäftigt, daß sie sich um Diebe nicht kümmern konnte. Als 1970 erstmals Ausländer in großer Zahl nach China kamen, äußerten sich viele beeindruckt über die »moralische Sauberkeit« der Gesellschaft: Eine herrenlose Socke fand über Tausende von Kilometern wieder zu ihrem Besitzer, gewaschen und säuberlich zusammengefaltet lag sie eines Tages in seinem Hotelzimmer. Die Besucher bedachten freilich nicht, daß nur Ausländern soviel Aufmerksamkeit zuteil wurde, denn viele wachsame Augen begleiteten sie durch das Land. Überdies wagten es die Chinesen nicht, Ausländer zu bestehlen. Wer einem Ausländer auch nur ein Taschentuch entwendete, wurde unweigerlich mit dem Tode bestraft. Die gewaschene, säuberlich gefaltete Socke im Hotelzimmer hatte mit der gesellschaftlichen Wirklichkeit nicht das geringste zu tun: Sie war Teil der Komödie, die das Regime für Ausländer inszenierte.

Neben Diebstählen füllten Xiao-heis »Brüder« ihre Zeit damit, daß sie Mädchen hinterherliefen. Die Jungen im Alter von zwölf bis dreizehn Jahren trauten sich nicht an die Mädchen heran. Sie übernahmen Botendienste für die älteren Jungen und überbrachten deren Liebesbriefe, die gewöhnlich von Fehlern wimmelten. Xiao-heis Herz klopfte jedesmal stürmisch, wenn er vor der Wohnung eines Mädchens stand. Er hoffte, daß das Mädchen und nicht ihr Vater oder Bruder die Tür öffnen würde, weil er sonst sicherlich eine Ohrfeige bekäme. Manchmal, wenn ihn der Mut verließ, schob er den Liebesbrief einfach unter der Tür durch. Lehnte ein Mädchen die Annäherungsversuche ab, benutzte der Abgewiesene Xiao-hei und die anderen Botenjungen, um sich an ihr zu rächen. Die Jungen lärmten dann vor dem Haus des Mädchens und schossen mit Schleudern auf ihr Fenster. Wagte sich das Mädchen heraus, wurde es angespuckt und beleidigt, die Jungen zeigten ihr den Mittelfinger in einer obszönen Geste und benutzten dabei Ausdrücke, die sie selbst nicht verstanden. Die Chinesen haben recht drastische Worte für Sexuelles, vor allem wenn sie von Frauen sprechen: Das weibliche Geschlechtsteil wird seiner Form nach »Schiffchen« genannt; eine Frau wird wie ein »Pferdesattel« geritten; sie ist eine »überlaufende Öllampe«, wenn sie unter häufigem Ausfluß leidet, oder ein »ausgelatschter Schuh«, wenn sie zu oft »benutzt« wurde.

Die dritte Hauptbeschäftigung der Bande waren Straßenkämpfe. Sie hatten soviel überschüssige Energie, daß sie bei der geringsten Provokation losschlugen. Schlägereien faszinierten Xiao-hei, aber zu seinem größten Bedauern war er, wie er selbst sagte, »von Natur aus feige«. Wenn es bei einer Auseinandersetzung ernst wurde, machte er sofort kehrt und rannte davon. Seinem Mangel an Tapferkeit hatte er es zu verdanken, daß er diese Zeit unbeschadet überstand, während viele Jungen ernsthafte Verletzungen davontrugen oder sogar zu Tode kamen.

Eines Nachmittags, als er mit einigen anderen Brüdern wie gewöhnlich herumlungerte, kam ein Mitglied der Bande angerannt und erzählte, das Haus eines Bruders sei soeben von einer anderen Bande überfallen worden, der Bruder sei »zur Ader gelassen« worden. Der Führer winkte den anderen zu, und die Gruppe setzte sich in Marsch.
Auf dem Weg sammelten sie mehrere Dutzend Jungen auf. Sie gingen auf der Aschenbahn des Sportstadions in Stellung und warteten auf die Feinde. Zwei Stunden verstrichen, die Gegenseite zeigte sich nicht. Dann hinkte ein etwa zwanzigjähriger Mann in das Stadium. Er wurde »der lahme Tang« genannt und war in der Unterwelt von Chengdu eine bekannte Persönlichkeit. Trotz seiner Jugend behandelte man ihn so respektvoll wie normalerweise nur ältere Menschen.
Tang hinkte, weil er Kinderlähmung hatte. Sein Vater war Funktionär der Kuomintang gewesen, deshalb hatte der Sohn eine untergeordnete Arbeit zugewiesen bekommen: Tang wurde Arbeiter in einer kleinen Werkstatt, die die Kommunisten in seinem Elternhaus einrichteten, nachdem sie es konfisziert hatten. Die Beschäftigten kleiner Werkstätten kamen nicht in den Genuß der Vorteile, die Fabrikarbeitern gewährt wurden, wie Garantie des Arbeitsplatzes, kostenlose Gesundheitsfürsorge und Rentenansprüche.
Wegen seiner Herkunft kam Tang nicht in den Genuß einer höheren Bildung. Er war jedoch sehr klug und wurde der anerkannte Führer der Unterwelt von Chengdu. Jetzt erschien er auf Bitte der anderen Straßenbande, um einen Waffenstillstand zu vermitteln.
Er hatte mehrere Packungen bester Zigaretten mitgebracht und verteilte sie. Die andere Bande ließ sich durch ihn entschuldigen; sie versprach, die Kosten für die Zerstörungen und für die Behandlung des Verletzten zu übernehmen. Der Führer von Xiao-heis Bande akzeptierte, zum lahmen Tang durfte man nicht nein sagen. Am 2. Juni 1968 nahm das Revolutionskomitee für die Provinz Sichuan die Arbeit auf. Das Komitee wurde von denselben vier Menschen beherrscht, die bereits bei der Vorbe-

reitung die Fäden gezogen hatten: den beiden Armeekommandeuren und den Tings. Außerdem gehörten die Führer der beiden Rebellengruppen »Rotes Chengdu« und »26. August« und etliche »revolutionäre Funktionäre« dem Komitee an.

Mao hatte damit sein persönliches Machtsystem gefestigt. Die nächsten Entscheidungen betrafen meine Familie unmittelbar. Das Gehalt von Kapitalistenhelfern wurde gekürzt, jedem abhängigen Familienmitglied ein monatlicher Grundbetrag in bar ausgezahlt. Dadurch verringerte sich unser Familieneinkommen um mehr als die Hälfte. Wir mußten zwar nicht hungern, aber wir konnten uns die Waren vom Schwarzmarkt nicht mehr leisten, mit denen wir den größten Teil unserer Bedürfnisse gedeckt hatten. Nahrungsmittel wurden immer knapper. Fleisch war rationiert, wir bekamen nur noch zweihundertfünfzig Gramm pro Monat und Person. Meine Großmutter machte sich Tag und Nacht Gedanken, wie sie uns Kinder besser ernähren und Pakete mit Nahrungsmitteln für meine gefangenen Eltern herbeizaubern könnte.

Eine weitere Entscheidung des neuen Revolutionskomitees war, daß alle Kapitalistenhelfer die Siedlung verlassen mußten, um Platz für die neuen Führer zu schaffen. Meine Familie erhielt einige Räume in einem dreistöckigen, in chinesischem Stil erbauten Haus zugewiesen, in dem sich einmal die Büros eines jetzt stillgelegten Warenhauses befunden hatten. Das oberste Stockwerk stand leer. Dort wollte niemand wohnen, denn es gab weder Wasser noch eine Toilette, noch einen Abwasseranschluß. Wenn man sich die Zähne putzen oder auch nur eine Tasse Tee wegschütten wollte, mußte man in die unteren Stockwerke hinabsteigen. Doch mich störte das nicht. Das Haus war sehr elegant, und ich sehnte mich nach schönen Dingen.

Unsere neue Unterkunft unterschied sich vollkommen von den gleichförmigen, schachtelähnlichen Betonblocks in unserem bisherigen Wohnbezirk. Jetzt wohnten wir in einem prächtigen, aus Holz und Ziegelsteinen errichteten zweigiebeligen Herrensitz. Unter graziös geschwungenen Dachüberständen befanden sich fein gerahmte, rotglänzende Fenster. Im vorderen Garten standen ein dichtes Weinspalier, ein Oleandergehölz und ein paar riesige Magnolienbäume, im hinteren Garten wucherten Maulbeerbäume und ein Exemplar jener namenlosen Baumart, deren paprikaähnliche Früchte innerhalb der braunen, wie Schiffchen geformten Blätter wachsen. Am besten gefiel mir eine Staude Zierbananen mit ihren langen gebogenen Blättern – ein seltener Anblick in der nichttropischen Klimazone.

Schönes hatte man damals so oft als Ausdruck bourgeoiser Dekadenz kritisiert, daß es als Strafe für die ganze Familie gedacht war, daß wir in einer schönen Umgebung wohnen mußten. Wir erhielten das unbewohnte oberste Stockwerk. Das Wohnzimmer war geräumig und rechteckig und hatte einen Parkettboden. An drei Wänden befanden sich große Glasfenster, die strahlend helles Licht hereinließen, an klaren Tagen sah man das Panorama der fernen Schneeberge von West-Sichuan. Als ich die Wohnung an einem besonders heißen Augusttag zum erstenmal betrat, wehte mir durch die offenen Fenster ein starker Luftzug entgegen – kühlende Labsal. Der Balkon war nicht wie üblich aus Zement, sondern aus hübschem, rotglänzend gestrichenem Holz, das Balkongeländer war mit griechischen Ornamenten verziert. Vom Balkon aus konnte man auch in ein anderes Zimmer mit einer ungefähr sechs Meter hohen Decke gelangen. Man sah die scharlachroten Dachbalken, die sich im schummerigen Halbdunkel des Giebels verloren. Ich verliebte mich auf der Stelle in unser neues Heim. Erst später merkte ich, daß in dem rechteckigen Wohnzimmer die Kälte aus drei Richtungen durch das dünne Fensterglas hereindrang und daß von der hohen Decke in dem zweiten Zimmer ein ständiger Staubregen herabfiel, wenn es draußen windig war. Doch wenn ich in einer windstillen Nacht im Bett lag und die Dachbalken anstarrte, während das Mondlicht durch die großen Maulbeerbäume und durch die Fenster hereinfiel, erschien es mir wunderbar, daß wir hier wohnen durften.

Auch unsere neue Straße gefiel mir. Sie hieß Meteoritenstraße, weil hier vor Hunderten von Jahren ein Meteor niedergegangen war. Schon vor langer Zeit hatte man den Meteor in einen nahegelegenen Park gebracht. Die Straße war mit Kopfsteinen gepflastert und erschien mir viel schöner als die Asphaltstraßen in unserer Siedlung.

Nur die Nachbarn erinnerten mich an unser altes Wohnviertel. Es waren Beschäftigte aus der Abteilung meines Vaters, die jetzt der Rebellengruppe um Frau Shau angehörten. Meiner Familie gegenüber zeigten sie undurchdringlich steife Mienen. Sie sprachen nur mit uns, wenn es absolut unvermeidbar war, und dann nur in bellendem Ton. Einer unserer Nachbarn war Herausgeber einer Zeitung gewesen, die inzwischen nicht mehr erschien, seine Frau war Lehrerin. Sie hatten einen Sohn namens Jo-jo, er war sechs wie mein Bruder Xiao-fang. Bei ihnen wohnten ein untergeordneter Regierungsbediensteter und dessen fünfjährige Tochter. Die drei Kinder spielten oft zusammen im Garten. Meine Großmutter sah es nicht gern, daß Xiao-fang mit den beiden anderen Kindern spielte, aber sie wagte nicht, es ihm zu verbieten – die Nachbarn hätten das als Feindseligkeit gegen die Rebellen des Vorsitzenden Mao auslegen können.

Am Fuß der weinroten Wendeltreppe, die zu unserem Stockwerk führte, stand ein großer Tisch in der Form eines Halbmonds. Früher hatte man darauf wohl eine riesige Porzellanvase mit einem Strauß von Winterjasmin oder Pfirsichblüten aufgestellt. Jetzt war der Tisch leer, die drei Kinder kletterten oft darauf herum. Eines Tages spielten sie Doktor: Jo-jo war der Arzt, Xiao-fang der Krankenpfleger und das fünfjährige Mädchen die Patientin. Sie legte sich auf den Tisch, für die Spritze mußte sie sich auf den Bauch drehen und ihren Rock hochziehen. Xiao-fang hielt einen Holzsplitter in der Hand, der von einem zerbrochenen Stuhl stammte, das war die Spritznadel. In diesem Augenblick betrat die Mutter des Mädchens den Treppenabsatz. Sie schrie auf und riß ihre Tochter an sich.

Die Mutter untersuchte ihre Tochter und fand ein paar Kratzer an der Innenseite ihrer Schenkel. Doch anstatt die Tochter in ein Krankenhaus zu bringen, suchte sie sofort die Rebellengruppe aus Vaters Abteilung auf, die ein paar Straßen weiter ihr Quartier hatten. Bald darauf erschien eine Menschenmenge im vorderen Garten unseres Hauses. Meine Mutter, die ein paar Tage Urlaub von der Haft zu Hause verbrachte, wurde sofort festgenommen. Die Erwachsenen packten Xiao-fang, zerrten an ihm herum und brüllten auf ihn ein. Sie schrien, daß sie ihn totprügeln würden, wenn er ihnen nicht auf der Stelle sage, wer ihm beigebracht habe, »wie man ein Mädchen vergewaltigt«. Sie wollten von ihm hören, er wisse das von seinem älteren Bruder. Xiao-fang war völlig eingeschüchtert und brachte kein Wort heraus, er konnte nicht einmal weinen. Auch Jo-jo war verängstigt. Er weinte und versuchte zu erklären, daß er als Arzt Xiao-fang beauftragt habe, die Spritze zu verabreichen. Das kleine Mädchen weinte auch und sagte, sie habe die Spritze noch gar nicht bekommen. Aber die Erwachsenen brüllten die beiden Kinder an, den Mund zu halten, und bedrängten Xiao-fang. Schließlich schlug meine Mutter vor, die Kinder zum Volkskrankenhaus von Sichuan zu bringen. Die Menge stürmte los und schleppte meine Mutter und Xiao-fang hinter sich her.

In der Ambulanz redeten die wütende Mutter und die erregte Menge der Regierungsbediensteten auf Ärzte, Krankenpfleger und Patienten ein und wiederholten ihre Anklagen. Einige schrien: »Der Sohn eines Kapitalistenhelfers hat die Tochter eines Rebellen vergewaltigt! Dafür werden seine Eltern büßen müssen!« Während das Mädchen untersucht wurde, schrie ein unbeteiligter junger Mann, der sich zufällig auf dem Flur aufgehalten hatte: »Warum prügelt ihr nicht die Eltern, diese Kapitalistenhelfer, zu Tode?« Xiao-fangs Augen waren trocken und weit aufgerissen. Darin stand das blanke Entsetzen.

Die Stimmung in China war damals so, daß viele Menschen unfähig waren, etwas Gutes zu denken. Sie reagierten wie Automaten und trauten anderen Menschen nur dunkle, bösartige und schmutzige Dinge zu.

Glücklicherweise waren nicht alle so. Eine Ärztin untersuchte das Mädchen, anschließend trat sie vor die feindselige Menge und erklärte, sie habe absolut kein Anzeichen für eine Vergewaltigung gefunden. Die Kratzer auf dem Schenkel seien nicht neu und könnten auch nicht von Xiao-fangs Holzsplitter stammen, denn der sei bemalt und glatt. Sie hielt den Splitter hoch und zeigte ihn der Menge. Die Kratzer habe sich das Mädchen wahrscheinlich zugezogen, als sie auf einen Baum geklettert sei. Widerwillig zerstreute sich die Menge.

An diesem Abend benahm sich Xiao-fang wie wahnsinnig. Sein Gesicht war dunkelrot, er schrie und tobte. Meine Mutter brachte ihn am nächsten Tag in ein Krankenhaus. Der Arzt verschrieb ihm eine große Dosis Beruhigungsmittel, so groß, daß Mutter sie Xiao-fang nicht geben wollte. Aber der Arzt meinte, er brauche soviel. Nach ein paar Tagen hatte sich Xiao-fang wieder erholt, aber seine Unbekümmertheit war dahin. Er spielte nicht mehr mit anderen Kindern. Nach diesem Zwischenfall hatte sich Xiao-fang im Alter von sechs Jahren praktisch von seiner Kindheit verabschiedet.

Den Umzug mußte unsere Großmutter mit uns fünf Kindern allein bewältigen. Aber bald half uns der Freund meiner Schwester Xiao-hong, Cheng-yi.

Cheng-yi arbeitete in einer Flugzeugfabrik, er und meine Schwester hatten sich Anfang 1968 kennengelernt. Wie die meisten Fabrikarbeiter gehörte er formell einer Rebellengruppe an, beteiligte sich aber nicht an ihren Aktionen. Da es damals praktisch keine Unterhaltungsmöglichkeiten gab, organisierten viele Rebellengruppen eigene Abendveranstaltungen mit Gesang und Tanz, natürlich alles Lobgesänge auf Mao oder Lieder nach Mao-Zitaten. Cheng-yi hatte musikalisches Talent und gehörte einer solchen Gruppe an. Meine Schwester ging einmal mit ihren Freundinnen zu einem Tanzabend in die Fabrik, und Cheng-yi verliebte sich in sie. Die beiden hatten es nicht leicht, von allen Seiten wurde Druck auf sie ausgeübt: Die Kollegen warnten Cheng-yi, er solle sich nicht mit der Tochter von Kapitalistenhelfern einlassen; die Freundinnen meiner Schwester waren mißtrauisch, weil Cheng-yi kein Mitglied ihrer Clique war; und ich hatte kein Verständnis für den Wunsch meiner Schwester, ihr eigenes Leben zu leben, sondern warf ihr vor, sie lasse unsere Eltern im Stich. Aber ihre Liebe war stärker als alle

Hindernisse, und sie half meiner Schwester, die folgenden schweren Jahre zu überstehen. Ich schloß Cheng-yi bald ins Herz, ebenso alle anderen Mitglieder unserer Familie. Da Cheng-yi eine Brille trug, nannten wir ihn »Brilli«.

Ein anderer Musiker aus Brillis Gruppe, ein Freund von ihm, war von Beruf Zimmermann, sein Vater war Lastwagenfahrer. Er hatte eine auffällig große Nase in seinem kupferfarbenen Gesicht, sehr ungewöhnlich für einen Chinesen. Menschen, die anders aussahen als Chinesen, kannten wir nur von Fotos aus Albanien, denn das winzige, weit weg gelegene Albanien war Chinas einziger Verbündeter. Bei seinen Freunden hieß er »Al«, die Abkürzung für »Albaner«.

Al organisierte einen Wagen und half uns beim Umzug in die Meteoritenstraße. Er hatte ein Auge auf Pummelchen geworfen, und am Tag nach dem Umzug lud er sie, Ching-ching und mich zu sich nach Hause zum Essen ein. Al wohnte in einem der fensterlosen Häuser aus Lehm und Holz, die in Chengdu üblich waren. Der Boden im Innern bestand ebenfalls aus Lehm, von der Straße trat man direkt in ein Zimmer. Es war das erste Mal, daß ich ein solches Haus von innen sah. Als wir in seine Straße einbogen, beobachtet uns eine Gruppe Jugendlicher an einer Ecke. Sie nickten Al grüßend zu. Al wurde vor Stolz ganz rot, er blieb stehen und sprach mit ihnen. Anschließend sagte er beiläufig zu uns: »Ich habe ihnen erzählt, daß ihr Kinder von hohen Funktionären seid und daß ich mich deshalb mit euch angefreundet habe, damit ich nach der Kulturrevolution auch Dinge bekomme, die für die Privilegierten reserviert sind.«

Ich war sprachlos. Anscheinend glaubte er, daß die Kinder hoher Funktionäre Zugang zu besonderen Konsumgütern hatten, aber das stimmte nicht. Dann wunderte ich mich auch darüber, daß er offensichtlich stolz war, wenn er mit uns gesehen wurde; tatsächlich schien das seine Freunde zu beeindrucken. Meine Eltern waren in Haft, wir hatten die Siedlung verlassen müssen, das Revolutionskomitee von Sichuan hatte die Kapitalistenhelfer zu Geächteten erklärt, überall setzte sich die Kulturrevolution durch – und Al und seine Freunde waren weiterhin unerschütterlich davon überzeugt, daß Funktionäre wie meine Eltern eines Tages wieder Einfluß im Land haben würden.

Im August 1968 wurden an den Schulen neue Gruppen gegründet, die sogenannten »Mao-Zedong-Gedanken-Propaganda-Teams«. Die Teams setzten sich aus Soldaten und Arbeitern zusammen, die nicht in die Fraktionskämpfe der Rebellen verwickelt gewesen waren; sie sollten die Ordnung wiederherstellen. Die Teams riefen die Kinder wieder an die Schulen zurück, seit zwei Jahren hatte es keinen Unterricht mehr gegeben. An den Schulen hatten sie die Kinder unter Kontrolle. Die wenigen Kinder, die sich nicht in der Stadt aufhielten, wurden durch Telegramme zurückgeholt. Die Lehrer, die noch nicht Opfer der Kulturrevolution geworden waren, erteilten keinen Unterricht, sie wagten es nicht. Die alten Schulbücher waren massenweise als »bürgerliches Gift« verurteilt worden, und niemand besaß den Mut, neue Bücher zu verfassen. Also rezitierten wir stundenlang Worte des Vorsitzenden Mao und lasen die Kommentare in der *Volkszeitung*. Wir sangen Lieder, die aus Mao-Zitaten bestanden und tanzten sogenannte »Loyalitätstänze«. Dabei drehten und wendeten wir uns und schwenkten das Kleine Rote Buch.

Das Team an meiner Schule war gutwillig, aber das galt keineswegs für alle. Das Team an der Universität von Chengdu hatten die Tings besonders sorgfältig ausgewählt, denn die Universität war das Hauptquartier des »Roten Chengdu« gewesen, der Erzfeinde der Tings. Yan und Yong mußten Unsägliches durchmachen. Die Tings befahlen dem Team, die beiden unter Druck zu setzen, daß sie meinen Vater anklagten. Yan und Yong weigerten sich. Sie sagten meiner Mutter, daß sie aus Bewunderung für den Mut meines Vaters beschlossen hätten, standhaft zu bleiben.

Ende 1968 erhielten alle Universitätsstudenten in ganz China ohne Abschlußprüfung ihre Examenszeugnisse. Man wies ihnen Arbeitsplätze zu und verteilte sie über das ganze Land. Das

Team sagte zu Yan und Yong, ihre Zukunft sei ruiniert, wenn sie meinen Vater nicht denunzierten. Die beiden gaben nicht nach. Yan wurde in eine kleine Kohlengrube in Ost-Sichuan geschickt. Das war die schlimmstmögliche Arbeit, sie arbeitete unter menschenunwürdigen Bedingungen ohne jegliche Sicherheitsvorkehrungen. Yans Schicksal rührte zum Teil daher, daß Frau Mao verkündet hatte, Frauen könnten dieselbe Arbeit verrichten wie Männer, oder wie es in einer Parole hieß: »Frauen können die Hälfte des Himmels tragen.« Aber die Frauen wußten, daß es soviel Gleichberechtigung nur bei der Arbeit gab.

Nach den Universitäten waren die Mittelschulen an der Reihe. Meine Mitschüler und ich erfuhren bald, was Mao mit uns vorhatte: Wir wurden in weit entlegene ländliche oder gebirgige Gegenden verbannt und sollten dort härteste Feldarbeit verrichten. Mao hatte beschlossen, daß ich den Rest meines Lebens als Bauer verbringen sollte.

KAPITEL 22

»Gedankenreform durch körperliche Arbeit

Landverschickung an den Fuß des Himalaja (Januar-Juni 1969)

Im Verlauf des Jahres 1969 mußten meine Eltern, meine Schwester, mein Bruder Jin-ming und ich Chengdu einer nach dem anderen verlassen. Wir gehörten zu den ungefähr fünfzehn Millionen Städtern, die aufs Land verschickt wurden. Auf diese Weise sollte verhindert werden, daß die jungen Leute untätig in den Straßen der Städte herumlungerten und aus lauter Langweile Unruhe stifteten. Erwachsene wie meine Eltern sollten auf dem Land eine neue »Zukunft« bekommen. Sie gehörten zur alten Regierung und Verwaltung, die durch Maos Revolutionskomitees ersetzt worden war. Irgendwo mußte man die alten Funktionäre unterbringen, und körperliche Schwerstarbeit auf dem Land war eine passende Lösung.

Der maoistischen Rhetorik zufolge sollten wir auf dem Land »reformiert« werden. Mao befürwortete eine »Gedankenreform durch körperliche Arbeit«, aber was das eine mit dem anderen zu tun hatte, erklärte er nicht. Und natürlich wagte niemand, danach zu fragen. Es kam schon einem Akt von Hochverrat gleich, wenn man nur über eine solche Frage nachdachte. In Wirklichkeit wußte jeder in China, daß harte Arbeit, vor allem Schwerstarbeit auf dem Land, immer Strafe bedeutete. Es war aufschlußreich, daß weder Maos Henker – die Mitglieder der neu eingerichteten Revolutionskomitees, die Armeeoffiziere – noch deren Kinder aufs Land geschickt wurden.

Mein Vater verließ Chengdu als erster. Kurz nach Neujahr 1969 schickte man ihn in einen Kreis namens Miyi in der Region Xichang, an den östlichen Fuß des Himalaja. Xichang ist ein gottverlassener Fleck inmitten unberührter Berge, heute starten dort die Trägerraketen mit den chinesischen Satelliten. Miyi liegt tief zwischen den Bergen, ungefähr fünfhundert Kilometer von Chengdu entfernt; die Reise mit dem Lastwagen dauert vier Tage. In den Bergen von Miyi wurde ein Lager für die ehemaligen Beamten der Provinzregierung gebaut, eines von vielen tausend Lagern in ganz China. Offiziell wurden die Lager als »Kaderschulen« bezeichnet, aber sie waren weder Schulen, noch wurden dort ausschließlich Funktionäre interniert, auch Schriftsteller, Gelehrte, Wissenschaftler, Lehrer, Ärzte und Schauspieler, die in Maos neuer Ordnung der Unwissenheit überflüssig geworden waren, wurden dorthin verbannt.

Von den Funktionären kamen nicht nur Kapitalistenhelfer wie mein Vater oder andere Klassenfeinde in Lager, sondern auch die meisten Rebellen, denn die Revolutionskomitees besetzten alle Posten mit ihren eigenen Leuten. »Gedankenreform durch körperliche Arbeit« war ein geschickter Weg, die Rebellen loszuwerden. Die Rebellengruppen wurden aufgelöst. Aus der Abteilung meines Vaters blieben nur Frau Shau und einige wenige andere in Chengdu. Frau Shau wurde Stellvertretende Leiterin der Abteilung für Öffentliche Angelegenheiten im Revolutionskomitee von Sichuan. Die sogenannten Kaderschulen waren keine Konzentrationslager oder Gulags, sondern abgeschirmte Verwahranstalten, in denen die Bewohner wie Gefangene lebten und unter strenger politischer und physischer Überwachung schwere Arbeiten verrichten mußten.

Die Lager wurden ausschließlich in öden, unfruchtbaren Gegenden errichtet, denn in China ist das gesamte fruchtbare Land dicht bevölkert. Nur in kargen oder gebirgigen Gegenden war noch Platz für den Zustrom von Tausenden, manchmal sogar von Zehntausenden, die aus den Städten vertrieben worden waren. Die Lager sollten Nahrungsmittel erzeugen und sich selbst versorgen. Zwar wurden die Gehälter weiter gezahlt, aber es gab kaum etwas zu kaufen. Das Leben in den Lagern war sehr hart.

Mein Vater wurde einige Tage vor seiner Abreise aus der Gefangenschaft in Chengdu entlassen, damit er seine Habe zusammenpacken konnte. Er hatte nur eine Wunsch: Er wollte meine Mutter noch einmal sehen. Sie war noch immer gefangen, und er glaubte, daß er sie nie mehr wiedersehen würde. Er schrieb so unterwürfig wie er konnte an das Revolutionskomitee und bat um eine Besuchserlaubnis. Seine Bitte wurde abgelehnt.

Meine Mutter wurde noch immer in dem Kino in der ehemals geschäftigsten Straße von Chengdu gefangengehalten. Die Geschäfte waren jetzt halb leer, an einer Ecke hatte sich der Schwarzmarkt für Radiobauteile entwickelt, den mein Bruder Jin-ming regelmäßig besuchte. Gegen Ende des Jahres 1968 hatte Jin-ming meine Mutter manchmal in einem Trupp Gefangener die Straße entlanggehen sehen, sie hatte eine Eßschale und Eßstäbchen in der Hand. Die Kantine des Kinos war nicht jeden Tag geöffnet, die Gefangenen mußten gelegentlich ihr Essen anderswo holen. Jin-mings Entdeckung bedeutete, daß wir meine Mutter ab und zu sehen konnten, wenn wir in der Nähe des Kinos warteten.

Ich führte meinen Vater mehrere Tage hintereinander an diese Stelle, und wir warteten bis zur Essenszeit. Aber meine Mutter erschien nicht. Wir gingen auf und ab und stampften mit den Füßen auf das eisbedeckte Pflaster, um uns zu wärmen. An einem kalten Januarmorgen beobachteten wir wieder, wie der Nebel sich zögernd über den öden, wie ausgestorben wirkenden Betongebäuden in der einst so belebten Straße auflöste. Da erblickten wir meine Mutter. Sie hatte uns Kinder oft auf der Straße gesehen, deshalb schaute sie schnell herüber, um festzustellen, ob wir auch heute warteten. Da sah sie meinen Vater. Beide mußten ihre Rührung niederkämpfen, sie gaben keinen Ton von sich. Sie blickten sich nur lange in die Augen. Dann brüllte die Aufseherin, meine Mutter solle den Kopf senken. Mein Vater stand da und schaute noch lange in die Richtung, in der sie verschwunden war.

Ein paar Tage später verließ mein Vater die Stadt. Hinter seiner äußeren Ruhe und Beherrschtheit hatte ich Anzeichen eines nahenden Nervenzusammenbruchs wahrgenommen. Ich machte mir schreckliche Sorgen, daß er wieder den Verstand verlieren könnte. Tag und Nacht überlegte ich, wie ich in die Nähe seines Lagers kommen könnte. Es war außerordentlich schwierig, ein Transportmittel nach Miyi zu finden. Deshalb freute ich mich sehr, als ich ein paar Tage später erfuhr, daß die Schüler meiner Schule an einen Ort namens Ningnan verschickt werden sollten, nur ungefähr achtzig Kilometer vom Lager meines Vaters entfernt.

Im Januar 1969 wurden alle Mittelschüler aus Chengdu verstreut über die gesamte Provinz Sichuan aufs Land verschickt. Wir sollten in den Dörfern mit den Bauern zusammenleben und von ihnen »umerzogen« werden. Was uns die Bauern beibringen sollten, erfuhren wir nicht; das war typisch für Mao. Aber er hatte immer wieder behauptet, daß gebildete Menschen weniger wert seien als ungebildete Bauern und daß sie deshalb am dringendsten reformiert werden müßten, damit sie wie Bauern werden könnten. Einer seiner bekanntesten Aussprüche lautete: »Bauern haben schmutzige Hände, und an ihren Füßen klebt Kuhscheiße, aber sie sind dennoch sauberer als Intellektuelle.«

Meine Schule und die meiner Schwester wurden in besonders entlegene Gegenden verbannt, weil auf diese Schulen hauptsächlich Kinder von Kapitalistenhelfern gingen. Kein Kind von einem Mitglied des Revolutionskomitees mußte aufs Land gehen, sie wurden auf geheimnisvolle Weise alle in die Armee aufgenommen, die einzige und viel angenehmere Alternative zur Landverschickung. Noch viele Jahre danach galt es als ein wichtiges Zeichen von Macht, wenn man seine Kinder in der Armee untergebracht hatte. Die Landverschickung von fünfzehn Millionen jungen Menschen innerhalb weniger Monate war eine der größten Völkerwanderungen der Geschichte; sie wurde in kürzester Zeit hervorragend organisiert. Alle Beteiligten erhielten einen kleinen Barbetrag zum Kauf von Kleidern, Bettdecken, Leintüchern, Plastikplanen für die Betten, Koffern und Moskitonetzen. Für Kinder aus armen Familien gab es eine Sonderbeihilfe. Man hatte auch Kleinigkeiten nicht vergessen und rüstete uns für lange Märsche über rauhe Fußpfade mit Turnschuhen, Wasserflaschen und Taschenlampen aus. Die meisten Waren hatten eigens produziert werden müssen, da sie in den armselig ausgestatteten Läden nicht vorhanden waren. Im ersten Jahr sollten wir vom Staat Lebensmittelrationen bekommen, darunter Reis, Öl und Fleisch und außerdem ein kleines monatliches Taschengeld. All das sollten wir in dem Dorf abholen, dem wir zugewiesen wurden.

Seit dem »Großen Sprung nach vorn« war das Land in Einheiten aufgeteilt worden, die man Kommunen nannte. Jede Kommune bestand aus einer Anzahl von Dörfern und umfaßte zwischen zweitausend und zwanzigtausend Haushalte. Die nächste Stufe unterhalb der Kommune war die Produktionsbrigade, der wiederum mehrere Produktionsteams zugeordnet waren. Ein Produktionsteam entsprach ungefähr einem Dorf und war die Basiseinheit des Landlebens. In meiner Schule wurden durch-

schnittlich acht Schüler einem Produktionsteam zugeordnet. Wir durften wählen, mit wem wir eine Gruppe bilden wollten. Ich wählte die Mädchen aus Pummelchens Klasse, meine Freundinnen. Meine Schwester wollte nicht mit ihrer Klasse gehen, sondern schloß sich unserer Gruppe an. Mein Bruder Jin-ming war zwar auch in meiner Schule, aber er mußte nicht aufs Land, weil er noch unter der Altersgrenze von sechzehn Jahren lag. Auch Pummelchen mußte nicht mitgehen, weil sie ein Einzelkind war.
Ich freute mich auf Ningnan. Bisher hatte ich noch nicht körperlich schwer arbeiten müssen, deshalb wußte ich nicht, was mich erwartete. Die Vorstellung einer idyllischen Umgebung weit weg von der Politik verlockte mich. Ein Funktionär aus Ningnan beschrieb uns das subtropische Klima, den hohen blauen Himmel, riesige Hibiskusblüten, dreißig Zentimeter lange Bananen und den Goldsandfluß, den oberen Teil des Yangzi, wie er in der hellen Sonne glänzt und sich in der leichten Brise kräuselt. Ich freute mich aber auch auf Ningnan, weil ich glaubte, daß es von dort aus leicht sein würde, meinen Vater zu besuchen. Dabei übersah ich, daß zwischen ihm und mir ein wegloses Gebirge von über dreitausend Meter Höhe lag. Mit Landkarten habe ich noch nie viel anfangen können.
Meine Schule brach am 27. Januar 1969 nach Ningnan auf. Jeder Schüler durfte einen Koffer und seine Bettrolle mitnehmen. Jeweils drei Dutzend Schüler bestiegen einen Lastwagen. Es gab nur wenige Sitze, die meisten saßen auf ihren Bettrollen oder auf dem Boden. Drei Tage lang holperte der Lastwagenkonvoi über die Landstraßen, bis wir die Grenze von Xichang erreichten. Wir durchquerten zunächst die Ebene von Chengdu. In den östlichen Ausläufern des Himalaja mußten die Lastwagen Schneeketten anlegen. Heftige Schnee- und Hagelschauer gingen auf uns nieder, das ganze Universum schien eine weiße Wüste zu sein. Im nächsten Augenblick klarte es auf, vom türkisfarbenen Himmel blendete uns die Sonne. Die Ladefläche des Lastwagens war mit einer Plane bedeckt; ich versuchte, möglichst weit hinten zu sitzen, damit ich die Landschaft be-

trachten konnte. Ihre wilde Schönheit verschlug mir die Sprache. Im Westen erhoben sich am Horizont die über 7000 Meter hohen Gipfel des Himalaja, dahinter lag eine uralte Wildnis, aus der so viele Blumen dieser Welt stammen. Erst als ich in die westliche Welt reiste, fiel mir auf, daß so alltägliche Arten wie Rhododendron, Chrysanthemen, die meisten Rosen und viele andere Blumen in dieser Gegend beheimatet sind. Auch Pandabären leben dort.

Am fünften Tag unserer Reise hielt der Lastwagen vor einem Kornspeicher auf einem Berggipfel. Der Propaganda entsprechend hatte ich mir vorgestellt, daß man uns feierlich begrüßen würde mit Trommelwirbeln und roten Papierblumen. Statt dessen nahm uns nur ein Funktionär der Kommune in Empfang. Er hielt in dem gestelzten Stil von Zeitungsberichten eine Begrüßungsansprache, seine Stimme klang kraftlos. Ein paar Bauern mußten uns helfen, die Koffer und Bettrollen abzuladen. Ihre Gesichter erschienen mir ausdruckslos und undurchdringlich. Sie sprachen in einem unverständlichen Dialekt.

Meine Schwester und ich machten uns zusammen mit zwei weiteren Mädchen und vier Jungen auf den Weg zu unserem neuen Heim. Die vier Bauern, die unser Gepäck trugen, sagten kein Wort. Sie schienen nicht einmal die Fragen zu verstehen, die wir ihnen stellten. Schließlich schwiegen wir auch. Stundenlang marschierten wir immer tiefer zwischen die dunkelgrünen Berge, die von mir unbekannten Baumarten bedeckt waren. Aber ich war nicht in wissensdurstiger Stimmung, sondern vollkommen erschöpft, ich hatte keinen Blick für die Schönheit der Naturwunder. Der lange Marsch war wie ein endloses Treppensteigen. Oft blickte ich verzweifelt zu den spitzen Gipfeln hinauf und versuchte zu berechnen, wie lange wir wohl brauchen würden, bis wir oben ankamen, denn danach würde es wenigstens bergab gehen. Aber der Gipfel schien sich uns zu entziehen, wir gingen darauf zu, erreichten ihn aber nicht. Tatsächlich hatten wir einen Gipfel nach dem anderen erklommen, und immer war gleich wieder ein neuer Gipfel vor uns aufgetaucht. Das endlose Hinaufschleppen und Hinabrutschen erschien uns wie eine Wellenbewegung von Bergen, die nie stillstanden. Einmal hielt ich mich an einem Felsen fest, um wieder zu Atem zu kommen, und blickte mich um. Unsere kleine Gruppe von einem Dutzend Menschen wirkte verloren und winzig klein in dieser riesigen, endlosen Bergwelt, in der keine Straßen, keine Häuser, keine Menschen zu sehen waren. So weit das Auge reichte, gab es nur stumme Bäume, das Rauschen des Windes in den Wäldern und das Murmeln verborgener Bäche. In der Dämmerung erreichten wir das Dorf, alles war dunkel. Elektrischen Strom gab es in der Wildnis nicht, und Öl war so kostbar, daß man die Öllampen erst dann anzündete, wenn es ganz dunkel war. Vor den Häusern standen Menschen und starrten uns an; ich konnte nicht entscheiden, ob sie uns neugierig oder gleichgültig beobachteten. Genauso wurden später die ersten Fremden angestarrt, die nach der Öffnung Chinas in den siebziger Jahren das Land besuchten. Für die Bauern waren wir Fremde – und sie waren uns fremd.

Im Dorf hatte man eine Unterkunft aus Holz und Lehm für uns vorbereitet. Sie bestand aus zwei großen, nebeneinander gelegenen Räumen – ein Zimmer für die vier Jungen, das andere Zimmer für uns Mädchen. Ein Gang führte zum Versammlungssaal des Dorfes. Dort hatte man in einer Ecke einen Herd aufgestellt, auf dem wir kochen konnten.

Einer der vier Jungen in unserer Gruppe übernahm die Führung und sprach mit den Dorfbewohnern. Anschließend sagte er uns, daß wir vier Tage Zeit hätten, uns einzurichten und Wasser, Kerosin und Brennholz zu besorgen. Danach sollte die Feldarbeit beginnen.

In Ningnan wurde alles von Hand erledigt wie seit zweitausend Jahren. Es gab keine Maschinen – und keine Zugtiere. Die Bauern hatten vermutlich nicht genügend Futter, um Pferde oder Esel ernähren zu können. Die Bauern hatten für uns einen runden Wassertank aus Ton gefüllt. Am nächsten Tag erkannte ich, wie kostbar jeder Tropfen war. Um sauberes Wasser zu bekommen, mußten wir eine halbe Stunde über enge Pfade zu einer Quelle hinaufsteigen. Das Wasser wurde in zwei Holzfässern transportiert, die an den Enden einer Schulterstange hingen. Wenn sie voll waren, wogen sie vierzig Kilogramm. Meine Schultern schmerzten schon beim Transport der leeren Fässer höllisch. Ich war unendlich erleichtert, als die Jungen tapfer erklärten, daß sie von jetzt an das Wasser holen würden.

Die Jungen kochten auch, denn drei von uns Mädchen – darunter ich – hatten nie in ihrem Leben gekocht. Wir hatten unser Essen immer aus Kantinen geholt. Jetzt lernte ich kochen, und das unter denkbar harten Bedingungen. Der Reis war nicht enthülst, man mußte ihn in eine Steinschale schütten und mit einem Mörser mit voller Kraft zerstoßen. Dann wurde der Reis in einen großen, runden, flachen und enggeflochtenen Bambuskorb geschüttet und mit einer bestimmten Armbewegung geschwungen, so daß sich die Hülsen obenauf sammelten und abgeschöpft werden konnten. Nach zwei Minuten verspürte ich unerträgliche Schmerzen in den Armen. Ein paar Minuten später zitterten die Arme so sehr, daß ich den Korb nicht mehr hochheben konnte. Jede Schale Reis kostete einen grausamen Kampf.

Brennmaterial mußten wir aus einem Wald herbeischaffen, der zwei Stunden Fußmarsch entfernt lag. Da wir keine Sägen hatten, konnten wir nur kleine Zweige abschneiden. Wir kletterten auf kleinwüchsige Pinien und hackten mit unseren Messern wütend auf den Zweigen herum, dann zerrten wir die Äste über den Berghang und warfen sie auf eine »Förderrutsche« aus glatten runden Steinen und trockenem Lehm. Am Fuß des Abhangs banden wir die Äste zusammen und luden sie uns auf den Rücken. Mit meinen sechzehn Jahren war ich die Jüngste in unserer Gruppe, meine Freunde luden mir deshalb nur einen Korb federleichter Piniennadeln auf. Nach dem zweistündigen Rückmarsch über die Bergpfade fühlte ich mich so erschöpft, daß ich glaubte, mein Korb müsse mindestens einen Zentner wiegen. Als ich den Korb wog, konnte ich kaum glauben, daß das gesamte Gewicht weniger als drei Kilogramm betrug. Die Piniennadeln verbrannten so schnell, daß wir damit gerade zwei Tassen Wasser zum Kochen bringen konnten.

Auch der Gang zur Toilette war nicht leicht. Wir mußten einen steilen Abhang zu einem Ziegenpferch hinuntersteigen. Auf den kleinen runden Steinen und der ausgetrockneten Erde verlor man leicht den Halt, wir klammerten uns rechts und links an Büschen und Gras fest. Die Ziegen waren hinter einem Holzzaun eingepfercht, über eine tiefe Grube hatte man einige Balken gelegt. Wir mußten auf die Balken steigen, in die Hocke gehen und unsere Exkremente genau zwischen den Balken hindurch in die Tiefe zielen. Die Balken waren so angelegt, daß man entweder mit dem Kopf oder mit dem Hintern in die Nähe der Ziegen kam, und die schubsten die Eindringlinge gerne mit den Hörnern. Ich wurde dabei so nervös, daß ich meinen Darm tagelang nicht entleeren konnte. Auch der Rückweg den steilen Abhang hinauf war eine Tortur. Jedesmal, wenn ich zurückkam, hatte ich blaue Flecken am Körper. Schon in der ersten Woche in Ningnan hätte ich mich beinahe schwer verletzt. An diesem Tag mußten wir zum ersten Mal Feldarbeit verrichten. Ich hatte den Auftrag, Ziegenmist aus unserem Abort über steile Hänge auf die winzigen, flachen Felder hinaufzuschaffen, die zuvor brandgerodet worden waren. Fällen und Abbrennen war hier noch immer die wichtigste Methode im Landbau. Die Felder waren nun von einer dichten Schicht Pflanzenasche bedeckt, die zusammen mit den Ausscheidungen von Ziegen und Menschen als Düngemittel benutzt wurde. Im Frühjahr mußten die Felder in Handarbeit gepflügt werden.

Ich lud mir einen schweren Korb mit Mist auf den Rücken und kletterte verzweifelt auf allen vieren den Hang hinauf. Der Dung war trocken genug, daß er in Bambuskörben transportiert werden konnte. Dennoch sickerte Flüssigkeit durch meine Baumwolljacke und Unterwäsche auf meinen Rücken. Wenn ich mich zu weit nach vorn bückte, lief sie über den Korbrand in meine Haare. Eine gebückte Haltung war mir angenehmer als aufrechtes Gehen. Als ich auf dem Feld ankam, beobachtete ich, daß die Bauersfrauen ihre Lasten geschickt abluden, indem sie sich seitwärts bückten und die Körbe so kippten, daß der Inhalt herausrutschte. Ich schaffte es nicht. Ich wollte die Last auf dem

Rücken endlich loswerden, und so versuchte ich, den Korb abzustellen. Er wurde wie ein Rucksack getragen. Ich zog den rechten Arm aus dem rechten Tragriemen, da kippte der Korb nach links und riß mich an der linken Schulter mit. In der Hüfte spürte ich einen heftigen Schmerz, dann versank ich im Ziegenmist. Doch daß ich fiel, war mein Glück. Einige Zeit später renkte sich eine Freundin auf diese Weise das Knie aus. Ich erlitt nur eine leichte Zerrung.

Die Härte des Landlebens war Teil der »Gedankenreform«. Theoretisch mußten wir das harte Landleben und die Schmerzen schon deshalb freudig ertragen, weil wir dadurch dem Ziel, neue Menschen zu werden, einen Schritt näher kamen. Neue Menschen hieß, wir sollten so werden wie die Bauern. Vor der Kulturrevolution hatte ich aus ganzem Herzen diese heldenhafte Haltung begrüßt, ich hatte ganz bewußt harte Arbeit verrichtet, um ein besserer Mensch zu werden. Im Frühjahr 1966 half meine Klasse einmal bei Straßenarbeiten mit. Die Mädchen sollten leichte Arbeiten übernehmen, zum Beispiel die Steine nach Größe sortieren, die von den Jungen dann in kleinere Stücke zerbrochen werden mußten. Ich wollte die Arbeit der Jungen leisten. Nach einiger Zeit schwollen meine Arme furchtbar an, weil ich die Steine mit einem riesigen Hammer zerschmettern mußte, den ich kaum hochheben konnte. Jetzt, knapp drei Jahre später, stand mein gesamtes Weltbild vor dem Zusammenbruch. Das war eine Ironie, denn Mao hatte das genaue Gegenteil beabsichtigt. Der blinde Glaube war eine psychische Stütze gewesen, je weiter er verblaßte, desto mehr haßte ich das harte Landleben in Ningnan. Alles kam mir sinnlos vor.

Meine Abneigung gegen das Landleben wurde noch durch Krankheiten verstärkt. Schon kurz nach der Ankunft bekam ich einen schweren Hautausschlag. Drei Jahre lang litt ich immer wieder daran, keine Behandlung schlug an. Während meines Landaufenthalts folterte mich Tag und Nacht ein unerträglicher Juckreiz, selbst mein Herz schien zu jucken. Ich kratzte mich unaufhörlich. Drei Wochen nach dem Beginn meines neuen

Lebens ging es mir sehr schlecht. Mehrere Kratzwunden waren vereitert, und meine Beine schwollen durch Infektionen an. Kurz nach meiner Ankunft bekam ich überdies schweren Brechdurchfall. Ich schluckte viele Tabletten, die ich mitgebracht hatte, aber den Durchfall wurde ich nicht los. Ständig war ich entsetzlich schwach und krank, obwohl ich doch gerade jetzt all meine Kraft brauchte. Einen Arzt konnte ich nicht aufsuchen, denn das nächste Krankenhaus lag fünfzig Kilometer durch unwegsames Gelände entfernt.

Schon bald war mir klar, daß ich kaum Gelegenheit haben würde, von Ningnan aus meinen Vater zu besuchen. Bis zur nächstgelegenen befestigten Straße dauerte es einen harten Tagesmarsch, und selbst wenn ich die Straße erreicht hätte, hätte mir das wenig genutzt, denn es verkehrten keine öffentlichen Transportmittel.

Glücklicherweise besuchte der Leiter des Propaganda-Teams, Dongan, unser Dorf, um zu schauen, ob wir uns gut eingelebt hatten. Er sah, wie schlecht es mir ging, und schlug freundlicherweise vor, daß ich für meine Behandlung nach Chengdu zurückkehren solle. Er fuhr mit dem letzten Lastwagen, der aus Chengdu gekommen war, wieder zurück und nahm mich mit. Sechsundzwanzig Tage nach meiner Ankunft auf dem Land war ich wieder auf dem Weg in die Stadt.

Bei der Abfahrt wurde mir klar, daß ich die Bauern in unserem Dorf kaum kennengelernt hatte. In den wenigen Tagen, an denen ich tatsächlich mit ihnen zusammengearbeitet hatte, war ich voll und ganz mit der Arbeit beschäftigt gewesen und hatte keine Kraft gehabt, mich mit ihnen zu unterhalten. Sie schienen fern, desinteressiert und durch das unüberwindbare Ningnan-Gebirge von mir getrennt. Ich wußte zwar, daß wir uns um sie bemühen und sie besuchen sollten, meine Schwester und die anderen Freunde taten das abends auch. Aber ich war erschöpft, krank und hatte einen ständigen Juckreiz. Außerdem hätte es bedeutet, daß ich versuchte, aus dem Leben als Landarbeiterin das Beste zu machen. Ohne es mir selbst einzugestehen, lehnte ich längst das Leben ab, das Mao für mich ausersehen hatte.

Vier schier endlose Tage wurde ich im Lastwagen auf holprigen Landstraßen durchgeschüttelt und litt dabei unter ständigen Magenschmerzen und Durchfall. In Chengdu suchte ich sofort das Krankenhaus unserer Siedlung auf. Die medizinische Behandlung wirkte Wunder. Spritzen und Tabletten kurierten mich in kürzester Zeit. Wie die Kantine stand auch das Krankenhaus meiner Familie weiterhin offen. Das Revolutionskomitee von Sichuan war gespalten und hatte es nicht geschafft, eine funktionierende Verwaltung aufzubauen. Für viele Bereiche des täglichen Lebens gab es keine Regeln, und so ging vieles weiter wie bisher. Es blieb den Menschen überlassen, sich nach eigenem Gutdünken zu verhalten. Die Leitungen der Kantine und des Krankenhauses hatte noch nicht den Beschluß gefaßt, daß wir nicht mehr versorgt werden sollten, und so konnten wir beide Einrichtungen weiter benutzen. Im Krankenhaus gab man mir westliche Medikamente. Aber meine Großmutter meinte, ich bräuchte chinesische Heilmittel. Eines Tages brachte sie ein Hühnchen nach Hause, ein paar Wurzeln der hautartigen Bärenschote und chinesische Engelwurz, alles traditionelle chinesische Naturheilmittel. Diese Zutaten kochte sie sehr lange zu einer Suppe, zuletzt schnitt sie noch frische Frühlingszwiebeln hinein. Solche Dinge konnte man damals nicht in den Läden kaufen, meine Großmutter war meilenweit gewandert und hatte sie auf einem Schwarzmarkt auf dem Land erstanden. Schwarzhändler erwartete eine harte Strafe, wenn sie erwischt wurden, aber risikofreudige Bauern ließen sich davon nicht abschrecken.

Meine Großmutter war selbst krank, das merkte ich deutlich. Manchmal lag sie tagsüber im Bett, das hatte sie früher nie getan. Sie war immer so voller Energie gewesen, daß ich sie kaum jemals für eine Minute hatte stillsitzen sehen. Jetzt kniff sie ihre Augen fest zu und biß hart auf ihre Lippen. Ich hatte den Eindruck, daß sie unter großen Schmerzen litt. Aber wenn ich sie danach fragte, behauptete sie immer, ihr fehle nichts. Sie war immerzu beschäftigt, Medikamente für mich zu besorgen oder für mich um Nahrungsmittel anzustehen.

Ich erholte mich schnell. Niemand schickte mich zurück nach Ningnan, und so plante ich, meinen Vater zu besuchen. Aber dann traf ein Telegramm aus Yibin bei uns ein. Tante Jun-ying war ernsthaft erkrankt. Bei ihr war mein jüngster Bruder Xiaofang untergebracht. Ich fand, daß ich mich um die beiden kümmern sollte, und machte mich mit der Bahn auf die Reise nach Yibin.

Meine Tante saß in einem Korbsessel neben der Tür zum Flur, der Ausgänge zu den Gärten vor und hinter dem Haus hatte und als eine Art Wohnzimmer diente. Den Ehrenplatz in ihrer Wohnung nahm ein großer Sarg aus schwerem, dunkelrotem Holz von feinster Qualität ein. Dieser Sarg war für meine Tante bestimmt, ihm widmete sie ihre ganze Aufmerksamkeit. Bei ihrem Anblick stiegen mir die Tränen in die Augen. Sie hatte einen Schlaganfall erlitten, ihre Beine waren halb gelähmt. Die Krankenhäuser arbeiteten nur noch sporadisch.

Da niemand mehr da war, der Reparaturen und Wartungsarbeiten durchführen konnte, funktionierten viele Einrichtungen nicht mehr, Medikamente wurden nur noch unregelmäßig geliefert. In mehreren Krankenhäusern hatte man Tante Jun-ying mitgeteilt, daß man ihr nicht helfen könne. Deshalb war sie jetzt zu Hause.

Tante Jun-ying konnte ohne Hilfe nicht mehr gehen und auch nur noch unter großen Mühen aufrecht sitzen. Um zu verhindern, daß sie sich im Bett wundlag, setzte ich mich neben sie, so daß sie sich gegen mich lehnen konnte. Sie sagte, ich sie eine gute Krankenschwester, aber ich müsse doch müde sein und mich langweilen, wenn ich die ganze Zeit so dasäße. So sehr ich auch darauf bestand, sie wollte sich doch nicht mehr als einmal täglich aufrecht setzen lassen. Immerzu forderte sie mich auf, ich solle ausgehen und mich vergnügen.

Natürlich gab es auch draußen keine Möglichkeit, sich zu vergnügen. Ich hatte sehr viel Zeit, aber nichts zu lesen. Im Haus meiner Tante fand ich, abgesehen von vier Bänden *Ausgewählte Schriften* des Vorsitzenden Mao, nur ein Wörterbuch. Alle anderen Bücher waren verbrannt worden. Das Wörterbuch enthielt

15 000 Schriftzeichen, und ich beschäftigte mich damit, diejenigen auswendig zu lernen, die ich noch nicht kannte.

Daneben kümmerte ich mich um meinen siebenjährigen Bruder Xiao-fang. Wir unternahmen lange Spaziergänge. Manchmal wurde ihm langweilig, dann verlangte er, daß ich ihm etwas kaufen sollte, eine Spielzeugpistole oder kohlschwarze Süßigkeiten, die manchmal die einzigen Ausstellungstücke in den Schaufenstern waren. Aber ich hatte kein Geld, wir erhielten nur sehr wenig Unterhalt vom Staat. Das konnte Xiao-fang mit seinen sieben Jahren natürlich nicht begreifen. Er warf sich auf den staubigen Boden, trat um sich, schrie und zerrte an meiner Jacke, wenn ich mich zu ihm hinabbeugte, um ihn zu beruhigen. Wenn ich ihn nicht beruhigen konnte, brach ich in Tränen aus. Dann hörte Xiao-fang gewöhnlich auf zu schreien und versöhnte sich wieder mit mir. Ziemlich erschöpft kehrten wir beide nach Hause zurück.

Selbst in der schlimmsten Zeit der Kulturrevolution war Yibin eine Stadt mit Atmosphäre. Das glitzernde Wasser der beiden Flüsse, die verhangenen Berge und der in Dunst gehüllte Horizont schienen einer anderen Zeit und einem anderen Raum anzugehören. Sie riefen in mir ein Gefühl der Unendlichkeit hervor und halfen mir zeitweilig über all das Unglück hinweg, das mich umgab. Die Abenddämmerung verschluckte die Propagandatafeln und Lautsprecher, die in der ganzen Stadt verteilt waren. Die Seitengassen aus gestampfter Erde, von Ziegelsteinmauern begrenzt, wurden wie in früheren Zeiten von der Dunkelheit verhüllt. Eine Straßenbeleuchtung war nicht vorhanden. Durch die Ritzen zwischen den Türrahmen und den Fenstern fiel das flackernde Licht der Öllampen auf die Straße. Bei meinen abendlichen Spaziergängen stieg in mir das Bild des mitternächtlichen Yibin in jenen alten Zeiten auf, als das Leben noch nicht von der Politik erstickt war. Sobald wir die Seitengassen verließen, drangen die Lautsprecher an unsere Ohren, im Stadtzentrum dröhnten unablässig Parolen und Denunziationen. Die Lautsprecher waren Teil unseres Alltags geworden, wir mußten sie manchmal bis zu achtzehn Stunden täglich ertragen. Abgesehen vom Inhalt der Mitteilungen war allein schon der Lärm unerträglich, und ich entwickelte eine Technik, meine Ohren zu verschließen, sonst hätte ich den Verstand verloren.

Eines Abends im April erregte eine Mitteilung der Lautsprecher meine Aufmerksamkeit: In Beijing war soeben ein Parteikongreß zu Ende gegangen. Wie gewöhnlich erfuhr das chinesische Volk von dieser wichtigsten Versammlung seiner angeblichen Vertreter erst, als sie vorbei war. Eine neue Führung wurde angekündigt. Mein Herz sank, als ich hörte, daß der Parteitag die Fortsetzung der Kulturrevolution beschlossen hatte.

Dieser Neunte Parteitag besiegelte die Einführung von Maos persönlichem Machtsystem. Der letzte Parteitag hatte 1956 stattgefunden, nur wenige höhere Funktionäre des letzten Parteitages waren auch diesmal wieder dabei. Von den siebzehn Mitgliedern des Politbüros waren nur noch vier im Amt: Mao, Lin Biao, Zhou Enlai und Li Xiannian. Alle übrigen Mitglieder waren entweder gestorben oder waren denunziert und entmachtet worden.

Präsident Liu Shaoqi, der noch auf dem Achten Parteitag als zweiter Mann nach Mao gegolten hatte, stand seit 1967 unter Arrest und wurde bei Anklageversammlungen schlimm mißhandelt. Er litt an Diabetes und hatte sich inzwischen auch eine Lungenentzündung zugezogen, doch Medikamente bekam er erst, als er schon fast im Sterben lag, denn Frau Mao hatte angeordnet, er solle am Leben erhalten werden, damit man auf dem Neunten Parteitag »eine lebende Zielscheibe« präsentieren könne. Auf dem Neunten Parteitag wurde er als »krimineller Verräter, feindlicher Agent und Spitzel im Dienst der Imperialisten, der modernen Revisionisten (damit waren die Russen gemeint) und der Reaktionäre der Kuomintang« verurteilt; das Urteil verlas Zhou Enlai. Nach dem Neunten Parteitag erlaubte man Liu zu sterben, natürlich unter großen Qualen.

Das Politbüromitglied Tao Zhu, der Mann, der meiner Mutter zu Beginn der Kulturrevolution geholfen hatte, wurde unter unmenschlichen Bedingungen fast drei Jahre in Haft gehalten. Danach war seine Gesundheit ruiniert. Er erhielt keinerlei medizinische Behandlung, erst als sein Gallenblasenkrebs weit fortgeschritten war, erlaubte Zhou Enlai eine Operation. Die Fenster seines Krankenzimmers wurden rund um die Uhr mit Zeitungspapier verdunkelt. Seine Angehörigen durften ihn weder am Krankenbett besuchen noch nach seinem Tod sehen.

Diese Art des Umgangs mit Gegnern praktizierte Mao regelmäßig während der Kulturrevolution. Nur sehr selten unterschrieb Mao ein Todesurteil, vielmehr gab er durch Andeutungen zu verstehen, welches Schicksal er wem zugedacht hatte. Er wußte, daß sich immer bereitwillig Menschen fanden, die andere quälten und die schmutzige Arbeit übernahmen. Zu den Foltermethoden gehörten seelischer Druck, körperliche Grausamkeiten und die Verweigerung von medizinischer Behandlung – gelegentlich nutzte man auch die Möglichkeiten der Medizin, um ein Opfer zu töten. Dafür gab es bald einen besonderen Begriff: »Verfolgung bis zum Tod«. Mao wußte genau, in welcher Weise seine Andeutungen verstanden wurden, und er signalisierte »stillschweigende Billigung«. So konnte er seine Feinde loswerden, ohne sich selbst die Hände schmutzig zu machen. Die Verantwortung lag bei ihm, aber nicht bei ihm allein, denn eigentlich ergriffen die Folterer die Initiative. Maos Untergebene trachteten stets danach, sein Wohlwollen zu gewinnen und seine Wünsche vorauseilend zu erfüllen. Im übrigen fanden sadistische Neigungen hier ein geeignetes Ventil.

Die grauenhaften Details der Verfolgungen, die führende chinesische Funktionäre erlitten, wurden erst viele Jahre später bekannt. Die Enthüllungen schockierten niemanden, und niemand bezweifelte ihre Richtigkeit. Die Chinesen wußten wie auch ich aus Erfahrung, daß entsetzliche Methoden gang und gäbe waren.

Ich stand in dem Gedränge auf dem Platz und hörte die Meldung über den Neunten Parteitag. Die Namen der Mitglieder des neuen Zentralkomitees der Partei wurden verlesen. Angstvoll wartete ich auf die Namen Liu Jie-ting und Zhang Xi-ting – die Tings. Und sie wurden verlesen. Jetzt war ich sicher, daß das Leiden meiner Familie nie mehr enden würde.

Kurz darauf traf ein Telegramm aus Chengdu ein. Meine Großmutter konnte das Bett nicht mehr verlassen. Ich konnte mich nicht erinnern, sie jemals krank im Bett gesehen zu haben. Tante Jun-ying drängte mich, nach Hause zurückzukehren und mich um meine Großmutter zu kümmern. Ich nahm den nächsten Zug nach Chengdu, Xiao-fang kam mit mir.

Meine Großmutter war knapp sechzig. Die Schmerzen hatten ihre bislang so stoische Haltung gebrochen. Durchdringend und überall in ihrem Körper spürte sie Schmerzen, nach und nach konzentrierten sie sich in den Ohren. Sie ging in die Klinik unserer Siedlung. Die Ärzte sagten, es seien möglicherweise »die Nerven«. Man könne nichts für sie tun, sie solle aber auf jeden Fall Aufregungen vermeiden. Ich brachte meine Großmutter zu einem anderen Krankenhaus, das eine halbe Stunde zu Fuß von der Meteoritenstraße entfernt lag.

Die Krankenhäuser in Chengdu arbeiteten halbwegs normal dank der Einsatzbereitschaft und dem Berufsethos einiger Ärzte und Krankenschwestern. Auf den Ziegelsteinmauern des Gebäudes waren große Aufschriften ihrer militanteren Kollegen zu lesen, in denen sie des abscheulichen Verbrechens beschuldigt wurden, mit ihrer Arbeit »die Revolution zu unterdrücken« – weil sie weiterarbeiteten. Meine Großmutter wurde von einer Ärztin untersucht, die dunkle Schatten unter den Augen hatte. Ihr linkes Augenlid zuckte. Ich vermutete, daß sie von dem Ansturm der Patienten erschöpft war, außerdem mußte sie die Angriffe ihrer Kollegen erdulden. Das Krankenhaus quoll fast über vor grimmig vor sich hin blickenden Männern und Frauen. Ich sah viele zerschlagene Gesichter und Menschen mit gebrochenen Rippen auf Tragbahren: Opfer der Anklageversammlungen.

Keiner der Ärzte konnte eine Diagnose für Großmutters Krankheit stellen. Wie in Yibin gab es auch hier kein Röntgengerät und keine anderen Geräte für eine richtige Untersuchung, nichts funktionierte mehr. Meine Großmutter erhielt verschiedene Schmerztabletten, doch sie blieben ohne Wirkung. Darauf-

hin wurde sie doch ins Krankenhaus aufgenommen. Die Abteilungen waren überfüllt, die Betten standen so dicht aneinandergedrängt, daß die Patienten sich gerade noch dazwischen durchzwängen konnten. Sogar auf den Korridoren standen die Betten. Die wenigen Krankenschwestern hetzten von Zimmer zu Zimmer, konnten sich aber trotzdem nicht um alle Patienten kümmern. Ich beschloß, bei Großmutter zu bleiben.
Zunächst allerdings kehrte ich kurz nach Hause zurück, um Kochtöpfe zu holen, damit ich im Krankenhaus für sie kochen konnte. Ich brachte auch eine Bambusmatratze mit und rollte sie unter Großmutters Bett aus. Die Nächte waren jetzt, Anfang Mai, schon recht warm. Nachts weckte mich Großmutters Stöhnen immer wieder auf. Dann glitt ich unter meiner Decke hervor und massierte sie leicht, eine Zeitlang linderte das ihre Schmerzen. Wenn ich unter ihrem Bett lag, roch ich den intensiven Uringestank im Saal. Neben jedem Bett stand ein Nachttopf. Meine Großmutter hatte immer sehr auf Sauberkeit geachtet. Sie bestand darauf, selbst mitten in der Nacht die Toilette am Ende des Korridors aufzusuchen. Aber die anderen Patienten waren nicht so empfindsam. Manchmal wurden die Nachttöpfe zwei Tage lang nicht geleert, denn die Schwestern waren viel zu überlastet, um sich um solche Kleinigkeiten zu kümmern.
Das Bett meiner Großmutter stand direkt neben der Tür zum Garten, einer grünen Oase inmitten der öden Betongebäude. Im Garten wucherten alle möglichen Pflanzen durcheinander, dazwischen standen ein paar halb kaputte hölzerne Sitzbänke. In einer Ecke wuchs ein verkrüppelt aussehender Magnolienbaum mit teilweise abgebrochenen Ästen und Blütenständen. Als ich den Baum zum ersten Mal sah, kletterten einige Kinder darauf herum und versuchten, die wenigen Äste abzubrechen, die noch eine oder zwei Blüten trugen. Sie hatten einfach Spaß an der Zerstörung. Etliche Erwachsene kamen vorbei und schauten den Kindern gleichgültig zu. Vandalismus gegen Bäume kümmerte in jenen Zeiten niemanden.
Eines Tages sah ich durch das geöffnete Fenster meinen Schulfreund Bing, er stieg gerade vor dem Krankenhaus vom Fahr-

rad. Mein Herz hüpfte, und ich spürte, wie ich errötete. Schnell überprüfte ich im Fenster mein Aussehen. Damals konnte man als »bürgerliches Element« angeklagt werden, wenn man in der Öffentlichkeit in einen richtigen Spiegel schaute. Ich trug eine rosa und weiß gemusterte Jacke, solche Jacken waren seit kurzem für junge Mädchen erlaubt. Die übrigen Kleidungsstücke waren für alle Frauen gleich: ein formloses Hemd und weite Hosen. Mit meinem schulterlangen Haar gab ich mir besondere Mühe. Lange Haare waren wieder erlaubt, aber nur in Zöpfen. Ich überlegte manchmal stundenlang, wie ich meine Zöpfe flechten sollte: enger zusammen am Hinterkopf oder weiter auseinander? Sollten sie gerade herabfallen, oder sollten die Enden ein wenig nach außen stehen? Sollte ihr geflochtener Teil länger oder kürzer sein als der offene Teil unterhalb des Gummibandes? Die Entscheidungen, so unbedeutend sie auch sein mochten, dauerten ewig. Es ging nicht nur um das Aussehen, es waren auch politische Entscheidungen. Staatliche Regeln für den Stil der Frisur oder der Kleidung wurden nicht erlassen, wie man die Haare frisierte oder die Kleidung trug, richtete sich nach den anderen Menschen. Und weil es so wenig Variationsmöglichkeiten gab, hielten die Menschen ständig mit erhöhter Aufmerksamkeit nach den geringsten Abweichungen Ausschau. Wollte man anders und attraktiv aussehen, stellte dies an den eigenen Erfindungsgeist höchste Anforderungen, denn man mußte trotzdem genauso wie alle anderen aussehen, sonst wurde man sofort als Ketzer angeklagt.

Ich zupfte immer noch an meiner Kleidung herum, als Bing den Krankensaal betrat. An seinem Äußeren war nichts Ungewöhnliches, aber irgendein Zug an ihm wirkte andersartig, vielleicht ein Anflug von Zynismus, der in jenen humorlosen Tagen selten war. Mich faszinierte seine Andersartigkeit, obwohl ich nicht genau sagen konnte, was anders war. Ich fühlte mich auch zu ihm hingezogen, er war einer der wenigen unabhängig denkenden Menschen, die ich kannte. Sein Vater hatte vor der Kulturrevolution eine Abteilung bei der Provinzregierung geleitet. Aber Bing war anders als die meisten Kinder hoher Funktionäre.

»Warum soll ich mich aufs Land verschicken lassen?« hatte er gefragt, und er hatte tatsächlich nicht gehen müssen. Irgendwie hatte er eine Bescheinigung herbeigeschafft, daß er »unheilbar krank« sei. Bing zeigte als erster Mensch in meinem Leben eine freie Intelligenz, eine ironische, wissensbegierige Geisteshaltung. Er weigerte sich, alles für bare Münze zu nehmen, und sagte, man müsse aussprechen dürfen, was man denke. Er öffnete die Tabuzonen in meinem Denken. Bis zu diesem Zeitpunkt war ich grundsätzlich jeder Verliebtheit ausgewichen. Meine Liebe zu meiner Familie hatte sich in unserer Bedrängnis noch verstärkt und überschattete alle anderen Gefühlsregungen. Ich hatte in mir immer auch ein anderes Wesen, ein sexuelles Wesen, gespürt, das im Hintergrund lauerte und begierig darauf wartete, freigelassen zu werden. Aber es war mir bisher immer gelungen, wenn auch manchmal mit Mühe, dieses andere Wesen gefangenzuhalten. Seit ich Bing kannte, war alles komplizierter geworden.

Eines Tages stand Bing mit einem blauen Auge in Großmutters Krankensaal. Er erzählte, daß Wen ihn geschlagen habe. Wen war als Begleiter eines Mädchens aus Ningnan zurückgekommen, das sich dort ein Bein gebrochen hatte. Bing spielte seinen Streit mit Wen herunter – aber er schien doch große Genugtuung zu empfinden. Er behauptete nämlich, Wen sei eifersüchtig, weil er, Bing, so oft mit mir zusammen sei. Später erfuhr ich auch Wens Version des Streits: Er hatte Bing einen Schlag versetzt, weil er dessen »eingebildetes Grinsen« nicht mehr habe ertragen können. Wen war klein, stämmig, mit großen Händen und Füßen und sehr großen Schneidezähnen. Wie Bing war auch er ein Kind hoher Funktionäre. Er hatte seine Hemdsärmel und Hosenbeine immer hochgerollt und trug Strohsandalen wie ein Bauer, dadurch sah er genauso aus wie die Modelljugendlichen auf den Propagandaplakaten. Eines Tages sagte er zu mir, daß er in Kürze nach Ningnan zurückkehren werde, um sich weiter zu »reformieren«. Ich fragte ihn: »Warum machst du das?« Und er erwiderte: »Um dem Vorsitzenden Mao zu gehorchen. Warum sonst? Ich bin Rotgardist des Vorsitzenden Mao!« Einen

Augenblick lang verschlug es mir die Sprache. Ich hatte allmählich angenommen, daß die Menschen solche Sätze nur noch bei offiziellen Anlässen von sich gaben, und das war ein Privatgespräch. Hinzu kam, daß er nicht den gezwungen-ernsten Gesichtsausdruck zeigte, der zu dieser Rolle gehörte. Die ruhige, beiläufige Art, wie er gesprochen hatte, gab mir das Gefühl, daß er es ernst meinte.

Trotz Wens Überzeugungen ging ich ihm nicht aus dem Weg. In der Kulturrevolution hatte ich gelernt, daß ich die Menschen nicht nach ihren Überzeugungen einteilen durfte, sondern danach, ob sie zu Grausamkeit und Boshaftigkeit fähig waren oder nicht. Ich wußte, daß Wen ein anständiger Mensch war. Als ich versuchte, für immer aus Ningnan wegzukommen, bat ich ihn um Hilfe.

Inzwischen war ich seit zwei Monaten fort aus Ningnan. Das war nicht verboten. Aber das Regime verfügte über ein Druckmittel, um sicherzustellen, daß ich früher oder später nach Ningnan zurückkehren mußte: Meine Wohnsitzmeldung war von Chengdu nach Ningnan weitergeleitet worden, und nur in meinem Dorf stand mir die Lebensmittelration zu. Solange ich in Chengdu blieb, hatte ich keinen Anspruch auf Lebensmittel oder andere Zuteilungen. Ich lebte von den Rationen, die meiner Familie zustanden, aber das konnte so nicht weitergehen. Mir wurde klar, daß ich meinen Wohnsitz von Ningnan irgendwohin in die Nähe von Chengdu verlegen mußte.

Chengdu selbst kam nicht in Frage, denn niemand durfte seinen Wohnsitz vom Land in eine Stadt verlegen, es war sogar untersagt, sich von einer Gebirgsgegend in das Flachland umzumelden, also von einer armen in eine reichere Region wie beispielsweise die Ebene von Chengdu. Aber bei der Ummeldung von einem Landbezirk in einen anderen Landbezirk gab es eine Ausnahmeregelung: Man durfte sich ummelden, wenn man dort Verwandte nachweisen konnte, die bereit waren, einen aufzunehmen. Einen Verwandten konnte man ohne weiteres erfinden, denn bei den verzweigten Verwandtschaftsbeziehungen der Chinesen behielt niemand den Überblick.

Ich plante die Ummeldung zusammen mit Nana, einer guten Freundin, die gerade aus Ningnan zurückgekehrt war und einen Weg suchte, Ningnan für immer den Rücken zu kehren. Wir weihten auch meine Schwester in den Plan ein, die sich noch immer in Ningnan aufhielt. Um unsere Wohnsitzänderung zu erreichen, mußten wir drei Briefe vorweisen. Erstens mußte die Kommune, in die wir ziehen wollten, bestätigen, daß sie uns aufgrund einer Empfehlung eines dort wohnenden Verwandten aufnehmen wollte. Zweitens mußte die Bestätigung der Kommune von der übergeordneten Regionalbehörde mit einem Schreiben beglaubigt werden. Und drittens mußte das Büro für die Stadtjugend von Sichuan den Wechsel billigen. Wenn wir diese drei Briefe hatten, mußten wir zu unseren Produktionsteams in Ningnan zurückkehren und deren Zustimmung einholen, dann mußte uns der für die Registrierungen im Kreis Ningnan zuständige Beamte von unserer Registrierung entbinden. Mit all diesen Bestätigungen konnten wir endlich die entscheidenden Dokumente in Empfang nehmen, die für jeden Chinesen lebenswichtig waren: unsere Registrierungsbücher. Die Registrierungsbücher mußten wir dann dem entsprechenden Beamten an unserem neuen Wohnsitz übergeben. Noch während ich die Ummeldung plante, verkündete die Zentralregierung eine neue Regelung: Nach dem 21. Juni sollten keine weiteren Transfers mehr möglich sein. Wir hatten bereits die dritte Maiwoche, es war völlig unmöglich, einen Verwandten zu finden und all die Formalitäten noch rechtzeitig zu erledigen.

Ich wandte mich an Wen. Er zögerte keinen Augenblick, sondern bot sofort an, die drei Briefe »anzufertigen«. Das Fälschen von offiziellen Dokumenten galt als schweres Vergehen, darauf stand eine lange Gefängnisstrafe. Maos treuer Rotgardist Wen zuckte nur gleichgültig die Schultern, als ich ihn zur Vorsicht mahnte.

Das Schwierigste bei den Fälschungen waren die Siegel. In China werden alle Dokumente durch Stempel oder Siegel beglaubigt. Wen beherrschte die Kalligraphie und konnte den besonderen Stil offizieller Schriftstücke und Stempel gut nachahmen. Für die Siegel benutzte er Seife. An einem einzigen Abend stellte er die drei Briefe für uns drei Mädchen fertig, auf dem normalen Weg hätte das Wochen und Monate gedauert. Dann bot Wen an, Nana und mich nach Ningnan zu begleiten und uns bei dem weiteren Verfahren zu helfen.

Die Abreise fiel mir furchtbar schwer, denn ich mußte meine Großmutter im Krankenhaus zurücklassen. Sie drängte mich zu gehen und sagte, daß sie ihre Entlassung aus dem Krankenhaus erreichen wolle, damit sie sich um meine jüngeren Brüder kümmern könne. Ich versuchte nicht, sie davon abzubringen; das Krankenhaus war ein bedrückender Aufenthaltsort. Abgesehen von dem entsetzlichen Geruch war es auch unglaublich laut. Tag und Nacht hallten wildes Stöhnen, laute Schritte und Gespräche über die Korridore. Um sechs Uhr früh weckten die Lautsprecher alle Patienten auf. Oft starben Patienten vor den Augen der anderen.

Als meine Großmutter wieder nach Hause gekommen war, hatte sie als erstes die Wohnung aufgeräumt, seitdem arbeitete sie wie gewöhnlich ohne Pause. Mir war klar, daß sie ihre Kräfte überschätzte. Ich bat sie, im Bett zu bleiben, aber sie hörte nicht auf mich. Sie sah einfach überall Dinge, die erledigt werden mußten. Inzwischen war es Anfang Juni. Meine Großmutter drängte mich, endlich abzureisen, und bestand darauf, daß mein Bruder Jin-ming mit mir kam, um auf mich aufzupassen, da ich bei meinem letzten Aufenthalt in Ningnan so krank geworden war. Jin-ming war gerade sechzehn geworden, aber man hatte ihn noch keiner Landkommune zugewiesen. Ich telegraphierte meiner Schwester in Ningnan, daß sie nach Hause kommen und sich um Großmutter kümmern sollte. Mein vierzehnjähriger Bruder Xiao-hei versprach, daß wir uns auf seine Mithilfe verlassen könnten, und der siebenjährige Xiao-fang versicherte mit sehr ernsthafter Miene dasselbe.

Großmutter weinte, als ich mich von ihr verabschiedete. Sie sagte, daß sie nicht wisse, ob sie mich jemals wiedersehen werde. Ich streichelte ihre Hand, die jetzt nur noch Haut und Knochen war mit dick hervortretenden Adern, und drückte sie an meine Wange. Ich kämpfte die Tränen nieder und versprach, daß ich bald zurückkommen würde.

Mit viel Mühe hatte ich einen Lastwagen gefunden, der in die Gegend von Xichang fuhr. Dort wurde ein neues Industrierevier gebaut. Mitte der sechziger Jahre hatte Mao angekündigt, daß viele große Fabriken nach Sichuan verlegt werden sollten, besonders nach Xichang; auch die Fabrik, in der Brilli arbeitete, wurde verlegt. Mao glaubte, daß die unwirtliche Natur von Xichang zwischen den riesigen wilden Bergen die Industrie vor Angriffen der Amerikaner oder Russen schützen würde. Aus fünf verschiedenen Provinzen rollten Lastwagen mit Gütern nach Xichang. Durch einen Freund hatten wir einen Fahrer aus Beijing kennengelernt, der bereit war, uns mitzunehmen. Wir mußten auf der offenen Ladefläche sitzen, weil in der Fahrerkabine noch ein Beifahrer untergebracht wurde. Es war eine lange Reise, sie konnte bis zu einer Woche dauern.

Man erzählte sich, daß die Lastwagenfahrer sehr viel lieber Mädchen mitnahmen als Jungen – insofern unterschieden sie sich nicht von ihren Geschlechtsgenossen auf der ganzen Welt. Da Lastwagen die einzigen Transportmittel waren, gefiel das den Jungen natürlich gar nicht. Auf der ganzen Strecke sah ich immer wieder Plakate an den Bäumen: »Energischer Protest gegen Lastwagenfahrer, die nur Frauen befördern und keine Männer!« Besonders mutige Jungen stellten sich manchmal mitten auf die Fahrbahn und versuchten, einen Lastwagen anzuhalten. Ein Junge aus meiner Schule sprang nicht rechtzeitig zur Seite und wurde überfahren.

Weibliche Beifahrerinnen berichteten selten von Vergewaltigungen, aber oft von romantischen Begegnungen. Etliche Heiraten kamen auf diese Weise zustande. Ein Lastwagenfahrer, der für den Aufbau einer strategisch wichtigen Einrichtung eingesetzt war, genoß bestimmte Privilegien; unter anderem durfte die Frau eines Fahrers ihren Wohnsitz vom Land in die Stadt verlegen, in der er arbeitete. Viele Mädchen ergriffen diese Gelegenheit beim Schopf. Unsere Fahrer waren sehr freundlich und benahmen sich tadellos. Abends halfen sie uns, ein Hotelzimmer zu finden, bevor sie ihr Gästehaus aufsuchten. Sie luden uns ein, mit ihnen zu Abend zu essen, so daß wir kostenlos ihr besonderes Essen bekamen.

Wen paßte natürlich auf Nana und mich auf. Er warnte uns ständig vor den Fahrern und vor Männern im allgemeinen, vor Dieben und Räubern. Er sagte uns, was wir essen sollten und was nicht, und er achtete darauf, daß wir nach Einbruch der Dunkelheit nicht mehr alleine ausgingen. Er sorgte für uns, trug unsere Taschen und holte warmes Wasser, damit wir uns waschen konnten – warmes Wasser gab es nur im zentralen Heißwassertank des Hotels. Abends schickte er Nana, Jin-ming und mich zum Abendessen mit den Fahrern, er selbst blieb im Hotel und paßte auf unsere Taschen auf, denn Diebstähle waren an der Tagesordnung. Wir brachten ihm dann sein Abendessen mit.

Wen machte keinerlei sexuelle Annäherungsversuche. An dem Abend, an dem wir die Bezirksgrenze von Xichang überquerten, suchten Nana und ich nach einer Gelegenheit, uns in einem Fluß zu waschen. Wir hatten den ganzen Tag furchtbar geschwitzt, der Abend im Freien war wunderbar. Wen suchte eine Flußbiegung, wo wir baden konnten, umgeben von wilden Enten und Schilfrohr. Es war noch nicht dunkel, aber der Mond schien bereits. Der Mond über Xichang an einem klaren, trockenen, wolkenlosen Himmel ist in China geradezu sprichwörtlich. Seine Strahlen schienen auf der Wasseroberfläche des Flusses in Tausende von glitzernden Silberringen zu zerstäuben, die mit dem Fluß hüpften und wirbelten. Wen saß neben der Straße, hatte uns den Rücken zugedreht und hielt Wache. In der Zeit vor der Kulturrevolution war er, wie viele andere junge Männer, zu ritterlichem Verhalten erzogen worden.

Damit wir ein Hotelzimmer bekamen, mußten wir einen Brief von unserer Einheit vorlegen. Wen, Nana und ich hatten uns solche Briefe von unseren Produktionsmannschaften in Ningnan beschafft. Jin-ming besaß einen Brief von seiner Schule. Die Hotels waren billig, aber wir hatten kaum Geld, da die Gehälter unserer Eltern drastisch verringert worden waren. Nana und ich schliefen gewöhnlich in einem einzigen Bett im Schlafsaal, die Jungen machten es genauso. Die Hotels waren finster und sehr einfach. Bevor wir uns auf das Bett setzten, durchsuchten Nana und ich die Bettdecke sehr lange und gründlich nach Läusen und Flöhen. Zu einem Bett gehörte außer einer Bettdecke ein Moskitonetz, ein mit Streu gefülltes Kissen und eine Strohmatte. Die Waschschüsseln hatten gewöhnlich dunkelgraue oder gelbe Schmutzringe, da sie schon seit ewigen Zeiten nicht mehr gereinigt worden waren. Augenerkrankungen und Pilzinfektionen waren weit verbreitet. Wir benutzten deshalb unsere eigenen Schüsseln.

In einer Nacht im Hotel wurden wir durch lautes Klopfen an den Türen geweckt: Wir mußten alle zum »Abendrapport« für den Vorsitzenden Mao antreten, der in dieser Stadt um Mitternacht stattfand. Diese Veranstaltung war genauso lächerlich wie die »Loyalitätstänze«. Man versammelte sich gewöhnlich vor einer Statue oder einem Bild des Vorsitzenden Mao, betete Mao-Zitate herunter, schwenkte rhythmisch das Kleine Rote Buch und brüllte aus Leibeskräften dazu: »Lang lebe der Vorsitzende Mao! Lang, lang lebe der Vorsitzende Mao! Lang, lang, lang lebe der Vorsitzende Mao!«

Nana und ich stolperten schlaftrunken aus dem Saal. Aus den anderen Räumen erschienen zu zweit oder zu dritt die Reisenden. Sie rieben ihre Augen, knöpften ihre Kleider zu oder zogen die Leinenschuhe über die Füße. Niemand wagte zu murren. Einige unterdrückten ein Gähnen. Um fünf Uhr früh am nächsten Morgen wurde die ganze Prozedur wiederholt, diesmal hieß es »Morgenbitte um Belehrung« durch Mao. Später, als wir wieder unterwegs waren, beklagten wir uns gegenseitig darüber; unter Freunden konnte man offen reden. Jin-ming sagte ganz beiläufig: »Wahrscheinlich leidet der Vorsitzende des Revolutionskomitees in dieser Stadt an Schlaflosigkeit.«

Jin-ming machte oft solche trockenen Bemerkungen. Sein Humor gab uns immer wieder Gelegenheit zu lachen. Humor war damals gefährlich. Mao, der immer scheinheilig zum »Aufruhr«

aufrief, duldete keine echte Wißbegier oder Skepsis. Skeptische Gedanken waren für mich der erste Schritt zur Aufklärung. Jin-ming gehörte wie Bing zu jenen Menschen, deren freie Denkart meine alten Denkgewohnheiten zerstören half.

Ningnan liegt ungefähr 1000 Meter hoch. Kaum waren wir angekommen, da begannen wieder meine Verdauungsstörungen. Ich erbrach jeden Bissen, den ich aß, dauernd drehte sich alles um mich herum. Aber wir durften uns keine Ruhe gönnen. Der 21. Juni war nicht mehr weit, wir mußten unbedingt sofort zu unseren Produktionsmannschaften zurückkehren. Da Nanas Team näher war, gingen wir zuerst dorthin. Wir brachen zu Fuß im Morgengrauen auf und brauchten einen vollen Tag. Der Weg führte durch eine wilde Gebirgslandschaft, Gebirgsbäche stürzten brüllend durch enge Schluchten zu Tal. Nur selten gab es einmal eine Brücke. Mußten wir einen Fluß durchqueren, watete Wen voraus und prüfte, wie tief das Wasser war. Jin-ming trug mich auf seinem knochigen Rücken. Oft mußten wir auf Ziegenpfaden gehen, die sich an den äußersten Felskanten hinzogen, neben uns gähnte der Abgrund. Mehrere Schulkameraden von mir waren auf dem Heimweg in der Dunkelheit zu Tode gestürzt. Jetzt brannte die Sonne unerbittlich, nach kürzester Zeit schälte sich meine Haut. Mir war unerträglich heiß; ab und zu bat ich Wen und Jin-ming, hinter mir zu gehen, damit ich meine Bluse öffnen konnte. Ich kämpfte mich vorwärts, mein Kopf war wie benebelt. Der Durst wurde unerträglich. Ich hatte bereits das Trinkwasser der anderen verbraucht, und immer noch war meilenweit kein Haus zu erblicken. Eine Klaue schien in meiner Kehle zu stecken, die jeden Moment nach einem Glas Wasser greifen wollte. Dann sahen wir plötzlich ein kleines Wasserloch vor uns. Ich warf mich auf den Boden und schlürfte die kühle Flüssigkeit. Nana versuchte, mich aufzuhalten. Sie schaute mich besorgt an und sagte, nicht einmal die Bauern würden dieses Wasser trinken, ohne es vorher abgekocht zu haben. Aber das war mir egal, ich war fast wahnsinnig vor Durst. Natürlich mußte ich mich bald danach fürchterlich erbrechen.

Als wir Nanas Dorf erreichten, war es schon dunkel. Am nächsten Tag suchte Nana den Leiter ihrer Produktionsmannschaft auf. Er stempelte die drei gefälschten Briefe ab, offenbar war er froh, daß er Nana loswurde. In den letzten Monaten hatten die Bauern feststellen müssen, daß die Jugendlichen aus der Stadt keine zusätzlichen Arbeitskräfte waren, sondern zusätzliche Mäuler, die gestopft werden mußten. Sie konnten die Jugendlichen nicht einfach hinauswerfen, deshalb war es für sie höchst erfreulich, wenn jemand freiwillig gehen wollte.

Ich war zu krank, um zu meiner eigenen Mannschaft zurückzukehren. Wen bot an, in mein Dorf zu gehen und unsere Entlassung zu erreichen. Nana und die anderen Mädchen ihrer Gruppe versuchten ihr Bestes, um mich zu kurieren. Ich aß und trank nur Dinge, die zuvor mehrmals gekocht worden waren. Dennoch lag ich matt da und fühlte mich elend. Ich vermißte meine Großmutter und ihre Hühnersuppe, der ich meine schnelle Genesung in Chengdu zuschrieb. Hühnchen galt damals als große Delikatesse. Nana bemerkte scherzhaft, daß ich es irgendwie fertigbrächte, mich trotz des Aufruhrs in meinem Magen nach Delikatessen zu sehnen. Jin-ming, Nana und die anderen Mädchen versuchten, ein Hühnchen zu kaufen. Aber die Bauern aßen und verkauften keine Hühner, sie hielten sie nur wegen der Eier. Es war ein Brauch, der auf ihre Vorfahren zurückging. Von anderen Schulkameraden erfuhren wir, daß die Hühner in dieser Gegend mit Lepra infiziert seien. Daraufhin aßen wir auch keine Eier mehr. Jin-ming beschloß, mir eine Geflügelsuppe zu kochen, wie Großmutter es getan hatte. Dabei konnte er seine wissenschaftlichen Neigungen endlich praktisch einsetzen. Auf der offenen Veranda vor dem Haus stützte er einen großen runden Korb aus Bambus umgekehrt gegen einen Stock und streute ein paar Körner darunter. Dann band er eine Schnur an den Stock und versteckte sich hinter der Tür, das Ende der Schnur in der Hand. Er stellte einen Spiegel so auf, daß er darin beobachten konnte, was sich unter dem Korb abspielte. Eine Menge Spatzen stritten sich um die Körner, und nach einer Weile stolzierte eine Turteltaube herbei. Jin-ming paßte den richtigen Augenblick ab und riß dann an der Schnur, so daß der Korb herunterfiel. Auf diese Weise kam ich zu einer köstlichen Täubchensuppe.

Nach ein paar Tagen kehrte Wen zurück. Meine Schwester und ich hatten jetzt die Erlaubnis, unsere Produktionsmannschaft zu verlassen. Wir machten uns sofort auf den Weg zum Registerbeamten, obwohl ich noch sehr schwach war. Schon nach wenigen Metern zu Fuß wurde mir schwarz vor den Augen, ich sah nur noch kleine funkelnde Sterne. Bis zum 21. Juni hatten wir noch eine Woche.

In der Stadt Ningnan herrschte eine Art Kriegsstimmung. In den meisten Landesteilen Chinas waren die Fraktionskämpfe inzwischen wieder abgeebbt, aber in entlegenen Gebieten wie Ningnan gingen lokale Kämpfe weiter. Auf den Straßen und vor den Regierungsgebäuden patrouillierten bewaffnete Männer. Die unterlegene Seite hatte sich in die Berge zurückgezogen, schlug aber gelegentlich in Blitzangriffen zu. Überall waren Bewaffnete zu sehen, meist Yi, Angehörige einer ethnischen Minderheit, die in den entlegenen Winkeln der Wildnis um Xichang lebten. Angeblich schliefen die Yis nicht im Liegen, sondern hockten sich auf den Boden, legten ihre Arme auf die Knie und vergruben ihre Köpfe darin. Die Anführer der kämpfenden Gruppen waren alle Han-Chinesen. Sie brachten die Yis dazu, gefährliche Aufträge zu übernehmen, beispielsweise an vorderster Front zu kämpfen oder Wache zu schieben. Während wir die Verwaltung nach dem Registerbeamten absuchten, verwickelten uns die Yis oft in lange, hitzige Diskussionen. Wir konnten uns mit ihnen nur durch Handzeichen verständigen, da unsere Sprachen verschieden waren. Wenn wir uns näherten und noch bevor wir den Mund öffnen konnten, richteten sie ihre Gewehre auf uns. Ihre Finger lagen am Abzug, ihre Augen verengten sich, und sie zielten auf uns. Wir standen Todesängste aus, mußten uns aber ungerührt geben. Man hatte uns gesagt, daß die Yis jedes Anzeichen von Furcht als Eingeständnis von Schuld verstehen und sich entsprechend verhalten würden.

Schließlich erreichten wir das Büro des Registerbeamten, aber er war nicht da. Ein Freund, den wir zufällig trafen, erzählte uns, der Beamte halte sich verborgen, weil er ständig von den Stadtjugendlichen aufgefordert würde, ihre Streitigkeiten zu schlichten. Unser Freund wußte nicht, wo er sich befand, aber er nahm an, daß eine Gruppe »alter Stadtjugendlicher« Bescheid wüßte. Die »alten Stadtjugendlichen« waren schon vor der Kulturrevolution aufs Land gegangen. Die Partei hatte versucht, all jene zu einem Landaufenthalt zu überreden, die das Aufnahmeexamen für die höhere Mittelschule oder für die Universität nicht geschafft hatten. Sie sollten ein »blühendes neues, sozialistisches Landleben aufbauen«, das von ihrer Bildung zehren würde. Etliche junge Menschen waren dem Aufruf der Partei aus romantischem Enthusiasmus gefolgt. Doch sehr bald bekamen sie die harten Realitäten des Landlebens zu spüren, wurden sich bewußt, daß es keine Rückkehrmöglichkeiten gab, und merkten, wie scheinheilig sich das Regime verhalten hatte: Die Kinder höherer Funktionäre gingen nicht aufs Land, auch wenn sie ihre Examen nicht bestanden hatten. Viele »alte Stadtjugendliche« wurden zu Zynikern.

Die »alten Stadtjugendlichen« behandelten uns sehr freundlich. Sie tischten uns ein hervorragendes Wildgericht auf und boten an herauszufinden, wo der Beamte sich aufhielt. Während zwei junge Männer sich auf die Suche machten, unterhielten wir uns mit den übrigen. Wir saßen auf einer geräumigen Holzveranda, an der ein Fluß namens Schwarzes Wasser vorbeifloß. Auf dem hohen, felsigen Ufer standen Reiher wie Ballettänzer elegant auf einem schlanken Bein, das andere Bein an den Körper gezogen, einige flogen mit weit ausgebreiteten, prächtigen schneeweißen Flügeln über uns hinweg. Ich hatte diese stilvollen Tänzer noch nie in freier Wildbahn gesehen, jetzt konnte ich meine Augen nicht von ihnen wenden.

Unsere Gastgeber schlugen vor, daß wir dem Registerbeamten gegenüber beiläufig andeuten sollten, welche Positionen unsere Väter gehabt hätten. »Dann knallt er den Stempel sofort auf die Papiere!« erklärte ein fröhlicher junger Mann. Sie wußten, daß wir Kinder hoher Funktionäre sein mußten, denn meine Schule wurde hauptsächlich von Kindern hoher Funktionäre besucht.

Ich hatte Zweifel, ob das ein guter Rat war. »Aber unsere Eltern haben ihre Posten verloren«, wandte ich ein. »Sie sind als Kapitalistenhelfer gebrandmarkt.«

»Das spielt doch gar keine Rolle!« meinten mehrere junge Männer. »Dein Vater ist doch ein Veteran der kommunistischen Revolution, oder?«

»Ja, das ist er.«

»Und ein hoher Funktionär ist er auch?«

»So etwas Ähnliches«, murmelte ich, fügte aber hastig hinzu: »Aber das war vor der Kulturrevolution. Jetzt ...«

»Vergiß es. Hat irgend jemand seine Entlassung verfügt? Nein? Dann stimmt es noch immer. Es ist doch völlig klar, daß das Mandat der Parteifunktionäre nicht aufgehoben wurde.«

Der fröhliche Junge ergänzte: »Kein Funktionär hier am Ort würde es wagen, dich zu beleidigen und sich damit für die Zukunft Probleme aufzuhalsen.«

Mir fielen die entsetzlichen Rachefeldzüge der Tings ein. Natürlich mußten die Menschen stets mit der Möglichkeit rechnen, daß sich mächtige Funktionäre rächen würden.

Bevor wir aufbrachen, fragte ich nur noch, wie ich dem Registerbeamten den Hinweis auf die Position meines Vaters geben sollte, ohne die Sache zu direkt und peinlich zu machen. Unsere freundlichen, fröhlichen Gastgeber lachten. »Er ist doch nur ein Bauer! Bauern sind nicht so feinfühlig. Sie bemerken die Unterschiede gar nicht. Sag ihm nur direkt auf den Kopf zu: ›Mein Vater ist Direktor von ...‹ oder so etwas Ähnliches.« Ich war erstaunt über ihren verächtlichen Ton. Erst später fand ich heraus, daß die meisten Stadtjugendlichen, ob alt oder neu, die Bauern verachteten. Dieses Gefühl entwickelte sich noch stärker, wenn sie bei den Bauern lebten. Es war eine Ironie, denn Mao hatte genau das Gegenteil beabsichtigt.

Am 20. Juni, nach tagelangem verzweifeltem Herumsuchen im Gebirge, fanden wir den Registerbeamten. Bis die Verordnung in Kraft trat, daß keine weiteren Ummeldungen mehr genehmigt werden sollten, blieb noch ein Tag. Zuvor hatte ich genau einstudiert, wie ich den Registerbeamten »unauffällig« auf die

Stellung meines Vaters hinweisen wollte. Doch diese Mühe erwies sich als völlig unnötig. Der Registerbeamte fragte mich ganz direkt: »Was hat dein Vater vor der Kulturrevolution gemacht?« Nach etlichen weiteren persönlichen Fragen, die er mehr aus Neugier denn aus Notwendigkeit stellte, zog er einfach ein schmutziges Taschentuch aus seiner Jackentasche und faltete es auseinander. Darin lagen ein in Stoff eingewickelter holzgeschnitzter Stempel und eine flache Blechschatulle mit einem in roter Tinte getränkten Schwamm. Der Beamte preßte den Stempel in den Schwamm und drückte ihn dann feierlich auf alle drei Briefe.

Damit hatten wir den Stempel, der Zweck unserer Reise war erfüllt – um Haaresbreite, denn es blieben uns weniger als vierundzwanzig Stunden. Wir mußten zwar noch den Beamten finden, der unsere Registrierungsbücher verwahrte, und sie dann nach Chengdu zurückbringen, aber das war jetzt kein größeres Problem mehr. Unsere Ummeldung war genehmigt, und ich konnte mich endlich wieder entspannen – mit Magenschmerzen und Durchfall.

Unter großen Schmerzen schleppte ich mich mit den anderen in die Kreisstadt zurück. Wir kamen bei Dunkelheit an und suchten das Gästehaus der Kreisverwaltung auf. Es war ein graues zweistöckiges Gebäude, um den Hof lief eine Mauer, und zwischen dem Haupttor und dem Haus erstreckte sich ein betonierter Vorplatz. Zwischen den üppigen, exotischen Pflanzen wirkte das Betonhaus gedrungen und öde. Die Portiersloge war leer, auch im Hof war niemand zu sehen. Wir betraten das Haus, aber auch dort fanden wir niemanden. Die meisten Räume waren verschlossen, nur im oberen Stockwerk standen einige Schlafzimmertüren halb offen. Obwohl ich gewöhnlich in schmutziger Kleidung nicht schlafen kann, warf ich mich auf ein Bett und schlief vollkommen angekleidet sofort ein. Schmutz und Schweiß hatten meine weiße Baumwollbluse graugelb gefärbt.

Das Geplärr eines Lautsprechers weckte mich auf. Der Lautsprecher schmetterte Mao-Parolen, eine davon lautete: »Wenn sich der Feind nicht ergibt, töten wir ihn!« In meinem halbwachen Zustand brachte ich die Zitate irgendwie mit Kampf in Verbindung. Und dann war ich plötzlich hellwach. Unsere Unterkunft wurde angegriffen.

Da hörte ich auch schon das Heulen von Geschossen ganz in der Nähe. Fenster zersplitterten. Die Stimme im Lautsprecher schrie den Namen einer Rebellenorganisation und forderte sie auf, sich zu ergeben. Andernfalls, kreischte sie, würde das Gebäude in die Luft gejagt.

Jin-ming stürzte in mein Zimmer. Mehrere bewaffnete Männer rannten in das Zimmer, in dem Jin-ming geschlafen hatte. Es lag dem Haupttor gegenüber. Ein Mann war fast noch ein Kind, das Gewehr in seiner Hand war größer als er selbst. Wortlos rannten sie zum Fenster, schlugen mit ihren Gewehrkolben die Scheiben ein und begannen zu feuern. Ein weiterer Mann, der als Anführer auftrat, erklärte uns schnell, daß das Gebäude das Hauptquartier seiner Fraktion war und jetzt von der feindlichen Gruppe angegriffen werde. Wir sollten so schnell wie möglich verschwinden, aber auf keinen Fall über die Treppe, denn die führte zum Vordereingang. Wie sonst?

Wir zerrten hastig die Bettbezüge und Leintücher heraus, zerrissen sie in Streifen und knüpften daraus eine Art Seil. Wir öffneten ein Fenster, banden ein Ende unseres »Seils« an das Fensterkreuz und kletterten aus dem zweiten Stockwerk hinunter. Überall stießen wir an und verletzten uns. Als wir auf dem Boden standen, schlugen um uns herum Kugeln mit unheimlichem Heulen in den harten Lehmboden ein. Gebückt rannten wir durch den Kugelregen auf die halb eingestürzte Mauer zu. Auf der anderen Seite rannten wir sofort weiter und immer weiter, bis wir uns sicher fühlten. Der Himmel und die Felder hatten bisher in der Dunkelheit gelegen, jetzt brach langsam der Tag an. Wir hielten uns nicht auf, sondern machten uns auf den Weg zu einer nahegelegenen Kommune, in der ein Freund wohnte. Dort wollten wir uns ein wenig erholen und entscheiden, was wir als nächstes tun sollten. Zu unserem Schrecken und zugleich zu unserer Erleichterung hörten wir unterwegs von Bauern, daß das Gästehaus in die Luft gejagt worden sei.

Bei unserem Freund war kurz nach unserem Aufbruch in Nanas Dorf ein Telegramm von meiner Schwester aus Chengdu eingetroffen. Er hatte nicht gewußt, wo er mich erreichen konnte, und so hatte er das Telegramm geöffnet und die Nachricht vielen Bekannten erzählt in der Hoffnung, daß irgend jemand mich finden und mir ausrichten würde, was in dem Telegramm stand. Auf diese Weise erfuhr ich, daß unsere Großmutter gestorben war.

KAPITEL 23

*»Je mehr Bücher man liest,
desto dümmer wird man«*

*Ich werde Bäuerin
– und »Barfußdoktor«
(Juni 1969-1971)*

Ich saß mit Jin-ming am Ufer des Goldenen Sandes. Wir warteten auf eine Fähre. Ich hatte den Kopf in die Hände gestützt und starrte in die reißenden Fluten. Ungezügelt stürzte der Fluß auf seiner langen Reise vom Himalaja zum Meer an uns vorüber. Aus der Vereinigung des Goldenen Sandes mit dem Min entsteht in Yibin der Yangzi, der längste Fluß Chinas. Kurz bevor der Yangzi in das Meer mündet, verbreitert er sich und bewässert mit seinen zahlreichen Biegungen ausgedehnte Gebiete des flachen Ackerlandes. An der Stelle, wo wir saßen, wurden die reißenden Wasser des Flusses so gewaltsam von steilen Bergen eingezwängt, daß es nicht möglich gewesen war, eine Brücke zu bauen. Nur durch Fähren war die Provinz Sichuan mit der Provinz Yunnan östlich des Yangzi verbunden. Jeden Sommer forderte der Fluß Menschenleben, wenn er durch die Schneeschmelze im Himalaja Hochwasser führte. Erst ein paar Tage zuvor hatte er eine Fähre mit drei Schulkameraden von mir mit sich gerissen.

Die Dämmerung senkte sich herab. Ich fühlte mich sehr krank. Jin-ming hatte für mich seine Jacke auf dem Boden ausgebreitet. In meiner Verfassung dürfe ich nicht auf feuchtem Gras sitzen, meinte er. Wir wollten den Fluß nach Yunnan überqueren und hofften, dort würden wir jemanden finden, der uns nach Chengdu mitnehmen könnte. Die Straßen durch Xichang waren wegen der Kämpfe zwischen den Rebellengruppen unpassierbar, wir mußten einen Umweg machen. Nachdem wir von Großmutters Tod erfahren hatten, waren wir direkt zu diesem Anlegeplatz der Fähre gegangen. Nana und Wen hatten angeboten, mein Registrierungsbuch und das meiner Schwester Xiao-hong zu holen und zusammen mit unserem Gepäck nach Chengdu zu bringen. Ein Dutzend starker Männer ruderte die Fähre gegen die Strömung über den Fluß, im Rhythmus der Ruderbewegungen sangen sie ein Lied. In der Mitte des Flusses hörten sie auf zu rudern und ließen die Fähre stromabwärts treiben, dabei steuerten sie zum Ufer von Yunnan. Mehrfach wurden wir von riesigen Wellen überrollt. Ich klammerte mich an der Reling fest, das Boot schwankte wie ein Spielzeug. Normalerweise wäre ich in Panik geraten, aber jetzt war ich durch Großmutters Tod wie betäubt.

Am Ufer von Yunnan, in einem kleinen Ort namens Qiaojia, stand auf einem Korbballfeld ein Lastwagen. Der Fahrer erklärte sich sofort bereit, uns mitzunehmen, und wir kletterten auf die offene Ladefläche. Die ganze Zeit dachte ich voller Verzweiflung darüber nach, wie ich meine Großmutter besser hätte schützen können. Während der Lastwagen dahinholperte, sahen wir riesige Bananenplantagen, die sich hinter den Lehmhäusern ausbreiteten. Das Land war eben, ringsum erhoben sich die Berge, deren Spitzen in den grauen Wolken verschwanden. Beim Anblick der riesigen Bananenstauden fiel mir die kleine, kümmerliche Bananenpflanze neben der Tür des Krankensaals ein, in dem Großmutter vor meiner Abreise aus Chengdu gelegen hatte. Wenn mich mein Freund Bing besucht hatte, hatten wir uns immer neben die Bananenstaude gesetzt und uns bis tief in die Nacht unterhalten. Großmutter hatte Bing nicht gemocht, sein zynisches Lächeln und sein unkonventionell-lässiger Umgang mit Erwachsenen gefielen ihr nicht. Sie hielt ihn für respektlos. Zweimal war sie sogar die Treppe hinuntergetaumelt und hatte mich hereingerufen. Es tat mir weh, daß sie so besorgt um mich war, aber ich konnte mich nicht anders verhalten. Ich konnte mein Verlangen, mit Bing zusammenzusein, nicht unterdrücken. Wie sehr wünschte ich mir jetzt, ich könnte die Zeit zurückdrehen und noch einmal von vorn beginnen! Ich würde nichts mehr tun, was ihr Sorgen bereitete. Ich würde mich nur noch darum kümmern, daß es ihr besser ging – obwohl ich nicht wußte, wie ich ihr hätte helfen können.

Wir fuhren durch Yibin. Die Straße wand sich über die smaragdgrünen Hügel rings um die Stadt. Ich ließ meinen Blick über die anmutigen Rotholz- und Bambushaine schweifen, da erinnerte ich mich plötzlich an ein Ereignis: Ich war aus Yibin in die Meteoritenstraße zurückgekehrt und erzählte Großmutter, daß ich Dr. Xias Grabmal hatte putzen wollen. Das Grab befand sich am Fuß des Hügels, an dem wir jetzt vorbeifuhren. An einem sonnigen Frühlingstag hatte mir Tante Jun-ying ein wenig »Silbergeld« gegeben, das ich am Grabmal verbrennen sollte. Nur der Himmel mochte wissen, woher sie es hatte, denn es war als »feudalistisch« verboten. Ich suchte stundenlang nach dem Grab.

Der ganze Berghang bot ein Bild der Verwüstung. Die Rotgardisten hatten die Gräber dem Erdboden gleichgemacht und die Grabmale zerstört, denn auch Bestattungen waren »feudalistisch«. Ich werde nie vergessen, wie Großmutters Augen hoffnungsvoll aufleuchteten, als ich die Gräber erwähnte, und wie das Leuchten erlosch, als ich dummerweise hinzufügte, daß das Grab zerstört worden war. Ihr flüchtiger gequälter und enttäuschter Blick verfolgte mich noch immer. Jetzt bedauerte ich, daß ich ihr nicht eine Notlüge erzählt hatte. Aber es war zu spät.

Nach über einer Woche trafen Jin-ming und ich in Chengdu ein. Wir fanden nur noch ihr leeres Bett vor. Ich sah unsere Großmutter darin liegen, ausgestreckt, das Haar lose, aber ordentlich gekämmt, ich sah ihre eingefallenen Wangen und wie sie sich auf die Lippen biß. Sie hatte ihre furchtbaren Schmerzen still und gefaßt ertragen, nie hatte sie geschrien oder sich vor Schmerzen gewunden. Ihre stoische Gelassenheit hatte verhindert, daß ich merkte, wie schlimm ihre Krankheit war.

Meine Mutter war noch immer in Haft. Was Xiao-hei und Xiaohong mir über Großmutters letzte Tage erzählten, klang so schrecklich, daß ich sie bat, nicht weiterzusprechen. Erst Jahre später erfuhr ich, was geschehen war, nachdem ich die Stadt verlassen hatte. Nach meiner Abreise schien sie verhältnismäßig wohlauf. Sie verrichtete einige Hausarbeiten, legte sich dann wieder mit angespanntem Gesichtsausdruck in ihr Bett und versuchte, ihre Schmerzen niederzukämpfen. Unentwegt murmelte sie, daß sie sich wegen meiner Reise und wegen meiner Brüder sorgte. »Was soll nur aus den Jungen werden, wenn sie nicht in die Schule gehen?« seufzte sie immer wieder.

Eines Tages konnte sie nicht mehr aufstehen. Es war völlig unmöglich, einen Arzt ins Haus zu rufen. Brilli, der Freund meiner Schwester, trug sie auf seinen Rücken zum Krankenhaus. Meine Schwester lief nebenher und stützte Großmutter. Nach ein paar Gängen dieser Art meinten die Ärzte, Großmutter brauchte nicht mehr zum Krankenhaus gebracht zu werden. Sie sagten, daß sie nichts finden und außerdem auch nichts tun könnten.

Und so lag Großmutter im Bett und wartete auf den Tod. Ihr Körper starb schrittweise ab. Ihre Lippen bewegten sich von Zeit zu Zeit, aber meine Geschwister konnten nichts verstehen. Oft gingen sie zum Gefängnis meiner Mutter und baten um Erlaubnis, Mutter mit nach Hause nehmen zu dürfen. Jedesmal wurden sie wieder weggeschickt, ohne Mutter auch nur gesehen zu haben.

Dann schien Großmutters Körper völlig abgestorben. Aber ihre Augen waren weit geöffnet und wanderten unentwegt hin und her. Sie konnte die Augen nicht schließen, solange sie ihre Tochter nicht gesehen hatte – die Tochter, die ihr ganzes Leben bedeutet hatte.

Endlich durfte Mutter nach Hause zurückkehren. Während der beiden nächsten Tage wich sie nicht von Großmutters Bett. Ab und zu flüsterte Großmutter ihr etwas zu. Ganz zuletzt erzählte sie, weshalb sie diese Schmerzen bekommen hatte.

Sie sagte, die Nachbarn hätten im Hof eine Anklageversammlung gegen sie abgehalten. Die Nachbarn gehörten zu Frau Shaus Gruppe. Bei einem Hausüberfall hätten Rebellen die Quittung für den Schmuck gefunden, den sie während des Koreakrieges gespendet hatte. Die Nachbarn hätten nun behauptet, sie sei »ein stinkendes Mitglied der Ausbeuterklasse«, denn wie sonst hätte sie zu diesem Schmuck kommen können? Großmutter erzählte, sie habe auf einen kleinen Tisch steigen müssen. Der Boden sei uneben gewesen, deshalb habe der Tisch gewackelt. Ihr sei schwindlig geworden. Die Nachbarn hätten sie angeschrien. Die Frau, die meinen Bruder Xiao-fang beschuldigt hatte, er habe ihre Tochter vergewaltigt, habe mit einer Keule heftig gegen die Tischbeine geschlagen. Sie habe das Gleichgewicht verloren und sei auf den Boden gefallen. Seither verspüre sie stechende Schmerzen im ganzen Körper.

In Wirklichkeit hatte es keine Anklageversammlung gegeben. Aber diese Vorstellung verfolgte meine Großmutter bis zum letzten Atemzug.

Großmutter starb am dritten Tag nach Mutters Rückkehr. Zwei Tage später, direkt nach der Feuerbestattung, mußte meine Mutter wieder ins Gefängnis zurück.

Noch Jahre danach träumte ich immer wieder von meiner Großmutter und wachte weinend auf. Sie war eine starke Frau gewesen – lebenssprühend, talentiert und sehr tatkräftig. Doch sie hatte ihre Talente nicht nutzen können. Sie war die Tochter eines ehrgeizigen Polizisten in einer Kleinstadt und später die Konkubine eines Kriegsherrn gewesen, wurde Stiefmutter einer vielköpfigen, aber zerstrittenen Familie, schließlich Mutter und Schwiegermutter zweier kommunistischer Funktionäre. Keine dieser Aufgaben hatte sie glücklich gemacht. Nur mit Dr. Xia hatte sie glückliche Zeiten erlebt, doch auch damals litten sie unter dem Schatten ihrer Vergangenheit, erlebten Armut, russische Besatzung und Bürgerkrieg. Vielleicht hätte sie die Aufgabe, sich um ihre Enkelkinder zu kümmern, glücklich machen können, aber die meiste Zeit mußte sie sich um uns sorgen. Fast ihr gesamtes Leben hatte sie in Angst verbracht, sie hatte dem Tod oft ins Auge gesehen. Sie war eine starke Frau, aber zuletzt hatten das Unglück meiner Eltern, die Sorgen um die Kinder, die Welle häßlichster menschlicher Feindseligkeit, die sich in Gewalttätigkeiten, Hausüberfällen, Denunziationen und im Alltag zeigte, sie zerstört. Aber die schlimmste Angst war die Angst um ihre Tochter. Es war, als spürte sie an ihrem eigenen Körper all die Schmerzen, die ihrer Tochter zugefügt wurden. Und das kostete sie das Leben.

Für den Tod meiner Großmutter gab es auch noch eine ganz einfache Erklärung: Man hatte ihr jegliche medizinische Behandlung verwehrt. Und trotz ihrer schweren Krankheit verweigerte man es ihr, daß sie von ihrer Tochter besucht und gepflegt wurde. Der Grund war die Kulturrevolution. Wie konnte diese sogenannte Revolution nützlich sein, wenn sie solche Zerstörung über die Menschen brachte? Ganz bewußt und klar sagte ich mir, daß ich die Kulturrevolution haßte, und das Gefühl wurde noch schlimmer dadurch, daß ich nichts tun konnte.

Ich litt und warf mir immer wieder vor, daß ich mich nicht genügend um Großmutter gekümmert hatte. Als sie im Krankenhaus lag, hatte ich Bing und Wen kennengelernt. Ich hatte wie auf Wolken geschwebt und kein Gefühl für das Leiden anderer gehabt. Nun sagte ich mir, wie verwerflich es gewesen war, daß ich mich überhaupt glücklich gefühlt hatte – neben Großmutters Krankenbett, das ihr Sterbebett gewesen war, wie ich jetzt wußte. Ich beschloß, mich nie mehr mit Jungen einzulassen. Nur durch Selbstverleugnung konnte ich meine Schuld abtragen, glaubte ich.

Die folgenden zwei Monate blieb ich in Chengdu. Zusammen mit Nana und meiner Schwester suchte ich verzweifelt einen »Verwandten« in der Umgebung, dessen Kommune bereit wäre, uns aufzunehmen. Das mußte uns bis zum Ende der Erntezeit gelingen, wenn die Nahrungsmittel zugeteilt wurden – andernfalls würden wir im folgenden Jahr nichts zu essen haben, denn unsere staatliche Versorgung lief im Januar aus.
Einmal besuchte mich Bing. Ich behandelte ihn sehr kalt und sagte ihm, er solle nicht mehr kommen. Er schrieb mir Briefe, ich warf sie ungeöffnet in den Ofen – ich glaube, diese Geste hatte ich aus russischen Romanen übernommen. Wen kehrte mit meinem Registrierungsbuch und meinem Gepäck aus Ningnan zurück, aber ich wollte ihn weder sehen noch mit ihm sprechen. Einmal begegnete ich ihm auf der Straße und schaute durch ihn hindurch. Aus dem Augenwinkel sah ich, daß er mich verwirrt und verletzt anstarrte.
Wen ging wieder nach Ningnan und von dort später mit einem Freund nach Laos, um gegen die Amerikaner zu kämpfen. Viele Kinder hoher Funktionäre, die von der Kulturrevolution enttäuscht waren, kämpften damals in Laos und Vietnam gegen die »US-Imperialisten«, obwohl die Regierung es verboten hatte. Eines Tages hörte Wen Luftalarm, amerikanische Maschinen waren im Anflug. Er sprang sofort auf und lief hinaus, aber in seiner Unerfahrenheit trat er auf eine Mine, die seine Kameraden gelegt hatten. Bei der Explosion wurde er zerrissen. Wenn ich an Wen denke, sehe ich immer seinen verständnislosen, verwunderten Gesichtausdruck bei unserer letzten Begegnung in einer schlammigen Straße von Chengdu vor mir.

Meine Familie lebte mittlerweile überall verstreut. Am 17. Oktober verhängte Lin Biao das Kriegsrecht, nachdem es an der Grenze zur Sowjetunion zu bewaffneten Auseinandersetzungen gekommen war. Unter dem Vorwand, die Hauptstadt müsse evakuiert werden, schickte er seine Gegner in der Armee und die in Ungnade gefallenen Spitzenfunktionäre in unterschiedliche Teile Chinas; dort wurden sie unter Hausarrest gestellt oder in Haft genommen. Die Revolutionskomitees nutzten die Gelegenheit und deportierten alle »unerwünschten Elemente«. Die fünfhundert früheren Angestellten des östlichen Stadtbezirks, für den meine Mutter zuständig gewesen war, mußten Chengdu verlassen. Sie wurden in die sogenannte Büffeljungen-Ebene verschickt, ins unberührte Hinterland von Xichang. Meine Mutter bekam zehn Tage Zeit, ihre Angelegenheiten zu Hause zu ordnen. Bevor sie abreiste, brachte sie Xiao-hei und Xiao-fang zum Bahnhof und setzte sie in den Zug nach Yibin. Tante Jun-ying war zwar halb gelähmt, aber in Yibin gab es noch andere Tanten und Onkel, die sich um die beiden kümmern konnten. Mein dritter Bruder Jin-ming wurde in eine achtzig Kilometer nördlich von Chengdu gelegene Kommune verschickt.

Zur gleichen Zeit fanden Nana, meine Schwester und ich eine Kommune, die uns aufnehmen wollte, im Kreis Deyang, nicht weit von Jin-mings Kommune entfernt. Brilli, der Freund meiner Schwester, hatte dort einen Bekannten, der bereit war, uns als seine Cousinen auszugeben. Einige Kommunen in dem Bezirk brauchten Landarbeiter. Wir konnten natürlich keinerlei Nachweis für die verwandtschaftliche Beziehung vorlegen, aber niemand stellte uns Fragen. Wichtig war nur, daß wir mit anpacken konnten – oder daß es jedenfalls so aussah.

Wir wurden zwei verschiedenen Produktionsmannschaften zugeteilt, denn eine Mannschaft konnte höchstens zwei zusätzliche Arbeitskräfte aufnehmen. Nana und ich gehörten einer Mannschaft an, meine Schwester einer anderen, die Mannschaften waren eine Dreiviertelstunde zu Fuß voneinander entfernt untergebracht. Von unseren Dörfern bis zum nächsten Bahnhof mußte man fünf Stunden lang über einen Fußpfad marschieren, der so schmal war, daß man nicht einmal Fahrrad fahren konnte. Ein großer Teil des Wegs führte über die niedrigen, einen halben Meter breiten Erdwälle zwischen den Reisfeldern.

Meine siebenköpfige Familie war damit auf sechs Orte verteilt. Xiao-hei war froh, daß er Chengdu verlassen konnte. An seiner Schule hatten einige Lehrer und Mitglieder des Propaganda-

Teams ein neues Buch für den Chinesischunterricht zusammengestellt. Darin war über die Verurteilung unseres Vaters zu lesen, er wurde mit vollem Namen genannt. Die Schüler zeigten mit Fingern auf Xiao-hei und drangsalierten ihn.

Im Frühsommer 1969 wurde seine Schule aufs Land außerhalb von Chengdu verschickt, dort sollten die Schüler bei der Ernte helfen. Die Jungen und Mädchen wurden getrennt in zwei großen Sälen untergebracht. Auf den Pfaden zwischen den Reisfeldern sah man abends unter dem Sternenhimmel zahlreiche verliebte junge Paare. An diesen frühsommerlich duftenden Abenden verliebte sich auch mein vierzehnjähriger Bruder in ein Mädchen aus seiner Gruppe. Nach tagelanger Qual faßte er sich an einem Nachmittag ein Herz, während sie gemeinsam Weizen ernteten. Nervös lud er sie zu einem Spaziergang am Abend ein. Das Mädchen senkte den Kopf und gab keine Antwort. Xiao-hei hielt des für ihr »stillschweigendes Einverständnis«.

Am Abend wartete er, gegen einen Heuhaufen gelehnt. Der Mond schien, Xiao-hei fühlte alle Ängste und Sehnsüchte der ersten Liebe. Da hörte er einen Pfeifton. Ein paar Jungen aus seiner Klasse tauchten aus ihren Verstecken auf. Sie beschimpften ihn, warfen ihm eine Jacke über den Kopf und prügelten auf ihn ein. Xiao-hei gelang es zu entkommen. In Panik stolperte er bis zur Tür eines Lehrers und schrie um Hilfe. Der Lehrer öffnete, stieß ihn weg und rief: »Ich kann dir nicht helfen! Komm bloß nicht mehr zu mir!« Xiao-hei hatte zuviel Angst, um ins Lager zurückzukehren, und verbrachte die Nacht in einem Heuhaufen. Ihm wurde klar, daß seine Angebetete die Bande auf ihn gehetzt hatte. Sie war beleidigt, daß der Sohn eines »konterrevolutionären Kapitalistenhelfers« die Frechheit besessen hatte, sich ihr zu nähern.

Der neuen Schule in Yibin sah Xiao-hei mit gemischten Gefühlen entgegen. Zu seiner großen Überraschung wurde er freundlich, fast überschwenglich begrüßt. Die Lehrer, die Mitglieder des Propaganda-Teams, die die Schule leiteten, die Kinder – alle schienen Vaters Namen zu kennen und sprachen mit offener

Bewunderung von ihm. Xiao-hei war vom ersten Tag an geachtet, selbst die gemeinsten Jungen behandelten ihn respektvoll. Das hübscheste Mädchen der Klasse wurde seine Freundin. Offenbar war mein Vater in Yibin eine legendäre Persönlichkeit, und daran hatte sich auch nichts geändert, seit er in Ungnade gefallen war und die Tings die Zügel der Macht in ihren Händen hielten. Die Menschen in Yibin hatten schrecklich unter den Tings gelitten, Tausende waren in den Kämpfen der Rebellenfraktionen oder durch Folter verletzt worden oder zu Tode gekommen.

Die Menschen in Yibin sehnten sich nach den friedlichen Zeiten, nach guten Funktionären, die ihre Macht nicht mißbrauchten, nach einer Regierung, die effizient arbeitete. Der Inbegriff der guten alten Zeit waren für sie die späten fünfziger Jahre, als mein Vater Gouverneur gewesen war. In der Erinnerung der Menschen verkörperte mein Vater diese gute alte Zeit. Er war der legendäre gute Beamte, das vollkommene Gegenteil der Tings. Dank des Ansehens, das unser Vater immer noch in Yibin genoß, konnte sich Xiao-hei dort wohl fühlen – nur in der Schule lernte er nichts. Das einzige Lehrmaterial waren Maos Werke und Artikel der *Volkszeitung*. Die Kinder erhielten ein wenig Mathematikunterricht, aber unter so chaotischen Bedingungen, daß nichts davon im Gedächtnis zurückblieb. Niemand besaß den Schülern gegenüber Autorität, da Mao ihnen nicht befohlen hatte zu lernen.

Die Lehrer und das Arbeiter-Propaganda-Team versuchten mit Xiao-heis Hilfe, ein Minimum an Disziplin in seiner Klasse durchzusetzen. Aber hier half nicht einmal der gute Ruf unseres Vaters. Xiao-hei war nicht in der Lage, die Ordnung herzustellen, und schließlich wurde er sogar von einigen Jungen beschuldigt, Handlanger der Lehrer zu sein. Sie begannen, sich gegen ihn zu wenden. In einer Flüsterkampagne wurde behauptet, er habe seine Freundin unter einer Straßenlaterne »umarmt«, was als bürgerliches Verbrechen galt. Xiao-hei verlor seine privilegierte Stellung. Man verlangte von ihm, er solle Selbstkritik üben und versprechen, daß er sich einer »Gedankenreform« unterziehen werde. Eines Tages erschien die Mutter des Mädchens und verlangte eine ärztliche Untersuchung, ob ihre Tochter noch unberührt sei. Nach einer großen Auseinandersetzung nahm sie ihre Tochter aus der Schule.

Xiao-hei hatte einen engen Freund in der Klasse, einen siebzehnjährigen Jungen, der genauso hart sein konnte wie die Schlägertypen. Aber er hatte einen empfindlichen Punkt: Er wollte nicht über seine Eltern sprechen. Jeder wußte, wer seine Mutter war, aber niemand, nicht einmal er selbst, kannte seinen Vater. Seine Mutter war nie verheiratet gewesen, hatte aber fünf Kinder, jedes von einem anderen, unbekannten Vater. Da die chinesische Gesellschaft Unehelichkeit noch immer als soziales Stigma betrachtete – die Kommunisten hatten wenig gegen die Stigmatisierung unternommen –, war es erstaunlich, mit welchem Mut sie die Kinder allein großzog. Die Menschen wetterten endlos über ihre Schamlosigkeit. In einer Kampagne der Hexenverfolgung wurde sie als »schädliches Element« denunziert. Xiao-heis Freund schämte sich seiner Mutter. Er erzählte Xiao-hei im Vertrauen, wie sehr er seine Mutter hasse und daß er sie töten wolle. Eines Tages verlieh die Schule einen Preis für den besten Schwimmer (weil Mao selbst gerne schwamm), Xiao-heis Freund wurde von den anderen Schülern einstimmig für den Preis nominiert. Doch er ging leer aus. Offenbar hatte eine junge Lehrerin Einspruch erhoben: »Wir können doch nicht diesem Jungen den Preis verleihen! Seine Mutter ist ein ›ausgelatschter Schuh‹.«

Als der Junge das erfuhr, ergriff er ein Küchenmesser und stürmte in das Büro der Lehrerin. Jemand hielt ihn auf, die Lehrerin versteckte sich. Xiao-hei wußte, wie sehr der Vorfall seinen Freund getroffen hatte, zum ersten Mal sah man ihn ganz offen weinen. In dieser Nacht saßen Xiao-hei und ein paar andere Jungen bei ihm und versuchten, ihn zu beruhigen, bis sie alle einschliefen. Am nächsten Tag verschwand der Junge. Später wurde seine Leiche ans Ufer des Goldenen Sandes gespült. Er war ein so guter Schwimmer gewesen, daß er seine Hände hatte fesseln müssen, bevor er in den Fluß gesprungen war.

Die Kulturrevolution tat nichts, um die mittelalterlichen Relikte in der chinesischen Gesellschaft zu beseitigen, ganz im Gegenteil, sie wertete sie politisch auf. Die »moderne« Diktatur und die alte Intoleranz nährten sich gegenseitig. Jeder, der gegen uralte Konventionen verstieß, konnte zum Opfer gemacht werden.

Meine neue Kommune in Deyang lag in einer hügeligen Landschaft mit viel Unterholz und Eukalyptusbäumen. Die Äcker waren zum größten Teil recht fruchtbar; jährlich waren zwei Haupternten möglich, zuerst Weizen, dann Reis, Gemüse, Rapssamen und Süßkartoffeln wurden in gewaltigen Mengen angebaut. Aber am wichtigsten schien mir, daß wir anders als in Ningnan keine steilen Berghänge hinaufsteigen mußten. Wir konnten ganz normal gehen, und ich konnte ganz normal atmen und mußte nicht jeden zweiten Schritt nach Luft ringen. Es machte mir nichts aus, daß wir dabei auf den schmalen Wällen zwischen den Reisfeldern entlangstolpern mußten. Waren die Felder für die Reispflanzen mit Wasser gefüllt, wurden die graslosen Erdwälle schlüpfrig, ich fiel regelmäßig auf den Hintern. Wenn ich mich unwillkürlich festhalten wollte, stieß ich manchmal die vor mir gehende Person – oft war es Nana – in ein Reisfeld. Ich hatte nicht einmal Angst, daß ich von einem Hund gebissen werden könnte, wenn ich nachts unterwegs war; und dabei hatten nicht wenige Hunde Tollwut.

Als wir in Deyang ankamen, wurden wir zunächst neben einem Schweinestall untergebracht. Nachts schliefen wir in einer Symphonie von grunzenden Schweinen, summenden Moskitos und gelegentlichem Hundegebell ein. Der Raum stank ständig nach Schweinedung und Räucherstäbchen gegen Moskitos. Nach einiger Zeit baute die Produktionsmannschaft für Nana und mich eine kleine Hütte mit einer Küche und einem Zimmer. Sie stand auf einem Grundstück, auf dem früher Lehmziegel geschnitten worden waren. Der Boden lag deshalb tiefer als das nächste Reisfeld, von dem uns nur ein schmaler Fußpfad trennte. Im Frühling und im Sommer, wenn die Reisfelder mit Wasser gefüllt waren oder wenn es längere Zeit geregnet hatte, überschwemmte das schlammige Wasser auch den lehmigen Boden unseres Grundstücks. Nana und ich mußten dann unsere Schuhe ausziehen, unsere Hosenbeine hochkrempeln und in die Hütte waten. Glücklicherweise stand unser Doppelbett auf hohen Pfosten, so daß wir einen halben Meter über dem Lehmwasser schlafen konnten. Wenn wir in das Bett steigen wollten, mußten wir zuerst eine Schüssel mit sauberem Wasser auf einen Hocker stellen, auf den Hocker steigen und unsere Füße waschen. In dieser Feuchtigkeit spürte ich in Knochen und Muskeln ständige Schmerzen.

Aber wir hatten auch Spaß an unserem Häuschen. Wenn die Flut zurückwich, sprossen Pilze unter dem Bett und in den Ecken des Zimmers. Es war wie im Märchen. Einmal ließ ich einen Löffel voll Erbsen fallen. Nach der nächsten Überschwemmung wuchsen direkt vor unserem Bett zarte Blüten auf schlanken Halmen, als seien sie gerade von der Sonne aufgeweckt worden, die durch unser Fenster fiel, eine holzgerahmte Öffnung in der Wand.

Die Umgebung, eine hügelige Landschaft am Rand der Ebene von Chengdu, war nicht sonderlich eindrucksvoll, doch mir erschien sie wunderbar. Wenn ich durch die Türöffnung hinaussah, fiel mein Blick direkt auf den Dorfweiher in der Ferne, der von Wasserlilien und Lotuspflanzen überwuchert war. Der Pfad vor unserer Hütte führte links zu einer etwa fünfzig Meter hohen Hügelkuppe. Hinter diesem Hügel ging die Sonne unter, eingerahmt von schwarzen Felsen. Bevor es dunkel wurde, legte sich ein silberner Dunstschleier über die Felder am Fuße der Hügel. Männer, Frauen und Kinder gingen nach der Tagesarbeit durch diesen Dunstschleier nach Hause, sie trugen Körbe, Hacken und Sicheln. Ihre Hunde rannten ihnen entgegen, kläfften und sprangen an ihnen hoch. Es sah aus, als segelten sie durch Wolken. Von den Kaminen der strohgedeckten Hütten stieg Rauch auf, der Geruch von brennendem Heu und Gras erfüllte die Luft. Von dem steinernen Brunnen etwa fünf Meter neben unserer Hütte war das Geklapper hölzerner Wasserfässer zu hören. Die Dorfbewohner holten das Wasser für ihr Abendessen.

In Deyang erfuhr ich, wie chinesische Bauern wirklich lebten. Der Tag begann damit, daß der Führer der Produktionsmannschaft die Arbeit einteilte, alle Bauern mußten arbeiten. Für die ihnen zugeteilte Arbeit erhielten sie eine festgelegte Zahl von sogenannten Arbeitspunkten. Die Summe der Arbeitspunkte bildete einen wichtigen Teil der Berechnung, nach der am Ende des Jahres die Verteilung von Gütern erfolgte. Die Bauern bekamen von der Produktionsmannschaft Nahrungsmittel, Brennstoffe und andere Dinge des täglichen Bedarfs sowie eine geringe Geldsumme. Nach der Ernte wurde ein Teil der Erträge als Steuer an den Staat abgeführt, wurde die Grundversorgung verteilt. Alle Männer bekamen die gleiche Ration, die Frauen ungefähr ein Viertel weniger, Kinder unter drei Jahren bekamen eine halbe Ration. Da kleine Kinder über drei Jahre nicht den Anteil eines Erwachsenen verbrauchen konnten, war es günstig, wenn man möglichst viele Kinder hatte. Auf diese Weise wirkte das System der Verteilung von Nahrungsmitteln der Geburtenkontrolle entgegen.

Nachdem die Grundversorgung abgezogen war, wurde der verbleibende Rest nach der Anzahl der Arbeitspunkte verteilt, die man während des Jahres gesammelt hatte. Zweimal im Jahr kamen die Bauern zusammen und legten die Arbeitspunkte für jeden fest. Die meisten Männer erhielten zehn Punkte pro Tag, die meisten Frauen acht Punkte. Wer als besonders stark galt, bekam einen Extrapunkt. Klassenfeinde wie der frühere Großgrundbesitzer am Ort und seine Familie erhielten ein paar Punkte weniger, obwohl sie genauso hart arbeiteten und gewöhnlich die schwersten Arbeiten verrichten mußten. Nana und ich wurden als unerfahrene Stadtjugendliche eingestuft und erhielten »fürs erste« vier Punkte, also etwa soviel wie zehnjährige Kinder. Ich kam über diese Einstufung nie hinaus.

Da sich die Punktzahl der einzelnen Dorfbewohner desselben Geschlechts kaum unterschied, kam es praktisch nur auf die Zahl der Arbeitstage an, *wie* man arbeitete, spielte keine Rolle.

Das war denn auch der häufigste Anlaß von Streit und Feindschaft zwischen den Dorfbewohnern, außerdem wirkte es sich nicht gerade förderlich auf die Produktivität aus. Tagsüber beobachtete jeder argwöhnisch die anderen, niemand wollte für die gleiche Punktzahl mehr arbeiten als ein anderer. Besonders beliebt war die Feldarbeit – man konnte sich dabei ungehindert ausruhen. Als Folge ergab sich ein Teufelskreis. Oft waren wir auf den Feldern zehn Stunden lang mit Arbeiten beschäftigt, die wir in fünf Stunden hätten erledigen können. Aber wir mußten zehn Stunden lang draußen bleiben, damit uns ein voller Arbeitstag gutgeschrieben wurde. Also arbeiteten wir gewissermaßen in Zeitlupe.

Landwirtschaftliche Maschinen gab es wie in Ningnan und auch sonst überall in Sichuan kaum. Die Feldarbeit wurde mehr oder weniger mit denselben Methoden wie vor zweitausend Jahren verrichtet, lediglich bestimmte Kunstdünger wurden verwendet. Die Produktionsmannschaft bezog sie von der Regierung, bezahlt wurde mit Weizen. Auch Zugtiere gab es nicht, nur das Pflügen wurde mit Wasserbüffeln erledigt. Alles andere, wie Wasser, Jauche, Brennstoffe, Gemüse und Getreide, mußte auf Händen und Schultern getragen werden. Dafür wurden Bambuskörbe oder Holzfässer verwendet, die an ein Schulterjoch gehängt wurden. Das Tragen von Lasten war mein größtes Problem. Da ich das Wasser vom Brunnen holen mußte, war meine rechte Schulter ständig geschwollen und wundgescheuert. Eine volle Wasserladung wog ungefähr vierzig Kilogramm, unter dieser Last konnte ich mich kaum auf den Beinen halten. Wann immer einer meiner Verehrer zu Besuch kam, stellte ich mich so hilflos, daß er unweigerlich anbot, unseren Wassertank zu füllen, und möglichst nicht nur den Tank, sondern alle verfügbaren Gefäße.

Als mich der Führer der Produktionsmannschaft einmal beim Wasserholen beobachtete, lachte er sich schief. Ich trug meine Last nicht sehr anmutig. Weil meine rechte Schulter so schmerzte, stützte ich die Tragestange mit beiden Händen direkt an den Schultern ab, um den Druck zu verringern. Das machte die

Sache nur noch schlimmer, jeder Bauer wußte das. Denn wenn man die Stange mit beiden Händen über den Schultern stützte, statt mit ausgestreckten Armen die Seile an den Enden zu packen, geriet die Last sehr leicht aus dem Gleichgewicht. Die Wasserladung schwappte über, die Last schwang herum und riß mich zu Boden. Der Führer unserer Mannschaft hatte ein Einsehen und entband mich vom Lastentragen. Er teilte mich einer Gruppe älterer oder schwangerer Frauen zu, die nur leichte Arbeiten verrichten mußten. Aber selbst diese Arbeiten erschienen mir nicht immer leicht. Wenn wir Dung auf den Feldern verteilen mußten, schmerzten meine Arme, und wenn ich die Massen von Würmern sah, die auf der Jauche schwammen, drehte sich mir der Magen um. Baumwolle in einem strahlend weißen Feld zu pflücken, mochte idyllisch aussehen, ich begriff aber schnell, wie schwer das in der erbarmungslosen Sonne war, bei Temperaturen weit über dreißig Grad zwischen stacheligen Zweigen, die überall Kratzer hinterließen.

Ich pflanzte am liebsten Reissetzlinge. Das galt als harte Arbeit, weil man sich dauernd bücken mußte. Oft beklagten sich selbst die kräftigsten Männer, daß sie am Abend nicht mehr aufrecht stehen konnten. Aber ich hatte einen starken Rücken, und das kühle Wasser, das meine Beine bedeckte, machte die Hitze erträglicher. Die Reisfelder mit ihren ordentlichen Reihen zartgrüner Pflanzen boten einen wohltuenden Anblick, und der weiche Schlamm unter meinen Füßen war auf geradezu sinnliche Weise angenehm. Die Blutegel allerdings waren weniger angenehm. Einmal fühlte ich ein Kitzeln am Bein. Ich zog es aus dem Schlamm und wollte mich kratzen, da sah ich einen fetten schleimigen Blutegel, der soeben versuchte, seinen Kopf in meinem Fleisch zu vergraben. Ich stieß einen gellenden Schrei aus. Das Bauernmädchen neben mir kicherte. Sie fand es lustig, wie ich mich anstellte. Aber wenigstens watete sie herbei und schlug knapp oberhalb des Blutegels auf mein Bein. Der Egel platschte in das Wasser zurück.

Im Winter stieg ich oft vor der Frühstückspause – die Arbeit begann etwa zwei Stunden vor dem Frühstück – mit anderen

»schwachen« Frauen auf die Hügel, um Feuerholz zu sammeln. Auf den Hügeln wuchsen kaum Bäume, sondern nur ein paar vereinzelte Büsche. Wir mußten oft weite Strecken gehen. Einmal sagte ich, wie sehr ich es bedauerte, daß es keine richtigen Bäume gab. Eine Bauersfrau erklärte mir, daß das nicht immer so gewesen sei. Vor dem »Großen Sprung nach vorn« seien die Hügel mit Pinien, Eukalyptusbäumen und Zypressen bedeckt gewesen. Sie waren aber alle abgeholzt und in den Hochöfen für die Stahlproduktion verfeuert worden. Die Frauen erzählten das ohne jede Bitterkeit, als ob ihr täglicher Kampf um Brennmaterial damit nichts zu tun hätte. Sie schienen es für einen Teil ihres armseligen Lebens, für ein ganz normales Unglück zu halten. Damals erfuhr ich zum ersten Mal einen Teil der Wahrheit über den Großen Sprung, bisher hatte ich immer nur von einem »glorreichen Erfolg« gehört.

Ich fand noch eine Menge anderer Tatsachen heraus. Einmal wurde eine Versammlung abgehalten, bei der sich die Bauern über ihre Leiden unter der Kuomintang »bitter beklagen« konnten. Dabei sollten auch dankbare Gefühle gegenüber Mao erzeugt werden, vor allem in der jüngeren Generation. Die Bauern erzählten von der Hungersnot, erzählten, wie sie die Rinde von den Bäumen essen mußten und wie sie in den Erdwällen zwischen den Feldern nach Wurzeln gesucht hatten. Sie erzählten von den vielen Toten im Dorf. Ihre Geschichten trieben mir die Tränen in die Augen.

Aber dann wurde mir plötzlich alles klar. Nachdem die Bauern beteuert hatten, wie sehr sie die Kuomintang haßten und den Vorsitzenden Mao liebten, erwähnten sie, die Hungersnot habe in der Zeit geherrscht, »als Kommunen gebildet wurden«. Da fiel es mir wie Schuppen vor den Augen: Sie sprachen gar nicht von der Kuomintang, sondern von den Kommunisten! Sie hatten die beiden Regimes einfach verwechselt. Ich fragte: »Gab es denn damals nicht ungewöhnlich viele Naturkatastrophen? Hing die Hungersnot nicht damit zusammen?«

»Aber nein«, erwiderten die Bauern, »das Wetter hätte gar nicht besser sein können, und das Korn stand gut. Aber dieser Mann«

– sie zeigten auf einen beflissen aussehenden Vierzigjährigen – »hat gesagt, wir sollten Stahl machen. Das Getreide ist einfach auf den Feldern geblieben. Und dann hat er gesagt, das macht nichts, wir leben im Paradies des Kommunismus, da bekommen alle genug zu essen. Früher waren wir oft hungrig, aber damals haben wir uns in der Kantine satt gegessen und die Reste weggeworfen. Wir haben sogar kostbaren Reis an die Schweine verfüttert. Eines Tages gab es in der Kantine nichts mehr zu essen, und er hat Wachen vor die Getreidespeicher gestellt. Alles Getreide mußte mit dem Schiff nach Beijing und Shanghai gebracht werden. Dort waren Ausländer.«

Wie ein Mosaik setzte sich in mir das Bild zusammen: Die Hungersnot war durch eine unausgegorene Wirtschaftspolitik verursacht worden, die man mit aller Brutalität durchgesetzt hatte. Die Geschichten der Bauern trafen mich ins Mark. Es war das erste Mal, daß ich mit der häßlichen Seite der kommunistischen Herrschaft in China vor der Kulturrevolution konfrontiert wurde. Die Erzählungen der Bauern unterschieden sich gewaltig von dem rosigen Bild, das man mir eingetrichtert hatte. In den Hügeln und auf den Reisfeldern von Deyang wurde mein Glaube an das kommunistische Regime zum ersten Mal zutiefst erschüttert.

Ich habe mich oft gefragt, ob Mao wußte, was er tat, als er die Jugendlichen aus der Stadt, die nur die Propaganda kannten, aufs Land schickte, wo sie die Realität sahen. Er vertraute wohl darauf, daß die meisten nicht in der Lage sein würden, logische Schlüsse aus den bruchstückhaften Informationen zu ziehen. Auch ich mit meinen achtzehn Jahren durchschaute die Zusammenhänge nicht, ich spürte nur unbestimmte Zweifel. So sehr ich auch die Kulturrevolution haßte, Mao blieb für mich nach wie vor unantastbar.

Wie in Ningnan konnten auch in Deyang nur eine Handvoll Bauern einfachste Artikel in den Zeitungen entziffern oder einen primitiven Brief schreiben. Viele konnten nicht einmal ihren eigenen Namen schreiben. In den früheren Jahren hatten die Kommunisten ein Bildungsprogramm eingeleitet, es wurde später von dauernden Kampagnen verdrängt. Im Dorf hatte es vor der Kulturrevolution eine Grundschule mit einem Lehrer gegeben, aber das war vorbei. Als die Kulturrevolution begann, machten die Schüler mit dem Lehrer, was sie wollten. Sie luden schwere Gußeisenstücke auf seinen Kopf, verschmierten sein Gesicht mit Ruß und führten ihn so durch die Dörfer. Einmal brachen sie ihm fast den Schädel. Seither hatte es niemand mehr gewagt, Unterricht zu erteilen.

Den meisten Bauern fehlte die Schule nicht, Schulen waren in ihren Augen sowieso sinnlos und überflüssig. »Wofür denn?« fragten sie. »Du mußt Gebühren zahlen und jahrelang lesen, aber am Ende bist du immer noch ein Bauer und mußt dein Essen mit deinem Schweiß verdienen. Es bringt dir kein einziges Reiskorn zusätzlich, wenn du Bücher lesen kannst. Die Schule ist nur Verschwendung von Zeit und Geld. Kümmere dich lieber um deine Arbeitspunkte!« Da die Bauern keine Aussicht auf eine bessere Zukunft hatten und soziale Mobilität nicht existierte, ging jeder Bildungsreiz verloren. Die Kinder im Schulalter arbeiteten mit ihren Eltern oder paßten auf die jüngeren Geschwister auf. Eine Schulausbildung für Mädchen war in den Augen der Bauern sowieso Unsinn: »Sie heiraten und gehen zu anderen Leuten. Schule für Mädchen ist so, als ob man Wasser auf den Boden schüttet.«

Gleichzeitig wurde offiziell behauptet, die Kulturrevolution habe den Bauern durch Abendunterricht Bildung gebracht. Eines Tages verkündete meine Produktionsmannschaft, man wolle Abendunterricht einführen. Sie baten Nana und mich, den Unterricht zu halten. Ich freute mich, aber schon bei der ersten »Unterrichtsstunde« merkte ich, daß es gar nicht um Bildung ging.

Die Stunde begann unweigerlich damit, daß Nana und ich vom Leiter unserer Mannschaft aufgefordert wurden, Artikel von Mao oder aus der *Volkszeitung* vorzulesen. Dann hielt er eine Rede im neuesten Propaganda-Jargon – unzusammenhängende, unverstandene und größtenteils unverständliche Wortfetzen. Ab und zu flocht er konkrete Anweisungen in seinen stun-

denlangen Wortdurchfall ein. Sämtliche Befehle, auch die einfachsten Regeln, wurden im Namen Maos feierlich verkündet. »Der Vorsitzende Mao sagt, daß wir zweimal täglich Reisbrei und nur einmal täglich ein richtiges Reisgericht essen sollen.« Oder: »Der Vorsitzende Mao sagt, daß wir Süßkartoffeln nicht an die Schweine verfüttern sollen.«
Ohne jegliche Bildung blieb die Weltsicht der Bauern sehr eng, ihre Gespräche drehten sich gewöhnlich um die kleinsten Details des Alltags. Eine Frau konnte sich beispielsweise einen ganzen Vormittag lang ausführlich darüber beklagen, daß ihre Schwiegertochter zehn Bündel Stroh verbrauchte, um das Frühstück zu kochen, wo sie doch mit neun Bündeln hätte auskommen können. (Brennmaterial wurde wie alles andere in Rationen verteilt.) Eine andere Frau beschwerte sich stundenlang darüber, daß ihre Schwiegermutter sehr geizig sei und zu viele Süßkartoffeln mit dem Reis koche. (Reis war kostbarer als Süßkartoffeln.) Ich wußte, daß sie für ihren beschränkten Horizont nicht verantwortlich gemacht werden konnten, sie waren durch ihr hartes, eng begrenztes Leben so geworden. Dennoch fand ich ihre Unterhaltungen unerträglich.
Ein jederzeit beliebtes Thema war Sex. Im Nachbardorf lebte eine zwanzigjährige Frau namens Mei, die aus einer Stadt im Bezirk Deyang stammte. Offenbar empfing sie eine Menge männlicher Besucher, Stadtjugendliche und Bauern, und angeblich hatte sie mit allen geschlafen. Auf dem Feld wurden oft unzüchtige Geschichten über sie erzählt. Eines Tages fanden die Leute heraus, daß sie schwanger war und daß sie ihren Bauch so eng umwickelt hatte, daß man ihr nichts ansah. Sie gab sich größte Mühe zu beweisen, daß sie keinen »Bastard« im Leib hatte, und tat deshalb alles, was eine schwangere Frau normalerweise nicht tun sollte, zum Beispiel trug sie schwere Lasten. Aber das gab den unzüchtigen Geschichten nur noch weitere Nahrung. Dann entdeckte man ein totes Baby im Ufergebüsch eines Baches, der durch ihr Dorf floß. Die Leute waren überzeugt, daß es Meis Kind war. Niemand fragte danach, ob es vielleicht tot geboren worden war, die Sache wurde nicht unter-

sucht. Der Führer ihrer Produktionsmannschaft ließ ein Loch graben und beerdigte das Baby. Das war alles. Die Gerüchte überschlugen sich, und das Geschwätz über den Vorfall wollte kein Ende mehr nehmen.

Ich war entsetzt über die Geschichte, und ich hörte weitere schreckliche Geschichten. Eine meiner Nachbarsfamilien hatte keinen Sohn, aber vier Töchter – vier dunkelhäutige, großäugige Schönheiten, wenigstens erschienen sie mir so. Die Dorfbewohner fanden sie nicht hübsch. Ihre Haut sei zu dunkel, behaupteten sie. Fast in allen Landbezirken Chinas galt helle Haut als wichtigstes Merkmal für Schönheit. Als die älteste Tochter ins heiratsfähige Alter kam, wollte der Vater einen Schwiegersohn, der im Haus der Familie wohnen würde. Auf diese Weise würde ihm nicht nur seine Tochter weiterhin Arbeitspunkte einbringen, sondern er hätte noch eine zusätzliche Arbeitskraft gewonnen. Normalerweise zogen die Mädchen nach der Heirat in den Familienhaushalt des Ehemannes, es wurde als Schmach betrachtet, wenn ein Mann in das Familienhaus seiner Frau zog. Aber unser Nachbar fand schließlich doch einen Kandidaten, einen kräftigen jungen Mann aus einer sehr armen Gebirgsgegend, der liebend gern in einer anderen Umgebung leben wollte. Die einzige Chance dazu bot sich durch eine Heirat. Im Dorf war der junge Mann sehr gering angesehen. Ich hörte oft, wie sein Schwiegervater laut mit ihm schimpfte. War der Vater schlecht aufgelegt, quälte er den jungen Mann zusätzlich damit, daß er seiner Tochter befahl, allein zu schlafen. Sie wagte nicht zu widersprechen, chinesische Kinder waren dem ethischen Kodex des Konfuzianismus unterworfen. Sie mußten den Eltern »unterwürfig« gehorchen. Außerdem durfte die Tochter nicht den Anschein erwecken, sie sei scharf darauf, mit einem Mann zu schlafen, nicht einmal mit dem eigenen Ehemann. Eine Frau durfte keinen Spaß am Sex haben.

Eines Morgens wurde ich durch Lärm vor meinem Fenster aufgeweckt. Der junge Mann hatte sich irgendwie ein paar Flaschen Spiritus beschafft und eine nach der anderen geleert. Der tyrannische Schwiegervater hatte gegen die Tür des

Schwiegersohns gedonnert, damit er endlich zur Arbeit kam. Zuletzt hatte er die Tür aufgebrochen, und da lag der Schwiegersohn tot am Boden.

Ich bekam die Vorurteile auch am eigenen Leib zu spüren. Einmal bereitete die Produktionsmannschaft Erbsennudeln zu. Sie liehen sich meine emaillierte Schüssel aus, um Wasser zu holen. Aber die Nudeln klebten zusammen und ließen sich nicht formen. Die Zuschauer, die sich um das Nudelfaß versammelt hatten, flüsterten miteinander, als ich mich näherte. Sie starrten mich verächtlich an. Ich bekam Angst. Später erfuhr ich von einer Frau, daß die Dorfbewohner mich für die verklebten Nudeln verantwortlich gemacht hatten. Sie behaupteten, ich müsse die Schüssel benutzt haben, als ich mich nach der Menstruation gewaschen hätte. Die Frau meinte, ich hätte Glück gehabt, daß ich eine Stadtjugendliche sei. Wenn ich Dorfbewohnerin gewesen wäre, hätten mir die Männer wahrscheinlich eine gehörige Tracht Prügel verabreicht. Während meiner ganzen Zeit auf dem Land erlebte ich auch nicht den geringsten Versuch, gegen so absurdes Denken anzugehen, man sprach nicht einmal darüber.

Der einzige gebildete Mensch in meiner Produktionsmannschaft war der frühere Landbesitzer. Von Kindesbeinen an hatte ich gelernt, Landbesitzer als etwas ganz Schlimmes zu betrachten. Deshalb war mir anfangs nicht wohl, als ich feststellte, daß ich mit der Familie des früheren Landbesitzers am besten zurechtkam. Sie entsprachen überhaupt nicht dem Bild, das man mir eingetrichtert hatte. Der Mann hatte keinen grausamen, bösartigen Blick, und die Frau wackelte nicht mit dem Hintern oder sprach in süßlichem Tonfall, um verführerisch zu wirken. Manchmal, wenn niemand in der Nähe war, schüttete mir der Mann sein Herz aus. »Jung Chang«, sagte er einmal, »ich weiß, daß du ein vernünftiges Mädchen bist. Du mußt vernünftig sein, weil du Bücher gelesen hast. Du kannst also beurteilen, ob das gerecht ist.« Und er erzählte mir, weshalb er als Landbesitzer eingestuft worden war. Er war 1948 Kellner in Chengdu gewesen, er hatte fast jeden Pfennig seines Lohns gespart. Einige weitblickende Landbesitzer hatten damals ihr Land sehr billig verkauft, denn sie ahnten, daß die Kommunisten in Sichuan eine Landreform durchführen würden. Der Kellner war nicht so weitblickend. Er konnte sich nicht vorstellen, daß die Kommunisten ihm, einem kleinen Kellner, etwas antun würden. Also kaufte er billig ein Stück Land und war stolz auf sein gutes Geschäft. Durch die Landreform verlor er seinen Besitz, obwohl er sonst glimpflich davonkam. Er hatte nicht vorausgesehen, welche Folgen sein Status als Landbesitzer für ihn und seine Familie haben würde. »Ach«, sagte er und zitierte das Sprichwort: »Ein einziger falscher Schritt hat tausend Jahre Sorge gebracht.«

Die Dorfbewohner standen ihm und seiner Familie nicht feindlich gegenüber, aber sie waren darauf bedacht, Abstand zu wahren. Wie alle »Klassenfeinde« bekamen sie die Arbeiten zugewiesen, die niemand anders verrichten wollte. Und die beiden Söhne erhielten einen Arbeitspunkt weniger als alle anderen Männer, obwohl sie die kräftigsten Männer im Dorf waren und am härtesten arbeiteten. Aber sie nahmen das alles mit Gelassenheit hin. Sie schienen mir hochintelligent zu sein, außerdem waren sie in meinen Augen die am besten erzogenen jungen Männer in der Gegend. Ich stellte fest, daß ich mich mit ihnen viel besser unterhalten konnte als mit den anderen Dorfjugendlichen. Aber trotz ihrer Vorzüge wollte sie kein Mädchen heiraten.

Sie erzählten ihr Unglück ohne Dramatik und besondere Emotionen. Hier auf dem Land schienen selbst schreckliche Todesfälle keine Störung zu bedeuten. Sie wirkten eher wie ein Stein, der in den Weiher fällt: ein kurzes Aufspritzen, ein paar Wellen, dann herrscht wieder Stille.

Ich las viel und dachte viel nach, das friedliche Dorf und die stillen Nächte boten mir dazu reichlich Gelegenheit. Mein Bruder Jin-ming hatte mir mehrere große Kisten mit Büchern vom Schwarzmarkt mitgegeben. Anfang des Jahres hatte er begonnen, chinesische und ausländische Klassiker zu sammeln. Die Hausüberfälle hatten aufgehört, weil die meisten Rebellen wie mein Vater in die »Kaderschule« nach Miyi geschickt worden waren. Wenn ich draußen auf dem Feld war, sehnte ich mich nach meinen Büchern. In unserer kleinen Hütte verschlang ich alles, was nach der Bücherverbrennung von der Bibliothek meines Vaters übriggeblieben war.

Mein Vater besaß eine komplette Ausgabe der Werke von Lu Xun, dem großen chinesischen Schriftsteller der zwanziger und dreißiger Jahre. Lu Xun war der Lieblingsautor meines Vaters; als wir klein waren, hatte mein Vater uns oft aus Lu Xuns Werken vorgelesen. Damals hatte ich nicht viel verstanden, aber jetzt las ich gebannt. Lu Xun vertrat keine Ideologie, sondern einen aufgeklärten Humanismus. In ihm fand ich einen weiteren freien Geist, der mir half, die Fesseln der Indoktrination abzuschütteln. Auch die marxistischen Klassiker aus Vaters Sammlung waren eine nützliche Lektüre für mich. Ich wunderte mich, was um alles in der Welt diese verstaubten deutschen Kontroversen aus dem 19. Jahrhundert mit Maos China zu tun hatten. Mich beeindruckte etwas anderes, etwas, was ich in China bis dahin noch nicht gefunden hatte: der logische Gang der Argumentation. Die Lektüre der marxistischen Klassiker schulte meine Fähigkeit zu analytischem und rationalem Denken.

Es machte mir Spaß, daß ich meine Gedanken, die bisher beziehungslos in meinem Kopf verstreut gewesen waren, in eine sinnvolle Ordnung bringen konnte. Manchmal überließ ich mich auch weniger klaren, nebelhaften Stimmungen, dann schrieb ich Gedichte in klassischem Stil. Bei der Feldarbeit dichtete ich, es erleichterte mir die Arbeit und verschönerte sie sogar. Deshalb war ich gern allein und hatte überhaupt keine Lust, Gespräche zu führen. Ein Augenblick hat sich besonders in meine Erinnerung eingeprägt: Es war während der Mittagspause in einem Zuckerrohrfeld. Ich hatte den ganzen Morgen gearbeitet und mit einer Sichel Zuckerrohr geschnitten, manchmal hatte ich die saftigsten Teile oberhalb der Wurzeln gegessen. Das Zuckerrohr wurde an die Zuckerfabrik der Kommune geliefert, dafür erhielten wir Zucker. Wir mußten eine bestimmte Menge abliefern, die Qualität spielte keine Rolle. Deshalb aßen wir die besten Teile gleich auf dem Feld. Die Sonne brannte auf mein Gesicht, das von den haarigen Blättern des Zuckerrohrs bereits gereizt war. Als die Zeit für die Mittagspause kam, mußte jemand als Wache auf dem Feld zurückbleiben. Ich bot mich an, denn ich wollte allein sein. Wenn die anderen Bauern zurückkamen, durfte ich Mittagspause machen; auf diese Weise konnte ich noch länger allein sein.

Ich legte mich auf einen Zuckerrohrhaufen und zog meinen Strohhut halb über das Gesicht. Unter dem Hutrand konnte ich in den türkisfarbenen Himmel blicken. Es war, als hätte ein Maler mit willkürlichen Pinselstrichen kühn und wild Wolken an den Himmel gemalt. Ein Blatt, das wie ein Weberschiffchen geformt war, ragte aus dem Zuckerrohrhaufen über mir heraus. Es erschien mir wie ein großer gläsern-grüner Schirm. Ich schloß meine Augen halb und spürte das kühle Grün.

Das Blatt erinnerte mich an einen ähnlich heißen Sommernachmittag vor vielen Jahren. Im Schatten der schwingenden Blätter eines Bambushains hatte mein Vater ein melancholisches, wunderschönes Gedicht verfaßt. Im selben Sprachstil, Reim und Rhythmus verfaßte ich nun ein eigenes Gedicht. Das Universum schien stillzustehen. Nur eine leichte Brise bewegte die Zuckerrohrblätter. Das Leben erschien mir in diesem Augenblick unendlich kostbar.

Ich ergriff begierig jede Gelegenheit, allein zu sein. Die ganze Zeit war ich eingesperrt und gefesselt, während ich mich doch nach der freieren und größeren Welt sehnte, die in mir war. Trotz meiner Jugend zeigte ich deutlich, daß ich nichts mit meiner Umgebung zu schaffen haben wollte. Ich war nicht gesellig. Möglicherweise fanden die anderen mich sogar arrogant. Das war weniger mein Charakter als eine Überreaktion auf das Lebensmodell, das uns verordnet wurde und das ich ablehnte. Die Bauern verkörperten ein solches Zwangsmodell, und deshalb stachen mir vor allem ihre negativen Eigenschaften ins Auge. Ich versuchte gar nicht mehr, sie kennenzulernen oder mit ihnen gut auszukommen. Im Dorf war ich nicht sehr beliebt, aber die Bauern ließen mich in Ruhe. Sie lehnten mich vor allem deshalb ab, weil ich nicht so hart arbeitete, wie sie es erwarteten. Arbeit war ihr Leben, und deshalb beurteilten sie jeden Menschen nach seiner Arbeitsleistung. Die Bauern hatten einen schonungslosen, aber gerechten Blick dafür, was jeder leistete. Und auf diesem Gebiet enttäuschte ich sie. Es war offensichtlich, daß ich harte körperliche Arbeit haßte. Ich nutzte jede Möglichkeit, zu Hause zu bleiben und meine Bücher zu lesen. Noch unbeliebter wurde ich, weil ich häufig weg war. Während meines Aufenthalts in Deyang verbrachte ich etwa zwei Drittel der Zeit damit, meine Eltern in ihren Kaderschulen zu besuchen und mich in Yibin um Tante Jun-ying zu kümmern. Der Sekretär der Kommune gab mir ohne Umstände ein Dokument für die Reise, das meine Identität bescheinigte – er war ein junger Mann, seit kurzem aus der Armee entlassen und jungen Frauen gegenüber sehr hilfsbereit. Meine Produktionsmannschaft erlaubte mir zu kommen und zu gehen, wie es mir beliebte.

Jede Reise nach Yibin oder zu den Kaderschulen meiner Eltern dauerte mehrere Monate, keine Regel untersagte, daß ich mich so lange aus meinem Dorf entfernte. Obwohl ich nicht einmal meinen eigenen Lebensunterhalt erarbeitete, geschweige denn etwas für die Gemeinschaft leistete, bekam ich weiter Lebensmittelzuteilungen von meinem Team. Die Bauern mußten dieses egalitäre Verteilungssystem erdulden – und mich mußten sie auch erdulden, denn sie konnten mich nicht einfach hinauswerfen. Natürlich ärgerten sie sich über mich, und das tat mir leid. Aber ich mußte auch sie erdulden, denn ich konnte nicht einfach weglaufen. Ich lebte ganz gut mit meinem Status der hoffnungslosen Außenseiterin. Sobald man »in der Masse aufging«, war man der Einmischung und Kontrolle ausgeliefert.

Anders als ich genoß meine Schwester im Nachbarort hohes Ansehen. Sie gab sich bei der Arbeit große Mühe. Wie ich wurde auch sie ständig von unsichtbaren Flöhen gebissen und zog sich Jauchevergiftungen zu. Obwohl ihre Beine manchmal so anschwollen, daß sie Fieber bekam, kämpfte sie sich dennoch mit schweren Lasten ab. Ihr Freund Brilli kam oft aus Chengdu und half ihr. Wie fast überall arbeitete auch seine Fabrik nicht mehr regulär. Die Revolutionskomitees waren mit ihren Machtkämpfen beschäftigt und kümmerten sich nicht um so nebensächliche Dinge wie eine funktionierende Industrie. Manchmal arbeitete Brilli auf dem Feld, damit sich meine Schwester ausruhen konnte. Das gefiel den Bauern, weil er Männerarbeit verrichtete, aber dafür nur die Arbeitspunkte einer Frau bekam – die Hälfte dessen, was die meisten Männer bekamen. Manchmal arbeiteten auch beide, und dann leistete Brilli seine Arbeit umsonst. Die Dorfbewohner strahlten: »Das ist ein gutes Geschäft. Wir haben ein junges Mädchen aufgenommen, aber dafür zwei Paar Hände bekommen!«

Im Frühling 1970 heirateten Brilli und meine Schwester. Es gab keine Hochzeitsfeier. Der Gedanke kam meiner Schwester gar nicht in den Sinn, da unsere Eltern noch immer gefangen waren und die Familienmitglieder an sechs verschiedenen Orten lebten. Meine Schwester und Brilli holten einfach ihre Heiratsurkunde ab und verteilten dann Süßigkeiten und Zigaretten an die Dorfbewohner. Die Bauern waren begeistert, solche Köstlichkeiten konnten sie sich nur selten leisten.

Für die Bauern war eine Hochzeit ein großes Fest. Sie strömten zur Hütte meiner Schwester, um ihr zu gratulieren, jeder brachte ein Geschenk mit – eine Handvoll getrockneter Nudeln, ein halbes Kilogramm Sojabohnen und ein paar Eier, die sorgfältig in rotes Papier eingewickelt und mit einem phantasievollen Knoten aus Bast zusammengebunden worden waren. Das junge Paar war gerührt, denn das waren keine normalen Geschenke. Die Bauern hatten sich von wertvollen Dingen getrennt. Als Nana und ich kamen, brachten die beiden den Kindern aus dem Dorf zum Spaß »Loyalitätstänze« bei.

Auch nach der Heirat mußte meine Schwester weiter auf dem Land bleiben. Paare hatten nicht automatisch das Recht auf einen gemeinsamen Wohnsitz. Mein Schwager hätte zwar sein Stadtwohnrecht freiwillig aufgeben und ohne Schwierigkeiten zu meiner Schwester auf das Land ziehen können, aber sie durfte nicht zu ihm nach Chengdu, weil sie nur ein Wohnrecht auf dem Land hatte. Wie Millionen chinesischer Paare lebten sie getrennt, sie hatten das gesetzlich garantierte Recht, zwölf Tage im Jahr zusammenzusein. Deshalb war es ein großer Vorteil, daß in Brillis Fabrik nicht regelmäßig gearbeitet wurde. So konnte er oft zu meiner Schwester hinausfahren.

Nach einem Jahr in Deyang veränderte sich mein Leben: Ich ergriff einen medizinischen Beruf. Die Produktionsbrigade, zu der mein Team gehörte, unterhielt ein Krankenhaus, in dem einfache Krankheiten behandelt wurden. Das Krankenhaus wurde von allen Mannschaften der Brigade gemeinschaftlich unterhalten, für die Bauern war die Behandlung kostenlos. Aber die Behandlungsmöglichkeiten waren sehr beschränkt. Zwei Ärzte arbeiteten in dem Krankenhaus. Einer war jung, intelligent und sah gut aus; er hatte in den fünfziger Jahren an der medizinischen Hochschule des Bezirks Deyang studiert und war dann in sein Heimatdorf zurückgekehrt. Der andere Arzt war in mittleren Jahren und trug einen Spitzbart. Er hatte keine formelle Ausbildung, sondern war bei einem alten Landarzt in die Lehre gegangen und hatte traditionelle chinesische Behandlungsmethoden gelernt. Im Jahr 1964, noch vor der Kulturrevolution, hatte die Kommune ihn zu einem Schnellkurs in modernisierter Medizin beordert.

Anfang 1971 befahl die Verwaltung der Kommune dem Krankenhaus, einen »Barfußdoktor« aufzunehmen. Ein »Barfußdoktor« war ein Arzt, der keine oder nur eine sehr oberflächliche formale Ausbildung hatte. Die Bezeichnung war entstanden, weil dieser Arzt wie ein Bauer leben sollte – und für die Bauern waren Schuhe etwas so Kostbares, daß sie auf den sumpfigen Feldern keine trugen. Für die Barfußärzte wurde viel Propaganda gemacht, man pries sie als eine Erfindung der Kulturrevolution. Auch meine Kommune mußte Kandidaten stellen. Meine Produktionsmannschaft ergriff begierig die Gelegenheit, mich loszuwerden. Solange ich in dem Krankenhaus arbeitete, mußte die Brigade für meine Ernährung und mein sonstiges Einkommen sorgen und nicht mehr mein Team.

Ich hatte schon immer Ärztin werden wollen. Die Krankheiten in meiner Familie, vor allem der Tod meiner Großmutter, hatten mir gezeigt, wie wichtig Ärzte waren. Bevor ich nach Deyang kam, hatte ich mir von einem Freund Kenntnisse in Akupunktur beibringen lassen. Ich hatte gründlich das »Handbuch für den Barfußdoktor« studiert, eines der wenigen damals zugelassenen Druckerzeugnisse.

Das Tamtam um die Barfußärzte war einer von Maos politischen Schachzügen. Mao hatte dem Gesundheitsministerium vorgeworfen, es habe sich vor der Kulturrevolution nicht um die Bauern gekümmert, sondern nur um die Stadtbewohner und vor allem um die Parteifunktionäre. Den Ärzten warf er vor, sie wollten nicht auf dem Land arbeiten, vor allem nicht in abgelegenen Gegenden. Aber im Grunde ging es Mao nicht darum, die Lage zu verbessern, dazu hätte er nur befehlen müssen, daß mehr Krankenhäuser gebaut und mehr Ärzte ausgebildet würden. Statt dessen wurde während der Kulturrevolution der Haß gegen alle akademisch Gebildeten geschürt, auch gegen die Ärzte.

Mao präsentierte den Bauern seine Wunderkur: Ärzte, die sofort und massenhaft eingesetzt werden konnten – Barfußärzte. »Eine lange formale Ausbildung ist nicht notwendig«, erklärte Mao. »Sie sollen vor allem durch die Praxis lernen und immer besser werden.« In diesem Zusammenhang machte Mao am 26. Juni 1965 auch seine berühmte Bemerkung, die zu einer Richtlinie für das Gesundheits- und das Bildungswesen wurde: »Je mehr Bücher man liest, desto dümmer wird man.« Ich begann meine Arbeit im Krankenhaus ohne jede Ausbildung.

Das Krankenhaus lag auf einem Hügel, ungefähr eine Stunde Fußmarsch von unserer Hütte entfernt. An das Krankenhaus grenzte ein Laden, in dem man Streichhölzer, Salz und Sojasauce kaufen konnte – lauter rationierte Dinge. Ich schlief in einem Behandlungszimmer. Niemand sagte mir, was genau meine Aufgabe sein sollte.

Ich kannte nur das »Handbuch für den Barfußdoktor«, und das las ich jetzt noch einmal ganz genau. Es hatte keinen theoretischen Teil, sondern bestand nur aus einer Zusammenfassung von Symptomen und Verschreibungsempfehlungen. Ich saß an meinem Schreibtisch, die beiden Ärzte saßen hinter mir. Mir wurde sehr schnell klar, daß die kranken Bauern vernünftigerweise nicht von mir, einer unerfahrenen Achtzehnjährigen, behandelt werden wollten, die ein Buch vor sich liegen hatte, das die Bauern nicht lesen konnten und das nicht einmal besonders dick war. Schnurstracks gingen sie an mir vorbei zu den beiden anderen Tischen. Ich war eher erleichtert als beleidigt. Arzt zu sein, hatte ich mir ganz anders vorgestellt, jedenfalls nicht als einen Beruf, in dem ich immer erst in einem Buch nachschlagen mußte, bis ich die vom Patienten beschriebenen Symptome fand, und dann die empfohlene Behandlung abschrieb. In ironischer Stimmung stellte ich mir manchmal die Frage, ob sich die Gruppe Kulturrevolution anders verhalten würde als die Bauern (der Vorsitzende Mao war immer noch tabu). Die Funktionäre würden mich wahrscheinlich auch nicht als Ärztin haben wollen, ob ich nun barfuß ging oder nicht. Ich genoß es, in dem Krankenhaus auf dem Hügel zu sein, weit weg von meinem Dorf. Morgens stand ich früh auf und rezitierte aus einem alten Buch über Akupunktur, während ich in der aufgehenden Sonne bis zum Abhang des Hügels spazierte. Unten im Tal krähte der Hahn, und die Menschen begannen sich zu regen. Die einsame Venus blickte blaß aus dem immer heller werdenden Himmel herab. Die beiden Landärzte hatten einen medizinischen Kräutergarten mit einer Fülle von schwer duftenden, farbenprächtigen Blumen angelegt. Ich liebte den Duft des Geißblatts in der Morgenbrise und die großen Blütenblätter des Nachtschattens, von denen die Tauperlen fielen. Ringsum zwitscherten Vögel und lenkten mich von meinen Zitaten ab. Ich blieb eine Weile, dann ging ich zurück und entfachte das Feuer für mein Frühstück. Die Akupunktur-Punkte lernte ich aus einem Anatomiebuch. Dies und meine Zitate waren mein ganzes Wissen darüber, wo ich bei bestimmten Beschwerden meine Nadeln hineinstechen mußte. Ich wartete begierig auf Patienten. Ich hatte auch einige enthusiastische Freiwillige – Jungen aus Chengdu, die in anderen Dörfern lebten und ein Auge auf mich geworfen hatten. Sie nahmen stundenlange Fußmärsche über die Erdwälle zwischen den Reisfeldern in Kauf, um in den Genuß einer Akupunktur-Behandlung bei mir zu kommen. Ein Zwanzigjähriger rollte seinen Ärmel bis zu einem Akupunktur-Punkt in der Nähe des Ellbogens auf, schaute mich tapfer an und fragte: »Was sind schon männliche Freunde?«

Ich verliebte mich in keinen der Jungen, aber mein früherer Entschluß wankte, nie eine Beziehung zu einem Mann einzugehen, weil ich mein Leben meinen Eltern widmen und für Großmutters Tod büßen wollte. Ich hatte Schwierigkeiten, den Neigungen meines Herzens zu folgen, und meine Erziehung duldete keine körperlichen Kontakte, ohne daß ich verliebt war. Um mich herum führten die Stadtjugendlichen ein recht freizügiges Leben. Ich saß allein auf einem Podest. Es sprach sich herum, daß ich Gedichte verfaßte, das verstärkte noch meine Isolation.

Die Jungen benahmen sich alle sehr ritterlich. Ein Junge schenkte mir ein Instrument, das *san-xian* hieß: eine mit Schlangenhaut bespannte Schale mit langem Griff und drei darüber gespannten Saiten, die man zupfen mußte. Er brachte mir bei, wie das Instrument gespielt wurde. Obwohl ich nicht talentiert war, lernte ich es. Zwar waren nur Melodien erlaubt, in denen Mao gepriesen wurde, und ihre Zahl war begrenzt. Aber das machte nichts: Mein Talent war ebenfalls begrenzt.

An warmen Abenden saß ich in dem duftenden Kräutergarten inmitten chinesischer Trompetenblumen und zupfte Melodien vor mich hin. Wenn der Laden im Nachbarhaus abends schloß, war ich ganz allein. Es war dunkel, nur der Mond schien, aus der Ferne blinkten die Lichter der Hütten. Manchmal schwirrten Glühwürmchen herum wie kleine Lichter, die von winzigen, unsichtbaren fliegenden Menschen getragen wurden. Die Gerüche des Gartens stiegen mir zu Kopf. Meine Musik klang entsetzlich, sie hielt keinem Vergleich mit dem begeisterten Chor der Frösche und dem Zirpen der Grillen stand. Aber ich fand Trost darin.

KAPITEL 24

*»Bitte nimm meine Entschuldigung
an, auch wenn sie ein
ganzes Leben zu spät kommt«*

*Meine Eltern in Lagern
(1969-1972)*

Im Norden von Xichang, etwa drei Tagesreisen mit dem Lastwagen von Chengdu entfernt, liegt die Büffeljungen-Ebene. Die Straße teilt sich dort. Die erste Abzweigung führt in südwestlicher Richtung nach Miyi, wo sich das Lager meines Vaters befand, die andere Abzweigung führt nach Ningnan im Südosten.

Eine berühmte Legende erzählt, wie die Büffeljungen-Ebene zu diesem Namen kam: Die Webergöttin, die Tochter der Himmlischen Königin-Mutter, stieg früher oft aus ihrem himmlischen Hof herab und badete in einem See, der sich an dieser Stelle befand. (Der Meteor, der in der Meteoritenstraße niedergegangen war, war der Legende zufolge ein Stein, mit dem die Webergöttin ihren Webstuhl abgestützt hatte.) Am See lebte ein junger Büffelhirte. Er beobachtete die Göttin, und die beiden verliebten sich ineinander. Sie heiraten und bekommen einen Sohn und eine Tochter. Aber die Himmlische Königin-Mutter neidet ihnen ihr Glück. Sie schickt ein paar Götter hinunter und läßt die Webergöttin entführen. Der Büffeljunge verfolgt sie. Als er die Entführer beinahe eingeholt hat, zieht die Himmlische Königin-Mutter eine Haarnadel aus ihrem Haar und gräbt damit einen breiten Fluß zwischen die Entführer und ihren Verfolger. Der Silberfluß trennt das Paar für immer. Nur einmal im Jahr, am siebten Tag des siebten Mondes, fliegen die Elstern aus ganz China herbei und bilden eine Brücke, und dann ist die Familie für kurze Zeit wieder vereint.

Silberfluß ist in China die Bezeichnung für die Milchstraße. Der Himmel über Xichang ist oft wolkenlos, man sieht die Milchstraße dann erstaunlich deutlich. Sie verbindet die helle Wega, die Webergöttin mit dem Atair, dessen drei Sterne den Büffelhirten und seine beiden Kinder darstellen. Diese Legende wird in China seit zweitausend Jahren in vielen Variationen erzählt, denn die Chinesen haben immer wieder erlebt, daß Familien durch Kriege, Banditen, Armut und herzlose Regierungen auseinandergerissen wurden. Ironischerweise wurde meine Mutter nun gerade an diesen Ort gebracht.

Sie kam im November 1969 in der Büffeljungen-Ebene an, zusammen mit fünfhundert ehemaligen Kollegen aus dem östlichen Verwaltungsbezirk von Chengdu, Rebellen und Kapitalistenhelfer gleichermaßen. Weil sie überstürzt aus Chengdu vertrieben worden waren, hatte man noch keine Unterkünfte vorbereitet. Sie hatten deshalb nur ein paar Schuppen zur Verfügung, die Bautrupps der Armee errichtet hatten, als sie die Eisenbahn zwischen Chengdu und Kunming, der Hauptstadt von Yunnan, bauten. Ein Teil der fünfhundert Menschen wurde in den Hütten zusammengepfercht, die anderen mußten sich mit ihren Bettrollen in den Häusern der Bauern einrichten.

Als Baumaterial standen nur Lehm und Silberhaargras zur Verfügung. Das Gras mußte ausgegraben, geschnitten und von den Bergen herabgeschafft werden. Der Lehm für die Wände wurde gründlich mit Wasser gemischt und in Ziegelform gepreßt. Maschinen, Strom oder Zugtiere gab es nicht, die Lagerbewohner hatten nur ihre eigenen Schultern, Hände und Füße zur Verfügung. Die Büffeljungen-Ebene liegt ungefähr 1800 Meter über dem Meer, dort hat jeder einzelne Tag vier verschiedene Jahreszeiten. Um sieben Uhr morgens, wenn die Arbeit begann, lag die Temperatur unter dem Gefrierpunkt, bis zur Mittagszeit stieg sie auf über dreißig Grad. Nachmittags gegen vier Uhr bliesen starke, heiße Winde durch die Bergeinschnitte und wehten die Menschen buchstäblich um. Um sieben Uhr abends, wenn die Arbeit beendet wurde, fielen die Temperaturen wieder ab. In diesem harten Klima arbeiteten meine Mutter und die anderen Lagerinsassen zwölf Stunden am Tag, nur unterbrochen durch eine kurze Mittagspause. Sie hatten nicht viel zu essen. In den ersten beiden Monaten gab es nur Reis und Kohlgemüse.

Etwa ein Dutzend Armeeoffiziere leiteten die sogenannte Kaderschule, sie unterstand dem Befehl des Revolutionskomitees von Chengdu. Im Lager ging es zu wie in der Armee. In der ersten Zeit wurde meine Mutter als Klassenfeind behandelt. Sie mußte während der Mittagspausen mit gebeugtem Kopf stehen bleiben, sie bekam die schwersten Arbeiten und mußte auch am Sonntag arbeiten – im Gegensatz zu den anderen Lagerinsassen, die nicht als Klassenfeinde eingestuft waren. Ihre Unterleibsblutungen verschlimmerten sich, sie bekam Hepatitis. Ihr Körper verfärbte sich wachsgelb und schwoll an. Sie konnte kaum noch stehen.

Wenigstens gab es genug Ärzte im Lager, die Hälfte des Personals des Krankenhauses im Ostbezirk von Chengdu war ins Lager geschickt worden. Nur so viel Personal, wie die Mitglieder des Revolutionskomitees für ihre eigene Versorgung benötigten, hatte in Chengdu bleiben dürfen. Der Arzt, der meine Mutter behandelte, bemühte sich sehr um sie. Er sagte ihr, wie dankbar er und die anderen Angestellten des Krankenhauses meiner Mutter seien, daß sie sie vor der Kulturrevolution beschützt habe. Wenn Mutter nicht gewesen wäre, hätte man ihn wahrscheinlich schon 1957 als Rechtsabweichler abgestempelt. Westliche Medizin war nicht verfügbar, und so suchte der Arzt persönlich Heilpflanzen zur Behandlung ihrer Hepatitis.

Der Lagerleitung sagte der Arzt, die Krankheit meiner Mutter sei sehr ansteckend, und er schilderte das so dramatisch, daß sie einen Kilometer vom Lager entfernt eine eigene Unterkunft bekam. Die Wärter ließen sie in Ruhe, denn sie hatten Angst, sich anzustecken. Aber der Arzt besuchte sie täglich und brachte Heilmittel mit, von einem Bauern ließ er jeden Tag heimlich Ziegenmilch bringen. Die neue Residenz meiner Mutter war ein verlassener Schweinestall. Ein paar freundliche Lagerinsassen hatten den Stall für sie gereinigt und eine dicke Lage Heu auf dem Boden ausgebreitet. Meiner Mutter erschien das wie eine Luxusmatratze. Ein netter Koch brachte das Essen. Wenn niemand zuschaute, schlug er manchmal noch zwei Eier mehr in ihre Speisen. Als endlich auch Fleisch an das Lager geliefert wurde, aß meine Mutter fast jeden Tag Fleisch, während die anderen Lagerinsassen nur einmal in der Woche Fleisch bekamen. Meine Mutter hatte sogar frische Früchte zu essen – Birnen und Pfirsiche –, die Freunde an ihren freien Sonntagen auf den Märkten für sie kauften. Und vor allem hatte sie ihre Ruhe. Die Hepatitis erschien ihr wie ein Geschenk des Himmels. Nach etwa vierzig Tagen hatte sie sich zu ihrem Bedauern so weit erholt, daß sie ins Lager zurückkehren mußte. Inzwischen wohnten die Lagerinsassen in den neuen Lehmhütten. Sie bauten eine gegen Trockenheit besonders widerstandsfähige Maissorte an. Das Wasser trugen sie von den Quellen am Fuß der Berge herbei. Sie waren an Reis gewohnt, deshalb boten sie den Bauern an, beim Reisanbau zu helfen, wenn sie einen Teil der Ernte dafür bekämen.

Die Bauern willigten ein. Doch in dieser Gegend war es Brauch, daß Frauen kein Wasser tragen und Männer nicht Reis pflanzen durften; nur Frauen, möglichst verheiratete Frauen, die Söhne hatten, durften den Reis umpflanzen. Je mehr Söhne eine Frau hatte, desto begehrter war sie für diese schwere Arbeit. Man glaubte, wenn eine Frau viele Söhne hatte, würden die Pflanzen, die sie anfaßte, auch mehr Samen, also Reis, tragen. (Die Wörter für »Söhne« und »Samen« klingen im Chinesischen ähnlich.)

Meine Mutter zog den meisten »Nutzen« aus diesem Brauch. Sie hatte drei Söhne, mehr als die meisten der weiblichen Lagerinsassen. Trotz ihrer Unterleibsblutungen mußte sie deshalb bis zu fünfzehn Stunden täglich auf den Reisfeldern verbringen.

Strom gab es nicht, Feuer war die einzige Lichtquelle in Xichang. Kerzen waren sündhaft teuer, sofern es sie überhaupt zu kaufen gab. Kerosin für die Öllampen gab es ebenfalls kaum, jedenfalls nicht genug, daß man nachts lesen konnte. Was hätte man auch lesen können? Während ich in Deyang verhältnismäßig viel

Gelegenheit hatte, Jin-mings Schwarzmarktbücher zu lesen, waren Kaderschulen streng überwachte Lager. Das einzige gedruckte Material waren Maos *Ausgewählte Schriften* und die *Volkszeitung*. Ein paar Kilometer entfernt lag eine Kaserne, dort wurde gelegentlich ein Film gezeigt: unvermeidlich eine von Frau Maos Modellopern.

So vergingen die Tage und die Monate, und im Laufe der Zeit wurden die harte Arbeit und die fehlende Erholung immer unerträglicher. Alle vermißten ihre Familien und Kinder. Auch die Rebellen bildeten keine Ausnahme. Ihre Wut war womöglich noch größer, weil ihnen klar wurde, daß ihr Verhalten in der Vergangenheit ihnen nichts genutzt hatte. Was sie auch unternahmen, sie würden nicht mehr an die Macht kommen oder auch nur nach Chengdu zurückkehren können. Die Revolutionskomitees waren mit anderen Leuten besetzt worden. Nach kurzer Zeit schon traten Depressionen an die Stelle von Denunziationen. Die Rebellen sprachen mit meiner Mutter, und sie munterte sie auf. So bekam sie den Beinamen »Guanyin« – Göttin der Güte.

Wenn sie nachts auf ihrer Strohmatratze lag, dachte sie manchmal an die frühen Jahre ihrer Kinder zurück, als noch Fröhlichkeit geherrscht hatte. Es wurde ihr klar, daß es bei uns nicht viel Familienleben gegeben hatte. Sie hatte sich unter den Befehl der Partei gestellt, auf Kosten ihrer Familie. Das bedauerte sie jetzt zutiefst, denn sie begriff, wie sinnlos alles gewesen war. Sie vermißte ihre Kinder furchtbar.

Im Februar 1970, zehn Tage vor dem chinesischen Neujahrsfest und drei Monate nach der Ankunft in der Büffeljungen-Ebene, mußten sich die Lagerinsassen vor dem Lager aufstellen. Sie sollten einen Armeeoffizier willkommen heißen, der das Lager inspizierte. Sie warteten lange Zeit. Schließlich entdeckte die Menge eine kleine Gestalt auf dem Feldweg, der von der Straße zum Lager hinaufführte. Alle starrten die Gestalt an, niemand konnte glauben, daß sich da ein hohes Tier dem Lager näherte: Ein Offizier wäre mit einem Wagen und einer Eskorte gekommen. Aber die Gestalt konnte auch kein Bauer sein, der schwarze Schal um den gesenkten Kopf war zu modisch. Es war eine junge Frau mit einem Korb auf dem Rücken, der viel zu groß für sie schien. Meine Mutter beobachtete, wie die Frau langsam näher kam; ihr Herz begann heftig zu klopfen. Die Gestalt sah ihrer Tochter ähnlich, aber sie glaubte, daß sie sich das nur einbildete. Auf einmal riefen die Umstehenden: »Es ist deine Tochter! Deine Tochter kommt dich besuchen! Er-hong ist da!« So schilderte meine Mutter später meine Ankunft im Lager. Es kam uns wie eine Ewigkeit vor, seit wir uns zuletzt gesehen hatten. Ich war die erste Besucherin im Lager und wurde mit einem Gemisch von Freude und Neid empfangen. Ich war mit demselben Lastwagen hierhergefahren, der mich im Juni des letzten Jahres nach Ningnan mitgenommen hatte, als ich meine Registrierung ändern wollte. Der große Korb auf meinem Rücken war gefüllt mit Würsten, Eiern, Süßigkeiten, Kuchen, Nudeln, Zucker und Dosenfleisch. Wir fünf Kinder und Brilli hatten die Nahrungsmittel von unseren eigenen Rationen oder von unseren Anteilen am Ertrag der Produktionsmannschaft abgespart, damit wir unseren Eltern ein Geschenk machen konnten. Unter der Last brach ich fast zusammen.

Mir fielen sofort zwei Dinge auf, die mich glücklich machten. Meine Mutter sah gesund aus – sie hatte sich gerade von ihrer Hepatitis erholt, wie sie mir später erzählte. Und es herrschte keine feindselige Stimmung. Manche Leute nannten meine Mutter »Guanyin«, was in meinen Ohren absolut unglaublich klang, da sie doch als Klassenfeindin abgestempelt war.

Ich blieb zehn Tage bei meiner Mutter. Am Neujahrstag wollte ich ins Lager meines Vaters weiterreisen, der nette Lastwagenfahrer wollte mich unten an der Straße wieder abholen. Meiner Mutter stiegen Tränen in die Augen, denn obwohl Vaters Lager nicht weit entfernt war, durften sich meine Eltern nicht besuchen. Ich hob den Korb mit den Lebensmitteln wieder auf den Rücken – meine Mutter hatte nichts anfassen wollen, sondern bestand darauf, daß ich alles zu meinem Vater mitnahm. In China gilt es als besonderes Zeichen von Liebe und Sorge, daß man knappe Lebensmittel für andere aufbewahrt. Mit Essen kann man viele Gefühle ausdrücken, es spricht buchstäblich Bände.

Meine Mutter begleitete mich eine halbe Stunde Fußweg bis zur Straße. Dort setzten wir uns in das weißgoldene Gras und warteten. Die Sonne schien schon hell und warm. Meine Mutter nahm mich in die Arme, ich war glücklich, aber sie war traurig. Mit ihrem Körper sagte sie mir, daß sie mich nicht gehen lassen wollte, daß sie fürchtete, mich nie mehr wiederzusehen. Damals konnten wir uns nicht vorstellen, daß ihre Zeit im Lager oder mein Aufenthalt in der Kommune jemals enden würden. Man hatte uns mitgeteilt, daß wir den Rest unseres Lebens dort verbringen müßten. Hundert Gründe sprachen dafür, daß wir uns nie mehr sehen würden. Die Traurigkeit meiner Mutter wirkte ansteckend. Ich mußte daran denken, wie Großmutter gestorben war, bevor ich aus Ningnan zurückkommen konnte. Die Sonne stieg immer höher. Die Straße war menschenleer, nur gelegentlich ratterte ein Lastwagen vorbei. Von meinem Lastwagen war nichts zu sehen. In der Ferne stiegen Rauchwolken aus den Schornsteinen im Lager meiner Mutter auf, sie wurden nach oben hin immer dünner. Beim Frühstück hatte meine Mutter bedauert, daß ich nicht mehr die traditionellen Neujahrsklöße mit ihr essen konnte. Ich durfte meinen Lastwagen nicht versäumen. Jetzt aber wurde sie unruhig und bestand darauf, zum Lager zurückzugehen und die Klöße für mich zu holen.

In der Zwischenzeit kam der Lastwagen. Ich drehte mich um und sah sie herbeilaufen, ihr blauer Schal wehte über das goldene Gras. In der rechten Hand hielt sie eine große bunte Emailleschüssel. Sie rannte vorsichtig, sie wollte die Brühe mit den Klößen nicht verschütten. Sie war noch ziemlich weit weg und würde bestimmt noch eine Viertelstunde brauchen. Ich wagte nicht, den Lastwagenfahrer zu bitten, er möge so lange warten. Er tat mir ohnehin einen großen Gefallen. Ich kletterte auf die Ladefläche, meine Mutter rannte immer schneller auf uns zu. Die Schüssel sah ich nicht mehr in ihrer Hand.

Jahre später erzählte sie mir, daß sie die Schüssel fallen gelassen habe, als sie gesehen habe, wie ich auf den Lastwagen geklettert sei. Aber sie mußte trotzdem bis zur Straße weiterlaufen und sich überzeugen, daß ich wirklich nicht mehr da war, obwohl sonst niemand in der Nähe war, mit dem sie mich hätte verwechseln können. Während der folgenden Tage ging sie wie in Trance im Lager herum, sie fühlte sich leer und verloren.

Nach vielen Stunden auf der holprigen Straße erreichte ich das Lager meines Vaters. Es lag tief zwischen riesigen Bergen und war früher als Zwangsarbeitslager genutzt worden – ein Gulag. Die Gefangenen hatten den Bergen landwirtschaftlich nutzbare Flächen abgerungen und sie immer weiter vergrößert, dann hatten sie das verhältnismäßig fruchtbare Land anderen Gefangenen überlassen müssen, die in Chinas Strafhierarchie eine Stufe weiter oben standen: den deportierten Funktionären. Das Lager war riesig, hier lebten Tausende von früheren Beschäftigten der Provinzregierung.

Bis zu Vaters »Kompanie« waren es fast zwei Stunden Fußmarsch. Unterwegs mußte ich eine wackelige Hängebrücke überqueren, unter mir brauste ein Wildbach. Erschöpft von der schweren Last auf meinem Rücken, wurde mir auf der schwingenden Brücke schwindlig. Obwohl ich dem Zusammenbruch nahe war, setzte mich die Schönheit der Berge in tiefes Erstaunen. Sie waren ganz anders als das Gebirge in Ningnan. Die Hänge waren mit riesigen, geraden Kapokbäumen bewachsen, die ich noch nie gesehen hatte, außerdem wuchsen hier Papayabüsche und viele unbekannte, subtropische Pflanzen. Obwohl das Frühjahr eben erst begonnen hatte, leuchteten überall Blüten, Vögel sangen fröhliche und traurige Melodien.

Seit über einem Jahr hatte ich meinen Vater nicht mehr gesehen. Der erste Anblick erschreckte mich. Er trug ein Schulterjoch, an dem zwei mit Ziegeln gefüllte Körbe hingen, und eilte auf den Schlafsaal zu. Er war sehr mager, seine alte blaue Jacke schlotterte um ihn herum. Die Hosenbeine hatte er hochgerollt, darunter wurden sehr dünne Beine mit hervortretenden Sehnen sichtbar. Die sonnengegerbte Gesichtshaut war tief zerfurcht, seine Haare waren grau geworden. Als er mich sah, setzte er seine Last ab, und ich stürzte auf ihn zu. Da die chinesische Kultur kaum Berührungen zwischen Vater und Tochter erlaubte, zeigte er mir nur mit den Augen, wie glücklich er über meine Ankunft war. Liebe und Zärtlichkeit leuchteten in seinen Augen, aber ich las darin auch durch was für eine Hölle er gehen mußte. Vor drei Jahren noch war er jugendlich und lebensfroh gewesen, jetzt schien er gealtert und resigniert. Mit seinen achtundvierzig Jahren hätte er im Zenit seines Lebens stehen müssen. Der Anblick schnürte mir die Kehle zu. Ich suchte in seinem Gesicht nach Anzeichen für meine schlimmste Befürchtung, einen Rückfall in den Wahnsinn. Aber er machte geistig einen gesunden Eindruck. Mir fiel ein Stein vom Herzen.

Mein Vater lebte mit sieben Männern in einem Raum, alle hatten seiner Abteilung angehört. Sie schliefen in kojenähnlichen Betten, es gab nur ein winziges Fenster, die Tür stand tagsüber offen, damit mehr Licht hereinfiel. Die Zimmergenossen meines Vaters gingen nicht sehr freundlich miteinander um, mit meinem Vater wechselten sie kaum einmal ein Wort. Niemand begrüßte mich. Ich spürte sofort, daß es hier sehr viel härter zuging als im Lager meiner Mutter. Das hing damit zusammen, daß das Lager unter der direkten Kontrolle des Revolutionskomitees von Sichuan stand, und dort gaben die Tings den Ton an. Ich erfuhr bald, daß mein Vater immer noch sehr häufig nach der Tagesarbeit zu Anklageversammlungen zitiert wurde.

Mein Vater durfte die Küche nicht betreten. Er war als »krimineller Mao-Gegner« eingestuft und galt deshalb als gefährlich, solchen Menschen traute man sogar zu, daß sie das Essen vergifteten. Es spielte keine Rolle, ob irgend jemand das wirklich glaubte. Der Sinn der Sache lag in der Herabsetzung des Opfers. Mein Vater ertrug diese und andere Grausamkeiten gefaßt. Nur einmal lehnte er sich auf. Gleich nach seiner Ankunft befahl man ihm, ein weißes Armband mit der schwarzen Aufschrift »Aktiver Konter-Revolutionär« zu tragen. Er riß sich das Band mit einer heftigen Bewegung vom Arm und stieß zwischen zusammengebissenen Zähnen mit halberstickter Stimme hervor: »Ihr könnt mich zu Tode prügeln, aber das werde ich nicht tragen!« Die

Rebellen wichen zurück. Sie wußten, daß er es ernst meinte – und sie hatten keinen Befehl von oben, ihn zu töten.

Im Lager konnten sich die Tings nach Belieben an ihren persönlichen Feinden rächen. So starb ein Mann eines furchtbaren Todes, weil er 1962 damit befaßt gewesen war, die Vergangenheit der Tings zu untersuchen. Er hatte vor 1949 in der kommunistischen Untergrundbewegung gearbeitet und war von der Kuomintang gefangengenommen und gefoltert worden. Als Folge seiner langen Gefangenschaft litt er an verschiedenen Krankheiten. Im Lager wurde er nach kurzer Zeit schwer krank. Dennoch mußte er weiterarbeiten und erhielt keinen einzigen freien Tag. Da er nur langsam arbeiten konnte, mußte er abends länger arbeiten. Auf Wandzeitungen wurde er beschuldigt, er sei faul. Eines Tages, als er auf einem Feld in der brütenden Sonne Dung ausbrachte, brach er zusammen. Er wurde in das Lagerkrankenhaus gebracht und starb dort am nächsten Tag. Kein Familienmitglied stand an seinem Sterbebett. Seine Frau hatte Selbstmord begangen, und seine Kinder hatten sich von ihm losgesagt.

Ich hörte von vielen Selbstmorden, und deshalb erschien es mir sehr wichtig, daß ich meinem Vater half, den psychischen und physischen Druck auszuhalten. Ich mußte ihm das Gefühl geben, daß das Leben trotz allem noch immer lebenswert war und daß es Menschen gab, die ihn liebten. Bei den Anklageversammlungen setzte ich mich so hin, daß er mich sehen konnte. Bei den Versammlungen wurde kaum noch Gewalt angewendet, da die Lagerinsassen dazu längst keine Kraft mehr hatten. Ich hoffte, daß sich mein Vater durch meine Anwesenheit gestärkt fühlen würde. Wir verließen die Versammlungen immer Arm in Arm. Ich bemühte mich, ihm erfreuliche Dinge zu erzählen, damit er die häßlichen Szenen der Versammlungen vergessen konnte, die einen solchen Kontrast bildeten zu dem wunderbaren Anblick der Berge im Abenddunst. Ich massierte seinen Nacken und seine Schultern. Und er rezitierte für mich klassische Gedichte, die er auswendig konnte. Tagsüber half ich ihm bei der Arbeit, damit er sich ein wenig erholen konnte. Natürlich wurden ihm immer die schwersten und schmutzigsten Arbeiten zugewiesen. Ich trug seine Lasten, manchmal fünfzig Kilogramm. Dabei bemühte ich mich, so gleichgültig wie möglich zu erscheinen, obwohl ich mich unter dem Gewicht kaum auf den Beinen halten konnte.

Ich blieb über drei Monate bei meinem Vater. Man erlaubte mir, kostenlos in der Kantine zu essen, und ich bekam ein Bett in einem Raum mit fünf Frauen. Die Frauen behandelten mich sehr kalt und sprachen kaum ein Wort mit mir. Die meisten Lagerinsassen verhielten sich mir gegenüber feindselig und abweisend. Ich übersah sie einfach, ihr Haß beeindruckte mich nicht. Aber es gab auch Menschen, die den Mut aufbrachten, freundlich zu sein.

Ein Mann war besonders freundlich. Er war Ende Zwanzig, hatte große Ohren und einen sensiblen Gesichtsausdruck. Er hieß Young und hatte studiert, kurz vor dem Beginn der Kulturrevolution hatte er in Vaters Abteilung zu arbeiten begonnen. Hier im Lager war er »Kommandant« der Einheit, zu der auch mein Vater gehörte. Obwohl er verpflichtet war, Vater die schwersten Aufgaben zuzuweisen, versuchte er unauffällig, ihm die Arbeit zu erleichtern, wo immer er konnte.

Young und anderen anständigen Menschen hatte es mein Vater zu verdanken, daß seine Kinder ihn besuchen durften. Und Young erlaubte Vater auch immer wieder, an Regentagen das Lager zu verlassen. Im Gegensatz zu den anderen Lagerinsassen mußte mein Vater wie meine Mutter auch sonntags arbeiten. Aber an Regentagen wurde nicht gearbeitet. Sobald der Regen nachließ, gingen Vater und ich hinaus in den Wald und sammelten Pilze, die unter den Nadelbäumen wuchsen. Manchmal suchten wir auch nach wilden Erbsen, und ich bereitete sie dann im Lager mit einer Dose Entenfleisch oder einer anderen Fleischsorte zu. Dann verzehrten wir gemeinsam eine himmlische Mahlzeit.

Nach dem Essen spazierten wir oft zu einem Platz im Wald, den ich unseren »Zoo« nannte. Hier lagen auf einer flachen, mit sattem, grünem Gras bewachsenen Lichtung mehrere riesige, phantastisch geformte Felsblöcke. Sie sahen aus wie eine Herde bizarrer Tiere, die sich in der Sonne ausstreckten. In manchen Felsen waren Vertiefungen, dort konnten wir so bequem wie auf Sofas sitzen. Mein Vater und ich richteten uns dort ein und blickten in die Ferne. Am Berghang vor uns wuchs eine Reihe gewaltiger Kapokbäume. Ihre Stämme und Äste ragten kerzengerade in die Höhe. Die scharlachroten Blüten, eine Art große Magnolien, wuchsen direkt auf den dicken schwarzen Zweigen, sie hatten keine Blütenstengel. Zur Zeit der Blüte trugen die Bäume noch keine Blätter, deshalb bot sich ein scharfer Kontrast zwischen der roten Blütenpracht und den schwarzen Ästen der Bäume. Während meines Aufenthalts im Lager konnte ich beobachten, wie sich die großen Blüten öffneten, wie die dicken, feigenähnlichen Früchte wuchsen, und wie dann daraus seidige Wolle hervorquoll. Der warme Wind verteilte die Wollflocken wie Schnee über das ganze Gebirge.

Eines Tages entspannten wir uns in unserem »Zoo«, als ein Bauer vorbeikam. Sein Anblick erschreckte mich, er war völlig verunstaltet und verkrüppelt. Mein Vater erklärte mir, daß die Gegend hier so abgelegen sei, daß Inzucht weit verbreitet sei. Dann fügte er hinzu: »Hier in den Bergen wäre so viel zu tun! Es ist eine wunderbare Gegend mit großen Möglichkeiten. Ich würde hier liebend gern leben, für eine Kommune zuständig sein oder auch nur für eine Produktionsmannschaft. Ich könnte hier richtig arbeiten, etwas Nützliches tun. Oder ich würde als einfacher Bauer leben. Ich habe so genug davon, ein Funktionär zu sein.« Das war nicht nur eine wehmütige Erinnerung an seine Zeit als junger Idealist oder Ausdruck der Frustration eines tatkräftigen, begabten Mannes, der endlich richtige Arbeit verrichten wollte. Es war auch der idyllische Traum eines traditionellen chinesischen Gelehrten, der von seiner Karriere als Mandarin enttäuscht war. Die Vorstellung eines anderen Lebens war gleichermaßen wunderbar und unerreichbar, denn für einen kommunistischen Funktionär gab es keinen Weg zurück.

Ich besuchte Vaters Lager dreimal, und jedes Mal blieb ich mehrere Monate bei ihm. Meine Geschwister besuchten ihn auch. Um unserem Vater immer Wärme geben zu können, wechselten wir uns ab. Oft erzählte er mit stolzem Lächeln, daß das ganze Lager ihn beneide, denn niemand sonst erhalte soviel Besuch von seinen Kindern. Tatsächlich kamen nur wenige Besucher, die Kulturrevolution hatte alle menschlichen Beziehungen brutalisiert und unzählige Familien zerstört.

Unsere Familienbande wurden im Laufe der Zeit immer enger. Mein Bruder Xiao-hei hatte als Kind oft Prügel von meinem Vater einstecken müssen. Jetzt entdeckte Xiao-hei seine Liebe für ihn. Bei seinem ersten Besuch im Lager mußte er mehrere Nächte mit Vater in einem Bett schlafen, weil ein paar Lagerführer eifersüchtig auf Vaters häufigen Familienbesuch waren. Xiao-hei blieb in diesen Nächten stets wach, um Vaters Schlaf nicht zu stören, denn Schlaf war für Vaters Geisteszustand sehr wichtig.

Mein Vater machte sich nun Vorwürfe, daß er früher so streng zu Xiao-hei gewesen war. Er strich ihm über den Kopf und entschuldigte sich: »Ich kann gar nicht verstehen, warum ich dich damals so verprügelt habe. Ich war zu hart zu dir. Ich habe viel über die Vergangenheit nachgedacht. Dir gegenüber fühle ich mich sehr schuldig. Die Kulturrevolution bringt mich wenigstens dazu, ein besserer Mensch zu werden.«

Mein Vater machte sich dauernd Vorwürfe und sprach uns gegenüber über seine Fehler in der Vergangenheit. Bei einem solchen Gespräch erfuhr ich, daß er meine Großmutter nicht zu seiner Hochzeit eingeladen hatte, und daß er sie 1950 einen Monat nach ihrer Ankunft in Yibin wieder zurückgeschickt hatte auf die gefährliche Reise in die Mandschurei. Er warf sich vor, daß er seiner eigenen Mutter nicht genug Liebe gezeigt hatte und daß er in den fünfziger Jahren versucht hatte, Tante Jun-ying von ihrem buddhistischen Glauben abzubringen. Sie war Vegetarierin, und mein Vater hatte sie gezwungen, Fleisch zu essen.

Tante Jun-ying starb 1971 im Alter von achtundfünfzig Jahren. Die Lähmung hatte allmählich ihren ganzen Körper erfaßt, sie wurde nicht ausreichend behandelt. Sie starb mit derselben

Gelassenheit, die sie auch während ihres ganzen Lebens gezeigt hatte. Wir verschwiegen unserem Vater den Tod seiner Schwester. Wir wußten alle, daß er sie auf seine Weise tief geliebt und verehrt hatte.

In jenem Herbst besuchten meine Brüder Xiao-hei und Xiao-fang unseren Vater. Eines Tages unternahmen sie mit ihm nach dem Essen einen Spaziergang. Sie sprachen über Yibin, wo die beiden Jungen sich kurz zuvor aufgehalten hatten. Da entschlüpfte dem achtjährigen Xiao-fang, daß Tante Jun-ying gestorben war. Mein Vater blieb wie angewurzelt stehen, lange Zeit blickte er ausdruckslos vor sich hin. Dann wandte er sich zur Seite, sank in die Knie, verbarg das Gesicht in den Händen und schluchzte. Es war das erste Mal, daß meine Brüder ihn weinen sahen.

Anfang 1971 lief das Gerücht um, die Tings seien entlassen worden. Die Situation meiner Eltern, vor allem die Situation meines Vaters, verbesserte sich deutlich. Sie hatten jetzt an Sonntagen frei und mußten nicht mehr die schwersten Arbeiten verrichten. Die anderen Lagerinsassen sprachen mit meinem Vater, freilich noch sehr kühl und distanziert. Und als eine Person im Lager eintraf, wußte mein Vater, daß sich die Lage endgültig zum Besseren wendete: Frau Shau, die alte Peinigerin meines Vaters, war mit den Tings gestürzt und ins Lager eingewiesen worden. Dann erlaubte man meiner Mutter, zwei Wochen bei meinem Vater zu verbringen. Sie sahen sich zum ersten Mal seit über zwei Jahren wieder, seit jener flüchtigen Begegnung auf der winterkalten Straße in Chengdu, kurz bevor mein Vater ins Lager aufgebrochen war.

Im Sommer 1971 hatte meine Mutter eine besonders schwere Unterleibsblutung erlitten, sie war bewußtlos in ein Krankenhaus gebracht worden. Mein Vater durfte sie nicht besuchen. Als es ihr etwas besser ging, hatte man sie zur weiteren Behandlung nach Chengdu geschickt. Dort hatten die Ärzte die Blutung mühsam stillen können, aber bei der Untersuchung hatten sie herausgefunden, daß meine Mutter an einer seltenen Hautkrankheit namens Sklerodermie litt. Hinter ihrem rechten Ohr war eine Verhärtung aufgetreten, die Haut hatte sich zusammengezogen. Die rechte Kieferhälfte war sehr viel kleiner als die linke, und auf dem rechten Ohr konnte sie fast nichts mehr hören. Die rechte Nackenhälfte fühlte sich steif an, der rechte Arm und die Hand waren starr und gefühllos geworden. Die Hautärzte erklärten ihr, daß die Verhärtungen von der Haut allmählich auf die inneren Organe übergreifen würden, sie würde buchstäblich schrumpfen und innerhalb von drei oder vier Jahren sterben. Sie sagten ihr, daß die westliche Medizin keine Behandlung wisse. Man könne ihr lediglich Kortison verabreichen, in Tablettenform und als Spritzen in den Nacken.

Ich hielt mich gerade im Lager auf, als der Brief von meiner Mutter eintraf. Mein Vater suchte sofort Young auf und bat um die Erlaubnis, meine Mutter besuchen zu dürfen. Young zeigte sich sehr mitfühlend und versprach, die Lagerleitung sofort zu fragen. Aber die Antwort lautete nein. Mein Vater brach mitten im Hof vor vielen Lagerinsassen in Tränen aus. Sie alle kannten ihn nur als einen »Mann aus Eisen«. Am nächsten Morgen ging er viel zu früh zum Postamt und wartete stundenlang geduldig, bis es geöffnet wurde. Er gab ein dreiseitiges Telegramm an meine Mutter auf. Die ersten Sätze lauteten: »Bitte nimm meine Entschuldigung an, auch wenn sie ein ganzes Leben zu spät kommt. Ich fühle mich Dir gegenüber so tief in der Schuld, daß ich jede Strafe willig akzeptiere. Ich bin kein guter Ehemann gewesen. Bitte werde wieder gesund und gibt mir noch einmal eine Chance.«

Eines Tages im Oktober 1971 besuchte mich Brilli in Deyang. Er brachte eine sensationelle Nachricht mit: Lin Biao, Maos designierter Nachfolger, war tot. In Brillis Fabrik hatte es offiziell geheißen, Lin habe versucht, Mao zu ermorden. Der Anschlag sei mißlungen, und er habe versucht, in die Sowjetunion zu fliehen. Dabei sei das Flugzeug über der Mongolei abgestürzt.

In meiner Kommune wurde diese offizielle Version wenig später bekanntgegeben. Die Bauern reagierten gleichgültig. Nur wenige wußten überhaupt, wer Lin gewesen war. Aber ich freute mich außerordentlich über diese Nachricht. Mao hatte ich nicht anzuklagen gewagt, in meinen Augen hatte Lin Biao die Kulturrevolution verkörpert. Doch nicht sein Tod war der Grund zum Feiern, sondern die Tatsache, daß es zwischen ihm und Mao Auseinandersetzungen gegeben hatte. Ich sah darin ein Zeichen, daß Mao die Kulturrevolution verurteilt hatte und daß er endlich all dem Elend und der Zerstörung ein Ende setzen würde. Der Bruch mit Lin bestärkte mich in meinem Glauben an Mao. Viele Menschen teilten meinen Optimismus, denn es mehrten sich die Hinweise, daß die Tage der Kulturrevolution gezählt waren. Unmittelbar nach Lins Tod wurden etliche Kapitalistenhelfer aus den Lagern entlassen.

Mein Vater erfuhr Mitte November von Lins Tod. Schlagartig wandelte sich das Verhalten vieler Rebellen. Bei Versammlungen boten sie meinem Vater einen Sitzplatz an, so etwas hatte es bis dahin nie gegeben. Und sie forderten ihn auf, offen über Lin Biaos Frau zu sprechen, mit der er Anfang der vierziger Jahre in Yan'an zusammengearbeitet hatte.

Viele Mitgefangene wurden rehabilitiert und konnten das Lager verlassen, aber zu meinem Vater sagte der Lagerkommandant: »Glauben Sie nur nicht, daß Sie so einfach davonkommen.« Mein Vater hatte Mao persönlich angegriffen, und das galt als schwere Verfehlung.

Der Gesundheitszustand meines Vaters hatte sich unter dem körperlichen und seelischen Druck im Lager und durch die harte Arbeit unter schrecklichen Bedingungen immer weiter verschlechtert. Seit fast fünf Jahren nahm er Beruhigungsmittel in hohen Dosen, manchmal bis zum Zwanzigfachen der normalen Tagesdosis. Er hatte Schmerzen im ganzen Körper, hustete Blut, geriet leicht außer Atem und hatte Schwindelanfälle. Mit fünfzig sah mein Vater aus wie siebzig. Die Ärzte im Lager behandelten ihn abweisend und verschrieben ihm einfach nur mehr Beruhigungsmittel; sie untersuchten ihn nicht und hörten ihn nicht einmal ab. Wenn er ins Krankenhaus mußte, bekam

er von den Rebellen zu hören: »Glaub nur nicht, daß du damit durchkommst, wenn du eine Krankheit vortäuschst!«
Jin-ming verbrachte den ganzen Winter 1971 bei unserem Vater im Lager. Er machte sich solche Sorgen um Vater, daß er bis zum Frühjahr 1972 blieb. Dann erhielt er einen Brief von seiner Produktionsmannschaft. Darin hieß es, wenn er nicht sofort zurückkomme, werde er bei der nächsten Ernte keine Lebensmittelzuteilung erhalten.
Mein Vater brachte Jin-ming zum Zug. Die Eisenbahnlinie nach Miyi war erst kürzlich erbaut worden, weil man wichtige Industrien in die Region Xichang verlegt hatte. Bis zum Bahnhof war es ein langer Fußmarsch, unterwegs schwiegen beide. Auf einmal bekam mein Vater keine Luft mehr, und Jin-ming half ihm, sich am Straßenrand hinzusetzen. Lange Zeit rang mein Vater nach Atem. Dann seufzte er tief und sagte: »Es sieht so aus, als hätte ich nicht mehr lange zu leben. Das Leben ist so unwirklich.« Jin-ming hatte nie erlebt, daß Vater über den Tod sprach. Er war verwirrt und wollte ihn trösten. Aber Vater ließ sich nicht abbringen. »Ich frage mich, ob ich eigentlich Angst vor dem Tod habe. Manchmal bin ich schwach, dann stehe ich am Ufer des Flusses hinter dem Lager und sage mir: Nur ein Sprung, und alles ist vorbei. Aber ich weiß, daß ich es nicht tun darf. Wenn ich sterbe, bevor ich rehabilitiert bin, werden die Schwierigkeiten für euch kein Ende nehmen. Ich habe in letzter Zeit viel nachgedacht. Ich hatte eine schwere Kindheit, in einer Gesellschaft voller Ungerechtigkeiten. Ich wollte eine gerechte Gesellschaft, deshalb bin ich Kommunist geworden. Ich habe mein Bestes versucht, aber was hat es den Menschen genützt? Sieh mich an: Durch mich ist meine gesamte Familie ruiniert. Menschen, die an ausgleichende Gerechtigkeit glauben sagen, daß jeder am Schluß etwas auf dem Gewissen hat. Ich habe mich streng geprüft, was ich in meinem Leben getan habe. Ich habe mehrere Menschen hinrichten lassen ...«
Mein Vater erzählte Jin-ming von den Todesurteilen, die er unterzeichnet hatte, er berichtete von den Landbesitzern in Chaoyang und den Banditen in Yibin und nannte ihre Namen.

»Aber diese Menschen hatten so viel Schreckliches getan, daß selbst Gott sie getötet hätte. Welche Fehler habe ich begangen, daß ich all das verdient habe?«

Nach einer langen Pause sagte mein Vater: »Wenn ich so sterbe, darfst du nicht mehr an die Kommunistische Partei glauben.«

KAPITEL 25

*»Der betörende Duft
von süßem Wind«*

*Ein neues Leben mit dem
»Handbuch für Elektroinstallation«
und Nixons »Six Crises«
(1971-1973)*

Mit Todesfällen und Liebe, stürmischen und ruhigeren Zeiten vergingen die Jahre 1969, 1970 und 1971. In Miyi, im Lager meines Vaters, folgten die trockene Jahreszeit und die Regenmonate direkt aufeinander. In der Büffeljungen-Ebene nahm der Mond zu und wieder ab, der Wind tobte und verstummte, die Wölfe heulten und schwiegen. Im Heilkräutergarten in Deyang erblühten und verblühten die Pflanzen dreimal. Ich war in diesen Jahren ständig unterwegs: von den Lagern meiner Eltern zum Sterbebett meiner Tante und zu meinem Dorf. Ich brachte Dung auf den Reisfeldern aus und verfaßte Gedichte über Wasserlilien.

Meine Mutter wurde im November 1971 rehabilitiert. Sie war wieder in Chengdu, als die Nachricht von Lin Biaos Tod bekannt wurde. Man sagte ihr, daß sie nicht mehr ins Lager zurückkehren müsse. Sie erhielt weiter ihr Gehalt, aber ihr alter Arbeitsplatz war inzwischen von jemand anderem besetzt. Ihre Abteilung im östlichen Stadtbezirk hatte inzwischen nicht weniger als sieben Direktoren: die Mitglieder des Revolutionskomitees und die rehabilitierten Funktionäre, die aus ihren Lagern zurückgekommen waren. Meine Mutter arbeitete überhaupt nicht, einmal wegen ihres schlechten Gesundheitszustandes, aber hauptsächlich weil mein Vater im Gegensatz zu den meisten anderen Kapitalistenhelfern noch nicht rehabilitiert war.

Mao hatte den massenweisen Rehabilitierungen nicht etwa deshalb zugestimmt, weil er eingesehen hatte, daß die Opfer unschuldig waren. Durch den Tod von Lin Biao und die unvermeidlichen Säuberungen hatte Mao seinen Einfluß auf die Armee verloren. Nach der Entlassung der Marschälle, die die Kulturrevolution ablehnten, hatte Mao ausschließlich auf Lin gesetzt. Er hatte zwar seine Verwandten und Mitglieder der Behörde für die Kulturrevolution in der Armee untergebracht, aber ohne militärische Erfahrungen fanden sie bei der Armee kein Vertrauen und keine Unterstützung. Nach Lins Ende mußte Mao die alten Führer zurückholen, darunter auch Deng Xiaoping, der bald wieder in die Führung aufstieg. Eines der ersten Zugeständnisse, die Mao machen mußte, war die Rehabilitierung der verfolgten Funktionäre. Überdies wußte Mao, daß er sich nur an der Macht halten konnte, wenn die Wirtschaft nicht völlig zusammenbrach. Seine Revolutionskomitees waren hoffnungslos gespalten und überfordert, sie konnten die Volkswirtschaft nicht funktionsfähig erhalten. Mao blieb keine andere Wahl, er mußte wieder auf die in Ungnade gefallenen Funktionäre zurückgreifen.

Mein Vater befand sich immer noch in Miyi. Seit Juni 1968 war ein Teil seines Gehaltes einbehalten worden, jetzt wurde ihm rückwirkend die gesamte Summe ausbezahlt. Meine Familie hatte damit über Nacht eine in unseren Augen astronomische Summe auf dem Bankkonto. Auch unser persönliches Eigentum wie Kleidung und Fotoalben, das die Rebellen bei den Stürmen auf unsere Wohnung mitgenommen hatten, wurde uns zurückgegeben, lediglich zwei Flaschen *mao-tai* fehlten, der beliebteste Likör in China. Die Zeichen der Ermutigung häuften sich.

Zhou Enlai, dessen Macht gewachsen war, kümmerte sich unverzüglich darum, die Wirtschaft in Gang zu bringen. Der alte Verwaltungsapparat wurde wiederhergestellt, Produktivität und Ordnung zählten wieder mehr als revolutionäre Aktivitäten. Es gab Leistungsanreize. Die Bauern erhielten die Erlaubnis, nebenher Geld zu verdienen, nach sechs Jahren Unterbrechung wurde an den Schulen wieder unterrichtet, Pläne für die wissenschaftliche Forschung entstanden. Mein jüngerer Bruder Xiaofang konnte im späten Alter von zehn Jahren endlich eine Schule besuchen.

In den Fabriken wurden neue Arbeiter eingestellt, ein Zeichen dafür, daß die Wirtschaft sich erholte. Ein Leistungsanreiz bestand darin, daß bei den Neueinstellungen die Kinder der Fabrikarbeiter bevorzugt wurden, die aufs Land verschickt worden waren. Meine Eltern arbeiteten nicht in einer Fabrik, aber meine Mutter ließ sich von solchen Formalitäten nicht abschrecken. Sie wandte sich an eine Maschinenfabrik, die früher zu ihrem östlichen Stadtbezirk gehört hatte und jetzt dem Zweiten Büro für Leichtindustrie der Stadtverwaltung von Chengdu unterstand. Dort sagte man ihr, daß man mich gerne einstellen würde. Und so kehrte ich ein paar Monate vor meinem zwanzigsten Geburtstag Deyang für immer den Rücken. Meine Schwester mußte bleiben, denn junge Leute aus der Stadt, die auf dem Land geheiratet hatten, durften nicht in die Stadt zurückkehren, auch wenn der Ehegatte in der Stadt gemeldet war. Ich hatte keine andere Wahl, als Arbeiterin zu werden. Die meisten Universitäten waren noch nicht wieder eröffnet worden, andere Berufswege gab es für mich nicht. In der Fabrik dauerte der Arbeitstag acht Stunden, in der Landwirtschaft hingegen vom Morgengrauen bis zur Abenddämmerung. Ich mußte keine schweren Lasten tragen, und ich konnte bei meiner Familie wohnen. Vor allem aber erhielt ich wieder das Stadtwohnrecht. Das bedeutete, daß der Staat meine Versorgung mit Nahrungsmitteln und anderen unverzichtbaren Dingen sicherte.

Meine Fabrik lag in einem östlichen Vorort von Chengdu, ungefähr fünfundvierzig Minuten mit dem Fahrrad von unserer Wohnung entfernt. Die Strecke führte zum größten Teil am Seidenfluß entlang, dann weiter über lehmige Landstraßen zwischen Raps- und Weizenfeldern. Schließlich erreichte ich eine verwahrloste Einfriedung, in der große Haufen Ziegel und Berge von rostigem Stahl herumlagen. Das war meine Fabrik, ein recht primitives Unternehmen mit ein paar Maschinen, die aus der Zeit um die Jahrhundertwende stammten. Damit wurden jetzt Werkzeugmaschinen produziert. Fünf Jahre lang hatte es in der Fabrik fast nur Anklageversammlungen gegeben, hatte man Wandzeitungen aufgehängt und hatten sich die Rebellenfraktionen bekämpft, jetzt waren die Betriebsleiter und Ingenieure rehabilitiert, und sie machten sich sofort daran, die Produktion in vollem Umfang wieder anzuwerfen. Die Arbeiter begrüßten mich begeistert, und das hing mit meinen Eltern zusammen: In den finsteren Zeiten der Kulturrevolution hatten sich die Arbeiter nach den alten Funktionären zurückgesehnt, die einst Ordnung und Sicherheit gewährleistet hatten.

Ich wurde zunächst der Gießerei als Lehrling zugewiesen. Meine Meisterin wurde von allen »Tante Wei« genannt. Sie stammte aus einer sehr armen Familie, noch als Jugendliche hatte sie nicht eine einzige ordentliche Hose besessen. Als die Kommunisten die Macht ergriffen, änderte sich ihr Leben, sie war deshalb der Partei sehr dankbar und zu jedem Opfer bereit. Mich behandelte sie wie eine Tochter, vor allem deshalb, weil ich aus einer Funktionärsfamilie kam. Da ich ihre leidenschaftliche Hingabe zur Partei nicht teilte, fühlte ich mich Frau Wei gegenüber immer etwas unwohl.

Ich arbeitete mit etwa dreißig Männern und Frauen zusammen. Es war ein spannender Anblick, wenn das leuchtende, blubbernde flüssige Eisen hochgezogen und in die Lehmformen gegossen wurde, wobei das weißglühende Eisen Funken sprühte. Das flüssige Eisen wurde hoch über uns hinweggezogen, der Aufzug quietschte und knarrte so sehr, daß ich immer Angst hatte, der große Behälter mit der weißglühenden Flüssigkeit könnte auf die vielen Menschen herabfallen, die darunter arbeiteten.

Meine Arbeit als Gießerin war hart und schmutzig. Wieder

schwollen meine Arme an, wenn ich mit harten Schlägen den Lehm formte. Aber dennoch war ich glücklich, nichts konnte mir die Freude bei dem Gedanken nehmen, daß die Kulturrevolution ihrem Ende entgegenging. Ich warf mich mit solcher Hingabe und solchem Eifer in die Arbeit, daß die Bauern in Deyang bestimmt überrascht gewesen wären, wenn sie mich gesehen hätten.

Trotz meiner neu erwachten Begeisterung für körperliche Arbeit war ich erleichtert, als ich erfuhr, daß ich in eine andere Abteilung versetzt werden sollte. Ich hätte es nicht mehr lange ausgehalten, acht Stunden am Tag Lehmformen zu klopfen. Weil ich die Tochter zweier hoher Funktionäre war, durfte ich unter verschiedenen Arbeiten wählen: Ich konnte eine Drehbank oder den Aufzug bedienen, in der Telefonvermittlung, in der Schreinerei oder als Elektrikerin arbeiten. Zwischen den beiden letzten Beschäftigungen konnte ich mich nur schwer entscheiden. Der Gedanke, hübsche Dinge aus Holz herzustellen, gefiel mir sehr, aber ich merkte, daß ich dafür nicht geschickt genug war. Die Arbeit einer Elektrikerin sprach mich vor allem deshalb an, weil ich bei dieser Tätigkeit die einzige Frau in der Fabrik gewesen wäre. Aus irgendeinem unbekannten Grund galt sie als reine Männerarbeit – was bei keiner anderen Arbeit in der Fabrik der Fall war. In der Elektrikabteilung gab es zwar eine Frau, aber sie sollte in Kürze eine andere Stelle antreten. Sie wurde von allen bewundert. Wenn sie an den Strommasten hinaufkletterte, blieben alle stehen und schauten ihr voller Bewunderung zu. Mit dieser Frau schloß ich sofort Freundschaft. Sie nannte mir noch einen weiteren Vorteil der Arbeit, und der gab dann den Ausschlag: Ich mußte nicht acht Stunden lang neben einer Maschine stehen. Die Elektriker hielten sich in ihrer Werkstatt auf, sie wurden gerufen, wenn man sie brauchte. Das bedeutete, daß ich Zeit haben würde zu lesen.

Im ersten Monat erlitt ich fünf Stromschläge. Wie die Barfußärzte bekamen auch die Elektriker keine richtige Ausbildung. Die sechs Männer in der Abteilung waren alle älter als ich und sehr freundlich, sie brachten mir mit viel Geduld alles bei. Meine Kollegin gab mir ihr »Handbuch für Elektroinstallation« zu lesen. Ich lernte eifrig, aber es dauerte lange, bis ich Stromstärke und Spannung unterscheiden konnte, obwohl mir die Kollegen alles ausgezeichnet erklärten. Schließlich schämte ich mich sogar, daß sie ihre Zeit mit mir verschwenden mußten. Ohne die Theorie begriffen zu haben, versuchte ich einfach nachzuahmen, was sie taten. Ich kam damit ganz gut zurecht und konnte allmählich sogar selbst kleinere Reparaturen durchführen.

Ich gewöhnte mich an die Stromschläge, im übrigen regte sich niemand darüber auf. Ein alter Elektriker erzählte mir, daß er vor 1949, als die Fabrik noch in Privatbesitz war, die Stromstärke mit seinem Handrücken habe prüfen müssen. Erst die Kommunisten hätten die Fabrikleitung gezwungen, Stromprüfgeräte anzuschaffen.

Unsere Abteilung hatte zwei Räume. Wenn keine Reparaturen durchgeführt werden mußten, saßen die meisten Elektriker in dem äußeren Raum und spielten Karten, ich las im hinteren Raum. Wenn man sich in Maos China nicht ständig mit den anderen Menschen befaßte, wurde man dafür kritisiert, man wolle sich »von den Massen isolieren«. Das galt als »bürgerliches Verhalten« und mußte »reformiert« werden. Deshalb war ich anfangs sehr nervös, wenn ich mich zum Lesen zurückzog. Sobald jemand hereinkam, legte ich sofort das Buch weg und fing ein verlegenes Gespräch an. Das führte dazu, daß selten jemand hereinkam. Ich war sehr erleichtert, als ich merkte, daß die Elektriker mir mein gewissermaßen exzentrisches Verhalten nicht übelnahmen, sondern mich eher respektierten und versuchten, mich nicht zu stören. Weil sie so nett zu mir waren, meldete ich mich so oft wie nur möglich für die Reparaturaufträge.

Ein junger Elektriker in unserer Gruppe hatte vor der Kulturrevolution fünf Jahre lang die Mittelschule besucht, er galt als sehr gebildet. Er war ein guter Kalligraph und spielte mehrere Instrumente. Ich fühlte mich sehr von ihm angezogen. Wenn ich morgens vor der Abteilung vom Fahrrad sprang, stand er immer

schon gegen die Tür gelehnt und begrüßte mich lächelnd. Viele Reparaturaufträge führten wir zusammen aus. An einem Frühlingstag saßen wir in der Mittagspause hinter der Gießerei, an einen Heuhaufen gelehnt. Wir hatten gemeinsam eine Reparatur durchgeführt und genossen nun den ersten sonnigen und warmen Tag des Jahres. Ich war überglücklich, als ich feststellte, daß Day mein Interesse an klassischer chinesischer Poesie teilte. Wir schrieben uns gegenseitig Gedichte und benutzten dabei dieselben Reimordnungen, die schon die alten chinesischen Poeten benutzt hatten. In meiner Generation gab es nur wenige, die klassische Dichtung mochten, Day gehörte dazu. Mit ihm konnte ich mich über Poesie unterhalten. Als ich neben ihm an dem Heuhaufen lehnte, fühlte ich mich ganz benommen. Über uns zankten sich die Spatzen tschilpend um die wenigen Reiskörner, die noch an den Pflanzen zu finden waren, das Heu duftete nach Sonnenschein und Erde. In diesem Augenblick schien mir das ganze Leben wie ein einziger Frühling zu sein. Nach der Mittagspause kehrten wir zu spät zur Arbeit zurück, aber niemand tadelte uns dafür. Die anderen Elektriker lächelten uns nur bedeutungsvoll zu.
Es dauerte nicht lange, und wir zählten an freien Tagen die Minuten, bis wir wieder an die Arbeit zurückkehren und beisammensein konnten. Wir suchten nach jeder Gelegenheit, uns so nahe wie möglich zu sein, unsere Finger ineinanderzuschlingen, die Ausstrahlung, den Geruch des anderen wahrzunehmen – mit dem unwiderstehlichen und unkontrollierbaren Sehnen, das zu jeder Liebe gehört.
Doch dann kam mir mißbilligendes Gerede zu Ohren. Die Botschaft lautete, daß Day meiner unwürdig sei. Ich war das einzige Kind hoher Funktionäre in meiner Fabrik, vielleicht sogar das einzige, das die Arbeiter jemals zu sehen bekommen hatten. Sie behandelten mich, als stammte ich von einem anderen Stern. Sie fanden, ich sei viel zu gut für Day.
Day warfen sie hauptsächlich vor, daß sein Vater ein Offizier der Kuomintang und in einem Arbeitslager gewesen war. Mit der Kuomintang wollte man nichts mehr zu tun haben. Obwohl es

soviel Elend unter der kommunistischen Herrschaft gegeben hatte, war die Rückkehr der Kuomintang kein Thema. Im allgemeinen begrüßte man die Wiederherstellung der alten Verhältnisse, wie sie vor der Kulturrevolution bestanden hatten, die Kuomintang jedoch war indiskutabel. Die Arbeiter meinten, mir stehe eine glanzvolle Zukunft bevor, und ich dürfe mich nicht durch eine Verbindung mit Day »ins Unglück stürzen«.

Day mußte sich anhören, er vergesse seine Herkunft, wenn er mir den Hof mache, er sei ein Möchtegern-Aufsteiger. Das Geschwätz traf ihn zutiefst, das konnte ich an seinem Gesicht und an seinem bitteren Lächeln ablesen. Aber er erwähnte es mir gegenüber nicht. Tatsächlich hatte er nie behauptet, daß er mich liebte, er hatte seine Gefühle nur andeutungsweise in seinen Gedichten ausgedrückt. Nun schrieb er keine Gedichte mehr für mich. Statt selbstbewußt und männlich wie zu Beginn unserer Freundschaft verhielt er sich mir gegenüber nun unterwürfig und bescheiden, auch wenn wir allein waren. In der Öffentlichkeit versuchte er, die Leute zu beruhigen, die ihn anklagten. Deshalb behandelte er mich abweisend und kühl und wollte dauernd demonstrieren, daß ihm nichts an mir lag. Manchmal benahm er sich in meinen Augen so würdelos, daß ich mich furchtbar über ihn ärgerte. Aber ich war auch traurig darüber. Unsere Beziehung war vergiftet, jedes Beisammensein entartete zu einer schmerzlichen Mischung von Verlangen, Unterdrückung und Entfremdung – und wachsender Verärgerung meinerseits. Allmählich entfernten wir uns voneinander.

Unsere Beziehung dauerte fünf Monate. Während dieser Zeit sprachen wir darüber, daß sie mehr sein könnte als eine reine Freundschaft. Unbewußt hatte ich diesen Gedanken unterdrückt. In China war es nicht möglich, sich einfach über beide Ohren zu verlieben, immer mußte man viele realistische Dinge mit bedenken. Die Konsequenzen einer Beziehung zur Familie eines »Klassenfeindes« wie Day waren zu ernst. Unbewußt wirkte ständig eine Art Selbstzensur und verhinderte, daß ich mich richtig in Day verliebte.

Während dieser Zeit wurde meine Mutter mit chinesischer Medizin wegen ihrer Sklerodermie behandelt. Wir hatten die Bauernmärkte nach den schauerlichen Zutaten abgesucht, die für die Herstellung ihrer Medikamente benötigt wurden: Schalen von Schildkröten, Gallenblasen von Schlangen und Schuppen von Schuppentieren. Die Ärzte empfahlen ihr, sowohl wegen ihrer Unterleibsbeschwerden wie wegen der Sklerodermie, die hervorragenden Spezialisten in Beijing zu konsultieren, sobald es wärmer würde. Als eine Art Haftentschädigung verfügten die Behörden, daß eine Beamtin sie begleiten sollte. Meine Mutter fragte, ob statt dessen ich mit ihr fahren dürfe.
Im April 1972 verließ ich die Fabrik und reiste mit meiner Mutter nach Norden. Wir wohnten bei verschiedenen Freunden meiner Eltern, zu denen wir jetzt wieder gefahrlos Kontakt aufnehmen konnten. Trotz Mutters Krankheit war es eine glückliche Reise. Irgendwie war ich überzeugt, daß sie wieder gesund werden würde. Sie konsultierte mehrere Gynäkologen in Beijing und in Tianjin. Alle bestätigten, daß sie einen gutartigen Tumor im Unterleib hatte, und schlugen eine Gebärmutterentfernung vor. Bis zur Operation könne sie die Blutungen unter Kontrolle bringen, wenn sie sich viel Ruhe gönne und in optimistischer Stimmung bleibe. Die Dermatologen meinten, daß die Sklerodermie lokal begrenzt sei, in diesem Falle sei sie nicht lebensbedrohend. Sie rieten meiner Mutter, weiterhin die chinesischen Medikamente einzunehmen. Meine Mutter erholte sich. Sie befolgte den Rat ihrer Ärzte und ließ im folgenden Jahr die Gebärmutter entfernen. Die Sklerodermie blieb lokal begrenzt. Wir besuchten viele Freunde meiner Eltern. Überall waren die Menschen rehabilitiert worden, einige kamen gerade aus dem Gefängnis zurück.
Mao-tai und andere alkoholische Getränke, die man zu besonderen Festtagen auf den Tisch brachte, flossen in Strömen, ebenso die Tränen. In fast jeder Familie waren ein oder sogar mehrere Mitglieder durch die Kulturrevolution zu Tode gekommen, und keineswegs alle Opfer waren Kapitalistenhelfer gewesen. In jeder Unterhaltung ging es um tragische Ereignisse.

Doch dieser Teil der Erzählungen war nur kurz, bald sprachen wir wieder von unseren Hoffnungen für die Zukunft.
Ende Mai 1972 erhielten wir in Beijing ein Telegramm mit der Nachricht, daß mein Vater aus dem Lager entlassen worden war. Nach dem Sturz von Lin Biao hatten sich die Ärzte endlich um meinen Vater gekümmert. Sie stellten fest, daß er einen gefährlich hohen Blutdruck hatte, unter Arteriosklerose litt und daß sein Herz und seine Leber nicht richtig arbeiteten. Die Ärzte rieten ihm, er solle sich in Beijing gründlich untersuchen lassen. Mein Vater nahm den Zug nach Chengdu und flog von dort nach Beijing. Meine Mutter und ich holten ihn ab. Er war mager, sah aber verhältnismäßig gesund aus. Seine Haut war von der Sonne fast schwarz verbrannt, wenn er lächelte, leuchteten seine Zähne strahlend weiß. Seit dreieinhalb Jahren war dies das erste Mal, daß er sich außerhalb der Berge von Miyi aufhielt. In den ersten Tagen wirkte er in der großen Stadt vollkommen verloren. Er sprach davon, daß er »den Fluß überqueren« wolle, wenn er nur über die Straße gehen mußte, statt »in einen Bus steigen« sagte er »an Bord gehen«. Auf den überfüllten Straßen bewegte er sich nur zögernd, das Verkehrsgewühl verwirrte ihn. Lachend und doch ein wenig traurig übernahm ich die Rolle seiner Führerin. Wir wohnten bei einem alten Freund meines Vaters, der in den frühen zwanziger Jahren als einer der ersten in Yibin der Partei beigetreten war. Er hatte während der Kulturrevolution furchtbar leiden müssen.
Während ich optimistisch der Zukunft entgegensah, wirkte mein Vater die meiste Zeit über bedrückt. Um ihn aufzuheitern, überredete ich ihn und meine Mutter zu Besichtigungsfahrten, und das bei Temperaturen um vierzig Grad. Einmal zog ich ihn mit sanfter Gewalt in einen überfüllten Bus zu einer Fahrt an die Große Mauer. Die Sonne brannte, im Bus war es staubig, uns allen rann der Schweiß herab. Ich redete unablässig auf meinen Vater ein, er saß mit nachdenklichem Lächeln neben mir. Uns gegenüber saß eine Bäuerin mit einem Baby auf dem Arm. Das Kind schrie, und die Bäuerin schlug es heftig. Mein Vater schoß von seinem Sitz in die Höhe und brüllte die Bäuerin an: »Hören

Sie sofort auf, das Kind zu schlagen!« Ich packte ihn hastig am Ärmel und zog ihn wieder auf den Sitz. In China war es nicht üblich, daß man sich in dieser Weise in die Angelegenheiten anderer Menschen einmischte. Mit einem Seufzer dachte ich, daß mein Vater sich sehr verändert hatte seit der Zeit, als er Jin-ming und Xiao-hei so hart geschlagen hatte.

In Beijing las ich etliche Bücher, die mir neue Horizonte eröffneten. Im Februar hatte der amerikanische Präsident Nixon China besucht. Nach offizieller Lesart war er »mit einer weißen Fahne« gekommen. Für mich war Amerika nicht mehr unser Feind Nummer eins, vielmehr freute ich mich über Nixons Besuch, denn in dem offeneren Klima konnten mehr Bücher in Übersetzungen erscheinen. Die Übersetzungen trugen den Vermerk »Nur zur internen Verbreitung«, theoretisch waren sie also nur bestimmten Funktionärskadern vorbehalten. »Interne Verbreitung« war ein vager Begriff, niemand wußte genau, wer sie lesen durfte und wer nicht. Die Bücher waren im Buchhandel nicht erhältlich, man mußte sie sich auf Umwegen beschaffen. Wer durch seine Arbeit oder seine Einheit Zugang zu den Büchern hatte, ließ sie im Freundeskreis zirkulieren.

Ich bekam einige dieser Bücher in die Hände. Mit unvorstellbarem Genuß las ich Nixons »Six Crises« (allerdings in einer stark bereinigten Fassung, da Nixon eine ausgeprägt antikommunistische Vergangenheit hatte), David Halberstams »Die Elite«, William L. Shirers »Aufstieg und Fall des Dritten Reiches« und Herman Wouks »Der Feuersturm«. Die Bücher vermittelten mir ein Bild von der Welt außerhalb Chinas. Ich vertiefte mich in die Schilderung der Regierung Kennedys in »Die Elite«. Ich mußte mich manchmal gewaltsam davon losreißen, sonst hätte ich das Buch an einem Stück zu Ende gelesen. Ich staunte über die entspannte und »normale« Atmosphäre in der amerikanischen Regierung und verglich sie mit der fernen, furchteinflößenden Regierung Chinas, die alles, was sie betraf, als Staatsgeheimnis behandelte. Der Stil der Sachbücher faszinierte mich. Wie kühl und distanziert waren sie abgefaßt! Selbst Nixons »Six Crises« erschien mir als Inbegriff der Nüchternheit, verglichen mit der

Vorschlaghammer-Diktion der chinesischen Medien, ihren unverschämten Übertreibungen, bösartigen Verleumdungen, ihrer Prahlerei und ihrer Verachtung von Tatsachen, die gar nicht oder nur nebenbei berichtet wurden. Im »Feuersturm« beeindruckten mich vor allem die Details über das Leben in einer anderen Welt. Erstaunt las ich, daß der ganze Aufstand, den Frauen um ihre Kleidung machen können, völlig normal zu sein schien, daß sie ohne weiteres neue Kleider kaufen konnten und daß eine Fülle von Farben und Schnitten verfügbar war. Mit zwanzig Jahren besaß ich nur ganz wenige Kleidungsstücke, der Stil war in ganz China derselbe, und die Farben waren fast immer Blau, Grau oder Weiß. Ich schloß die Augen und stellte mir all die wunderbaren Kleider vor, die ich nie gesehen und nie getragen hatte.

Nixons Chinabesuch war für mich deshalb so besonders aufregend, weil nun Informationen aus dem Ausland zu uns drangen. Das gehörte zu der allgemeinen Welle der Liberalisierung nach Lin Biao. Nixons Besuch bot für die Liberalisierung einen willkommenen Vorwand: China durfte nicht dadurch sein Gesicht verlieren, daß es seine Unwissenheit über Amerika zeigte. Damals mußte jeder Schritt in Richtung Entspannung mit irgendwelchen weit hergeholten politischen Erklärungen gerechtfertigt werden. Nun galt es als sinnvolle Aufgabe und nicht mehr als Vergehen, daß man Englisch lernte – denn nun sollten wir auf einmal »Freunde aus der ganzen Welt gewinnen«. Um den erhabenen Gast nicht abzustoßen oder einzuschüchtern, wurden die militanten Namen für Straßen und Restaurants wieder beseitigt, die zu Beginn der Kulturrevolution von den Rotgardisten eingeführt worden waren. Obwohl Nixon Chengdu gar nicht besuchte, erhielt beispielsweise das Restaurant »Der Geruch von Schießpulver« wieder seinen alten Namen »Der betörende Duft von süßem Wind«.

Wir blieben fünf Monate in Beijing. Wenn ich allein war, dachte ich an Day. Wir schrieben uns nicht. Ich verfaßte zwar Gedichte für ihn, behielt sie aber für mich. Allmählich gewann die Hoffnung auf die Zukunft die Oberhand über die Trauer über die

Vergangenheit. Die ungewöhnlichen Entwicklungen zogen mich aus meiner Gefühlsverwirrung heraus und heilten meine Wunden schnell. Vor allem eine große Möglichkeit begann meine Gedanken zu beherrschen. Zum ersten Mal seit meinem vierzehnten Lebensjahr sah ich eine Zukunft vor mir, von der ich nicht zu träumen gewagt hatte: In Beijing gingen die ersten Studenten wieder zur Universität. Zhou Enlai fand ein Mao-Zitat, das besagte, die Universitäten seien wichtig, vor allem für Wissenschaft und Technik. Ich konnte die Rückkehr nach Chengdu kaum erwarten. Ich wollte mich sofort um einen Studienplatz bemühen.

Im September 1972 war ich wieder zu Hause. Die Zeit, meine Selbstbeherrschung und die aufregenden neuen Möglichkeiten halfen mir, daß ich mit Day ohne schmerzhafte Empfindungen zusammensein konnte. Auch Day war ruhiger geworden, nur gelegentlich schimmerte seine Traurigkeit durch. Wir waren wieder gute Freunde, obwohl wir uns nicht mehr über Poesie unterhielten. Ich vergrub mich in die Vorbereitung auf das Studium, und dabei hatte ich noch gar keine Ahnung, was ich studieren wollte. Während der Kulturrevolution hatten die Studenten ihre Fächer nicht selbst wählen dürfen. Die Entscheidung nach Neigung und Interesse galt als individualistisch, und Individualismus war ein bürgerliches Laster. Ich bereitete mich auf alle möglichen Fächer vor: chinesische Sprache und Literatur, Mathematik, Physik, Chemie, Biologie und Englisch.

Mao hatte angeordnet, daß die Studenten nicht mehr nach dem Mittelschulabschluß zugelassen werden sollten, sondern Arbeiter und Bauern sollten studieren. Diese Zugangsregelung kam mir entgegen, denn ich war eine echte Bäuerin gewesen und war nun Arbeiterin.

Zhou Enlai hatte eine Eignungsprüfung eingeführt, aber er durfte das Verfahren nicht »Prüfung« nennen. Also hieß es »Untersuchung des Umgangs des Kandidaten mit grundlegenden Kenntnissen und seiner Fähigkeit, konkrete Probleme zu analysieren und zu lösen«. Mao mochte keine Prüfungen. Das neue Verfahren sah so aus: Jeder Bewerber mußte von seiner

Arbeitseinheit empfohlen werden, dann legte er die Eingangsprüfung ab, und schließlich wurde noch das »politische Verhalten« geprüft.

Fast zehn Monate lang verbrachte ich meine Abende und Wochenenden und auch einen großen Teil meiner Arbeitszeit in der Fabrik damit, ein Lehrbuch nach dem anderen durchzuarbeiten. Die Bücher hatten die Verbrennungen durch die Rotgardisten und andere Aktionen knapp überlebt. Ich erhielt sie von vielen Freunden, ein ganzes Netzwerk von Lehrern, die ich kaum kannte, half mir. Sie opferten bereitwillig ihre Abende und ihre freien Tage, denn sie fühlten sich alle auf fast heroische Weise der Bildung verpflichtet. Im Frühjahr 1973 mehrten sich die Zeichen, daß die Liberalisierung von Dauer war. Deng Xiaoping wurde rehabilitiert und zum Vize-Premierminister ernannt, er stand damit rangmäßig direkt hinter Zhou Enlai. Ich freute mich unbeschreiblich. Dengs Rückkehr erschien mir als sicheres Zeichen dafür, daß die Kulturrevolution bald in ihr Gegenteil umschlagen würde. Außerdem galt Deng als Pragmatiker, der auf professionelle Fähigkeiten großen Wert legte. Nicht einmal Mao hatte es sich leisten können, auf einen so fähigen Mann zu verzichten.

Im Sommer 1973 begann die Immatrikulation an den Universitäten. Ich fühlte mich, als wartete ich auf einen Urteilsspruch über Leben oder Tod. In der Fakultät für Fremdsprachen an der Universität von Sichuan war für das Zweite Büro für Leichtindustrie in Chengdu ein Studienplatz vorbehalten. Dem Büro gehörte neben zweiundzwanzig weiteren Fabriken auch meine Fabrik an. Jede der dreiundzwanzig Fabriken mußte einen Kandidaten für die Zulassungsprüfung benennen. In meiner Fabrik gab es mehrere hundert Arbeiter, außer mir bewarben sich fünf weitere Arbeiter. Der Kandidat für die Aufnahmeprüfung mußte gewählt werden, die Wahl erfolgte durch Handzeichen. Vier der fünf Abteilungen wählten mich zur Kandidatin.

Eine Freundin von mir hatte sich ebenfalls beworben. Sie arbeitete in der Abteilung, zu der auch meine Elektriker-Werkstatt gehörte. Sie war neunzehn Jahre alt und ebenso beliebt wie ich. Jeder Wähler hatte nur eine Stimme. Als ihr Name laut vorgelesen wurde, kam Unruhe auf. Es war klar, daß die Arbeiter nicht wußten, wie sie sich verhalten sollten. Ich fühlte mich todunglücklich, wenn viele für meine Freundin stimmten, würden für mich nicht mehr genügend Stimmen übrigbleiben. Da stand das Mädchen auf und sagte lächelnd: »Ich trete von meiner Kandidatur zurück und stimme für Chang Jung. Ich bin zwei Jahre jünger als sie. Ich werde es im nächsten Jahr noch einmal versuchen.« Die Arbeiter lachten erleichtert auf und versprachen ihr, sie im nächsten Jahr zu wählen. Und sie hielten Wort. 1974 wurde sie auf die Universität aufgenommen.

Diese Geste und das Ergebnis der Abstimmung rührten mich zutiefst. Es war, als wollten mir die Arbeiter helfen, meinen Traum zu verwirklichen. Mein Familienhintergrund war auch kein Nachteil. Day bewarb sich erst gar nicht, er wußte, daß er wegen der Kuomintang-Vergangenheit seines Vaters keine Chance gehabt hätte.

Ich legte die Prüfung in Chinesisch, Mathematik und Englisch ab. Meine Nervosität war so groß, daß ich davor nächtelang nicht schlafen konnte. Die Aufgaben waren sehr einfach, mit Ausnahme einer Wahlaufgabe befaßten sie sich nicht mit all der Geometrie, Trigonometrie, Physik und Chemie, die ich mir so eifrig angeeignet hatte. Ich erhielt für alle Aufgaben hervorragende Noten. Bei der mündlichen Prüfung in Englisch schnitt ich von allen Kandidaten aus Chengdu am besten ab.

Nun hätte ich endlich aufatmen können, doch in diesem Moment folgte ein neuer Vernichtungsschlag. Am 20. Juli erschien in der *Volkszeitung* völlig unerwartet ein Artikel über einen »leeren Prüfungsbogen«. Der Stadtjugendliche Zhang Tiesheng, der in die Nähe von Jinzhou, der Heimatstadt meiner Mutter in der Mandschurei, verschickt worden war, hatte seine Prüfungsfragen nicht beantworten können. Er hatte einen leeren Fragebogen abgegeben und einen Brief beigelegt, in dem er die Prüfung als »kapitalistische Restauration« bezeichnete. Dieser Brief war Maos Neffen und Vertrautem Mao Yuan-xin in die Hände gefallen, der faktisch die Provinz regierte. Frau Mao und ihre Gefolgsleute lehnten die Betonung von Leistung als »bürgerliche Diktatur« ab. Sie sagten: »Welche Rolle spielt es denn, wenn das ganze Land ungebildet wird? Wichtig ist nur, daß die Kulturrevolution auf ganzer Front triumphiert!«

Die Prüfung wurde für ungültig erklärt. Die Zulassung zur Universität sollte nun aufgrund des politischen Verhaltens erfolgen. Die große Frage war, wie politisches Verhalten zu messen war. Die Empfehlung meiner Fabrik war nach einer »kollektiven Beurteilungsversammlung« von meinem Elektrikerteam verfaßt worden. Day hatte den Text entworfen, meine ehemalige Meisterin hatte daran gefeilt. In der Beurteilung wurde ich als absolutes Vorbild dargestellt – die vollkommenste Arbeiterin aller Zeiten. Ich zweifelte nicht daran, daß die anderen zweiundzwanzig Kandidaten genau die gleichen überschäumenden Beurteilungen erhalten hatten. Es schien unmöglich, einen Maßstab zu finden, nach dem wir zu unterscheiden und folglich zu vergleichen waren.

Auch die offizielle Propaganda half uns nicht weiter. Überall bekannt war die Reaktion eines »Helden«. Er hatte seine Arme ausgebreitet und gerufen: »Ihr wollt meine Qualifikationen für die Universität sehen? Hier sind sie!« Und dann hatte er die Schwielen an seinen Händen gezeigt. Das Problem war, daß alle Kandidaten Schwielen an den Händen hatten. Wir hatten alle in Fabriken gearbeitet, und die meisten von uns waren auch auf das Land verschickt worden.

Es gab nur einen anderen Weg: die Hintertür.

Die meisten Mitglieder der Zulassungsstelle der Universitäten von Sichuan waren alte Kollegen meines Vaters. Sie hatten insgeheim Vaters Mut und Integrität bewundert, und das bedeutete in China, daß sie ihm nur zu gern einen Gefallen tun wollten. Aber mein Vater wollte sie nicht darum bitten. Er sagte: »Das wäre nicht gerecht. Es ist unfair den Menschen gegenüber, die keine Macht haben. Was würde aus dem Land werden, wenn die Dinge auf diese Art geregelt würden?« Ich stritt mit ihm und brach in Tränen aus. Dabei mußte ich wirklich herzerweichend

gewirkt haben, denn schließlich stand mein Vater auf und sagte mit gequälter Miene: »Also gut, ich tue es.« Ich ergriff seinen Arm, und so spazierten wir zum Krankenhaus, wo sich einer der Vorsitzenden der Zulassungskommission zu einer Untersuchung aufhielt. Fast alle Opfer der Kulturrevolution waren von den Qualen krank geworden. Mein Vater ging langsam, er stützte sich auf einen Stock. Seine alte Energie und Tatkraft waren verschwunden. Als ich ihn so neben mir her schlurfen sah, während er offenbar nicht nur mit seinen Füßen kämpfte, sondern auch einen heftigen inneren Disput führte, war ich in Versuchung zu sagen: »Komm, wir gehen nach Hause zurück.« Aber ich wollte unbedingt zur Universität gehen.
Auf dem Krankenhausgelände ruhten wir uns auf dem Geländer einer niedrigen Steinbrücke einen Augenblick aus. Mein Vater machte einen gequälten Eindruck. Schließlich wandte er sich mir zu: »Kannst du mir vergeben? Es fällt mir so schwer ...« Einen Augenblick lang stieg Haß in mir auf, ich wollte ihn anschreien. Er mußte endlich begreifen, daß ich keine andere, fairere Alternative hatte. Ich wollte ihm erklären, wie sehr ich mich danach sehnte, auf die Universität zu gehen, und daß ich das auch verdient hatte – für meine harte Arbeit, für meine Prüfungsnoten und weil ich gewählt worden war. Aber ich wußte, daß meinem Vater all das klar war. Er hatte mir den Wissensdurst eingegeben. Aber er hatte unverrückbare Grundsätze. Weil ich ihn liebte, mußte ich auch die Grundsätze akzeptieren, sein Dilemma verstehen, als moralischer Mensch in einem moralisch entleerten Land zu leben. Ich kämpfte gegen die Tränen, die in meinen Augen standen, und sagte: »Natürlich.« Wir schleppten uns schweigend nach Hause.
Zum Glück hatte ich meine listige Mutter. Sie besuchte die Frau des Vorsitzenden der Zulassungskommission. Die Frau sprach mit ihrem Mann. Meine Mutter besuchte auch die anderen Kommissionsmitglieder und brachte sie dazu, meinen Antrag zu unterstützen. Sie hob meine Prüfungsnoten besonders hervor, denn sie wußte, daß Leistung die ehemaligen Kapitalistenhelfer

beeindrucken würde. Im Oktober 1973 begann ich an der Fakultät für Fremdsprachen der Universität von Sichuan das Englischstudium.

KAPITEL 26

*»Die Fürze von Ausländern
schnuppern und ihren Geruch
lieblich nennen«*

*Englischstudium
nach Maos Vorstellungen
(1972-1974)*

Nach ihrer Rückkehr aus Beijing im Herbst 1972 widmete meine Mutter den größten Teil ihrer Zeit ihren fünf Kindern. Mit meinem jüngsten Bruder, dem damals zehnjährigen Xiao-fang, lernte sie täglich viele Stunden, damit er die versäumten Schuljahre aufholte. Und auch die anderen Kinder brauchten ihre Hilfe.

Da die Gesellschaft mehr als sechs Jahre halb gelähmt gewesen war, hatte sich ein Berg ungelöster Probleme aufgetürmt. Ein besonders ernstes Problem waren die vielen Millionen junger Leute, die Mao aufs Land verschickt hatte und die nun unbedingt wieder in die Städte zurückkehren wollten. Nach dem Sturz von Lin Biao hatten einige zurückkehren können, denn die Regierung wollte die Wirtschaft langsam wieder in Gang bringen, und in den Städten fehlten Arbeitskräfte. Aber die Zahl der Rückkehrer wurde strikt begrenzt. Die Bevölkerung in den Städten wurde vom Staat reguliert, denn der Staat versorgte alle Stadtbewohner mit Lebensmitteln, Wohnungen und Arbeitsplätzen.

Es entbrannte ein regelrechter Kampf um die »Rückfahrkarten«. Die Regierung legte eine Reihe von Bedingungen fest, um die Zahl der Rückkehrer so niedrig wie möglich zu halten. Eine Heirat war ein Kriterium, das die Betreffenden für immer an das Landleben fesselte. Wenn man verheiratet war, wurde man von keiner städtischen Organisation mehr aufgenommen. Aus diesem Grund durfte sich meine Schwester weder um einen Arbeitsplatz noch um einen Studienplatz bewerben, und einen anderen Weg zurück in die Stadt gab es nicht. Sie war sehr unglücklich, denn sie wollte endlich mit ihrem Ehemann zusammensein. In Brillis Fabrik wurde wieder normal gearbeitet, so hatte er außerhalb der zwölf Tage »Ehepaarurlaub« pro Jahr keine Zeit mehr, sie in Deyang zu besuchen. Es blieb nur noch eine Möglichkeit: Meine Schwester mußte eine Bescheinigung vorlegen, daß sie an einer unheilbaren Krankheit litt – viele andere in einer ähnlichen Situation beschafften sich solche Bescheinigungen. Meine Mutter fand schließlich einen Arzt, der meiner Schwester Xiao-hong bescheinigte, daß sie an einer Leberzirrhose erkrankt sei. Ende 1972 war sie wieder in Chengdu.
Die meisten Angelegenheiten wurden durch persönliche Beziehungen geregelt. Fast täglich kamen Menschen zu meiner Mutter – Lehrer, Ärzte, Kindermädchen, Schauspieler und rangniedrigere Funktionäre – und baten sie, sie möge ihnen helfen, ihre Kinder vom Land zurückzuholen. Obwohl meine Mutter keinen Posten hatte, war sie für viele die letzte Hoffnung, und sie tat, was in ihrer Macht stand. Mein Vater wollte nicht helfen. Er war zu sehr in seinen alten Verhaltensweisen befangen und konnte sich nicht daran gewöhnen, daß man jetzt die Dinge selbst in die Hand nehmen mußte.
Aber selbst da, wo die offiziellen Kanäle noch funktionierten, konnte man durch private Verbindungen erreichen, daß vieles schneller, reibungsloser und nach den eigenen Vorstellungen erledigt wurde. Mein Bruder Jin-ming konnte im März 1972 sein Dorf verlassen. Zwei Organisationen nahmen Arbeitskräfte aus seiner Kommune auf: eine Fabrik in der Kreisstadt, die elektri-

sche Geräte herstellte, und ein nicht näher bezeichnetes Unternehmen im westlichen Stadtbezirk von Chengdu. Jin-ming wollte nach Chengdu zurück. Meine Mutter zog Erkundigungen bei Freunden im westlichen Stadtbezirk ein und erfuhr, daß es sich bei dem nicht näher bezeichneten Unternehmen um den Schlachthof handelte. Jin-ming wählte auf der Stelle die Elektrogerätefabrik.

Die Fabrik war 1966 von Shanghai ins Bergland von Sichuan verlegt worden, weil Mao die chinesische Industrie vor möglichen amerikanischen oder sowjetischen Angriffen schützen wollte. Jin-ming beeindruckte seine Arbeitskollegen durch seinen Einsatz und sein faires Verhalten, und 1973 wählten sie ihn und drei andere unter zweihundertfünfzig Bewerbern für die Universität aus. Er bestand die Aufnahmeprüfungen mühelos mit Auszeichnung. Doch zu diesem Zeitpunkt war mein Vater noch nicht rehabilitiert. Meine Mutter mußte nun dafür sorgen, daß dies die Verantwortlichen bei der obligatorischen politischen Überprüfung nicht abschreckte, sondern daß sie den Eindruck gewannen, die Rehabilitierung meines Vaters stehe unmittelbar bevor. Und sie mußte darauf achten, daß kein enttäuschter Mitbewerber mit einflußreichen Verbindungen Jin-ming einen Stolperstein in den Weg legte. Im Oktober 1973, als ich mein Sprachstudium begann, wurde Jin-ming an der Ingenieurschule von Zentralchina in Wuhan zum Studium der Gießereitechnik zugelassen. Er hätte zwar lieber Physik studiert, aber er schwebte trotzdem im siebten Himmel, daß er überhaupt studieren konnte.

Während Jin-ming und ich um die Zulassung zur Universität kämpften, erlebte Xiao-hei eine bittere Enttäuschung. Studieren durfte nur, wer entweder Arbeiter oder Bauer oder Soldat war, und Xiao-hei konnte keine der drei Qualifikationen vorweisen. Immer noch wurden die Jugendlichen in Massen aufs Land verschickt, aller Wahrscheinlichkeit nach für immer. Es gab nur einen Ausweg: den Militärdienst.

Meine Mutter setzte ihre Beziehungen auch hier äußerst geschickt ein, obwohl mein Vater damals immer noch nicht voll entlastet war. Im Dezember 1972 kam Xiao-hei in eine Schule der Luftwaffe nach Nordchina, und nach einer dreimonatigen Grundausbildung wurde er Funker. Als Funker hatte er ein gemütliches Leben, er arbeitete nur fünf Stunden täglich und verbrachte den Rest seiner Zeit mit »politischem Unterricht« und dem Anbau von Nahrungsmitteln.

Im politischen Unterricht behaupteten alle, sie seien zur Armee gegangen, »um den Befehlen der Partei zu folgen, das Volk zu schützen und das Vaterland zu sichern«. Aber alle wußten, daß ein Grund viel gewichtiger war: Die jungen Männer aus den Städten wollten der Landverschickung entgehen, und wer vom Land stammte, hoffte, er werde nach dem Militärdienst einen Arbeitsplatz in einer Stadt erhalten. Für die Bauernjungen aus armen Gegenden bedeutete der Militärdienst zumindest auch einen besser gefüllten Magen. Offiziere wurden nach der Entlassung aus der Armee automatisch »Staatsbedienstete« und erhielten selbstverständlich einen Wohnsitz in der Stadt. Einfache Soldaten, die vom Land kamen, mußten wieder dorthin zurück. Jedes Jahr gab es Nervenzusammenbrüche, Depressionen und Selbstmorde, wenn die Entlassungen aus dem Militärdienst anstanden.

Eines Abends sah sich Xiao-hei mit ungefähr tausend anderen Soldaten und Offizieren eine Filmvorführung im Freien an. Auf einmal wurde der heroische Dialog auf der Leinwand von Maschinengewehrfeuer übertönt, gefolgt von einer Explosion. Die Zuschauer liefen schreiend auseinander. Die Schüsse hatte ein Wachposten abgegeben, der kurz vor seiner Entlassung aus dem Militärdienst stand und nun in sein Dorf zurückgeschickt werden sollte. Er war weder in die Partei aufgenommen noch zum Offizier befördert worden. Zuerst hatte er den politischen Kommissar seiner Abteilung erschossen, denn ihn machte er dafür verantwortlich, daß er nicht befördert worden war. Dann schoß er ziellos in die Menge und warf eine Handgranate. Dabei kamen weitere fünf Personen ums Leben, allesamt Frauen und Kinder aus Offiziersfamilien, über ein Dutzend Menschen wurden verwundet. Der Soldat floh in das obere Stockwerk eines

Wohnblocks, und seine Kameraden belagerten ihn. Sie forderten ihn über Megaphon auf, sich zu ergeben. Ihre Ausbildung war so schlecht, daß sie zum Vergnügen Hunderter von Schaulustiger die Flucht ergriffen, als er aus einem Fenster zu feuern anfing. Endlich kam eine Spezialeinheit auf Motorrädern und mit gepanzerten Fahrzeugen angebraust. Nach einem heftigen Schußwechsel stürmte der Trupp die Wohnung. Der Soldat hatte Selbstmord begangen.

Wie alle anderen sollte auch Xiao-hei Parteimitglied werden. Für ihn war das nicht, wie für die Bauernsoldaten, eine Sache auf Leben und Tod, da er wußte, daß er nach dem Militärdienst nicht aufs Land verschickt werden würde. Da er zum Zeitpunkt seines Eintritts in das Militär das Stadtwohnrecht gehabt hatte, bekam er nach dem Militär automatisch eine Arbeitsstelle in der Stadt, ob er nun Parteimitglied war oder nicht. Nur – Parteimitglieder erhielten bessere Arbeitsplätze. Und Parteimitglieder hatten besseren Zugang zu Informationen. Das zählte für Xiao-hei sehr viel, denn China war damals eine geistige Wüste; außer haarsträubender Propaganda gab es so gut wie nichts zu lesen.

Neben solchen eher praktischen Erwägungen spielte auch Furcht eine Rolle. Der Eintritt in die Partei war vergleichbar mit dem Abschluß einer Versicherung: Dadurch ließ sich ein Unglück zwar nicht verhindern, aber als Parteimitglied konnte man ein Unglück besser durchstehen. In einer Gesellschaft, in der alle Lebensbereiche von der Politik durchdrungen waren, fanden solche Dinge natürlich auch Eingang in die Personalakte. Hätte sich Xiao-hei nicht um die Parteimitgliedschaft bemüht, hätte das Anlaß zu mißtrauischen Fragen gegeben: »Warum will er nicht Parteimitglied werden?« Und hätte er sich darum bemüht, doch ohne Erfolg, hätte er immer die Frage gehört: »Warum hat man ihn nicht genommen? Da muß es doch einen dunklen Punkt bei ihm geben.«

Xiao-hei hatte die marxistischen Klassiker mit echtem Interesse gelesen. Er brauchte unbedingt etwas, um seinen Wissensdurst zu befriedigen, und andere Bücher waren ohnehin nicht verfügbar. Da in der Satzung der Kommunistischen Partei das Studium des Marxismus-Leninismus als wichtigste Qualifikation eines Parteimitglieds genannt wurde, dachte Xiao-hei, daß er sein Interesse gut mit praktischem Nutzen verbinden könnte. Aber weder seine Vorgesetzten noch seine Kameraden waren von seinem Wissen beeindruckt. Tatsächlich fühlten sie sich zurückgesetzt, denn die meisten stammten aus bäuerlichen Familien, konnten nicht richtig lesen und verstanden Marx nicht. Sie warfen Xiao-hei vor, er sei hochnäsig und schließe sich von den Massen ab. Auf diesem Weg wurde es nichts mit der Parteimitgliedschaft, er mußte es anders versuchen.

Xiao-hei merkte, daß es viel wichtiger war, die unmittelbaren Vorgesetzten für sich zu gewinnen. Und man mußte sich bei den Kameraden beliebt machen. Man mußte beliebt sein, sich bei seiner Arbeit anstrengen und in einem ganz wörtlichen Sinne »dem Volk dienen«.

In den meisten Armeen werden unangenehme oder geringgeschätzte Arbeiten einfach den unteren Rängen befohlen. Nicht so in der chinesischen Armee. Hier erwartete man, daß sich Freiwillige meldeten und morgens Wasser zum Waschen holten oder den Hof fegten. Geweckt wurde um halb sieben, die »ehrenvolle Aufgabe«, früher aufzustehen, fiel jenen zu, die Mitglied der Partei werden wollten. Und das wollten viele, deshalb rissen sie sich morgens die Besen gegenseitig aus den Händen. Die »Freiwilligen« standen immer früher auf, um nur ja noch einen Besen zu ergattern. Eines Morgens hörte Xiao-hei, wie jemand um vier Uhr den Hof fegte.

Es gab auch noch andere »ehrenvolle Aufgaben«. Xiao-hei merkte bald, daß am meisten zählte, wenn man beim Anbau der Nahrungsmittel mithalf. Die Grundration war sehr klein, selbst für die Offiziere, Fleisch gab es nur einmal in der Woche. Deshalb mußte jede Abteilung ihr eigenes Getreide und Gemüse anbauen und Schweine mästen. Zur Erntezeit stachelte der politische Kommissar der Abteilung seine Leute an: »Genossen, die Zeit der Prüfung durch die Partei ist gekommen! Das ganze Feld muß bis heute abend geerntet sein! Ja, natürlich braucht man dafür eigentlich zehnmal mehr Männer, als hier zur Verfügung stehen. Aber jeder von uns revolutionären Kämpfern kann die Arbeit von zehn Männern verrichten! Die Parteimitglieder müssen uns vorangehen. Wer Parteimitglied werden will, hat jetzt Gelegenheit, sich zu beweisen! Wer die Prüfung besteht, wird noch auf dem Schlachtfeld am Ende dieses Tages in die Partei eintreten!«

Die Parteimitglieder mußten schwer arbeiten, um ihrer »führenden Rolle« gerecht zu werden, aber die Bewerber um die Parteimitgliedschaft mußten sich selbst übertreffen. Einmal strengte sich Xiao-hei so sehr an, daß er auf dem Feld zusammenbrach und dadurch die Aufnahme in die Partei »auf dem Schlachtfeld« verpaßte. Während die neuen Parteigenossen ihre rechte Faust zum rechten Ohr hoben und den Standardschwur aussprachen, »mein ganzes Leben für die glorreiche kommunistische Sache zu kämpfen«, wurde Xiao-hei in ein Krankenhaus eingeliefert. Er mußte mehrere Tage dort bleiben.

Der direkteste Weg in die Partei führte durch den Schweinestall: Man mußte die mehreren Dutzend Schweine der Abteilung mästen. Die Soldaten hatten ihre Schweine ins Herz geschlossen, Offiziere und Mannschaften lümmelten um den Schweinestall herum und beobachteten und kommentierten angelegentlich das Wachstum der Tiere. Wenn die Tiere prächtig gediehen, waren die Schweinehirten die Lieblinge der Kompanie. Das Amt des Schweinehirten war heiß begehrt.

Xiao-hei wurde Vollzeit-Schweinehirt. Es war eine harte, schmutzige Arbeit, ganz zu schweigen von dem psychischen Druck. Jede Nacht wechselten er und seine Kollegen sich ab und verabreichten den Tieren eine Extraration Futter. Wenn eine Sau geferkelt hatte, hielten die Schweinehirten Nachtwache, um zu verhindern, daß die Sau ihre Jungen erdrückte. Die kostbaren Sojabohnen wurden handverlesen, gewaschen, gemahlen, dann zu Sojabohnenmilch verarbeitet und der Sau liebevoll eingeflößt, um ihre Milchproduktion anzuregen. Das Leben bei der Luftwaffe sah ganz anders aus, als Xiao-hei erwartet hatte, als er zum ersten Mal die Uniform anzog. Nach einem Jahr unermüdlichem Einsatz für die Schweinezucht wurde er endlich in die Partei aufgenommen. Wie die anderen neuen Mitglieder legte er sofort die Füße auf den Tisch und machte sich von da an ein ruhiges Leben.

Wer die Hürde der Parteimitgliedschaft glücklich genommen hatte, wollte als nächstes Offizier werden. Dadurch ließen sich die Vorteile der Parteizugehörigkeit noch einmal verdoppeln. Angehende Offiziere wurden von den Vorgesetzten ausgewählt, deshalb durfte man seine Vorgesetzten niemals verärgern. Eines Tages wurde Xiao-hei zum Ersten Politischen Kommissar gerufen, dem wichtigsten Mann der Schule. Xiao-hei hatte ein flaues Gefühl im Magen, er wußte nicht, ob ihm unerwartetes Glück oder eine Katastrophe bevorstand. Der Kommissar war Mitte Fünfzig, ein dicker Mann mit verquollenen Augen und einer schnarrenden Befehlsstimme. Er sah ausgesprochen gütig aus, als er sich eine Zigarette anzündete und Xiao-hei nach seinem Namen, Familienhintergrund, Alter und gesundheitlichen Zustand befragte. Er fragte auch, ob er verlobt sei, was Xiao-hei wahrheitsgemäß verneinte. Es schien Xiao-hei ein gutes Zeichen, daß der Mann sich so eingehend nach seinen persönlichen Umständen erkundigte. Der Kommissar erteilte Xiao-hei ein wortreiches Lob: »Du hast den Marxismus-Leninismus und die Gedanken des Vorsitzenden Mao Zedong gewissenhaft studiert. Du hast hart gearbeitet. Die Massen haben einen guten Eindruck von dir gewonnen. Natürlich mußt du auch weiterhin bescheiden sein, Bescheidenheit bringt dich voran ...« und so weiter. Nachdem der Kommissar seine erste Zigarette zu Ende geraucht hatte, war Xiao-hei überzeugt, daß er seine Beförderung in der Tasche hatte.

Dann zündete der Kommissar sich eine zweite Zigarette an. Er erzählte von einem Brand in einer Baumwollspinnerei. Dabei hatte eine Spinnerin schwere Verbrennungen erlitten, als sie versuchte, »Staatseigentum« zu retten. Ihre Arme und ihre Beine hatten amputiert werden müssen, nur noch der Kopf und der Torso waren übriggeblieben. Aber, so betonte der Kommissar, ihr Gesicht sei nicht entstellt und, wichtiger noch, sie könne auch Kinder bekommen. Sie sei eine kommunistische Heldin, ihr Fall werde im großen Stil in der Presse publik gemacht. Die Partei wolle ihr gern jeden Wunsch erfüllen, und sie habe den Wunsch geäußert, einen Offizier der Luftwaffe zu heiraten. Xiao-hei sei jung, gutaussehend, ungebunden und könne jederzeit zum Offizier befördert werden ...

Xiao-hei drückte sein Mitgefühl für die Frau aus, aber sie zu heiraten war etwas anderes. Wie konnte er dem Kommissar die Bitte abschlagen? Er hatte keine überzeugenden Gegenargumente. Liebe? Liebe war in der marxistischen Lehre längst durch »Klassensolidarität« ersetzt worden, und wer verdiente mehr Klassensolidarität als eine kommunistische Heldin? Auch daß er sie nicht kannte, zählte nicht. Viele Ehen in China waren von der Partei arrangiert worden. Xiao-hei war Mitglied der Kommunistischen Partei und wollte Offizier werden. Man erwartete von ihm, daß er sagte: »Ich folge entschlossen jeder Entscheidung der Partei!« Er bedauerte zutiefst, daß er nicht behauptet hatte, er sei schon verlobt. Die Kommunisten zerstörten keine Beziehung innerhalb derselben Klasse. Xiao-hei dachte fieberhaft nach, wie er auf taktvolle Weise nein sagen konnte, während der Kommissar die anderen Vorteile des Arrangements aufzählte: sofortige Beförderung zum Offizier, Berühmtheit als Held, der sich in eine invalide Heldin verliebt, Zuteilung einer Vollzeit-Krankenschwester sowie eine großzügige Beihilfe bis ans Ende seines Lebens.

Der Kommissar zündete sich noch eine Zigarette an und schwieg. Xiao-hei wählte seine Worte vorsichtig. Er ging das Risiko ein und fragte, ob dies bereits eine unwiderrufliche Parteientscheidung sei. Xiao-hei wußte, daß die Partei es im allgemeinen lieber hatte, wenn sich jemand »freiwillig« meldete. Erwartungsgemäß verneinte der Kommissar, die Entscheidung liege allein bei Xiao-hei. Daraufhin versuchte Xiao-hei, mit einem Bluff seinen Kopf aus der Schlinge zu ziehen: Er »gestand«, daß er zwar nicht verlobt sei, aber daß seine Mutter eine »Freundin« für ihn gefunden habe. Er wußte, daß diese »Freundin« gut genug sein mußte, um die Heldin aus dem Feld zu schlagen. Das hieß, sie mußte zwei Qualitäten aufweisen: den richtigen Klassenhintergrund in der Funktionärselite und gute Taten – in genau dieser Reihenfolge. Xiao-hei erfand die Tochter eines Kommandanten einer großen Armeeregion, die in einem Armeehospital arbeitete. Sie hätten gerade begonnen, »über Liebe zu sprechen«.

Der Kommissar machte einen eleganten Rückzieher. Er sagte, er habe nur wissen wollen, wie Xiao-hei zu dem Vorschlag stehe, er habe nie beabsichtigt, ihn zu der Verbindung zu zwingen. Das Gespräch hatte keine nachteiligen Folgen für Xiao-hei. Bald danach wurde er zum Offizier befördert und erhielt den Befehl über eine Bodenfunkstation. Ein junger Mann bäuerlicher Herkunft meldete sich und heiratete die behinderte Heldin.

Inzwischen unternahmen Frau Mao und ihre Gefolgsleute einen neuen Anlauf, Sand ins Getriebe des normalen Lebens zu streuen. Für die Industrie gaben sie die Parole aus: »Revolution ist, wenn man die Produktion zum Stillstand bringt.« Erstmals mischten sie sich nun auch ernsthaft in die Landwirtschaft ein: »Lieber sozialistisches Unkraut als kapitalistische Ernten.« Wenn man ausländische Technologie einkaufe, sei das so, als würde man »die Fürze von Ausländern schnuppern und ihren Geruch lieblich nennen«. Und im Bildungswesen hieß es: »Wir wollen ungebildete Arbeiter, nicht gebildete Geistesaristokraten.« Sie riefen die Schulkinder auf, wieder gegen ihre Lehrer zu rebellieren. In Beijing gingen im Januar 1974 wieder Fenster, Tische und Stühle in Mittelschulen und Grundschulen zu Bruch, wie es bereits 1966 zu Beginn der Kulturrevolution geschehen war. Frau Mao behauptete, dies sei das gleiche wie »das revolutionäre Handeln der englischen Arbeiter, die im achtzehnten Jahrhundert Maschinen gestürmt haben«. Die ganze Demagogie hatte nur einen Zweck: Man wollte Deng Xiaoping und Zhou Enlai in Schwierigkeiten bringen und das Land ins Chaos stürzen. Frau Mao und die Behörde für die Kulturrevolution konnten nur existieren, wenn sie zerstörten und Menschen verfolgten. Im Aufbau war für sie kein Platz.

Um diese Zeit unternahmen Zhou und Deng einen zaghaften

Versuch, das Land nach außen zu öffnen. Frau Mao startete daraufhin einen Generalangriff auf die ausländische Kultur. Anfang 1974 kritisierten alle Medien in einer großen Kampagne den italienischen Regisseur Michelangelo Antonioni wegen seines Films über China. Allerdings hatte niemand in China den Film gesehen oder auch nur davon gehört, kaum jemand kannte überhaupt den Namen des Regisseurs. Nach einer Tournee des Philadelphia Orchestra machte dieser Ausbruch von Fremdenhaß nicht einmal vor Beethoven halt. In den zwei Jahren seit dem Sturz von Lin Biao war meine Stimmung immer wieder von Hoffnung in Verzweiflung und Wut umgeschlagen. Mich tröstete nur, daß der Kampf überhaupt weiterging und daß nicht so ausschließlich der Wahnsinn regierte wie in den ersten Jahren der Kulturrevolution. Das hing zum Teil damit zusammen, daß Mao keine der beiden Seiten voll und ganz unterstützte. Er verabscheute die Versuche von Deng und Zhou, die »Errungenschaften« der Kulturrevolution rückgängig zu machen, aber er wußte, daß seine Frau und ihre ergebenen Anhänger das Land in einen Zustand vollkommener Lähmung stürzen würden. Um diese Zeit herum begriff ich allmählich, daß der eigentliche Verantwortliche für die Kulturrevolution Mao war. Aber ich verurteilte ihn immer noch nicht eindeutig, nicht einmal im stillen. Es war so schwer, einen Gott zu zerstören. Psychologisch war ich reif dafür, die Dinge beim Namen zu nennen.

Die Sabotagebemühungen von Frau Mao und ihrer Kamarilla richteten sich in erster Linie gegen das Bildungswesen, denn erstens war das Bildungswesen nicht unmittelbar lebensnotwendig für die Wirtschaft und zweitens bedeutete jeder Versuch zu lernen und zu lehren eine Abkehr vom Ideal der glorreichen Unwissenheit, wie es die Kulturrevolution propagiert hatte. Als ich mein Studium begann, geriet ich genau auf dieses Schlachtfeld. Die Universität von Sichuan war der Hauptsitz der Rebellengruppe »26. August« gewesen, der Stoßtruppe der Tings, und die Gebäude trugen überall die Spuren von sieben Jahren Kulturrevolution. Kaum ein Fenster war unbeschädigt geblieben. Der Teich auf dem Universitätsgelände war einst für seine

Seerosen und Goldfische berühmt gewesen, jetzt brüteten Mücken in dem schlammigen, stinkenden Wasser. Die Platanen entlang der Straße zum Haupttor hatte man verstümmelt.

In meinem ersten Semester gab es eine große Kampagne gegen den »Weg durch die Hintertür«. Natürlich wurde mit keinem Wort erwähnt, daß die Behörde für die Kulturrevolution die »Vordertür« beharrlich blockierte. Ich sah viele Kinder hoher Funktionäre unter den neuen »Arbeiter-Bauern-Soldaten-Studenten«, und vermutlich waren alle anderen auch dank Verbindungen an die Universität gekommen: die Bauern durch Fürsprache der Leiter ihrer Produktionsmannschaften oder der Parteisekretäre in den Kommunen, die Arbeiter durch gute Beziehungen zu ihren Vorgesetzten, und nicht wenige bekleideten kleine Funktionärsposten. Die Hintertür war der einzige Eingang zur Universität. Meine Mitstudenten zeigten bei der Kampagne keinen großen Einsatz.

Jeden Nachmittag und an vielen Abenden »studierten« wir schwülstige Propagandaartikel aus der *Volkszeitung*, in denen dies oder jenes verurteilt wurde, oder wir führten unsinnige »Diskussionen«, bei denen alle die aufgeblasene, leere Sprache der Zeitung nachahmten. Ich teilte mit fünf anderen Mädchen ein Zimmer. Die doppelstöckigen Betten waren an den Längswänden aufgereiht, dazwischen stand ein Tisch mit sechs Stühlen, hier konnten wir arbeiten. Wir mußten Tag und Nacht auf dem Universitätsgelände bleiben, nur samstags und sonntags durften wir bis Sonntagabend nach Hause.

Ich studierte Englisch, aber wir hatten praktisch keine Möglichkeit, die Sprache zu lernen. Es gab keine englischen Muttersprachler und auch keine anderen Ausländer; die gesamte Provinz Sichuan war für Ausländer gesperrt. Manchmal durfte der eine oder andere Reisende die Provinz besuchen, wenn er als »Freund Chinas« eingestuft wurde, aber es war ein Verbrechen, wenn man ohne Erlaubnis ein Wort mit ihm wechselte. Wer die BBC oder die Stimme Amerikas im Radio hörte, mußte mit einer Gefängnisstrafe rechnen. Wir kamen nicht an ausländische Publikationen heran mit Ausnahme von *The Worker*, der Zeitung der vollkommen unbedeutenden maoistisch orientierten Kommunistischen Partei Großbritanniens. Und selbst diese Zeitung wurde in einem verschlossenen Raum aufbewahrt. Ich erinnere mich noch, wie aufgeregt ich war, als ich einmal – nur ein einziges Mal – die Erlaubnis erhielt, mir ein Exemplar der Zeitung anzusehen. Wie ein Eimer kaltes Wasser traf mich der Artikel auf der ersten Seite: Dort wurde die chinesische Kampagne gegen Konfuzius nachgebetet. Entgeistert starrte ich auf die Zeitung. In diesem Augenblick kam ein Lehrer vorbei, den ich sehr mochte, und bemerkte lächelnd: »Diese Zeitung wird wahrscheinlich nur in China gelesen.«

Das Lehrmaterial bestand aus lächerlichen Propagandaschriften. Der erste englische Satz, den wir lernten, lautete: »Long live Chairman Mao!« Aber niemand wagte, diesen Satz grammatikalisch zu erklären. Im Chinesischen ist der Begriff für die grammatische »Wunschform« gleichbedeutend mit »etwas Unwirkliches«. 1966 war ein Lektor an meiner Universität verprügelt worden, weil »er die Frechheit besessen hatte zu behaupten, daß ›Lang lebe der Vorsitzende Mao!‹ etwas ›Unwirkliches‹ sei«!

Mit großen Schwierigkeiten gelang es mir, von Lektoren an meiner Fakultät ein paar englischsprachige Bücher auszuleihen, die vor der Kulturrevolution gedruckt worden waren. Und Jin-ming schickte mir Bücher aus seiner Universitätsbibliothek mit der Post. Ich las Auszüge aus den Werken von Jane Austen, Charles Dickens und Oscar Wilde und Erzählungen aus der europäischen und amerikanischen Geschichte. Ich las alles mit Genuß, aber einen großen Teil meiner Energie mußte ich darauf verwenden, die Bücher zu finden und lange genug zu behalten. Wenn jemand hereinkam, bedeckte ich mein Buch schnell mit einer Zeitung. Das hatte nur teilweise etwas mit dem »bürgerlichen Inhalt« der Bücher zu tun. Die beiden anderen Gründe waren, daß ich Englisch nicht zu gewissenhaft studieren durfte und daß meine Kommilitonen nicht neidisch werden durften, weil ich etwas las, was sie nicht verstanden. Es klingt lächerlich, ist aber leider wahr, daß wir zwar Englisch studieren durften und von der Regierung während des Studiums unterstützt wurden – teilweise allerdings um der Propaganda willen –, aber daß wir uns nicht zu sehr in unser Studium hineinknien durften. Das galt als »weiß und fachkundig«. In der verrückten Logik jener Tage ging man davon aus, daß jemand, der in seinem Beruf gute Leistungen erbrachte (»fachkundig« war), automatisch politisch unzuverlässig (»weiß«) war.

Ich hatte das Unglück, daß ich besser Englisch sprach als meine Kommilitonen. Den Studentenfunktionären war ich deshalb ein Dorn im Auge. Sie achteten darauf, daß alles auf dem niedrigsten Niveau blieb, sie leiteten die Versammlungen zur politischen Indoktrination und betrieben »Gedankenkontrolle« bei ihren Mitstudenten. Die meisten Studentenfunktionäre in meinem Jahrgang kamen vom Land. Sie wollten zwar Englisch lernen, aber sie waren halbe Analphabeten und nicht sehr begabt für geistige Arbeit. Ich hatte Verständnis für ihre Unsicherheit und Enttäuschung und auch dafür, daß sie mich beneideten. Aber durch Maos Parole »weiß und fachkundig« wurde ihre Unfähigkeit aufgewertet, sie hatten politische Macht und reichlich Gelegenheit, ihre Frustration abzureagieren.

Ab und zu rief mich ein Studentenfunktionär zu einem »vertraulichen Gespräch«. Der Leiter der Parteizelle in meinem Kurs war ein Mann namens Ming. Er war früher Bauer gewesen, dann in die Armee eingetreten und schließlich Leiter einer Produktionsmannschaft geworden. Als Student war er miserabel, dafür hielt er mir lange, selbstgerechte Vorträge über die jüngsten Leistungen der Kulturrevolution, über die »glorreichen Aufgaben, die wir als Arbeiter-Bauern-Soldaten-Studenten vollbringen« müßten, und über die Notwendigkeit der »Gedankenreform«. Nie kam er direkt auf sein eigentliches Anliegen zu sprechen. Seine Kritik brachte er nur andeutungsweise vor: »Die Massen haben sich über dich beschwert. Du weißt doch sicher, worum es geht?« Genüßlich beobachtete er, wie ich reagierte.

An einem Tag hieß es, ich sei »weiß und fachkundig«, am nächsten wurde mir »bürgerliches Verhalten« vorgeworfen, weil ich die Gelegenheit versäumt hatte, mit den anderen zu wetteifern, wer die Toiletten putzen oder den Genossen die

Kleider waschen durfte – obligatorische gute Taten. Und einmal unterstellte er mir besonders üble Gedanken: Ich sei nicht bereit, den größten Teil meiner Zeit damit zu verbringen, meinen Mitstudenten Nachhilfestunden zu geben, weil ich verhindern wollte, daß sie mich einholten.

Ming hatte eine Standardkritik, an der ihm offensichtlich viel gelegen war, denn er trug sie immer mit zitternden Lippen vor. Sie lautete: »Die Massen berichten, daß du überheblich bist, daß du dich von ihnen absonderst...« Damals war es gang und gäbe, jemandem vorzuwerfen, er sei hochnäsig, wenn er seinen Wunsch, allein zu sein, nicht sehr sorgfältig verbarg.

Eine Stufe über den Studentenfunktionären standen die politischen Kontrolleure. Sie konnten kaum oder gar kein Englisch. Sie mochten mich nicht, und ich mochte sie nicht. Von Zeit zu Zeit mußte ich dem für mich zuständigen Kontrolleur Bericht über meine Gedanken erstatten. Jedesmal wanderte ich stundenlang über das Universitätsgelände, bis ich endlich den Mut aufbrachte, an seine Tür zu klopfen. Obwohl ich ihn nicht für einen bösen Menschen hielt, hatte ich Angst vor ihm. Am meisten fürchtete ich die langweilige Tirade, die unvermeidlich jedesmal auf mich niederging. Wie viele andere in seiner Stellung spielte er gern Katz und Maus, denn das gab ihm ein Gefühl der Macht. Ich mußte demütig und ernsthaft aussehen, und ich gelobte Dinge, die ich weder so meinte noch zu tun gedachte.

Ich sehnte mich nach der Zeit auf dem Land und in der Fabrik zurück, dort hatte man mich wenigstens ab und zu in Ruhe gelassen. Die Universitäten mit ihrem intellektuellen Anspruch wurden viel genauer kontrolliert als andere Organisationen; Frau Mao widmete ihnen ihre besondere Aufmerksamkeit. Außerdem wurde mir bald klar, daß ich hier inmitten von Menschen lebte, denen die Kulturrevolution genützt hatte. Ohne die Kulturrevolution wären viele von ihnen nicht da, wo sie jetzt waren.

Einmal erhielten ein paar Studenten meines Jahrgangs den Auftrag, ein Wörterbuch englischer Abkürzungen zu erstellen. Die Fakultät hatte beschlossen, daß das vorhandene Wörterbuch »reaktionär« sei, denn es enthielt weit mehr »kapitalistische« als politisch akzeptable Abkürzungen. Das konnte kaum überraschen. »Warum gibt es für Roosevelt eine Abkürzung – FDR –, aber nicht für den Vorsitzenden Mao?« ärgerten sich meine Kommilitonen. Mit ungeheurer Hingabe und Ernsthaftigkeit suchten sie nach politisch einwandfreien Abkürzungen, doch schließlich mußten sie ihr großes historisches Projekt aufgeben, denn es gab einfach nicht genug richtige Abkürzungen.

Ich fand meine Umgebung unerträglich. Unwissen konnte ich akzeptieren, nicht aber seine Verherrlichung und noch weniger den Anspruch, daß die Unwissenheit zu regieren habe.

Wir mußten immer wieder die Universität verlassen und Dinge tun, die mit unserem Studium nichts zu tun hatten. Mao hatte erklärt, wir müßten »in den Fabriken, auf dem Land und in den Armee-Einheiten lernen«. Wie üblich blieb unklar, was wir dort lernen sollten. Es begann mit »Lernen auf dem Land«. Schon eine Woche nach dem Beginn meines Studiums im Oktober 1973 wurde die gesamte Universität auf das Land verschickt, an einen Ort außerhalb von Chengdu namens Drachenbergquelle. Wir sollten die mit Blumen bewachsenen und mit Bäumen bestandenen Hänge in Terrassen für den Reisanbau verwandeln.

Es war Pflicht, dabei wie bei allen Aktionen, zu denen Mao aufgerufen hatte, ein Höchstmaß an Eifer an den Tag zu legen. Viele meiner Kommilitonen arbeiteten in einer Weise, die geradezu nach Aufmerksamkeit schrie. Mir hingegen hielt man mangelnde Begeisterung vor, denn ich konnte nur schwer meine Abneigung gegen diese Arbeit verbergen. Und überdies hatte ich einen physischen »Defekt«: Ich schwitzte nicht leicht, so sehr ich mich auch anstrengte. Studenten, denen der Schweiß aus allen Poren lief, wurden bei den Abendappellen unweigerlich belobigt.

Ich haßte diese Ausflüge, ich haßte die Tatsache, daß unsere Arbeitskraft, unsere gesamte Existenz für ein schäbiges politisches Spiel ausgebeutet wurde. Zu meinem großen Ärger wurde die gesamte Universität Ende 1974 zu einer Armee-Einheit geschickt.

Das Armee-Lager befand sich nicht sehr weit außerhalb, zwei Stunden mit dem Lastwagen von Chengdu entfernt. Es war ein wunderschöner Fleck Erde, umgeben von Reisfeldern, blühenden Pfirsichbäumen und Bambushainen. Aber trotzdem kamen mir die siebzehn Tage, die wir dort verbringen mußten, wie ein Jahr vor. Ich rang ständig nach Atem, weil wir jeden Morgen lange Dauerläufe absolvieren mußten, ich hatte überall Schürfwunden, weil wir uns auf den Boden werfen und unter dem imaginären Kanonenfeuer eines »feindlichen« Panzers durchrobben mußten, und ich war vollkommen erschöpft, wenn wir stundenlang mit dem Gewehr gezielt oder hölzerne Handgranatenattrappen geworfen hatten. Vor allem aber erwartete man von mir, daß ich dauernd meine Leidenschaft und meine Fähigkeit bei diesen Dingen beweisen sollte, und dabei war ich ein hoffnungsloser Versager. Man verzieh mir nicht, daß ich nur in Englisch, meinem Studienfach, gut war. Das militärische Training war ein *politischer* Auftrag, und ich mußte mich bewähren. Aber – Gipfel der Ironie – auch in der Armee konnte ein Soldat wegen seiner militärischen Fähigkeiten wie beispielsweise Treffsicherheit als »weiß und fachkundig« verdächtigt werden. Je mehr man von mir forderte, desto schlechter wurden meine Leistungen. Ich war eine der wenigen unter den mehr als tausend Studenten, die eine hölzerne Handgranatenattrappe nur eine so gefährlich kurze Entfernung werfen konnten, daß wir nicht mitmachen durften, als in einem großen Spektakel echte Handgranaten geworfen wurden. Als wir, das klägliche Grüppchen der Disqualifizierten, auf einem Hügel saßen und die Explosionen in der Ferne hörten, brach ein Mädchen in lautes Schluchzen aus. Mir kroch die Angst den Rücken herauf bei dem Gedanken, daß ich soeben einen eindeutigen Beweis geliefert hatte, daß ich »weiß« war.

Der zweite Test am Ende unserer militärischen Ausbildung war Schießen. Auf dem Weg zum Schießplatz sagte ich mir immer wieder: Ich kann es mir nicht leisten, hier zu versagen, ich muß den Test unbedingt bestehen. Als ich aufgerufen wurde, mich auf die Erde warf und durch das Zielfernrohr blickte, sah ich buchstäblich schwarz. Ich sah weder die Zielscheibe noch den Boden, nichts, nur Schwärze. Ich zitterte so sehr, daß ich kaum das Gewehr halten konnte. Ganz schwach vernahm ich den Befehl abzudrücken, als kämen die Worte aus weiter Ferne und durch eine Watteschicht. Der Befehl klang unwirklich, einen Augenblick lang fragte ich mich, ob ich ihn überhaupt gehört hatte. Ich drückte ab, als wäre ich ferngesteuert. Ich hörte keinen Knall und sah auch nichts. Die Ausbilder standen vor einem Rätsel, als sie die Treffer zählen wollten: Keine meiner zehn Kugeln hatte den Schießstand getroffen, vom Ziel selbst ganz zu schweigen.

Ich war fassungslos. Meine Sehkraft war ausgezeichnet, ich sagte dem Ausbilder, daß mit dem Gewehr etwas nicht in Ordnung gewesen sein müsse. Er glaubte mir, das Ergebnis war so spektakulär schlecht, daß es nicht allein mein Versagen sein konnte. Man drückte mir ein anderes Gewehr in die Hand, und ich durfte es ein zweites Mal versuchen. Natürlich löste das einen Proteststurm bei den anderen aus, die vergeblich um eine zweite Chance gebeten hatten. Diesmal fiel das Ergebnis geringfügig besser aus: Zwei der zehn Kugeln trafen wenigstens die äußeren Ringe der Zielscheibe. Trotzdem war ich mit Abstand die Schlechteste der gesamten Universität. Die Ergebnisse wurden wie eine Propagandatafel an einer Wand angeschlagen, und als ich meinen Namen ganz unten sah, wußte ich, daß ich noch mehr eine »Weiße« geworden war. Von den Studentenfunktionären hörte ich abfällige Bemerkungen: »Pah! Kriegt eine zweite Chance! Als ob das bei ihr etwas nützen würde! Wenn sie nicht die richtigen Klassengefühle hat und den nötigen Klassenhaß, werden sie hundert Chancen nicht retten!«

An der Universität fand ich Zuflucht bei Professoren und Lektoren, die ihre Stellen schon vor der Kulturrevolution dank ihrer wissenschaftlichen Qualifikation bekommen hatten. Einige Professoren waren in Großbritannien oder den Vereinigten Staaten gewesen, bevor die Kommunisten in China die Macht ergriffen hatten. Im Kreise solcher Menschen konnte ich mich entspannen und fühlte mich verstanden, wir hatten dieselbe Wellenlänge. Trotzdem waren sie vorsichtig, fast alle Intellektuellen waren nach den vielen Jahren der Unterdrückung ständig auf der Hut. Gefährliche Themen vermieden wir. Die wenigen, die im Westen gewesen waren, sprachen kaum über diese Zeit. Obwohl ich sie für mein Leben gern über den Westen ausgefragt hätte, beherrschte ich mich, denn ich wollte sie nicht in Schwierigkeiten bringen. Teilweise aus demselben Grund erzählte ich meinen Eltern nur wenig von dem, was mich beschäftigte. Wie hätten sie reagieren sollen – mit gefährlichen Wahrheiten oder sicheren Lügen? Ich wollte ihnen mit meinen ketzerischen Gedanken keine Sorgen bereiten. Sie sollten wirklich ahnungslos bleiben. Käme ich in Schwierigkeiten, konnten sie wahrheitsgemäß sagen, daß sie keine Ahnung gehabt hatten.

Offen sprach ich mit gleichaltrigen Freunden. Viel mehr als miteinander sprechen konnten wir auch nicht, vor allem nicht im Umgang mit männlichen Freunden. Mit einem Mann auszugehen, sich gemeinsam in der Öffentlichkeit zu zeigen, war gleichbedeutend mit einem Heiratsversprechen. Vergnügungsmöglichkeiten gab es immer noch nicht. In den Kinos liefen eine Handvoll Filme, die Frau Mao höchstpersönlich ausgesucht hatte. Ganz selten einmal wurde ein ausländischer Film gezeigt, etwa aus Albanien, doch die Karten verschwanden sofort in den Taschen der Leute mit den richtigen Verbindungen. Um die wenigen verbliebenen Eintrittskarten entbrannte jedesmal ein regelrechtes Handgemenge. Der Schwarzhandel mit Kinokarten blühte. So saßen wir meistens nur zusammen und unterhielten uns, es war eine Atmosphäre wie im viktorianischen England. Freundschaften mit Männern waren für Frauen damals sehr ungewöhnlich, und einmal sagte eine Freundin zu mir: »Ich kenne kein anderes Mädchen, das so viele männliche Freunde hat. Mädchen haben normalerweise Freundinnen.« Sie hatte recht. Viele Mädchen in meiner Umgebung heirateten den ersten Mann, mit dem sie etwas näheren Kontakt hatten. Von meinen Freunden erhielt ich als einzige Beweise ihres Interesses ein paar gefühlvolle Gedichte und beherrschte Briefe, von denen immerhin einer mit Blut geschrieben war. Der Torhüter unseres Fußballteams hatte ihn verfaßt.

Wir sprachen oft über den Westen. Ich gelangte damals zu der Überzeugung, daß der Westen eine wunderbare Welt sein mußte. Paradoxerweise hatten mir ausgerechnet Mao und sein Regime diese Überzeugung eingetrichtert. Jahrelang war alles, wozu ich meinem Wesen nach neigte, als westliches Übel verdammt worden. Die Liste umfaßte hübsche Kleidung, Blumen, Bücher, Vergnügungen, Höflichkeit, Milde, Spontaneität, Barmherzigkeit, Freundlichkeit, Freiheit, Abneigung gegen Gewalt und Grausamkeit, Liebe anstelle von »Klassenhaß«, Achtung vor dem Leben des einzelnen, den Wunsch, in Ruhe gelassen zu werden, berufliches Können ... Manchmal fragte ich mich, wie jemand sich nicht wünschen konnte, im Westen zu leben.

Ich wollte unbedingt wissen, wie die Alternativen zu dem Leben aussahen, das ich in China führte. Meine Freunde und ich lebten vom Hörensagen und von Gerüchten, wir tauschten begierig die kleinen Bruchstücke von Informationen aus, die wir zwischen den Zeilen der offiziellen Propaganda lasen. Abgesehen von den Wissensfragmenten über die rapiden technischen Entwicklungen und den hohen Lebensstandard erregten und beeindruckten mich vor allem die Hinweise auf die Lebensumstände: keine politischen Verfolgungen, Menschenrechte, kein dauerndes Mißtrauen und eine unglaubliche Freiheit. Der schlagendste Beweis für die Freiheit im Westen war in meinen Augen die Tatsache, daß dort so viele Menschen den Westen kritisierten und China priesen. Fast jeden zweiten Tag fanden wir auf der ersten Seite einer Parteizeitung, die Auszüge aus der ausländischen Presse druckte, irgendwelche ausländischen Lobgesänge auf Mao und die Kulturrevolution. Am Anfang ärgerte mich das, aber dann verstand ich es als Zeichen von Toleranz innerhalb einer Gesellschaft. Und ich begriff, daß dies die Welt war, in der ich leben wollte: in einer Gesellschaft, in der die Menschen unterschiedliche und sogar haarsträubende Ansichten haben durften. Ich begriff, daß der Westen seinen Fortschritt der Toleranz gegenüber oppositionellen und protestierenden Kräften verdankte.

Trotzdem verwirrten mich manche Beobachtungen. Einmal las ich einen Artikel eines Ausländers aus dem Westen, der in China alte Freunde, Universitätsprofessoren, besucht hatte. Er berichtete, die chinesischen Freunde hätten ihm gesagt, wie froh sie seien, daß man sie denunziert und in Lager gesteckt habe, wie gut es ihnen bekommen sei, daß sie sich hätten »reformieren« müssen. Der Autor zog in seinem Artikel den Schluß, daß es Mao wirklich gelungen sei, aus den Chinesen »neue Menschen« zu machen. Was einem Menschen aus dem Westen als Elend erscheine, sei für sie etwas Angenehmes. Mir verschlug es die Sprache. Wußte er nicht, daß die Unterdrückung am schlimmsten war, wenn niemand sich darüber beklagte? Und noch hundertmal schlimmer, wenn das Opfer zu seinen Qualen lächelte? Begriff er wirklich nicht, was für einen jämmerlichen Menschen man aus diesem Professor gemacht hatte, und was für grauenvolle Dinge er hatte erdulden müssen, daß er heute so reden konnte? Mir war nicht klar, daß die Ausländer aus dem Westen die subtile Art, wie man in China Gewalt zufügte, nicht durchschauen konnten.

Ich berücksichtige auch nicht genug, daß man im Westen nur schwer an Informationen über China herankam und daß die wenigen Informationen sehr mißverstanden werden konnten. Menschen, die keine Erfahrungen mit Regimen wie dem chinesischen hatten, konnten die bombastische Rhetorik und Propaganda leicht für bare Münze nehmen. Mir erschienen die ausländischen Lobgesänge schlicht unehrlich. Meine Freunde und ich erzählten uns Witze darüber, wie diese Lobgesänge durch die »Gastfreundschaft« unserer Regierung erkauft worden waren. Als man im Gefolge des Nixon-Besuchs Ausländern erlaubte, bestimmte Orte in China zu besuchen, wurden überall, wohin sie kamen, die besten Plätze für sie reserviert – auch in den Universitäten. Überall sah man Schilder: »Nur für ausländische

Gäste.« Ausländern wurden die besten Speisen vorgesetzt wie beispielsweise Hummer. Die Zeitungen zitierten stolz Henry Kissingers Bemerkung, daß er als Folge der vielen zwölf Gänge umfassenden Bankette während seines China-Besuchs einige Kilo zugenommen habe. Diese Bemerkung fiel zu einer Zeit, als in Sichuan, dem »Kornspeicher des Himmels«, unsere Fleischrationen zweihundertfünfzig Gramm pro Monat betrugen. Meine Freunde und ich sagten zueinander: »Warum werfen wir der Kuomintang vor, daß sie Schilder mit der Aufschrift aufgestellt haben: ›Zutritt für Chinesen und Hunde verboten‹ – machen wir denn nicht genau das gleiche?«

Wie besessen suchten wir nach Informationen, meine Englischkenntnisse halfen mir dabei sehr. Die Universitätsbibliothek war zu Beginn der Kulturrevolution nicht niedergebrannt worden, man hatte sie zwar geplündert, aber dabei gingen vor allem Bücher in chinesischer Sprache verloren. Die sehr umfangreiche englischsprachige Abteilung war im großen und ganzen unversehrt geblieben, die Rebellen hatten die Bücher lediglich von den Regalen gefegt.

Die Bibliothekare freuten sich, daß die englischsprachigen Bücher gelesen wurden, und noch dazu von einer Studentin. Die gesamte Systematik der Bibliothek war durcheinandergeraten, die Bibliothekare mußten sich durch Berge von Büchern wühlen, bis sie die Titel fanden, die ich ausleihen wollte. Dank der unermüdlichen Bemühungen dieser jungen Männer und Frauen konnte ich etliche englische Klassiker lesen. Ich stellte fest, daß ich Autorinnen wie Jane Austen und die Schwestern Brontë viel leichter verstand als männliche Schriftsteller wie Dickens und daß ich mich in ihre Romanfiguren viel besser einfühlen konnte. Ich las einen Abriß der Geschichte der europäischen und der amerikanischen Literatur. Die griechische Demokratie beeindruckte mich sehr, der Humanismus der Renaissance, das Bestreben der Aufklärung, alles zu hinterfragen. Ich las die Passage in Swifts »Gullivers Reisen«, wo der Kaiser von Lilliput beschrieben wird, der »eine Verfügung erläßt, die all seinen Untertanen bei Androhung schwerer Strafen befiehlt, die Eier am schmaleren Ende aufzuschlagen«. Ich fragte mich, ob Swift jemals in China gewesen war. Ich empfand unbeschreibliche Freude, als ich spürte, wie mein Horizont sich allmählich erweiterte.

Wenn ich mich allein in der Bibliothek aufhalten konnte, wähnte ich mich im siebten Himmel. Den ganzen Weg zur Bibliothek hüpfte mein Herz vor Freude. Meistens ging ich in der Abenddämmerung dorthin und freute mich darauf, mit meinen Büchern allein zu sein. Die Welt draußen hörte auf zu existieren. Entlang der Straße zur Bibliothek standen Platanen. Wenn ich die Stufen zur Bibliothek hinauf eilte, zitterte ich vor Erwartung, daß ich gleich den Duft der alten Bücher riechen würde, der in den ungelüfteten Räumen stand.

Mit Hilfe von Wörterbüchern, die Professoren mir ausliehen, erschloß ich mir Longfellow, Walt Whitman und die amerikanische Geschichte. Ich lernte die gesamte Unabhängigkeitserklärung der Vereinigten Staaten auswendig. Das Herz ging mir auf bei den Worten, es solle »eine neue Nation entstehen, gegründet auf Freiheit und Gleichheit aller Menschen«. Die Passagen über die »unveräußerlichen Rechte« über »Freiheit und das Streben nach Glück« berührten mich tief. Diese Vorstellungen waren in China völlig unbekannt, mir eröffnete sich eine neue, wunderbare Welt. Unter leidenschaftlichen Tränen schrieb ich die Sätze in meine Notizhefte ab und trug sie immer bei mir.

An einem Herbsttag im Jahr 1974 zeigte mir eine Freundin mit geheimnisvoller Miene eine Ausgabe von *Newsweek*, in der Mao und seine Frau abgebildet waren. Meine Freundin konnte kein Englisch und wollte wissen, was in dem Artikel stand. Zum ersten Mal konnte ich eine echte ausländische Zeitschrift lesen. Ein Satz traf mich wie ein Blitz: Frau Mao, hieß es da, sei »Augen, Ohren und Stimme« des Vorsitzenden Mao. Bis zu diesem Augenblick hatte ich mir nie erlaubt zu erkennen, daß eine Verbindung zwischen den Taten dieser Frau und dem Vorsitzenden Mao bestand. Auf einmal sah ich klar. Aus meinen nebelhaften Vorstellungen trat immer deutlicher Mao hervor, Mao hatte hinter all der Zerstörung und dem Leiden gestanden. Ohne ihn hätten Frau Mao und ihre Kamarilla nicht einen Tag ihre Fäden spinnen können. Zum ersten Mal verspürte ich Lust, Mao in meinen Gedanken ganz offen herauszufordern.

KAPITEL 27

*»Wenn dies das Paradies ist,
wie sieht dann die Hölle aus?«*

*Der Tod
meines Vaters
(1974-1976)*

Anders als die meisten seiner Kollegen war mein Vater immer noch nicht rehabilitiert und man hatte ihm auch keine Arbeit zugewiesen. Seit er im Herbst 1972 mit meiner Mutter und mir aus Beijing zurückgekommen war, saß er beschäftigungslos zu Hause in der Meteoritenstraße. Das Problem war, daß er Mao explizit angegriffen hatte. Die Gruppe, die seinen Fall untersuchte, verhielt sich wohlwollend und versuchte, einige Bemerkungen meines Vaters als eine Folge seiner Geisteskrankheit darzustellen. Damit hatten sie gegenüber den nächsthöheren Instanzen keinen Erfolg, denn dort wünschte man eine harte Bestrafung als Konterrevolutionär. Viele Kollegen meines Vaters standen auf seiner Seite, manche bewunderten ihn sogar, aber jeder dachte zuerst an seinen Kopf. Im übrigen war mein Vater ein Einzelgänger, und er hatte keinen mächtigen Fürsprecher, der seine Rehabilitierung hätte beschleunigen können. Hingegen saßen viele seiner Feinde an einflußreichen Stellen.
Im Jahr 1968 hatte meine Mutter bei einem kurzen Hafturlaub einen alten Freund meines Vaters bei einem Essensstand am Straßenrand gesehen. Der Mann hatte sich mit den Tings zu-

sammengetan. Er war in Begleitung seiner Frau, die er einst in Yibin durch meine Mutter und Frau Ting kennengelernt hatte. Das Ehepaar wirkte sichtlich verlegen und wollte über ein kurzes Kopfnicken hinaus möglichst keinen Kontakt mit meiner Mutter. Trotzdem marschierte meine Mutter zielstrebig auf ihren Tisch zu und stellte sich neben sie. Sie bat die beiden, bei den Tings ein gutes Wort für meinen Vater einzulegen. Die beiden hörten meiner Mutter schweigend zu, dann schüttelte der Mann den Kopf und sagte: »Das ist nicht so einfach ... Er tauchte einen Finger in seinen Tee und schrieb das Schriftzeichen *Zuo* auf den Tisch. Dann schaute er meine Mutter noch einmal bedeutungsvoll an, und ohne ein weiteres Wort gingen die beiden weg.

Zuo hatte früher eng mit meinem Vater zusammengearbeitet. Er war einer der wenigen höheren Funktionäre, die die Kulturrevolution nahezu unbeschadet überstanden hatten. Trotz seiner engen Kontakte zu den Rebellen von Frau Shau und den Tings hatte er sich nach ihrem Sturz und dem Sturz von Lin Biao im Amt halten können.

Mein Vater wollte nicht zurücknehmen, was er über Mao gesagt hatte. Doch als die Untersuchungsgruppe ihm nahelegte, er solle sich auf seine Geisteskrankheit berufen, stimmte er zu, obwohl es ihm sehr schwer fiel.

Die Situation im Land bedrückte ihn. Es gab keine Regeln mehr, weder für dem Umgang der Menschen miteinander noch für das Verhalten der Partei. Die Korruption griff wieder um sich, die Funktionäre sorgten zuerst für sich, ihre Familien und ihre Freunde. Die Lehrer erinnerten sich noch zu gut an die Prügel während der Kulturrevolution und gaben allen Schülern unabhängig von ihren Leistungen nur die besten Noten. Die Busschaffner kassierten kein Fahrgeld mehr, niemand hatte mehr Respekt vor öffentlichem Eigentum. Maos Kulturrevolution hatte die Parteidisziplin und das moralische Gewissen der Menschen zerstört.

Mein Vater zwang sich mühsam zur Selbstbeherrschung. Mehr als einmal war er in Versuchung, seinen Gedanken freien Lauf zu lassen und Dinge zu sagen, die ihn und seine Familie in größte Schwierigkeiten gebracht hätten.

Täglich schluckte er Beruhigungsmittel. Wenn die politische Lage freundlicher aussah, brauchte er weniger Tabletten, wenn schärfere Töne angeschlagen wurden, erhöhte er die Dosis. Die Psychiater schüttelten jedesmal den Kopf, wenn er sie bat, ihm mehr Tabletten zu verschreiben. Sie erklärten ihm, so hohe Dosen könnten sehr gefährlich für ihn werden. Aber er schaffte es immer nur für kurze Zeit, auf die Beruhigungsmittel ganz zu verzichten. Im Mai 1974 spürte er, daß er am Rande eines Nervenzusammenbruchs stand, und suchte eine psychiatrische Klinik auf. Dieses Mal wurde er sofort aufgenommen, da seine früheren Mitarbeiter inzwischen wieder für das Gesundheitswesen zuständig waren und sich für ihn einsetzten.

Ich ging nicht mehr zur Universität, sondern blieb bei meinem Vater im Krankenhaus. Dr. Su, der meinen Vater bereits früher behandelt hatte, kümmerte sich um ihn. Unter den Tings war Dr. Su verurteilt worden, weil er über den Zustand meines Vaters eine wahrheitsgemäße Diagnose gestellt hatte. Man wollte ihn zwingen, die Diagnose zu widerrufen und eine Erklärung abzugeben, wonach mein Vater »seine psychische Krankheit nur vorgetäuscht« hatte. Dr. Su weigerte sich. Seine Standhaftigkeit brachte ihm etliche Anklageversammlungen, Schläge und schließlich die Entlassung aus dem Arztberuf ein. Ich hatte ihn 1968 gesehen, wie er im Krankenhaus die Mülleimer leerte und die Spucknäpfe putzte. Inzwischen hatte er ganz graue Haare, obwohl er noch keine vierzig war. Nach dem Sturz der Tings hatte man ihn rehabilitiert. Er behandelte meinen Vater und mich sehr freundlich, auch die anderen Ärzte und Schwestern waren sehr nett zu uns. Sie sagten mir, sie würden sich gut um meinen Vater kümmern, ich müsse nicht bei ihm im Krankenhaus bleiben. Aber ich wollte bei ihm bleiben, denn ich war der Meinung, daß er jetzt vor allem Liebe brauchte. Außerdem fragte ich mich, was passieren würde, wenn er einmal hinfiel und niemand bei ihm war. Sein Blutdruck war nach wie vor beängstigend hoch, er hatte bereits mehrere kleinere Herzanfälle gehabt. Seither war er unsicher auf den Beinen, man hatte den Eindruck, daß er jeden Moment stürzen könnte. Die Ärzte hatten uns gewarnt, daß ein Sturz möglicherweise fatale Folgen haben würde. Ich zog mit ihm auf die Männerstation, in dasselbe Zimmer, in dem er bereits im Sommer 1967 gelegen hatte. Normalerweise lagen immer zwei Patienten auf einem Zimmer, aber mein Vater hatte ein Zimmer für sich. Für mich wurde eine Liege hineingestellt.

Ich ließ ihn keinen Moment lang aus den Augen, für den Fall, daß er hinfiel. Wenn er zur Toilette ging, wartete ich vor der Tür. Kam er einmal länger als erwartet nicht heraus, packte mich schon die Angst, daß er einen Herzanfall erlitten haben könnte, dann rief ich wie eine Verrückte nach ihm. Jeden Tag gingen wir im Garten hinter der Klinik spazieren, wo auch die anderen Psychiatriepatienten in ihren gestreiften Schlafanzügen mit stumpfem Gesichtsausdruck rastlos umherwanderten. Der Anblick so vieler Menschen, die den Verstand verloren hatten, erschreckte mich und machte mich traurig.

In diesem traurigen Hin und Her bildete der Garten mit seinen lebhaften Farben einen scharfen Kontrast. Weiße Schmetterlinge flatterten über gelben Löwenzahn, auf den Blumenbeeten rundum standen chinesische Espen, wogte würdevoll der Bambus und glänzten einige wenige granatrote Blüten des Granatbaumes hinter einem Oleandergebüsch. Während wir schweigend unsere Runden drehten, verfaßte ich im Geist meine Gedichte.

Am einen Ende des Gartens befand sich ein großer Gemeinschaftsraum, wo die Patienten Karten oder Schach spielten oder die wenigen Zeitungen und die Bücher lasen, die die Zensur passiert hatten. Eine Krankenschwester erzählte mir, daß man in diesem Raum während der Kulturrevolution mit den Patienten die Werke des Vorsitzenden Mao studiert hatte, weil Mao Yuan-xin, ein Neffe des Vorsitzenden Mao, »entdeckt« hatte, daß Geisteskranken das Studium von Maos Kleinem Roten Buch mehr half als jede ärztliche Behandlung. Aber diese Therapie wurde bald wieder aufgegeben, denn, so erzählte die

Krankenschwester, alle hatten furchtbare Angst, wenn ein Patient den Mund aufmachte: »Wir wußten ja nicht, was ein psychisch Kranker über Mao sagen würde.«

Nach einem Monat wurde mein Vater entlassen. Er war zwar nicht völlig gesund, denn sein Verstand war zu lange einem unmenschlichen Druck ausgesetzt gewesen und die politische Atmosphäre war immer noch zu gespannt, als daß er wirklich ruhig werden konnte. Er brauchte weiterhin Beruhigungsmittel. Mehr konnten die Psychiater nicht für ihn tun. Mein Vater war am Ende seiner Kräfte, nervlich, körperlich und geistig.

Endlich legte die Gruppe, die seinen Fall untersuchte, ihren Urteilsentwurf vor. Es hieß darin, er habe »schwerwiegende politische Fehler« begangen, das lag um Haaresbreite neben dem Urteil »Klassenfeind«. Gemäß den Parteistatuten wurde der Entwurf meinem Vater übergeben, damit er ihn unterzeichnete als Bestätigung, daß er einverstanden war. Mein Vater las das Urteil und weinte. Aber er unterschrieb.

Die Funktionäre der nächsthöheren Instanz akzeptierten diesen Urteilsspruch nicht. Er war ihnen nicht hart genug.

Im März 1975 sollte mein Schwager Brilli in seiner Fabrik befördert werden. Die für Personalfragen zuständigen Funktionäre gingen in die Abteilung meines Vaters und führten die obligatorische politische Untersuchung durch. Ein ehemaliger Rebell aus der Gruppe von Frau Shau nahm die Besucher in Empfang und sagte ihnen, mein Vater sei »Mao-feindlich eingestellt«. Brilli wurde nicht befördert. Er erwähnte den Vorgang meinen Eltern gegenüber mit keinem Wort, weil er sie nicht aufregen wollte, aber ein Freund aus der Abteilung meines Vaters kam zu uns ins Haus und erzählte meiner Mutter alles. Mein Vater hörte zufällig mit, wie sie zusammen flüsterten. Er litt schrecklich.

Er entschuldigte sich bei Brillie, daß er ihm die Zukunft verbaue. Verzweifelt schluchzend sagte er zu meiner Mutter: »Was habe ich nur getan, daß sie sogar meinem Schwiegersohn so zusetzen? Was kann ich nur tun, um euch zu retten?«

In den nächsten Nächten machte mein Vater trotz der vielen

Beruhigungsmittel kein Auge zu. Am Nachmittag des 9. April wollte er sich für ein Nickerchen hinlegen.
Meine Mutter bereitete in unserer kleinen Küche im Erdgeschoß das Essen zu. Als sie fertig war, wollte sie ihn nicht herunterrufen, sondern noch ein bißchen schlafen lassen. Irgendwann ging sie nach oben ins Schlafzimmer. Es gelang ihr nicht, ihn zu wecken. Er hatte einen Herzschlag erlitten. Wir hatten damals noch kein Telefon, und so rannte sie in die Klinik der Provinzregierung eine Straße weiter, direkt zum Chefarzt Dr. Jen.
Dr. Jen war eine Kapazität. Vor der Kulturrevolution hatte er die hohen Funktionäre in unserer Siedlung betreut, er war bei uns ein und aus gegangen und hatte sich mit viel Anteilnahme um das gesundheitliche Wohl der gesamten Familie gekümmert. Doch als die Kulturrevolution begann und meine Eltern in Ungnade fielen, behandelte er uns kalt und von oben herab. Viele Menschen verhielten sich wie Dr. Jen. Ich konnte sie nie verstehen, ihr Benehmen schockierte mich jedesmal wieder.
Als meine Mutter ihm erzählte, was passiert war, reagierte Dr. Jen sehr ungehalten. Er sagte, er werde baldmöglichst kommen, aber zunächst habe er noch etwas zu erledigen. Meine Mutter entgegnete, bei einem Herzinfakt könnte man doch nicht warten. Er warf ihr einen Blick zu, der ihr klarmachte, daß sie mit Ungeduld bei ihm nichts erreichen würde. Zwanzig Minuten später bequemte er sich schließlich zusammen mit einer Krankenschwester zu uns nach Hause – ohne seinen Erste-Hilfe-Koffer. Die Krankenschwester mußte noch einmal zur Klinik gehen, das dauerte wieder zwanzig Minuten. Als sie zurückkam, war mein Vater tot. In jener Nacht arbeitete ich bei Kerzenlicht in meinem Zimmer an der Universität. Wieder einmal war der Strom ausgefallen. Einige Leute aus der Abteilung meines Vaters holten mich mit dem Auto ab und fuhren mich ohne ein Wort der Erklärung nach Hause.
Vater lag auf der Seite im Bett, sein Gesicht wirkte ungewöhnlich entspannt, als ob er endlich den ersehnten Schlaf gefunden hätte. Er sah nicht mehr wie ein Greis aus, sondern wirkte

jugendlich, eher jünger als vierundfünfzig. Ich hatte das Gefühl, als würde mein Herz in Stücke gerissen, meine Tränen flossen unaufhaltsam.

Tagelang weinte ich lautlos. Ich erinnerte mich an Vaters Leben, ich dachte an all die vergebliche Hingabe und die zerplatzten Träume. Er hätte noch leben können, und zugleich schien sein Tod so unvermeidlich. Für ihn gab es in Maos China keinen Platz, denn er hatte versucht, ein aufrichtiger Kommunist zu sein. Er hatte sein ganzes Leben einer Sache gewidmet, und die Sache hatte ihn betrogen. Dieser Betrug hatte ihn zerstört.

Meine Mutter verlangte, daß Dr. Jen bestraft würde. Wenn er nicht so nachlässig gewesen wäre, hätte mein Vater noch leben können. Ihre Vorwürfe wurden als »hysterische Übertreibung einer Witwe« abgetan. Schweren Herzens entschied sie, die Sache auf sich beruhen zu lassen. Sie wollte ihre Kräfte auf etwas Wichtigeres konzentrieren: Mein Vater sollte einen würdigen Nachruf bekommen.

Der Nachruf war deshalb so ungeheuer wichtig, weil jeder darin die offizielle Stellungnahme der Partei zu meinem Vater sehen würde. Der Nachruf kam als letztes Blatt in die Kaderakte meines Vaters und war nach seinem Tod entscheidend für das Schicksal seiner Kinder.

Es gab bestimmte festgelegte Formulierungen für den Nachruf. Jede Abweichung von den Standardformulierungen für rehabilitierte Funktionäre würde so verstanden werden, daß die Partei noch Vorbehalte gegen den Toten hatte oder ihn verurteilte. Man setzte einen Entwurf auf und legte ihn meiner Mutter vor. Er war vernichtend. Meine Mutter wußte, daß meine Familie mit diesem Nachruf für immer verdächtig bleiben würde. Im günstigsten Fall würden wir in einem Zustand dauernder Ungewißheit leben, aber wahrscheinlicher war es, daß wir über Generationen hinweg diskriminiert würden. Sie lehnte mehrere Entwürfe ab.

Die Chancen standen schlecht für sie, aber sie wußte, daß auch viele Sympathie für meinen Vater empfanden. Nach einem Todesfall konnte eine chinesische Familie normalerweise auf Mitgefühl zählen. Nach Vaters Tod hatte meine Mutter einen Zusammenbruch erlitten, aber sie kämpfte unnachgiebig vom Krankenbett aus weiter. Sie drohte damit, sie werde bei der Beerdigung öffentlich Vorwürfe gegen die Parteiführung erheben, wenn man keinen akzeptablen Nachruf verfassen sollte. Sie rief die Kollegen und Freunde meines Vaters an ihr Krankenbett und schilderte ihnen eindringlich ihr Anliegen, sie sagte, sie lege die Zukunft ihrer Kinder in ihre Hände. Die Freunde und Kollegen versprachen, sich für meinen Vater einzusetzen. Schließlich lenkte die Parteiführung ein. Man wagte zwar nicht, meinen Vater als voll rehabilitiert zu behandeln, aber der Nachruf wurde so geändert, daß er keinen Schaden mehr anrichten konnte.

Die Begräbnisfeier fand am 21. April statt. Wie üblich wurde sie von einem sogenannten »Begräbniskomitee« organisiert, ehemaligen Arbeitskollegen meines Vaters. Darunter waren auch Menschen, die meinen Vater verfolgt hatten, wie beispielsweise Zuo. Die Begräbnisfeier war sorgfältig bis ins letzte Detail geplant. Bei einem Beamten vom Rang meines Vaters mußten zwischen dreihundert und fünfhundert Personen an der Trauerfeier teilnehmen. Die Leute wurden aus mehreren Dutzend Abteilungen und Büros der Provinzregierung und den Behörden, die meinem Vater direkt unterstanden hatten, herbeizitiert. Auch die abscheuliche Frau Shau erschien. Jede Organisation mußte einen Kranz aus Papierblumen schicken, die Größe der Kränze war genau vorgeschrieben.

In gewisser Weise war meine Familie froh, daß eine offizielle Feier stattfand. Wenn ein Mann in der Position meines Vaters nur im engsten Kreis zu Grabe getragen wurde, hieß das, daß die Partei ihre Ablehnung offen demonstrierte. Die meisten Anwesenden kannte ich nicht, aber alle meine Freunde waren gekommen, Pummelchen, Nana und die Elektriker aus meiner alten Fabrik. Meine Kommilitonen von der Universität von Sichuan waren da, sogar der Studentenfunktionär Ming hatte sich herbemüht. Mein alter Freund Bing, den ich nach dem Tod meiner Großmutter nicht mehr hatte sehen wollen, war ebenfalls gekommen. Wir verstanden uns sofort wieder und setzten unsere Freundschaft an dem Punkt fort, wo wir sie sechs Jahre zuvor unterbrochen hatten.

Das offizielle Ritual sah vor, daß auch »ein Vertreter der Familie des Verstorbenen« am Grab sprechen sollte, und diese Aufgabe fiel mir zu. Ich erinnerte an den Charakter meines Vaters, an seine moralischen Grundsätze, seinen festen Glauben an die Partei und seine leidenschaftliche Hingabe für die Sache des Volkes. Ich hoffte, ich würde die Anwesenden damit anregen, über die Tragödie seines Todes nachzudenken.

Am Schluß, als alle Anwesenden der Reihe nach zu uns kamen und uns ihr Beileid ausdrückten, sah ich in den Augen vieler ehemaliger Rebellen Tränen. Sogar Frau Shau wirkte niedergeschlagen. Sie hatte für jede Gelegenheit die passende Maske. Einige Rebellen flüsterten mir zu: »Es tut uns allen sehr leid, daß Ihr Vater so Schweres durchmachen mußte ...« Vielleicht tat es ihnen wirklich leid, aber spielte das für mich eine Rolle? Mein Vater war tot – und sie hatten Beifall geklatscht und zugesehen, wie er umgebracht wurde. Ich fragte mich, ob sie sich in der nächsten Kampagne wieder genauso verhalten würden.

Eine mir unbekannte junge Frau kam auf mich zu, legte den Kopf auf meine Schulter und weinte bitterlich. Dann drückte sie mir einen Zettel in die Hand. Nach der Feier holte ich ihn hervor und las: »Die Haltung Ihres Vaters hat mich tief beeindruckt. Wir müssen von ihm lernen und würdig weiter für die Sache kämpfen, die er uns hinterlassen hat – die große proletarische Revolution.« Ich fragte mich, ob es möglich war, daß meine Ansprache diese Reaktion ausgelöst hatte. Der Fähigkeit der Kommunisten, moralische Prinzipien und erhabene Gefühle für sich in Anspruch zu nehmen, schien man nicht entrinnen zu können.

Wenige Wochen vor seinem Tod hatte ich mit meinem Vater einen Freund von ihm am Bahnhof von Chengdu abgeholt. Wir saßen in demselben halboffenen Warteraum, in dem meine Mutter und ich vor fast zehn Jahren auch schon gewartet hatten, als sie nach Beijing gefahren war, um sich bei der obersten

Parteiführung für meinen Vater einzusetzen. Der Warteraum hatte sich kaum verändert, außer daß er noch schäbiger aussah und noch überfüllter war. Noch mehr Menschen bevölkerten den großen Platz vor dem Warteraum. Einige Reisende schliefen, andere saßen herum, aßen oder stillten ihre Babys, einige bettelten.

Auf dem Weg zum Bahnhof hatte ich meinem Vater gefragt, ob er mir erlauben würde, daß ich in den Sommerferien den Yangzi hinunterführe. »Ich will Spaß haben am Leben«, sagte ich ihm, »das ist mir das Wichtigste.« Mein Vater schüttelte mißbilligend den Kopf. »Als junger Mensch müßten dir das Studium und die Arbeit das Wichtigste sein.«

Im Warteraum kam ich noch einmal auf das Thema zurück. Ein Mann kehrte den Boden, er war ganz in eine Staubwolke gehüllt. Eine Bäuerin aus dem Norden saß auf dem Zementboden, neben ihr lag ein Bündel, zwei kleine Kinder, die nur Lumpen am Leib trugen, turnten auf ihr herum. Ein drittes Kind stillte sie gerade und entblößte dazu völlig ungeniert ihre vor Schmutz schwarze Brust. Der Mann mit dem Besen schien sie gar nicht zu bemerken, sondern fegte den Dreck direkt über sie hinweg. Die Bäuerin verzog keine Miene.

In diesem Moment sagte mein Vater mit einem gequälten Gesichtsausdruck zu mir: »Wie kannst du daran denken, daß du Spaß haben willst, wenn die Menschen um dich herum in solchem Elend leben?« Ich sagte nichts. Am liebsten hätte ich erwidert: »Aber was kann ich als einzelner Mensch schon tun? Muß es mir denn auch schlecht gehen, für nichts und wieder nichts?« Das hätte erschreckend egoistisch geklungen, und ich war dazu erzogen worden, »die Interessen des ganzen Volkes als meine persönliche Aufgabe zu betrachten.«

Jetzt war mein Vater tot. In der Leere, die ich nach seinem Tod empfand, wurden mir all diese Grundsätze fragwürdig. Ich wollte keine hehre Aufgabe, keine »Sache«, sondern nur ein eigenes Leben – ein ruhiges oder vielleicht ein ausgelassenes, auf jeden Fall ein unabhängiges Leben. Ich sagte meiner Mutter, daß ich in den Sommerferien den Yangzi hinabfahren würde.

Im Juli brach ich auf, zusammen mit meinem Bruder Jin-ming, der in Wuhan studierte, einer großen Stadt am Yangzi. Die erste Etappe unserer Reise führte uns auf den Berg Lushan in der Nähe von Wuhan, der für seine gute Luft und seine üppige Vegetation bekannt war. Viele wichtige Parteikonferenzen hatten dort stattgefunden, auch die, bei der 1959 Marschall Peng Dehuai angegriffen wurde. Der Berg war eine Pilgerstätte für Leute, die »ihre revolutionäre Bildung vervollständigen« wollten. Als ich zu Jin-ming sagte, daß ich mir die Konferenzstätte gerne ansehen würde, schaute er mich fassungslos an und fragte: »Hast du nicht mal eine Zeitlang genug von revolutionärer Bildung?«

Wir gingen hin, und ich schoß viele Fotos auf dem Berg. In kürzester Zeit hatte ich einen Film mit sechsunddreißig Aufnahmen bis auf die letzte verschossen. Beim Abstieg kamen wir an einer zweistöckigen Villa vorbei, die in einem Dickicht von schattenspendenden Magnolienbäumen und Pinien verborgen lag. Auf den ersten Blick wirkte sie wie eine zufällige Anhäufung von Steinen vor dem Hintergrund der Felswände. Ich war fasziniert von dem Anblick und schoß mein letztes Foto. Da tauchte auf einmal wie aus dem Nichts ein Mann neben mir auf. Mit leiser, aber keinen Widerspruch duldender Stimme verlangte er, daß ich ihm meinen Fotoapparat geben sollte. Er trug Zivilkleidung, aber er hatte eine Pistole. Er nahm meine Kamera, öffnete sie und hielt den Film ins Licht. Im nächsten Moment war er verschwunden, wie vom Erdboden verschluckt. Einige Touristen neben mir flüsterten, das sei eines von Maos Sommerhäusern. Ich spürte eine weitere Welle der Abneigung gegen Mao, nicht wegen seiner Privilegien, sondern weil so viel Heuchelei darin lag, daß er in solchem Luxus schwelgte und den Bauern gleichzeitig weismachte, daß bereits normale Bequemlichkeit schädlich für sie sei. Nachdem wir glücklich außer Hörweite des unsichtbaren Wächters waren, klagte ich lautstark über den Verlust meiner sechsunddreißig Fotos. Jin-ming grinste und sagte: »Das hat man davon, wenn man sich unbedingt Gedenkstätten ansehen will!«

Von Lushan fuhren wir mit dem Bus weiter. Wie alle Busse in China war er hoffnungslos überfüllt, und wir reckten verzweifelt unsere Hälse, um Luft zu bekommen. Seit dem Beginn der Kulturrevolution waren keine neuen Busse gebaut worden, während die Bevölkerung im gleichen Zeitraum um mehrere Zigmillionen angewachsen war. Schon nach wenigen Minuten hielt der Bus wieder an. Die Vordertür ging auf, und ein gebieterisch wirkender Mann in Zivil zwängte sich zur Tür herein. »Duckt euch! Köpfe runter!« rief er. »Hier kommen gleich amerikanische Gäste vorbei, und sie sollen eure zerzausten Köpfe nicht sehen. Das schadet dem Ansehen des Vaterlandes.« Wir machten Anstalten, in die Knie zu gehen, aber es war unmöglich, der Bus war einfach zu voll. Der Mann brüllte: »Es ist die Pflicht eines jeden einzelnen, die Ehre unseres Vaterlandes zu schützen! Wir müssen ein ordentliches und würdevolles Bild abgeben. Duckt euch und geht in die Knie!«

Auf einmal hörte ich Jin-mings dröhnende Stimme: »Der Vorsitzende Mao hat uns aber doch befohlen, niemals vor den amerikanischen Imperialisten in die Knie zu gehen!« Das war eine Provokation, denn diese Leute hatten keinen Sinn für Humor. Der Mann warf uns einen strengen Blick zu, sagte aber nichts. Er schaute sich noch einmal kurz im Bus um und verschwand dann. Die »amerikanischen Gäste« sollten nicht Zeugen einer Auseinandersetzung werden. Jedes Anzeichen von Zwietracht mußte vor Fremden verborgen bleiben.

Überall auf unserer Reise den Yangzi entlang trafen wir auf die Spuren der Kulturrevolution: zerstörte Tempel, umgeworfene Statuen und verwüstete alte Städte. Von der Zeugnissen der alten chinesischen Kultur war nicht viel übriggeblieben. Aber der Verlust reichte viel tiefer. China hatte nicht nur den Großteil der herrlichen materiellen Zeugnisse seiner großen Vergangenheit zerstört, die Menschen sahen vielmehr darin gar keinen Wert mehr und waren auch nicht mehr in der Lage, neue Kunstschätze zu schaffen. Bis auf die geschundene, aber immer noch atemberaubende Landschaft war China ein häßliches Land.

Am Ende der Ferien fuhr ich allein im Dampfschiff die Yangzi-Schluchten stromaufwärts. Die Fahrt dauerte drei Tage. Eines Morgens lehnte ich mich über die Reling. Der Wind zerrte an meinem Haar, meine Haarklammer fiel ins Wasser. Ein neben mir stehender Passagier, mit dem ich mich unterhalten hatte, deutete auf einen Zufluß des Yangzi, an dem wir gerade vorbeifuhren, und erzählte mir folgende Geschichte:
Im Jahr 33 vor Christus versuchte der Kaiser von China, seine mächtigen Nachbarn im Norden, die Hunnen, zu befrieden. Zu diesem Zwecke schickte er dem Barbarenkönig eine junge Chinesin, die dieser zur Frau nehmen sollte. Der Kaiser wählte die Braut aus den dreitausend Konkubinen an seinem Hof aus, viele hatte er noch nie gesehen, und so traf er seine Wahl nach Porträtzeichnungen. Da die Auserwählte nur die Braut des Barbarenkönigs werden sollte, suchte er die häßlichste von allen aus, aber am Tag ihrer Abreise stellte er fest, daß sie in Wirklichkeit sehr schön war. Der Hofmaler hatte sie deshalb so häßlich gezeichnet, weil sie sich geweigert hatte, ihm ein Bestechungsgeld zu zahlen. Der Kaiser ließ den Hofmaler hinrichten, und die Konkubine weinte bitterlich bei dem Gedanken, daß sie den Hof verlassen und in Zukunft bei den Barbaren leben sollte. Sie saß am Fluß, der Wind zerrte an ihrem Haar und wehte eine Haarnadel ins Wasser, als wolle er etwas von ihr in der Heimat behalten. Die Frau nahm sich später das Leben.
Die Legende erzählt, daß an der Stelle, wo die Haarnadel in den Fluß gefallen war, das Wasser kristallklar wurde, und der Fluß hieß von da an Kristallfluß. Genau diesen Zufluß des Yangzi hatten wir soeben passiert. Mit einem halb neckischen, halb abergläubischen Grinsen sagte meine Reisebekanntschaft: »Das ist ein schlechtes Omen! Vielleicht müssen Sie auch einmal in die Fremde gehen und einen Barbaren heiraten!« Ich lächelte matt, dachte über die chinesische Zwangsvorstellung nach, alle anderen Völker zu Barbaren zu erklären, und fragte mich, ob die Konkubine aus längst vergangener Zeit sich nicht vielleicht hätte glücklich schätzen sollen, daß sie einen »Barbarenkönig« heiraten konnte. Zumindest hätte sie in relativer

Freiheit leben können, sie hätte jeden Tag draußen auf den Weiden bei den Pferden unter dem freien Himmel verbringen können. Am Hof des Kaisers von China lebte sie wie in einem Luxusgefängnis. Dort gab es nicht einmal Bäume, weil der Kaiser Angst hatte, daß seine Konkubinen hinaufklettern und fliehen könnten. Ich dachte, daß wir uns benahmen wie die Frösche in einer Fabel, die behaupten, daß der ganze Himmel nur so groß ist wie das blaue Stück über ihrem Teich. Ich wünschte mir nichts sehnlicher, als mehr vom Himmel zu sehen.

Damals hatte ich noch nie mit einem Ausländer gesprochen, obwohl ich schon dreiundzwanzig war und seit zwei Jahren Englisch studierte. Die einzigen Fremden hatte ich 1972 in Beijing gesehen. Einmal hatte sogar ein Ausländer unsere Universität besucht, ein sogenannter »Freund Chinas«. Es war an einem heißen Sommertag gewesen, und ich hielt gerade ein Mittagsschläfchen. Eine Kommilitonin kam ins Zimmer gestürmt und rief: »Ein Fremder! Kommt, wir schauen uns den Fremden an!« So, wie sie das sagte, klang es, als wäre sie einem Wundertier begegnet, das sich auf das Universitätsgelände verirrt hatte. Einige andere Studenten gingen mit ihr, aber ich beschloß weiterzuschlafen. Ich wollte mich nicht lächerlich machen und diesen Fremden wie ein außerirdisches Wesen anstarren. Und außerdem, was hatten wir schon davon, wenn wir ihn anstarrten? Reden durften wir ja doch nicht mit ihm, da nützte es auch nichts, daß er ein »Freund Chinas« war.

Wir Studenten träumten seit dem ersten Tag an der Universität davon, einmal mit einem Ausländer sprechen zu dürfen. Schließlich bekam ich doch noch die Gelegenheit dazu. Nach meiner Rückkehr aus den Sommerferien erfuhr ich, daß alle Studenten meines Studienjahres im Oktober in die südlich von Chengdu gelegene Hafenstadt Zhanjiang reisen sollten, damit wir im Kontakt mit ausländischen Matrosen unser Englisch vervollkommnen konnten. Ich war außer mir vor Aufregung – neben allem anderen hatte ich noch nie das Meer gesehen.

Zhanjiang ist ungefähr 1200 Kilometer von Chengdu entfernt,

die Zugfahrt dauerte damals zwei Tage und zwei Nächte. Es ist die am weitesten südlich gelegene Hafenstadt Chinas, nicht weit von der vietnamesischen Grenze. Die Häuser waren cremefarben und zartgelb gestrichen, errichtet im Kolonialstil der Jahrhundertwende mit nachgebildeten römischen Rundbögen und Fensterrosetten, in den Gärten standen bunte Sonnenschirme. Ich fühlte mich wie in einem fremden Land. Die Bewohner von Zhanjiang sprachen Kantonesisch, was in meinen Ohren wie eine Fremdsprache klang. In der Luft lag der ungewohnte Duft von Meer, exotischen, tropischen Pflanzen und einer mir unbekannten, großen Welt.

Meine Hochstimmung bekam schon bald einen Dämpfer nach dem anderen. Ein Parteiaufseher und drei Lektoren von der Universität begleiteten uns. Sie hatten beschlossen, daß wir das Meer nicht sehen durften, obwohl wir ja kaum zwei Kilometer davon entfernt waren. Der Hafen war für Ortsfremde sowieso gesperrt, weil man Sabotage oder Fluchtversuche fürchtete. Man erzählte uns, daß sich einmal ein Student aus Kanton auf einen Frachtdampfer geschlichen habe ohne zu bedenken, daß der Laderaum für Wochen versiegelt sein würde, er sei umgekommen. Uns wurde eingeschärft, daß wir ein genau umschriebenes Gebiet von wenigen Häuserblocks um unser Wohnheim herum nicht verlassen durften. Regelungen wie diese bestimmten unseren Alltag, aber sie machten mich immer wieder wütend. Eines Tages erfaßte mich ein übermächtiger Drang, aus unserem Sperrgebiet herauszukommen. Ich behauptete, ich sei krank, und setzte durch, daß ich das Krankenhaus mitten in der Stadt aufsuchen durfte. Ich wanderte durch die Straßen und hielt verzweifelt Ausschau nach dem Meer, doch vergeblich. Die Einheimischen waren abweisend: Sie mochten Menschen nicht, die kein Kantonesisch sprachen, und weigerten sich beharrlich, mich zu verstehen. Wir blieben insgesamt drei Wochen in der Hafenstadt, und nur ein einziges Mal durften wir – als Geste des besonderen Entgegenkommens – zu einer Insel fahren und uns von dort den Ozean anschauen.

Da der Zweck unseres Aufenthalts darin bestand, daß wir mit

den Matrosen Gespräche führten, wurden wir in kleinen Gruppen eingeteilt und arbeiteten abwechselnd in den beiden Einrichtungen, die die Matrosen besuchen durften: Das war zum einen der Freundschaftsladen, wo die Matrosen gegen harte Währung einkaufen konnten, zum anderen der Matrosenclub, der aus einer Bar, einem Restaurant, einem Billardzimmer und einem Tischtennisraum bestand.

Wir bekamen genaue Vorschriften über den Umgang mit den Matrosen. Wir durften uns beispielsweise, abgesehen von unverfänglichem Geplauder an der Verkaufstheke im Freundschaftsladen, nie mit den Matrosen allein unterhalten. Wenn die Matrosen uns nach Namen und Adressen fragten, mußten wir ihnen einen falschen Namen und eine Phantasieadresse nennen. Nach jedem Gespräch mit einem Matrosen mußten wir einen detaillierten Bericht über den Verlauf der Unterhaltung schreiben. Das war übrigens das Routineverfahren im Umgang mit sämtlichen Ausländern. Immer wieder wurden wir darauf hingewiesen, daß wir im »Umgang mit Ausländern unbedingt auf Disziplin achten« sollten. Andernfalls würden nicht nur wir ernsthafte Schwierigkeiten bekommen, dies würde auch der letzte Aufenthalt einer Studentengruppe in der Hafenstadt sein.

Alles in allem hatten wir nicht viel Gelegenheit, Englisch zu sprechen. Die meisten Matrosen waren keine englischen Muttersprachler, sondern Griechen, Japaner, Jugoslawen, Pakistanis, Afrikaner und viele Filipinos, die meisten konnten nur ein paar Brocken Englisch. Es gab jedoch auch einen schottischen Kapitän samt Frau und einige Skandinavier, die ausgezeichnet Englisch sprachen.

Während wir im Club auf unsere wertvollen Matrosen warteten, saß ich oft auf der Veranda hinter dem Haus, betrachtete das Wäldchen aus Kokosnußpalmen und las. Ich bewunderte die elegante Form der Bäume, ihre schwarzen Silhouetten vor dem saphirblauen Himmel. Sobald die Matrosen den Club betraten, sprangen wir auf, stürzten uns mehr oder weniger auf sie und versuchten zugleich, so würdevoll wie möglich zu erscheinen. Wir warteten begierig auf die Gespräche. Ich bemerkte jedesmal, wie verunsichert sie waren, wenn sie uns ein Getränk spendieren wollten und wir wieder einmal ablehnten. Wir durften uns von den Matrosen nicht einladen lassen. Wir durften im Club überhaupt nichts trinken. All die luxuriösen Flaschen und fremdartigen Gefäße waren ausschließlich für die ausländischen Gäste bestimmt. So saßen also vier oder fünf oder sogar noch mehr beängstigend ernst dreinschauende junge Männer und Frauen an der Theke. Ich hatte keine Ahnung, wie merkwürdig das auf die jungen Männer wirken mußte und wie anders sie sich das Leben in einer Hafenstadt vorgestellt hatten.

Als die ersten schwarzen Matrosen in der Stadt eintrafen, warnten die Lehrer alle Studentinnen: »Sie sind noch unterentwickelt und haben noch nicht gelernt, ihre Triebe zu kontrollieren. Sie zeigen daher ihre Gefühle spontan, sie berühren, umarmen und küssen sogar.« Unsere Betreuer erzählten ihren angewidert das Gesicht verziehenden Zuhörerinnen, daß im letzten Kurs eine Studentin während eines Gesprächs weinend aus dem Zimmer geflüchtet sei, nachdem ein Matrose aus Gambia versucht hatte, sie zu umarmen. Sie hatte geglaubt, er wolle sie vergewaltigen (und das mitten in einer Menschenmenge, in einer Menge von Chinesen!). Dieser Vorfall hatte sie so eingeschüchtert, daß sie den Rest des Aufenthalts kein Wort mehr mit einem Ausländer wechselte.

Die männlichen Studenten, vor allem die Studentenfunktionäre, übernahmen die verantwortungsvolle Aufgabe, uns Frauen zu schützen. Sobald ein schwarzer Matrose mit einer Studentin sprach, verständigten sie sich mit Blicken, und einer von ihnen eilte zu ihrer Rettung herbei. Er zog das Gespräch an sich und stellte sich zwischen die Studentin und den Matrosen. Möglicherweise bemerkten die schwarzen Matrosen von diesen Vorsichtsmaßnahmen nichts, zumal die Studenten sofort über die »Freundschaft zwischen China und den Völkern Asiens, Afrikas und Lateinamerikas« sprachen. »China ist ein Entwicklungsland«, zitierten sie aus unseren Lehrbüchern, »und wird den unterdrückten und ausgebeuteten Massen in der Dritten Welt in ihrem Kampf gegen die amerikanischen Imperialisten und die sowjetischen Revisionisten immer zur Seite stehen.« Oft schauten die Schwarzen sie nur überrascht und doch gerührt an. Manchmal umarmten sie die Chinesen, und diese erwiderten die kameradschaftliche Umarmung.

Die Regierung machte viel Aufhebens davon, daß China nach Maos »glorreicher Theorie« ein Entwicklungsland war, Teil der Dritten Welt. Aber bei Mao klang das nicht als Anerkennung einer Tatsache, sondern eher so, als wäre China aus Großmut bereit, sich auf das Niveau der unterentwickelten Staaten herabzubegeben. Er ließ keinen Zweifel daran, daß China sich in die Dritte Welt einfügte, um ihre Führung zu übernehmen und sie zu beschützen, und daß in den Augen der Welt unser wahrer Status viel höher war.

Dieses Gerede von unserer angeblichen Überlegenheit verwirrte mich sehr. Was machte unsere Überlegenheit aus? Unsere Bevölkerung? Unsere Größe? In Zhanjiang sah ich, daß die Matrosen aus der Dritten Welt mit ihren großen Uhren, ihren Kameras und den Drinks – die mir alle völlig unbekannt waren –, unvergleichlich besser und vor allem unvergleichlich freier lebten als alle Chinesen, nicht nur als wir Handvoll Studenten.

Vielleicht hing es mit meiner unstillbaren Neugier zusammen, vielleicht lag es auch an meinen besseren Englischkenntnissen, auf jeden Fall wollten alle Matrosen unbedingt mit mir sprechen. Und dabei hielt ich mich sehr zurück, damit meine Kommilitonen mehr zum Zuge kamen. Ein paar Matrosen lehnten Gespräche mit anderen Studenten sogar ab. Ich verstand mich auch gut mit dem Direktor des Matrosenclubs, einem sehr großen, stämmigen Mann namens Long. Das erregte den Zorn von Herrn Ming und einigen anderen Betreuern. Unsere politischen Versammlungen hatten nunmehr eine neue Aufgabe: Wir mußten überprüfen, inwieweit wir die »Disziplin im Umgang mit den Ausländern« einhielten. Man befand, ich hätte diese Regel verletzt, weil meine Augen »zu interessiert« schauten, weil ich »zu oft lächelte« und dabei meinen Mund »zu weit« aufmachte. Ich wurde auch dafür kritisiert, daß ich zu sehr mit den Händen gestikulierte: Wir hatten Anweisung, immer ganz ruhig dazusitzen und unsere Hände auf dem Schoß unter dem Tisch zu lassen.

Die chinesische Gesellschaft erwartete von Frauen nach wie vor Zurückhaltung. Eine Frau sollte die Augen niederschlagen, wenn ein Mann sie unverwandt anschaute, sie sollte nicht lachen, sondern nur leicht lächeln, so daß nicht einmal ihre Zähne entblößt wurden. Die Hände sollten reglos im Schoß bleiben. Wenn eine Frau gegen eine dieser Vorschriften verstieß, galt sie als »kokett«. Und ein Flirt mit einem *Ausländer* war in Maos China ein unbeschreibliches Verbrechen.

Man machte spitze Bemerkungen über mich, und ich war wütend. Schließlich hatten mich kommunistische Eltern so liberal erzogen. Nach Meinung meiner Eltern sollte die kommunistische Revolution die Frauen von den Einschränkungen befreien, denen sie bisher unterworfen waren. Und nun mußte ich erfahren, daß die Unterdrückung der Frau mit politischen Beschuldigungen gekoppelt wurde. Beides war ein Vehikel für Neid und kleinliche Eifersüchteleien.

Eines Tages legte ein pakistanisches Schiff im Hafen an. Der pakistanische Militärattaché kam aus Beijing angereist, und wir mußten auf Befehl von Herrn Long den Club auf Hochglanz putzen. Außerdem veranstaltete er ein großes Bankett zu Ehren der Gäste und bat mich, für ihn zu dolmetschen. Einige meiner Kommilitonen platzten fast vor Neid. Wenige Tage später revanchierten sich die Pakistanis mit einem Abschiedsbankett an Bord ihres Schiffes und luden mich ausdrücklich dazu ein. Der Militärattaché kannte und liebte Sichuan und ließ eigens für mich ein Gericht aus Sichuan kochen. Herr Long freute sich genauso über die Einladung wie ich. Aber meine Lehrer lehnten die Einladung in meinem Namen ab und ließen sich weder durch die Bitten des Kapitäns einschüchtern noch durch die Drohungen von Herrn Long, der sagte, er werde in Zukunft keine Studenten mehr aufnehmen. Die Lehrer begründeten ihre Ablehnung mit einer Bestimmung, wonach kein Student an Bord eines ausländischen Schiffes gehen durfte. »Wer übernimmt die Verantwortung, wenn jemand den Aufenthalt auf dem Schiff zur

Flucht nutzt?« fragten sie Long und mich. Sie befahlen mir, die Einladung mit der Begründung abzulehnen, ich hätte an jenem Abend keine Zeit. Wahrscheinlich schlug ich damit die erste und einzige Möglichkeit aus, hinaus aufs Meer zu fahren, ein ausländisches Essen zu probieren, eine englische Unterhaltung zu führen und ein Stückchen von der Welt außerhalb Chinas mitzubekommen. Eine derartige Gelegenheit würde sich mir nie wieder bieten – glaubte ich zumindest damals.

Aber selbst nachdem ich getan hatte, was meine Betreuer von mir verlangten, wurde weiter getuschelt. Ming fragte maliziös: »Ich möchte zu gern wissen, warum sie bei Ausländern so beliebt ist?« Sein Tonfall ließ ahnen, daß dahinter etwas äußerst Verdächtiges steckte. In den obligatorischen Berichten am Ende unseres Aufenthalts wurde mein Verhalten als »politisch zweifelhaft« eingestuft.

Und so wurde mir in dieser herrlichen sonnendurchfluteten Hafenstadt mit ihren Kokosnußbäumen, in die ständig eine Brise von der See hereinwehte, jede Freude vergällt. Ein guter Freund in der Gruppe versuchte mich zu trösten und sagte, daß ich immer noch von Glück reden könne. Im Vergleich mit den Opfern von Eifersüchteleien in den Anfangsjahren der Kulturrevolution seien meine Erfahrungen harmlos. Aber der Gedanke, daß dies das Beste war, was ich vom Leben erwarten konnte, stimmte mich nur noch trauriger.

Drei Wochen vergingen, ich war traurig und gleichzeitig erleichtert über unsere Abreise. Auf dem Rückweg nach Chengdu teilten wir uns in zwei Gruppen: Ich besuchte mit einer Gruppe den legendären Ausflugsort Guilin, wo die Berge und das Wasser aussehen, als wären sie direkt einem klassischen chinesischen Gemälde entsprungen. Dort trafen wir auf ausländische Touristen. Einmal sahen wir ein Ehepaar, der Mann hatte ein Baby auf dem Arm – das war für chinesische Verhältnisse ein seltener Anblick. Wir lächelten uns an und begrüßten und verabschiedeten uns. Kaum waren die beiden verschwunden, hielt uns ein Mann in Zivil auf und verhörte uns.

Im Dezember war ich wieder in Chengdu. In der Stadt brodelte die Erregung über Frau Mao und drei Männer aus Shanghai, Zhang Chunqiao, Yao Wenyuan und Wang Hongwen, die vier wichtigsten Stützen der Kulturrevolution. Sie kooperierten so eng, daß Mao sich im Juli 1974 zu der Warnung veranlaßt gesehen hatte, sie dürften keine »Viererbande« bilden. Inzwischen war der achtzigjährige Mao der pragmatischen Politik von Deng Xiaoping und Zhou Enlai überdrüssig und stellte sich immer deutlicher auf die Seite der vier. Deng hatte seit 1975 die Tagesgeschäfte der Regierung geführt, da Premierminister Zhou Enlai wegen einer Krebserkrankung ins Krankenhaus gehen mußte. Die Bevölkerung war zermürbt von den regelmäßigen Vorstößen der vier, wieder eine neue Kampagne zu starten, und es begann sich Widerstand zu regen. Alle möglichen Gerüchte kursierten.

Die Gerüchte drehten sich vor allem um Frau Mao. Man sah sie häufig mit einem bestimmten Operndarsteller, einem Tischtennisspieler und einem Ballettänzer, die sie jeweils auf ihren Gebieten in Spitzenpositionen brachte. Da alle drei große, gutaussehende junge Männer waren, hieß es, sie hielte sich »männliche Konkubinen«. Das hatte sie den Frauen einmal öffentlich empfohlen, aber jeder wußte, daß das für Normalbürger ausgeschlossen war. Im Gegenteil, die Chinesen hatten nicht vergessen, daß die sexuelle Repression während der Kulturrevolution dank Frau Mao besonders schlimm gewesen war. Damals spürte ich in den überfüllten Bussen, Zügen und Geschäften etwas, was man die ungestüme Hitze des Verlangens nennen könnte. Ab und an beschimpfte eine Frau einen Mann und gab ihm eine Ohrfeige. Es kam oft vor, daß Frauen belästigt wurden. Ich machte keine große Szene, sondern zog mich zurück, wenn ich zitternde Hände und Knie spürte. Mir taten diese Männer leid. Sie lebten in einer Welt, in der sie ihre Sexualität nicht ausleben durften, es sei denn, sie hatten das seltene Glück, eine erfüllte Ehe zu führen. Der stellvertretende Parteisekretär meiner Universität, ein älterer Mann, wurde einmal in einem Laden mit Spermaflecken auf der Hose ertappt. Die Menschenmenge hatte ihn gegen eine Frau gedrückt, die vor ihm stand. Man schleppte ihn zur Polizei, und er wurde sofort aus der Partei ausgeschlossen. Frauen hatten es auch nicht leichter. In jeder Organisation wurden einige als »ausgelatschte Schuhe« verurteilt, weil sie ständig und um jeden Preis Männer verführten, wie es hieß.

Die Prüderie galt freilich nicht für die Mächtigen ganz oben. Mao, immerhin über achtzig, umgab sich gern mit hübschen jungen Frauen. Während man über ihn nur andeutungsweise flüsterte, klatschte man über seine Frau und ihre Freunde, die Viererbande, offen und ungeniert. Ende 1975 war China eine brodelnde Gerüchteküche. Meine Freunde und ich zitierten leicht abgewandelt immer wieder eine beliebte Parole der Medien und fragten uns: »Wenn dies das Paradies ist, wie sieht dann die Hölle aus?«

Am 8. Januar 1976 starb Premierminister Zhou Enlai. Für mich und viele andere Chinesen hatte Zhou eine vergleichsweise vernünftige, liberale und menschliche Regierung verkörpert, eine Regierung, die das Los der Menschen verbessern und das Land funktionstüchtig erhalten wollte. In den dunklen Jahren der Kulturrevolution war Zhou für uns ein Hoffnungsschimmer gewesen. Ich war wie alle meine Freunde sehr traurig über seinen Tod. In unsere Trauer um Zhou Enlai mischte sich immer stärker der Haß gegen die Kulturrevolution, gegen Mao und seine Clique.

Doch während der Kulturrevolution hatte Zhou eng mit Mao zusammengearbeitet. Er hatte verbreitet, Liu Shaoqi sei ein »amerikanischer Spion«. Er sprach fast täglich mit den Roten Garden und den Rebellen und gab ihnen Anweisungen. Als eine Mehrheit des Politbüros und die Marschälle des Landes im Februar 1967 der Kulturrevolution ein Ende bereiten wollte, verweigerte Zhou ihnen die Unterstützung. Er war Maos treuester Diener. Aber vielleicht handelte er so, um eine noch schlimmere Katastrophe, etwa einen Bürgerkrieg, zu verhüten. Eine offene Herausforderung an Mao hätte durchaus zum Bürgerkrieg führen können. Indem Zhou das Land funktionsfähig erhielt, ermöglichte er Mao, es zu zerstören, aber vielleicht bewahrte er es auch vor dem vollständigen Zusammenbruch. Er schützte Menschen, solange ihm das gefahrlos möglich schien, eine Zeitlang auch meinen Vater, und er rettete etliche bedeutende kulturelle Denkmäler. Es scheint, daß all dies ihn in ein unlösbares moralisches Dilemma gestürzt hat. Möglicherweise hatte das Überleben für ihn absoluten Vorrang. Er wußte wohl, daß er zerschmettert worden wäre, hätte er es gewagt, sich gegen Mao zu erheben.

Das Universitätsgelände verwandelte sich nach Zhous Tod in ein Meer weißer Papierkränze und Trauerinschriften. Jeder trug eine schwarze Binde am linken Arm, eine weiße Papierblume auf der Brust und einen bekümmerten Gesichtsausdruck. Da allgemein bekannt war, daß Zhou um die Zeit seines Todes ins Schußfeld der Viererbande geraten war, und da die Viererbande angeordnet hatte, daß die Trauer sich in Grenzen zu halten habe, war es ein Akt des politischen Protestes gegen die Viererbande, wenn die Bevölkerung und die örtlichen Funktionäre öffentlich ihrer Trauer Ausdruck verliehen.

Es gab ermutigende Anzeichen, daß sich die Menschen von der Viererbande nicht einschüchtern ließen. Auf den Wandzeitungen in den Straßen von Chengdu standen auf einmal Randbemerkungen – und Menschentrauben scharten sich darum, reckten die Hälse, damit sie die winzigen Kritzeleien entziffern konnten. Eines der offiziellen Gedichte lautete:

> Der Himmel ist dunkel
> Ein großer Stern
> ist vom Himmel gefallen …

Und an den Rand war geschrieben: »Wie kann der Himmel dunkel gewesen sein? Wo war denn ›die rote, rote Sonne‹?« (»Die rote, rote Sonne« war Mao.) Auf einer anderen Wandzeitung hieß es martialisch: »Bratet die Peiniger von Premierminister Zhou!« Der Kommentar dazu lautete: »Deine monatliche Ölration beträgt zwei *liang* (hundert Gramm). Womit willst du die Peiniger braten?« Zum ersten Mal in zehn Jahren erlebte ich in der Öffentlichkeit Humor und Ironie, und ich schöpfte Hoffnung.

Mao ernannte einen politischen Niemand namens Hua Guofeng als Zhous Nachfolger und leitete eine Kampagne »gegen Deng und gegen die Wiederkehr der Rechtsabweichler« ein. Die Viererbande veröffentlichte Deng Xiaopings Reden als Material gegen Deng. 1975 hatte Deng in einer Rede zugegeben, daß es den Bauern in Yan'an inzwischen schlechter ging als nach dem Langen Marsch der Kommunisten vor vierzig Jahren. In einer anderen Rede hatte er gesagt, daß ein Parteiführer sich von Experten leiten lassen sollte. In einer weiteren Rede hatte er beschrieben, wie er sich die Verbesserung des Lebensstandards vorstellte, mehr Freiheit und ein Ende der Hexenjagden. Die Menschen verglichen Dengs Reden mit der Politik der Viererbande, und ihr Murren über die Viererbande wandelte sich in offenes Aufbegehren. Staunend sagte ich mir, daß die vier ein so verzerrtes Bild von der Bevölkerung hatten, daß sie erwarteten, die Menschen würden Deng wegen solcher Reden hassen. Sie waren gar nicht auf die Idee gekommen, daß man ihn statt dessen bewundern, ja sogar lieben würde.

Wir Studenten wurden aufgefordert, Deng auf endlosen Massenversammlungen zu kritisieren, aber die meisten von uns reagierten mit passivem Widerstand. Es ging zu wie auf dem Markt: Die Leute spazierten herum, unterhielten sich, strickten oder hielten Nickerchen. Die Redner lasen mit ausdrucksloser Stimme ihre Reden ab, so leise, daß sie kaum jemand verstand. Da Deng aus Sichuan stammte, kursierten besonders hier viele Gerüchte über seine eventuelle Verbannung nach Chengdu. Ich erlebte mehrfach, daß Menschen erwartungsvoll die Straßen säumten, weil sie sie gehört hatten, Deng werde angeblich an dieser Stelle vorbeikommen. Manchmal standen Zehntausende am Straßenrand.

Unterdessen regte sich immer mehr öffentlicher Widerstand gegen die Viererbande oder Bande von Shanghai, wie sie auch genannt wurde. Auf einmal kaufte niemand mehr Fahrräder oder andere Güter, die in Shanghai hergestellt worden waren. Die

Fußballmannschaft von Shanghai wurde in Chengdu ausgepfiffen. Menschenmassen sammelten sich vor dem Stadion und beschimpften die Spieler, die vorbeigingen.

Überall in China kam es zu Protestaktionen. Die Aktionen erreichten ihren Höhepunkt im Frühjahr 1976 beim sogenannten »Gräberputzfest«, dem chinesischen Totengedenktag. Hunderte und Tausende von Menschen versammelten sich Tag für Tag auf dem Tiananmen-Platz im Zentrum Beijings. Sie betrauerten Zhou, legten unzählige, eigens für diesen Anlaß hergestellte Kränze nieder, trugen bewegt Gedichte und Reden vor. Mit Symbolen und in einer verschlüsselten, aber dennoch allen verständlichen Sprache ließen sie ihrem Haß auf die Viererbande und sogar auf Mao freien Lauf. In der Nacht des 5. April machte die Polizei dem Spektakel ein Ende, schlug auf die Demonstranten ein und verhaftete Hunderte. Mao und die Viererbande nannten die Proteste eine »konterrevolutionäre Rebellion nach dem Vorbild Ungarns«. Sie behaupteten, Deng Xiaoping sei der Drahtzieher dieses Aufstands, er sei »der Nagy Chinas« (in Anlehnung an den ungarischen Ministerpräsidenten des Jahres 1956). Mao entließ Deng und verschärfte die Kampagne gegen ihn.

Im Juni 1976 wurde meine Klasse einen Monat lang in eine Fabrik in den Bergen abkommandiert, wo wir »von den Arbeitern lernen« sollten. Nachdem der Monat vorüber war, unternahm ich mit Freunden eine Wanderung zu dem westlich von Chengdu in einer herrlichen Landschaft gelegenen Berg Emei, der »Augenbraue der Schönheit«. Beim Abstieg am 28. Juli plärrte uns das Transistorradio eines Touristen entgegen. Ich hatte mich schon immer über die unersättliche Liebe einiger Leute für diese Propagandamaschine geärgert, und dann dieser Lärm hier an diesem wunderbaren Platz. Als ob unsere Ohren nicht schon genug zum Himmel schreienden Unsinn aus den allgegenwärtigen Lautsprechern zu erdulden hatten. Aber diesmal ließen mich die Nachrichten aufhorchen. In der Bergarbeiterstadt Tangshan in der Nähe von Beijing hatte es ein schreckliches Erdbeben gegeben. Normalerweise wurde in den Medien über solche Ereignisse nicht berichtet, es mußte sich um eine Katastrophe unerhörten Ausmaßes handeln. Die offiziellen Zahlen wurden erst Jahre später mit 242 000 Toten und 164 000 »Schwerverletzten« angegeben.

In der offiziellen Propaganda äußerte die Viererbande »Bedauern« für die Opfer, zugleich warnte sie die Bevölkerung, sich von dem Erdbeben ablenken zu lassen und das Wichtigste zu vergessen, die Kritik an Deng. Frau Mao sagte ganz offen: »Was ist schon passiert? Es gab mehrere hunderttausend Tote. Na und? Was ist das schon? Die Kritik an Deng Xiaoping betrifft achthundert Millionen Menschen.« Selbst aus dem Munde von Frau Mao klang das so schrecklich, daß man es kaum glauben konnte, aber ihr Kommentar wurde offiziell so berichtet.

Anfang September war ich wieder in Chengdu. Am Nachmittag des 9. September 1976 hatte ich Englischunterricht. Um zwanzig vor drei wurde uns mitgeteilt, daß wir uns um drei Uhr auf dem Hof versammeln sollten, im Radio werde eine wichtige Nachricht verbreitet. Wir erlebten das nicht zum ersten Mal. Ich begab mich auf den Hof und wartete gespannt. Es war ein wolkiger Herbsttag in Chengdu. Bambusblätter raschelten im Wind. Kurz vor drei hörten wir die ersten Krächzer der Lautsprecheranlage. Die Parteisekretärin unserer Fakultät stellte sich vor die angetretenen Studenten. Sie schaute uns traurig an und stieß stockend hervor: »Unser Großer Führer, der Vorsitzende Mao, unsere verehrungswürdige Eminenz ...«

Schlagartig begriff ich, daß Mao tot war.

KAPITEL 28

Endlich davonfliegen
(1976-1978)

Einen Moment lang war ich wie betäubt vor Freude. Aber die tief verinnerlichte Selbstzensur setzte sofort ein: Ich registrierte, daß alle um mich herum in hemmungsloses Schluchzen ausgebrochen waren, und wußte, daß eine ähnlich überzeugende Vorstellung auch vor mir erwartet wurde. Die geforderten Gefühle wollten sich bei mir einfach nicht einstellen, daher schien mir die Schulter der Frau vor mir, einer Studentenfunktionärin, eine Möglichkeit zu bieten, das Defizit zu verbergen. Die Nachricht hatte ihr offensichtlich das Herz gebrochen. Rasch vergrub ich den Kopf an ihrer Schulter und seufzte angemessen. Wie so oft in China war es mit ein bißchen Ritual bereits getan. Die Funktionärin schniefte heftig und machte Anstalten, sich umzudrehen und mich in den Arm zu nehmen. Mir blieb nichts anderes übrig, als mich mit meinem ganzen Gewicht von hinten gegen sie zu stemmen, damit sie blieb, wo sie war, und zu hoffen, daß sie mir meine vorgetäuschte Verzweiflung abnahm.

In den Tagen nach Maos Tod dachte ich viel nach. Ich wußte, daß er als Philosoph galt, und versuchte herauszufinden, worin seine »Philosophie« eigentlich bestand. Ich entdeckte als zentrales Prinzip seines Denkens letztlich nur das Bedürfnis – oder den Wunsch? – nach permanentem Konflikt. Den Kern seines Denkens bildete der Satz, daß der Kampf zwischen den Menschen die Triebfeder der Geschichte bilde und daß es daher notwendig sei, ständig »Klassenfeinde« zu benennen, wenn man die Geschichte vorantreiben wolle. Ich fragte mich, ob andere Philosophen ebensoviel Leid und Tod über die Menschheit gebracht hatten. Ich dachte an die Angst und das Leid, die das chinesische Volk zu erdulden gehabt hatte. Wozu das alles?

Maos Theorie war möglicherweise nur eine Projektion seiner Persönlichkeit in die Außenwelt. Auf mich hatte er so gewirkt, als hätte er ständig und durchaus erfolgreich Konflikte geschürt. Er hatte ein feines Gespür für die dunklen Seiten der menschlichen Natur, für Neid und Mißgunst, und er wußte, wie er diese Seiten für seine Ziele nutzbar machen konnte. Er regierte, indem er Haß zwischen den Menschen säte. Auf diese Weise brachte er die einfachen chinesischen Menschen dazu, daß sie viele Dinge selbst erledigten, die in anderen Diktaturen von einer professionellen Elite übernommen werden. Deshalb gab es in China unter Mao keine Einrichtung wie den KGB, eine solche Einrichtung war überflüssig. Mao holte die schlechtesten Seiten der Menschen ans Tageslicht und förderte sie, damit schuf er eine moralische Wüste und ein Klima des Hasses. Ich kann freilich nicht entscheiden, wieviel individuelle Verantwortung die einfachen Menschen trotzdem trifft.

Das zweite Kennzeichen des Maoismus war meines Erachtens die Herrschaft der Ignoranz. Verschiedene Faktoren spielten dabei eine Rolle. Mao kalkulierte, daß die gebildete Klasse für die ungebildete Masse in leichtes Ziel sein würde. Er hegte eine tiefe Abneigung gegen formale Bildung und alle Gebildeten und hatte eine größenwahnsinnige Vorstellung von sich selbst. Er verachtete die bedeutenden Gestalten der chinesischen Geschichte und die Berichte der chinesischen Kultur, zu denen er keinen Zugang hatte, wie beispielsweise Architektur, Kunst und Musik. Was er nicht verstand, zerstörte er, und das war ein beträchtlicher Teil des kulturellen Erbes von China. Mao hinterließ eine verrohte Nation und ein häßliches Land, in dem nur noch wenige Spuren von der großen Vergangenheit zeugen.

Es hatte den Anschein, als würden die Chinesen aufrichtig um Mao trauern. Aber ich fragte mich, wie viele Tränen tatsächlich echt waren. Die Menschen hatten sich so lange verstellen müssen, daß sie möglicherweise gespielte und echte Gefühle nicht mehr auseinanderhalten konnten. Die Tränen um Mao waren vielleicht auf Knopfdruck abrufbar wie so vieles andere in ihrem Leben.

Die Fortsetzung von Maos Politik wurde hingegen unmißverständlich abgelehnt. Knapp einen Monat nach seinem Tod, am 6. Oktober, wurden Maos Frau und die anderen Mitglieder der Viererbande verhaftet. Niemand stand auf ihrer Seite – weder die Armee noch die Polizei, nicht einmal ihre eigenen Leibwächter. Ihr einziger Rückhalt war Mao gewesen. Die Viererbande verdankte ihre Macht einzig und allein der Tatsache, daß sie in Wirklichkeit eine Fünferbande gewesen war.

Wenige Tage später hörte ich, wie einfach es gewesen war, die Bande zu zerschlagen, und mich überkam eine unendliche Traurigkeit. Wie hatte eine kleine Gruppe zweitklassiger Tyrannen ein Volk von neunhundert Millionen Menschen so lange quälen können? Aber bald gewann die Freude die Oberhand. Die letzten Tyrannen der Kulturrevolution, die soviel Leid über das Land und meine Familie gebracht hatten, waren verschwunden. Den meisten Menschen ging es wie mir. Wie viele andere wollte ich mit meiner Familie feiern und dafür teuren Likör kaufen – doch alle Regale waren leer. Überall fanden Freudenfeste statt.

Auch von offizieller Seite wurden Freudenkundgebungen organisiert, nach genau demselben Muster wie während der Kulturrevolution, was mich sehr wütend machte. Ganz besonders ärgerte mich, daß in meiner Fakultät die politischen Kontrolleure und die Studentenfunktionäre nun die Kundgebungen gegen die Viererbande organisierten, mit ungebrochener Einsatzfreude und Selbstgerechtigkeit.

An der Spitze der neuen Führung stand Hua Guofeng, dessen einzige Qualifikation nach meiner Einschätzung in seiner Mittelmäßigkeit bestand. Eine seiner ersten Amtshandlungen war die Ankündigung, auf dem Tiananmen-Platz solle ein riesiges Mausoleum für Mao errichtet werden. Ich war außer mir vor Wut: Hunderttausende von Menschen hatten nach dem Erdbeben von Tangshan kein Dach über dem Kopf, lebten in provisorischen Hütten auf den Gehwegen, und da gab es nichts Dringlicheres als den Bau eines Mausoleums.

Meine Mutter hatte dank ihrer Lebenserfahrung sofort gespürt, daß eine neue Ära angebrochen war. Am Tag nach Maos Tod ging sie in ihre Abteilung und meldete sich zum Dienst zurück. Fünf Jahre lang war sie zu Hause geblieben, jetzt wollte sie ihre Energie für etwas Sinnvolles einsetzen. Sie wurde siebter Stellvertreter des Direktors der Abteilung, die sie vor der Kulturrevolution geleitet hatte. Aber das machte ihr nichts aus.

Ich war so ungeduldig, daß die so ersehnten Veränderungen mir viel zu langsam vonstatten gingen. Im Januar 1977 war mein Universitätsstudium zu Ende. Es wurden keine Abschlußprüfungen durchgeführt, und wir bekamen keine Titel. Auch nach dem Tod von Mao und dem Fall der Viererbande galt Maos Regel, daß wir nach dem Studium dorthin zurückkehren mußten, woher wir gekommen waren. Das hieß in meinem Fall, daß ich zurück in die Maschinenfabrik mußte. Die Vorstellung, daß ein Hochschulstudium einen Einfluß darauf haben sollte, an welchem Platz man arbeitete, hatte Mao verurteilt mit dem Argument, in dem Fall würden »geistige Aristokraten gezüchtet.«

Ich wollte um jeden Preis vermeiden, daß ich wieder in der Fabrik arbeiten mußte. In der Fabrik hatte ich keine Gelegenheit mehr, mein Englisch zu pflegen, es gab nichts zu übersetzen und keine Gelegenheit, die Sprache zu sprechen. Wieder einmal baute ich auf meine Mutter. Sie sah nur einen Ausweg: Die Fabrik müßte sich weigern, mich wieder aufzunehmen. Meine Freunde an meinem früheren Arbeitsplatz überredeten die Fabrikleitung, daß ein Bericht an das Zweite Büro für Leichtindustrie verfaßt wurde, in dem es hieß, ich sei zwar eine gute Arbeiterin, aber man habe sich entschlossen, zugunsten eines größeren Ziels auf mich zu verzichten. Dem Vaterland sei mehr gedient, wenn ich meine Englischkenntnisse nutzbringend anwenden könne.

Nachdem dieser pathetische Brief abgeschickt war, suchte ich auf Anraten meiner Mutter den Abteilungsleiter im Büro für Leichtindustrie auf, einen gewissen Herrn Hui. Herr Hui war ein früherer Kollege meiner Mutter und hatte mich als Kind sehr gern gehabt. Meine Mutter wußte, daß ich bei ihm immer noch einen Stein im Brett hatte. Am Tag nach meinem Besuch bei ihm sollte auf einer Sitzung des Verwaltungsrates seiner Abteilung über meinen Fall entschieden werden. Dieses Gremium bestand aus zwanzig Mitgliedern, die gemeinsam alle Entscheidungen, auch in geringfügigen Dingen, trafen. Herrn Hui gelang es, die anderen davon zu überzeugen, daß man mir die Möglichkeit geben sollte, mein Englisch einzusetzen, und der Verwaltungsrat verfaßte ein offizielles Schreiben an die Universität.

Ich hatte keine leichte Zeit an der Universität gehabt, aber jetzt war man an der Fakultät froh, daß ich zurückkommen sollte, denn Lehrpersonal war knapp. Im Januar 1977 wurde ich als Lehrbeauftragte für Englisch an der Universität von Sichuan eingestellt. Ich ging mit gemischten Gefühlen an die Arbeit, denn ich mußte auf dem Universitätsgelände wohnen, unter den Augen von politischen Kontrolleuren und ehrgeizigen, neidischen Kollegen. Doch sehr bald erfuhr ich, daß ich ein Jahr lang meinen eigentlichen Beruf überhaupt nicht ausüben sollte. Eine Woche nach meiner Einstellung wurde ich ins Hinterland von Chengdu geschickt. Das war Teil meines »Umerziehungsprogramms«.

Ich arbeitete auf den Feldern und saß endlose, stupide Versammlungen ab. Die Langeweile, die Unzufriedenheit und der Druck, daß ich mit meinen immerhin schon fünfundzwanzig Jahren immer noch keinen Verlobten hatte, führten dazu, daß ich mich in zwei Männer verliebte. Den einen hatte ich nie gesehen, aber er schrieb mir wunderbare Briefe. Als ich ihn das erste Mal sah, war meine Verliebtheit schlagartig vorüber. Der andere, Hou, war Rebellenführer gewesen, ein typisches Produkt der Umstände: Er war sehr klug und kannte keine Skrupel. Sein Charme blendete mich.

Im Sommer 1977 wurde Hou im Rahmen einer Kampagne gegen die »Gefolgsleute der Viererbande« verhaftet. Als »Gefolgsleute der Viererbande« galten die Anführer der Rebellengruppen und alle, die an gewaltsamen Aktionen teilgenommen hatten, wie es vage hieß. Dazu zählten Folter, Mord, Vandalismus und das

Plündern von Staatseigentum. Die Kampagne wurde über Monate halbherzig verfolgt und verlief schließlich im Sande, da niemand Mao und die Kulturrevolution anzugreifen wagte. Jeder, dem Gewalttaten vorgeworfen wurden, verwies darauf, daß er nur aus Treue zu Mao so gehandelt habe. Es gab keine genauen Kriterien dafür, was ein Verbrechen war, außer in wenigen besonders krassen Fällen von Mord und Folter. Zu viele Menschen hatte Hausüberfälle unternommen, historische Stätten, alte Gegenstände und Bücher zerstört oder waren in Auseinandersetzungen zwischen Rebellengruppen verwickelt gewesen. Für die schlimmsten Schrecknisse der Kulturrevolution – die brutale Unterdrückung, die Hunderte und Tausende den Verstand oder das Leben gekostet oder sie in den Selbstmord getrieben hatte – war die Bevölkerung selbst verantwortlich. Fast alle, selbst kleine Kinder, hatten an brutalen Anklageversammlungen teilgenommen, viele hatten ihre Hand gegen die Opfer erhoben. Oft genug waren die Opfer selbst zu Verfolgern geworden und umgekehrt. Es gab auch kein funktionierendes Rechtssystem, um die Ereignisse zu untersuchen und Urteile zu sprechen. Parteifunktionäre entschieden, wer bestraft wurde und wer nicht, oftmals gaben persönliche Motive den Ausschlag. Einige Rebellen wurden angemessen bestraft, andere zu hart, manche kamen mit einem blauen Auge davon. Die beiden schlimmsten Verfolger meines Vaters blieben nahezu ungeschoren: Zuo wurde nicht bestraft, und Frau Shau wurde lediglich auf einen weniger wichtigen Posten versetzt.

Die Tings saßen seit 1970 in Haft, und auch jetzt wurde ihnen nicht der Prozeß gemacht, denn die Partei hatte keine Kriterien, nach denen sie abgeurteilt werden konnten. Sie mußten lediglich zu etlichen Versammlungen erscheinen und sich die Vorwürfe ihrer Opfer anhören, die Versammlungen verliefen ohne Tätlichkeiten. Auf einer solchen Versammlung berichtete meine Mutter, wie die Tings meinen Vater verfolgt hatten. Die Tings blieben ohne Prozeß bis 1982 in Haft, dann wurde Herr Ting zu zwanzig Jahren und Frau Ting zu siebzehn Jahren Gefängnis verurteilt.

Mein Freund Hou, um den ich mir so viele Sorgen gemacht hatte, war bald wieder auf freiem Fuß. Doch die bitteren Erinnerungen, die in diesen wenigen Tagen des Nachgrübelns in mir aufgestiegen waren, hatten alle Gefühle für ihn zerstört. Ich wußte nicht, wieviel Schuld er individuell auf sich geladen hatte, aber da er in den schlimmsten Jahren der Kulturrevolution eine Gruppe von Rotgardisten geführt hatte, konnte er nicht schuldlos sein. Ich brachte es zwar immer noch nicht fertig, ihn zu hassen, aber ich empfand auch kein Mitleid. Ich hoffte, daß ihm und allen anderen Gerechtigkeit widerfahren würde.
Aber würde es jemals Gerechtigkeit geben? Und würde der Versuch, Gerechtigkeit zu schaffen, nicht weitere Gräben aufreißen? Soviel Unrecht blieb ungesühnt, und zugleich mußten viele Menschen Seite an Seite mit ihren einstigen Peinigern leben und arbeiten. Gruppen, die sich einst blutig bekämpft hatten, lebten nun unter einem Dach, Kapitalistenhelfer arbeiteten mit ehemaligen Rebellen zusammen, die sie früher denunziert und gefoltert hatten. Die Situation im Land war aufs äußerste gespannt. Wann würde dieser Zustand endlich ein Ende haben? Und wenn es vorüber war, würden wir jemals diesen Alptraum vergessen können, den Mao über uns gebracht hatte?
Im Juli 1977 wurde Deng Xiaoping rehabilitiert und zum Stellvertreter von Hua Guofeng ernannt. Jede Rede von Deng wirkte wie ein frischer Windstoß. Es sollte keine weiteren politischen Kampagnen geben. Politische »Schulungen« waren eine Form »exorbitanter Steuern und Abgaben« und sollten abgeschafft werden. Die Politik der Partei mußte sich an Realitäten orientieren und nicht an Dogmen. Deng sagte sogar, daß es falsch sei, jedem Wort von Mao buchstabengetreu zu folgen. Deng brachte China auf einen völlig neuen Kurs. Schon bald beschlich mich Angst: Ich sehnte mich nach der neuen Zukunft und fürchtete, daß sie womöglich nie kommen würde.
Dank des neuen Kurses unter Deng ging meine Strafversetzung in die Kommune bereits im Dezember 1977 zu Ende, einen Monat früher als ursprünglich vorgesehen. Ich war überglücklich über die Verkürzung um diesen einen Monat. Als ich nach

Chengdu zurückkehrte, bereitete die Universität mit einiger Verspätung die Aufnahmeprüfungen für 1977 vor. Zum ersten Mal seit 1966 gab es wieder richtige Prüfungen. Deng hatte verkündet, daß der Zugang zur Universität nur noch über akademische Prüfungen und nicht mehr durch die Hintertür möglich sein sollte. Der Beginn des Wintersemesters mußte verschoben werden, damit man die Menschen auf diesen Kurswechsel vorbereiten konnte.

Ich wurde wieder aufs Land geschickt, diesmal in den Norden von Sichuan, wo ich Aufnahmegespräche mit Bewerbern für unsere Fakultät führen sollte. Ich machte mich bereitwillig auf die Reise. Unterwegs auf holprigen Bergstraßen von einem Kreis zum nächsten, ganz allein, nahm ein Gedanke immer deutlicher Gestalt an: Es wäre wunderbar, wenn ich in den Westen gehen und dort studieren könnte.

Einige Jahre zuvor hatte mir ein Freund eine Geschichte erzählt. Er war 1964 aus Hongkong ins »Mutterland« gekommen und durfte erst 1973, nach Nixons Chinabesuch und der anschließenden Öffnung, wieder ausreisen und seine Familie in Hongkong besuchen. Am ersten Abend hörte er, wie seine Nichte telefonisch eine Wochenendreise nach Tokio buchte. Diese offensichtlich unbedeutende Geschichte hatte mich schon immer wütend gemacht. Wie beneidete ich diese Menschen um die Freiheit, die Welt sehen zu können, eine Freiheit, von der ich nur träumen konnte. Weil es unmöglich war, hatte ich die Sehnsucht, ins Ausland zu gehen, tief in meinem Innersten eingeschlossen und ihr nicht erlaubt, ins Bewußtsein zu dringen. Früher hatte es für einige wenige Studenten an ausgewählten Universitäten die Möglichkeit gegeben, ein Stipendium für ein Studium im Ausland zu bekommen. Aber selbstverständlich wurden die Bewerber von den Behörden von Hand verlesen, und wer nicht Parteimitglied war, brauchte es erst gar nicht zu versuchen. Da ich weder in der Partei war noch das Vertrauen meiner Fakultät genoß, hatte ich damals nicht die geringste Chance, selbst wenn meiner Universität wie durch ein Wunder ein Stipendium in den Schoß fallen sollte. Jetzt regte sich wider alle Vernunft der Gedanke, daß ich vielleicht doch hoffen durfte, nachdem Bewerber wieder nach Leistung ausgewählt wurden und China dabei war, die maoistische Zwangsjacke abzuschütteln. Ich schlug mir den Gedanken schleunigst wieder aus dem Kopf, denn ich hatte Angst vor der Enttäuschung, die unvermeidlich folgen mußte.

Als ich von meiner Reise zurück war, hörte ich, daß meiner Fakultät ein Stipendium für das westliche Ausland für einen jungen Lehrer oder einen Lehrer mittleren Alters zugeteilt worden war. Die Fakultät hatte nicht mich dafür ausgewählt.

Frau Professor Lo überbrachte mir die niederschmetternde Nachricht. Sie war Anfang Siebzig und ging unsicher am Stock, aber sie war lebhaft und fast ungestüm in allem, was sie tat. Englisch sprach sie so schnell, als könne sie es kaum abwarten, all das loszuwerden, was sie zu sagen hatte. Sie hatte ungefähr dreißig Jahre in den Vereinigten Staaten gelebt. Ihr Vater war unter der Kuomintang Richter in einer hohen Position gewesen und hatte für seine Tochter eine Ausbildung im Westen gewollt. In Amerika hatte sie den westlichen Namen Lucy angenommen und sich in einen amerikanischen Studenten namens Luke verliebt. Die beiden wollten heiraten, doch als sie Lukes Mutter davon erzählten, reagierte diese mit den Worten: »Lucy, du weißt, daß ich dich sehr gern habe. Aber stell dir vor, wie eure Kinder aussehen würden! Es wäre ein Problem ...«

Lucy löste die Verbindung zu Luke, denn sie war stolz und wollte ganz oder gar nicht von seiner Familie akzeptiert werden. Nach der Machtübernahme der Kommunisten kehrte sie Anfang der fünfziger Jahre in ihr Heimatland zurück, weil sie glaubte, daß die Kommunisten die Ehre ihres Volkes wiederherstellen würden. Sie kam über die Sache mit Luke nie ganz hinweg. Sehr spät heiratete sie in China einen chinesischen Englischprofessor, den sie nicht liebte. Sie stritten sich ständig. Während der Kulturrevolution wurden sie aus ihrer Wohnung geworfen und lebten in einem winzigen, knapp neun Quadratmeter großen Raum, vollgestopft mit alten Aufzeichnungen und verstaubten Büchern. Es tat einem in der Seele weh, wenn man dieses alte,

weißhaarige Ehepaar so zusammengedrängt sah, wo sie es doch nicht miteinander aushalten konnten. Einer saß auf dem Rand des Ehebetts, der andere auf dem einzigen Stuhl, der in dem winzigen Zimmer Platz fand. Professor Lo schloß mich ins Herz. Sie sagte zu mir, daß sie in mir ihre vergangene Jugend sehe. Ich sei so, wie sie vor fünfzig Jahren gewesen sei, genauso ruhelos und hungrig nach Glück. Sie habe das Glück nicht gefunden, aber sie wolle dazu beitragen, daß es mir anders ergehen würde. Als sie von dem Stipendium für den Westen, wahrscheinlich für Amerika, hörte, war sie verständlicherweise sehr aufgeregt und besorgt, weil ich nicht erreichbar war und nicht für meine Sache kämpfen konnte. Das Stipendium ging an eine Studentin namens Fräulein Yee, die ein Jahr vor mir ihr Studium abgeschlossen hatte und inzwischen Parteimitglied war. Während ich auf dem Land war, hatten alle jungen Lehrer aus meiner Fakultät, die während der Kulturrevolution ihren Abschluß gemacht hatten, einen Intensivkurs zur Verbesserung ihrer Englischkenntnisse absolviert. Frau Professor Lo hatte einen Teil dieses Kurses unterrichtet. Sie benutzte als Lehrmaterial Artikel aus englischen Zeitschriften, die Freunde aus offeneren Städten wie Beijing oder Shanghai ihr schickten. (Sichuan war immer noch für Ausländer gesperrt.) Sobald ich wieder zurück war, besuchte ich ihren Unterricht.
Einmal brachte sie uns einen Artikel über die wirtschaftliche Nutzung von Atomenergie in den Vereinigten Staaten mit. Nachdem sie den Artikel mit uns durchgegangen war, hob Fräulein Yee den Blick, richtete sich kerzengerade auf und sagte mit deutlich verärgertem Unterton: »Diesen Artikel muß man selbstverständlich kritisch lesen! Amerikanische Imperialisten können die Kernenergie doch gar nicht friedlich nutzen.« Ich fühlte, wie die Wut in mir aufstieg, nicht unbedingt gegen meine Kommilitonin, sondern dagegen, wie sie die offizielle Propaganda einfach nachplapperte. Ohne zu überlegen, fragte ich zurück: »Und woher willst du wissen, daß sie es nicht können?« Fräulein Yee und der Großteil der Klasse schauten mich ungläubig und verdutzt an. Für sie war eine Frage wie diese noch immer

ungeheuerlich, geradezu blasphemisch. Nur in den Augen von Frau Lo sah ich ein Funkeln und ein ermunterndes Lächeln um ihren Mund. Ich fühlte mich verstanden und gestärkt.

Außer Frau Lo hätten noch ein paar andere Professoren lieber mich als Fräulein Yee in den Westen geschickt. In dem neuen politischen Klima wurden die Professoren von den Studenten zwar wieder respektiert, aber in solchen Dingen hatten sie nicht viel zu sagen. Wenn mir jemand helfen konnte, dann meine Mutter. Sie entwarf einen Schlachtplan. Als erstes suchte ich die ehemaligen Kollegen meines Vaters auf, die jetzt für die Universität zuständig waren. Ich sagte, ich hätte eine Beschwerde vorzubringen: Genosse Deng Xiaoping habe doch erklärt, daß künftig nur die Leistung über die Zulassung zur Universität entscheiden und es keine Hintertürchen mehr geben sollte. Es sei unbestreitbar ein Fehler, wenn man bei der Vergabe von Stipendien anders verfahre. Ich bat darum, mir gerechte Chancen einzuräumen, das heißt ich wollte eine Prüfung.

Während meine Mutter und ich noch alle möglichen Hebel in Bewegung setzten, kam eine Anweisung aus Beijing: Zum ersten Mal nach 1949 sollten die Stipendien für Studienaufenthalte im Ausland nach einer landesweit einheitlichen wissenschaftlichen Prüfung vergeben werden. Die Prüfung sollte zeitgleich in Beijing, Shanghai und Xi'an durchgeführt werden. Xi'an war die alte Hauptstadt, in der später die Terrakotta-Armee ausgegraben wurde.

Meine Fakultät sollte drei Kandidaten nach Xi'an schicken. Die Entscheidung für Fräulein Yee wurde annulliert, und die Fakultät benannte zwei hochqualifizierte Dozenten um die Vierzig, die beide bereits vor der Kulturrevolution unterrichtet hatten. Der dritte Kandidat sollte unter den rund zwei Dutzend Personen ausgewählt werden, die während der Kulturrevolution ihr Studium abgeschlossen hatten. Teils weil man in Beijing wieder die Selektion durch Prüfungen anstrebte, teils weil meine Mutter nicht lockerließ, beschloß die Fakultät, daß die Bewerber um die dritte Kandidatur sich am 18. März einer schriftlichen und mündlichen Prüfung unterziehen sollten.

Ich schnitt in beiden Teilprüfungen von allen Bewerbern am besten ab, allerdings war das gute Ergebnis in der mündlichen Prüfung nicht allein mein Verdienst. Wir wurden einzeln nacheinander von zwei Prüfern befragt. Die beiden Prüfer, Professor Lo und ein älterer Mann, saßen hinter einem Tisch. Auf dem Tisch lagen zusammengeknüllte Zettel, jeder Prüfling mußte eine Papierkugel nehmen und die darauf notierte Frage in Englisch beantworten. Meine Frage lautete: »Nennen Sie die wichtigsten Punkte im Abschlußdokument der kürzlich zu Ende gegangenen Zweiten Plenarsitzung des Elften Zentralkomitees der Kommunistischen Partei Chinas.« Selbstverständlich hatte ich keine Ahnung, was auf dem Parteitag beschlossen worden war. Ich stand da wie vor den Kopf geschlagen. Frau Lo schaute mich an und streckte die Hand nach dem Papier aus. Sie las die Frage durch und reichte den Zettel ihrem Kollegen. Dann steckte sie den Zettel ohne ein Wort in ihre Tasche und bedeutete mir mit einer Kopfbewegung, eine andere Papierkugel zu nehmen. Diesmal hieß die Frage: »Sagen Sie etwas über die glorreiche Situation unseres sozialistischen Vaterlandes!«

Die verordnete Lobpreisung der »glorreichen Situation« meines sozialistischen Vaterlandes war mir wohl vertraut, jahrelang hatte sie mich zu Tode gelangweilt. Doch diesmal hatte ich eine Menge zu sagen. Erst kürzlich hatte ich ein begeistertes Gedicht über das Frühjahr 1978 verfaßt. Deng Xiaopings rechte Hand, Hu Yaobang, war Generalsekretär der Partei geworden und hatte mit großangelegten Säuberungen begonnen. Man spürte förmlich, wie das Land den Maoismus abschüttelte. Die Industrieproduktion lief auf Hochtouren, die Regale in den Läden füllten sich. Schulen, Krankenhäuser und andere öffentliche Dienstleistungsbetriebe arbeiteten wieder normal. Lange verbotene chinesische Bücher und Übersetzungen aus fremden Sprachen wurden veröffentlicht, vor den Buchhandlungen bildeten sich schon achtundvierzig Stunden vorher lange Schlangen. Man hörte wieder Lachen, sowohl auf den Straßen als auch in den Häusern.

Ich lernte Tag und Nacht für die Prüfung in Xi'an, schließlich hatte ich nur knapp drei Wochen Zeit. Mehrere Professoren boten mir ihre Hilfe an. Frau Lo gab mir eine Leseliste und ein Dutzend englischer Bücher, aber kurz darauf befand sie, daß ich die Bücher bis zur Prüfung unmöglich alle lesen könnte. Kurzerhand räumte sie auf ihrem mit Papieren und Büchern übersäten Schreibtisch eine Ecke frei und packte ihre Reiseschreibmaschine aus. In den nächsten zwei Wochen fertigte sie englische Zusammenfassungen all jener Bücher an, die ich nicht mehr selbst hatte lesen können. So habe Luke ihr fünfzig Jahre zuvor bei ihrem Examen geholfen, erzählte sie mit einem Augenzwinkern, denn sie sei lieber zum Tanzen und auf Partys gegangen.

Die beiden älteren Dozenten und ich fuhren gemeinsam mit dem Zug nach Xi'an, der stellvertretende Parteisekretär unserer Fakultät begleitete uns. Die Fahrt dauerte einen Tag und eine Nacht. Die meiste Zeit lag ich auf dem Bauch auf meinem »harten Schlafwagensitz« und ging eifrig den Stapel Exzerpte von Professor Lo durch. Niemand wußte, wie viele Stipendien zu vergeben waren und für welche Länder. Das war Staatsgeheimnis wie die meisten Informationen in China. In Xi'an erfuhren wir, daß zweiundzwanzig Kandidaten an der Prüfung teilnehmen würden, meist ältere Dozenten aus vier Provinzen in Westchina. Die Prüfungsunterlagen waren am Vortag versiegelt aus Beijing eingeflogen worden. Am Vormittag fand die schriftliche Prüfung statt. Sie bestand aus drei Teilen, unter anderem mußten wir eine längere Passage aus dem Buch »Roots« ins Chinesische übersetzen. Draußen vor dem Fenster peitschte der Aprilwind die weißen Weidenblüten in einem wunderbaren wilden Tanz durch die Straßen. Um die Mittagszeit wurden die Blätter eingesammelt, versiegelt und sofort nach Beijing geschickt, wo sie zusammen mit den Prüfungsarbeiten aus den anderen Städten korrigiert werden sollten. Am Nachmittag wurden wir mündlich geprüft.

Ende Mai teilte man mir inoffiziell mit, daß ich beide Prüfungen mit Auszeichnung bestanden hätte. Meine Mutter setzte sich daraufhin noch energischer für die Rehabilitierung meines Vaters ein. In seinen Akten stand immer noch das vorläufige Urteil, daß er »schwerwiegende politische Fehler« begangen habe, und auch nach seinem Tod überschattete das Urteil die Zukunft seiner Kinder. Meine Mutter wußte, daß ungeachtet aller Liberalisierung dieses Urteil ein unüberwindliches Hindernis für mein Auslandsstudium sein konnte.

Sie mobilisierte die ehemaligen Kollegen meines Vaters, die mittlerweile wieder in der Provinzregierung an der Macht waren, und zeigte ihnen zur Stärkung ihrer Position den Brief von Zhou Enlai, in dem Zhou bestätigte, daß mein Vater das Recht gehabt habe, sich an den Vorsitzenden Mao zu wenden. Meine Großmutter hatte diesen Brief sehr geschickt in die Oberseite eines selbstgemachten Baumwollschuhs eingenäht und dort die ganzen Jahre versteckt. Elf Jahre nachdem Zhou diesen Brief geschrieben hatte, beschloß meine Mutter, ihn den Beamten in der Provinzverwaltung auszuhändigen. An der Spitze der Provinzregierung stand inzwischen Zhao Ziyang.

Der Zeitpunkt war günstig: Der Name Mao hatte seine magische, paralysierende Wirkung eingebüßt, nicht zuletzt dank der unermüdlichen Bemühungen von Hu Yaobang, der auch für Rehabilitierungen zuständig war. Am 12. Juni erschien ein höherer Parteifunktionär in der Meteoritenstraße und überbrachte das endgültige Urteil der Partei über meine Vater. Darin hieß es, mein Vater sei »ein guter Funktionär und ein gutes Parteimitglied« gewesen. Damit war er offiziell rehabilitiert. Erst danach gab das Bildungsministerium in Beijing die Zustimmung für mein Auslandsstipendium.

Die Nachricht, daß ich nach England gehen durfte, erfuhr ich zuerst von aufgeregten Freunden an der Universität, noch bevor ich offiziell informiert wurde. Viele Menschen, die ich nur flüchtig kannte, freuten sich mit mir, ich bekam viele Glückwunschbriefe und Telegramme. Man veranstaltete Partys für mich, die Freudentränen flossen in Strömen. Es war ein ungeheures Ereignis, wenn jemand in den Westen ging. China war jahrzehntelang vollkommen von der Außenwelt abgeschlossen gewesen, uns fehlte in der Enge die Luft zum Atmen. Ich war seit 1949 der erste Student meiner Universität und, soweit ich weiß, der erste Mensch aus ganz Sichuan (mit einer Bevölkerung von damals immerhin rund neunzig Millionen), der im Westen studieren durfte. Und ich verdankte das Stipendium meinen eigenen Leistungen – ich war nicht einmal einfaches Parteimitglied. Dieses Stipendium war ein weiteres Zeichen für die dramatischen Veränderungen im Land. Die Menschen schöpften wieder Hoffnung und sahen neue Möglichkeiten.

Meine Begeisterung überwältigte mich aber nicht vollkommen. Ich hatte etwas erreicht, was so viele Menschen in meiner Umgebung sich sehnlichst wünschten und was immer unerreichbar für sie bleiben würde. Ich fühlte mich meinen Freunden gegenüber schuldig. Es mußte unangenehm oder sogar schmerzlich für sie sein, wenn ich meiner Vorfreude freien Lauf ließ, aber wenn ich sie zu verheimlichen versucht hätte, wäre das unehrlich gewesen. Ohne daß ich es selbst recht bemerkte, verfiel ich in eine bedrückte Stimmung. Ich wurde traurig, wenn ich daran dachte, wie eng und starr alles in China war – so vielen Menschen hatte man die Gelegenheit verwehrt, ihre Begabungen zu entfalten. Ich war mir bewußt, daß ich das Glück hatte, aus einer trotz aller Leiden privilegierten Familie zu kommen. Jetzt, wo sich ein freieres und gerechteres China am Horizont abzeichnete, war ich ungeduldig. Ich wünschte mir, der Wandel würde viel schneller vonstatten gehen und die ganze Gesellschaft erfassen.

Während ich solchen Gedanken nachhing, absolvierte ich die unausweichliche Prozedur, die jeder durchlaufen mußte, der damals China verlassen wollte. Als erstes nahm ich in Beijing an einem speziellen Kurs für Auslandsreisende teil. Einen Monat lang wurden wir indoktriniert, anschließend fuhren wir einen Monat lang quer durch China. Die Schönheit unseres Vaterlandes sollte uns so beeindrucken, daß wir nicht auf die Idee kämen, uns als Nestbeschmutzer zu betätigen. In der Zwischenzeit wurden sämtliche Reisevorbereitungen für uns getroffen. Man gab uns Geld, damit wir uns neue Kleider kaufen konnten. Wir sollten im Ausland einen guten Eindruck machen.

Hinter dem Universitätsgelände schlängelte sich der Seidenfluß. An den letzten Tagen vor meiner Abreise wanderte ich oft abends am Ufer entlang. Das Wasser glitzerte im Mondschein, darüber lag der warme Dunst eines Sommerabends. Ich ließ noch einmal meine sechsundzwanzig Lebensjahre an mir vorüberziehen. Ich hatte Bevorzugung und Verfolgung erlebt, Mut und Angst, Freundlichkeit und Treue genauso wie die dunklen, häßlichen Seiten der menschlichen Natur. Inmitten von Leiden, Zerstörung und Tod hatte ich erlebt, was Liebe ist, und ich hatte erfahren, daß der Überlebenswille und das Glücksstreben der Menschen nicht gebrochen werden können.

Die unterschiedlichsten Gefühle rissen mich fort. Ich dachte an meinen Vater, an meine Großmutter, an Tante Jun-ying. Bis dahin hatte ich mich bemüht, die Erinnerung an sie zu unterdrücken, denn ihr Tod war ein Wunde in meinem Herzen, die immer noch schmerzte. Jetzt malte ich mir aus, daß sie sich mit mir freuen und stolz auf mich sein würden.

Ich flog nach Beijing. Von dort aus sollte ich mit dreizehn anderen Universitätsdozenten starten, einer davon war unser politischer Kontrolleur. Das Flugzeug sollte am 12. September morgens um acht abfliegen. Beinahe hätte ich es verpaßt, weil so viele Freunde zum Abschied gekommen waren und ich nicht die ganze Zeit auf die Uhr starren wollte. Erst als ich dann glücklich im Flugzeug saß, fiel mir ein, daß ich meine Mutter gar nicht richtig in die Arme geschlossen hatte. Sie hatte sich im Flughafen von Chengdu von mir verabschiedet, fast beiläufig, ohne eine Träne, als wäre meine Reise um den halben Globus nur eine weitere Episode in unserem ereignisreichen Leben.

Während ich China immer weiter zurückließ, schaute ich aus dem Fenster, und unter dem silbernen Flügel des Flugzeugs erstreckte sich eine unendliche Welt. Noch einen Augenblick hing ich den Gedanken an die Vergangenheit nach, dann wandte ich mich der Zukunft zu. Am liebsten hätte ich die ganze Welt umarmt.

Epilog

Heute ist London mein Zuhause. Zehn Jahre lang habe ich jeden Gedanken an das Land, das ich hinter mir gelassen habe, beiseite geschoben. Und dann kam im Jahr 1988 meine Mutter zu einem Besuch nach England. Zum ersten Mal hörte ich ihre Lebensgeschichte und die Geschichte meiner Großmutter, all das hatte sie mir bis dahin nicht erzählt. Nachdem sie wieder nach Chengdu abgereist war, setzte sich mich an den Schreibtisch. Ich überließ mich den Erinnerungen, die in mir aufstiegen, und den nicht geweinten Tränen. Damals beschloß ich, dieses Buch zu schreiben. Die Erinnerung an die Vergangenheit tat nicht mehr weh, denn ich hatte Liebe und Erfüllung und damit Ruhe gefunden.

China hat sich, seit ich es verlassen habe, grundlegend verändert. Ende 1978 hat die Kommunistische Partei Maos »Klassenkampf« auf den Müllhaufen der Geschichte geworfen. Die Ausgestoßenen der Gesellschaft, so auch alle »Klassenfeinde« in meinem Buch, wurden rehabilitiert, sogar die Freunde meiner Mutter in der Mandschurei, die 1955 das Etikett »Konterrevolutionäre« bekommen hatten. Sie und ihre Familien wurden nicht länger diskriminiert, sie mußten nicht mehr harte körperliche Arbeit verrichten, sondern wurden an bedeutend bessere Arbeitsplätze versetzt. Viele wurden aufgefordert, der Kommunistischen Partei beizutreten, und nicht wenige machte die Partei zu Funktionären.

Mein Großonkel Yu-lin, seine Frau und ihre Kinder durften 1980 vom Land nach Jinzhou zurückkehren. Yu-lin wurde Hauptbuchhalter in einer Arzneimittelfirma, seine Frau übernahm die Leitung eines Kindergartens.

Die Rehabilitierungen ergingen schriftlich, die Urteile wurden in die Kaderakten der Opfer eingefügt. Belastende Berichte aus früheren Zeiten wurden entfernt und verbrannt. In ganz China entzündete man Freudenfeuer und verbrannte all die Fetzen Papier, die so viele Leben ruiniert hatten.

Die Akte meiner Mutter enthielt viel belastendes Material über ihre Kontakte zur Kuomintang, als sie ein junges Mädchen gewesen war. All das ging nun in Flammen auf. Statt dessen wurde in ihre Akte ein zweiseitiges Urteil eingefügt, datiert vom 20. Dezember 1978, das klipp und klar besagte, daß die gegen sie erhobenen Beschuldigungen falsch gewesen waren. Als eine Art Wiedergutmachung wurde ihr familiärer Hintergrund neu bestimmt: Sie war jetzt nicht mehr die Tochter eines Provinzgenerals, sondern eines Arztes, das klang weniger anstößig.

Mein Entschluß im Jahr 1982, in England zu bleiben, war trotz aller bereits eingetretenen Veränderungen ein sehr ungewöhnlicher Schritt. Meine Mutter befürchtete, sie könnte in ihrem Beruf deshalb Schwierigkeiten bekommen, und bat um ihre vorzeitige Entlassung in den Ruhestand, die auch bewilligt wurde. Wider Erwarten hatte es für sie keine nachteiligen Folgen, daß ihre Tochter im Westen lebte – unter Mao wäre das noch ganz anders gewesen.

China öffnete sich immer mehr zur Welt. Meine drei Brüder leben heute im Westen. Jin-ming ist ein international anerkannter Wissenschaftler auf dem Gebiet der Festkörperphysik, er forscht an der Southampton University in England. Xiao-hei ist nach der Zeit bei der Luftwaffe Journalist geworden, er arbeitet in London. Beide sind verheiratet und haben je ein Kind. Xiaofang hat Internationale Wirtschaftsbeziehungen an der Universität Straßburg studiert und dort einen Abschluß gemacht. Er ist heute Geschäftsmann und hat eine Firma in Frankreich.

Meine Schwester Xiao-hong lebt als einzige von uns fünf Geschwistern noch in China. Sie arbeitet in der Verwaltung der Schule für traditionelle chinesische Medizin von Chengdu. Als in den achtziger Jahren schrittweise private Betriebe zugelassen wurden, ließ sie sich für zwei Jahre beurlauben und half beim Aufbau einer Werkstatt für Modedesign – eine Arbeit, die sie voller Begeisterung ausübte. Nachdem die zwei Jahre vorüber waren, mußte sie sich zwischen der Aufregung und dem Risiko des privaten Unternehmertums und der Routine und Sicherheit des Staatsdienstes entscheiden. Sie wählte das letztere. Ihr Ehemann Brilli ist Bankangestellter.

Die Kommunikation mit anderen Teilen der Welt ist heute in China eine Selbstverständlichkeit. Ein Brief von Chengdu nach London braucht eine Woche, von einem Postamt in der Innenstadt kann meine Mutter mir Nachrichten per Fernkopierer schicken. Von überall in der Welt kann ich sie direkt zu Hause anrufen. Das Fernsehen sendet, wenn auch gefiltert, neben der offiziellen Propaganda täglich Nachrichten aus aller Welt. Die Chinesen erfahren von wichtigen Ereignissen, auch vom Umbruch in Osteuropa und in der Sowjetunion wurde berichtet.

Zwischen 1983 und 1989 habe ich meine Mutter jedes Jahr besucht, und jedesmal war ich wieder überwältigt, wie sehr etwas abgenommen hatte, was unter Mao unser ganzes Leben bestimmt hatte: die Angst.

Im Frühjahr 1989 reiste ich durch China und sammelte Material für dieses Buch. Ich erlebte die ersten Demonstrationen in Chengdu und auf dem Platz des Himmlischen Friedens. Erstaunt beobachtete ich, daß die Menschen die Angst fast ganz vergessen hatten. Nur sehr wenige von den vielen Millionen Demonstranten erkannten die Gefahr, die meisten schienen vollkommen überrascht, als die Armee das Feuer auf sie eröffnete. Ich war zu dieser Zeit wieder in London, und ich traute meinen Augen kaum, als ich die Bilder des Massakers im Fernsehen sah. Hatte tatsächlich derselbe Mann das Blutbad befohlen, der einst für mich und so viele andere als Befreier gekommen war?

Die Angst regte sich wieder, aber sie war nicht mehr so alles durchdringend und zerstörerisch wie zu Maos Zeiten. Heute üben die Menschen auf politischen Versammlungen offen Kritik und greifen Parteiführer namentlich an. Der Kurs der Liberalisierung ist nicht mehr rückgängig zu machen. Aber noch immer schaut Mao auf den Platz des Himmlischen Friedens herab.

Die Wirtschaftsreformen der achtziger Jahre haben einen beispiellosen Anstieg des Lebensstandards gebracht, nicht zuletzt dank der Handelsbeziehungen zum Ausland und dank ausländischer Investitionen. In ganz China werden ausländische Geschäftsleute von den Funktionären mit offenen Armen empfangen und auf jede erdenkliche Weise hofiert. Im Jahr 1988 besuchte meine Mutter Yu-lin in Jinzhou in seiner kleinen dunklen Wohnung, ohne jeden Komfort, direkt neben einer Müllkippe gelegen. Auf der anderen Straßenseite steht das beste Hotel von Jinzhou, dort werden jeden Tag üppige Bankette für potentielle Investoren aus dem Ausland ausgerichtet. Eines Tages sah meine Mutter einen solchen umworbenen Gast nach einem Festmahl auf die Straße treten. Eine beflissene Menge umringte ihn, er zeigte Fotos von seinem luxuriösen Haus in Taiwan und seinem Wagenpark. Meine Mutter erkannte in dem Mann Yao-han, den politischen Kontrolleur der Kuomintang an ihrer Schule, der sie vierzig Jahre zuvor ins Gefängnis gebracht hatte.

Mai 1991

FAMILIENSTAMMBÄUME

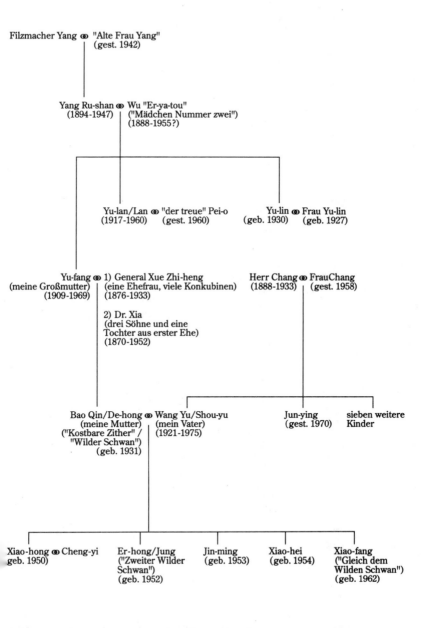

Zeittafel

Jahr	*Familie/Autorin*	*Allgemeines*
1870	Dr. Xia geboren	Mandschu-Reich (1644-1911)
1876	Xue Zhi-heng (Großvater) geboren	
1909	Meine Großmutter geboren	
1911		Sturz der Mandschu-Dynastie; China wird Republik; Provinzgenerale herrschen
1921	Mein Vater geboren	
1922-24	General Xue schließt sich einem Kriegsherrn an; Polizeichef in Beijing	
1924	Meine Großmutter wird Konkubine von General Xue; General Xue verliert seine Macht	
1927		Die Kuomintang unter Chiang Kai-shek einigt den gröten Teil von China

1931	Meine Mutter geboren	Japanische Invasion in der Mandschurei
1932		Die Japaner besetzen Yixian und Jinzhou; Gründung des Staates Mandschukuo unter Pu Yi
	Meine Großmutter und meine Mutter fahren nach Lulong	
1933	Tod von General Xue	
1934-35		Der Lange Marsch der Kommunisten nach Yan'an
1935	Meine Großmutter heiratet Dr. Xia	
1936	Umzug von Dr. Xia, meiner Großmutter und meiner Mutter nach Jinzhou	
1937		Die Japaner dringen weit nach China ein; Bündnis von Kuomintang und Kommunisten
1938	Mein Vater schließt sich der Kommunistischen Partei an	
1940	Mein Vater marschiert nach Yan'an	

1945		Kapitulation der Japaner; Jinzhou wird nacheinander von Russen, chinesischen Kommunisten und der Kuomintang besetzt
	Mein Vater in Chaoyang	
1946-48	Mein Vater kämpft in einer Guerillaeinheit im Gebiet von Chaoyang;	Bürgerkrieg zwischen Kommunisten und Kuomintang (bis 1949/50)
	Meine Mutter wird Studentenführerin und schließt sich dem kommunistischen Untergrund an	
1948	Meine Mutter wird verhaftet	
		Belagerung von Jinzhou
	Meine Eltern lernen sich kennen	
1949	Heirat meiner Eltern; sie verlassen Jinzhou und marschieren nach Nanjing; Meine Mutter hat eine Fehlgeburt	
	Mein Vater in Yibin	Proklamierung der Volksrepublik China; Die Kommunisten übernehmen die Macht in Sichuan; Chiang Kai-shek flieht nach Taiwan

1950	Meine Mutter kommt nach Yibin; Expeditionen zur Beschaffung von Lebensmitteln; Kampf gegen Banditen	
		Landreform; China tritt in den Koreakrieg ein (bis Juli 1953)
	Geburt meiner Schwester Xiao-hong	
1951		Kampagne zur »Unterdrückung der Konterrevolutionäre« (Hui-ge wird hingerichtet)
	Meine Mutter leitet den kommunistischen Jugendverband von Yibin, ihre Vorgesetzte ist Frau Ting; volle Parteimitgliedschaft; Meine Großmutter und Dr. Xia kommen nach Yibin	
		»Drei-Anti«-Kampagne
1952	Ich werde geboren; Dr. Xia stirbt; Mein Vater wird Gouverneur von Yibin	»Fünf-Anti«-Kampagne
1953	Geburt meines Bruders Jin-ming; Umzug nach Chengdu; Meine Mutter wird Leiterin der Abteilung Öffentliche Angelegenheiten im östlichen Stadtbezirk	

1954	Mein Vater wird Stellvertretender Leiter der Abteilung Öffentliche Angelegenheiten der Provinz Sichuan; Geburt von Xiao-hei	
1955	Verhaftung meiner Mutter; wir kommen in Kinderheime	Kampagne zur »Entlarvung heimlicher Konterrevolutionäre« (Freunde in Jinzhou sind betroffen); Verstaatlichungen
1956	Freilassung meiner Mutter	Kampagne »Laßt hundert Blumen blühen«
1957		Kampagne gegen Rechtsabweichler
1958	Ich komme in die Schule	Großer Sprung nach vorn; Kleinhochöfen und Volkskommunen
1959		Hungersnot (bis 1961); Peng Dehuai fordert Mao heraus, wird verurteilt; Kampagne zum Aufspüren »rechtsabweichlerischer Opportunisten«
1962	Geburt von Xiao-fang	

1963	Kampagne »Lernen von Lei Feng«; Personenkult um Mao erreicht seinen Höhepunkt
1966	Beginn der Kulturrevolution

Mein Vater wird angegriffen und verhaftet; Meine Mutter reicht in Beijing ein Gesuch für ihn ein; Vater wird freigelassen; Ich gehe zu den Roten Garden; Pilgerfahrt der Rotgardisten nach Beijing; Ich verlasse die Roten Garden

1967 Meine Eltern werden gequält

Die Marschälle scheitern mit ihrem Versuch, die Kulturrevolution aufzuhalten; Herrschaft der Tings in Sichuan

Mein Vater schreibt einen Brief an Mao; Er wird verhaftet, erleidet einen Nervenzusammenbruch; Meine Mutter fährt nach Beijing, spricht mit Zhou Enlai; Meine Eltern werden immer wieder verhaftet, dazwischen verbringen sie kurze Zeiten zu Hause (bis 1969)

1968	Bildung des Revolutionskomitees von Sichuan

Wir müssen die Funktionärssiedlung verlassen

1969	Mein Vater kommt in ein Lager nach Miyi; Ich werde nach Ningnan aufs Land verschickt

Dr IX. Parteitag bestätigt die Kulturrevolution

Großmutters Tod; Ich werde Bäuerin in Deyang; Meine Mutter kommt in ein Lager nach Xichang

1970	Tod von Tante Jun-ying; Ich werde »Barfußdoktor«

Entmachtung der Tings

1971	Meine Mutter schwer erkrankt, sie kommt nach Chengdu ins Krankenhaus

Tod von Lin Biao

Meine Mutter wird rehabilitiert; Ich kehre nach Chengdu zurück, werde Arbeiterin in einem Stahlwerk und Elektrikerin

1972	Besuch Nixons in China

Vater wird freigelassen

1973	Ich studiere an der Universität von Sichuan	Rückkehr Deng Xiaopings
1975	Tod meines Vaters; Meine erste Begegnung mit Ausländern	
1976		Tod Zhou Enlais; Absetzung Deng Xiaopings; Demonstrationen auf dem Platz des Himmlischen Friedens; Mao Zedong stirbt; Verhaftung der Viererbande
1977	Ich unterrichte an der Universität; Verschickung in ein Dorf	Zweite Rückkehr Deng Xiaopings
1978	Ich gehe mit einem Stipendium nach England	

Karte Chinas

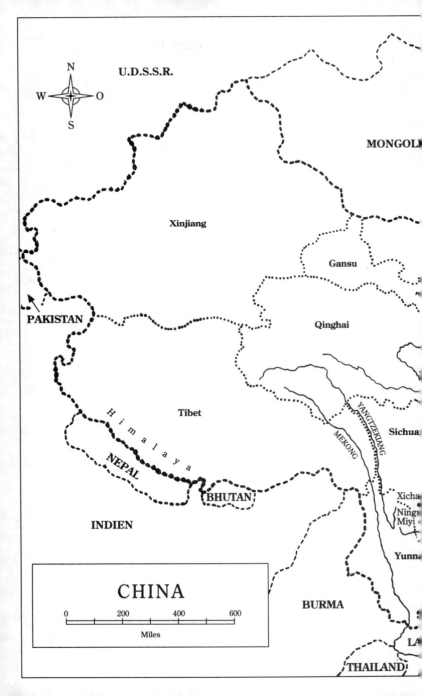

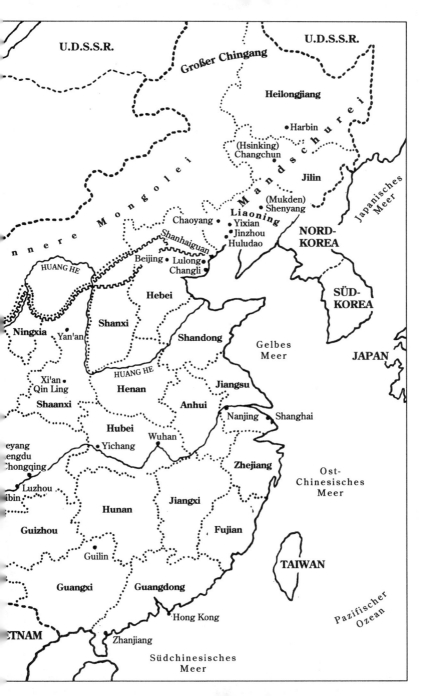

Inhalt

Danksagung 7
Anmerkung der Autorin 9

Kapitel 1
»Zwei kleine goldene Lilien«
Die Konkubine eines Provinzgenerals (1909-1933) 11

Kapitel 2
»Auch klares kaltes Wasser schmeckt süß«
Meine Großmutter heiratet einen mandschurischen Arzt
(1933-1938) 45

Kapitel 3
»Alle sagen, daß Mandschukuo ein glückliches Land ist«
Das Leben unter japanischer Besatzung (1938-1945) 73

Kapitel 4
»Sklaven, die kein eigenes Land besitzen«
Beherrscht von verschiedenen Herren
(1945-1947) 92

Kapitel 5
»Tochter zu verkaufen für zehn Kilo Reis«
Der Kampf um ein neues China (1947-1948) 115

Kapitel 6
»Über Liebe sprechen«
Die Heirat zweier Revolutionäre (1948-1949) 136

Kapitel 7
»Die fünf Bergpässe bezwingen«
Der Lange Marsch meiner Mutter (1949-1950) 171

Kapitel 8
»Heimkehr in einem bestickten Seidengewand«
Familienleben und Kampf gegen Banditen (1949-1951) ... 184

Kapitel 9
»Wenn ein Mann Macht bekommt, steigen sogar seine Hühner und Hunde zum Himmel auf«
Das Leben an der Seite eines
Unbestechlichen (1951-1953) 208

Kapitel 10
»Durch Leiden wird man ein besserer Kommunist«
Meine Mutter gerät in Verdacht (1953-1956) 233

Kapitel 11
»Nach der Anti-Rechts-Kampagne macht niemand mehr den Mund auf«
Friedhofsruhe in China (1956-1958) 250

Kapitel 12
»Eine tüchtige Frau bringt auch ohne Lebensmittel eine Mahlzeit auf den Tisch«
Hungersnot (1958-1962) 268

Kapitel 13
»Tausendfältige kleine Kostbarkeit«
Eine behütete Kindheit (1958-1964) 293

Kapitel 14
»Niemand ist dir so nahe wie der Vorsitzende Mao«
Personenkult um Mao (1964-1965) 315

Kapitel 15
»Zerstört erst einmal alles, der Aufbau kommt dann von allein«
Die Kulturrevolution beginnt (1965-1966) 338

Kapitel 16
»Schwingt euch zum Himmel auf und durchbohrt die Erde«
Maos Rote Garden (Juni-August 1966) 349

Kapitel 17
»Willst du, daß unsere Kinder ›Schwarze‹ werden?«
Die Not meiner Eltern (August-Oktober 1966) 369

Kapitel 18
»Gewaltig-wunderbare Nachrichten«
Pilgerfahrt nach Beijing (Oktober-Dezember 1966) 384

Kapitel 19
»Wenn man jemanden verurteilen will, findet man auch einen Beweis«
Meine Eltern werden gequält (Dezember 1966-1967) 401

Kapitel 20
»Ich verkaufe meine Seele nicht«
Mein Vater wird verhaftet (1967-1968) 423

Kapitel 21
»Wenn es schneit, teilt man die Kohlen mit anderen«
Meine Geschwister und meine Freunde (1967-1968) 450

Kapitel 22
»Gedankenreform durch körperliche Arbeit«
Landverschickung an den Fuß des Himalaja
(Januar-Juni 1969) 471

Kapitel 23
»Je mehr Bücher man liest, desto dümmer wird man«
Ich werde Bäuerin – und »Barfußdoktor« (Juni 1969-1971) 505

Kapitel 24
»Bitte nimm meine Entschuldigung an, auch wenn sie ein ganzes Leben zu spät kommt«
Meine Eltern in Lagern (1969-1972) 536

Kapitel 25
»Der betörende Duft von süßem Wind«
Ein neues Leben mit dem »Handbuch für Elektroinstallation« und Nixons »Six Crises« (1971-1973) 553

Kapitel 26
»Die Fürze von Ausländern schnuppern und ihren Geruch lieblich nennen«
Englischstudium nach Maos Vorstellungen (1972-1974) .. 570

Kapitel 27
»Wenn dies das Paradies ist, wie sieht dann die Hölle aus?«
Der Tod meines Vaters (1974-1976) 593

Kapitel 28
Endlich davonfliegen (1976-1978) 619

Epilog 635

Familienstammbaum 639

Zeittafel 641